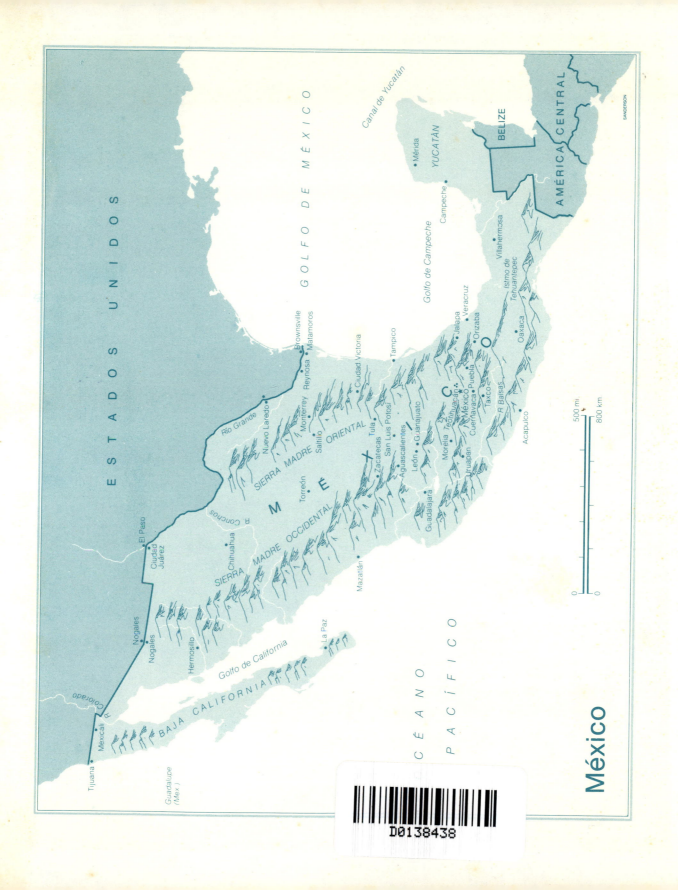

México

FOUNDATION
COURSE
IN SPANISH

FOUNDATION COURSE IN SPANISH

SEVENTH EDITION

Laurel H. Turk
DePauw University, *Emeritus*

Carlos A. Solé, Jr.
University of Texas, Austin

Aurelio M. Espinosa, Jr.
Stanford University, *Emeritus*

D. C. HEATH AND COMPANY
Lexington, Massachusetts   Toronto

ACQUISITIONS EDITOR: Denise St. Jean
DEVELOPMENTAL EDITORS: José Blanco, John Servideo,
Denise St. Jean
PRODUCTION EDITORS: Janice Molloy, José Blanco
DESIGNER: Victor Curran
PRODUCTION COORDINATOR: Mike O'Dea
PHOTO RESEARCHER: Toni Michaels
TEXT PERMISSIONS EDITOR: Margaret Roll

COVER: Tile detail of Antonio Gaudí's Casa Vincens in
Barcelona, Spain. Photo by Robert Frerck/Odyssey
Productions.
FACING TITLE PAGE: View of the Mezquita, Córdoba,
Spain. Photo by Mark Antman/The Image Works.

International Standard Book Number: 0-669-16369-4

Library of Congress Catalog Card Number: 88-82277

10 9 8 7 6 5 4 3

D. C. Heath and Company wishes to acknowledge the enormous contributions which Laurel H. Turk, Professor Emeritus, has made to *Foundation Course in Spanish.* For the First Edition published in 1957 and its 1965 revision, Professor Turk was the sole author of the program. He became senior author on the Second Edition and continued in this role through the Sixth Edition published in 1985. During his thirty years of leadership, he was instrumental in making *Foundation Course in Spanish* the seminal introductory-level Spanish program it has proven to be.

D. C. Heath and Company has been honored by its long association with Professor Turk. We recognize and applaud his expertise and experience which have provided us with the firm framework upon which to base the Seventh Edition of *Foundation Course in Spanish.* We and the authors of this edition respectfully dedicate it to him.

Preface

Foundation Course in Spanish, Seventh Edition, is a complete, introductory-level textbook program designed for use at both two-year and four-year colleges and universities. As the title suggests, the program presents the fundamentals of the Spanish language with emphasis on communicative competence, contemporary culture, and the contributions Spanish-speakers have made to history, art and literature.

Foundation Course in Spanish, Seventh Edition, teaches the basic structures of Spanish within a limited, but highly practical, vocabulary which students will use in everyday, functional situations. Listening, speaking, reading, and writing are developed in their natural order through abundant structured practice and ample opportunities for role-playing, conversing on everyday topics and self-expression. The program also familiarizes students with the culture, customs and ways of life of the Spanish-speaking peoples in Spain, Spanish America and the United States. Thus, the goal of *Foundation Course in Spanish* is to provide a solid basis from which students will acquire a basic proficiency in Spanish.

The Student Text

Major Text Sections

The student text begins with two preliminary lessons that give an overview of the Spanish sound and writing systems and introduce useful, basic language expressions, such as greetings and days of the week; twenty-two regular lessons follow. Five review sections, *Repasos,* occur approximately every five lessons and four optional dialogue sections, *Conversaciones,* feature additional vocabulary from daily life experiences on topics of interest to students. Six reading selections, *Lecturas,* provide a general view of the geography, history, customs and achievements of the Hispanic world, including the Spanish-speaking communities of the United States. In this Seventh Edition of *Foundation Course in Spanish,* the information of the *Lecturas* is directly reinforced and expanded upon in three full-color photograph essays, entitled *Viñetas culturales.*

The Reference Section

The student text ends with a reference section. *Appendix A* includes a summary of pronunciation and intonation, lists of useful expressions, grammatical terms, punctuation marks, and the abbreviations and signs used in the text. *Appendix B* contains a complete listing of the verbs presented in the text. Two end-vocabularies, Spanish-English and English-Spanish, and an index round out the reference section. The Spanish-English vocabulary lists all active and passive words and/or expressions in the student text. A computer program was utilized to verify the completeness of the entries and to indicate in which lesson each word and/or expression was presented for active control by the student. The English-Spanish vocabulary contains all words and expressions used in the translation exercises of the text.

The Regular Lessons

Each of the twenty-two lessons consists of the following sections:

1. A list of the grammatical objectives of the lesson;
2. A dialogue (divided into two parts in Lessons 1–8), preceded by a brief description of the setting and followed by a series of questions entitled, *Preguntas sobre el diálogo;*
3. *Otras palabras y expresiones,* a brief list, often illustrated, of words and expressions related to the dialogue;
4. *Notas culturales,* cultural notes which convey information on cultural themes or points that arise in the dialogue. In Lessons 12–22, they are written in Spanish to provide additional reading and discussion topics.
5. *Pronunciación* (Lessons 1–12), concise explanations and drills of individual Spanish sounds, intonation, breath groups, and linking;
6. *Notas gramaticales,* grammatical explanations organized into helpful lists and accompanied by abundant sample sentences. Whenever applicable, a section called *Atención* draws attention to critical differences between Spanish and English constructions.
7. *Prácticas,* exercises following most grammatical explanations to provide immediate reinforcement of the structure point.
8. *Actividades y práctica,* a series of activities to practice the grammar and vocabulary of the lesson and to reincorporate structures and the lexicon of previous lessons. Among the variety of formats used are guided response drills, open-ended question-answer exercises, transformation drills, fill-ins and translations.
9. *Práctica de conversación,* personal questions on topics related to the dialogue and the theme of the lesson, designed to foster communicative skills and self-expression;
10. *Situaciones,* role-playing and problem-solving activities in which students share information and communicate on topics that relate to their own experiences. The *Situaciones* are carefully crafted to allow students to express themselves successfully in functional contexts.
11. *Vocabulario,* an alphabetical listing of the active words and expressions presented in the dialogue(s).

Student Components

The *Workbook/Laboratory Manual* has been extensively revised and expanded for *Foundation Course in Spanish,* Seventh Edition. The workbook consists of grammar, vocabulary, and directed-to-free writing activities which reinforce each of the 22 lessons of the textbook. It also contains additional reading comprehension exercises for the *Lecturas.*

The *Laboratory Manual* has been completely rewritten, providing exercises and activities to be done in conjunction with the Cassette Program. Listening and writing materials for the preliminary and twenty-two lessons of the textbook are provided for vocabulary, cultural information, grammatical points, dictation practice, and listening comprehension development. For each *Repaso* section, a series of exercises focuses on cumulative vocabulary review. For each *Conversación* section, listening comprehension exercises are included.

The Cassette Program is available for student purchase. In addition to the *Laboratory Manual* activities described above, the cassettes contain recordings of the dialogues, pronunciation sections, and reading selections from the textbook. The following types of materials are also featured on the cassettes:

1. Additional pronunciation exercises based on sentences related to one another in meaning and which recycle known grammar and vocabulary;
2. The Spanish *Notas culturales* of Lessons 12–22, followed by a comprehension check;
3. Grammar exercises placed in a context. They include selected textbook exercises, adaptations of textbook exercises, and completely new practice sequences;
4. Supplementary listening and speaking activities for each *Repaso* section, focusing on the cumulative use of structures with key, active vocabulary;
5. Recordings of the *Conversaciones* of the textbook in short segments to promote assimilation of pronunciation, intonation, and overall comprehension;
6. Dialogues specially created for the Cassette Program which recombine known structures and vocabulary and include some unknown language, particularly cognates. The purpose of the dialogues is to provide interesting, often humorous, Spanish language samples with which students can experience successful, global comprehension.

Instructor Components

The instructional package of *Foundation Course in Spanish*, Seventh Edition, has been dramatically expanded to offer increased opportunities for the development of students' cultural awareness and basic language proficiency. The instructor may make use of the following materials:

- An Instructor's Annotated Edition
- A tapescript
- A printed, ready-to-photocopy testing program
- An IBM™ computerized version of the testing program
- The two videocassettes of the *Entre amigos Video Program* by Ana C. Jarvis and Raquel Lebredo
- An Instructor's Resource Kit, which includes several teaching tools: The *Heath Spanish Overhead Transparencies*, accompanied by the *Instructor's Resource Manual*, the *Heath Spanish History Booklet*, and an Instructor's Manual and Videoscript for *Entre amigos*.

A detailed description of the purpose, organization, and contents of these components is provided in the Instructor's Annotated Edition of *Foundation Course in Spanish*, Seventh Edition. It is our hope that instructors and students enjoy and benefit from their availability and implementation in the classroom.

Acknowledgments

We would like to thank the many users of *Foundation Course in Spanish* for their recommendations for improvement of the program, many of which are reflected in this Seventh Edition. We would also like to express our appreciation to the following colleagues for their reviews of the Sixth Edition and portions of the revised manuscript:

- John C. Birmingham, Virginia Commonwealth University, Richmond, VA
- James A. Castañeda, Rice University, Houston, TX
- Judith Chesnut, Mount Vernon Nazarene College, Mount Vernon, OH
- Thomas R. Coates, Northeast Missouri State University, Kirksville, MO
- Octavio de la Suarée, William Paterson College, Wayne, NJ
- Thomas L. Hansen, Highland Community College, Freeport, IL
- Daisy Kouzel, New York Technical College, Brooklyn, NY
- Ed Kursar, West Valley Community College, Saratoga, CA
- Beverly C. Leetch, Towson State University, Towson, MD
- Fred M. Lougee, Central Connecticut State University, New Britain, CT
- Charles Param, Western Washington University, Bellingham, WA
- Maria Redmon, University of Central Florida, Orlando, FL
- Michael Schinasi, East Carolina University, Greenville, NC

Special thanks go to several individuals who gave their time and expertise to the Seventh Edition:

- Gary J. Ambert, East Carolina University, whose detailed input on the Sixth Edition's audio program and Laboratory Manual greatly assisted us in planning the revision of these important components. We also appreciate the sound suggestions he made on a major portion of the revised manuscript.
- Betsy Fossett, The University of Texas, Austin, whose careful typing of the manuscript helped us enormously.
- Kevin Sharpe, The University of Texas, Austin, who took charge of the vocabulary control of the program and created the end-vocabularies of the text. His conscientious attention to detail, long hours of effort, and sound organizational suggestions were indispensable to the project.
- Hope N. Doyle, The University of Texas, Austin, who revised the printed and computerized versions of the testing program. She made a major contribution to the enhancement of this evaluation tool.
- Nancy E. Anderson, who wrote the new Laboratory Manual and Tapescript. Her creativity and solid knowledge of pedagogy are admired and greatly appreciated.

We also wish to express our appreciation to Mario Hurtado for his careful review of the Sixth Edition, and for his many ideas and suggestions in the planning stages of this revision. Finally, we extend our sincere thanks to the Modern Languages Editorial Staff of D. C.

Heath and Company. John Servideo, José Blanco, Janice Molloy and especially Denise St. Jean provided us with invaluable assistance, constructive criticism, and sound observations at every stage in the preparation of this manuscript.

Carlos A. Solé, Jr.
Aurelio M. Espinosa, Jr.

Contents

Photograph Credits

Black and White Photographs

p. ii Mark Antman/The Image Works; p. 2 Peter Menzel/ Stock, Boston; p. 9 Ulrike Welsch; p. 10 Peter Menzel; p. 17 Peter Menzel/Stock, Boston; p. 18 Robert Frerck/ Odyssey Productions; p. 30 Robert Frerck/Odyssey Productions; p. 32 Peter Menzel; p. 44 Ulrike Welsch; p. 46 Robert Frerck/Odyssey Productions; p. 58 Robert Frerck/Odyssey Productions; p. 48 Mark Antman/The Image Works; p. 60 Peter Menzel; p. 62 Peter Menzel; p. 74 Peter Menzel; p. 76 David Kupferschmid; p. 79 Peter Menzel; p. 90 Robert Frerck/Odyssey Productions; p. 97 Peter Menzel; p. 98 Owen Franken/Stock, Boston; p. 99 Robert Frerck/Odyssey Productions; p. 100 Christian Vioujard/Gamma Liaison; p. 102 Peter Menzel; p. 114 Robert Frerck/Odyssey Productions; p. 116 Robert Frerck/Odyssey Productions; p. 119 Robert Frerck/Odyssey Productions; p. 132 Robert Frerck/Odyssey Productions; p. 134 Robert Frerck/Odyssey Productions; p. 150 Peter Menzel/Stock, Boston; p. 153 Robert Frerck/Odyssey Productions; p. 154 Robert Frerck/Odyssey Productions; p. 157 Robert Frerck/Odyssey Productions; p. 160 Robert Frerck/Odyssey Productions; p. 172 Audrey Gottlieb/ Monkmeyer Press Photo Service; p. 175 Mark Antman/ The Image Works; p. 176 Peter Menzel; p. 180 Alan Carey/The Image Works; p. 183 John Running; p. 196 Owen Franken/Stock, Boston; p. 202 Robert Frerck/ Odyssey Productions; p. 214 Peter Menzel/Stock, Boston; p. 216 Robert Frerck/Odyssey Productions; p. 219 (left) Robert Frerck/Odyssey Productions; p. 219 (right) Peter Menzel; p. 232 Robert Frerck/Odyssey Productions; p. 235 Peter Menzel/Stock, Boston; p. 237 Peter Menzel/Stock, Boston; p. 241 Mario Algaze/The Image Works; p. 242 Hugh Rogers/ Monkmeyer Press Photo Service; p. 245 Peter Menzel; p. 254 Mexican National Tourist Council; p. 260 Robert Frerck/Odyssey Productions; p. 262 Robert Frerck/Odyssey Productions; p. 265 George Gardner/The Image Works; p. 276 Robert Frerck/Odyssey Productions; p. 278 Charles Marden Fitch/Taurus Photos; p. 281 Stuart Cohen; p. 284 Deni McIntyre/Photo Researchers, Inc.; p. 288 Stuart Cohen/Stock, Boston; p. 291 Peter Menzel/ Stock, Boston; p. 302 Hugh Rogers/Monkmeyer Press Photo Service; p. 308 Robert Frerck/Odyssey Productions; p. 311 Peter Menzel; p. 332 Robert Frerck/Odyssey Productions; p. 335 Robert Frerck/Odyssey Productions; p. 340 Robert Frerck/Odyssey Productions; p. 343 Peter Menzel; p. 354 Stuart Cohen; p. 356 Robert Frerck/ Odyssey Productions; p. 374 Robert Frerck/Odyssey Productions; p. 377 Peter Menzel; p. 379 Bob Daemmrich/Stock, Boston; p. 380 Russell Thompson/ Taurus Photos; p. 382 Peter Menzel; p. 385 Robert Frerck/Odyssey Productions; p. 400 Stuart Cohen; p. 406 Ulrike Welsch; p. 409 Peter Menzel; p. 420 Beryl Goldberg; p. 422 David Kupferschmid; p. 425 Peter Menzel; p. 427 Russell A. Thompson/Taurus; p. 430 Peter Menzel/Stock, Boston; p. 433 Ulrike Welsch; p. 444 Stuart Cohen; p. 447 Stuart Cohen; p. 452 Peter Menzel; p. 456 David Kupferschmid.

Color Inserts

Spain: p. 1 Robert Frerck/Odyssey Productions; p. 2 (left) Robert Frerck/Odyssey Productions; (right) Robert Frerck/ Odyssey Productions; p. 3 (left) Robert Frerck/Odyssey Productions; (right) Robert Frerck/Odyssey Productions; p. 4 Robert Frerck/Odyssey Productions; p. 5 (top left) Larry Mangino/The Image Works; (top right) Mark Antman/The Image Works; (bottom) Robert Frerck/ Odyssey Productions; p. 6 (top) Robert Frerck/Odyssey Productions; (bottom) The Metropolitan Museum of Art, New York; p. 7 (top) Jacques Lowe/Woodfin Camp & Associates; (bottom) The Museum of Modern Art, New York; p. 8 (top) Robert Frerck/Odyssey Productions; (bottom) Robert Frerck/Odyssey Productions.

Spanish America: p. 1 Joseph F. Viesti; p. 2 (top) Robert Frerck/Odyssey Productions; (bottom) Robert Frerck/ Odyssey Productions; p. 3 (top) Robert Frerck/Odyssey Productions; (bottom) Robert Frerck/Odyssey Productions; p. 4 (top) Robert Frerck/Odyssey Productions; (bottom) Bachoffner/Gamma Liaison; p. 5 (top) Robert Frerck/Odyssey Productions; (bottom) Peter Menzel; p. 6 (top) Hugh Rogers/Monkmeyer Press Photo Service; (bottom) John Henebry Jr.; p. 7 (top) Peter Menzel; (bottom) Robert Frerck/Odyssey Productions; p. 8 (top) Robert Frerck/Odyssey Productions; (bottom) Robert Frerck/Odyssey Productions.

Hispanic Influence in the United States: p. 1 The Bettmann Archive; p. 2 (top) P. Chickering/Photo Researchers, Inc.; (bottom) Robert Frerck/Odyssey Productions; p. 3 (top) Robert Frerck/Odyssey Productions; (bottom) McDonald/The Picture Cube; p. 4 (top) Robert Frerck/Odyssey Productions; (bottom) Robert Frerck/Odyssey Productions; p. 5 (top) Barrera/TexaStock; (bottom) Daemmrich/Stock, Boston; p. 6 (top) Beryl Goldberg; (bottom) Beryl Goldberg; p. 7 (top) Robert Frerck/Odyssey Productions; (bottom) Peter Menzel; p. 8 (top) James Wilson/Woodfin Camp & Associates; (bottom) Focus on Sports.

FOUNDATION
COURSE
IN SPANISH

—¡Hola, Carmen! —¿Qué tal, Antonio? (Dos estudiantes se saludan en una calle de Veracruz, México.)

▶ The Spanish alphabet
▶ Division of words into syllables
▶ Word stress and use of the written accent
▶ The sounds of Spanish vowels
▶ The sounds of Spanish consonants
▶ Punctuation
▶ Capitalization
▶ The months of the year
▶ The seasons of the year

Saludos y despedidas (Greetings and farewells)[1]

SR. RUIZ	—¡Buenos días, estudiantes! ¿Cómo se llama usted, señorita?[2]	*"Good morning, students. What's your name,[3] miss?"*
PILAR	—Me llamo Pilar. Y usted, ¿cómo se llama, señor?	*"My name is Pilar. And you, what's your name, sir?"*
SR. RUIZ	—Me llamo José Ruiz. Soy el profesor de español.	*"My name is José Ruiz. I am the Spanish professor."*

⦂◘⦂◘⦂

PABLO	—¡Hola! ¿Cómo te llamas?	*"Hello (Hi)! What's your name?"*
MARTA	—Me llamo Marta. Y tú,[4] ¿cómo te llamas?	*"My name is Martha. And you, what's your name?"*
PABLO	—Me llamo Pablo. Mucho gusto.	*"My name is Paul. Pleased to meet you."*

⦂◘⦂◘⦂

SRTA. MARTÍ	—Buenas tardes, señor (señora) Ortega.	*"Good afternoon, Mr. (Mrs.) Ortega."*
SR. (SRA.) ORTEGA	—Buenas tardes, señorita Martí. ¿Cómo está usted?	*"Good afternoon, Miss Martí. How are you?"*
SRTA. MARTÍ	—Muy bien, gracias. ¿Y usted?	*"Very well, thanks (thank you). And you?"*
SR. (SRA.) ORTEGA	—Así, así, gracias. Hasta luego.	*"So-so, thanks. Until later (See you later)."*
SRTA. MARTÍ	—Hasta la vista.	*"Until later (See you later)."*

⦂◘⦂◘⦂

ANTONIO	—¡Buenas noches, Carmen!	*"Good evening, Carmen!"*
CARMEN	—¡Buenas noches, Antonio! ¿Qué tal?	*"Good evening, Anthony! How goes it (How are you)?"*
ANTONIO	—Bien, gracias. ¿Cómo estás tú?	*"Fine (Well), thanks. How are you?"*
CARMEN	—Regular, gracias. Hasta mañana.	*"Fair (Not bad), thanks. Until (See you) tomorrow."*
ANTONIO	—Adiós. Hasta mañana.	*"Good-bye. See you tomorrow."*

---

[1] All words and expressions used in the two **Lecciones preliminares,** *Preliminary Lessons,* will be listed in the vocabularies of the regular lessons when they are used again.
[2] See page 6 for punctuation rules.
[3] Literally, *How (What) do you call yourself?*
[4] See **Lección 1,** page 24 for the use of **tú** and **usted** as forms of address.

3

¡Atención!

1. Students would ask a teacher: **¿Cómo se llama usted?** But among students they would say: **¿Cómo te llamas tú?**
2. The abbreviations for **señor** and **señora** are **Sr.** and **Sra.**, meaning *sir* and *madam* (*ma'am*), respectively. **Señorita,** *Miss,* is abbreviated as **Srta.**
3. **Buenas tardes,** *Good afternoon,* may also be used as a greeting in the early evening while there is still daylight. **Buenas noches,** *Good evening,* is more common. The latter expression also means *Good night.*

Frases para la clase   (*Classroom expressions*)

Lea (usted)[1] **en español** (*pl.* **Lean [ustedes] en español**).   Read in Spanish.
Escuche (usted) la cinta (*pl.* **Escuchen [ustedes] la cinta**).[2]   Listen to the tape.
Repita (usted) (*pl.* **Repitan [ustedes]**).   Repeat.
Abra (usted) el libro[3] (*pl.* **Abran [ustedes] los libros**).   Open your book(s).
Cierre (usted) el libro (*pl.* **Cierren [ustedes] los libros**).   Close your book(s).
Bueno.   All right, O.K.
Muy bien.   Very good.

The Spanish alphabet

Letter	Name	Letter	Name	Letter	Name
a	a	j	jota	r	ere
b	be	k	ka	rr	erre
c	ce	l	ele	s	ese
ch	che	ll	elle	t	te
d	de	m	eme	u	u
e	e	n	ene	v	ve, uve
f	efe	ñ	eñe	w	doble ve
g	ge	o	o	x	equis
h	hache	p	pe	y	i griega
i	i	q	cu	z	zeta

The Spanish alphabet is divided into vowels (**a, e, i, o, u**) and consonants. The letter **y** represents the vowel sound **i** in the conjunction **y,** *and,* or when final in a word: **hoy,** *today;* **muy,** *very;* **hay,** *there is, there are.*

---

[1]Subject pronouns are normally omitted in Spanish since the verb endings and context generally indicate the subject. See **Lección 1.**

[2]In Spanish **el cassette** is used for *the cassette.*

[3]In Spanish, the definite article is used instead of the possessive form with nouns expressing personal belongings. See **Lección 8.**

In addition to the letters used in the English alphabet, **ch, ll, ñ,** and **rr** represent single sounds in Spanish and are considered single letters. In dictionaries and vocabularies words or syllables which begin with **ch, ll,** and **ñ** follow words or syllables that begin with **c, l,** and **n,** while **rr,** which never begins a word, is alphabetized as in English. **K** and **w** are used only in words of foreign origin. The names of the letters are feminine: **la be,** (*the*) *b;* **la jota,** (*the*) *j.*

Division of words into syllables

Spanish words are hyphenated at the end of a line and are divided into syllables according to the following principles:

1. A single consonant (including **ch, ll, rr**) is placed with the vowel which follows: **me-sa, no-che, si-lla, pi-za-rra.**
2. Two consonants are usually divided: **tar-des, es-pa-ñol, bas-tan-te.** Consonants followed by **l** or **r,** however, are generally pronounced with the **l** or **r,** and the two together go with the following vowel: **ha-blan, li-bro, ma-dre, a-pren-do.** By exception to the last principle, the groups **nl, rl, sl, tl, nr,** and **sr** are divided: **Car-los, En-ri-que.**
3. In combinations of three or more consonants, only the last consonant or the two consonants of the inseparable groups just mentioned (consonant plus **l** or **r,** with the exceptions listed) begin a syllable: **in-glés, en-tra, siem-pre, cons-tru-ye.**
4. Two adjacent strong vowels (**a, e, o**) are in separate syllables: **cre-o, ca-en, le-a.**
5. Combinations of a strong and weak vowel (**i, u**) or of two weak vowels normally form single syllables: **An-to-nio, bue-nos, bien, gra-cias, ciu-dad, Luis.** Such combinations are called diphthongs. (See page 12 for further discussion of diphthongs.)
6. In combinations of a strong and weak vowel, a written accent mark on the weak vowel divides the two vowels into separate syllables: **dí-as, pa-ís, tí-o.** An accent on the strong vowel of such combinations does not result in two syllables: **a-diós, lec-ción, tam-bién.**

Bienvenido

Word stress and use of the written accent

1. Most words which end in a vowel, and in **n** or **s,** are stressed on the next to the last syllable. The stressed syllable or syllables are shown in italics: ***cla*-se, *to*-mo, *en*-tran, *Car*-men.**
2. Most words which end in a consonant, except **n** or **s,** are stressed on the last syllable: **us-*ted*, re-gu-*lar*, ha-*blar*, se-*ñor*, ciu-*dad*, es-pa-*ñol*.**
3. Words not pronounced according to these two rules have a written accent on the stressed syllable: **a-*diós*, es-*tás*, lec-*ción*, tam-*bién*, *lá*-piz.**

The sounds of Spanish vowels

In general, Spanish pronunciation is much clearer and more uniform than the English. The vowel sounds are clipped short and are not followed by the diphthongal glide which is commonly heard in English, as in *no* (*no"*), *came* (*ca'me*), *why* (*why^e*). Even unstressed vowels are pronounced clearly and distinctly; the slurred sound of English *a* in *fireman*, for example, never occurs in Spanish.

Spanish has five vowels which are pronounced as follows:

a is pronounced between the *a* of English *ask* and the *a* of *father*: **ac-*tual*, *cá*-ma-ra, ca-sa, ma-*má*, ma-*ña*-na, *Mar*-ta.**

e is pronounced like *e* in *café*, but without the glide sound that follows the *e* in English: ***de*-be, de-fen-*der*, E-*le*-na, *le*-che, mo-*der*-no, tres.**

i (**y** in the conjunction *and*) is pronounced like *i* in *machine*: ***dí*-a, di-vi-*dir*, do-*min*-go, *sí*, *vis*-ta, y.**

o is pronounced like *o* in *tone*, but without the glide sound that follows the *o* in English: **ca-*ñón*, co-*lor*, *ho*-la, no, *o*-cho, *po*-co.**

u is pronounced like *oo* in *cool*: ***lu*-nes, *mú*-si-ca, oc-*tu*-bre, *plu*-ma, sa-*lu*-dos, us-*ted*.**

The sounds of Spanish consonants

Spanish consonants are usually pronounced more precisely and distinctly than English consonants, although a few (especially, **b, d,** and **g** between vowels) are pronounced very weakly. Several of them (**t, d, l,** and **n**) are pronounced farther forward in the mouth, with the tongue close to the upper teeth and gums. The consonants **p, t,** and **c** (before letters other than **e** and **i**) are never followed by the puff of air that is often heard in English: *pen* (*p^hen*), *task* (*t^hask*), *can* (*c^han*).

The sounds of Spanish consonants that deserve special attention are covered in the pronunciation sections of **Lecciones 1** through **12.** For a complete summary see Appendix A.

Punctuation

Spanish punctuation is much the same as in English. The most important differences are:

1. Inverted question marks and exclamation points precede questions and exclamations. They are placed at the actual beginning of the question or exclamation, not necessarily at the beginning of the sentence:

¿Cómo se llama usted? — *What is your name?*

El señor Ruiz es el profesor de español, ¿verdad? — *Mr. Ruiz is the Spanish teacher, isn't he?*

¡Buenos días, estudiantes! — *Good morning, students!*

2. In Spanish a comma is not used between the last two words of a series, while in English it often is:

Tenemos libros, cuadernos y lápices.   *We have books, notebooks, and pencils.*

3. A dash is generally used instead of the quotation marks of English and to denote a change of speaker in dialogue. It appears at the beginning of each speech, but is omitted at the end:

—¿Eres tú estudiante?   *"Are you a student?"*
—Sí, soy estudiante de español.   *"Yes, I am a student of Spanish."*

If Spanish quotation marks are used, they are placed on the line:

Pablo contestó: «Buenos días».   *Paul answered, "Good morning."*

Capitalization

Only proper names and the first word of a sentence begin with a capital letter in Spanish. The subject pronoun **yo** (*I* in English), names of months and days of the week, adjectives of nationality and nouns formed from them, and titles (unless abbreviated) are not capitalized. In titles of books and works of art, only the first word is capitalized. By exception, sometimes short titles are capitalized.

Carmen y yo hablamos.	Carmen and I are talking.
Hoy es lunes.	Today is Monday.
Buenos días, señorita (Srta.) Martí.	Good morning, Miss Martí.
Son españoles.	They are Spanish (Spaniards).
Las meninas	*The Little Ladies in Waiting*
Don Quijote de la Mancha	Don Quixote of La Mancha

The months of the year (*Los meses del año*)

enero	*January*	**julio**	*July*
febrero	*February*	**agosto**	*August*
marzo	*March*	**septiembre**	*September*
abril	*April*	**octubre**	*October*
mayo	*May*	**noviembre**	*November*
junio	*June*	**diciembre**	*December*

The seasons of the year *(Las estaciones del año)*

¡Atención!   Note that in Spanish the names of the months and seasons of the year are not capitalized. The months of the year are masculine in Spanish, as well as the seasons except for **la primavera.**

La primavera

El verano

El otoño

El invierno

Actividades y práctica
(Classroom activities and practice)

A. *Division of words into syllables.* Rewrite the following words, dividing them into syllables by means of a hyphen and underlining the syllable that is stressed; then pronounce.

1. bonito, cinta, abran, favor, lea, practicar
2. amarillo, bastante, español, mucho, pizarra, señora
3. capital, despedidas, flores, mexicano, necesitar, regular

B. *The Spanish vowels.* Pronounce the following words after your teacher.

1. creo, España, Carmen, ¿qué?, hasta, usted
2. así, Pilar, repita, silla, vista, pared
3. alumno, gusto, habla, pluma, pregunta, enero

C. **Pronunciation of Spanish given names.** (If you cannot figure out the English meaning of each name, you will find it in the end vocabulary.) Pronounce after your teacher:

1. Ana, Elena, Enriqueta, Inés, Isabel, Julia, Luisa, Margarita, María, Marta
2. Carlos, Felipe, Jaime, Jorge, Juan, Luis, Miguel, Ramón, Roberto, Tomás

D. **¿Cómo se llama Ud.?** Your teacher and classmates want to get to know you. After you tell the teacher your name, he or she will give you a Spanish equivalent, whereupon you say thank you and introduce yourself to your classmates.

MODEL:	Teacher	—¿Cómo se llama usted?
	Student	—Me llamo (Richard Smith).
	Teacher	—Mucho gusto, (Ricardo).
	Student	—Gracias. Me llamo (Ricardo).

Situaciones
(Situations)

After the first day of classes you have met many new students. You run into one of them and the two of you greet each other, ask how each is doing, and then bid each other farewell. Try to remember your classmate's name in Spanish, and use the various expressions learned in the dialogues.

Dos estudiantes conversan en un patio de la Universidad de Salamanca, España.

Lección preliminar 2

Pidiendo (Asking for) información de un agente de policía en Sevilla, España.

- ▶ Diphthongs
- ▶ Triphthongs
- ▶ Breath groups and linking
- ▶ Days of the week
- ▶ Cardinal numbers (1–32)
- ▶ The calendar

En busca de información (*In search of information*)

RAMÓN	—¿Qué día es hoy?	*"What day is it today?"*
ELENA	—Hoy es miércoles.	*"Today is Wednesday."*
RAMÓN	—¿Qué fecha es hoy?	*"What's today's date?"*
ELENA	—Hoy es el siete de septiembre.	*"Today is the seventh of September."*
RAMÓN	—¿Cuándo tenemos la clase de español?	*"When do we have Spanish class?"*
ELENA	—Mañana.	*"Tomorrow."*
RAMÓN	—¿Qué días de la semana tenemos la clase de historia?	*"What days of the week do we have the history class?"*
ELENA	—Tenemos la clase de historia los lunes y los viernes.	*"We have the history class on Mondays and on Fridays."*

ISABEL	—¿Dónde queda la sala de clase?	*"Where is the classroom located?"*
LUIS	—Queda aquí, en este edificio.	*"It's here, in this building."*
ISABEL	—¿Cuántos estudiantes hay en la clase?	*"How many students are there in the class?"*
LUIS	—Hay veinte estudiantes.	*"There are twenty students."*
ISABEL	—¿Quién es el profesor?	*"Who is the professor?"*
LUIS	—El profesor es el señor Ruiz; es de Colombia.	*"The professor is Mr. Ruiz; he is from Colombia."*

Frases para la clase

¿Qué lección estudiamos hoy? *What lesson do we study today?*

Estudiamos la Lección primera (dos). *We study Lesson One (Two).*

¿En qué página empieza? *On what page does it begin?*

Empieza en la página... *It begins on page . . .*

No comprendo. Otra vez, por favor. *I don't understand. Once more, please.*

Escuche usted con cuidado (*pl.* Escuchen [ustedes] con cuidado). *Listen carefully.*

¿Cómo se dice...en español? *How do you say . . . in Spanish?*

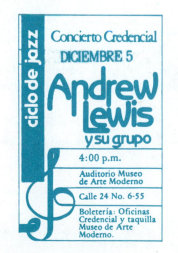

ciclo de jazz

Concierto Credencial
DICIEMBRE 5

Andrew Lewis
y su grupo

4:00 p.m.

Auditorio Museo de Arte Moderno

Calle 24 No. 6-55

Boletería: Oficinas Credencial y taquilla Museo de Arte Moderno.

Diphthongs

The Spanish vowels are divided into two groups: strong vowels (**a, e, o**) and weak vowels (**i, u**). The vowels **i** and **u** are called weak vowels because they become semi-vowels or semiconsonants—like the sounds of English *w* or *y*—when they combine with the strong vowels **a, e, o** or with each other to form single syllables. Such combinations of two vowels are called diphthongs. In diphthongs, the strong vowel retains its full vocalic value, while the weak vowel, or the first vowel if both are weak, loses part of its vocalic nature.

As the first element of a diphthong, unstressed **i** is pronounced like a weak English *y* in *yes*, and unstressed **u** is pronounced like *w* in *wet*. The Spanish diphthongs which begin with unstressed **i** and **u** are:[1]

ia: his-to-*ria*, gra-*cias*, es-tu-*dian*-te

ie: *vier*-nes, *sie*-te, se-*tiem*-bre

io: e-di-fi-*cio*, An-to-*nio*, ju-*lio*

iu: *ciu*-dad, *viu*-da, *triun*-fo

ua: ¿*cuán*-do?, *cua*-tro, a-*gua*

ue: *jue*-ves, *nue*-ve, *bue*-no

uo: an-ti-*guo*, ar-*duo*, mu-*tuo*

ui: *cui*-da-do, *Luis*, *Ruiz*

Remember that two adjacent strong vowels within a word form separate syllables: *le-o, tra-en*. Likewise, when a weak vowel adjacent to a strong vowel has a written accent, it retains its syllabic value and forms a separate syllable: *dí-as, pa-ís*. An accent mark on a strong vowel merely indicates stress: **tam-bién, diá-lo-go, fá-cil.**

Triphthongs

A triphthong is a combination in a single syllable of a stressed strong vowel between two weak vowels. There are four combinations:

iai: es-tu-*diáis*, a-pre-*ciáis*

iei: pro-nun-*ciéis*, en-*viéis*

uai (uay):   Pa-ra-*guay*, U-ru-*guay*

uei (uey):   con-ti-*nuéis*, *buey*

---

[1]The sounds of other diphthongs will be discussed in **Lecciones 5, 7, 8,** and **12.** Note that in this and in the following section, italics are used to indicate the diphthongs and triphthongs; in all other sections of the **Lecciones preliminares** and in Appendix A, however, italics are used to show the stressed syllable or syllables.

Breath groups and linking

A breath group is a word or group of words pronounced between pauses. Frequently a short sentence will be pronounced as one breath group, while a longer one may be divided into two or more groups. The meaning of what is being pronounced will help you to determine where the pauses ending the breath groups should be made.

In spoken Spanish, as in spoken English, groups of words within a breath group are linked together, so that two or more words sound like one long word. It is necessary to practice pronouncing phrases and even entire sentences without a pause between words. The following examples illustrate some of the general principles of linking. The syllabic division in parentheses shows the correct linking; the italicized syllable or syllables bear the main stress:

1. Within a breath group the final consonant of a word is joined with the initial vowel of the following word and forms a syllable with it: **el inglés** (e-l in-*glés*).
2. Within a breath group, when two identical vowels of different words come together, they are pronounced as one: **el libro de español** (el-*li*-bro-de es-pa-*ñol*).
3. When unlike vowels between words come together within a breath group, they are usually pronounced together in a single syllable. Two cases occur:
   (a) when a strong vowel is followed or preceded by a weak vowel, both are pronounced together in a single syllable and the result is phonetically a diphthong (see above): **tu amiga** (tu a-*mi*-ga), **Carmen y Elena** (*Car*-me-n y E-*le*-na), **mi padre y mi madre** (mi-*pa*-dre y-mi-*ma*-dre);
   (b) If both vowels are strong, each loses a little of its syllabic value and both are pronounced together in one syllable: **en la escuela** (en-la es-*cue*-la); **¿Cómo está usted?** (¿*Có*-mo es-*tá* us-*ted?*).

Days of the week   (*Los días de la semana*)

el lunes	(*on*) Monday	**el viernes**	(*on*) Friday
el martes	(*on*) Tuesday	**el sábado**	(*on*) Saturday
el miércoles	(*on*) Wednesday	**el domingo**	(*on*) Sunday
el jueves	(*on*) Thursday		

1. The definite article **el** is used with the days of the week. It corresponds to the English *on*: **El viernes es el último día de clases;** *Friday is the last day of classes;* **Tenemos la clase de historia el martes,** *We have history class on Tuesday.*

2. The definite article **los** used with the days of the week conveys the idea of repeated occurrence: **Tenemos clase *los* viernes,** *We have class on Fridays* (***every** Friday*); **Estudiamos *los* sábados y *los* domingos,** *We study on Saturdays and Sundays* (***every** Saturday and Sunday*).
3. With time expressions such as **hoy** and **mañana,** the definite article is not used: **Hoy es lunes, *mañana* es martes.** *Today is Monday, tomorrow is Tuesday.*
4. The days of the week are not capitalized in Spanish.

¡Atención!   Note that we can say **el lunes, los lunes; el martes, los martes,** etc., but: **el sábado, los sábados** and **el domingo, los domingos.**

Cardinal numbers (1–32)   (*Números cardinales [1–32]*)

1	uno	9	nueve	17	diecisiete	25	veinticinco
2	dos	10	diez	18	dieciocho	26	veintiséis
3	tres	11	once	19	diecinueve	27	veintisiete
4	cuatro	12	doce	20	veinte	28	veintiocho
5	cinco	13	trece	21	veintiuno	29	veintinueve
6	seis	14	catorce	22	veintidós	30	treinta
7	siete	15	quince	23	veintitrés	31	treinta y uno
8	ocho	16	dieciséis	24	veinticuatro	32	treinta y dos

1. **Uno** is the form used in counting. Two other forms, **un** and **una**, are used with singular masculine and feminine nouns, respectively: *un* **profesor,** *una* **profesora.**
2. **Veintiuno, treinta y uno** and all other numerals ending in **uno** follow the same pattern: **veintiún alumnos, veintiuna alumnas, treinta y un alumnos, treinta y una alumnas.**
3. Beginning with 31, numerals are written as separate words.[1]
4. When counting, numbers precede the noun: *dos* **lecciones,** *tres* **lecciones,** etc. When describing, they follow the noun: **Lección *dos,* Lección *tres,*** etc.
5. Note the forms which require a written accent: 16, 22, 23, 26.

---

[1]Numerals 16 through 19, and 21 through 29 are occasionally written as three words, but they are pronounced as one word: **diez y seis, diez y siete, veinte y uno, veinte y dos,** etc.

The calendar   (*El calendario*)

Las clases empiezan en septiembre.	*Classes begin in September.*
El otoño empieza en septiembre.	*Fall begins in September.*
—¿Qué día de la semana es hoy?	*"What day of the week is today?"*
—Hoy es miércoles.	*"Today is Wednesday."*
—¿Qué fecha es hoy?	*"What's today's date?"*
—Hoy es el cinco de septiembre.	*"Today is September 5."*

SEPTIEMBRE						
D	L	M	M	J	V	S
						1
2	3	4	5	6	7	8
9	10	11	12	13	14	15
16	17	18	19	20	21	22
23	24	25	26	27	28	29
30						

¡Atención!   When referring to the first day of the month, **primero** (*first*) is used: **Hoy es *el primero* de septiembre.** *Today is the first day of September.*

Práctica   Repeat this jingle. You probably know the English version.

Treinta días tiene noviembre,
con abril, junio y septiembre;
veintiocho o veintinueve, uno;
y los demás, treinta y uno.

Semana del 7 al 11 de Diciembre

	Lunes	Martes			Viernes
Dólar (oficial)	261.23	261.04			261.78
Café (US$/Lb)...........	1.29	1.29			1.30
Upac (unidad)...........	—	1555.43			1557.86
Oro (U					—
Plata (					—
Prime Rate (%)...........	8.75	8.75	8.75	8.75	8.75

LUNES ECONOMICO

◇◇◇◇◇◇◇◇ Actividades y práctica ◇◇◇◇◇◇◇◇

A. Listen carefully and repeat the following words after your teacher.

    1. **i + vowel:**   estudiamos, mi amigo, pronuncia; siempre; julio, misión, interior; ciudad

    2. **u + vowel:**   cuatro, Juárez, su agente; fuerte; mutuo, tu obra; fui, Luisa

B. Listen carefully and repeat after your teacher. Pay close attention to the linking of words.

    1. tres estudiantes, en la universidad, en ese edificio
    2. Carmen y yo, escuchen ustedes, la historia antigua
    3. ¿Dónde estudias? ¿Cuántas alumnas hay? queda allí

C. Read in Spanish.

    1. 7 días
    2. 12 meses
    3. 4 estaciones
    4. 31 años
    5. 20 estudiantes
    6. 9 alumnas
    7. 11 alumnos
    8. 21 lecciones
    9. 18 clases

Buenos Aires Sheraton Hotel & Towers

D. Ask another student a question to which he or she will respond by using one of the following statements.

    1. Me llamo…
    2. Muy bien, gracias.
    3. Hoy es el 7 de septiembre.
    4. Mañana es martes.
    5. Tenemos la clase los jueves.
    6. La sala de clase queda allí.
    7. Hay veinte estudiantes.
    8. El Sr. Ruiz es el profesor de español.

◇◇◇◇◇◇◇◇◇◇ Situaciones ◇◇◇◇◇◇◇◇◇◇

It is the first day of classes and you are walking on campus. You greet another student and introduce yourself. He responds likewise. You need some information: you want to know when you have Spanish class, where the classroom is located, how many students there are in the class, and who the professor is. After you receive the information, you thank him or her and say good-bye.

Estudiantes de medicina hablan de sus estudios en la Universidad Nacional Autónoma de México, en la Ciudad de México.

Lección 1

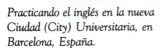

Practicando el inglés en la nueva Ciudad (City) Universitaria, en Barcelona, España.

▶ Sounds of Spanish **c** (and **z**), **qu,** and **k**
▶ Linking
▶ Present indicative of **-ar** verbs
▶ Subject pronouns
▶ The definite article
▶ Gender and number of nouns
▶ Interrogative and negative sentences

¿Habla usted español?

La profesora de español habla con los alumnos. Ellos siempre estudian la lección y preparan bastante bien los ejercicios.

SRTA.[1] MOLINA — Buenos días (Buenas tardes).
LOS ALUMNOS — Buenos días (Buenas tardes), señorita.
SRTA. MOLINA — ¡Ah! ¿Habla usted español?[2]
EL ALUMNO — Sí, hablo un poco.
SRTA. MOLINA — ¿Y usted?
LA ALUMNA — No, yo no hablo mucho el español.
SRTA. MOLINA — ¡Muy bien! En la clase de español sólo hablamos español.

:█:█:

Mario y Luisa estudian inglés en los Estados Unidos. Ahora ellos hablan en clase.

MARIO — ¡Hola! ¿Qué lengua hablas tú?
LUISA — Yo hablo francés. ¿Y tú?
MARIO — En casa yo hablo italiano con la familia.
LUISA — ¿Y qué estudias en la universidad?
MARIO — Estudio inglés pero pronuncio bastante mal.
LUISA — Necesitas practicar más la pronunciación.
MARIO — ¿Preparas los ejercicios de pronunciación en el laboratorio?
LUISA — Sí, siempre. Y también estudio las lecciones todos los días. ¡Ya pronuncio bastante bien!

Inglés
RAPIDO Y EFECTIVO
INICIAMOS CLASES ENERO 12

---

[1] See **Lección preliminar 1** for the abbreviation and meaning of **señorita,** and for capitalization rules in Spanish. For other abbreviations, see Appendix A.
[2] The names of languages are not capitalized in Spanish. Note that inverted question marks and exclamation points precede questions and exclamations in Spanish.

◪ Otras palabras y expresiones
(*Other words and expressions*)

These words and expressions are not listed in the lesson vocabulary since they don't appear in the dialogues. However, you should learn them, as they will be used as active vocabulary throughout the course.

el **alemán** German
el **japonés** Japanese
el **portugués** Portuguese
el (la) **estudiante** (*m.* or *f.*; **los, las estudiantes**) student
el **profesor** teacher, professor (*m.*)
el **profesor de alemán (italiano)** the German (Italian) teacher (*m.*)
la **conversación** (*pl.* **conversaciones**) conversation
la **expresión** (*pl.* **expresiones**) expression
la **palabra** word

la **clase de inglés (francés)** English (French) class
la **lección** (*pl.* **lecciones**) **de español** the Spanish lesson (lessons)
¿cómo? how
¿quién? (*pl.* **¿quiénes?**) who
otro, -a (-os, -as) another, other (*pl.* other, others)
si if, whether
enseñar to teach
conteste (usted), por favor[1] answer, please
pregúntele (usted) a (Laura) ask (Laura)

◪ Preguntas sobre los diálogos (*Questions on the dialogues*)

Answers to Spanish questions should be given in complete sentences. Keep this in mind throughout the text.

1. ¿Qué estudian los alumnos? 2. ¿Cómo preparan ellos los ejercicios?
3. ¿Qué lengua hablan los alumnos en la clase de español?

4. ¿Quiénes estudian inglés en los Estados Unidos? 5. ¿Quién habla francés? ¿Quién habla italiano? 6. ¿Cómo pronuncia Mario el inglés? ¿Qué necesita practicar él? 7. ¿Qué prepara Luisa en el laboratorio? 8. ¿Qué estudia Luisa todos los días?

---

[1]The expression **por favor,** *please,* may also precede a statement: **Por favor, conteste (usted).**

Nota cultural
(Cultural note)

Spanish is the official language of Spain and of eighteen nations in the western hemisphere. Along with English, it also has official status in Puerto Rico. Today there are about eighteen million people in the United States whose first language is Spanish; only five countries in the world (Mexico, Spain, Argentina, Peru and Colombia) have a larger Spanish-speaking population than the United States. Spanish is still heard in the Philippines where a large segment of the population has Spanish surnames, and among the various Judeo-Spanish communities in the United States and scattered throughout the world.

In addition to Spanish, other languages are spoken in Spain. Catalan, another language of Latin origin, is spoken in Catalonia, Valencia, and the Balearic Islands. Basque, a pre-Roman language, is still spoken today in north central Spain, in the Basque Provinces. Remnants of various dialects—Galician, Leonese, and Aragonese—are still heard in several areas of northern Spain.

Pronunciación
(Pronunciation)

A. Sounds of Spanish **c** (and **z**), **qu,** and **k**

1. Spanish **c** before **e** and **i,** and **z** in all positions, are pronounced like English hissed *s* in *sent* in Spanish America and in southern Spain; in northern and central Spain, the sound is like *th* in *thin*. Pronounce after your teacher:

ejercicio	francés	lección	necesitas	pronuncio
azul	lápiz	lápices	otra vez	pizarra

2. Spanish **c** before all other letters, **qu** before **e** and **i,** and **k** (used only in words of foreign origin, and sometimes replaced by **qu** before **e** and **i**) are pronounced like English *c* in *cat,* but without the puff of air that often follows the *c* in English (*c*^h*at*). The **u** in **que, qui** is never sounded as in English *queen, quick.* Pronounce after your teacher:

Carmen	clase	con	poco		practicar
Enriqueta	¿qué?	aquí	kilómetro	*or*	quilómetro

B. Linking

Review the principles of linking, presented on page 13. Pronounce as one breath group, paying close attention to the linking of sounds between words:

la clase de español	con los alumnos	¿Habla usted italiano?
la lección de inglés	los Estados Unidos	No estudio alemán.

◇◇◇◇◇◇ **Notas gramaticales** ◇◇◇◇◇◇
(Grammatical explanations)

A. **Present indicative of -ar verbs** (*El presente del indicativo de verbos terminados en -ar*)

hablar, *to speak, talk*	
Singular	
(yo) **hablo**	I speak, do speak, am speaking
(tú) **hablas**	you (*fam.*) speak, do speak, are speaking
(él) **habla**	he speaks, does speak, is speaking
(ella) **habla**	she speaks, does speak, is speaking
usted **habla**	you (*formal*) speak, do speak, are speaking
Plural	
(nosotros) **hablamos**	we speak, do speak, are speaking
(nosotras) **hablamos**	we (*f.*) speak, do speak, are speaking
(vosotros) **habláis**[1]	you (*fam.*) speak, do speak, are speaking
(vosotras) **habláis**	you (*fam. f.*) speak, do speak, are speaking
(ellos) **hablan**	they speak, do speak, are speaking
(ellas) **hablan**	they (*f.*) speak, do speak, are speaking
ustedes **hablan**	you (*fam. and formal pl.*) speak, do speak, are speaking

---

[1]The verb forms for the familiar plural **vosotros(-as)** will be presented only for recognition. These are used in peninsular Spanish. Since most speakers use **ustedes** as the plural for **tú** and **usted,** this is the usage that you will learn.

1. The infinitive of a Spanish verb consists of a stem and an ending: **habl-** + **-ar** → **hablar.**

2. There are three groups or conjugations of verbs in Spanish. The infinitive endings for these three groups are: **-ar, -er, -ir.**

3. To conjugate a verb, the infinitive endings are dropped and the person/tense markers are added to the stem: **habl-** + **o** → **hablo,** *I speak.*

4. The stress always falls on the stem except in the first and second persons plural: **ha**blamos, **ha**bláis.

5. The subject pronouns **usted** and **ustedes** take the third person singular and plural forms of the verb, respectively.

6. The Spanish present tense (**yo hablo,** etc.) corresponds to the English simple present, *I speak,* to the emphatic, *I do speak,* and to the progressive, *I am speaking.*

7. The Spanish present tense is also used to express future events: ***Preparo* la lección mañana,** *I'll prepare the lesson tomorrow;* ***Hablamos* con el profesor mañana,** *We will talk to the teacher tomorrow.*

8. Other verbs that follow the same pattern as **hablar** are: **estudiar,** *to study;* **practicar,** *to practice;* **preparar,** *to prepare;* **pronunciar,** *to pronounce;* **enseñar,** *to teach;* **necesitar,** *to need.*

Práctica 1   *Substitution drill.* Repeat the model sentence. When you hear a new subject, form a new sentence, making the verb agree with the subject.

MODEL: *Yo* estudio español.   Yo estudio español.
            Nosotros   **Nosotros estudiamos español.**

1. *Yo* hablo inglés en casa. (Él, Usted, Tú, Nosotros)

2. *Yo* estudio español en la universidad. (Luisa, Mario y yo, Ustedes, Tú)

3. *Yo* siempre preparo las lecciones. (Los estudiantes, Ella, Ustedes, Nosotros)

4. *Yo* ya pronuncio bastante bien. (Ellos, Nosotros, Usted, Tú)

B. Subject pronouns (*Los pronombres personales*)

Subject pronouns are usually omitted in Spanish since, in general, the verb ending and the context indicate the subject. However, subject pronouns are used in Spanish:

1. For emphasis or contrast:

¡**Yo** estudio todos los días!	*I (do) study every day!*
Ella enseña español pero **él** enseña francés.	*She teaches Spanish but he teaches French.*

2. For clarity:

¿Qué lengua habla **él** (ella, Ud.)?	*What language does he (does she, do you) speak?*
Ella estudia y **él** practica.	*She is studying and he is practicing.*

3. To form a compound subject:

Mario y **yo** preparamos la lección.	*Mario and I are preparing the lesson.*

4. The pronouns **usted** and **ustedes,** abbreviated **Ud.** and **Uds.,** respectively, are often expressed for the sake of courtesy.

Repita **Ud.,** por favor.	*Repeat, please.*
Escuchen **Uds.** con cuidado.	*Listen carefully.*

¡Atención!   The masculine forms **nosotros, vosotros, ellos** may refer only to males or to mixed company: **Mario y Luisa hablan español; ellos pronuncian muy bien,** *Mario and Louise speak Spanish; they pronounce very well.*

Tú and usted

Spanish has two forms for *you*: **usted** and **tú.** Usted may denote formality, courtesy, deference, social or psychological distance, and respect. More often than not, **usted** is the conventional form of address used in all exchanges involving strangers or distant acquaintances: teacher/student; physician/patient; salesperson/customer; waiter/customer; lawyer/client; boss/subordinate.

   Tú may express familiarity, affection or intimacy. Among children and adolescents **tú** is the conventional form of address. A reciprocal **tú** also occurs between those adults who are related by blood or marriage or tied by personal friendship.

   First names, last names, and titles are not used interchangeably with **tú** and **usted.** **Tú** may occur with first and last names, whereas **usted** can occur with all three.

   Among friends, **tú** occurs with the first name. Among friends separated by generational or social distance, **usted** may occur with the first name.

Vosotros and vosotras

1. The plural of familiar **tú** is **vosotros, vosotras,** which take the second person plural forms of the verb: **vosotros habláis.**
2. In Spanish America, the plural of **tú** is **ustedes** (also the plural of **usted**), which is the usage taught in this book.

C. The definite article (*El artículo definido*)

Masculine singular	*Masculine plural*
el alumno the student **el profesor** the teacher **el día** the day	**los alumnos** the students **los profesores** the teachers **los días** the days
Feminine singular	*Feminine plural*
la alumna the student **la clase** the class **la lección** the lesson	**las alumnas** the students **las clases** the classes **las lecciones** the lessons

In Spanish, the definite article agrees in gender (masculine or feminine) and number (singular or plural) with the noun it specifies. Therefore, there are four Spanish forms equivalent to the English *the*.

Uses of the definite article (*Usos del artículo definido*)

1. The definite article is used more frequently in Spanish than in English. In general, it is used whenever *the* is used in English and it is repeated before each noun in a series.

Ustedes preparan **los** ejercicios en casa.   *You prepare the exercises at home.*
La profesora y **el** alumno hablan.   *The teacher and (the) student talk.*

2. The article is regularly used in Spanish with the name of a language, except after forms of **hablar,** and the prepositions **de** and **en.**

Mario estudia **el** italiano.   *Mario studies Italian.*
Ella también habla portugués.   *She also speaks Portuguese.*
En clase hablamos en español.   *We speak in Spanish in class.*

¡Atención!   Many Spanish-speaking persons also omit the article with the name of a language after verbs meaning to study, to practice, to learn, to read, to write, and a few others to be introduced later: **Ellos estudian japonés,** *They study Japanese.* The article must be used, however, if the name of the language doesn't immediately follow the verb: **Practico mucho el español,** *I practice Spanish a lot;* **¿Pronuncias bien el alemán?,** *Do you pronounce German well?*

D. Gender and number of nouns (*Género y número de los sustantivos*)

Masculine and feminine nouns (*Sustantivos masculinos y femeninos*)

1. Spanish nouns, even those referring to non-living things, are either masculine or feminine: **el mes, la semana.**
2. Most nouns which end in **-o** or refer to male beings are masculine: **el ejercicio, el alumno, el estudiante, el profesor.**
3. Most nouns which end in **-a** or refer to female beings are feminine: **la semana, la alumna, la familia, la profesora.**
4. Nouns ending in **-ción, -sión, -dad** are feminine: **la conversación, la expresión, la universidad.**
5. A few nouns have the same form for both genders: **el estudiante, la estudiante.** In these cases gender is indicated by the article.

¡Atención!   A few nouns, although ending in **-a,** are masculine: **el día;** a few others ending in **-o** are feminine: **la foto.** You will learn these few exceptions gradually. When learning new nouns, always use the definite article, as this will help you remember the correct gender. Consult the **Vocabulario** when you are not sure about gender.

The plural of nouns (*El plural de los sustantivos*)

1. Spanish nouns ending in a vowel regularly add **-s** to form the plural: **alumno/alumnos, profesora/profesoras, clase/clases.**
2. Spanish nouns ending in a consonant regularly add **-es: la lección/las lecciones, la expresión/las expresiones,**[1] **la universidad/las universidades, el mes/los meses, el profesor/los profesores.**

¡Atención!   The masculine plural forms of nouns referring to persons may refer to males only or to mixed company: **La profesora Maité y el profesor Ruiz enseñan español. Los profesores Maité y Ruiz enseñan muy bien,** *Professor Maité and Professor Ruiz teach Spanish. Professors Maité and Ruiz teach very well.*

The plural of noun phrases such as **el profesor de alemán** is **los profesores de alemán.**

---

[1]Note the use of the accent mark on the singular nouns ending in **-ción, -sión** but not in the plural forms **-ciones, -siones.**

◙ Práctica 2   Give the plural of each expression:

> MODEL: la alumna de alemán
> **las alumnas de alemán**

1. la lección de inglés
2. el estudiante de francés
3. el profesor de portugués
4. la clase de español

5. el ejercicio de pronunciación
6. la universidad en los Estados Unidos
7. la casa de la profesora
8. la conversación con el profesor

E. Interrogative and negative sentences (*Oraciones interrogativas y negativas*)

1. To form a question in Spanish, the subject is usually placed immediately after the verb:

¿Habla Ud. mucho en clase?	*Do you speak a lot in class?*
¿No prepara Mario las lecciones?	*Doesn't Mario prepare the lessons?*
¿Habla portugués el profesor de español?	*Does the Spanish teacher speak Portuguese?*

¡Atención!   Note that in the third example, the subject (**el profesor de español**) is longer than the direct object (**portugués**), so it is placed at the end of the question. Spanish doesn't have an equivalent for the English *do* (*does*) in interrogative sentences.

2. When addressing someone, the subject normally precedes the question, and an inverted question mark is placed immediately before the question:

Pablo, ¿necesitas practicar más?	*Paul, do you need to practice more?*
Srta. Ortega, ¿hablamos ahora?	*Miss Ortega, do we talk now?*

3. Interrogative sentences are also introduced by interrogative words. Some of these were used in the two preliminary lessons. Interrogative words always have a written accent.

¿**Cómo** te llamas?	*What's your name?*
¿**Qué** lengua estudias?	*What language do you study?*
¿**Cuándo** preparas la lección?	*When do you prepare the lesson?*
¿**Dónde** practicas la pronunciación?	*Where do you practice the pronunciation?*
¿**Cuántos** estudiantes estudian español?	*How many students study Spanish?*
¿**Quién** enseña la clase?	*Who teaches the class?*

4. To make a sentence negative in Spanish, place **no** (or other negative words) immediately before the verb:

Él **no** habla muy bien el japonés.	*He doesn't speak Japanese very well.*
Carmen **no** necesita estudiar más.	*Carmen doesn't need to study more.*
—¿Habla Ud. japonés?	*"Do you speak Japanese?"*
—No, yo **no** hablo japonés.	*"No, I don't speak Japanese."*

¡Atención!   An infinitive may follow the verb **necesitar: Carmen no necesita estudiar.** Remember that the English auxiliary *do* (*does*) is not expressed in Spanish.

◇◇◇◇◇◇◇◇ Actividades y práctica ◇◇◇◇◇◇◇◇

A. Listen to the question and respond affirmatively.

> MODEL: ¿Practican Uds. la pronunciación?
> **Sí, practicamos la pronunciación.**

1. ¿Estudia Ud. español?
2. ¿Practica Ud. en clase?
3. ¿Hablo yo español en clase?
4. ¿Enseño yo bien?
5. ¿Preparan Uds. las lecciones?
6. ¿Pronuncian Uds. bien?

B. Listen to the statement and the question that follows. Respond in the negative.

> MODEL: Ella estudia japonés. ¿Y Ud.?
> **No, yo no estudio japonés.**

1. Ella habla italiano en casa. ¿Y Ud.?
2. Él estudia francés. ¿Y Ud.?
3. Yo preparo la clase. ¿Y Uds.?
4. Él practica bastante. ¿Y Uds.?
5. Ellos pronuncian mal. ¿Y yo?
6. Ella necesita practicar. ¿Y yo?

C. Listen to the question. Then respond with a negative statement and offer an alternative answer.

> MODEL: ¿Hablo yo alemán?
> **No, usted no habla alemán; usted habla español.**

1. ¿Enseño yo francés?
2. ¿Enseño yo mal?
3. ¿Hablan los estudiantes japonés?
4. ¿Estudian los estudiantes un poco?
5. ¿Pronuncian Uds. bastante mal?
6. ¿Hablan Uds. español en casa?

D. Listen to what your teacher has to say. Ask the question to a classmate and expect a logical affirmative or negative response, with appropriate alternatives.

> MODEL: TEACHER —La profesora (…) enseña japonés.
> STUDENT 1 **—¿Enseña japonés la profesora (…)?**
> STUDENT 2 **—La profesora (…) no enseña japonés; ella enseña español.**

1. La profesora (El profesor) habla inglés en clase.
2. Él estudia inglés en la universidad.
3. El profesor (La profesora) enseña mal.
4. (…) y (…) hablan bien el español.
5. Los estudiantes estudian bastante.
6. (…) practica el francés en clase.

E. Give the Spanish equivalent.

1. The students prepare the Spanish lesson at home.   2. They always practice the exercises.   3. The Spanish teacher (*m.*) talks with the students in class. 4. Good morning, Louise. Do you (*formal sing.*) speak Spanish?   5. No, I do not speak Spanish well.

6. Louise speaks French and Mario speaks Italian at home.   7. They are studying English in the United States.   8. Mario pronounces English quite badly. 9. He needs to practice English more.   10. Mario and Louise always prepare the exercises in the laboratory.

◇◇◇◇◇◇◇ Práctica de conversación ◇◇◇◇◇◇◇
(*Conversation practice*)

Your teacher will ask you to ask another student a question by using one of the following statements. The teacher will then ask the other student to respond. In the response, the student should feel free to use any vocabulary and structure previously studied.

MODEL: PROFESOR(-A) —(Pablo), pregúntele a (Carmen) si habla español.
PABLO —(**Carmen**), **¿hablas español?**
PROFESOR(-A) —(Carmen), conteste, por favor.
CARMEN —**Sí, hablo español** or **Sí, hablo español un poco.**
No, no hablo mucho (bien) el español.
No, no hablo español; hablo inglés.
No, hablo inglés (italiano).

1. Pregúntele a (…) si habla inglés en clase. (…), conteste, por favor.
2. Pregúntele a (…) si habla italiano con la profesora. (…), conteste, por favor.
3. Pregúntele a (…) si estudia alemán en el laboratorio. (…), conteste, por favor.
4. Pregúntele a (…) si estudia las palabras y las expresiones. (…), conteste, por favor.
5. Pregúntele a (…) si practica francés en casa. (…), conteste, por favor.
6. Pregúntele a (…) si pronuncia bien el español. (…), conteste, por favor.
7. Pregúntele a (…) si prepara las lecciones en casa. (…), conteste, por favor.
8. Pregúntele a (…) si prepara los ejercicios de pronunciación. (…), conteste, por favor.
9. Pregúntele a (…) si necesita estudiar mucho. (…), conteste, por favor.
10. Pregúntele a (…) si necesita practicar más. (…), conteste, por favor.

◆◇◆◇◆◇◆◇◆◇ Situaciones ◇◆◇◆◇◆◇◆◇◆

Someone you know sees you leaving the Spanish class. His name is Luis. He knows that you have a Spanish surname, so he wonders why you're taking Spanish! After you greet each other, he then asks you a series of questions.

¡Hola, (…)! ¿Qué tal?

1. Pero (…) ¿no hablas tú español en casa?
2. ¿Y qué lengua habla la familia?
3. ¿Cómo hablas tú el español?
4. ¿Qué necesitas practicar, la pronunciación? ¿Y las expresiones también?
5. ¿Quién enseña la clase? ¿Cómo enseña (…)?
6. ¿Qué lengua hablan los alumnos en clase?

Preparando una lección en una sala de clase en la Universidad de Madrid.

Vocabulario
(Vocabulary)

¡ah! ah! oh!
ahora now
la alumna pupil, student (*girl*)
el alumno pupil, student (*boy*)
bastante *adv.* quite, quite a bit, rather
bien *adv.* well
bueno, -a good
Carmen Carmen
la casa house, home
la clase class, classroom
con with
de of, from, about
el día (*note gender*) day
el ejercicio exercise
en in, on, at
el español Spanish (*the language*)
estudiar to study
la familia family
el francés French (*the language*)
hablar to speak, talk
¡hola! hello! hi!
el inglés English (*the language*)
el italiano Italian (*the language*)
el laboratorio laboratory
la lección (*pl.* lecciones) lesson

la lengua language, tongue
Luisa Louise
mal *adv.* badly
Mario Mario
más more, most
mucho *adv.* much, a lot, a great deal
muy very
necesitar to need
no no, not
pero but
practicar to practice
preparar to prepare
la profesora teacher (*f.*)
la pronunciación pronunciation
pronunciar to pronounce
¿qué? what? which?
sí yes
siempre always
sólo *adv.* only
también also, too
la tarde afternoon
todo, -a all, every
la universidad university
y and
ya already, now

buenas tardes good afternoon
buenos días good morning (day)
clase de español Spanish class
ejercicio de pronunciación pronunciation exercise
en casa at home
en clase in class
en la universidad at the university
Lección primera Lesson One
los Estados Unidos the United States
¡muy bien! very well! (that's) fine!
profesora de español Spanish teacher (*f.*)
todos los días every day (*lit.*, all the days)
un poco a little

Lección 2

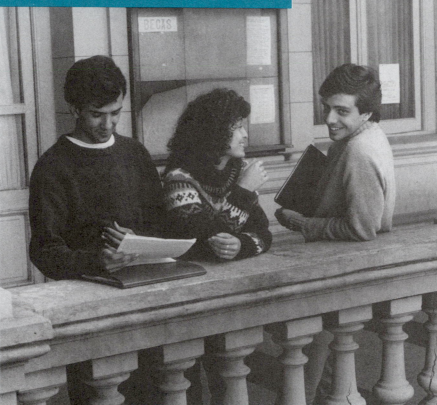

Estudiantes uruguayos esperan (await) la hora de entrar en clase en la Universidad de Montevideo.

▶ Sounds of Spanish **t** and **d**
▶ Linking
▶ Present indicative of **-er** verbs
▶ Present indicative of the irregular verbs **ser** and **tener**
▶ **Hay,** *There is, There are*
▶ **Tener que** + infinitive
▶ The indefinite article
▶ The definite article with titles
▶ Forms and agreement of adjectives

En una universidad norteamericana

Antonio y Carlos son dos estudiantes de Suramérica. Ellos aprenden inglés en los Estados Unidos. Hablan en la sala de clase.

ANTONIO —¡Hola! Soy Antonio Morales. Soy chileno.[1] ¿De dónde eres tú?

CARLOS —Yo soy Carlos García López. Soy de Colombia.

ANTONIO —¿Hay más hispanoamericanos aquí en la clase?

CARLOS —Creo que[2] hay muchos. El muchacho que tiene unos papeles es de Panamá. La muchacha que tiene unos lápices[3] rojos es argentina.

ANTONIO —Bueno, allí llega la profesora de inglés. Ahora tenemos que preparar la lección.

:□:□:

El lunes[4], después de las clases, Carlos y Antonio comen en la cafetería de la universidad con unos estudiantes franceses. Llega un grupo de estudiantes norteamericanos.

CARLOS —¡Hola, muchachos! ¿Son Uds. estudiantes de español?

FELIPE —Sí, somos alumnos de la profesora Molina.

ANA —Ella es mexicana; es una profesora muy buena.

ANTONIO —¡Y también es muy guapa! ¿Qué libro de español usan Uds.?

CAROLINA —Usamos un libro muy interesante. Tiene unas fotografías a colores de Hispanoamérica que son muy bonitas.

ANA —También tenemos un cuaderno de ejercicios muy bueno.

CARLOS —¿Dónde tienen Uds. la clase de español?

FELIPE —En el edificio principal. Es una sala muy grande que tiene unas paredes amarillas.

CARLOS —¡Claro! Y en las paredes hay unos mapas[5] y unos carteles muy bonitos de España y de Hispanoamérica.

CAROLINA —Sí, es una sala muy agradable y tiene muchas ventanas.

ANTONIO —¡Bueno, muchachos! ¿Comemos ahora?[6]

---

[1] Adjectives designating nationality are not capitalized in Spanish: **colombiano, -a,** *Colombian.*

[2] In Spanish the subordinate conjunction **que** must be used in most cases, while in English it can be omitted: **Creo que hay muchos,** *I believe (that) there are many.*

[3] Final **z** changes to **c** before **-es.**

[4] Review the days of the week in **Lección preliminar 2.** Pay attention to the use of the definite article with the days of the week.

[5] **El mapa, un mapa** is one of those few nouns ending in **-a** that are masculine in gender. See **Lección 1.**

[6] Remember that the Spanish present tense may be used to express future events: **¿Comemos ahora?,** *Shall we eat now?* **See Lección 1.**

◈ Otras palabras y expresiones

colombiano, -a   (*also noun*) Colombian
¿de qué color...?   what color . . . ?
azul (*m. or f.*)   blue
blanco, -a   white
negro, -a   black
verde (*m. or f.*)   green
español, -ola   Spanish, (*noun*)
   Spaniard, (*pl.*) Spanish (persons)
inteligente   (*m. or f.*)   intelligent
malo, -a   bad
¿cómo es (son)...?   what is (are) . . . like?
¿cuántos, -as?   how many?
o   or

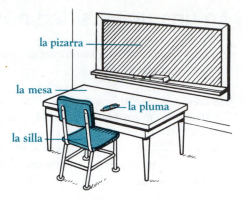

la pizarra

la mesa — la pluma

la silla

◈ Preguntas sobre los diálogos

1. ¿Quiénes son Antonio y Carlos? ¿Qué aprenden ellos?   2. ¿De dónde es Antonio? ¿De dónde es Carlos?   3. ¿Quién es de Panamá? ¿Y quién es argentina?   4. ¿Quién llega a la sala de clase?

5. ¿Dónde comen Felipe, Ana y Carolina?   6. ¿Quién es la señorita Molina? ¿Cómo es ella?   7. ¿Cómo es el libro que usan los estudiantes? ¿Qué tiene el libro?   8. ¿Dónde tienen los estudiantes la clase de español? ¿Qué hay en las paredes de la sala de clase?

◈ Nota cultural ◈

In Spanish, the name **Suramérica,** *South America,* is used to refer to the countries south of Panama (i.e., Colombia, Peru, Argentina, Chile, and so forth). **Hispanoamérica,** *Spanish America,* refers to all the Spanish-speaking countries in North, Central, and South America and the islands in the Caribbean area whose first language is Spanish. The term **América Latina,** *Latin America,* includes all these countries as well as Brazil and Haiti, where Portuguese and French, respectively, are spoken.

In Spain and Spanish America, family names of both father and mother are often used, particularly among the older generations. The first name after the given name is the surname of the father, and the second is that of the mother: **Soy Carlos García López.** *I am Carlos García López.*

américa latina

◈◈◈◈◈◈◈◈◈ Pronunciación ◈◈◈◈◈◈◈◈◈

A. Spanish **t**

In the pronunciation of Spanish **t,** the tip of the tongue touches the back of the upper front teeth, and not the ridge above the teeth, as in English. Furthermore, the sound is never followed by a puff of air, as occurs in English *task* (*t*ʰ*ask*), for example. To avoid the puff of air, the breath must be held back during the articulation of the sound. Pronounce after your teacher:

Antonio	argentino	bonita	cartel	cafetería
interesante	practicar	también	tarde	tiene

B. Sounds of Spanish **d**

Spanish **d** has two basic sounds:

1. At the beginning of a breath group or after **n** or **l**, it is pronounced like English *d*, but as in Spanish **t,** the tip of the tongue touches the inner surface of the upper teeth, rather than the ridge above the teeth. Pronounce after your teacher:

cuando	día	dólar	¿dónde?	grande
aldea	el día	con dos	un día	un dólar

2. In all other cases, the tongue drops even lower, and the **d** is pronounced like a weak English *th* in *this*. The sound is especially weak in the ending **-ado,** and when final in a word before a pause. Pronounce after your teacher:

adiós	cuaderno	estudiar	tarde	todo
los días	las dos	estados	pared	usted

C. Linking

Practice linking by pronouncing each of the following as one breath group:

Antonio y Carlos	Ellos aprenden inglés.	¿De dónde eres?
¿Es usted estudiante?	Ella es argentina.	¿Comemos ahora?

EL ARTE DE SER UNICO
Cartier
Paris

◇◇◇◇◇◇◇◇ **Notas gramaticales** ◇◇◇◇◇◇◇◇

A. **Present indicative of -er verbs** (*El presente del indicativo de verbos terminados en -er*)

comer, *to eat*			
Singular		**Plural**	
(yo) **como**	I eat	(nosotros, -as) **comemos**	we eat
(tú) **comes**	you (*fam.*) eat	(vosotros, -as) **coméis**	you (*fam.*) eat
(él, ella) **come**	he, she, it eats	(ellos, -as) **comen**	they eat
Ud. **come**	you (*formal*) eat	Uds. **comen**	you eat

1. The present indicative endings of **-er** verbs (second conjugation) are: **-o, -es, -e, -emos, -éis, -en.**
2. The stress always falls on the stem except in the first and second persons plural: **comemos, coméis.**
3. Remember that **como** corresponds not only to the English simple present, *I eat*, but to the emphatic, *I do eat*, and to the progressive, *I am eating*.
4. Other verbs that follow the same pattern as **comer** are: **aprender,** *to learn;* **creer,** *to believe*, and others like **beber,** *to drink;* **leer,** *to read;* **comprender,** *to understand;* and **responder,** *to answer*, that you will learn later on.

◧ **Práctica 1**   Substitution drill:

1. *Carlos* aprende inglés. (Yo, Nosotros, Los estudiantes, Él)
2. *Él* cree que hay más estudiantes. (Yo, Ella, Ellos, Nosotros)
3. Después de la clase *él* come en la cafetería. (nosotros, Antonio, yo, Uds.)

B. **Present indicative of the irregular verbs ser and tener** (*El presente del indicativo de los verbos irregulares ser y tener*)

ser, *to be*		tener, *to have (possess)*	
Singular			
(yo) **soy**	I am	**tengo**	I have
(tú) **eres**	you (*fam.*) are	**tienes**	you (*fam.*) have
(él, ella) **es**	he, she, it is	**tiene**	he, she, it has
Ud. **es**	you (*formal*) are	**tiene**	you (*formal*) have
Plural			
(nosotros, -as) **somos**	we are	**tenemos**	we have
(vosotros, -as) **sois**	you (*fam.*) are	**tenéis**	you (*fam.*) have
(ellos, -as) **son**	they are	**tienen**	they have
Uds. **son**	you are	**tienen**	you have

1. Forms of the irregular verbs **ser** and **tener** must be memorized, since there are few rules for conjugating them.

2. **Ser**[1] is used to identify a subject and to express its inherent characteristics and qualities:

Soy Antonio Morales; **soy** estudiante; **soy** de Colombia.	*I am Antonio Morales; I am a student; I am from Colombia.*
Nosotros **somos** norteamericanos.	*We are North Americans.*
Somos alumnos de español.	*We are students of Spanish.*
La profesora **es** muy buena; también **es** muy guapa.	*The teacher is very good; she is also very good-looking.*
El libro **es** interesante y las fotografías **son** muy bonitas.	*The book is interesting and the pictures are very pretty.*
La sala de clase **es** grande; las paredes **son** amarillas.	*The classroom is large; the walls are yellow.*

¡Atención!   Spanish has no equivalent to the English subject pronoun *it* (or its plural *they*) to refer to things. In Spanish, therefore, the noun subject is either omitted or repeated: **El libro *es* muy bueno; (el libro) *es* muy interesante,** *The book is very good; it is very interesting.*

Práctica 2   Substitution drill:

1. *Ana* es de los Estados Unidos. (Yo, Nosotros, Ellos, Tú)
2. *Ella* es estudiante de español. (Ustedes, Ellas, Nosotros, Ud.)
3. *Yo* tengo una profesora muy buena. (Nosotros, Uds., Ellos, Él)
4. Ahora *yo* tengo una clase. (ellos, tú, nosotros, ella)

¡NO HAY PROBLEMA!

C. Hay, *There is, There are*

¿Qué **hay** en la pared?	*What is there on the wall?*
Hay unos mapas y unos carteles.	*There are some maps and some posters.*
Hay unos estudiantes hispanoamericanos en la clase.	*There are some Spanish American students in the class.*

The form **hay** has no subject expressed in Spanish and means *there is, there are.*

¡Atención!   Do not confuse **hay** with **es,** (*it*) *is,* and with **son,** (*they*) *are:* **Hay un mapa,** *There is a map,* but **Es un mapa,** *It is a map;* **Hay unos estudiantes,** *There are some students,* but **Son unos estudiantes,** *They are some students.*

---

[1]There are other uses of **ser** that you will learn later. Another verb that corresponds to the English verb *to be* is **estar;** it will be introduced in **Lección 5.**

◙ Práctica 3   Repeat after your teacher:

1. Hay un mapa en la pared; es el mapa de España.
2. Hay unos estudiantes en la clase; son los estudiantes chilenos.
3. Hay una profesora allí; es la profesora de portugués.
4. Hay unas plumas en la mesa; son las plumas rojas.

D. **Tener que** + infinitive

Tenemos que comer ahora.	*We have to eat now.*
Tengo que estudiar más.	*I have to (must) study more.*

Tener que + an infinitive expresses obligation or necessity. It corresponds to the English *to have to, must.*

◙ Práctica 4   Substitution drill:

1. *Antonio* tiene que aprender inglés. (Los estudiantes, Yo, Uds., Tú)
2. *Carolina* tiene que preparar la lección. (Nosotros, Ud., Yo, Él)

E. The indefinite article (*El artículo indefinido*)

Masculine singular		Masculine plural	
un profesor	*a professor*	**unos** estudiantes	*some students*
un libro	*a book*	**unos** lápices	*some pencils*
Feminine singular		**Feminine plural**	
una alumna	*a student*	**unas** muchachas	*some girls*
una mesa	*a table*	**unas** sillas	*some chairs*

1. The indefinite article agrees in gender and number with the noun it introduces.
2. **Un** and **una** correspond to the numerical *one* as well as to the English indefinite article *a, an*: **Tengo un libro muy bueno,** *I have a very good book*; **Sólo usamos un libro,** *We only use one book.*
3. The plural forms **unos, -as** mean *some, a few, several*: **Unos estudiantes son de Suramérica,** *Some (A few) students are from South America*; **Llegan unos profesores,** *Several professors arrive.*

4. In general, the indefinite article refers to nouns that have not been previously identified or specified:

Necesito **un** lápiz rojo.   *I need a red pencil (any red pencil).*

But when referring to something specific, the definite article is used:

Necesito **el** lápiz rojo que ella tiene.   *I need the red pencil that she has.*

5. The indefinite article is omitted when the concept of number is de-emphasized. Note that English may use *any* or *some*:

¿Tiene Ud. lápices?   *Do you have (any, some) pencils?*
¿Tienes papel?   *Do you have (any, some) paper?*

¡Atención!   The indefinite article is not used with nouns designating nationality, profession, or religion unless these nouns are modified: **La muchacha es chilena; es una chilena muy guapa,** *The girl is Chilean; she is a very good–looking Chilean;* **La Srta. Molina es profesora; es una profesora muy buena,** *Miss Molina is a teacher; she is a very good teacher.*

Tarjetas de Navidad

UNA TRADICION QUE HABLA POR USTED

F. **The definite article with titles** (*El artículo definido con títulos*)

La profesora Molina habla con los alumnos.   *Professor Molina is talking to the students.*

Buenos días, señorita (profesora) Molina.   *Good morning, Miss (Professor) Molina.*

The definite article is used in Spanish with titles except when speaking directly to a person.

¡Atención!   When speaking directly to a person, formal discourse in Spanish requires the use of titles such as **señor, señora, señorita,** and occupational titles such as **profesor, profesora, doctor (Dr.), doctora (Dra.),** regardless of whether the person is a stranger or an acquaintance. Remember that when a title is used, the polite **usted** is required: **Srta. Molina, ¿es usted de Chile?** *Miss Molina, are you from Chile?*

G. **Forms and agreement of adjectives** (*Formas y concordancia de los adjetivos*)

Adjective forms (*Formas de los adjetivos*)

Singular		Plural	
Masculine	Feminine	Masculine	Feminine
guapo	guapa	guapos	guapas
argentino	argentina	argentinos	argentinas
azul	azul	azules	azules
interesante	interesante	interesantes	interesantes

1. Adjectives whose masculine singular ends in **-o** have four forms, ending in **-o**, **-a**, **-os**, **-as.**
2. Most other adjectives have only two forms, a singular and a plural.
3. The plurals of these adjectives are formed by adding **-s** or **-es**: interesantes, azules.
4. Adjectives of nationality ending in a consonant add **-a** to form the feminine; those ending in **-és** in the masculine singular drop the accent mark on the other three forms:

español	española	españoles	españolas
francés	francesa	franceses	francesas

Adjective agreement (*Concordancia de los adjetivos*)

Él es un **muchacho mexicano.**	*He is a Mexican boy.*
Ella es una **muchacha española.**	*She is a Spanish girl.*
Él es **guapo.**	*He is good-looking.*
Ella es **mexicana.**	*She is Mexican.*

1. Adjectives agree in gender and number with the nouns they modify, whether they modify the noun directly or are linked to the subject with a verb like **ser** (last two examples).
2. To ask a question with adjectives linked to the subject with a verb like **ser,** the following word order is observed:
   a. verb + adjective + noun subject:

¿Es mexicano el muchacho?	*Is the boy Mexican?*
¿Es guapa la muchacha?	*Is the girl good-looking?*

   b. verb + pronoun or proper name + adjective:

¿Es ella guapa?	*Is she good-looking?*
¿Es Antonio mexicano?	*Is Anthony Mexican?*

3. Adjectives of nationality are often used as nouns. When used thus, they have the gender and number of the noun they are replacing:

El argentino estudia mucho.   *The Argentine (boy or man) studies a lot.*
La española es guapa.   *The Spanish (girl or woman) is good-*
                                           looking.
Los franceses pronuncian bien.   *The French (boys or men) pronounce*
                                           well.
Ana y Mario son **los chilenos.**   *Ana and Mario are the Chileans.*

Práctica 5   Give the plural of each expression:

1. un lápiz azul   2. una muchacha guapa   3. un estudiante español
4. un profesor francés   5. una clase interesante   6. una pared blanca

Práctica 6   Ask the question that answers each of the following statements. Observe the correct word order:

1. Los estudiantes son hispanoamericanos.   2. Miguel es argentino.   3. Ella es chilena.   4. La clase de español es buena.   5. El libro es interesante.
6. Carlos y Felipe son inteligentes.

◇◇◇◇◇◇◇◇ Actividades y práctica ◇◇◇◇◇◇◇◇

A. Listen to the statement and the question that follows. Respond according to the model.

MODEL: Aquí tengo el libro de español. ¿Qué tiene Ud.?
          Yo tengo un libro también.

1. Aquí tengo el cuaderno de ejercicios. ¿Qué tiene Ud.?
2. Aquí tengo la pluma verde. ¿Qué tiene Ud.?
3. Aquí tengo el mapa de España. ¿Qué tiene Ud.?
4. Aquí tengo los lápices azules. ¿Qué tienen Uds.?
5. Aquí tengo las fotografías a color. ¿Qué tienen Uds.?
6. Aquí tengo los carteles de México. ¿Qué tienen Uds.?

B. Listen to what your teacher tells you. You will then agree with his or her statement.

> MODEL: Hay unos libros interesantes en la mesa.
> **Sí, son unos libros interesantes.**

1. Hay un mapa muy grande en la pared.
2. Hay unas fotografías muy bonitas en el libro.
3. Hay una muchacha muy guapa en la cafetería.
4. Hay unos estudiantes chilenos en la clase.

Eurobuilding ★★★★★

HAY UN HOTEL EN MADRID ★★★★★

C. Answer affirmatively, following the model and making all necessary changes.

> MODEL: ¿Es grande la pizarra?   **Sí, la pizarra es grande.**
> ¿Y los mapas?   **Los mapas son grandes también.**

1. ¿Es bonito el cartel? ¿Y las fotografías?
2. ¿Es interesante el mapa? ¿Y los libros?
3. ¿Es azul la pluma? ¿Y los lápices?
4. ¿Es verde la mesa? ¿Y las sillas?
5. ¿Es grande la cafetería? ¿Y la sala de clase?
6. ¿Es inteligente el profesor? ¿Y los estudiantes?
7. ¿Es guapa la muchacha? ¿Y el muchacho?
8. ¿Es español el muchacho? ¿Y la muchacha?

D. Answer affirmatively or negatively according to the information you have. If the answer is **no,** offer an alternative.

> MODEL: —¿Es (…) norteamericano? —**Sí, (…) es norteamericano.**
> —¿Es (…) chileno? —**No, (…) no es chileno; es norteamericano.**

1. ¿Es (…) argentino?
2. ¿Es (…) un(-a) estudiante bueno(-a)?
3. ¿Son Uds. profesores?
4. ¿Son Uds. españoles(-as)?
5. ¿Soy yo norteamericano(-a)?
6. ¿Soy yo estudiante?

E. **¿Cómo es ...?, ¿Cómo son...?** Your teacher wants to know your opinion about certain persons or things. Using the adjectives you have learned, respond with as many options as you can.

> MODEL: ¿Cómo es la española?
> **Creo que la española es... (guapa, bonita, inteligente, interesante, agradable).**

1. ¿Cómo es la estudiante?
2. ¿Cómo es el muchacho?
3. ¿Cómo es la universidad?
4. ¿Cómo son las profesoras?
5. ¿Cómo son los alumnos?
6. ¿Cómo son las salas de clase?

F. Fill in the blank spaces using the correct form of the verbs given.

(**ser**) 1. La señorita Molina _____ la profesora de español. 2. Ella _____ de Colombia. 3. Nosotros _____ de los Estados Unidos. 4. Yo _____ de California. 5. Ellos _____ de México. 6. ¿De dónde _____ tú? 7. La profesora Molina _____ muy buena. 8. Los alumnos de la clase _____ inteligentes y estudian mucho.

(**tener**) 1. Nosotros _____ la clase de español los lunes, los miércoles y los viernes. 2. ¿Cuándo _____ Uds. la clase de inglés? 3. Nosotros usamos un libro muy bueno; _____ unas fotografías muy interesantes. 4. ¿Qué _____ el libro que usas tú? 5. Nosotros también _____ un cuaderno de ejercicios. 6. En clase los alumnos _____ que hablar español siempre. 7. Yo _____ que estudiar todos los días. 8. ¿_____ Uds. que estudiar mucho también?

G. Give the Spanish equivalent.

1. The students from South America are learning English in the United States.
2. Anthony is Chilean and Charles is from Colombia; he is Colombian.
3. There are many Spanish American students at the university.
4. The girl who has some papers is Argentine; she is also learning English.
5. Miss Molina arrives, and they have to prepare the lesson.
6. On Monday, a group of students is eating in the cafeteria after a Spanish class.
7. The teacher (f.) is Spanish and she is very good-looking.
8. They use a very interesting book; it has some photographs that are very pretty.
9. The students have the Spanish class in the main building; the classrooms are very nice.
10. They have to study a lot but the teacher (f.) is very good.

◇◇◇◇◇◇◇◇ Práctica de conversacion ◇◇◇◇◇◇◇

Answer the following questions with complete sentences when your teacher calls on you:

1. ¿De dónde es Ud.?
2. ¿Qué estudia Ud. en la universidad?
3. ¿Qué lengua aprende Ud. ahora?
4. ¿Cómo es el libro que usamos? ¿Qué tiene el libro?
5. ¿Qué días tienen Uds. la clase de español?
6. ¿Hay muchos estudiantes en la clase? ¿Cuántos estudiantes hay?
7. ¿Cómo son los muchachos de la clase? ¿Y las muchachas?
8. ¿Hay estudiantes hispanoamericanos en la universidad? ¿De dónde son?
9. ¿Qué estudian ellos? ¿Practica Ud. el español con los estudiantes hispanoamericanos?
10. ¿Dónde comen Uds.? ¿Cómo es la cafetería de la universidad?

◇◇◇◇◇◇◇◇◇◇ Situaciones ◇◇◇◇◇◇◇◇◇◇

A friend of yours from Mexico is visiting and is interested in finding out about your Spanish class. Tell him a few things about the class, the teacher, the students, the book you're using, the classroom. . . .

Una lección de literatura en la Universidad de Barcelona, España.

Vocabulario

allí there
agradable pleasant, nice
amarillo, -a yellow
Ana Ann, Anne, Anna
Antonio Anthony, Tony
aprender to learn
aquí here
argentino, -a (*also noun*) Argentine
bonito, -a beautiful, pretty
bueno *adv.* well, well now (then)
la **cafetería** cafeteria
Carlos Charles
Carolina Caroline
el **cartel** poster
comer to eat, dine, eat dinner
creer to believe, think
el **cuaderno** notebook
chileno, -a (*also noun*) Chilean
¿de dónde? where (from)?
después de *prep.* after
¿dónde? where?
dos two
España Spain
el (la) **estudiante** student
Felipe Philip
la **fotografía** photograph, picture
francés, -esa French, (*noun*) Frenchman,
   Frenchwoman, (*pl.*) French (*persons*)
grande large, big
el **grupo** group

guapo, -a handsome, good-looking
hay there is, there are
Hispanoamérica Spanish America
hispanoamericano, -a (*also noun*) Spanish American
interesante interesting
el **lápiz** (*pl.* **lápices**) pencil
el **libro** book
llegar to arrive
el **mapa** (*note gender*) map
mexicano, -a (*also noun*) Mexican
México Mexico
la **muchacha** girl
el **muchacho** boy
mucho, -a (**-os, -as**) much, a lot of, many
norteamericano, -a (*also noun*) North American
el **papel** paper
la **pared** wall
principal principal, main
que *relative pron.* that, which, who, whom; *conj.* that
rojo, -a red
ser to be
Suramérica South America
tener to have (*possess*)
un, uno, una a, an, one
unos, -as some, a few, several
usar to use
la **universidad** university
la **ventana** window
verde green

allí llega there comes (arrives)
alumnos de la profesora students of (the) professor
cuaderno de ejercicios workbook
edificio principal main building
estudiantes de español students of Spanish
fotografías a colores color photographs
libro (de español) (Spanish) book
sala de clase classroom
sí, claro yes, of course
tener que + *inf.* to have to, must + *verb*

Lección 3

Dos jóvenes charlan en un café al aire libre (outdoor) en Buenos Aires, la Argentina.

▶ Sounds of Spanish **p, b,** and **v**
▶ Present indicative of **-ir** verbs
▶ Present indicative of the irregular verb **ir**
▶ Prepositions and contractions: **a, al; de, del**
▶ **Ir a** + infinitive to express future time
▶ Time of day
▶ Expressions with **verdad**
▶ Omission of the indefinite article

Temprano por la mañana

Ana es la compañera de cuarto de Carolina. Viven en una residencia de la universidad. Un día temprano por la mañana Ana escribe unas cartas.

ANA —¡Oye, Carolina! ¿Qué hora es?

CAROLINA *(Mira el reloj que hay en la mesa del cuarto.)* —Son casi las siete y veinte de la mañana.

ANA —¡Ah, es muy tarde!

CAROLINA —Pero, ¿adónde vas tan temprano? ¿A qué hora tienes clase?

ANA —Tengo una clase a las ocho y media.

CAROLINA —Vivimos muy cerca de la universidad, Ana. Creo que no necesitas una hora para[1] llegar allá, ¿verdad?

ANA —No, pero voy al restaurante a tomar el[2] desayuno. La comida no es buena aquí en el comedor.

⁑

Jorge Ibarra y Laura son compañeros de clase. Mientras toman una taza de café, hablan de los horarios de las comidas.

JORGE —¿A qué hora tomas el almuerzo, Laura?

LAURA —Generalmente regreso de clases al mediodía y como a las doce y cuarto.

JORGE —Yo como entre las dos y las tres de la tarde. ¿Y a qué hora cenas?

LAURA —En la residencia donde yo vivo, cenamos a las seis. ¿Y tú?

JORGE —Siempre voy a la biblioteca y estudio allí hasta las nueve. Regreso a casa a eso de las diez menos cuarto.

LAURA —¿Y dónde vives tú, Jorge?

JORGE —Vivo en un apartamento lejos de aquí.

LAURA —Entonces cenas tarde…, más o menos a las diez de la noche. Tú eres español, ¿no es verdad?

PLAZA DE TOROS MADRID
DIAS 12 Y 15 DE JULIO - 8,30 y 7 tarde

---

[1]The preposition **para,** which often means *for,* may be followed by an infinitive to express purpose, meaning *to, in order to.*

[2]In contrast to English, the definite article is used in certain set expressions, such as **tomar el desayuno (almuerzo),** *to have* or *eat breakfast (lunch).* Literally, *to take breakfast (lunch).*

Otras palabras y expresiones

compañera de clase classmate (*f.*)
compañero de cuarto roommate (*m.*)
por la tarde (*pl.* **las tardes**) in the afternoon(s)
por la noche (*pl.* **las noches**) in the evening(s)
por las mañanas in the mornings
todas las noches (todos los días) every night (day)
recibir to receive
¿cuándo? when?
¿de quién (*pl.* **¿de quiénes) es (son)?** whose is it (are they)?
es verdad it is true
el **horario** schedule, timetable
en punto on the dot, sharp
a (la) medianoche at midnight
hoy today
después *adv.* afterwards, later

Preguntas sobre los diálogos

1. ¿Dónde viven Ana y Carolina? 2. ¿Qué hay en la mesa del cuarto? 3. ¿Qué hora es en el reloj? 4. ¿A qué hora tiene clase Ana?

5. ¿De qué hablan Jorge y Laura? 6. ¿A qué hora toma Laura el almuerzo? 7. ¿Dónde estudia Jorge todas las noches? 8. ¿Cuándo cena Jorge?

Nota cultural

The meal hours in Spain are normally later than in the United States. People regularly have a small breakfast between 7:00 and 9:00 or 10:00 A.M. Lunch is served in restaurants between 1:00 and 3:00, and in homes about 2:00 P.M. The evening meal is served in restaurants between 9:00 and 11:00 P.M., while families usually eat at 9:30 or 10:00 P.M.

Some countries in Spanish America, such as Mexico, Peru and Argentina, for instance, follow Spain's schedule, except that the evening meal may be eaten earlier. In other countries of the Americas, breakfast is taken between 7:00 and 9:00 A.M., lunch between 12:30 and 1:30 P.M., and dinner or supper between 7:00 and 8:30 P.M. In Spain, many people take a **merienda,** *snack,* between 5:00 and 6:00 P.M. In South American countries like Peru, Chile, Argentina, and Uruguay, tea at 5:00 P.M. is a well-rooted tradition. Sometimes it is quite elaborate, and a variety of small sandwiches and pastries are served.

HORARIO
DE RESTAURANTE
Desayuno . . 9 a 11
Comida. . . . 1 a 4
Cena . . . . . 8 a 11
PASANDO DE ESTAS HORAS
NO HABRA SERVICIO DE RESTAURANTE

In most Hispanic cities, hours are counted from one to twenty-four, particularly to refer to business and social schedules. In Mexico City, for instance, it is common that someone will invite you to have lunch **"a las 14 horas"** or tea in Santiago **"a las 17 horas".** To find the equivalent on a twelve-hour clock, you have to subtract twelve from any hour over twelve.

◇◇◇◇◇◇◇◇◇◇ **Pronunciación** ◇◇◇◇◇◇◇◇◇◇

A. Spanish **p**

Spanish **p** is similar to English *p*, but the explosion is weaker, and again there is no puff of air (as in *p*ʰ*ast*). Pronounce after your teacher:

| España | Felipe | pero | pluma | poco |

B. Spanish **b** and **v**

1. Spanish **b** and **v** are pronounced exactly alike. At the beginning of a breath group, or after **m** and **n,** the sound is that of a weak English *b*. Pronounce after your teacher:

| bastante | bonito | bueno | bien | ¿verdad? |
| verde | voy | colombiano | también | conversación |

2. In other positions, particularly between vowels, the sound is much weaker. The lips touch very lightly, and the breath continues to pass through a narrow opening in the center. Avoid the English *v* sound. Pronounce after your teacher:

| habla | cubano | libro | muy bien | yo voy |
| la verdad | las nueve | otra vez | tú vas | universidad |

3. Note that if forms such as **bebo** or **vivimos** are used at the beginning of a breath group, or after **m** or **n,** the first **b** or **v** is pronounced as in the examples in section 1, and the second as in the examples in section 2; otherwise both **b**'s or **v**'s are pronounced as in section 2. Pronounce after your teacher:

| bebo | yo bebo | vivimos | no vivimos | Carmen[1] bebe |

la red
RESTAURANTE
Abrimos de
12 m. a 4 p.m.
7 p.m. a 11 p.m.

[1] Before **b, v, m** or **p,** Spanish **n** is pronounced **m;** see page 138.

◇◇◇◇◇◇◇◇◇◇◇ **Notas gramaticales** ◇◇◇◇◇◇◇◇◇◇

A. Present indicative of -ir verbs (*El presente del indicativo de verbos terminados en -ir*)

vivir, *to live*			
Singular		**Plural**	
(yo)[1] **vivo**	I live	(nosotros, -as) **vivimos**	we live
(tú) **vives**	you (*fam.*) live	(vosotros, -as) **vivís**	you (*fam.*) live
(él, ella) **vive**	he, she, it lives	(ellos, -as) **viven**	they live
Ud. **vive**	you (*formal*) live	Uds. **viven**	you live

1. The present indicative endings of **-ir** verbs (third conjugation) are: **-o, -es, -e, -imos, -ís, -en.**
2. Note that these endings are the same as those for **-er** verbs, except in the first and second persons plural.
3. The stress always falls on the stem except in the first and second persons plural: **vivimos, vivís.**
4. Remember that the present tense corresponds to the English *I live, I do live, I am living,* etc., and that it is also used in Spanish to express future time: **Escribo la carta mañana,** *I'll write the letter tomorrow.*
5. Other verbs that follow the same pattern as **vivir** are **escribir,** *to write;* **recibir,** *to receive.*

VIVE MÁS CON MENOS

Menos de 1 caloría

▣ **Práctica 1**   Substitution drill:

1. *Carmen* vive en un apartamento.
   (Tú / Ana y Carolina / Yo / Nosotros / Ellas)
2. *Jorge* escribe todas las tardes.
   (Nosotros / Laura / Tú / Uds. / Mario y Carlos)
3. *Él* recibe muchas cartas.
   (Yo / Nosotros / Ustedes / Felipe)

---

[1]Subject pronouns will not be given in tables hereafter, unless they are necessary for clarification. Remember that **usted (Ud.)** and **ustedes (Uds.)** take the third person forms of verbs.

B. Present indicative of the irregular verb ir (*El presente del indicativo del verbo irregular* **ir**)

ir, *to go*	
Singular	*Plural*
voy	vamos
vas	vais
va	van

◪ Práctica 2   Substitution drill:

1. *Ana* va a la universidad a las ocho.
   (Yo / Carolina y yo / Uds. / Jorge / Tú)
2. *Ella* va a la biblioteca todas las noches.
   (Ud. / Yo / Ana y yo / Tú / Mario y Laura)

C. Prepositions and contractions: a, al; de, del[1] (*Preposiciones y contracciones:* **a, al; de, del**)

A, al to express destination (**A, al** *para expresar destino*)

Llegamos **a la universidad.**	*We arrive at the university.*
Regreso **a casa** temprano.	*I return home early.*
¿Adónde van Uds.?	*Where are you going?*
Vamos **al comedor.**	*We are going to the dining hall.*

1. Some verbs of motion, like **llegar, regresar,** and **ir,** take the preposition **a** before a noun object to express destination, roughly corresponding to English *at, to:* **La profesora llega,** *The teacher is arriving;* but **Llega a la sala de clase,** *She is arriving at the classroom.*
2. When **a** is followed by the definite article **el,** the two words contract into **al: al comedor.** The combinations **a la, a los, a las** do not contract.
3. **A** combines with **¿dónde?** to form **¿adónde?,** *where (to)? to what place?* used in inquiring about destination. **¿Dónde?,** *Where!, In what place?* is used when asking for the place or location of a subject:

—¿Adónde vas? —Voy a casa.	*"Where*[2] *are you going?" "I am going home."*
—¿Dónde tienes los libros? —En casa.	*"Where do you have your books?" "At home."*
—¿Dónde vas a estudiar? —En la biblioteca.	*"Where (In what place) are you going to study?" "In the library."*

---

[1]**Al** and **del** are the only two contractions in Spanish.
[2]Literally, *To where?*

De, del to express point of departure, origin, and possession (*De, del para expresar procedencia, origen y posesión*)

Point of departure:

Jorge regresa **de España.**	*George is returning from Spain.*
Llegamos tarde **de la biblioteca.**	*We arrive late from the library.*
Regresamos temprano **del comedor.**	*We return early from the dining hall.*
¿De dónde llega Jorge?	*Where is George arriving from?*

Origin:

¿Eres tú **de España**?	*Are you from Spain?*
¿De dónde es Jorge?	*Where is George from?*

Possession:

El reloj es **de Carolina.**	*The watch is Caroline's.*
Tengo la pluma **de la señorita Martí.**	*I have Miss Marti's pen.*
El profesor tiene los cuadernos **de los estudiantes.**	*The teacher has the students' notebooks.*
Ana tiene el libro **del profesor.**	*Ann has the teacher's book.*
¿De quién es el lápiz?	*Whose pencil is it?*

1. Some verbs of motion, like **llegar** and **regresar,** take the preposition **de** before a noun object to express the point of departure, equivalent to the English *from:* **Jorge regresa hoy,** *George is returning today,* but **Regresa de España,** *He is returning from Spain.*
2. With the verb **ser, de** expresses origin: **Es de España,** *He is from Spain.*
3. **De** also signals possession, belonging to; note that the apostrophe is not used in Spanish: **es de Carolina,** *it is Caroline's.*
4. When **de** is followed by the article **el,** the combination is contracted to **del: del comedor,** *from the dining hall;* **del profesor,** *the teacher's.* The combinations **de la, de las, de los** do not contract.
5. **De** precedes **¿dónde?** to inquire about point of departure or origin: **¿De dónde regresa Ana?,** *Where is Ann returning from?;* **¿De dónde es ella?,** *Where is she from?*
6. **De** precedes **¿quién(es)?** to inquire about possession: **¿De quién es el libro?,** *Whose book is it? ¿De quiénes son los libros?,** *Whose books are they?*

D. Ir a + infinitive to express future time (*Ir a + infinitivo para expresar el futuro*)

Voy a comer a las doce.	*I am going to eat at twelve.*
Voy a estudiar después.	*I am going to study later.*
Voy a escribir las cartas mañana.	*I am going to write the letters tomorrow.*

1. **Ir a** may be followed by an infinitive as in English.
2. The construction **ir a** + infinitive is used very frequently in Spanish to express future time.

E. Time of day[1] (*Las horas del día*)

Es la una.

Son las tres.

Es la una y diez.

Son las tres menos veinte.

Son las dos y media.

Son las dos y cuarto.

¿Qué hora es?	*What time is it?*
Es la una	*It is (It's) one o'clock.*
Son las cuatro y veinte.	*It is twenty minutes past* or *after four (It's 4:20).*
¿A qué hora tomas el almuerzo?	*At what time do you eat (have) lunch?*
A las doce y media.	*At half past twelve (At 12:30).*
A las dos menos cuarto.	*At a quarter to two (At 1:45).*

1. The word **hora** means time in asking the time of day. In stating time, the word **hora** is understood; **la** and **las** signal the hours. There is no equivalent of *o'clock*.
2. **Es** is used only when followed by **la una; son** is used in all other cases: **es la una,** *it is one o'clock;* **son las dos,** *it is two o'clock.*
3. Up to and including the half hour, minutes are added to the hour by using the numeral after **y: las cuatro y veinte,** *twenty minutes past four.*

---

[1]Review the section on cardinal numbers (1–32), in **Lección preliminar 2.**

4. Between the half hour and the next hour, minutes are subtracted from the next hour by using **menos: las dos *menos* cuarto,** *a quarter to two.*
5. The noun **cuarto** is used for *a quarter of an hour:* **las dos y *cuarto,*** *a quarter past two;* **las dos menos *cuarto,*** *a quarter to two.*
6. The adjective **media** is used for half an hour: **los doce y *media,*** *half past twelve.*
7. When a specific hour is given, Spanish uses **de;** when no specific hour is given, **por** is used, corresponding to English *in:*

Son las siete **de** la mañana.	*It is seven A.M. (in the morning).*
Ella regresa a las cinco y media **de la** tarde.	*She is coming back at half past five P.M. (in the afternoon).*
Estudio **por** la tarde (noche).	*I study in the afternoon (evening).*

Práctica 3   Repeat the sentences after your teacher:

1. —¿Qué hora es? —Es la una y media.   2. —¿Qué hora es? —Son las nueve y veinte.   3. —¿Qué hora es? —Son las tres menos cuarto.   4. —¿Qué hora es? —Son las cinco en punto.   5. —¿Es temprano? —Sí, son las siete y cuarto. 6. —¿Es tarde? —Sí, son las doce; es la medianoche.

F. Expressions with verdad (*Expresiones con* **verdad**)

Es verdad; él es español.	*It is true; he is a Spaniard.*
Eres español, **¿no es verdad?**	*You are Spanish, aren't you?*
Ella es estudiante, **¿verdad? (¿no?)**	*She is a student, isn't she?*
—Ella también habla japonés. —**¿Verdad?**	*"She also speaks Japanese." "Is it true?" ("Really?")*
No regresan Uds. ahora, **¿verdad?**	*You are not going back now, are you?*

1. **Es verdad** means *it is true.*
2. The expression **¿no es verdad?** (literally, *is it not true?*) is the Spanish equivalent of English *isn't it?, doesn't it?, aren't you?,* etc.
3. **¿No es verdad?** may be shortened to **¿verdad?** or even to **¿no?**
4. In a question or exclamation, **¿verdad?** may mean *is it true?, really?* After a preceding negative statement, **¿verdad?** may mean *do you?, does he?, are they?,* etc.

G. Omission of the indefinite article (*Omisión del artículo indefinido*)

The indefinite article is omitted in Spanish in a few cases where English would use it:

1. It is often omitted in interrogative sentences after certain verbs, such as **tener, necesitar,** and a few others to be introduced later, when the numerical concept of *a, an* is not emphasized:

¿A qué hora tienes clase?	*At what time do you have a class?*
¿Tienen Uds. profesor?	*Do you have a teacher?*
¿Necesitas reloj?	*Do you need a watch?*

2. It is often omitted in negative sentences:

No tengo clase hoy.	*I don't have a class today.*
No tenemos profesor.	*We don't have a teacher.*
No necesito reloj.	*I don't need a watch.*

Práctica 4   Repeat the sentences after your teacher paying particular attention to the use or omission of the indefinite article.

1. —¿Cuántas clases tienes hoy? —Hoy sólo tengo una clase.
2. —¿Tienes clase hoy? —No, hoy no tengo clase.
3. —¿Cuántos lápices necesitas? —Sólo necesito un lápiz rojo.
4. —¿Necesitas pluma? —No, ya tengo pluma.

◆◆◆◆◆◆◆ Actividades y práctica ◆◆◆◆◆◆◆

A. Repeat after your teacher. When you hear a new subject, use it in a new sentence, making the verb agree with the subject.

1. *Nosotros* vivimos en una residencia de la universidad. (Ellos)
2. *Yo* tomo el desayuno a las siete y media. (Ana)
3. ¿A qué hora llegas *tú* a la universidad? (ustedes)
4. *Carolina y yo* tomamos el almuerzo a la una. (Yo)
5. ¿Comen *ustedes* tarde o temprano? (tú)
6. ¿Toman *ellos* café? (usted)
7. *Yo* recibo muchas cartas. (Nosotros)
8. ¿Cuándo escribe *Ana* las cartas? (ustedes)
9. ¿Dónde cena *Ud.* todas las noches? (tú)
10. *Yo* tengo que cenar en el comedor. (Nosotros)
11. ¿Cuándo regresa *Jorge* de la biblioteca? (ellos)
12. ¿Adónde va *Antonio* ahora? (ustedes)

B. Answer negatively, and then affirmatively, following the model.

> MODEL: ¿Viven ustedes en un apartamento o   **No vivimos en un**
> viven en una residencia?   **apartamento; vivimos en una**
> **residencia.**

1. ¿Viven ustedes cerca de la universidad o viven lejos de la universidad?
2. ¿Van ustedes a clase o van a la biblioteca?
3. ¿Comen ustedes en un restaurante o comen en la cafetería?
4. ¿Regresa Ud. a casa temprano o regresa a casa tarde?
5. ¿Va Ud. a cenar o va a estudiar?
6. ¿Toma Ud. el desayuno en la cafetería o en casa?

C. Look at the pictures below and tell the time as a classmate calls your name and asks you the question. You may add a specific expression (**en punto, de la mañana,** etc.).

1. ¿Qué hora es?   2. ¿A qué hora tomas el   3. ¿A qué hora llegas a la
desayuno?   universidad?

4. ¿A qué hora tomas el   5. ¿A qué hora vas a la   6. ¿A qué hora estudias la
almuerzo?   biblioteca?   lección de español?

D. *¿Adónde? ¿De dónde? ¿De quién(es)?* Listen carefully to the question and offer an answer of your choice.

> MODEL: ¿Adónde va Jorge?
> **Jorge va a la biblioteca (a casa, al comedor, a la cafetería, etc.)**

1. ¿Adónde va Carolina?
2. ¿Adónde va Carlos?
3. ¿Adónde regresa Ana?
4. ¿De dónde llega Pablo?
5. ¿De dónde regresa Jorge?
6. ¿De dónde es él?

MODEL: ¿De quién es la casa?
La casa es del profesor (de Carlos, de la muchacha, etc.)

7. ¿De quién es el cuarto?
8. ¿De quién es el apartamento?
9. ¿De quién es la comida?
10. ¿De quiénes son los lápices?
11. ¿De quiénes son las plumas?
12. ¿De quiénes son los cuadernos?

E. Read in Spanish, using **a, de, en,** or **por** to complete the following paragraph.

1. Ana y yo tomamos el desayuno ___a___ las siete y cuarto ___de___ la mañana.
2. ___n___ las ocho menos diez voy ___a___ clase. 3. Tengo la clase ___de___
español ___por___ la mañana y la clase ___de___ inglés ___por___ la tarde. 4. Tomo
el almuerzo ___A___ las doce. 5. Regreso ___de___ la universidad temprano y llego
___a___ casa ___a___ la una y cuarto. 6. A eso ___de___ las tres menos cuarto
regreso ___a___ la universidad. 7. Generalmente estudio ___en___ la biblioteca tres
horas ___por___ la tarde, pero Ana estudia ___en___ casa. 8. ___a___ las seis voy
___a___ cenar con Ana. 9. Siempre tenemos que comer ___en___ la cafetería.
10. ___por___ la noche yo preparo las lecciones ___en___ la residencia.
11. Generalmente, Ana va ___a___ la biblioteca y estudia allí hasta las once o las
doce ___de___ la noche. 12. Ella regresa ___a___ casa muy tarde.

F. Give the Spanish equivalent.

1. Caroline is Ann's roommate.   2. Listen, Caroline! What time is it?
3. It's almost half past seven in the morning.   4. At what time do you have a
class? At nine o'clock?   5. The girls live very near the university, don't they?
6. They don't go to the dining room early to have breakfast.

7. Laura and George are classmates; they are having a cup of coffee while they
talk about the meal hours.   8. Generally Laura has lunch at twelve o'clock or at
about one.   9. George lives in an apartment far from the university.   10. He
has to study in the library until nine P.M.   11. He returns home at quarter to ten
every night.   12. He doesn't eat supper until ten o'clock, more or less.

◇◇◇◇◇◇◇◇◇◇ Práctica de conversación ◇◇◇◇◇◇◇◇

Answer the following questions with complete sentences when your teacher calls on you:

1. ¿Dónde vive Ud., en un apartamento o en una residencia de estudiantes? ¿Y Ud.?
2. ¿Tiene Ud. un compañero (una compañera) de cuarto? ¿De dónde es él (ella)?
3. ¿Vive Ud. cerca de la universidad o vive lejos de la universidad? ¿Y Ud.?
4. ¿A qué hora toma Ud. el desayuno? ¿Y cuándo toma el almuerzo?
5. ¿Llegan Uds. temprano o tarde a la universidad? ¿Y Ud.?
6. ¿A qué hora llegan Uds. a clase? Y yo, ¿a qué hora llego?
7. ¿Dónde come Ud. generalmente? ¿Va Ud. a un restaurante?
8. ¿A qué hora cenamos en los Estados Unidos? ¿Y a qué hora cenan los españoles?
9. ¿Dónde estudia Ud. generalmente? ¿Y dónde practica la pronunciación?
10. ¿Adónde va Ud. por las noches? ¿A qué hora regresa a casa?

◇◇◇◇◇◇◇◇◇◇ Situaciones ◇◇◇◇◇◇◇◇◇◇

A. You are surprised to find out about the meal hours that some of your Spanish friends are keeping while they attend school here. So you ask one of them, Jorge, the times for the various meals. You also want to tell Jorge about meal hours in the United States.

B. While the two of you are talking, a classmate of yours listens and he or she wonders where Jorge eats, when and where he studies, at what time he has classes, and when he returns home. Your classmate asks Jorge these questions.

Una familia de Alicante, España, tomando el almuerzo. (Alicante es una ciudad en la costa del Mediterráneo, al sur de Valencia.)

Vocabulario

a *prep.* to, at, in
¿adónde? where? (*with verbs of motion*)
al = a + el to the
el **almuerzo** lunch
allá there (*often used after verbs of motion*)
el **apartamento** apartment
beber to drink
la **biblioteca** library
el **café** coffee
la **carta** letter
casi almost, nearly
cenar to eat (have) supper
cerca de *prep.* near, close to
el **comedor** dining room (hall)
la **comida** food, meal, dinner
la **compañera** companion (*f.*)
el **compañero** companion (*m.*)
el **cuarto** room; quarter
del = de + el of (from) the
el **desayuno** breakfast
donde where, in which
entonces then, well then, at that time
entre *prep.* between, among
escribir to write
generalmente generally
hasta *prep.* until, to, up to
la **hora** hour, time (*of day*)

el **horario** time schedule
ir (a + inf.) to go (to)
Jorge George
Laura Laura
lejos de *prep.* far from
la **mañana** morning
medio, -a half, a half
el **mediodía** noon
menos less
mientras *conj.* while, as long as
mirar to look at, watch
la **noche** night, evening
para *prep.* for; + *inf.* to, in order to
por *prep.* for, in, by, along, during, through
regresar (a) to return (to)
regresar (de) to return (from)
el **reloj** watch, clock
la **residencia** residence hall, dormitory
el **restaurante** restaurant
tan so, as
la **taza** cup
tarde late
temprano early
tomar to take, eat, drink
la **verdad** truth
vivir to live

a eso de at about (*time*)
al mediodía at noon
compañera de cuarto roommate (*f.*)
compañero de clase classmate (*m.*)
de *or* **por la mañana (tarde, noche)** in the morning (afternoon, evening)
(él) mira el reloj he looks at the (his) watch (clock)
en la biblioteca at (in) the library
horario de las comidas meal hours, time (schedule) of meals
(horario) de la universidad university (time schedule)
(llegar) a casa (to arrive) home
más o menos more or less, approximately
¿(no es) verdad? aren't you? isn't it? do you?, etc.
¡oye! (*fam. sing. command of* **oír,** *to hear*) listen! say! hey!
tomar el desayuno (almuerzo) to eat or have breakfast (lunch)
tomar una taza de café to have or drink a cup of coffee

Lección 4

Libros de escritores hispano-americanos de actualidad ofrecidos a la venta en una librería de Montevideo, Uruguay.

▶ Spanish **h**
▶ Sounds of Spanish **g** and **j**
▶ Present indicative of the irregular verbs **venir, querer,** and **saber**
▶ Familiar **tú** commands
▶ Possessive adjectives
▶ Position of adjectives
▶ Phrases with **de** + a noun
▶ Summary of uses of **ser**

En la librería de libros extranjeros

Miguel y Jorge, su amigo peruano, quieren comprar un diccionario bilingüe y van al centro. En la ciudad hay una librería pequeña que vende libros extranjeros. El diccionario es para Miguel.

MIGUEL —Con el diccionario va a ser bastante fácil escribir cartas en español, ¿no crees tú, Jorge?

JORGE —Sí, pero para aprender palabras y frases nuevas también es necesario leer mucho.

MIGUEL —Y yo leo poco. Mira, aquí hay varias revistas españolas.

JORGE —Sí, y tienen artículos interesantes sobre temas de actualidad.

MIGUEL *(Mira una revista.)* —Los artículos son cortos y no son muy difíciles.

JORGE —Pues, sí. Compra *Cambio*, por ejemplo, y lee el artículo sobre las elecciones en España.

Alberto, el compañero de apartamento de Jorge, es uno de los dependientes de la librería. Miguel y Jorge hablan con Alberto de las revistas, los periódicos y los libros en español que venden allí.

ALBERTO —¿Sabes, Miguel? *Siempre*, una revista mexicana, viene todas las semanas.

JORGE —Es excelente, aunque los artículos son un poco largos.

ALBERTO —Nuestro librería manda la revista a tu casa si quieres.

MIGUEL —Muy bien. Manda *Siempre* a mi residencia de estudiantes.

ALBERTO —De acuerdo. Escribe tu dirección aquí.

JORGE —Oye, Alberto, ¿recibe la librería periódicos españoles también?

ALBERTO —¡Cómo no! *ABC*[1] y *El País* vienen todos los días por avión.

JORGE —Entonces no olvides mandar *El País* a nuestro apartamento. Quiero leer más noticias de España.

ALBERTO —Es verdad que no sabemos mucho del mundo hispánico.

JORGE —Y no olvides que en nuestros programas de televisión no siempre hay muchas noticias de España.

Otras palabras y expresiones

país (*pl.* **países**) country
papel de cartas (de escribir) writing paper
cubano, -a Cuban
panameño, -a Panamanian
viejo, -a old

escuchar la radio (las noticias) listen to the radio (news)
mirar la televisión (las noticias) to look at (watch) television (news)
¿para quién (es)? for whom (is it)?

---

[1]See **Lección preliminar 1** for the Spanish names of the alphabet letters.

Preguntas sobre los diálogos

1. ¿Adónde van Miguel y su amigo? 2. ¿Qué quieren comprar los muchachos?
3. ¿Cómo es la librería? 4. ¿Qué mira Miguel?

5. ¿Quién es Alberto? 6. ¿Qué revista mexicana reciben allí? 7. ¿Qué quiere leer Jorge? 8. ¿Qué periódicos españoles reciben?

❖ Nota cultural ❖

Some of the oldest newspapers in the Western hemisphere are published in Spanish America, such as **El Mercurio** (Valparaíso, Chile, since 1827); **El Comercio** (Lima, Peru, since 1839); **La Estrella de Panamá** (Panama City, since 1853); and **La Nación** and **La Prensa** (Buenos Aires, Argentina, since 1869). There are also many weekly magazines

and monthly publications that resemble in format and scope those published in the United States. **Visión** and **Siempre,** published in Mexico City, and **Oiga,** published in Lima, can be compared to *Time* and *Newsweek*. **Gente,** published in Buenos Aires, compares to *People*; **Vanidades,** published in Mexico City, is a cross between *Redbook* and *Good Housekeeping*. There are also many sports magazines, like **El Gráfico,** published in Buenos Aires and devoted almost exclusively to Latin America's most popular sport, soccer.

Today the Spanish-speaking population of the United States can choose from dozens of publications in Spanish. The oldest and best established is **El Diario de las Américas,** a newspaper published in Miami since 1953.

Periódicos y revistas a la venta en un quiosco en la Ciudad de México.

◇◇◇◇◇◇◇◇◇◇◇◇ Pronunciación ◇◇◇◇◇◇◇◇◇◇◇◇

A. Spanish **h**

The letter **h** is silent in modern Spanish. Pronounce after your teacher:

ahora	hablan	él habla	hasta	hay
hispánico	¡hola!	hora	dos horas	su horario

B. Sounds of Spanish **g** and **j**

1. Spanish **g** (written **gu** before **e** or **i**) is pronounced like a weak English *g* in *go* at the beginning of a breath group or after **n.** Pronounce after your teacher:

gracias	grande	grupo	inglés
lengua	tengo	vengo	un grupo

2. In all other cases, except when **g** is used in the groups **ge, gi,** the sound is much weaker, and the breath continues to pass between the back of the tongue and the palate. Pronounce after your teacher:

amiga	llegan	Margarita	Miguel
programa	regular	el grupo	muchas gracias

3. However, when **g** is used in the groups **ge, gi,** it is pronounced like Spanish **j,** that is, approximately like a strongly exaggerated *h* in *halt.* Pronounce after your teacher:

argentino	Jorge	generalmente	ejercicio
lejos	rojo	por ejemplo	viejo

◇◇◇◇◇◇◇◇◇◇◇◇ Notas gramaticales ◇◇◇◇◇◇◇◇◇◇

A. Present indicative of the irregular verbs **venir, querer,** and **saber**
(*El presente del indicativo de los verbos irregulares* **venir, querer** *y* **saber**)

venir, *to come*		querer, *to wish, want*		saber, *to know, know how (to)*	
Singular	*Plural*	*Singular*	*Plural*	*Singular*	*Plural*
vengo	venimos	quiero	queremos	sé	sabemos
vienes	venís	quieres	queréis	sabes	sabéis
viene	vienen	quiere	quieren	sabe	saben

1. All three conjugations have some verbs with a stem vowel **e** that changes to the diphthong **ie** in certain forms of the present indicative: **viene, quiere,** etc.
2. These changes do not occur in the **nosotros** and **vosotros** forms.
3. The stress falls on the stem except in the **nosotros** and **vosotros** forms: **venimos, queremos.**
4. Venir has a **g** in the **yo** form but no stem vowel change: **vengo.**
5. **Saber** in irregular only in the **yo** form: **sé.** Note the accent mark.
6. **Querer** and **saber,** like **necesitar,** may be immediately followed by an infinitive: **Quiero comprar un diccionario,** *I want to buy a dictionary;* **Yo sé escribir en español,** *I know how to write in Spanish.*

¿QUIERE VENDER SU COCHE?
Utilice las páginas de Anuncios por palabras de ABC

◩ **Práctica 1**   Substitution drills:

1. *Jorge* sabe mucho de Hispanoamérica.
   (Tú / Uds. / Carmen y Ana / Nosotros / Alberto)
2. *Miguel* quiere leer noticias de España.
   (Carolina y yo / Uds. / Mario / Yo / Laura y Carlos)
3. *Ellos* vienen hoy a la librería.
   (Tú / Mis amigos / Ud. / Tomás y yo / Yo)

(handwritten margin notes top left:) estoy, estás, esta, estamos, estáis, están

(handwritten margin notes top right:) conocer, cono oce, conoce, cono, conocemos

B. Familiar **tú** commands (*Formas de mandato con* **tú**)

Infinitive	Affirmative		Negative	
hablar	**habla** (tú)	speak	**no hables** (tú)	don't speak
comer	**come** (tú)	eat	**no comas** (tú)	don't eat
escribir	**escribe** (tú)	write	**no escribas** (tú)	don't write

Mira,...	*Look, . . .*
Compra (tú) *Cambio.*	*Buy* **Cambio.**
Lee el artículo.	*Read the article.*
Escribe tu dirección aquí.	*Write your address here.*
No olvides que…	*Don't forget that . . .*
No olvides mandar la revista.[1]	*Don't forget to send the magazine.*

1. The affirmative familiar singular command of regular verbs has the same form as the third person singular of the present indicative tense.
2. Context will tell you whether the form is a command or a statement. **Escribe (tú) la carta,** *Write the letter;* **(Él) escribe la carta ahora,** *He is writing the letter now.*
3. The pronoun **tú** is omitted, except for emphasis.
4. To form a negative familiar command, add the ending **-es** to the stem of **-ar** verbs and **-as** to the stem of **-er** and **-ir** verbs:

habl- + es ⟶ no hables	*don't talk*
le- + as ⟶ no leas	*don't read*
escrib- + as ⟶ no escribas	*don't write*

5. Other command forms will be presented later.

Práctica 2   Read the following sentences in Spanish, paying particular attention to the **tú** command forms:

1. Escribe tú una carta; no escribas la dirección.   2. Compra tú el periódico; no compres la revista.   3. Lee tú el artículo; no leas la carta.   4. Manda tú el cuaderno a mi cuarto; no mandes el libro allí.   5. Mira tú la televisión; no mires la fotografía.   6. Aprende tú las palabras; no olvides las palabras nuevas.

---

[1]Note that **olvidar,** like **necesitar** and **querer,** may be followed by an infinitive: **No necesitas mandar la revista,** *You don't need to send the magazine;* **¿No quieres mandar la revista?,** *Don't you want to send the magazine?;* **No olvides mandar la revista,** *Don't forget to send the magazine.*

C. Possessive adjectives (*Los adjetivos posesivos*)

Singular	Plural	
mi	mis	my
tu	tus	your (*fam.*)
su	sus	his, her, its, your (*formal*)
nuestro, -a	nuestros, -as	our
vuestro, -a	vuestros, -as	your (*fam.*)
su	sus	their, your (*pl.*)

mi amiga, **mis** amigas	*my friend (f.), my friends*
nuestra casa, **nuestras** casas	*our house, our houses*
su revista	*his, her, your, their magazine*
sus periódicos	*his, her, your, their newspapers*
el país y **sus** ciudades	*the country and its cities*
Él viene con **sus** amigos.	*He is coming with his friends.*

1. Possessive adjectives agree with the thing possessed and not with the possessor:
   a. **Nuestro** and **vuestro** have four forms, varying according to the gender and number of the noun they modify.
   b. All other possessive adjectives vary only according to number.
2. Possessive adjectives precede the noun and are generally repeated before each noun modified: **Necesito *mi* libro, *tu* cuaderno y *su* revista,** *I need my book, your notebook and his (her, their) magazine.*

 Práctica 3   Give the Spanish equivalent:

1. our television programs   2. its interesting topics   3. his Mexican magazines   4. your (*pl.*) Spanish newspapers   5. our small city   6. our foreign language bookstore   7. his small maps   8. our excellent library   9. their student residence hall   10. my meal hours

nuestros países

BUENOS AIRES, junio 6 (AP).- El costo de vida aumentó el 15,7 por ciento durante el mes de mayo, con lo cual la inflación en los primeros cinco meses del año alcanzó al 87.5 por ciento, se informó esta noche.

El aumento fue algo menor de lo que se había pronosticado por especialistas privados, que lo situaban

Sección "E"

PANAMA, junio 6 (AP).- Alrededor de 650,000 estudiantes de escuelas primarias y secundarias iniciaron clases hoy con dos meses de retraso, después de que las autoridades panameñas decidieron suspender el inicio del año debido a la crisis política y económica por la que atraviesa el país.

Las autoridades paname-

D. **Position of adjectives** (*La posición de los adjetivos*)

Adjective + noun

Hay sólo **una librería** en la ciudad.	*There is only one bookstore in the city.*
Tengo **varias revistas.**	*I have several magazines.*
Miguel escribe **muchas cartas.**	*Michael writes many letters.*

Adjectives which limit a noun as to quantity precede the noun.

Noun + adjective

Hay una **librería pequeña (grande).**	*There is a small (large) bookstore.*
Es una **revista nueva (vieja).**	*It is a new (old) magazine.*
Tiene **artículos largos (cortos).**	*It has long (short) articles.*
Vendemos **periódicos extranjeros (españoles).**	*We sell foreign (Spanish) newspapers.*

Adjectives that describe a noun by expressing its quality, kind, or condition normally follow the noun.

¡Atención! Adjectives that indicate nationality always follow the noun: **un estudiante** *panameño, a Panamanian student;* **una profesora** *cubana, a Cuban teacher;* **los periódicos** *españoles, the Spanish newspapers;* **las revistas** *mexicanas, the Mexican magazines.*

Páginas
Amarillas
La consulta
que resulta!

Práctica 4   Listen to your classmate as he makes the statement, and then corroborate what he says according to the model:

MODEL: La casa es grande.   **Sí, es una casa grande.**

1. La librería es española.   2. Las revistas son extranjeras.   3. El artículo es fácil.   4. Los temas son interesantes.   5. El apartamento es grande.
6. La ciudad es bonita.   7. Los restaurantes son buenos.   8. La universidad es excelente.

E. Phrases with **de** + noun (*De* + *sustantivo*)

el libro *de* inglés (francés)	*The English (French) book*
nuestra **sala** *de* clase	*our classroom*
una **residencia** *de* estudiantes	*a student residence hall*
horario *de* comidas	*meal hours*
un **programa** *de* televisión	*a television program*
una **taza** *de* café	*a cup of coffee*

1. In Spanish, a noun cannot normally modify another noun without a connecting preposition. English often uses nouns as adjectives.
2. Spanish uses a **de** + noun construction to describe characteristic features, conditions, and contents corresponding to an English noun used as an adjective.

¡Atención!   Compare **un periódico español,** *a Spanish newspaper,* with **un profesor de español,** *a Spanish teacher (teaches Spanish).* A native Spaniard who is a teacher would be **un profesor español,** and, depending on what he teaches, might be **un profesor de español, un profesor de francés,** etc.

Práctica 5   Give the Spanish equivalent:

1. the Spanish lesson   2. the pronunciation exercises   3. a student dining hall   4. a university professor   5. the news program   6. a roommate

F. Summary of uses of **ser** (*Resumen de los usos de* **ser**)

In **Lección 2,** you learned that **ser** is used to identify a subject and to express its inherent characteristics and qualities. **Ser** has also been used in other contexts in this lesson and in the two preceding ones. Carefully study the following summary of the uses of **ser,** so that it will not be confused with **estar,** another verb meaning *to be* which will be presented in **Lección 5.**

Ser is used:

1. To identify a subject and to express its inherent characteristics and qualities:

Miguel **es** estudiante; él **es** peruano; **es** muy inteligente.	*Michael is a student; he is Peruvian; he is very intelligent.*
Alberto **es** dependiente; él **es** mi amigo.	*Albert is a clerk; he is my friend.*
La ciudad **es** pequeña; la librería **es** grande.	*The city is small; the bookstore is large.*
Los artículos **son** interesantes (fáciles, cortos).	*The articles are interesting (easy, short).*

2. To express origin, material, and ownership with the preposition **de**:

—**¿De dónde son ellas?** —Ellas **son** de México.

"Where are they from?" "They are (come) from Mexico."

—**¿De dónde es el ABC?** —**Es** un periódico de España.

*"Where is the **ABC** from?" "It is a newspaper from Spain."*

—**¿De qué es el cartel?** —**Es** de papel.

"What is the poster made of?" "It is (made) of paper."

—**¿De quién son** las revistas? —**Son de** mi amigo.

"To whom do the magazines belong?" "They are my friend's. (They belong to my friend.)"

3. To indicate for whom or for what a thing is intended, with the preposition **para**:

—**¿Para quién es** el diccionario?

"Whom is the dictionary for?"

—El diccionario **es para Miguel**.

"The dictionary is for Michael."

4. To express the time of day:

¿Qué hora es?
Es la una y media.
Son las ocho y cuarto.

What time is it?
It is half past one.
It is a quarter after eight.

5. In impersonal expressions (it + **ser** + adjective or noun):

Es necesario leer mucho.
Es interesante ir a la librería de libros extranjeros.

It is necessary to read a lot.
It is interesting to go to the foreign bookstore.

ARIES

TAURO

GEMINIS

CANCER

¿COMO ES
SU **SIGNO?**

LEO   VIRGO   LIBRA   ESCORPION

SAGITARIO   CAPRICORNIO   ACUARIO   PISCIS

◇◇◇◇◇◇◇◇ **Actividades y práctica** ◇◇◇◇◇◇◇◇

A. Repeat after your teacher. When you hear a new subject, use it with the corresponding verb form to create a new sentence.

1. *Mis amigos* y yo queremos ir al centro. (Ana)
2. *Nosotros* vamos a comprar un diccionario bilingüe. (Yo)
3. *Yo* siempre leo periódicos españoles. (Los estudiantes)
4. *Yo* también miro programas de televisión en español. (Mis compañeros)
5. *Nosotros* escuchamos las noticias a las seis. (Yo)
6. ¿No quieren *ustedes* comprar revistas mexicanas? (tú)
7. *Mis amigos* van hoy a una librería grande. (Yo)
8. *Los estudiantes extranjeros* reciben muchas cartas. (Nosotros)
9. *Miguel* escribe cartas cortas. (Ustedes)
10. ¿A qué hora viene *el dependiente*? (tus amigos)

B. Repeat the question after your teacher while addressing a classmate. Your classmate will then tell you what to do.

MODEL: Teacher   —¿Leo las frases?
         Student 1 —**¿Leo las frases?**
         Student 2 —**Sí, lee las frases, por favor.**

1. ¿Leo el artículo?   4. ¿Mando la revista?
2. ¿Aprendo las palabras?   5. ¿Regreso al centro?
3. ¿Compro *El País*?   6. ¿Llego temprano?

MODEL: Teacher   —¿Escribo la carta?
         Student 1 —**¿Escribo la carta?**
         Student 2 —**No, no escribas la carta.**

7. ¿Escucho la radio?   10. ¿Compro el diccionario?
8. ¿Miro la televisión?   11. ¿Regreso a la biblioteca?
9. ¿Leo los periódicos?   12. ¿Llego tarde?

C. Answer affirmatively, following the models.

> MODEL: ¿Va usted con su amiga? **Sí, voy con mi amiga.**
> ¿Tengo yo mi libro? **Sí, usted tiene su libro.**

1. ¿Preparas tu lección de español?
2. ¿Necesita Ud. sus libros?
3. ¿Quieres tu diccionario?
4. ¿Estudia Ud. con sus compañeras?
5. ¿Tengo yo tu reloj?
6. ¿Leen Uds. mi carta?
7. ¿Vienen Uds. con sus amigos?
8. ¿Miran Uds. mis fotografías?

D. *¿De quién (quiénes) es...? / ¿De quién (quiénes) son...?* Your teacher is trying to find out to whom the various items in the classroom belong. Listen and be observant as the question is being asked so that you can respond with the appropriate possessive form.

> MODEL: ¿De quién es el libro?
> **Es mi libro** (or **su libro, nuestro libro**).

1. ¿De quién es el lápiz?
2. ¿De quién es la pluma?
3. ¿De quién son los cuadernos?
4. ¿De quién son los papeles?
5. ¿De quiénes es el mapa?
6. ¿De quiénes es la sala de clase?
7. ¿De quiénes son las sillas?
8. ¿De quiénes son los libros?

E. Listen to the statement and then answer negatively, following the model.

> MODEL: Yo tengo amigos nuevos. ¿Y Uds.? **No, nosotros no tenemos amigos nuevos.**

1. Yo leo noticias extranjeras. ¿Y Uds.?
2. Yo recibo revistas argentinas. ¿Y Uds.?
3. Yo compro periódicos mexicanos. ¿Y Uds.?
4. Nosotros tenemos un apartamento grande. ¿Y Ud.?
5. Nosotros vivimos en una ciudad pequeña. ¿Y Ud.?
6. Nosotros vamos a la librería extranjera. ¿Y Ud.?

F. Answer affirmatively, following the models.

MODELS: ¿Es rojo el lápiz?   **Sí, es un lápiz rojo.**
            ¿Son fáciles las lecciones?   **Sí, son lecciones fáciles.**

1. ¿Es grande la universidad?
2. ¿Es interesante la ciudad?
3. ¿Es pequeño el apartamento?
4. ¿Es viejo el restaurante?
5. ¿Son nuevas las revistas?
6. ¿Son largos los artículos?
7. ¿Son interesantes los temas?
8. ¿Son bonitas las fotografías?

G. Complete in Spanish, using the correct form of **ser:**

1. Alberto y yo _____ compañeros de apartamento.
2. Él _____ peruano y yo _____ de los Estados Unidos.
3. —Tú _____ amigo de Alberto, ¿verdad? —Sí, él y yo _____ buenos amigos.
4. —¿De quién _____ los periódicos? —*El País* _____ de Jorge.
5. —¿Para quién _____ los libros? —El diccionario _____ para Laura; los libros de español _____ para Miguel.
6. *Siempre* _____ una revista mexicana; _____ excelente.
7. Los artículos de *Cambio* _____ un poco largos.
8. _____ necesario leer mucho para aprender palabras nuevas.
9. _____ fácil leer con un diccionario bilingüe.
10. ¡_____ verdad! Además, _____ interesante leer sobre temas de actualidad.

H. Give the Spanish equivalent, using familiar singular forms for _you, your:_   tú   ves

1. Michael wants to buy a bilingual dictionary.   2. He and his friend George go downtown; they go to a large bookstore in their city.   3. Michael thinks (believes) that it is easy to learn many new words and sentences.   4. We have to read a lot in order to learn a foreign language well.   5. The bookstore sells several newspapers from Spanish America which have good articles.   6. Many are short; the topics are interesting and the articles are not difficult.

7. Look at *Siempre,* a Mexican magazine that comes every week.   8. The bookstore is going to send the magazine to Michael's residence hall.   9. Don't forget to write your address here.   10. George wants to read more news about Spain.   11. He believes that we do not know much about the Hispanic world. 12. There isn't much news from foreign countries in our television programs.

◇◇◇◇◇◇◇◇ Práctica de conversación ◇◇◇◇◇◇◇◇

Listen carefully to the instructions given by your teacher and respond accordingly. In the response, feel free to use any vocabulary and structure previously studied. See the model, page 29.

1. Pregúntele a…si sabe leer bien el español.   (…), conteste, por favor.
2. …si es necesario leer en español.   (…)
3. …si recibimos revistas españolas en la universidad.   (…)
4. …si sabe mucho de Hispanoamérica.   (…)
5. …si quiere saber más de España.   (…)
6. …qué periódicos recibe la librería.   (…)
7. …qué revistas hay en nuestra biblioteca.   (…)
8. …qué artículos lee.   (…)
9. …qué programas de televisión mira.   (…)
10. …qué cree de nuestros programas de televisión.   (…)
11. …cuándo escucha la radio.   (…)
12. …cuándo escucha las noticias.   (…)

SABADOS, DOMINGOS Y FESTIVOS 1:00 P.M. CADENA UNO

VIVA LA IMAGEN de la actualidad

NOTICIERO

días en el mundo

El periodismo moderno y dinámico que nos acerca al siglo XXI

GLOBO TELEVISION
Fundada en 1979

Avenida 19 No. 4-88 / Piso 15 Tels 2433639 2429946
Aptdo. Aereo 13933 / Bogota, Colombia

◆◆◆◆◆◆◆◆◆◆ Situaciones ◆◆◆◆◆◆◆◆◆◆

Imagine that you are in a bookstore in a Spanish-speaking city and you need to buy something (a map from Spain or another country, a magazine, a dictionary, etc.). Enact the situation with another classmate who takes the role of the clerk. Follow the model and use the choices given below.

(Dependiente)	—Buenas tardes (Buenos días), señor (señorita).
(Miguel)	—Buenas tardes (Buenos días). ¿Venden Uds. mapas de España (México)?
(Dependiente)	—Sí, tenemos un mapa muy bueno.
(Miguel)	—Muy bien. Quiero comprar el mapa de España (México).
(Dependiente)	—Aquí tiene Ud. el mapa, ¿qué más necesita?

Choices:

	(Miguel)	**(Dependiente)**
1.	revistas en español	una revista argentina
2.	diccionario bilingüe	un diccionario muy bueno
3.	plumas	unas plumas nuevas
4.	periódicos en inglés	un periódico de Nueva York
5.	carteles a colores	unos carteles muy bonitos
6.	papel de carta	un papel excelente

En una calle de la ciudad de México, un joven vende periódicos con noticias del terremoto (earthquake) de 1984.

Vocabulario

Alberto Albert
la **amiga** friend (*f.*)
el **amigo** friend (*m.*)
el **artículo** article
aunque *conj.* although, even though
el **avión** (*pl.* **aviones**) (air)plane
bilingüe bilingual
el **cambio** change, exchange
el **centro** downtown, center
la **ciudad** city
comprar to buy, purchase
corto, -a short
el **dependiente** clerk (*m.*)
el **diccionario** dictionary
difícil *adj.* difficult, hard
la **dirección** (*pl.* **direcciones**) direction, address
el **ejemplo** example
la **elección** (*pl.* **elecciones**) election
excelente excellent
extranjero, -a foreign
fácil *adj.* easy
la **frase** sentence, expression
hispánico, -a Hispanic
largo, -a long
leer to read

la **librería** bookstore
mandar to send, order
Miguel Michael, Mike
el **mundo** world
necesario, -a necessary
la **noticia** notice, news item, piece of news; *pl.* news
nuevo, -a new
olvidar to forget
pequeño, -a small, little (*size*)
el **periódico** newspaper
peruano, -a Peruvian
poco *adv.* little (*quantity*)
el **programa** (*note gender*) program
pues well, well then, then
querer to wish, want
recibir to receive
la **revista** magazine, journal
saber to know (*a fact*), know how (to)
la **semana** week
sobre *prep.* on, upon, about, concerning
la **televisión** television, TV
el **tema** (*note gender*) theme, topic, subject
varios, -as various, several
vender to sell
venir to come

¡cómo no! of course! certainly!
compañero de apartamento apartment mate (roommate) (*m.*)
de actualidad contemporary, of the present time
de acuerdo agreed, I agree, O.K.
ir al centro to go downtown
por avión by air mail, by plane
por ejemplo for example
programa de televisión television program
residencia de estudiantes student dormitory (residence hall)
todas las semanas every week

Lección 5

Una familia argentina regresa a Buenos Aires después de un largo viaje en avión.

▶ The diphthongs **ie** and **ei (ey)**
▶ Sounds of Spanish **r** and **rr**
▶ Present indicative of the irregular verbs **estar** and **conocer**
▶ Uses of **estar**
▶ The present participle: **-ndo** form
▶ The present progressive forms
▶ The personal **a**
▶ Meanings of **saber** and **conocer**
▶ The definite article with place names

María llega de Buenos Aires

Diana está hablando en la cafetería con Tomás, un amigo suramericano del Uruguay que está en la universidad. María, la hermana de Diana, viene de Buenos Aires, la capital de la Argentina, a pasar las vacaciones con su familia.

TOMÁS —¿Qué tal, Diana? ¿Qué hay de nuevo?

DIANA —¡Hola, Tomás! ¿Es cierto que regresas pronto a Montevideo?

TOMÁS —Sí, Diana. Ya tengo mi pasaje.[1]

DIANA —Oye, no sé si conoces a mi hermana María…

TOMÁS —No, no conozco a tu hermana. ¿Por qué preguntas?

DIANA —Pues, María está viviendo ahora en Buenos Aires… y hoy llega a pasar las vacaciones con nosotros.

TOMÁS —¿Cuánto tiempo va a estar de visita tu hermana por aquí?

DIANA —Sólo dos[2] semanas. ¡Ay, pero estoy tan contenta!

TOMÁS —Tú sabes, Diana, siempre voy a Buenos Aires de vacaciones. Conozco la ciudad muy bien.

DIANA —Claro, está muy cerca de Montevideo. Oye, ¿no quieres conocer a María?

TOMÁS —¡Por supuesto! ¿A qué hora llega ella?

DIANA —El avión llega esta tarde a las cinco. Tú sabes dónde está nuestra casa, ¿verdad? ¿Por qué no vienes a las ocho?

TOMÁS —Con mucho gusto, Diana. ¡Gracias y hasta pronto!

Son las cinco y media. María llega a su casa con Diana y busca a sus padres. Su madre está en su cuarto porque está un poco enferma.

MARÍA —¡Qué gusto estar aquí, mamá! ¿Cómo estás?

LA MADRE —¡Ay, hija,[3] estoy tan contenta con tu llegada! ¿Qué tal el viaje?

MARÍA —Muy bueno, mamá, aunque vengo bastante cansada. Ya sabes, el viaje en avión es agradable, pero largo.

LA MADRE —Necesitas descansar, querida. Pero antes, llama a tu padre. Está trabajando todavía en la oficina.

MARÍA —(*Llamando.*) —¡Qué lástima! La línea está ocupada.

DIANA —Pues, anda, María, descansa un rato, porque Tomás, mi amigo uruguayo, viene después.

---

[1]In Spanish America **el pasaje** is normally used for a transportation ticket; in Spain **el billete** is used.

[2]Review the numbers 1–32 in **Lección preliminar 2.**

[3]In direct address, **hija,** *daughter*, and **hijo,** *son*, are normally not translated.

 Otras palabras y expresiones

estar casado (-a)   to be married
estar (muy) bien   to be (very) well

estar regular   to be so-so
estar de vacaciones   to be on vacation

el papá

el hijo (los hijos)   el hermano (los hermanos)

llamar por teléfono

llamar a la puerta

Preguntas sobre los diálogos

1. ¿De dónde es Tomás? ¿Adónde regresa él?   2. ¿Conoce Tomás a la hermana de Diana?   3. ¿Por qué viene María de Buenos Aires?   4. ¿Conoce Tomás la ciudad de Buenos Aires? ¿Por qué?

5. ¿Cómo está la madre de Diana y María?   6. ¿Por qué está bastante cansada María?   7. ¿Quién está trabajando en la oficina?   8. ¿A quién va a conocer María?

Dirección
Nacional de Turismo
Argentina

Nota cultural

Changes in life styles are occurring rapidly in Hispanic society, but the family is still a very important institution in the Spanish-speaking world. It is not unusual for several generations of the same family to live together, either on different floors of the same apartment building, or in homes in the same area. Elderly relatives are highly esteemed members of the family.

In addition to the relatives by marriage, the **"compadre"** custom also enlarges the Hispanic "family": the parents and godparents of a child become **compadres** and **comadres** (the **compadres** are responsible for the upbringing of the godchild in case of the death of the parents). The following lists will give an idea of the complexity and extent of the relationships of the extended family in Spanish-speaking countries:[1]

Los miembros de esta familia española en Sevilla demuestran la importancia de la unidad familiar en la cultura hispana.

1. **los abuelos**   grandparents
   los padres   parents
   los hijos   children
   los hermanos   brother(s) and sister(s)
   los nietos   grandchildren
   los tíos   aunts and uncles
   los primos   cousins

2. **los compadres**   parents and godparents of a child
   los padrinos   godfather and godmother of a child
   los ahijados   godson and goddaughter

3. **los consuegros**   fathers and mothers whose children have married
   los suegros   mother and father-in-law
   el yerno   son-in-law
   la nuera   daughter-in-law
   los cuñados   brothers or sisters-in-law

Loyalty to the family has the highest priority in Hispanic society. It is an important factor that must be understood when we study Hispanic culture—whether we are dealing with social, economic, or political matters.

---

[1] These words will not be included in the **Vocabulario** of this lesson.

◆◇◆◇◆◇◆◇◆◇◆◇◆◇   Pronunciación   ◆◇◆◇◆◇◆◇◆◇◆◇◆◇

A. The diphthongs **ie** and **ei (ey)**

1. As the first element of a diphthong, unstressed **i** is pronounced like a weak English y in *yes.* Pronounce after your teacher:

bien	diecisiete	diez	mientras
siempre	quiere	tienes	vienen
comiendo	viviendo	cierto	tiempo

2. **Ei (ey)** is pronounced like a prolonged English *a* in *fate.* Pronounce after your teacher:

seis	dieciséis	treinta y dos	veinticinco
treinta	clase de inglés	doce y media	once y cuarto
veinte	Felipe y Mario	Jorge y Diana	trece y diez

B. Sounds of Spanish **r** and **rr**

1. Single **r,** except when initial in a word and when after **l, n,** or **s,** is pronounced with a single tap of the tip of the tongue against the gums of the upper teeth. The sound is much like English *dd* in *eddy* pronounced rapidly. Pronounce after your teacher:

ahora	amarillo	eres	María
mirar	para	pared	preparar
enfermo	hermana	madre	aprender

2. When initial in a word, after **l, n,** or **s,** and when doubled, the sound is strongly trilled, the tip of the tongue striking the gums in a series of very rapid vibrations. Pronounce after your teacher:

refresco	regular	repita	residencia
rojo	Enrique	cierre	pizarra
rato	regresa	revista	corre

◇◇◇◇◇◇◇◇◇ **Notas gramaticales** ◇◇◇◇◇◇◇◇◇

A. Present indicative of the irregular verbs **estar** and **conocer**
(*El presente del indicativo de los verbos irregulares* **estar** *y* **conocer**)

estar, *to be*		conocer, *to know, be acquainted with*	
Singular	*Plural*	*Singular*	*Plural*
estoy	estamos	**conozco**	conocemos
estás	estáis	conoces	conocéis
está	están	conoce	conocen

1. **Estar** has a special form for the first-person singular, ending in **-oy: estoy.**
2. Note that in the forms of **estar** the stress always falls on the first vowel of the ending: **estoy, está,** etc.
3. All forms except **estoy** and **estamos** have a written accent mark.
4. **Conocer** is irregular only in the first person singular: **yo conozco.** The stress falls on the stem except in the first and second persons plural: **conocemos, conocéis.**

▣ **Práctica 1**   Substitution drill:

1. *María* está en casa. (Ellas, Nosotros, Yo, Él)
2. *Diana* está muy contenta. (Yo, Uds., Nosotros, María y Diana)
3. *Tomás* no conoce a María. (Nosotros, Tú, Yo, Uds.)
4. *Él* conoce Buenos Aires muy bien. (Yo, María, Nosotros, Tú)

B. Uses of **estar** (*Usos de* **estar**)

Estar is used:

1. To express the location or position of the subject:

Diana y Tomás **están en la cafetería.**	*Diane and Thomas are in the cafeteria.*
María **está en casa.**	*Mary is at home.*
Montevideo **está en el Uruguay.**	*Montevideo is in Uruguay.*
Buenos Aires **está cerca de Montevideo.**	*Buenos Aires is near Montevideo.*
¿Cuánto tiempo **va a estar** tu hermana **por aquí?**	*How long is your sister going to be around here?*

2. With an adjective or an adverb to express a state or condition of the subject which is changeable, accidental, or relatively temporary:

¡Diana **está tan contenta!**	*Diane is so happy!*
María **está bastante cansada.**	*Mary is quite tired.*
Su madre **está enferma.**	*Her mother is sick.*
Ellos **están casados.**	*They are married.*
La línea **está ocupada.**	*The line is busy.*
Nosotros **estamos bien;** ella **está regular.**	*We are fine; she is so-so.*

3. **Estar** occurs with **de** or **en** + nouns in some commonly used idiomatic expressions:

Tomás es estudiante; **está en** la universidad.	*Thomas is a student; he is in college (attending college, a university)*
María **está de visita.**	*Mary is visiting (on a visit).*
Tomás **está de vacaciones** en su país.	*Thomas is on vacation in his country.*

¡**Atención!**   Compare the uses of **estar** with those of **ser** reviewed in **Lección 4:**

Ser is used to express:

1. Origin:

—¿De dónde **es** Miguel? —Miguel **es del Uruguay.**
"Where is Michael from?" "Michael is from Uruguay."

Estar is used to indicate:

Location:

—¿Dónde **está** Miguel? —**Está en los Estados Unidos.**
"Where is Michael?" "He is in the United States."

2. Inherent characteristics and qualities:

Miguel **es estudiante.**
Michael is a student.

Los alumnos **son inteligentes.**
The students are intelligent.

Antonio estudia mucho. **Es un estudiante excelente.**
Anthony studies a lot. He is an excellent student.

Temporary or changeable state or condition:

—¿Cómo **está** Miguel? —**Está muy bien.**
"How is Michael?" "He is very well."

Hoy **están muy contentos.**
Today they are very happy.

Antonio estudia mucho. **Está un poco cansado.**
Anthony studies a lot. He is a bit tired.

3. Inherent characteristics of places:

Nuestra ciudad **es pequeña.**
Our city is small.

La librería de libros extranjeros **es grande.**
The foreign–language bookstore is large.

Location of places:

Nuestra ciudad **está cerca de San Francisco.**
Our city is near San Francisco.

La librería extranjera **está lejos; está en el centro.**
The foreign bookstore is far away; it is downtown.

4. **Ser** is used in impersonal expressions:

Es necesario estudiar en la universidad.
It is necessary to study in college.

Es agradable vivir en Buenos Aires.
It is pleasant to live in Buenos Aires.

Es interesante conocer Suramérica.
It is interesting to get to know South America.

Estar is used in idiomatic expressions:

Ahora **estoy** en la universidad.
I am in college now.

Estamos de vacaciones en Buenos Aires.
We are on vacation in Buenos Aires.

Están de visita en Suramérica.
They are on a visit in South America.

INVERSION

Es una nueva publicación semanal de
Grupo 16

C. The present participle: **-ndo** form (*El participio presente: la forma -ndo*)

Infinitive	Stem	Ending	Present Participle	
hablar	habl	-ando	hablando	*speaking*
comer	com	-iendo	comiendo	*eating*
vivir	viv	-iendo	viviendo	*living*

1. The present participle (**-ndo** form), which in English ends in **-ing,** is regularly formed in Spanish by adding **-ando** to the stem of **-ar** verbs, and **-iendo** to the stem of **-er** and **-ir** verbs.
2. The stress always falls on the ending: **hablando, comiendo, viviendo.**
3. Some verbs have irregular forms for the present participle. These will be given later.

D. The present progressive forms (*Las formas progresivas del presente*)

1. The present participle is used with **estar** to express the progressive forms of verbs: **estoy hablando,** *I am talking;* **ella está comiendo,** *she is eating.*

2. The present progressive tense of verbs is used in Spanish to describe an action in progress, as it unfolds at the present moment:

Diana y Tomás **están hablando** en la cafetería.	*Diane and Thomas are talking in the cafeteria.*
María **está viviendo** ahora en Buenos Aires.	*Mary is living now in Buenos Aires.*
La madre **está descansando** en su cuarto; el padre **está trabajando** todavía.	*The mother is resting in her room; the father is still working.*

¡Atención!   The use of the progressive forms is more restricted in Spanish than in English. Note that while English may use the present progressive tense to express future time, Spanish uses the present tense, or **ir a** + infinitive:

Vamos al centro mañana.	*We are going downtown tomorrow.*
Vamos a ir al centro mañana.	*We are going to go downtown tomorrow.*
Estudio después.	*I'm studying later on.*
Voy a estudiar después.	*I'm going to study later on.*

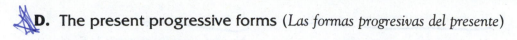

Estamos celebrando nuestro
QUINTO ANIVERSARIO
PEGO TRAVEL

Práctica 2   Give the present progressive form of the following verbs:

MODEL: (yo) trabajar
yo estoy trabajando

1. (ellos) practicar
2. (nosotros) aprender
3. (tú) escribir
4. (Uds.) preparar

5. (yo) beber
6. (ella) comprar
7. (nosotros) estudiar
8. (yo) recibir

E. The personal a

¿Conoces **a** mi compañero de cuarto?	*Do you know my roommate?*
Busca **al** dependiente de la librería.	*Look for the bookstore clerk.*
Ella tiene **al** estudiante argentino en su clase.	*She has the Argentinian student in her class.*
—¿**A** quién estás llamando? —**A** María.	*"Whom are you calling?" "Mary."*

1. An important feature of Spanish is the use of **a** before the direct object of the verb when the direct object is a definite, specific person, or a personalized thing. Called the personal **a,** it has no English equivalent.
2. The personal **a** followed by the definite article **el** forms the contraction **al: Ella busca al dependiente,** *She is looking for the clerk.*
3. The personal **a** is used with **¿quién?** to mean *whom?*

¡Atención!   The personal **a** is not used in Spanish when the direct object of a verb does not refer to a definite, specific person. Compare the following examples with the preceding ones:

Necesito un compañero de cuarto.	*I need a roommate.*
Buscamos un dependiente en la librería.	*We are looking for a clerk in the bookstore.*
Ella tiene unos estudiantes argentinos en su clase.	*She has some Argentinian students in her class.*

F. Meanings of saber and conocer

Saber means:

1. To know (facts about someone or something):

Sabemos que tienes una hermana.	*We know that you have a sister.*
Sabemos que ella vive en la Argentina.	*We know she lives in Argentina.*

2. To have knowledge (of something):

Miguel **sabe** mucho de su país.	*Michael knows a lot about his country.*
¿Qué **sabes** tú de Buenos Aires?	*What do you know about Buenos Aires?*

3. With an infinitive, **saber** means *to know how to* (do something):

Sabemos hablar español.	*We know how to speak Spanish.*
Sé llegar a tu casa.	*I know how to get to your house.*

Conocer means:

1. *To know* in the sense of *to be acquainted* with someone or *to be familiar* with something:

No **conocemos** a tu hermana.   *We don't know your sister (haven't met*
                                          your sister).
No **conocemos** la Argentina.   *We don't know Argentina (Have never*
                                          been there; are not familiar with
                                          Argentina).

2. *To meet* or *become acquainted* with someone:

¿No quieres **conocer** a María?   *Don't you want to meet Mary?*
Necesito **conocer** a tus amigos   *I need to meet your South American*
   suramericanos.   *friends.*

G. The definite article with place names (*El artículo definido con nombres de lugar*)

la Argentina	el Uruguay	el Perú	El Salvador
el Brasil	el Paraguay	el Ecuador	los Estados Unidos

1. The definite article is regularly used in Spanish with a few names of countries, although today many Spanish-speaking people tend to omit it.
3. **El Salvador** (the Savior), **La Habana,** *Havana,* and **El Callao** are examples in which the definite article is not omitted as it has become part of the proper name.

◇◇◇◇◇◇◇ Actividades y práctica ◇◇◇◇◇◇◇

A. Listen to the questions and answer affirmatively and negatively, according to the model.

MODEL: —¿Está Ud. bien?   **—Sí, estoy bien.**
         —¿Y su amigo?   **—Mi amigo no está bien.**

1. ¿Está Ud. cansado?   5. ¿Está su amigo enfermo?
   ¿Y su amigo?   ¿Y ellas?
2. ¿Está Ud. ocupado?   6. ¿Está María mal?
   ¿Y su compañero?   ¿Y Uds.?
3. ¿Están Uds. bien?   7. ¿Está su compañero en casa?
   ¿Y sus compañeros?   ¿Y él?
4. ¿Están Uds. contentos?   8. ¿Está la profesora en la clase?
   ¿Y ellos?   ¿Y sus padres?

9. ¿Están tus amigos en la residencia?
   ¿Y tu familia?
10. ¿Están tus padres por aquí?
    ¿Y tu hermana?

11. ¿Estamos nosotros en la universidad?
    ¿Y tu hermano?
12. ¿Estamos nosotros en la sala de clase?
    ¿Y tu compañero de cuarto?

B. **¿Cómo estás (están Uds.)? ¿Dónde está... (están...)?** Listen carefully to the questions and offer answers of your choice.

MODEL: —¿Cómo estás, (Tomás)?

—**Estoy bien, gracias (muy bien, regular, contento, etc.).**

—¿Dónde está tu compañero(-a)?

—**Mi companero(-a) está en casa (la residencia, el laboratorio, la biblioteca, etc.).**

1. ¿Cómo estás, (...)? ¿Dónde está tu amigo(-a)?
2. ¿Cómo estás, (...)? ¿Dónde están tus hermanos?
3. ¿Cómo estás, (...)? ¿Dónde están tus padres?
4. ¿Cómo están Uds.? ¿Dónde está su profesor (profesora)?
5. ¿Cómo están Uds.? ¿Dónde están sus compañeros?

C. Listen to the questions and offer answers of your choice, following the model.

MODEL: Hola, José, ¿conoces a Carolina?

Sí, conozco a Carolina muy bien (mucho, un poco, bastante).

¿Cómo es Carolina?

Es bonita (guapa, agradable, inteligente).

¿De dónde es ella?

Ella es de los Estados Unidos (España, La Habana, El Salvador).

¿Dónde está Carolina?

Está en la clase (la biblioteca, el apartamento, la oficina).

¿Cómo está ella hoy?

Está bien (ocupada, cansada, enferma).

1. Hola, (...), ¿conoces a Ana? ¿Cómo es Ana? ¿De dónde es ella? ¿Dónde está Ana? ¿Cómo está ella hoy?
2. Hola, (...), ¿conoces a Diana? ¿Cómo es Diana? ¿De dónde es ella? ¿Dónde está Diana? ¿Cómo está ella hoy?
3. Hola, (...) ¿conoces al muchacho uruguayo? ¿Cómo es él? ¿De dónde es él? ¿Dónde está él? ¿Cómo está él hoy?
4. Hola, (...), ¿conoces a los estudiantes suramericanos? ¿Cómo son ellos? ¿De dónde son? ¿Dónde están ellos? ¿Cómo están ellos hoy?

D. Answer negatively, using the progressive form of the verb and **todavía;** then answer affirmatively, using **ahora.**

> MODEL: ¿Descansas tú ahora? **No, yo no estoy descansando todavía.**
> ¿Y ustedes? **Sí, nosotros estamos descansando ahora.**

1. ¿Estudias tú ahora? ¿Y ustedes?
2. ¿Preparas tú las lecciones ahora? ¿Y ustedes?
3. ¿Escribes tú las cartas ahora? ¿Y ustedes?
4. ¿Come Ana ahora? ¿Y sus amigas?
5. ¿Trabaja Tomás ahora? ¿Y sus compañeros?
6. ¿Habla el profesor ahora? ¿Y los alumnos?

ar – ando
ir er – iendo

E. Complete the following paragraph, supplying the correct form of **ser** or **estar,** as required:

1. Tomás ___es___ de Montevideo; ___es___ un estudiante uruguayo que ahora ___está___ estudiando inglés en los Estados Unidos.   2. Él y yo ___estar___ en la universidad y ___somos___ compañeros de cuarto.   3. Nosotros ___esta___ viviendo en un apartamento que ___es___ de la familia de Tomás.   4. Nuestro apartamento ____ muy grande y no _____ lejos del centro.   5. Los padres de Tomás _____ uruguayos también y ahora _____ de visita por aquí.   6. La madre _____ muy guapa y ella _____ muy contenta aquí.   7. Ellos _____ muy ocupados; siempre _____ llamando por teléfono a sus amigos.   8. Ellos _____ muy agradables y yo _____ muy contento con su visita.

Estamos buscando a...

Miss CARNAVAL MIAMI LITTLE HAVANA U.S.A.

F. Complete in Spanish, supplying the personal **a** whenever necessary:

1. ¿___a___ quién están buscando ustedes?   2. Estamos buscando ___a___ mi hermana.   3. Felipe está llamando ___a___ Ana.   4. ¿Estás mirando ___a___ mi revista?   5. ¿_____ quiénes están mirando ustedes?   6. Nosotros estamos mirando _____ las muchachas.   7. ¿Buscan ellos _____ apartamento?   8. Sí, pero ellos no conocen bien _____ la ciudad.   9. ¿Tienes tú _____ amigos en España?   10. Sí, conozco _____ muchos estudiantes.

G. Complete in Spanish, supplying the correct form of **conocer** or **saber**, as required:

1. ¿_____ tú a nuestro profesor de español?   2. Sí, pero yo no _____
dónde está.   3. ¿_____ Uds. a Luisa?   4. Sí, pero nosotros no _____
dónde ella vive.   5. Yo no _____ el Uruguay. ¿Y tú?   6. No, pero yo _____
que es un país interesante.   7. Tomás _____ hablar francés muy bien,
¿verdad?   8. Sí, y él también _____ a varios estudiantes franceses.

H. Give the Spanish equivalent:

1. Diane and Thomas, her South American friend, are in the university cafeteria.
2. They are talking about Diane's sister, who is coming from Argentina.   3. She
is living in Buenos Aires and is arriving to spend her vacation with the family.
4. Thomas, who is from Uruguay, does not know Mary.   5. He asks how long
Mary is going to be with her family.   6. Thomas is returning soon to
Montevideo, which is near Buenos Aires. He wants to meet Diane's sister.
7. Mary and Diane arrive at their house and they look for their parents.   8. The
mother is in her room; she is a bit sick.   9. The family is very happy with Mary's
arrival.   10. Mary is quite tired, because the plane trip is very long.   11. She
wants to call her father, but the line is busy.   12. She rests for a while, because
Thomas is coming at eight o'clock.

◇◇◇◇◇◇◇ Práctica de conversación ◇◇◇◇◇◇◇

Answer the following questions with complete sentences when your teacher calls on
you:

1. ¿En qué universidad está Ud.? ¿Y dónde está viviendo Ud.?
2. ¿Qué lengua está estudiando Ud.? ¿Y Ud.?
3. ¿Conoce Ud. a muchos estudiantes extranjeros? ¿Hay estudiantes extranjeros en
   sus clases? ¿De dónde son ellos?
4. ¿Sabe Ud. hablar bien el español? ¿Y sus compañeros?
5. ¿Conoce Ud. a estudiantes suramericanos? ¿Sabe Ud. de qué países son?
6. ¿Practica Ud. español con otros estudiantes? ¿Practican Uds. mucho en clase?
7. ¿Dónde pasa Ud. las vacaciones? ¿Conoce Ud. Suramérica? ¿Qué sabe Ud. de
   México?
8. ¿Qué país suramericano quiere Ud. conocer? ¿Por qué?

◆◇◆◇◆◇◆◇◆◇ Situaciones ◇◆◇◆◇◆◇◆◇◆

A. **La familia.** You want to know something about your classmate's family, so you ask him or her a few questions:

1. ¿Dónde está viviendo tu familia ahora?
2. ¿De dónde son tus padres?
3. ¿Cuántos hermanos tienes? ¿Y tienes hermanas también?
4. ¿Está tu hermano(-a) casado(-a)? ¿Con quién está casado(-a)? ¿De dónde es ella (él)?
5. ¿Dónde están tus hermanos(-as)? ¿Por qué están allí?
6. ¿Cómo es tu familia?

(Your classmate may also want to know about your own family, so he or she may ask you the same questions.)

B. **Una ciudad norteamericana.** Your classmate wants to find out what cities in the United States you have visited, so he or she asks you a few questions:

1. ¿Qué ciudades de los Estados Unidos conoces?
2. ¿Dónde está (…)?
3. ¿Es (…) una ciudad pequeña o grande?
4. ¿Cómo es (…)? ¿Es agradable? ¿Es interesante?
5. ¿Tienes amigos allí? ¿Tienes familia allí?
6. ¿Qué hay en (…)? ¿Hay una universidad en (…)? ¿Cómo es la universidad de (…)? ¿Cómo son las (los) muchachas(-os) en (…)?

En una iglesia de Buenos Aires, los padres, los abuelos, los padrinos y otros parientes (**relatives**) *se reúnen para el bautizo* (**baptism**) *de un nuevo miembro de la familia.*

Vocabulario

anda (*fam. sing. command of* **andar**)   go, come on (now);
  often used in an exclamation
antes *adv.*   before (*time*), first
la **Argentina**   Argentina
¡ay!   ah! oh!
buscar   to look for, seek, get
cansado, -a   tired
la **capital**   capital (*city*)
cerca de *prep.*   near
cierto, -a   (a) certain, sure
¿cómo?   how?
conocer   to know, be acquainted with, meet
contento, -a   happy, pleased, glad
descansar   to rest
después *adv.*   afterwards, later
Diana   Diane, Diana
enfermo, -a   ill, sick
estar   to be
gracias   thank you, thanks
el **gusto**   pleasure, delight
la **hermana**   sister
la **hija**   daughter; dear (*f.*) (*in direct address*)
hoy   today
la **lástima**   pity, shame
la **línea**   line (telephone)
llamar   to call; to knock (at the door)
la **llegada**   arrival

la **madre**   mother
la **mamá**   mama, mom, mother
María   Mary
ocupado, -a   occupied, busy
la **oficina**   office
el **padre**   father; *pl.* parents
el **pasaje**   ticket (*transportation*)
pasar   to pass *or* come (by), spend (*time*)
¿por qué?   why? for what reason?
porque *conj.*   because, for
preguntar   to ask (*a question*)
pronto   soon, quickly
¡qué + noun!   what (a *or* an)…!
querido, -a   dear
un rato   a short time, a while
suramericano, -a   South American
tan *adv.*   so
el **tiempo**   time (*in general sense*)
todavía   still, yet
Tomás   Thomas, Tom
trabajar   to work
el **Uruguay**   Uruguay
uruguayo, -a   Uruguayan
las **vacaciones**   vacation
el **viaje**   trip, journey
la **visita**   visit, call

con mucho gusto   gladly, with great pleasure
con nosotros   with us
¿cuánto tiempo?   how much time? how long?
descansar un rato   to rest for a while
de visita   on (for) a visit
en avión   by (in a) plane
estar contento, -a   to be happy
estar de visita   to visit, be visiting, be on a visit
hasta pronto   until (see you) soon
ir de vacaciones   to go on a vacation
muy bueno   very good, fine
por aquí   by (around) here, this way
¡por supuesto!   of course!
¡qué gusto!   what a pleasure (delight)!
¿qué hay de nuevo?   what's new? what do you know?
¡qué lástima!   too bad! what a pity (shame)!
¿qué tal?   how goes it? how are you?
¿qué tal (el viaje)?   how about (the trip)? how is *or* was (the trip)?
pasar las vacaciones   to spend the vacation
venir bastante cansado, -a   to be pretty tired

Repaso 1

A. Listen to the question as a classmate addresses it to you and respond affirmatively.

1. ¿Sabes hablar español un poco?
2. ¿Eres estudiante en la universidad?
3. ¿Vienes a clase todos los días?
4. ¿Vas a la biblioteca por la tarde?
5. ¿Practicas español con tus amigos?
6. ¿Son Uds. norteamericanos?
7. ¿Quieren Uds. ir a Suramérica?
8. ¿Necesitan Uds. aprender bien el español?
9. ¿Tienen Uds. que estudiar mucho?
10. ¿Están Uds. contentos en la clase?

B. Listen to the statement and the question that follows; then respond negatively.

1. Ahora voy a la universidad. ¿Y tú?
2. Ellos llegan tarde a clase. ¿Y tú?
3. Su hermana sabe hablar francés. ¿Y él?
4. Ella escribe cartas interesantes. ¿Y él?
5. Yo leo revistas en español. ¿Y Uds.?
6. Yo necesito un diccionario. ¿Y Uds.?
7. Luisa está muy ocupada. ¿Y ellas?
8. Mis amigos están aquí. ¿Y tus amigos?
9. Él es estudiante. ¿Y yo?
10. Ellos son norteamericanos. ¿Y yo?

C. Repeat each sentence; then form a new sentence using the information given in parentheses.

1. Yo regreso a casa a las siete. (Mis padres, llegar, ocho)
2. Nuestra familia cena temprano. (Ellos, comer, tarde)
3. Diana y María necesitan descansar un rato. (Yo, necesitar estudiar, un poco)

4. Mi hermano llega hoy de México. (Diana y María, venir, Perú)
5. Mis amigos viven en la Argentina. (Él, trabajar, Buenos Aires)
6. Busca a Diana en la biblioteca. (Llamar, Tomás, oficina)
7. ¿Reciben Uds. periódicos españoles? (Tener, tú, revistas)
8. Yo no leo artículos muy largos. (Tú, escribir, cartas)
9. ¿Quieren Uds. tomar el desayuno ahora? (Ir, tú, tomar el almuerzo)
10. ¿No escuchas tú las noticias hoy? (Uds., mirar la televisión, por la noche)

D. Address the question to a classmate, who will then tell you what to do. You will then ask for the opinion of a second classmate, who will give you different advice.

MODEL: ¿Compro la revista?   **Sí, compra la revista.**
         ¿Qué crees tú, Tomás?   **No, no compres la revista.**

1. ¿Llamo a tu hermano? ¿Qué crees tú, (…)?
2. ¿Escribo la carta? ¿Qué crees tú, (…)?
3. ¿Regreso a la librería? ¿Qué crees tú, (…)?
4. ¿Compro el diccionario? ¿Qué crees tú, (…)?
5. ¿Llego temprano? ¿Qué crees tú, (…)?
6. ¿Escucho las noticias? ¿Qué crees tú, (…)?

E. Complete the blanks with the appropriate form of **ser, estar,** or **hay.**

Alberto y Jorge (1) _____ dos estudiantes extranjeros en la universidad. Alberto (2) _____ de Colombia, pero su familia (3) _____ viviendo ahora en los Estados Unidos. Yo no sé de dónde (4) _____ Jorge; creo que sus padres (5) _____ uruguayos. Alberto y yo (6) _____ viviendo en una residencia de estudiantes; (7) _____ compañeros de cuarto. (8) _____ una residencia nueva que (9) _____ muy cerca de la biblioteca. En la residencia (10) _____ un cuarto grande para leer y mirar la televisión. Los estudiantes extranjeros siempre (11) _____ allí. (12) _____ una muchacha del Perú que (13) _____ muy agradable; siempre (14) _____ contenta. Yo (15) _____ en su clase de inglés, pero no conozco a Diana todavía. (16) ¡Ya _____ muchos estudiantes que buscan a Diana!

F. Complete the blanks with the appropriate interrogative word(s).

1. —¿_____ lengua habla Mario en casa? —Él habla español.
2. —¿_____ es su familia? —Es muy amable.
3. —¿_____ son ellos? —Son de Cuba.
4. —¿_____ están viviendo tus padres ahora? —En México.
5. —¿_____ estudiantes hay en tu residencia? —Hay veinte estudiantes.
6. —¿_____ es tu compañero de cuarto? —Es Tomás.
7. —¿_____ son las revistas? —Son de Tomás.
8. —¿_____ van Uds. ahora? —Vamos a la biblioteca.

G. Select the most logical response from the list below and complete the following statements.

la librería de libros extranjeros
en la biblioteca
en la televisión
en el comedor
papel y pluma
ir de vacaciones

1. Generalmente tomamos el almuerzo _____.
2. Siempre miro las noticias _____.
3. Ustedes están muy cansados; necesitan _____.
4. Tengo que escribir unas cartas. ¿Tienes _____?
5. Hoy voy al centro; quiero conocer _____.
6. Necesito buscar unos libros _____.

H. The following is a brief letter that you are writing to a friend. Complete the letter by selecting the appropriate missing item(s) from the list of choices on the right.

Amigo Tomás:

Ya soy estudiante _____ . Estoy _____ bastante,
          1   2
pero estoy _____ y aprendiendo mucho. Mis profesores
          3
_____ y los compañeros de clase son muy _____ .
    4   5
Mi universidad es _____ grande, pero las clases son
                6
_____ . Generalmente, _____ veinte estudiantes.
  7   8
Como los alumnos viven _____ , es _____ conocer a
               9   10
_____ . Ya _____ muchos amigos. Hay _____ de
 11   12   13
España y de Suramérica y _____ el español con ellos.
                  14
La _____ es agradable. Tiene un _____ muy bonito
    15   16
_____ hay buenos restaurantes, librerías y _____ .
 17   18
Bueno, Tomás, estoy muy _____ . ¡Hasta pronto y no
                19
_____ escribir! Tu amigo,
 20

estudiando
tengo
practico
olvides
hay
en la universidad
en residencias
tus compañeros
centro
ciudad
estudiantes
bibliotecas
interesantes
pequeñas
fácil
contento
ocupado
son buenos
donde
muy

Jorge

I. Give the Spanish equivalent.

1. How are you, Mr. Lopez? How is Mrs. Lopez?
2. Miss Molina speaks French, doesn't she? Does she pronounce French well?
3. I don't know Diane, but I know that her sister lives in Argentina.
4. There are many new students at the residence hall; they are foreign students.
5. "There are the girls from Chile; they are very good-looking, aren't they?" "Of course!"
6. Thomas is returning to Montevideo soon; Mary is arriving today from Buenos Aires.
7. Where are you going to spend your vacation?
8. We are going to Peru; my family knows the country very well.

Lectura 1

❀ Estudio de palabras (*Word study*)

The ability to recognize cognates is of enormous value in learning to read a foreign language. In this section and in the *Estudio de palabras* section of subsequent *Lecturas,* a number of principles for recognizing cognates will be introduced. Make every effort to figure out the meaning of new words by their use in the sentence, but if you are unable to do so, you will find them listed in the end vocabulary. A number of words not easily recognized are translated in marginal glosses. All examples given below appear in *Lectura 1.* In most cases the singular of nouns and the masculine singular form of adjectives are listed here.

1. *Exact cognates* (cognates with same spelling and meaning). Many Spanish and English words are identical in form and meaning, although the pronunciation is different. Pronounce these words in Spanish: **admirable, base, capital, central, considerable, cultural, director, general, industrial, liberal, notable, peninsular, popular, principal, universal.**

2. *Approximate cognates.* Three principles for recognizing near cognates are:
   a. Many Spanish words have a written accent, and sometimes a capital letter is not used in Spanish: **América, ópera, península, región, romance** (designating a language developed from Vulgar (that is, spoken) Latin.
   b. Many Spanish words lack a double consonant: **comercial, oficial.**
   c. Many Spanish words have a final **-a, -e,** or **-o** (and sometimes a written accent or a small initial letter) that is lacking in English, or have a final **-a** which is replaced in English by *-e*: **forma, música, república, poeta; arte, evidente, importante, parque** (with **qu** in Spanish for English *k*); **parte, predominante, uniforme; americano, artístico, aspecto, dialecto, dominicano, exacto, histórico, moderno, monumento, océano, pacífico; agricultura, cultura, fama, zona.**

   Pronounce the words listed in Section 2 and give the English cognates.

3. *Less approximate cognates.* Many other words should be recognized easily, especially in context or when pronounced in Spanish. Pronounce the following words and then observe the English meaning: **apreciar,** *to appreciate;* **árabe,** *Arabic;* **arquitectura,** *architecture;* **autonomía,** *autonomy;* **autónomo,** *autonomous;* **centro,** *center;* **construcción,** *construction;* **común,** *common;* **contemporáneo,** *contemporary;* **contribución,** *contribution;* **creación,** *creation;* **dirección,** *direction;* **edificio,** *edifice, building;* **época,** *epoch;* **famoso,** *famous;* **historia,** *history;* **glorioso,** *glorious;* **importancia,** *importance;* **industria,** *industry;* **influencia,** *influence;* **magnífico,** *magnificent;* **mercurio,** *mercury;* **minoría,**

El Castillo de Sigüenza, al norte de Madrid, es uno de los famosos paradores (**inns**) del Departamento de Turismo Español.

minority; **multitud,** *multitude*; **museo,** *museum*; **nación,** *nation*; **norte,** *north*; **producción,** *production*; **progresivo,** *progressive*; **provincia,** *province*; **puerto,** *port*; **testimonio,** *testimony*; **turismo,** *tourism*; **turista,** *tourist*; **uranio,** *uranium*; **variedad,** *variety*.

4. *Deceptive cognates.* A number of Spanish and English words are similar in form, but different in meaning: **idioma,** *language*; **lectura,** *reading (selection)*; **recordar,** *to remember*; **refrán** (more commonly used than **proverbio**), *proverb*.

España y la lengua española

España ofrece al estudiante una multitud de aspectos interesantes. En esta breve lectura sólo podemos describir algunos de los más notables.

España es un poco más grande que el estado de California y tiene casi dos veces° la población° de este estado. Madrid, la capital, con más de° cuatro millones de habi-
5 tantes,° es el centro industrial y cultural del país. Es una hermosa ciudad moderna, famosa por sus parques, avenidas, museos, bibliotecas y edificios magníficos.

Las Provincias Vascongadas[1] y Cataluña, en el norte del país, son regiones muy ricas y progresivas. Bilbao y Barcelona son los centros industriales y comerciales más importantes. Bilbao es famosa por la construcción naval. Barcelona es el puerto prin-
10 cipal de España.

dos veces twice
población population / **más de** more than / **habitantes** inhabitants

---

[1] There are thirteen geographical regions in Spain. Some of these regions were independent kingdoms in the Middle Ages, and even today there are important differences, both ethnic and cultural, among them. The Spanish names of these regions are: **Galicia, Asturias, León, Castilla la Vieja** (*Old Castile*), **las Provincias Vascongadas** (*Basque Provinces*), **Navarra, Aragón,** and **Cataluña** (*Catalonia*) in the northern part of the peninsula; **Extremadura, Castilla la Nueva** (*New Castile*) and **Valencia** in the central part; and **Andalucía** (*Andalusia*) and **Murcia** in the southern part.

Vista parcial de la Avenida de Alcalá en Madrid.

siglos centuries /
musulmanes Moslems

Andalucía, ocupada durante siglos° por los musulmanes,° ocupa el sur de la península. Córdoba, Sevilla, Cádiz, Granada y Málaga son ciudades importantes de esta región. La influencia árabe es evidente en la agricultura, en las industrias, en la música y en otros aspectos de la vida andaluza.

Se calcula It is
estimated
atraídos attracted

15 España es un paraíso para el turista. Se calcula° que cada año unos treinta millones de turistas visitan España, atraídos° por su clima, sus playas, sus fiestas y la riqueza de sus monumentos históricos y artísticos. Fiestas de fama internacional son: las Fallas[2] de Valencia, la Semana Santa en Sevilla, las Fiestas de San Fermín[3] en Pamplona (Navarra), y la Feria de Sevilla. Las viejas ciudades de Burgos, Ávila, Segovia, Sala-
20 manca, Toledo, León y Santiago de Compostela, ricas en monumentos históricos, atraen al visitante como testimonio vivo de épocas gloriosas de la historia de España.

A pesar de In spite of /
agrícola agricultural
quinto lugar fifth
place / **hierro** iron /
carbón coal / **plomo**
lead

A pesar de° ser un país predominantemente agrícola,° España ocupa el quinto lugar° entre las naciones industriales de Europa. En el norte la producción de hierro° y de carbón° es muy importante. En la producción de mercurio, de plomo° y de uranio,
25 España es una de las primeras naciones del mundo.

---

[2]**las Fallas:** in the singular, the Valencian term for *bonfire*; in the plural, the name given to a week of celebrations and processions in honor of St. Joseph, culminating on March 19, when huge figures and constructions—often several stories tall and real works of art—are set on fire in numerous sites in the city of Valencia.

[3]**las Fiestas de San Fermín:** several days of celebrations in honor of St. Firminus, the first bishop of Pamplona, martyred at Amiens in the year 287 A.D. The high point of the festival, on the Saint's feast day, July 7, is the running of fighting bulls through the streets of Pamplona on the way to the bullring—an event that enthralled Ernest Hemingway. In 1987, over fourteen hundred persons, young and old, ran alongside or ahead of the bulls, at the risk of serious injury and even death.

En cuanto a° la forma de gobierno,° España es una monarquía° constitucional. Hoy día,° con el apoyo° del rey don Juan Carlos, el gobierno español se está moviendo° en una dirección más liberal que en años precedentes. Cataluña, las Provincias Vascongadas y Andalucía, por ejemplo, son ahora regiones autónomas y otras regiones
30 aspiran a la autonomía política.

La cultura popular muestra una rica variedad. La afición° a los refranes[4] tiene una larga historia en España y la importancia de la poesía popular está demostrada en creaciones tan admirables como los cantares de gesta° y el romancero.° En cuanto a la música, casi todas las regiones poseen un tesoro propio° de bailes° y canciones.
35 La influencia de España en la música, el arte y la arquitectura de hoy es evidente en la vida y obra de compositores° como Manuel de Falla, Isaac Albéniz y Enrique Granados; de cantantes de ópera como Victoria de los Ángeles y Plácido Domingo; de ejecutantes° como Alicia de Larrocha, Andrés Segovia y Pablo Casals; de pintores como Pablo Picasso, Joan Miró y Salvador Dalí, y de arquitectos como Antonio Gaudí.
40 En otros aspectos de la cultura moderna es igualmente importante la contribución de pensadores° como José Ortega y Gasset y Miguel de Unamuno, y de poetas y dramaturgos como Federico García Lorca, Juan Ramón Jiménez y Antonio Machado. Otros representantes de la cultura española contemporánea conocidos en todo el mundo son los directores de cine, Luis Buñuel y Carlos Saura, el jugador de golf, Severino Ba-
45 llesteros, y el cantante popularísimo,° Julio Iglesias.

En cuanto a   As for /
gobierno   government /
monarquía   monarchy
Hoy día   Nowadays /
apoyo   support /
se está moviendo   is
moving

afición   liking

cantares de gesta   epic
poems /
romancero   balladry
tesoro propio   storehouse
of their own / **bailes**   dances
compositores   composers

ejecutantes   performers

pensadores   thinkers

popularísimo   very
popular

---

[4]The strong liking of the Spanish for proverbs is amply illustrated in Cervantes' great novel, *Don Quijote.* Proverbs are used as profusely by Don Quijote as by his faithful squire, Sancho Panza. A few examples that appear in the first pages of the novel are: "Cada uno es hijo de sus obras" (*Everyone is the son of his works*); "Debajo de mi manto al rey mato" (*Beneath my cloak I kill the king,* that is, *One is the master of one's own thoughts*); "Por el hilo se sacará el ovillo" (*By the thread the ball of yarn can be judged*).

Soldados romanos en una procesión durante la Semana Santa en Sevilla, España.

Fuera de Outside of
se habla it is spoken
menos except
hispanohablante
Spanish-speaking

El español es una de las lenguas verdaderamente universales. Fuera de° España se habla° en muchas partes de los Estados Unidos, en México y la América Central, en Cuba, la República Dominicana y Puerto Rico, y en toda Suramérica menos° en el Brasil y las antiguas[5] Guayanas. Hay también una minoría hispanohablante° en las Islas Filipinas y en otras islas del Océano Pacífico.

gallego Galician /
catalán Catalonian
se conservan are preserved /
además besides /
restos remnants
hay que one must
vascuence Basque /
tal vez perhaps
iberos Iberians
en todas partes everywhere

Como ya sabemos, se hablan también otras lenguas romances en España: el gallego,° que se habla en Galicia, y el catalán,° que se habla en Cataluña, Valencia y las Islas Baleares; y se conservan,° además,° restos° de los dialectos leonés y aragonés en zonas del norte del país. También hay que° recordar que se habla una lengua no romance en España: el vascuence,° idioma de origen oscuro —tal vez° el idioma de los antiguos iberos° —que se habla hoy en partes de las Provincias Vascongadas.

Como se habla español en tantas regiones, la lengua no es exactamente uniforme en todas partes.° La base del español moderno es el dialecto castellano,[6] pero hay que reconocer que la contribución de las otras lenguas peninsulares y de los países americanos a la lengua común es especialmente importante.

En fin In short /
conocimiento knowledge

En fin,° el conocimiento° de la lengua española es muy importante hoy día. Hay que saber entender a los hispanohablantes en nuestro país. Además, las relaciones

---

[5]**antiguas,** *former.* When it precedes the noun, the adjective **antiguo, -a** often means *former.* Its usual meaning is *ancient.*

[6]**castellano,** *Castilian.* This dialect developed in Old Castile. It became the predominant dialect in the peninsula in the late Middle Ages.

El rey Juan Carlos saluda durante una parada militar en Barcelona, España.

65 comerciales, políticas y culturales entre los Estados Unidos y los países de habla española tienen mucha importancia. La influencia de España y de los países hispanoamericanos en muchos aspectos de la cultura en general es considerable. Estudiamos español para conocer bien la cultura española e[7] hispanoamericana y para apreciar su influencia en la vida moderna.

❧ Preguntas de comprensión

Write answers in Spanish to the following questions using complete sentences; be prepared to answer them orally in class:

1. ¿Qué ciudades españolas son importantes centros comerciales e industriales?
2. ¿En qué aspectos de la vida andaluza es evidente la influencia árabe?
3. ¿Por qué es España un paraíso para el turista?
4. ¿Cuáles son algunas ciudades españolas famosas por sus monumentos históricos y artísticos?
5. ¿En qué parte de España es importante la producción de hierro y de carbón?
6. ¿En qué dirección se está moviendo el gobierno español hoy día?
7. ¿En qué aspectos de la cultura moderna es evidente la influencia de España?
8. ¿Qué otros representantes de la cultura española de hoy son conocidos en todo el mundo?
9. ¿En qué países de Suramérica hablan español?
10. ¿Es el español una lengua uniforme en todas partes?
11. ¿Qué dialecto es la base del español moderno?
12. ¿Para qué (*For what purpose*) estudiamos español?

❧ Temas para desarrollar oralmente
(*Topics to develop orally*)

Prepare two questions on each of the following topics to ask of classmates in class:

1. La capital de España
2. La importancia del turismo en España
3. La contribución de España a la música de hoy día
4. Las lenguas habladas hoy día en España

---

[7]Before words beginning with **i-**, **hi-**, but not **hie-**, Spanish uses **e** for **y**, *and*.

Lección 6

Dos estudiantes conversan en un banco de la Plaza de la Liberación en Guadalajara, México.

▶ Sounds of Spanish **ch, y, ll,** and **ñ**

▶ Review of linking, division of words into syllables, and word stress

▶ Present indicative of the irregular verbs **poder, salir, traer,** and **ver**

▶ Direct object pronouns

▶ Demonstrative adjectives

▶ The use of prepositions with certain verbs

▶ The infinitive after a preposition

Conversaciones importantes entre jóvenes[1]

Rita sale de su residencia de estudiantes. Al ver a Enriqueta en la calle, la espera[2] y luego la saluda. Las dos jóvenes charlan de sus estudios unos momentos.

RITA —¡Hola, Enriqueta! ¿Tú en esta universidad?

ENRIQUETA —Sí, chica. Estoy estudiando arquitectura. Y tú, ¿qué estudias?

RITA —Quiero entrar en la Facultad de Medicina.

ENRIQUETA —Después de terminar tus estudios esperas ganar mucho dinero, ¿verdad?

RITA —¡Cómo no! Ahora tengo poco dinero y tengo mucho que estudiar.[3]

ENRIQUETA —Pero sales con chicos de vez en cuando, ¿verdad?

RITA —No muy a menudo. Hoy día no escucho programas de radio, no miro la televisión, no leo el periódico … Estoy tan cansada de trabajar.

ENRIQUETA —¡Caramba, Rita! ¿Estás segura de que quieres estudiar esa carrera?

:O:O:

Tomás va a casa de su amigo Ramón. Cuando llega, llama a la puerta. Ramón la abre, y lo invita a entrar. Los dos jóvenes entran en la sala.

RAMÓN —¿Qué te trae por aquí, Tomás?

TOMÁS —Vengo de casa de Diana. Su hermana María, que vive en la Argentina, está aquí de visita. ¿Las conoces tú?

RAMÓN —Siempre veo a Diana cuando sale de su casa…¡Pero todavía no la conozco!

TOMÁS —¡Ah, claro! Ella vive muy cerca de aquí, en aquel edificio de apartamentos.

RAMÓN —Sí. Diana vive en el edificio que está enfrente de la farmacia.

TOMÁS —Oye, Ramón, ¿no quieres conocer a las chicas?

RAMÓN —¡Por supuesto! ¿Por qué no las traes a tomar algo? ¿Cuándo pueden Uds. venir?

Otras palabras y expresiones

Facultad de Arquitectura School of Architecture
Facultad de Ciencias Sociales School of Social Sciences
Facultad de Derecho Law School
Facultad de Farmacia School of Pharmacy
Facultad de Ingeniería School of Engineering
Facultad de Administración de Negocios Business School

el **arte** art
la **ciencia** science
la **economía** economics
el **gobierno** government
la **historia** history
la **informática** computer science
la **sicología** psychology

---

[1]Adjectives used as nouns will be explained on page 125.

[2]The verb **esperar** means *to wait for* here, but in line 6 it means *to hope, expect.*

[3]When one or more words come between **tener** and **que,** the implication of compulsion is lost. Compare **Tengo que estudiar,** *I have to study* (must study) with **Tengo *mucho* que estudiar,** *I have a great deal to study.*

◨ Preguntas sobre los diálogos

1. ¿A quién ve y saluda Rita?   2. ¿Qué está estudiando Enriqueta?   3. ¿Qué quiere Rita?   4. ¿Qué espera ganar Rita al terminar sus estudios?

5. ¿Adónde va Tomás?   6. ¿De quiénes hablan Ramón y Tomás?
7. ¿Conoce Ramón a Diana?   8. ¿Dónde vive Diana?

◆ Nota cultural ◆

In Hispanic countries, universities are organized by **facultades** (colleges or schools), depending on the area of study. In Spain, for example, universities include several of the following **facultades:** Medicine, Law, Pharmacy, Philosophy and Letters, Education, Physics, Social Sciences, Political Sciences, etc. For careers such as engineering or architecture, however, the student must attend an **Escuela Técnica Superior** (Advanced Technological School).

In Spanish America, on the other hand, most universities have a School of Engineering (**Facultad de Ingeniería**) and one of Architecture (**Facultad de Arquitectura**), in addition to the other **facultades.** In Hispanic universities, disciplines such as drama, music, and art are not part of the university system. These are studied in special schools. Music, for instance, is studied in the **conservatorio** (conservatory), while drama, dancing and the plastic arts are studied in the **academia** (academy). Certain technical disciplines, such as accounting, bookkeeping, banking, and computer science, are studied in highly specialized **institutos** (institutes) or **escuelas** (schools). Normally, an entrance examination is required in all these cases.

◆◆◆◆◆◆◆◆◆◆ Pronunciación ◆◆◆◆◆◆◆◆◆◆

A. Sounds of Spanish **ch, y, ll,** and **ñ**

1. **Ch** is pronounced like English *ch* in *church.* Pronounce after your teacher:

   charlar   chileno   escuchar   muchacho   noche

2. **Y** is pronounced like a strong English *y* in *you;* the conjunction **y,** *and,* when initial in a breath group before a vowel, or when between vowels within a breath group, has the sound of Spanish **y.** Pronounce after your teacher:

   yo   desayuno   oye   ¿y usted?   ella y él

3. **Ll** is pronounced like English *y* in *you* in most of Spanish America and in some parts of Spain; in other parts of Spain and Spanish America it is pronounced somewhat like *lli* in *million.* Pronounce after your teacher:

   amarillo   calle   llamar   llegan   silla

4. **Ñ** is an **n** pronounced with the same tongue position as in **ch** and **y;** it sounds somewhat like English *ny* in *canyon.* Pronounce after your teacher:

   compañero   España   español   mañana   señorita

B. Review of linking, division of words into syllables, and word stress

Review division of words into syllables, word stress, and breath groups, pages 5 and 13; then rewrite the first two sentences of the setting of the first dialogue, dividing them into breath groups (by means of a vertical line) and into syllables, and underline the stressed syllables. Note that the following are treated as unstressed words in Spanish: prepositions (**de, a, en**), conjunctions (**y**), object pronouns, the possessive adjectives studied so far, and forms of the definite article.

◇◇◇◇◇◇◇ Notas gramaticales ◇◇◇◇◇◇◇

A. Present indicative of the irregular verbs **poder, salir, traer,** and **ver** (*El presente del indicativo de los verbos irregulares poder, salir, traer y ver*)

poder, *to be able, can*	**salir,** *to leave, go out*	**traer,** *to bring*	**ver,** *to see*
Singular			
puedo	salgo	traigo	veo
puedes	sales	traes	ves
puede	sale	trae	ve
Plural			
podemos	salimos	traemos	vemos
podéis	salís	traéis	veis
pueden	salen	traen	ven

1. In the present indicative of the verb **poder,** the stem vowel **o** changes to **ue** except in the **nosotros** and **vosotros** forms: **puedo, puedes,** etc. but **podemos, podéis.**
2. The stress always falls on the stem except in the **nosotros** and **vosotros** forms: **podemos, podéis.**
3. **Salir, traer,** and **ver** are irregular only in the **yo** form: **salgo, traigo, veo.**
4. **Poder,** like **querer, necesitar,** and **saber,** may be followed directly by an infinitive: **¿Cuándo pueden venir Uds?** *When can you come?*

◈ Práctica 1   Substitution drill:

1. *Yo* veo a Diana todos los días.
   (Mario y yo, Tú, Uds., Ella)
2. *Ella* sale hoy un poco más temprano.
   (Yo, Carmen y Felipe, Nosotros, Uds.)
3. *Nosotros* no podemos llegar tarde.
   (Tú, Uds., Yo, Las chicas)
4. ¿Qué trae *Ramón?*
   (Uds., tú, ellos, Ud.)

B. Direct object pronouns   (*Pronombres de objeto directo*)

	Singular		**Plural**
me	me	**nos**	us
te	you (*fam.*)	**os**	you (*fam.*)
lo	him, you (*formal m.*), it (*m. and neuter*)	**los**	them (*m.*), you (*m.*)
la	her, it (*f.*), you (*formal f.*)	**las**	them (*f.*), you (*f.*)

—No miro **la televisión.**   *"I don't watch television."*
—¿**La** miras tú?   *"Do you watch it?"*
—¿Lees tú **los periódicos**?   *"Do you read the newspapers?"*
—Sí, **los** leo siempre.   *"Yes, I always read them."*
—¿Conoces a **Ramón**?   *"Do you know Raymond?"*
—No, no **lo** conozco.   *"No, I don't know him."*
—¿**Te** conoce **él**?   *"Does he know you?"*
—No, él no **me** conoce.   *"No, he doesn't know me."*

1. Direct object pronouns are used as substitutes for nouns that function as direct objects.
2. The third person direct object pronouns have different forms according to gender and number: *la* miro (**la televisión**), *I'm watching it* (*television*); *los* leo (**los periódicos**), *I read them* (*newspapers*). All other forms vary only in number.
3. **Lo, los,** and **la, las** are used when referring to **a usted/a ustedes** (*m.* or *f.*): **Yo no *lo* conozco**, *I don't know you;* **No *las* llamo**, *I'm not calling you.*
4. In peninsular Spanish **le/les** are used instead of **lo/los,** the forms that will be used in this text: **Yo no *le* (*lo*) conozco**, *I don't know you.*
5. The direct object form **os**, corresponding to **vosotros**, is used only in peninsular Spanish.
6. Object pronouns are placed immediately before the verb. If the sentence is negative, object pronouns come between **no** and the verb: **No *lo* conozco**, *I don't know him;* **Él no *me* conoce**, *He doesn't know me.*

¡Atención!   In addition to referring to masculine objects, **lo** may refer to an action, a statement, or an idea: —**Tienes que estudiar más.** —**Sí, *lo* necesito.** *"You have to study more." "Yes, I need to.";* —**Su hermana es muy guapa.** —**Sí, *lo* creo.** *"Her sister is very good-looking." "Yes, I believe so.";* —**Ella vive en la Argentina.** —**Sí, lo sé.** *"She lives in Argentina." "Yes, I know it."*

Práctica 2   Read in Spanish, paying particular attention to the use of object pronouns and their position in relation to the verb:

1. Yo escucho la radio; yo la escucho.   2. Ella tiene el dinero; ella lo tiene.
3. Escribo las cartas; las escribo.   4. Mario abre la puerta; Mario la abre.
5. No traigo a mi hermano; no lo traigo.   6. Ellos buscan a los jóvenes; ellos los buscan.   7. No miro la televisión; no la miro.   8. ¿No invita Ud. a María? ¿No la invita Ud.?

C. Demonstrative adjectives (*Adjetivos demostrativos*)

Singular			Plural		
Masculine	*Feminine*		*Masculine*	*Feminine*	
este	esta	this	estos	estas	these
ese	esa	that (*nearby*)	esos	esas	those (*nearby*)
aquel	aquella	that (*distant*)	aquellos	aquellas	those (*distant*)

1. A demonstrative adjective points out the noun to which it refers. It comes before its noun and, like all other adjectives in Spanish, it agrees with the noun in gender and number.
2. Demonstrative adjectives are repeated before each noun in a series: **Esta chica, ese estudiante y esa profesora son chilenos,** *This girl, that student, and that teacher are Chileans.*
3. **Ese, esa (-os, -as)**, and **aquel, aquella (aquellos, -as)** are usually interchangeable in everyday usage, but if the speaker wishes to emphasize distance or remoteness, **aquel, aquella (aquellos, -as)** are the preferred forms.

Práctica 3   Repeat after your teacher. When you hear a new noun, use it to form a new sentence, making the necessary changes in agreement.

1. Ramón va a abrir este *libro.*
   (carta, cuadernos, puertas, ventana)
2. Tomás quiere ese *periódico.*
   (revista, plumas, lápiz, carteles)
3. Conozco bien aquel *país.*
   (ciudad, programas, calles, universidad)

D. The use of prepositions with certain verbs (*El uso de preposiciones con ciertos verbos*)

Verbs not requiring a preposition before a direct object

Diana **busca** esa revista.	*Diane is looking for that magazine.*
¿**Escuchas** tú la radio?	*Do you listen to the radio?*
¿Están Uds. **esperando** las noticias?	*Are you waiting for the news?*
Miramos las fotografías.	*We are looking at the photographs.*

The verbs **buscar,** *to look for;* **escuchar,** *to listen to;* **esperar,** *to wait for;* and **mirar,** *to look at,* do not require a preposition to introduce a direct object as do their English equivalents.

¡Atención!   The personal **a,** however, is used when the direct object is a person: **Tomás busca *a* Diana,** *Thomas is looking for Diane;* **Escucha *a* María,** *Listen to Mary;* **Espera *a* tu hermana,** *Wait for your sister;* **Mira *a* las chicas,** *Look at the girls.*

The verbs **entrar** and **salir**

Los estudiantes **entran** ahora.	*The students are entering now.*
Entran en la sala de clase.	*They are entering the classroom.*
Salgo de casa a las ocho.	*I leave the house at eight.*
Hoy **salgo** temprano.	*Today, I'm leaving early.*

1. **Entrar** requires **en** before an object; **salir** requires **de.**
2. If no object is expressed, no preposition is required.
3. In Spanish America, **entrar a** is frequently used instead of **entrar en:**

Ahora **entramos al** comedor de estudiantes.	*Now we are entering the students' dining hall.*

◙ **Práctica 4**   Read each sentence aloud and form a new one using the information given in parentheses.

1. Busco el libro de historia. (la profesora de historia)
2. Busco unas revistas españolas. (el dependiente)
3. Ellos están mirando a Diana. (la fotografía de Diana)
4. Ellas están mirando las noticias. (los chicos)
5. Escucha la radio. (el profesor)
6. Escucha a tu hermana. (el teléfono)
7. Estamos esperando el avión. (mi hermana)
8. Salimos tarde y entramos ahora. (salimos/casa; entramos/oficina)

E. The infinitive after a preposition (*El infinitivo después de preposición*)

Después de terminar tu carrera…	*After finishing your career . . .*
Estoy cansada **de estudiar.**	*I'm tired of studying.*
Al ver a Enriqueta…	*On (Upon) seeing Henrietta . . .*
	When he (she, I, etc.) saw Henrietta . . .

1. After a preposition, Spanish regularly uses an infinitive, where English normally requires the *-ing* form.
2. **Al** + infinitive is the equivalent of English *on* (*upon*) plus the *-ing* form. This construction may also be translated as a clause beginning with *when*.

¡Atención!   Remember that we learned in **Lección 3** that **para** + infinitive expresses purpose and means *to, in order to:* **No necesitas una hora *para llegar* allá,** *You don't need an hour to arrive there.*

◇◇◇◇◇◇◇◇ ## Actividades y práctica ◇◇◇◇◇◇◇◇

A. Read in Spanish; then repeat, substituting the correct direct object pronoun for each noun object and modifiers.

MODEL: Rita lee el libro.   **Rita lee el libro. Rita lo lee.**

1. Los estudiantes ven las fotografías.   2. Mis amigos escuchan el programa.
3. Carlos y yo miramos la televisión.   4. Tomás escribe los ejercicios.
5. Conocemos a María Ortega.   6. Busco a mi compañero de cuarto.
7. ¿Quién escribe las cartas?   8. Invitamos a los estudiantes peruanos.
9. ¿Quién abre la puerta?   10. Necesitamos este dinero.   11. No conozco
muy bien esta ciudad.   12. Yo quiero esos periódicos.

B. Listen to the statement and the questions that follow. Answer affirmatively and then negatively, according to the model.

MODEL: Ramón trae el dinero. ¿Y tú?   **Yo traigo el dinero también.**
¿Y ellos?   **Ellos no traen el dinero.**

1. Ana mira la televisión. ¿Y tú? ¿Y ellos?
2. Tomás escucha la radio. ¿Y tú? ¿Y ellos?
3. Diana ve a los jóvenes. ¿Y tú? ¿Y ellos?
4. Carlos lee los periódicos. ¿Y Ud.? ¿Y Uds.?
5. Jorge escribe las cartas. ¿Y Ud.? ¿Y Uds.?
6. Carolina sale de casa temprano. ¿Y Ud.? ¿Y Uds.?
7. Felipe quiere esperar a Luisa. ¿Y tú? ¿Y él?
8. Rita busca un apartamento. ¿Y Ud.? ¿Y ella?

C. Listen to the question; then answer affirmatively, according to the model, substituting the correct direct object pronoun for each noun object and modifiers.

MODEL: Ana escribe las cartas, ¿verdad?   **Sí, Ana las escribe.**

1. Jorge mira la televisión, ¿verdad?
2. Tú escuchas las noticias, ¿verdad?
3. Ellos ven a Ramón, ¿verdad?
4. Usted saluda al profesor, ¿verdad?
5. Ustedes abren los libros, ¿verdad?
6. Tú escribes las frases, ¿verdad?

D. Listen to the questions and respond according to the model.

MODEL: ¿Ves a ese joven?   **Sí, veo a ese joven.**
¿Y a la joven?   **No, no veo a esa joven.**

1. ¿Ves a esa chica? ¿Y a los chicos?
2. ¿Conoces a ese profesor? ¿Y a las profesoras?
3. ¿Conoces este país? ¿Y la ciudad?
4. ¿Necesitas esta revista? ¿Y el periódico?
5. ¿Quieres aquellas fotografías? ¿Y las cartas?
6. ¿Quieres aquel mapa? ¿Y los carteles?

E. Listen to the question and respond by using a different form of the demonstrative adjectives.

MODEL: ¿Dónde tenemos la clase de arte? ¿En ese edificio?
No; tenemos la clase de arte en aquel (or **este**) **edificio.**

1. ¿Dónde tenemos la clase de gobierno? ¿En ese edificio?
2. ¿Dónde tenemos la clase de economía? ¿En este edificio?
3. ¿Dónde tenemos la clase de historia? ¿En esta sala?
4. ¿Dónde tenemos la clase de sicología? ¿En aquella sala?
5. ¿Dónde tenemos la clase de ciencias? ¿En este laboratorio?
6. ¿Dónde tenemos la clase de informática? ¿En ese laboratorio?

F. Give the Spanish equivalent.

1. Upon leaving the residence hall, Rita sees Henrietta in the street.   2. Rita waits for her, and they chat about their studies a few moments.   3. Henrietta is studying (*progressive*) architecture, and her friend wishes to enter the School of Medicine.   4. After finishing her studies, she hopes to earn a lot of money.
5. Rita does not watch television and does not listen to radio programs.   6. She does not go out with young people often, and she is tired of working.

7. Thomas goes to Raymond's house and knocks on the door.   8. Raymond opens it and upon seeing his friend, he greets him.   9. The two young men enter the living room, and they chat about Mary.   10. She is Diane's sister, and she is here on a visit with her family.   11. Raymond often sees Diane when she leaves her house.   12. Thomas is going to bring the girls to have (take) something (to drink).

◇◇◇◇◇◇◇ Práctica de conversación ◇◇◇◇◇◇◇

Answer the following questions with complete sentences when your teacher calls on you:

1. ¿Sale Ud. mucho por la noche? ¿Con quién o con quiénes sale Ud.?
2. ¿Puede Ud. mirar la televisión todas las noches? ¿Cuándo la mira?
3. ¿Escucha Ud. programas de radio de vez en cuando? ¿Cuándo los escucha?
4. ¿Ve Ud. a sus amigos todos los días? ¿Cuándo los ve?
5. ¿Está Ud. muy ocupado (ocupada) con sus estudios? ¿Y yo?
6. ¿Qué carrera quiere Ud. estudiar? ¿Y Ud.?
7. ¿Va Ud. a entrar en la Facultad de Derecho? ¿En la Facultad de Medicina?
8. Al terminar sus estudios, ¿dónde espera Ud. trabajar? ¿Y Ud.?
9. ¿Espera Ud. ganar mucho dinero? ¿Y Ud?
10. ¿Cómo va a usar el dinero? ¿Quiere Ud. conocer otros países?

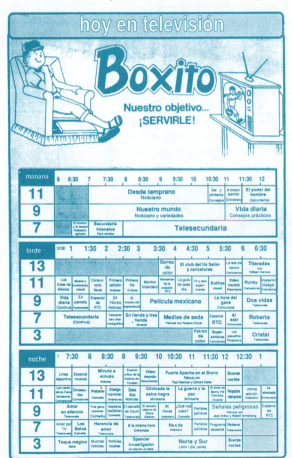

◈◈◈◈◈◈◈◈◈ Situaciones ◈◈◈◈◈◈◈◈◈

One day, while you are having lunch at the university cafeteria, you run into an old friend whom you don't see very often. You are surprised to see him/her, and after greeting each other, you want to know about his/her life as a student by asking him/her a few questions. Act out this situation with a classmate. Study the model that follows before you attempt to establish a dialogue with your classmate. You may also ask other questions of your choice.

ESTUDIANTE 1   —¡Hola, (Diana)! ¿Cómo estás? ¡Te veo muy poco en la universidad!

ESTUDIANTE 2   —¡Ay, (Tomás)! ¡Estoy tan ocupada(-o) con mis estudios!

Estudiante 1 pregunta:

1. ¿En qué facultad estás estudiando?
2. ¿Qué clases tomas?
3. ¿Es difícil la clase de...?
4. ¿Cómo es la clase de...?
5. ¿Y cómo son tus profesores?
6. Te veo muy poco. ¿Dónde estudias todos los días?
7. ¿Qué carrera quieres estudiar? ¿Por qué quieres estudiar...?
8. ¡Tú estudias mucho! ¡No sales con chicos o chicas?
9. ¿Y puedes charlar con tus amigos de vez en cuando?
10. Oye..., ¿no estás cansada(-o) de estudiar?

Tomando una copa de vino con tapas (tidbits) en un café en Málaga, España.

Vocabulario

abrir to open
algo anything, something
la **arquitectura** architecture
el **asunto** affair, matter
la **calle** street
¡caramba! goodness! gosh! gee! good gracious!
la **carrera** career
¡claro! I see! sure! of course! certainly!
cuando when
¿cuándo? when?
charlar to chat
la **chica** girl
el **chico** boy; *pl.* boys and girls, young people
el **dinero** money
el **edificio** building
enfrente de *prep.* across from
Enriqueta Henrietta
entrar (en + *obj.*) to enter, go *or* come in (into)
escuchar to listen (to)
esperar to wait, wait for; to expect, hope
el **estudio** study
la **Facultad** School (*in a university*)
la **farmacia** drugstore, pharmacy

ganar to gain, earn, win
importante important
invitar (a + *inf.*) to invite (to)
joven (*pl.* jóvenes) young
el **joven** young man; *pl.* young men, young people
la **joven** young woman, girl
luego then, next, later
la **medicina** medicine
el **momento** moment
poco, -a little (*quantity*)
poder to be able, can
la **puerta** door
la **radio** radio
Ramón Raymond
Rita Rita
la **sala** living room, lounge
salir (de + *obj.*) to leave, go *or* come out (of)
saludar to greet, speak to, say hello to
seguro, -a sure, certain
terminar to end, finish
traer to bring
ver to see
la **vez (*pl.* veces)** time (*in a series*)

a casa de su amigo Ramón to his friend Raymond's (house)
a menudo often, frequently
al + *inf.* on, upon + *pres. part.*
edificio de apartamentos apartment building
de casa de Diana from Diane's
de vez en cuando from time to time, once in a while, occasionally
estar enfrente de to be across from
estar seguro, -a de que to be sure that
Facultad de Medicina Medical School, School of Medicine
hoy día nowadays
los (las) dos both, the two
llamar a la puerta to knock, knock at the door
programa de radio radio program
tener mucho que estudiar to have a great deal to study
tomar algo to have *or* take something to eat or drink

vacaciones hoy

Lección 7

En una tienda de ropa en Madrid, España: —¿Te gusta esta blusa, Marta?

▶ The diphthongs **ai (ay)** and **oi (oy)**, **ua** and **au**
▶ Review of linking
▶ Present indicative of the irregular verbs **dar** and **decir**
▶ Indirect object pronouns
▶ The verb **gustar**
▶ Use of **¿Qué?** and **¿Cuál(es)?**
▶ Adjectives used as nouns
▶ Comparisons of inequality
▶ Cardinal numbers (30–90)

116

De compras en Tijuana[1]

Silvia está pasando las vacaciones del Día de Acción de Gracias en San Diego. Su amiga Lupe vive en Tijuana. El jueves[2] por la noche Silvia la llama por teléfono y le dice que quiere ir de compras allí el viernes.

LUPE   (*Contestando el teléfono.*)—¡Bueno![3]

SILVIA —¡Hola, Lupe! Te habla Silvia.

LUPE   —¿Qué tal, Silvia? ¿Vas a venir a Tijuana mañana?

SILVIA —Sí. Quiero comprar varias cosas porque ahí son más baratas. ¿Vas a estar muy ocupada?

LUPE   —No. Ya sabes que me encanta ir de compras… Pasa por mi casa a eso de las diez. ¿Te parece bien?

SILVIA —¡Ni modo! Necesito cobrar un cheque porque tengo menos de veinte dólares.

LUPE   —Bueno, el banco abre a las nueve y media…

SILVIA —Entonces, yo estoy ahí a las once.

LUPE   —¡De acuerdo, pues! Te veo mañana, Silvia.

El viernes a las doce las dos amigas llegan al centro. En la Calle Constitución hay muchas tiendas de ropa. Los escaparates están llenos de mercancía: vestidos, blusas, faldas, pantalones, camisetas, zapatos y otras cosas. Entran en una tienda que se llama La Moda Joven, y le dicen a la vendedora que quieren ver los vestidos que están a precio especial.

LUPE   —¡Qué bonito es este vestido blanco! Y es de talla ocho. ¿No te gusta, Silvia? (*Le enseña el vestido a su amiga.*)

SILVIA —¡Ay, sí! Me gusta mucho. Es más bonito que este azul, ¿verdad?

LUPE   —Sí, pero mira este rojo que es de algodón puro; es la misma talla. ¿Qué colores te gustan, Silvia?

SILVIA —Me gusta mucho el rojo. ¡Es el más bonito de todos! Además, me encanta el estilo de este vestido…

LUPE   (*Le pregunta a la vendedora*)—¿Cuál le parece a Ud. más juvenil, señorita?

VENDEDORA —Yo sólo les digo que las jóvenes usan mucho este estilo ahora; está muy de moda. Y hoy lo damos por sólo cuarenta y nueve dólares y noventa y cinco centavos.[4]

---

[1] Tijuana, a Mexican border city south of San Diego.

[2] Review the days of the week introduced in **Lección preliminar 2.**

[3] Several expressions are used as equivalents for *hello* when answering the phone: **Bueno** or **Hola** (Mexico); **Diga** or **Dígame** (Spain); **Aló** (in many countries).

[4] Even though the **peso** is the standard monetary unit in Mexico, U.S. currency is accepted in border cities.

SILVIA	—¡Esta tienda es la más cara de Tijuana! Le doy cuarenta y lo tomo.
VENDEDORA	—Lo siento mucho, señorita. En esta tienda no regateamos[1]; aquí tenemos precio fijo.
SILVIA	—¡Imposible! No tengo mucho dinero y quiero comprar una bolsa de cuero y unas blusas de hilo. Muchas gracias.
LUPE	—No me gusta esta vendedora. Vamos a otra tienda. Cerca de aquí hay una que tiene cosas muy buenas y menos caras.

◪ Otras palabras y expresiones

celeste light blue
marrón brown
rosado, -a pink
el **tamaño**[2] size (of . . .)

cómodo, -a comfortable
fino, -a fine
¿Qué precio tiene(n)...? What is the price (cost) of . . .?

los pantalones cortos

la camisa — la chaqueta

las medias — los mocasines

las sandalias   la billetera *(Am.)*

◪ Preguntas sobre los diálogos

1. ¿Dónde está pasando Silvia las vacaciones? ¿Quién vive en Tijuana?   2. ¿Por qué llama por teléfono Silvia a su amiga?   3. ¿Qué necesita Silvia?   4. ¿A qué hora abre el banco?   5. ¿A qué hora va a estar Silvia en casa de Lupe?

6. ¿Qué hay en la Calle Constitución?   7. ¿Cómo están los escaparates de las tiendas? ¿Qué hay en los escaparates?   8. ¿Qué vestido le gusta mucho a Silvia? ¿Por qué?   9. ¿Qué cree Silvia de esa tienda?   10. ¿Adónde van las dos chicas?

---

[1]In Hispanic countries, especially in open-air markets, bargaining is practiced quite frequently.
[2]**La talla** is used to refer to the size of a garment: **¿Qué *talla* de vestido (camisa, falda) usas tú?** *What size dress (shirt, skirt) do you use?* Otherwise, **tamaño** is used: **¿Qué *tamaño* de zapatos (sandalias) necesitas?** *What size shoes (sandals) do you need?*

Nota cultural

Young people in Spain and Spanish America today dress very much like their American counterparts. Thanks in large measure to television, rock stars, and movies, jeans, T-shirts with slogans, oversized sweaters, and jumpsuits are as popular among Spanish-speaking young people as anywhere else in the world.

Among older persons, however, the dress code, although somewhat more relaxed than formerly, is still more conservative for certain occasions. In fashionable hotels and restaurants in Madrid, Mexico City, or Buenos Aires, woman are as elegantly dressed as in Paris or New York. Some of the most famous designers, in fact, are of Hispanic origin: Adolfo, from Puerto Rico; Oscar de la Renta, from the Dominican Republic; Carolina Herrera, from Venezuela; and Paco Rabanes, from Spain.

The colorful regional costumes of Spain and Mexico are reserved today for special occasions, such as national holidays or religious festivals. The Spanish **peineta** (a large ornamental comb) and **mantilla** are used on Holy Thursday; the **mantón de Manila** (a richly embroidered silk shawl) adds color to popular festivities, such as fairs and bullfights. The **charro** costume of Mexican horsemen (worn today by the mariachis), the **china poblana** costume of Mexico, the Argentinian **gaucho** pants, and the Panamanian **pollera** (a highly adorned skirt) are but a few examples of a rich variety of regional costumes. Parts of such costumes—the Spanish **bolero,** the Cuban **guayabera,** the Mexican embroidered cotton dresses and blouses, the **gaucho** pants—have been widely accepted outside of the country of origin.

Esta joven lleva un traje típico español mientras se pasea a caballo por la Feria de Sevilla.

◆◇◆◇◆◇◆◇◆ **Pronunciación** ◆◇◆◇◆◇◆◇◆

A. The diphthongs **ai (ay)** and **oi (oy)**

Ai (ay) is pronounced like a prolonged English *i* in *mine*. **Oi (oy)** is pronounced like a prolonged English *oy* in *boy*. Pronounce after your teacher:

dais	hay	la inglesa	roja y verde	treinta y dos
hoy	estoy	sois	hablo inglés	blanco y negro

B. The diphthongs **ua** and **au**

As the first element of a diphthong, unstressed **u** is pronounced like English *w* in *wet*. Spanish **au** is pronounced like a prolonged English *ou* in *out*. Pronounce after your teacher:

cuaderno	cuarenta	¿cuánto?	Juan	su amigo
autobús	Laura	la usamos	lea usted	la universidad

C. Review of linking

Review the principles of linking presented on page 13. Pronounce as one breath group, paying close attention to the linking of sounds between words:

su amiga Lupe	las nueve y media	Entran en una tienda.
que este azul	contestando el teléfono	Te habla Silvia.
cuarenta y cinco	les digo a ustedes	Vive en Tijuana.

◆◇◆◇◆◇◆◇◆ **Notas gramaticales** ◆◇◆◇◆◇◆◇◆

A. Present indicative of the irregular verbs dar and decir (*El presente del indicativo de los verbos irregulares dar y decir*)

dar, *to give*		decir, *to say, tell*	
Singular	*Plural*	*Singular*	*Plural*
doy	damos	digo	decimos
das	dais	dices	decís
da	dan	dice	dicen

1. **Dar** follows the same pattern of conjugation as **ir: voy, doy; vas, das,** etc.
2. **Decir,** like **venir,** has a **g** in the **yo** form: **vengo, digo;** but in **decir,** the vowel **e** of the stem changes to **i,** except in the **nosotros** and **vosotros** forms: **decimos, decís.** Note that the stress falls on the stem except in the last two forms.

◪ **Práctica 1**   Substitution drill:

1. *La vendedora* le dice el precio.
   (Yo / Ellas / Uds. / Ana y yo / Tú)
2. *Silvia* le da un cheque.
   (Nosotros / Silvia y Lupe / Yo / Tú / Uds.)

OLIMPICA
Le da mucho más

B. Indirect object pronouns   (*Los pronombres de objeto indirecto*)

Indirect Object Pronouns			
Singular		**Plural**	
me	(to) me	nos	(to) us
te	(to) you (*fam.*)	os	(to) you (*fam.*)
le	(to) him, her, it, you (*formal*)	les	(to) them, you

Lupe **me** da el dinero; ella **me** cobra el cheque en el banco.

Lupe gives me the money (gives the money to me); she cashes the check for me at the bank.

La vendedora **les** (**nos**) enseña otros vestidos.

The clerk shows them (us) other dresses.

Cuando Tomás llega a casa de Ramón, Ramón **le** abre la puerta y **le** dice: —¡Hola, Tomás!

When Thomas arrives at Raymond's house, Raymond opens the door for him and says to him: "Hi, Thomas."

1. An indirect object expresses *to* and *for whom* something is done: **Ella *me* da el dinero,** *She gives the money to me;* **Ella *me* cobra el cheque,** *She cashes the check for me.*
2. Note that in English the preposition *to* is omitted when the indirect object precedes the direct object: *She gives me the money.*
3. The forms of the indirect object pronouns are the same as the forms of the direct object pronouns, except for the third person singular and plural: **le, les.** The indirect object form **os,** corresponding to **vosotros,** is used only in peninsular Spanish.
4. Indirect object pronouns agree in number with the nouns to which they refer, but there is no gender distinction: **me, nos; le, les.**

5. The context of the sentence usually makes the meaning of **le** and **les** clear. However, when these pronouns mean (*to*) *you* (formal singular and plural), **a usted** and **a ustedes** are often expressed: **Le doy *a Ud.* este vestido por cincuenta dólares,** *I'll let you have this dress for fifty dollars;* **¿*Les* enseño *a ustedes* otra cosa?,** *May I show you anything else?*

6. Indirect object pronouns are placed immediately before the verb (some exceptions will be given later):

La vendedora	les	enseña	otra bolsa.
subject	*ind. obj.*	*verb*	*dir. obj.*
The clerk	shows	them	another purse.
subject	*verb*	*ind. obj.*	*dir. obj.*

¡Atención!   In Spanish the indirect object pronoun is normally used in sentences containing an indirect object noun: **Le dicen a la *vendedora* que el vestido es muy caro,** *They tell the clerk that the dress is very expensive;* **Ella siempre *les* escribe a sus *amigos*,** *She always writes to her friends.* In referring to persons, the indirect object is used with verbs such as **decir, escribir, preguntar, enseñar, leer** and **mandar,** as in the examples above.

Práctica 2   Read in Spanish and indicate whether each pronoun in italics is a direct or an indirect object.

1. La vendedora *les* enseña unos vestidos.   2. Carmen *le* pregunta el precio.
3. Yo *le* digo que *los* quiero.   4. *Me* gusta la billetera y *la* compro.   5. Laura *me* da un cheque y *lo* tomo.   6. Él *nos* escribe cartas y *las* recibimos.   7. Ellas *me* llaman a menudo.   8. ¿A qué hora *te* espero en el centro?   9. —¿*Te* doy el dinero? —Sí, *lo* necesito.   10. Ana *me* ve en clase y *me* dice que viene su hermano.

C. The verb **gustar**   (*El verbo* ***gustar***)

[handwritten: have to have a (indirect object) (me te ect.)]

Me gusta Lupe.	*I like Lupe.*
Me gustan sus hermanas.	*I like her sisters.*
¿Te gusta esta bolsa?	*Do you like this handbag?*
¿Te gustan estos zapatos?	*Do you like these shoes?*
Nos gusta ir de compras.	*We like to go shopping.*
No **les gusta** regatear.	*They don't like to haggle.*

1. The verb **gustar** is the Spanish equivalent of *to like*, even though sentences are not constructed in the same way.

2. An English sentence using the verb *to like* is constructed with a noun or pronoun subject and its corresponding verb form followed by the object: *I like the dress, Silvia likes the shoes, The girls like to go shopping.*

3. In Spanish sentences with **gustar** are constructed as follows:

A + Noun or Pronoun (Optional)	Ind. Obj. Pronoun	Verb	Thing or Action
(A Lupe, A ella)	le	gusta	el vestido.
(A Silvia, A ella)	le	gustan	los zapatos.
(A las chicas, A ellas, A mis hermanas)	les	gusta	ir de compras.

4. Note that only two forms of the verb **gustar** are used: **gusta** if one thing or action is liked; **gustan** if more than one.

5. When a noun is the indirect object of **gustar,** the indirect object pronoun (**le** or **les**) is also used.

6. A prepositional phrase introduced with **a** may be used: (**A Lupe**) **le gusta...,** *Lupe likes . . .*; (**A ellas**) **les gusta...,** *They like . . .*; (**A mis hermanos**) **les gusta...,** *My brothers like . . .*

7. Two other verbs that follow the same pattern as **gustar** are **parecer,** *to seem, appear,* which is used to express what a person thinks of something, and **encantar,** *to love* (in the sense of being charmed or delighted):

Me **encanta** esa chica.	*I love (am charmed by) that girl.*
Me **parece** muy bonita.	*She seems very pretty to me.*
—Te **encantan** estas blusas, ¿verdad?	*"You love these blouses, don't you?"*
—No me **parecen** caras estas blusas.	*"These blouses don't seem expensive to me."*
—¿No les **encanta** a Uds. ir a Tijuana?	*"Don't you love to go to Tijuana?"*
—¿Qué les **parece** a Uds. Tijuana?	*"How does Tijuana seem to you?"*
—Nos **parece** una ciudad interesante.	*"It seems like an interesting city to us."*

Práctica 3   Read each sentence and form a new one with the information given in parentheses:

1. Me gusta esta bolsa (estos zapatos).   2. Me gustan estos pantalones (esta camiseta).   3. ¿Te gusta la falda (las blusas)?   4. A Silvia no le gusta la tienda (las vendedoras).   5. Nos encanta tu apartamento (tus amigos).
6. No nos parecen caros los apartamentos (la casa).   7. Les parece muy agradable tu hermana (tus amigos).   8. Me encantan sus zapatos (su blusa).

D. Use of ¿Qué? and ¿Cuál(es)?   (El uso de ¿Qué? y ¿Cuál(es)?)

¿Qué es Silvia, uruguaya o argentina?	*What is Sylvia, Uruguayan or Argentinian?*
—**¿Qué** quieres? —Quiero ir de compras.	*"What do you want?" "I want to go shopping."*
—**¿Cuál** es Lupe? —Es la chica que vive en Tijuana.	*"Which one is Lupe?" "She is the girl who lives in Tijuana."*
¿Cuál es la Calle Constitución?	*Which is Constitution Street?*
¿Cuáles son las tiendas de ropa fina?	*Which (ones) are the fine clothing stores?*
¿Cuál de las tiendas es menos cara?	*Which one of the stores is less expensive?*
¿Cuáles de esas tiendas venden ropa para jóvenes?	*Which ones of those stores sell clothing for young people?*

1. Followed by a verb or a preposition, **¿qué?** and **¿cuál?** (*pl.* **¿cuáles?**) are used as pronouns, meaning *what?, which one(s)?*
2. **¿Qué?** is used to ask for a simple definition, an explanation, or specific information: **¿Qué es Silvia, uruguaya o argentina?** *What is Sylvia, Uruguayan or Argentinian?*
3. **¿Cuál?** (*pl.* **¿Cuáles?**) is used to ask a question in which a choice among one or more things is implied: —**¿Cuál es Lupe? —Es la chica que vive en Tijuana,** *"Which one is Lupe?" "She is the girl who lives in Tijuana."* The preposition **de** follows **¿cuál?, ¿cuáles?** when the noun is mentioned: **¿Cuál de las chicas es Lupe?** *Which one of the girls is Lupe?*
4. When English *which?* and *what?* modify nouns, the adjective **¿qué?** is used in Spanish:

¿Qué blusa vas a comprar?	*What (Which) blouse are you going to buy?*
¿Qué precio tiene?	*What's the price?*
¿Qué tienda conoces en Tijuana?	*What store do you know in Tijuana?*

¡Atención!   Although a choice may be implied with such nouns as **día, noche, hora, fecha** and other similar time expressions[1], **¿qué?** is always used: **¿Qué día es hoy?** *What day is today?*; **¿Qué noche vamos a Tijuana?,** *What evening do we go to Tijuana?*; **¿Qué hora es?,** *What time is it?*; **¿Qué fecha es hoy?,** *What's today's date?*

¿Qué? and **¿cuál?** (*pl.* **¿cuáles?**) always require an accent mark, whether used in direct questions or to introduce indirect questions: **¿Tú sabes a *qué* hora abre el banco?,** *Do you know at what time the bank opens?*; **¿Tú sabes *cuál* es La Moda Joven?,** *Do you know which (one) is La Moda Joven?*

---

[1]Review **Lección preliminar 2** for telling dates and **Lección 3** for telling time of day.

Cuál – which are
Que Definition or explanation

🔷 **Práctica 4**   Read the following sentences supplying the appropriate interrogative word: **qué, cuál,** or **cuáles:**

1. ¿ _Cuál_ es la ciudad mexicana que está cerca de San Diego?
2. ¿ _Qué_ hay en Tijuana?
3. ¿ _Que_ tiendas conoces tú?
4. ¿ _Cuáles_ son las tiendas buenas en Tijuana?
5. ¿ _Cuál_ es la más cara?
6. ¿ _Qué_ mercancía vende esa tienda?
7. ¿ _Cuáles_ de esas tiendas tienen ropa para jóvenes?
8. ¿ _Cuál_ de las vendedoras te gusta más?
9. Bueno, ¿ _Qué_ día vamos a Tijuana?
10. ¿ _Que_ te parece si vamos este sábado?

E. Adjectives used as nouns   (*El adjetivo usado como sustantivo*)

Las chicas jóvenes usan mucho este estilo.	*Young women (girls) use this style a lot.*
Las jóvenes usan mucho este estilo.	*Young women (girls) use this style a lot.*
Mira este vestido rojo; mira **este rojo.**	*Look at this red dress; look at this red one.*
Me gustan estas sandalias blancas.	*I like these white sandals.*
Me gustan **estas blancas.**	*I like these white ones.*

1. Remember from **Lección 2** that adjectives of nationality are used as nouns: *La española es guapa, The Spanish (girl or woman) is good-looking.* Many other adjectives in Spanish are also used in this way.
2. The definite article and the demonstrative may nominalize an adjective by omitting the noun: **el vestido rojo** → **el rojo,** *the red dress* → *the red one;* **estas sandalias blancas** → **estas blancas,** *these white sandals* → *these white ones.* Note that while English adds *one(s),* Spanish does not add **uno(s).**
3. An adjective used as a noun agrees in gender and number with the noun it refers to.

🔷 **Práctica 5**   Read each sentence aloud, then form a new sentence using a nominalized adjective:

1. Me encantan estas sandalias rojas.
2. Los mocasines marrones son de Tomás.
3. La vendedora les enseña la falda verde.
4. El vestido rosado es de talla ocho.
5. Las blusas blancas son de Lupe.
6. Me gustan las camisas rosadas.
7. Los pantalones azules son muy caros.
8. ¿De quién son estas medias celestes?
9. Esta billetera negra es muy bonita.
10. ¿No te gusta la camiseta amarilla?

F. **Comparisons of inequality**   (*La comparación de desigualdad*)

más **menos** }	+ adjective + (que)	{ *more + adjective **or*** *adjective + -er + (than)* *less + adjective + (than)* }

Este vestido es **más caro.**	*This dress is more expensive.*
Esta talla es **más grande.**	*This size is larger.*
Estas faldas son **menos juveniles.**	*These skirts are less youthful.*
Estos pantalones son **menos caros.**	*These pants are less expensive.*
Esta tienda es **más barata que** La Moda Joven.	*This store is cheaper than La Moda Joven.*
Estas sandalias rojas son **menos bonitas que** las blancas.	*These red sandals are less pretty than the white ones.*
Silvia es **más bonita que** Lupe.	*Sylvia is prettier than Lupe.*

1. **Más** or **menos** followed by an adjective are the constructions used in Spanish to make comparisons between nouns. Note that the comparative adjective must agree with the noun in gender and number.
2. **Que** is used to relate the points of comparison and, in this context, corresponds to English *than:* **Silvia es más (menos) bonita *que* Lupe,** *Sylvia is prettier (less pretty) than Lupe.*
3. A few irregular comparative adjectives will be explained in **Lección 16.**

¡Atención!   In comparisons, the English *than* corresponds to **que** before a noun or pronoun, but before a numeral *than* is expressed by **de:**

Silvia es más bonita **que** Lupe.	*Sylvia is prettier than Lupe.*
Silvia es más bonita **que** ella.	*Sylvia is prettier than she (is).*
Tengo menos **de** veinte dólares.	*I have less than twenty dollars.*
La vendedora les enseña más **de** tres vestidos.	*The clerk shows them more than three dresses.*

Práctica 6   Repeat the two sentences and then combine them into a single one:

MODEL: Silvia es bonita. Lupe es más bonita.
Lupe es más bonita que Silvia.

1. Diana es inteligente. Carmen es más inteligente.
2. La clase de inglés es fácil. La clase de español es más fácil.
3. El vestido rojo es juvenil. El vestido azul es menos juvenil.
4. Aquella vendedora es agradable. Esta vendedora es menos agradable.
5. Los zapatos negros son cómodos. Los zapatos marrones son más cómodos.
6. Esta tienda es cara. La otra tienda es menos cara.

The superlative comparison   (*La comparación superlativa*)

Este vestido es el más caro de todos.	*This dress is the most expensive one of all.*
Esta tienda es la más grande de la ciudad.	*This store is the largest one in the city.*
Estos pantalones son los menos caros.	*These pants are the least expensive ones.*
Ellas son las chicas más bonitas de todas (de la clase).	*They are the prettiest girls of all (in the class).*

1. To express the superlative degree of adjectives in a comparison, Spanish uses the corresponding form of the definite article followed by **más, menos,** and the adjective or an irregular comparative form (see p. 318).
2. Note that the adjective must agree with the noun in gender and number: **el más caro** (**el vestido**), *the most expensive* (*dress*); **las más bonitas** (**las chicas**), *the prettiest* (*girls*).
3. While English often adds *one*(*s*), Spanish doesn't add **uno**(*s*).
4. Note that after a superlative, Spanish **de** corresponds to the English *in*: **la más grande de la ciudad,** *the largest one in the city;* **las más bonitas de la clase,** *the prettiest ones in the class.*

¡ESPECIALES!
Empiezan hoy y duran 1 semana solamente.

ESTOS SON LOS PRECIOS MAS BAJOS DE BOGOTA

TRAJES 2 POR $100
1,000s DE TRAJES DE CALIDAD DE DISEÑADORES, DISPONIBLES HASTA TALLA 60

¡GRATIS!   2 CAMISAS Y 2 CORBATAS CON COMPRA DE 2 TRAJES

1,000s DE CHAQUETAS DEPORTIVAS
2 POR $35

PANTALONES
2 POR $20
GRAN SELECCION DE CHAQUETAS DE IN-VIERNO, SUETERES Y CAMISAS DE VESTIR.

G. Cardinal numbers (30–90) (*Los números cardinales* [30–90])

30	**treinta**	50	**cincuenta**	70	**setenta**	90	**noventa**
40	**cuarenta**	60	**sesenta**	80	**ochenta**		

1. Remember from **Lección preliminar 2** that beginning with 31, numerals are written as separate words.
2. Numerals ending in **uno** drop the **-o** before masculine nouns: **treinta y *un* estudiantes,** *thirty-one students;* **cincuenta y *un* dólares,** *fifty-one dollars.*
3. **Una** is used with feminine nouns: **cuarenta y *una* faldas,** *forty-one skirts.*

Práctica 7   Read the following sentences in Spanish:

1. Tengo 80 dólares en el banco.   2. Tenemos 34 semanas de clase.   3. Hay 41 chicos y 51 chicas en la residencia.   4. Dan el vestido por 61 dólares.   5. Este mes tiene 31 días.   6. Sólo tengo 79 centavos.

◆◆◆◆◆◆◆ Actividades y práctica ◆◆◆◆◆◆◆

A. Answer affirmatively, following the model and making the necessary changes.

MODEL: —¿Quién te habla por teléfono? ¿Lupe?
—Sí, Lupe me habla por teléfono.

1. ¿Quién te escribe la carta? ¿Tomás?
2. ¿Quién te cobra los cheques? ¿Diana?
3. ¿Quién te da el dinero? ¿Silvia?
4. ¿Quién les enseña a Uds. español? ¿El profesor López?
5. ¿Quiénes les preguntan a Uds. la hora? ¿Los chicos?
6. ¿Quién les dice a Uds. el precio? ¿La vendedora?
7. ¿Quién me enseña los zapatos? ¿El dependiente?
8. ¿Quién me dice el tamaño? ¿Ese chico?
9. ¿Quién me da la mercancía? ¿Esa señorita?

¡PRECIOS DE VERDADERA LOCURA!

| Blusas de $4.490 a **$2.190** | Sastres en paño de $18.990 a **$8.990** | Conjuntos de $8.290 a **$2.200** |

| Batas de $8.490 a **$2.990** | Slacks de $3.690 a **$1.700** |

Calle 15 Nº 68 D-79   Avenida Carrera 68 Nº 22-51

B. Read the questions and answer according to the models.

MODEL:　¿Te gusta este vestido?　**Sí, me gusta mucho.**
　　　　　¿Y las faldas?　　　　**Me encantan las faldas.**

1. ¿Te gusta mi falda de algodón? ¿Y las blusas de algodón?
2. ¿Te gustan los vestidos de hilo? ¿Y la camisa de hilo?
3. ¿Te gustan mis sandalias blancas? ¿Y la bolsa?
4. ¿Te gustan mis mocasines de cuero? ¿Y la billetera?
5. ¿Te gusta esta camiseta? ¿Y los pantalones?
6. ¿Te gusta esta chaqueta de cuero? ¿Y los zapatos?

MODEL:　¿Te gusta la clase de español?　**Sí, me gusta; me parece interesante.**
　　　　　¿Y a ellos?　　　　　　　　　**A ellos les encanta.**

7. ¿Te gusta esta universidad? ¿Y a ellos?
8. ¿Les gusta a Uds. esta ciudad? ¿Y a ellos?
9. ¿Le gustan a él los profesores? ¿Y a Uds.?
10. ¿Les gustan a ellos las clases? ¿Y a Uds.?
11. ¿Te gustan las estudiantes? ¿Y a él?
12. ¿Les gustan a Uds. los estudiantes? ¿Y a ella?

C. Listen to the statement and to the question that follows. Respond according to the model making all the necessary changes.

MODEL:　Diana es muy bonita. ¿Y sus hermanas?
　　　　　Sus hermanas no me parecen muy bonitas.

1. Tomás es inteligente. ¿Y sus amigos?
2. Este vestido es muy largo. ¿Y las faldas?
3. Las sandalias son cómodas. ¿Y los mocasines?
4. Esos pantalones son chicos. ¿Y la camiseta?
5. Su apartamento es grande. ¿Y los cuartos?
6. Las revistas son muy buenas. ¿Y el periódico?

D. Complete in Spanish, supplying the appropriate form of **gustar** or **parecer** according to the context.

1. —¿Te _gusta_ mi apartamento? —Sí, me _parece_ muy cómodo.
2. Las ciudades mexicanas nos _parecen_ muy agradables. Nos _gusta_ ir de vacaciones allí.
3. ¿Qué le _____ a Ud. la librería de libros extranjeros? Me _____ las revistas y los periódicos españoles que venden allí.
4. La Argentina nos _____ un país muy bonito; nos _____ mucho Buenos Aires.
5. ¿Qué les _____ a Uds. los programas de la televisión en español? Nos _____ mucho los programas de noticias.
6. A las chicas les _____ ir de compras; no me _____ muy interesante.

E. You want to know your classmate's opinion, so you ask the question and he or she will respond with a superlative construction.

MODEL: ¿Es bonita esa ciudad? Student 1: ¿Es bonita esa ciudad?
                                    Student 2: **Sí, me parece la más bonita de todas.**

1. ¿Es grande esta librería?
2. ¿Es interesante esta revista?
3. ¿Es barato este diccionario?

4. ¿Son cómodos estos cuartos?
5. ¿Son caras estas casas?
6. ¿Son nuevos estos apartamentos?

F. Give the Spanish equivalent:

1. Sylvia is spending Thanksgiving (Day) vacation near San Diego. 2. On Thursday evening she telephones (calls) Lupe, who lives in Tijuana. 3. Sylvia tells her friend that she wants to buy some things in Tijuana. 4. Lupe is not very busy, and she tells Sylvia that she loves to go shopping. 5. Sylvia has to go to the bank, which opens at half past nine. 6. She needs to cash a check, because she has less than twenty dollars.

7. The two friends (f.) arrive downtown and enter a large store. 8. They tell the clerk (f.) that they want to see the dresses that are on sale (sold at special prices). 9. Don't you (*fam. sing.*) like this white dress, Sylvia? How pretty it is! It's pure cotton and it's size eight. 10. Look (*fam. sing.*) at this red one; it is the prettiest of them all. This style seems very youthful to me and it's very much in fashion nowadays. 11. When the clerk tells them that they are offering it for forty-five dollars and sixty cents, Sylvia answers (her) that the store is the most expensive one in Tijuana. 12. The clerk tells them that they don't haggle in that store. They have fixed prices there.

◇◇◇◇◇◇◇◇ ## Práctica de conversación ◇◇◇◇◇◇◇◇

Read the question first and then address it to a classmate, who should respond freely using any vocabulary and structure previously studied:

1. ¿Te gusta ir de compras? ¿Cuándo vas de compras generalmente?
2. ¿A qué tiendas te gusta ir? ¿Cuál es la calle de tiendas buenas en esta ciudad? ¿Qué mercancía tienen en los escaparates?
3. ¿Te gusta la ropa fina o la ropa barata? ¿Qué ropa está de moda ahora? ¿Qué te parece la moda de hoy?
4. ¿Qué ropa usas tú? ¿Y qué colores te gustan? ¿Qué talla usas tú?
5. ¿Qué te parecen las faldas largas? ¿Y los pantalones cortos?
6. ¿Cuál te gusta más, la ropa de algodón o la ropa de hilo? ¿Qué ropa de algodón te gusta? ¿Y qué ropa de hilo te gusta?
7. ¿Adónde vas cuando quieres comprar revistas o periódicos? ¿Te gusta leer en español?
8. ¿Qué te parecen las librerías en esta ciudad? ¿Y cómo son las tiendas de ropa?

◆◆◆◆◆◆◆◆◆◆ Situaciones ◆◆◆◆◆◆◆◆◆◆

Imagine that it's summer and you are travelling in Spain. You visit a store to buy some clothing appropriate for the weather and your travels. Enact the situation with another classmate playing the role of the clerk, using the following dialogue as a model. Vary the dialogue as much as possible by substituting the underlined words or phrases with items from the list below.

(Alberto)	—Buenos días (Buenas tardes), señorita (señor). Quiero comprar <u>unos pantalones</u>.
(Vendedor,-ora)	—¿Qué colores le gustan a Ud.?
(Alberto)	—Me gustan <u>el blanco y el celeste.</u>
(Vendedor,-ora)	—<u>Estos pantalones</u> están muy de moda.
(Alberto)	—Son de <u>hilo</u>, ¿verdad? Me gustan más <u>los de algodón.</u> ¿Qué talla son?
(Vendedor,-ora)	—No, son de <u>algodón</u> puro; son de talla veintiocho.
(Alberto)	—¿Qué precio tienen estos pantalones?
(Vendedor,-ora)	—Hoy los damos por quince dólares.
(Alberto)	—¡Son muy baratos! Los compro. Aquí le doy el dinero.

Jóvenes madrileñas de compras en un gran almacén en el centro de Madrid.

Word choices		
Footwear	**Colors**	**Adjectives**
las sandalias	amarillo	caro
los mocasines	azul	cómodo
los zapatos	blanco	fino
	celeste	
Clothing	marrón	**Materials**
el vestido	negro	el hilo
la camisa	rojo	el algodón
la camiseta	rosado	el cuero
los pantalones	verde	
los pantalones cortos		
la blusa		
la falda		
la chaqueta		

At what hour

Is NM expensive or cheap

Vocabulario

la **acción** (*pl.* **acciones**) action
además besides
ahí there (*near or related to person addressed*)
el **algodón** cotton
el **banco** bank
barato, -a inexpensive, cheap
la **blusa** blouse
la **bolsa** purse, pocketbook, bag
¡bueno! hello! (*telephone*)
la **camiseta** T-shirt, sportshirt
caro, -a expensive, dear
el **centavo** cent (*U.S.*)
cobrar to cash (*a check*)
la **compra** purchase
la **constitución** constitution
contestar to answer, reply
la **cosa** thing
¿cuál(es)? which one(s)?
el **cuero** leather
el **cheque** check
dar to give
decir to say, tell
el **dólar** dollar (*U.S.*)
encantar to charm
enseñar (**a** + *inf.*) to show, teach (how to)
el **escaparate** shop window
especial special
el **estilo** style
la **falda** skirt

fijo, -a fixed
gustar to like
el **hilo** linen
imposible impossible
las **jóvenes** young girls (women)
juvenil youthful, young-looking
Lupe Lupe
mañana *adv.* tomorrow
la **mercancía** merchandise
mismo, -a same
la **moda** style, fashion, fad
el **modo** manner, means, way
ni neither, nor, (not) . . . or
los **pantalones** trousers, pants, slacks
parecer to seem, appear
el **precio** price
puro, -a pure
que than
¡qué + *adj. or adv.*! how . . . !
regatear to haggle, bargain
la **ropa** clothes, clothing
Silvia Sylvia
la **talla** size (*of a garment*)
el **teléfono** telephone
la **tienda** store, shop
la **vendedora** saleslady, clerk (*f.*)
vender to sell
el **vestido** dress
el **zapato** shoe

a precio especial on sale, at a special price, at special prices
bolsa de cuero leather purse (bag)
Día de Acción de Gracias Thanksgiving Day
la Calle Constitución Constitution Street
el jueves por la noche (on) Thursday evening
está muy de moda it's very much in fashion
están llenos de (mercancía) they are full of (merchandise)
ir de compras to go shopping
lo damos por we are offering (selling) it for
lo siento mucho I am very sorry
llamar por teléfono to telephone (call), talk by (on the) telephone
(llegar) al centro (to arrive) downtown
me encanta el estilo I love (am delighted with, charmed by) the style
¡ni modo! no way! certainly not!
(te) habla Silvia Silvia is speaking (to you), this is Sylvia speaking *or* talking (to you)
¿(te) parece bien? is it all right with (you)? does it seem O.K. to (you)?
tener precio fijo to have fixed prices
vamos (a otra tienda) let's go *or* we are going (to another store)

Lección 8

En una agencia de viajes en Málaga, España, unos jóvenes hacen planes para un viaje a Mallorca.

▶ Sounds of Spanish **m** and **n**
▶ The diphthongs **ue** and **eu**
▶ Present indicative of the irregular verbs **hacer** and **poner**
▶ Present indicative of the stem-changing verbs **pensar** and **volver**
▶ Reflexive pronouns
▶ Reflexive verbs
▶ Position of object and reflexive pronouns with an infinitive
▶ Other uses of the definite article

En busca de un compañero de viaje

Mario encuentra a Jaime sentado en la cafetería de la Facultad de Derecho. Jaime se prepara para desayunarse y parece preocupado. Mario le pregunta por qué está tan serio.

JAIME —Quiero pasar las vacaciones de Navidad en Los Ángeles. Desgraciadamente no tengo suficiente dinero para comprarme el boleto de avión.

MARIO —Bueno, y ¿por qué no haces el viaje en coche?

JAIME —Hoy día la gasolina cuesta mucho también. Además, el viaje es bastante largo.

MARIO —Mira, no es difícil encontrar un compañero de viaje si pones un anuncio en el periódico.

JAIME —¡Claro! Hay muchos estudiantes que vuelven a casa durante las vacaciones.

MARIO —Piénsalo, Jaime. Podemos escribirlo ahora.

JAIME —Me parece una buena idea. Pero después de desayunarnos, ¿eh?[1]

Jaime se pone las gafas que tiene en la mano; luego se sienta al lado de Mario. Los muchachos escriben el anuncio y después lo llevan[2] a la oficina del periódico. Jaime vuelve más contento a su apartamento. Entra y cierra la puerta. Al día siguiente, mientras se lava la cara y las manos, suena el teléfono. Jaime contesta.

MIGUEL —Deseo hablar con Jaime Delgado. ¿Está en casa, por favor?

JAIME —Sí, soy yo.[3] ¿Quién habla?

MIGUEL —Me llamo Miguel Ramos. Estudio ingeniería y también busco un compañero para viajar a Los Ángeles. ¿Cuándo piensas salir tú?

JAIME —El domingo por la mañana. ¿Qué te parece si nos levantamos temprano? Así podemos almorzar en Monterrey[4] y visitar la misión de Carmel…

MIGUEL —¡Estupendo! Siempre me acuesto tarde los sábados, pero no hay problema. Pienso que va a ser un viaje muy interesante.

JAIME —Y más barato que en avión. Te llamo el jueves para charlar más.

MIGUEL —Pues, ¡hasta pronto, Jaime!

---

[1]In conversation, **¿eh?** is often used similarly to **¿(no es) verdad?**

[2]**Llevar** is used when *to take* means *to carry* or *take* (something or someone) to a place. **Tomar** means *to take up* or *pick up* (e.g., take something in one's hand), *to take* (a bus), or *to take* or *have something to eat* or *drink*.

[3]To express *it is I, it is you,* etc., the verb **ser** in Spanish agrees with the personal pronoun, which follows the verb: **soy yo,** *it is I;* **eres tú,** *it is you* (fam.), etc.

[4]**Monterrey** is the Spanish spelling for English Monterey, a coastal town south of San Francisco and near Carmel.

◧ Otras palabras y expresiones

de noche   at (by) night
en autobús (tren, barco)   by (in a) bus
(train, boat)

el fin de semana   the weekend
arreglarse   to get ready (fixed up)

el autobús (*pl.* autobuses)

el barco

el tren (*pl.* trenes)

afeitarse
To shave

despertarse (ie)
To wake up

peinarse

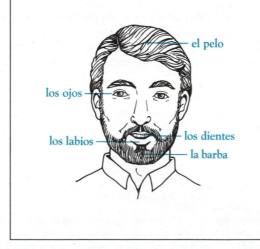

el pelo

los ojos

los labios

los dientes

la barba

pintarse (la cara, los ojos)

pintarse los labios

◙ Preguntas sobre los diálogos

1. ¿A quién encuentra Mario en la cafetería?   2. ¿Qué le pregunta Mario a Jaime?   3. ¿Qué quiere hacer Jaime?[1]   4. ¿Por qué no quiere él hacer el viaje en coche?

5. ¿Qué se pone Jaime para escribir el anuncio?   6. ¿Adónde llevan los muchachos el anuncio?   7. ¿Cuándo piensa salir Jaime?   8. ¿Va a ser más caro ir en coche que en avión?

---

[1]Note that **hacer** corresponds to the English *to do* as well as *to make:* **¿Qué quiere hacer Jaime?** *What does James wish to do?*

═ Nota cultural ═

In Spain the school year begins in October and runs until June of the following year. In Mexico, Central America, and the Caribbean, the school year starts in mid-September and runs until mid-June. Christmas vacation in these countries falls at approximately the same time as in the United States.

In Hispanic countries situated in the Southern Hemisphere, on the other hand, the school year begins in March and ends the following December, just before Christmas. This difference in the school year presents difficulties for North American students who wish to study in the southern countries of South America. Special courses, however, are often provided for those who wish to start study there in the fall. Of course, there are many summer programs for foreign students in Spain and Mexico.

There are residence halls for students and faculty at the **Ciudad Universitaria** in Madrid; but in general dormitories for students are non-existent in Hispanic universities. As a result, students live at home while attending nearby universities or in a boarding house while enrolled in universities that are far away.

As we have learned in **Lección 6,** the university system in Hispanic countries is quite different from that in the United States. Students must complete the **bachillerato** or its equivalent (approximately the equivalent of our junior college degree) to be eligible to enroll in one of the Schools (**Facultad de Derecho, de Medicina,** etc.) of a university.

◆◇◆◇◆◇◆◇◆◇◆ Pronunciación ◆◇◆◇◆◇◆◇◆◇◆

A. Sounds of Spanish **m** and **n**

1. Spanish **m** is pronounced like English *m*. Pronounce after your teacher:

   colombiano   comedor   familia   mesa   mira

2. When initial in a syllable, when final before a pause, or when before any consonant other than those mentioned below, Spanish **n** is pronounced like English *n*. Pronounce after your teacher:

   poner   avión   grande   cansado   bastante

3. Before **b, v, m,** and **p,** Spanish **n** is pronounced like **m.** Pronounce after your teacher:

   un boleto   conversación   un viaje   con mamá   un poco

4. Before **c, qu, g,** and **j,** Spanish **n** is pronounced like English *n* in *sing*. Pronounce after your teacher:

   en casa   ¿con quién?   inglés   tengo   con Jorge

B. The diphthongs **ue** and **eu**

1. As the first element of a diphthong, unstressed **u** is pronounced like English *w* in *wet*. Pronounce after your teacher:

   almuerzo   escuela   nueve   puedo   tu hermano

2. Spanish **eu** has no close equivalent in English. It consists of a Spanish **e** followed closely by a glide sound which ends in English *oo*, to sound like *ehoo*. Pronounce after your teacher:

   Europa   ¿cree usted?   espere usted   ¿sabe usted?   ¿tiene usted?

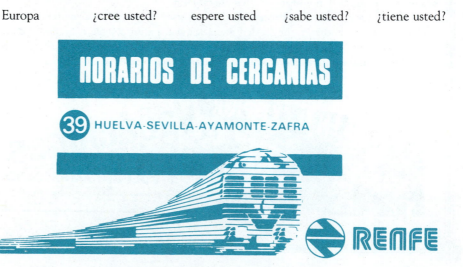

(Text resumes on page 139 following the *Viñeta cultural.*)

Viñetas culturales 1

España

Una calle típica de la histórica ciudad de Toledo, decorada para un día de fiesta. En el fondo *(background)*, la torre de la magnífica catedral gótica, una de las más grandes y más ricas de España. La ciudad está asociada para siempre con el famoso pintor, el Greco. ¿Para qué fiestas se decoran las calles en las ciudades de los Estados Unidos?

A LA IZQUIERDA: El encierro de los toros de lidia *(Driving fighting bulls into the bull pens before the fight)* durante las fiestas que se celebran en Pamplona en honor de San Fermín, el primer obispo *(bishop)* de la ciudad. Muchos de los participantes llevan el traje típico de los vascos. Descríbalo.

A LA DERECHA: Las Ramblas, hermosa avenida con árboles y flores que divide la ciudad de Barcelona en dos partes. Barcelona es uno de los centros comerciales y culturales más importantes de España. ¿Se parecen Las Ramblas a alguna de las calles principales de una ciudad en los Estados Unidos? ¿A cuál?

A LA IZQUIERDA: Paseando a caballo por las casetas *(booths)* durante la Feria de Sevilla, que se celebra todos los años en el mes de abril. Famosa por su carácter típico y popular, la feria es una de las más concurridas de España. ¿Qué otra fiesta de fama internacional se celebra en Sevilla en la primavera?

A LA DERECHA: El enorme estanque artificial del Buen Retiro, el parque principal de Madrid. La figura de la estatua es Alfonso XII (1857–1885), bisabuelo *(great-grandfather)* del rey actual, don Juan Carlos. ¿Cómo se divierten los jóvenes madrileños en esta foto?

Vista de la ciudad de Toledo, a orillas del río Tajo, a 47 millas al sur de Madrid. Ninguna ciudad de España la supera en el número, variedad y mérito de sus monumentos artísticos e históricos. En lo alto *(the high part)* se ve la catedral y, a la derecha, el Alcázar, destruido en 1936 y totalmente restaurado. Describa la ciudad. ¿En qué parte de la ciudad se encuentran los edificios principales?

A LA IZQUIERDA: Felipe González Márquez, jefe del partido socialista y primer ministro de España desde 1982. Su ascenso al poder es un claro indicio de los cambios que han ocurrido en el gobierno de España desde la muerte del general Francisco Franco en 1975. ¿En qué otros países europeos hay un gobierno socialista?

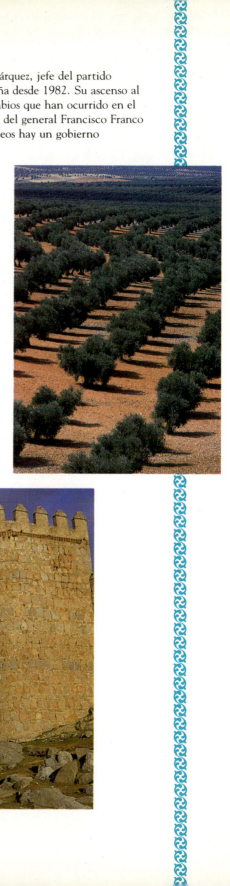

A LA DERECHA: Plantaciones de olivos en La Mancha, región llana y monótona al sur de Madrid. En la producción de aceite de oliva, España es el primer país del mundo. ¿Cuál es la importancia del aceite de oliva en la cocina (cooking) española? Describa un plato español en que nunca falta el aceite de oliva.

ABAJO: Vista parcial de las murallas de Ávila, ciudad situada en la meseta castellana, al noroeste de Madrid. La conservación de las murallas es tan perfecta que se consideran como la más completa construcción militar de la Edad Media en España. ¿Conoce Ud. ciudades europeas dónde existen construcciones similares?

A LA IZQUIERDA: Molinos de viento en La Mancha, hechos célebres por Cervantes, con el Castillo de Consuegra a la derecha. Cortada por ríos hondos, La Mancha produce cereales, vino y aceite. Creyendo que los molinos eran gigantes con largos brazos, don Quijote los atacó en uno de los primeros capítulos de la novela de Cervantes. ¿Qué representa para Ud. esta acción de don Quijote?

A LA DERECHA: Retrato de Gertrude Stein, escritora norteamericana, por Pablo Picasso, pintor español que nació en Málaga (1881–1973), pero que pasó muchos años en Francia. Picasso ha sido, sin duda, el artista que ha ejercido mayor influencia sobre la pintura contemporánea. ¿Conoce Ud. otras obras de Picasso?

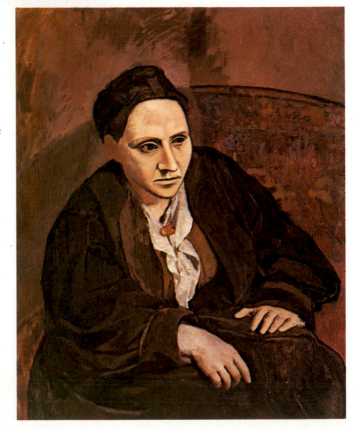

Andrés Segovia, guitarrista español (nació en Jaén en 1894). Renovador de la técnica de la guitarra, es uno de los más grandes artistas en su especialidad. ¿Cuál es la importancia de la guitarra en la música popular de los Estados Unidos?

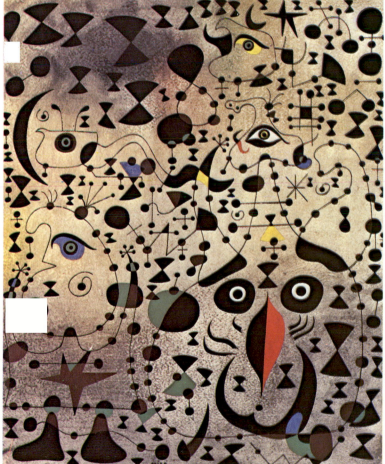

El bello pájaro revelándoles lo desconocido a un par de amantes, obra del pintor español Joan Miró (1893– 1983). Uno de los más grandes pintores de la escuela surrealista, por medio de signos y manchas de color ha creado atmósferas ricas en poesía. ¿Qué elementos de esta obra de Miró le agradan más a Ud.?

A LA DERECHA: Fachada de la Universidad de Salamanca. El medallón del primer cuerpo representa a los Reyes Católicos, Fernando e Isabel, asiendo *(holding)* el mismo cetro; en el segundo cuerpo, el escudo *(coat of arms)* de Carlos V, y en la escena central del último cuerpo, el Papa *(Pope)* en su trono. ¿Qué acontecimientos importantes ocurrieron durante el reinado de los Reyes Católicos?

A LA IZQUIERDA: Interior de la Mezquita-Catedral de Córdoba, el monumento más grandioso del arte del Califato de Córdoba. Su construcción comenzó en el siglo VIII y se hizo la última ampliación en el período de apogeo del Califato en el siglo X. El arco de herradura *(horseshoe)* y la superposición de arcos son elementos del arte árabe que los españoles imitaron y llevaron después a América. ¿Qué otros ejemplos del arte árabe en España recuerda Ud.?

◇◇◇◇◇◇◇◇◇◇◇◇◇   Notas gramaticales   ◇◇◇◇◇◇◇◇◇◇◇◇◇

A. Present indicative of the irregular verbs **hacer** and **poner**
(*El presente del indicativo de los verbos irregulares* **hacer** *y* **poner**)

hacer, *to do, make*		poner, *to put, place*	
Singular	*Plural*	*Singular*	*Plural*
hago	hacemos	**pongo**	ponemos
haces	hacéis	pones	ponéis
hace	hacen	pone	ponen

1. **Hacer** and **poner,** like **decir, tener,** and **venir,** have a **g** in the **yo** form: **digo, tengo, vengo, hago, pongo.** All other forms follow the conjugation pattern of regular **-er** verbs.
2. The stress always falls on the stem, except in the **nosotros** and **vosotros** forms.

▣ **Práctica 1**   Substitution drill:

1. *Nosotros* hacemos muchos viajes en coche. (Lupe y yo, Uds., Carlos, Mis amigos, Yo)
2. ¿Por qué no ponemos *nosotros* un anuncio? (tú, Uds., Jaime, ellos, yo)
3. ¿Qué hacen *Uds.* ahora? (Ud., tú, Diana, yo, nosotros)

¡Atención!   **Hacer** is a very useful verb. It is the equivalent of the English verbs *to do* and *to make:* **Voy a *hacer* mi trabajo,** *I'm going to do my work;* **Voy a *hacer* el almuerzo (desayuno),** *I'm going to make lunch (breakfast).* Like its English equivalent, **hacer,** *to do,* may be used as a substitute verb; it is used in questions in place of another verb, but is not repeated in the answer: —**¿Qué *hacen* Uds. hoy? —Hoy estudiamos.** *"What are you doing today?" "Today we're studying."* **Hacer** is used in many idiomatic expressions like **hacer un viaje,** *to take a trip* and others that you will learn later.

▣ **Práctica 2**   Ask the question to a classmate who will respond using the information given in parentheses:

MODEL: ¿Qué hacen Uds. ahora? (hablar con la profesora)
Ahora hablamos con la profesora.

1. ¿Qué hacemos ahora en clase? (practicar la pronunciación)
2. ¿Qué haces tú esta tarde? (ir a la biblioteca)
3. ¿Qué hacen Uds. ahora? (regresar a la residencia)
4. ¿Qué hace Diana? (le escribir una carta a su amiga)

B. Present indicative of the stem-changing verbs **pensar** and **volver** (*El presente del indicativo de los verbos que cambian la vocal radical:* **pensar** *y* **volver**)

pensar, *to think*		volver, *to return, go (come) back*	
Singular	*Plural*	*Singular*	*Plural*
pienso	pensamos	vuelvo	volvemos
piensas	pensáis	vuelves	volvéis
piensa	piensan	vuelve	vuelven

1. **Pensar** follows the same pattern of conjugation as **querer**: the stem vowel **e** changes to **ie** except in the **nosotros** and **vosotros** forms: **quiero, pienso,** etc.
2. **Volver** follows the same pattern of conjugation as **poder**: the stem vowel **o** changes to **ue** except in the **nosotros** and **vosotros** forms: **puedo, vuelvo,** etc.
3. The stress falls on the stem except in the **nosotros** and **vosotros** forms.
4. The familiar singular commands of **pensar** are **Piensa (tú)**, *Think*, and **No pienses (tú)**, *Don't think;* those of **volver** are: **Vuelve (tú)**, *Return*, and **No vuelvas**, *Don't return*. (See **Lección 4**)
5. **Cerrar**, *to close*, follows the same pattern of conjugation as **pensar**, *to think:* **Jaime entra y cierra la puerta**, *James enters and closes the door.*
6. **Costar**, *to cost*, **sonar**, *to sound, ring*, **encontrar**, *to meet, find*, and **almorzar**, *to have lunch* also have the same vowel change **o → ue** in the stem as **volver**: **Hoy día la gasolina cuesta mucho**, *Gasoline costs a lot today;* **Cuando el teléfono suena**, *When the telephone rings;* **Mario encuentra a Jaime en la cafetería**, *Mario meets James in the cafeteria;* **Almuerzan en Monterrey**, *They have lunch in Monterey.*

¡Atención! **Pensar** + infinitive corresponds to the English *to intend, plan (on doing something):* **Pienso hacer el viaje en coche**, *I intend to make the trip by car;* **Pensamos salir muy temprano**, *We're planning on leaving very early.* **Pensar en** means *to think of something or someone:* **Pienso mucho en el viaje en avión**, *I'm thinking a lot about the plane trip;* **Ella siempre piensa en sus padres**, *She is always thinking about her parents.* **Pensar de** is used when asking an opinion: **¿Qué piensas de esa vendedora?** *What do you think about that clerk?;* **¿Qué piensas de esta tienda?** *What do you think about this store?*

Práctica 3   Substitution drill:

1. *Yo pienso mucho en la familia.* (Diana, Nosotros, Tú, Mis compañeros, Uds.)
2. *Yo pienso ir a casa este fin de semana.* (Jorge, Uds., Mis amigos, Tú, Nosotros)
3. *Yo vuelvo aquí a las nueve.* (Ellos, Tú, Miguel y yo, Uds., Lupe)

C. Reflexive pronouns (*Los pronombres reflexivos*)

	Singular		Plural
me	(to) myself	**nos**	(to) ourselves
te	(to) yourself (*fam.*)	**os**	(to) yourselves (*fam.*)
se	(to) himself, herself, yourself (*formal*), itself, oneself	**se**	(to) themselves, yourselves

1. Reflexive pronouns have the same forms as direct and indirect object pronouns, except for **se,** the third person singular and plural form. The reflexive pronoun **os,** corresponding to **vosotros,** is used only in peninsular Spanish.

2. Reflexive pronouns can be used either as direct or indirect objects:

Jaime *se* lava. (se is dir. obj.)   *James washes himself.*
Jaime *se* lava *la cara*. (se is indir. obj., **la cara** is dir. obj.)   *James washes his face.*

D. Reflexive verbs (*Los verbos reflexivos*)

Me acuesto tarde.	*I go to bed late.*
Me despierto temprano y **me levanto.**	*I wake up early and I get up.*
Me lavo la cara y **me pinto.**	*I wash my face and put on make up.*
Me afeito y **me baño.**	*I shave and bathe.*
Me peino y **me pongo** la ropa.	*I comb my hair and put on my clothes.*
Me desayuno a las ocho y **me preparo** para mis clases.	*I eat breakfast at eight and I prepare for my classes.*
Me compro el periódico y **me siento**[1] a leer las noticias.	*I buy the newspaper and I sit down to read the news.*
Me llamo Miguel.	*My name is Michael.*

1. The reflexive pronoun **se** attached to an infinitive indicates a reflexive verb: **acostarse, despertarse, lavarse,** etc.

---

[1]**Sentarse** and **despertarse** (second example) follow the same stem changes as **pensar: me siento, te sientas, nos sentamos,** etc.; **me despierto, te despiertas, nos despertamos,** etc. **Acostarse** (first example) follows the same stem changes as **volver: me acuesto, te acuestas, nos acostamos,** etc.

2. A verb is called reflexive when the subject does something to itself or for itself: (**Yo**) **me lavo**, *I wash* (*myself*); (**Él**) **se lava**, *He washes* (*himself*), (**Yo**) ***me compro*** **el periódico**, *I buy a newspaper* (*for myself*); (**Nosotros**) ***nos compramos*** **el periódico**, *We buy the newspaper* (*for ourselves*).

As explained in **Lección 1,** subject pronouns may be omitted except with the third person forms to avoid ambiguity: **Usted (Él, Ella) se acuesta tarde,** *You* (*He, She*) *go* (*goes*) *to bed late;* **Ustedes (Ellos, Ellas) se despiertan temprano,** *You* (*They* m. *and* f.) *wake up early.*

4. With regard to position in relation to the verb, reflexive pronouns follow the same rules as other object pronouns.

5. Reflexive pronouns are always required in Spanish with all reflexive constructions, while in English they may be omitted: **me baño,** *I bathe;* **nos bañamos,** *we bathe;* **se afeita,** *he shaves;* **te afeitas,** *you shave.*

6. In Spanish, the reflexive relationship is always expressed with the appropriate reflexive pronoun: (**yo**) **me,** (**tú**) **te,** etc. English may use other constructions: **me lavo,** *I wash myself,* but **me levanto,** *I get up;* **me desayuno,** *I eat breakfast;* **me llamo Miguel,** *my name is Michael.*

¡Atención!   In Spanish, many verbs can be used either as reflexive or as transitive verbs. Note the following sentences: **Yo lavo el coche,** *I wash the car,* but **Me lavo,** *I wash myself;* (**Yo**) **Me despierto temprano,** *I wake up early,* but (**Yo**) **Los despierto temprano,** *I wake them up early.* In some cases, there is a change of meaning: **Levanto la mano,** *I raise my hand,* but **Me levanto temprano,** *I get up early;* **Tengo que pintar la casa,** *I have to paint the house,* but **Tengo que pintarme,** *I have to put on make up.*

Práctica 4   Repeat after your teacher. When you hear a new subject, use the correct form in a new sentence:

1. Ellos se acuestan tarde. (Nosotros, Yo)
2. Nosotros nos levantamos temprano. (Tú, Mario)
3. ¿A qué hora se despiertan Uds.? (tú, las chicas)
4. ¿Cuándo se desayunan Uds.? (tú, nosotros)
5. ¿No te lavas tú los dientes después de comer? (Uds., él)
6. Yo me afeito todas las mañanas. (Miguel, Nosotros)
7. Generalmente yo me baño por la noche. (nosotros, mi compañero de cuarto)
8. Lupe siempre se arregla bien. (Las chicas, Yo)
9. Ella no se pinta los ojos. (Uds., Nosotras)
10. Tú te peinas muy bien. (Uds., Lupe)
11. Ella se compra ropa fina. (Yo, Silvia y Lupe)
12. ¿Dónde te sientas tú? (nosotros, yo)

E. Position of object and reflexive pronouns with an infinitive
(*La posición de los pronombres objeto y reflexivos con el infinitivo*)

Quiero **escribirles** una carta.	*I want to write them a letter.*
Deseo **verla** y **hablarle.**	*I need to see her and talk to her.*
Puedes **llamarla** ahora.	*You can call her now.*
No puedes **llamarla.**	*You may not (cannot) call her.*
Tienes que **lavarte** las manos.	*You have to wash your hands.*
Deseas **desayunarte** temprano, ¿verdad?	*You wish to have breakfast early, don't you.*

1. Remember that object pronouns are regularly placed immediately before the verb: **lo deseo,** *I wish it,* **la compro,** *I buy it.*
2. When object pronouns and reflexives are used as objects of an infinitive, they are usually placed after the infinitive and are attached to it.

¡Atención!   Note that **desear,** like **querer,** may be followed by an infinitive: **quiero verla,** *I want to see her;* **deseo hablarle,** *I wish to talk to her.* Just as the English *to desire* is used less than *to wish* or *to want,* so Spanish **desear** is used less than **querer.**

Note that **poder** means *can* or *may:* **No puedes llamarla,** *You cannot (or may not) call her.*

F. **Other uses of the definite article**   (*Otros usos del artículo definido*)

1. In place of the possessive adjective:

Al día siguiente, mientras Jaime se lava **la** cara y **las** manos…

The next day, while James is washing his face and hands . . .

Silvia va a ponerse **el** traje nuevo hoy.

Sylvia is going to put on her new dress today.

Necesito **las** gafas.

I need my glasses.

The definite article is often used in place of the possessive adjective with a noun identifying a part of the body, an article of clothing, or other articles closely associated with the subject, when this noun is the object of a verb or preposition.

2. To denote a general class:

La gasolina cuesta mucho.

Gasoline costs a lot.

El dinero es necesario.

Money is necessary.

Me gustan **los** aviones.

I like planes (i.e., all planes).

Las chicas jóvenes usan este estilo ahora.

Young women (girls) use this style now.

If a noun in Spanish denotes a class, that is, if it applies to all of a kind (*i.e.,* to all gasoline, all money, all planes, all young women, etc.), the definite article is used.

La práctica hace la perfección.

Sintonice
RADIO DEPORTES
DE CARACOL
Todos los deportes,
todos los días,
a todas horas.

◇◇◇◇◇◇◇◇ Actividades y práctica ◇◇◇◇◇◇◇◇

A. Listen to the statement and the question that follows. Respond according to the model.

> MODEL: Jaime se pone las gafas para leer. ¿Y tú?
> **Yo también me pongo las gafas para leer.**

1. Él se pone pantalones cortos. ¿Y tú?
2. Ella se pone las sandalias blancas. ¿Y tú?
3. Ellos se acuestan tarde. ¿Y tú?
4. Ellas se levantan temprano. ¿Y tú?
5. Yo me lavo las manos ahora. ¿Y tú?
6. Yo me desayuno ahora. ¿Y Uds.?
7. Yo me siento aquí. ¿Y Uds.?
8. Nosotros nos preparamos para salir. ¿Y ella?
9. Nosotros nos levantamos a las ocho. ¿Y él?
10. Nosotros nos acostamos a las doce. ¿Y ella?
11. Ella se pinta los labios? ¿Y tú?
12. Él se afeita todos los días. ¿Y tú?

B. Answer affirmatively, paying special attention to the reflexive pronouns.

> MODELS: ¿Se desayuna Ud. temprano? **Sí, me desayuno temprano.**
> ¿Van Uds. a desayunarse   **Sí, vamos a desayunarnos temprano.**
> temprano?

1. ¿Te acuestas tarde?
2. ¿Te despiertas temprano?
3. ¿Te levantas a las siete?
4. ¿Te bañas por la mañana?
5. ¿Se lavan Uds. la cara?
6. ¿Se afeitan Uds. todos los días?
7. ¿Se pintan Uds. los labios?
8. ¿Se arreglan Uds. bien?
9. ¿Vas a sentarte aquí?
10. ¿Vas a desayunarte ahora?
11. ¿Tienes que afeitarte la barba?
12. ¿Tienes que lavarte el pelo?
13. ¿Quieren Uds. arreglarse?
14. ¿Quieren Uds. ponerse sandalias?
15. ¿Pueden Uds. peinarse bien?
16. ¿Pueden Uds. pintarse los ojos?

C. Repeat after your teacher. When you hear the cue, make a new sentence following the models.

MODELS: La abro. (Voy a) **La abro.**
Voy a abrirla.

Me pongo las gafas. **Me pongo las gafas.**
(Necesito) **Necesito ponerme las gafas.**

1. Lo llamo. (Puedo)
2. Las cierro. (Tenemos que)
3. Nos sentamos. (Van a)
4. Me siento. (Deseamos)
5. Te enseño las compras. (Quiero)
6. Le dicen el precio. (¿No va Ud. a?)
7. Nos manda los periódicos. (¿No puedes?)
8. Les escribes a menudo. (¿No deseas?)

D. Read in Spanish and complete the blanks with the appropriate form of the verb and its corresponding reflexive pronoun.

1. (levantarse) Yo siempre _____ a las siete, pero hoy voy a _____ más tarde.
2. (acostarse) Nosotros estamos muy cansados; vamos a _____. ¿A qué hora _____ Uds.?
3. (ponerse) Hoy yo _____ la blusa celeste. ¿Quieres _____ tú la blusa rosada?
4. (sentarse) Ellos van a _____ aquí. ¿Dónde _____ nosotros?
5. (lavarse) Ustedes tienen que _____ las manos. Yo siempre _____ antes de comer.
6. (desayunarse) —¿Dónde _____ tú hoy? ¿En la cafetería? —Yo no quiero _____ todavía.

E. Repeat each sentence; then form a new sentence using the information given in parentheses.

MODEL: Silvia y Lupe quieren ir de compras. (Silvia, pensar ir, Tijuana)
Silvia piensa ir a Tijuana.

1. Nosotros podemos almorzar en Monterrey. (Ellos, poder cenar, San Diego)
2. Necesito llamar a Jaime Delgado. (Tú, poder, Miguel)
3. Ella siempre cierra las ventanas. (Nosotros, cerrar, la puerta)
4. ¿Piensas salir mañana? (Uds., poder, esta noche)
5. ¿Quieren Uds. hacer el viaje en coche? (Tú, pensar, en autobús)
6. Hoy volvemos temprano. (Yo, volver, tarde)
7. ¿Dónde encuentro a Jaime? (nosotros, encontrar, las chicas)
8. Las revistas cuestan mucho. (El periódico, costar, un dólar)

F. Repeat the question after your teacher while addressing a classmate. Your classmate will then tell you what to do.

      MODEL: Teacher   —¿Mando el dinero?
                     Student 1 **—¿Mando el dinero?**
                     Student 2 **—Sí, manda el dinero, por favor.**

1. ¿Compro el boleto de avión?
2. ¿Busco un compañero?
3. ¿Escribo el anuncio?
4. ¿Contesto el teléfono?
5. ¿Compro la gasolina allí?
6. ¿Lavo el coche hoy?

Repeat the exercise responding with a familiar negative command.

      MODEL: Teacher   —¿Mando el dinero?
                     Student 1 **—¿Mando el dinero?**
                     Student 2 **—No, no mandes el dinero.**

G. *¿Qué haces...?, ¿Qué hacen Uds....?* Your teacher wants to know what you do under certain circumstances. Using the vocabulary you have learned, respond with as many options as you can.

      MODEL: ¿Qué haces cuando vas a la biblioteca?
                  Cuando voy a la biblioteca, estudio. (preparo mis lecciones, busco los libros, trabajo mucho, leo los periódicos en español)

1. ¿Qué haces cuando necesitas unos libros?
2. ¿Qué haces cuando quieres comprar unas revistas?
3. ¿Qué haces cuando necesitas comprar ropa?
4. ¿Qué haces cuando deseas comer bien?
5. ¿Qué haces cuando no tienes dinero?
6. ¿Qué haces por la mañana cuando te levantas?
7. ¿Qué hacen Uds. cuando están en clase?
8. ¿Qué hacen Uds. cuando van al laboratorio?
9. ¿Qué hacen Uds. cuando tienen vacaciones?
10. ¿Qué hacen Uds. cuando vuelven a casa?
11. ¿Qué hacen Uds. cuando regresan a la universidad?
12. ¿Qué hacen Uds. cuando se despiertan?

H. Complete the following paragraph by selecting the appropriate missing item(s) from the list of choices on the right.

Jaime ———— para cenar. Él ———— muy preocupado;
        1   2

tiene ———— en la mano. Jaime quiere pasar ———— en
      3   4

su casa, pero no tiene ———— dinero para viajar ———— .
                    5   6

Otro estudiante llega al comedor y ———— . —Tú
                           7

———— Miguel Ramos ¿verdad? Yo ———— Jaime
  8   9

Delgado. Lupe ———— que tú ———— a Los Ángeles.
           10   11

—Sí———— Miguel—; pero no puedo ———— el boleto
       12   13

de avión. —No ———— —dice Jaime—; yo pienso
           14

———— en coche. —¿Cuándo ———— tú, Jaime? —¿Qué
  15   16

———— si salimos el jueves ———— de la mañana?
  17   18

———— mucho la idea; podemos ———— en Carmel.
  19   20

Después de ———— , Jaime vuelve ———— a su
          21   22

apartamento y ———— por teléfono a sus padres.
           23

cenar
deseas ir
eres
parece
piensas salir
hacer el viaje
desayunarnos
comprarme
le contesta
les habla
lo saluda
me dice
me gusta
me llamo
se prepara
te parece
el fin de semana
en avión
hay problema
las gafas
más contento
a las seis
suficiente

I. Give the Spanish equivalent:

1. Mario finds James seated in the cafeteria and asks him why he is so serious.
2. James wants to spend (the) Christmas vacation in Los Angeles.   3. He doesn't have enough money to buy (himself) the plane ticket.   4. He doesn't want to make the trip by car because it is long.   5. Gasoline costs a lot, and he needs to find a traveling companion.   6. Mario tells him that he can put an ad in the newspaper because many students return home during vacation.

7. James puts on his glasses, sits down at the table with Mario, and then they write the ad.   8. On the following day the telephone rings, and James answers. 9. Michael Ramos also wants to travel to Los Angeles by car.   10. James says that he intends to leave on Sunday morning.   11. "What do you (*fam. sing.*) think (How does it seem to you) if we get up early and eat lunch in Monterey?" 12. "Great! I know that it is going to be a very interesting trip."

◇◇◇◇◇◇◇◇ Práctica de conversación ◇◇◇◇◇◇◇◇

Answer the following questions with complete sentences when your teacher calls on you:

1. ¿Qué hace Ud. durante las vacaciones generalmente? ¿Y Ud.?
2. ¿Qué piensa Ud. hacer durante las vacaciones de Navidad? ¿Y Uds.?
3. ¿Vuelve Ud. a casa o pasa las vacaciones con sus amigos? ¿Y Ud.?
4. ¿Pueden Uds. ir a México? ¿Cuesta mucho viajar en avión?
5. ¿Cómo le gusta a Ud. viajar, en avión o en coche? ¿Por qué?
6. ¿Le gusta a Ud. viajar con un compañero (una compañera)? ¿Por qué?
7. ¿Es difícil encontrar un compañero (una compañera) de viaje? ¿Cómo lo (la) encuentra Ud.?
8. Cuando Ud. viaja, ¿se levanta Ud. tarde o se levanta temprano? ¿Por qué?
9. Cuando Ud. viaja, ¿le gusta salir de noche? ¿A qué hora se acuesta Ud. generalmente?
10. ¿Es más caro viajar en autobús que en tren? ¿Le gusta a Ud. viajar en autobús?

Calendario azteca que se exhibe en el Museo Nacional de Antropología en la Ciudad de México.

◆◆◆◆◆◆◆◆◆◆ Situaciones ◆◆◆◆◆◆◆◆◆◆

A. Su amigo (o amiga) de la Argentina, que está estudiando en los Estados Unidos, quiere tomar unas vacaciones cortas. Su amigo (o amiga) quiere viajar con Ud. y lo (la) llama por teléfono. Cuando el teléfono suena, ustedes hablan y preparan el viaje. Su amigo (o amiga) quiere saber adónde pueden ustedes ir, a quién pueden visitar, cómo pueden hacer el viaje, cuánto cuesta el viaje en avión (en autobús o en coche), cuántos días pueden pasar en el viaje y cuándo pueden salir. (*Enact the situation with a classmate.*)

B. Todas las mañanas después de despertarse, Ud. hace muchas cosas: Ud. se levanta, se lava la cara, se baña, se afeita, (se pinta), se peina, se desayuna, se lava los dientes, se arregla, se prepara para sus clases… Ud. quiere saber qué hace su compañero (-a) de clase después de despertarse. Pregúntele…

1. Oye, (…), ¿qué haces después de levantarte?
2. Oye, (…), ¿qué haces después de lavarte?
3. Oye, (…), ¿qué haces después de afeitarte (pintarte)?
4. Oye, (…), ¿qué haces después de peinarte?
5. Oye, (…), ¿qué haces después de arreglarte?
6. Oye, (…), ¿qué haces después de desayunarte?

Esta joven hace una llamada de un teléfono público en Sevilla, España.

◻:◻:◻:◻:◻:◻:◻:◻:◻:◻:◻:◻ Vocabulario ◻:◻:◻:◻:◻:◻:◻:◻:◻:◻:◻:◻

acostarse (ue)   to go to bed, lie down
almorzar (ue)   to take (have, eat) lunch
el **anuncio**   ad(vertisement)
así   so, thus, that way
la **busca**   search
la **cara**   face
cerrar (ie)   to close
el **coche**   car
costar (ue)   to cost
desayunar(se)   to take (have, eat) breakfast
desear   to desire, wish, want
desgraciadamente   unfortunately
durante *prep.*   during, for
¿eh?   eh? right?
encontrar (ue)   to meet, encounter, find
estupendo, -a   stupendous, great, wonderful
las **gafas**   (eye)glasses, spectacles
la **gasolina**   gasoline
hacer   to do, make
la **idea**   idea
Jaime   James, Jim
el **lado**   side

lavar   to wash; *reflex.* to wash (oneself)
levantarse   to get up, rise
Los Ángeles   Los Angeles
llamarse   to be called, be named
llevar   to take, carry
la **mano** (*note gender*)   hand
la **misión** (*pl.* **misiones**)   mission
la **Navidad**   Christmas
pensar (ie)   to think, think over, consider; + *inf.* to intend, plan
poner   to put, place; *reflex.* to put on (oneself)
preocupado, -a   worried, preoccupied
el **problema** (*note gender*)   problem
sentado, -a   seated
sentarse (ie)   to sit down
serio, -a   serious
siguiente   following, next
sonar (ue)   to sound, ring
suficiente   enough
viajar   to travel
visitar   to visit, call on
volver (ue)   to return, go (come) back

al día siguiente   (on) the following *or* next day
al lado de *prep.*   beside, next to, at the side of
boleto de avión   (air)plane ticket
compañero de viaje   traveling companion (*m.*)
el domingo por la mañana   (on) Sunday morning
en busca de   in search of
en coche   by (in a) car
estar en casa   to be at home
hacer el viaje   to make (take) the trip
no hay problema   there is no (isn't any) problem
oficina del periódico   newspaper office
prepararse para   to prepare (oneself) for *or* to get ready for
¿qué te parece si ...?   what do you think if . . . ? how does it seem to you if . . . ?
soy yo   it is I
vacaciones de Navidad   Christmas vacation

◻:◻

Lectura 2

❧ Estudio de palabras

1. *Exact cognates.* Pronounce these words in Spanish: **era, factor, federal, final, interior, natural, occidental, oriental.**

2. *Approximate cognates.* Additional principles for recognizing approximate cognates will aid you in understanding the reading selections. Some of the examples listed below are taken from the reading selection of *Lectura 2.*

   a. Most Spanish nouns ending in **-ción** are feminine and end in *-tion* in English: **civilización, constitución, construcción, dominación, información, relación, revolución.**

   b. The Spanish ending **-oso** is often equivalent to English *-ous:* **famoso,** *famous.* What are the meanings of **glorioso, populoso, religioso?**

3. *Less approximate cognates.* Pronounce the following words and then observe the English meaning: **desierto,** *desert;* **establecer,** *to establish;* **este,** *east;* **fundar,** *to found;* **geografía,** *geography;* **habitante,** *inhabitant;* **inspirar,** *to inspire;* **montaña,** *mountain;* **nordeste,** *northeast;* **origen,** *origin;* **petróleo,** *petroleum;* **sudeste,** *southeast;* **valle,** *valley.*

4. *Deceptive cognates.* **Bravo** may mean *rough, wild,* as well as *brave* or *fine;* **colonia** may mean *district,* as well as *colony.*

5. *Related words.* Many Spanish words can be recognized by comparing them with related words. Compare **conquistar,** *to conquer,* and **conquista,** *conquest;* **crear,** *to create,* and **creación,** *creation;* **dominar,** *to dominate,* and **dominación,** *domination;* **gobernar,** *to govern,* and **gobierno,** *government;* **industria,** *industry,* **industrial,** *industrial,* and **industrialización,** *industrialization;* **hablar,** *to speak,* and **habla,** *speech;* **jugar,** *to play,* and **juego,** *game;* **interés,** *interest,* and **interesar,** *to interest;* **poder,** *to be able,* and as a noun, *power,* **poderoso,** *powerful,* and **apoderarse de,** *to seize;* **producto,** *product,* **producción,** *production,* **productor,** *producer,* and **productivo,** *productive;* **pueblo,** *town,* **población,** *population* (or *town*), and **poblado,** *populated;* **varios,** *various,* **variado,** *varied,* and **variedad,** *variety.*

❧ Nota sobre el uso de los adjetivos

In the grammar lessons, we follow the general principle that limiting adjectives (numerals, demonstratives, possessives, a few indefinite words, and the like) precede the noun, and that descriptive adjectives that single out or distinguish a noun from another of the same class (adjectives of color, size, shape, nationality, and the like) follow the noun.

Vista de la Bahía de Acapulco, México. Las hermosas playas, hoteles modernos y clima delicioso de Acapulco atraen a miles de turistas todos los años.

Descriptive adjectives may also precede the noun when they express a quality that is generally known or not essential to the recognition of the noun. In such cases there is no desire to single out or to differentiate:

una *inmensa* meseta	*an immense plateau*
una *hermosa* ciudad	*a beautiful city*
un *poderoso* y *extenso* imperio	*a powerful and extensive empire*
el *pequeño* pueblo	*the small town*
el *magnífico* Museo Nacional de Antropología	*the magnificent National Museum of Anthropology*

¡Viva México!

Información general

México, la más populosa de las naciones de habla española, tiene más de ochenta millones de habitantes en un territorio un poco más grande que los cuatro estados de California, Arizona, Nuevo México y Texas. Limita al norte con los Estados Unidos, al este con el Golfo de México y el mar Caribe, al sudeste con Guatemala y Belice y al oeste con el Océano Pacífico. La frontera de México con los Estados Unidos se extiende mil seiscientas veintitrés millas entre el Golfo de México y el Océano Pacífico. El río Grande (el río Bravo del Norte, para los mexicanos) forma la frontera entre el Golfo de México y la ciudad de El Paso, Texas.

llanuras plains

La geografía de México es muy variada: llanuras° bajas en la costa del Golfo de
México; un gran[1] desierto al norte; y montañas y mesetas en la mayor parte del país.
Entre las dos cordilleras principales, la Sierra Madre Occidental y la Sierra Madre
Oriental, hay una inmensa meseta, que se extiende desde el centro de México hasta
el interior de los Estados Unidos. En los valles del centro del país—la parte más poblada
y más productiva—el clima es más templado. En el sur, en cambio,° el clima es tropical.

en cambio on the other hand

La capital, la Ciudad de México, situada en un valle de la meseta central, es el
centro industrial, comercial y cultural del país. Es, además, una de las ciudades más
grandes del mundo, con más de diecisiete millones de habitantes. La Ciudad de México
es una hermosa ciudad, con grandes avenidas y parques y bellos edificios antiguos y
modernos. Pero, como todas las ciudades grandes, también tiene colonias pobres,
donde viven grandes masas de gente.°

gente people

Otras ciudades de importancia industrial y comercial son Monterrey, en el nordeste
del país, y Guadalajara, en el centro, al oeste de la capital. Puertos activos en el este
del país son Veracruz y Tampico. Los puertos de Mazatlán y Acapulco, en la costa del
Océano Pacífico, son centros de turismo, con hermosas playas y hoteles modernos.

---

[1]**gran,** *great.* (When **grande** precedes a singular noun, it becomes **gran** and means *great.*)

*Fachada (Façade) de la Catedral de
Guadalajara, la ciudad más importante de la
parte occidental de México. La espléndida
catedral fue construida durante los siglos XVI
y XVII y posee tesoros de la época colonial.*

Un poco de historia

25   Desde° antes de la era cristiana ya había° civilizaciones indígenas° en la meseta central. Entre los siglos IX y XII los toltecas extienden su influencia hasta Guatemala y Yucatán, donde los mayas[2] crean la civilización indígena más avanzada del Nuevo Mundo. En el siglo XIV los aztecas, procedentes del norte, fundan la ciudad de Tenochtitlán (la futura Ciudad de México) y establecen un poderoso y extenso imperio que dura° hasta
30   la conquista española.

En 1519,[3] esperando conquistar una tierra de grandes riquezas, Hernán Cortés funda la ciudad de Veracruz. Aliándose° con varias tribus indígenas, marcha sobre Tenochtitlán contra los aztecas y su emperador Moctezuma. Después de grandes luchas,° Tenochtitlán cae definitivamente en manos de los españoles en agosto de 1521.[4]

35   Los españoles construyen una nueva ciudad sobre las ruinas de la capital azteca y establecen en México el Virreinato° de Nueva España, que llega por el sur hasta las provincias de Centroamérica y por el norte al alto° valle del río Grande. El impulso dado a la cultura durante el período colonial es notable. Se crean escuelas para los indígenas, se introduce la imprenta° en 1537[5] y se funda la Universidad de México en
40   1551.[6]

Sin embargo,° durante los tres siglos de la dominación española, ocurren abusos e injusticias que no permiten el progreso de la colonia. A fines del° siglo XVIII, los ejemplos de la revolución norteamericana (1775)[7] y de la revolución francesa (1789)[8] y las nuevas ideas sobre la libertad y los derechos del hombre incitan a los mexicanos
45   a separarse de España. La revolución contra los españoles fue iniciada° por el padre Miguel Hidalgo, cura° del pequeño pueblo de Dolores, en el estado de Guanajuato, el 16 de septiembre de 1810.[9] Este primer[10] acto de la sublevación° es conocido en la historia de México como "el Grito° de Dolores". Seguido de miles de hombres y mujeres, Hidalgo emprende° la marcha hacia la Ciudad de México. Por fin, él y sus compañeros
50   caen en poder de las tropas españolas y son fusilados.° Pero otros patriotas mexicanos continúan la lucha hasta conseguir el triunfo final en 1821.[11]

Desde Since
había there were
indígenas indigenous, native

dura lasts

Aliándose Forming an alliance
luchas struggles

Virreinato Viceroyalty
alto upper

imprenta printing press

Sin embargo Nevertheless
A fines de At the end of

fue iniciada was begun
cura parish priest
sublevación uprising
Grito Cry
emprende undertakes
fusilados shot, executed

---

[2]For information concerning the civilization of the Mayans, see the **Nota cultural** of **Lección 14.**
[3]Read: **mil quinientos diecinueve.**
[4]Read: **mil quinientos veintiuno.**
[5]Read: **mil quinientos treinta y siete.**
[6]Read: **mil quinientos cincuenta y uno.**
[7]Read: **mil setecientos setenta y cinco.**
[8]Read: **mil setecientos ochenta y nueve.**
[9]Read: **mil ochocientos diez.**
[10]**primer,** *first.* (When **primero** precedes a masculine singular noun, it becomes **primer.**)
[11]Read: **mil ochocientos veintiuno.**

En 1824,[12] el país se proclama una República Federal. En 1836,[13] el territorio de Texas se separa de México y se une a los Estados Unidos en 1845.[14] En 1861,[15] durante un período de desórdenes, Francia envía° tropas a México. Las tropas francesas ocupan la capital y coronan al archiduque austriaco Maximiliano como emperador. Al retirarse las tropas francesas, el ejército° de Benito Juárez[16] derrota a Maximiliano. El general Porfirio Díaz[17] se apodera del gobierno en 1876[18] y gobierna como dictador hasta 1911.[19]

La historia contemporánea de México comienza con la Revolución de 1910,[20] que empieza como una protesta contra la dictadura de Porfirio Díaz y se prolonga° durante unos veinte años. El país se estabiliza por fin durante la presidencia de Lázaro Cárdenas (1934–1940).[21]

La Constitución de México es muy semejante° a la de° los Estados Unidos. México es una república federal. El poder ejecutivo es ejercido por un presidente, que ocupa la silla presidencial durante seis años y no puede ser reelegido. Hay partidos políticos, pero hasta ahora un solo partido, el Partido Revolucionario Institucional (el PRI), domina el gobierno.

El arte y la cultura

México tiene una tradición literaria y artística muy rica. La Revolución de 1910 inspira las obras° de la gran escuela muralista de México, que con Diego Rivera, José Clemente Orozco y David Alfaro Siqueiros florece° hasta nuestros días. Otros representantes eminentes de la cultura mexicana del siglo veinte son novelistas, como Juan Rulfo y Carlos Fuentes; y poetas, como Amado Nervo y Octavio Paz. México tiene también una de las tradiciones folklóricas más ricas del mundo. Una visita al Palacio de Bellas Artes para ver el Ballet Folklórico Mexicano es una experiencia inolvidable para cualquier turista en la Ciudad de México.

(marginal glosses)
envía sends
ejército army
se prolonga continues
semejante similar
a la de to that of
obras works
florece flourishes

(line numbers) 55, 60, 65, 70, 75

---

[12]Read: **mil ochocientos veinticuatro.**
[13]Read: **mil ochocientos treinta y seis.**
[14]Read: **mil ochocientos cuarenta y cinco.**
[15]Read: **mil ochocientos sesenta y uno.**
[16]Benito Juárez was provisional president and president of Mexico from 1857 to 1872; his liberal policies were of great benefit to the nation. He put an end to the French intervention in 1867.
[17]Porfirio Díaz fought under Benito Juárez against the French; he was president of Mexico from 1876 to 1880, and from 1884 to 1911.
[18]Read: **mil ochocientos setenta y seis.**
[19]Read: **mil novecientos once.**
[20]Read: **mil novecientos diez.**
[21]Read: **mil novecientos treinta y cuatro hasta mil novecientos cuarenta.**

Ruinas de la antigua ciudad maya de Chichén Itzá, al norte de la península de Yucatán, fundada en el siglo IX: la pirámide al dios Kukulkán (El Castillo) y el Observatorio del Caracol (Snail).

Los deportes

Como en los Estados Unidos, los deportes tienen un lugar° muy importante en la vida de los mexicanos. El fútbol es el deporte más popular en México. Otro deporte muy popular, la pelota (o jai alai), es de origen español. También son populares el béisbol, el básquetbol, las carreras de caballos, el boxeo y la caza.° No sólo los hombres, sino 80 también las mujeres practican el golf, el tenis y la natación.° Las corridas de toros continúan siendo° un espectáculo público que atrae a multitudes de aficionados.°

Fiestas nacionales y religiosas

Entre las fiestas de importancia que celebran los mexicanos, se incluye el aniversario de su independencia, el dieciséis de septiembre. Al dirigirse al° público el día del aniversario, el presidente de la República siempre comienza su discurso con las palabras, 85 "¡Viva México!" (el Grito de Dolores). Se celebran las fiestas con paradas, bandas militares, fuegos artificiales,° corridas de toros y juegos de diversas clases.

    Las fiestas religiosas son importantes también en México. El doce de diciembre se celebra la fiesta de la Virgen de Guadalupe, patrona de México. Además de las ceremonias religiosas, en muchos lugares se celebra con ferias y fiestas populares que duran 90 dos o tres días. Las fiestas de Navidad empiezan el dieciséis de diciembre y no terminan hasta la Nochebuena,° con la Misa de gallo.° Durante las noches de esos nueve días, se celebran "las posadas",° que reflejan los nueve días que pasan José y María en su viaje a Belén.

lugar place

la caza hunting
No sólo... sino también Not only . . . but also
natación swimming
continúan siendo continue to be
aficionados fans, devotees

Al dirigirse a On addressing

fuegos artificiales fireworks

Nochebuena Christmas Eve
Misa de gallo Midnight Mass
las posadas the inns (religious celebration in Mexico)

La economía

la minería mining
mitad half   95
plata silver

yacimientos deposits   100
restos remains

jardines flotantes
floating gardens

Por otra parte On the   110
other hand
pesca fishing
buceo scuba diving

Las bases de la economía de México son la agricultura, la minería,° la producción de petróleo y el turismo. Más de la mitad° de la población se dedica a la agricultura y México exporta gran parte de sus productos a los Estados Unidos y al Japón. Hoy día, México es la primera nación del mundo en la producción de plata.° El estado de Guanajuato es uno de los principales productores de oro y plata; la ciudad de Taxco es famosa por la producción de objetos de oro y plata. El descubrimiento de grandes yacimientos° de petróleo asegura un futuro próspero para México.

Millones de turistas visitan México todos los años. Algunos se interesan por los restos° de las civilizaciones precolombinas que se encuentran[22] en Teotihuacán, al norte de la capital, y en las antiguas ciudades mayas de Chichén Itzá y Uxmal, al norte de la península de Yucatán. La Ciudad de México, que tiene monumentos de gran interés de la época precolombina, de la época colonial y de la época moderna, atrae a otros turistas. La gran plaza central, o Zócalo, el Parque y Castillo de Chapultepec (donde vivió el emperador Maximiliano), los jardines flotantes° de Xochimilco y el magnífico Museo Nacional de Antropología hacen de la ciudad un centro turístico de primer orden.

Por otra parte,° mucha gente visita también los lugares de recreo en México, como las hermosas playas y hoteles de Cancún y de Cozumel, frente a Yucatán,[23] y de la costa del Pacífico. La pesca,° en Baja California y en las costas del Pacífico y del Golfo de México, y el buceo,° en Cozumel, Mazatlán y Acapulco, atraen a deportistas de todo el mundo.

Un futuro próspero y progresivo

creciente increasing

Hoy día, México es una de las más dinámicas y progresivas de las naciones hispanoamericanas. Como en los Estados Unidos, hay problemas económicos, pero reciben atención especial del gobierno. México tiene enormes recursos naturales y la creciente° industrialización de ciudades en el norte del país promete dar una base más firme a la economía. Las relaciones comerciales y políticas entre México y los Estados Unidos son excelentes. Es claro que estos factores aseguran un futuro próspero y progresivo para México.

---

[22]**se encuentran,** *are found, are.* (**Encontrarse** often means the same as **estar,** although it retains something of its original meaning, *to find itself* [*oneself*], *be found, be.*)
[23]For information concerning Yucatan, Cancun, and Cozumel, see the **Notas culturales** of **Lecciones 13** and **14.**

Preguntas de comprensión

Write answers in Spanish to the following questions using complete sentences; be prepared to answer them orally in class:

1. ¿Cuál es la población de México?
2. ¿Cuál es la parte más poblada y productiva del país?
3. ¿Qué ciudades son los centros industriales y comerciales más importantes del país?
4. ¿Qué ciudad fundan los aztecas en la meseta central en el siglo XIV?
5. En la época colonial, ¿adónde llega por el norte la frontera del Virreinato de Nueva España?
6. En el siglo XVIII, ¿qué ideas incitan a los mexicanos a separarse de España?
7. ¿Cómo se inicia la sublevación de los mexicanos contra los españoles?
8. ¿Qué país envía tropas a México en 1861?
9. ¿Qué ocurre durante la presidencia de Lázaro Cárdenas?
10. ¿Que inspira las obras de la gran escuela muralista de México?
11. ¿Qué poetas y novelistas son representantes eminentes de la cultura mexicana de nuestros días?
12. ¿Cuáles son algunos de los deportes más populares en México?
13. ¿Cuáles son las bases de la economía de México?
14. ¿Cuáles son algunos lugares de recreo en México?
15. ¿Qué asegura un futuro próspero para México?

Temas para desarrollar oralmente

Prepare two questions on each of the following topics to ask of classmates in class:

1. La geografía de México
2. Las civilizaciones precolombinas en México
3. La Ciudad de México y su interés para el turista
4. Las fiestas en México
5. La economía mexicana en nuestros días

Lección 9

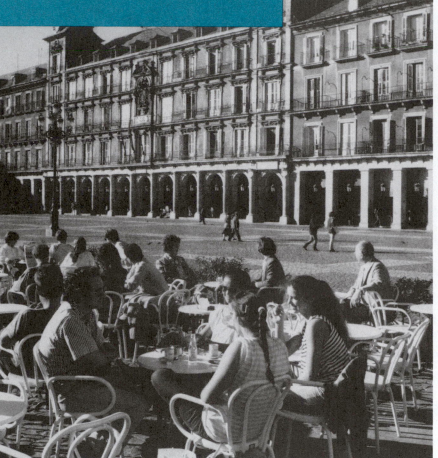

Un grupo de estudiantes charla en un café al aire libre en la Plaza Mayor de Madrid, España.

- ▶ Sounds of Spanish **s**
- ▶ Review of linking
- ▶ Preterit indicative of regular verbs
- ▶ Preterit of the irregular verbs **dar, ir,** and **ser**
- ▶ Use of the preterit
- ▶ Indefinite and negative words
- ▶ The use of double negatives
- ▶ The definite article with time expressions

Jorge pasa las vacaciones en Madrid

En el mes de diciembre[1] Jorge Ibarra fue a Madrid a pasar las vacaciones de Navidad con su familia y sus amigos. Un domingo por la noche encontró a su amiga Lola Fuentes en un cine de la Gran Vía.[2] Antes de la película charlaron un rato.

JORGE —¡Qué casualidad, Lola! Te llamé anoche y ninguno de ustedes[3] me contestó…

LOLA —¡Ah! ¿Sí? (*Lo mira divertida.*) ¿Olvidaste que en Madrid nadie se queda en casa los sábados por la noche? Pero, ahora en serio, Jorge, ¿por qué me llamaste?

JORGE —Aunque nunca te escribí de California, ayer recordé que siempre te gustaron las películas musicales. Y esta película fue un éxito en los Estados Unidos…

LOLA —Aquí a todo el mundo le encantó. Mis primos, que la vieron la semana pasada con mis tíos, me contaron que tiene algunos números de baile fantásticos.

JORGE —¡Ah, sí! En Norteamérica, después de este tipo de películas, comenzó la moda de las discotecas. Ahora todos bailan más que nunca.

LOLA —¡Qué interesante! Aquí también bailamos mucho, y a menudo vamos a conciertos de música popular con cantantes famosos.

JORGE —A propósito, Lola, ¿no fuiste al concierto de Julio Iglesias[4] el mes pasado? Dicen que fue un éxito.

LOLA —Sí, ese día comí con Sara Cabral y después fuimos a escucharlo.

JORGE —En septiembre dio un concierto en el teatro de la universidad. Cantó algunas[5] canciones preciosas en español.

LOLA —Bueno, ya comienza la película. Alguien canta ahora. ¡Adiós, Jorge! Trata de llamarme otro día si puedes.

JORGE —No sé, Lola. Salgo para los Estados Unidos el miércoles que viene. Pero si ves a alguno de nuestros amigos, ¿quieres darle muchos recuerdos?

LOLA —Vale. Y ¡buen[6] viaje, Jorge!

◫ Otras palabras y expresiones

la **entrada** ticket (admission ticket)
el **espectáculo** show
el **bailarín (la bailarina)** dancer
una **comedia (una comedia musical)** comedy (a musical play)
un **drama** drama

las **películas de misterio (ciencia-ficción, guerra, terror, del oeste)** mystery movies (science-fiction, war, horror, western)
terminar to end, finish
el **año (el año pasado)** year (last year)
próximo, -a next

---

[1]Review the months of the year in **Lección preliminar 2.**

[2]**la Gran Vía,** a principal street in central Madrid.

[3]**ninguno de ustedes,** *none of you.* See **Lección 12,** for discussion of pronouns used as objects of prepositions. Recall that **a usted(es)** may be used to clarify the indirect object pronouns **le** and **les, Lección 7.**

[4]Julio Iglesias, a popular contemporary Spanish singer.

[5]In **Lección 2,** you learned that **unos, -as** means *some, a few, several.* **Algunos, -as** also means *some, a few, several.*

[6]**Bueno** and **malo** are shortened to **buen** and **mal** before masculine singular nouns; they retain their regular form otherwise: **un buen (mal) viaje,** *a good (bad) trip;* **dos buenas (malas) películas,** *two good (bad) films.*

⬚ Preguntas sobre el diálogo

1. ¿Adónde fue Jorge a pasar las vacaciones?   2. ¿Dónde encontró a Lola una noche?   3. ¿En qué país fue un éxito la película que van a ver?   4. ¿Cuándo la vieron los primos de Lola?   5. ¿Qué tiene la película?   6. ¿Con quién fue Lola al concierto de Julio Iglesias?   7. ¿Cuándo cantó Julio Iglesias en el teatro de la universidad? ¿Qué cantó él?   8. ¿Cuándo sale Jorge para los Estados Unidos?

◆ Nota cultural ◆

There has always been a very strong tradition of performing arts in the Hispanic world. Plácido Domingo, Victoria de los Ángeles (opera singers), Pablo Casals (cellist), Andrés Segovia (guitarist), Alicia de Larrocha (pianist), Fernando Bujones and Alicia Alonso (ballet dancers), are but a few of the names in the international world of the performing arts. Madrid, Buenos Aires, and Mexico City are only three of the many cities where the theater thrives, especially in the production of dramas. The **Teatro Colón** in Buenos Aires, **El Liceo** in Barcelona, and **Bellas Artes** in Mexico City are among the world's most famous centers for performing arts, featuring concerts, ballet, and opera as well. The richness and variety of folkloric dancing has reached international acclaim by such famous troupes as the **Ballet Folklórico de México,** the **Tango Argentino** and the **Antonio Gadés Flamenco Ensemble.** Today both Spain and Latin America are producing very talented young singers and musical groups who are very much up to date with modern trends in music and dancing.

In international television and film-making circles, Spain, Mexico, and Argentina are highly esteemed. The Hispanic population in the United States today can share these accomplishments through **Univisión,** which operates a large system of Spanish-language television stations throughout the country.

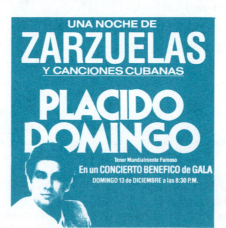

◇◇◇◇◇◇◇◇◇ Pronunciación ◇◇◇◇◇◇◇◇◇

A. Sounds of Spanish **s**

1. Spanish **s** is pronounced somewhat like the English hissed *s* in *sent*. Pronounce after your teacher:

desayuno	Luisa	pasar	residencia
salgo	semana	buenas tardes	mis padres

2. Before **b, d, g, l, ll, m, n, r, v,** and **y,** however, Spanish **s** is pronounced like English *s* in *rose*. Pronounce after your teacher:

los busca	buenos días	dos grupos	los libros
los llama	los números	las modas	es verdad

3. Pronounce each of the following words after your teacher; then repeat as part of a breath group beginning with the words listed at the right, to show variation of the sound of **s:**

bueno	grande	mexicano	nuevo	es
dos	lecciones	mesas	nueve	las
bailes	días	dólares	viajes	muchos

B. Review of linking

Review linking, page 13, and pronounce as one breath group:

Ana va a hablar.	Tengo que estudiar.	¿Mucho o poco?
¿Qué hay de nuevo?	Busco a María.	Vamos a esperar.
No hablo alemán.	Escucha el programa.	¿Vive ella aquí?

◇◇◇◇◇◇◇◇◇ Notas gramaticales ◇◇◇◇◇◇◇◇◇

A. Preterit indicative of regular verbs (*El pretérito del indicativo de los verbos regulares*)

hablar		comer		vivir	
Singular	*Plural*	*Singular*	*Plural*	*Singular*	*Plural*
hablé	hablamos	comí	comimos	viví	vivimos
hablaste	hablasteis	comiste	comisteis	viviste	vivisteis
habló	hablaron	comió	comieron	vivió	vivieron

1. The preterit indicative tense of regular verbs is formed by adding the endings **-é, -aste, -ó, -amos, -asteis, -aron** to the infinitive stem of **-ar** verbs, or the endings **-í, -iste, -ió, -imos, -isteis, -ieron** to the stem of **-er** and **-ir** verbs.

2. In the preterit forms, the stress always falls on the ending, and the first and third persons singular of regular verbs have a written accent: **hablé, habló; comí, comió; viví, vivió.**

3. Remember that **usted** and **ustedes** take the third person singular and plural forms of the verb, respectively.

4. Note that the preterit of the **nosotros** form of regular verbs ending in **-ar** and **-ir** coincides with the **nosotros** form in the present indicative. Context clarifies the time in which the action takes place: *Ahora* **hablamos con el profesor.** *Ayer* **hablamos con el profesor,** *We are talking to the professor now. We talked to the professor yesterday;* **Vivimos en Madrid** *este año.* **Vivimos en Madrid** *el año pasado, We live (are living) in Madrid this year. We lived in Madrid last year.*

5. Verbs ending in **-ar** with a stem vowel change **e ⟶ ie** and verbs ending in **-er** with a stem vowel change **o ⟶ ue** in the present indicative are regular in the preterit; for example, **pensar: pensé, pensaste, pensó,** etc.; **volver: volví, volviste, volvió,** etc.

6. The verbs **conocer** and **salir** also have regular forms in the preterit: **conocí, conociste, conoció,** etc; **salí, saliste, salió,** etc.

7. The preterit corresponds to the English simple past tense and the emphatic form with *did:* **ayer hablé,** *I spoke yesterday, I did speak yesterday;* **anoche comimos,** *we ate last night, we did eat last night.*

Práctica 1   Substitution drill:

1. ¿Hablaron *Uds.* con Jorge? (tú / Lola / ellos / nosotros / Ud.)
2. Anoche *nosotros* comimos en su casa. (yo / Carolina / Uds. / Mario y Ana / Lupe y yo)
3. *Él* vivió en Madrid varios años. (Tú / Uds. / Tus amigos / Yo / Nosotros)
4. *Él* volvió la semana pasada. (Ana y yo / Tú / Yo / Mi tío / Ellos)

B. Preterit of the irregular verbs **dar, ir,** and **ser** (*El pretérito de los verbos irregulares **dar, ir** y **ser***)

dar		ir, ser	
Singular	*Plural*	*Singular*	*Plural*
di	dimos	fui	fuimos
diste	disteis	fuiste	fuisteis
dio	dieron	fue	fueron

1. **Dar** ends in **-ar** but in the preterit it has the endings of **-er, -ir** verbs.
2. **Ir** and **ser** have the same forms in the preterit.
3. The first and third persons singular endings do not have a written accent.
4. **Ver** follows the same pattern as **dar: di, vi; diste, viste,** etc.

Práctica 2   Substitution drill:

1. *Julio Iglesias* dio un concierto ayer. (Los estudiantes, Nosotros, Yo, Diana)
2. *Yo* lo vi la semana pasada. (Ud., Tú, Mis amigos, Lola y yo)
3. *Nosotros* fuimos anoche. (Yo, Jorge, Uds., Tú)
4. *Julio Iglesias* fue un éxito en los Estados Unidos. (Sus canciones, Ud., Las películas musicales, Nosotros)

C. Use of the preterit   (*Uso del pretérito*)

Volví de Madrid la semana pasada.	I came back from Madrid last week.
Estudiamos allí el año pasado.	We studied there last year.
Pasamos algunos meses en España.	We spent a few months in Spain.
Durante esos meses **visitamos** muchas ciudades.	During those months we visited many cities.
Salí con Lola, **cenamos** en un restaurante español, **fuimos** al cine y **vimos** una película extranjera.	I went out with Lola, we had dinner in a Spanish restaurant, we went to the movies, and we saw a foreign film.

The preterit is used to express:

1. Actions or events that occurred in the past and ended at a specific time: **Volví de Madrid *la semana pasada,*** *I came back from Madrid last week.*
2. Actions or events that occurred in the past within a definite time period: ***Durante esos meses visitamos* muchas ciudades,** *During those months we visited many cities.*
3. A series of actions or events as they occurred and were completed one after the other in the past: **Salí con Lola, *cenamos* y *fuimos* al cine.** *I went out with Lola, we had dinner, and we went to the movies.*

¡Atención!   In questions and negative statements, the English *did* is used to express the equivalent of the Spanish preterit tense. In Spanish, there is no equivalent for *did*: **¿Volviste ayer de Madrid?**, *Did you come back from Madrid yesterday?*; **No, yo no volví anoche**, *No, I didn't come back last night.*

Práctica 3   Read the following sentences and indicate the time expression that explains the use of the preterit:

1. El año pasado fuimos a España.   2. Pasamos tres meses en Madrid.
3. Durante esas semanas aprendí mucho español.   4. La semana pasada llegó mi amiga Lola.   5. Ayer fuimos de compras al centro.   6. Anoche la llevamos a un concierto.

D. Indefinite and negative words   (*Palabras indefinidas y negativas*)

Pronouns	
algo something, anything	**nada** nothing, (not) . . . anything
alguien someone, somebody, anyone, anybody	**nadie** no one, nobody, (not) . . . anyone (anybody)

Pronoun or adjective	
alguno, -a some, (some)one, any; *pl.* some, any, several	**ninguno, -a** no, no one, none, (not) . . . any (anybody)

Adverbs	
siempre always	**nunca** never, (not) . . . ever
también also, too	**tampoco** neither, (not) . . . either

Conjunctions	
o or	**ni** neither, nor, (not) . . . or

Lola necesita **algo**.	*Lola needs something.*
Nadie bailó. / No bailó **nadie**.	*No one (Nobody) danced.*
Nunca la llamamos. / No la llamamos **nunca**.	*We never called her.*
Nadie canta. / No canta **nadie**.	*Nobody (No one) is singing.*
No le escribimos **tampoco**. / **Tampoco** le escribimos.	*We didn't write to her either. (Neither did we write to her.)*

1. The pronouns **alguien** and **nadie** refer only to persons, unknown or not mentioned before. The personal **a** is required when they are used as objects of the verb:

¿Llamaron Uds. **a alguien**?	*Did you call someone (somebody, anyone)?*
No vimos **a nadie**.	*We did not see anyone.*
Volvieron sin visitar **a nadie**.	*They returned without calling on anyone.*

2. **Alguno, -a** and **ninguno, -a,** used as adjectives or pronouns, refer to persons or things already thought of or mentioned. The plural **algunos, -as** means *some, any, several.* **Ninguno, -a** is normally used only in the singular:

La película tiene **algunos** números de baile.	*The film has some dance numbers.*
Él cantó **algunas** canciones preciosas en español.	*He sang some beautiful songs in Spanish.*
Ninguno de ustedes sabe bailar bien.	*None (No one) of you knows how to dance well.*

3. When **alguno, -a** and **ninguno, -a** refer to persons used as objects of the verb, the personal **a** is required:

Si ves **a** alguno de mis amigos…	*If you see one of my friends . . .*
No conozco **a** ninguna de las chicas.	*I don't know any(one) of the girls.*

¡Atención!   The plural **unos, -as** has the same meaning as **algunos, -as,** but is more indefinite and vague as to the exact number. **Algunos, -as** replaces **unos, -as** when followed by a **de** phrase: **Me gustaron *algunos de* los números de baile,** *I liked some of the dance numbers.*

Remember that unemphatic *some* and *any* are not expressed in Spanish: **¿Tienes dinero?,** *Do you have (some) money?;* **Necesito lápices y plumas,** *I need some pencils and some pens.*

E. The use of double negatives (*El uso del negativo doble*)

Nada necesito. **No** necesito **nada.**	*I don't need anything.*
Nadie canta. **No** canta **nadie.**	*No one sings.*
Nunca bailo. **No** bailo **nunca.**	*I never dance.*

Tampoco necesito **nada.**	*I don't need anything either.*
Nunca canta **nadie.**	*No one ever sings*
Nadie baila **tampoco.**	*No one is dancing either.*

1. Spanish frequently uses double negatives as shown in six of the examples above.
2. The negatives **nada, nadie,** and **nunca** may either precede or follow a verb:
   a. When **nada, nadie,** and **nunca** come before the verb, **no** is not required: ***Nunca bailo,*** *I never dance.*
   b. When **nada, nadie,** and **nunca** follow the verb, **no** or some other negative must precede the verb: ***No canta*** *nadie, No one sings.*
3. **Nada, nadie,** and **nunca** may also be used without a verb: —**¿Qué está haciendo Ud.?** —**Nada;** *"What are you doing?" "Nothing."* —**¿Quién está con Uds. allí?** —**Nadie,** *"Who's there with you?" "Nobody."*
4. Spanish may also use two negative words (other than **no**), where English only permits the use of one negative word. (Note the last three examples).

Disfrute como nunca sus vacaciones...
y pague con Crédito Diners

F. The definite article with time expressions (*El artículo definido con expresiones temporales*)

Tomás sale para Montevideo **el miércoles** que viene.	*Thomas is leaving for Montevideo next Wednesday.*
El septiembre próximo voy a visitarlo.	*Next September I'm going to visit him.*
María llegó de Buenos Aires **la semana pasada.**	*Mary arrived from Buenos Aires last week.*
Fuimos a España **el año pasado (el mes pasado).**	*We went to Spain last year (last month).*

In Spanish, when an expression of time, such as a day of the week or a month of the year (**semana, mes, año**) is modified by an adjective or a relative clause, the definite article must be used.

◇◇◇◇◇◇◇◇ Actividades y práctica ◇◇◇◇◇◇◇◇

A. Listen to the statement and the question that follows. Respond according to the model.

> MODEL: Ayer fui a un concierto. ¿Adónde fuiste tú?
> **Yo fui a un concierto también.**

1. Ayer fui al cine. ¿Adónde fuiste tú?
2. Ayer visité a unos amigos. ¿A quién visitaste tú?
3. Anoche nos quedamos en casa. ¿Dónde se quedaron Uds.?
4. Anoche preparamos las lecciones. ¿Qué prepararon Uds.?
5. La semana pasada encontré a un amigo. ¿A quién encontraste tú?
6. La semana pasada bailamos en una discoteca. ¿Dónde bailaste tú?
7. El mes pasado Silvia compró un vestido. ¿Qué compraron ellas?
8. El mes pasado Tomás volvió a su país. ¿Adónde volvieron ellos?

B. Answer affirmatively in Spanish.

1. ¿Llevaste a tu prima al cine?
2. ¿Les gustó a Uds. la película?
3. ¿Fueron Uds. a bailar?
4. ¿Bailaron Uds. mucho?
5. ¿Te acostaste tarde anoche?
6. ¿Fue Ud. al centro ayer?
7. ¿Le gustó a Ud. la mercancía?
8. ¿Encontraron Uds. la ropa cara?
9. ¿Se compraron Uds. muchas cosas?
10. ¿Te levantaste temprano hoy?
11. ¿Te desayunaste esta mañana?
12. ¿Se quedaron Uds. en casa?

C. Read each sentence in Spanish; then repeat, changing the verbs from the present tense to the preterit.

1. Me levanto a las siete y cuarto.   2. Me lavo la cara y las manos.   3. Salgo de mi cuarto muy pronto.   4. Encuentro a mi amigo Jorge, pero él no va al comedor.   5. Yo entro y me siento a la mesa con varios amigos.   6. Después de desayunarme, voy a la universidad.   7. La profesora entra en la sala de clase y cierra la puerta.   8. Saluda a todos los estudiantes.   9. Nos habla en español, pero algunos estudiantes no contestan nada.   10. La clase termina a las nueve menos diez y salimos a esa hora.   11. Algunos toman sus libros en la mano y los llevan a casa.   12. Luego mi amiga Lola y yo vamos a la biblioteca. 13. Estudiamos allí dos horas.   14. Nos quedamos allí casi hasta las once y cuarto.   15. Entonces volvemos a la residencia.

D. Answer each question negatively, using the preterit tense and substituting the correct object pronoun for the noun object. Follow the models.

MODELS: ¿Lavas el coche?   **No, ya lo lavé.**
¿Cierra Tomás la puerta?   **No, ya la cerró.**

1. ¿Llevas a Lola al teatro?
2. ¿Ves el programa sobre España?
3. ¿Venden Uds. el coche?
4. ¿Preparas la comida?

5. ¿Toma Ud. el almuerzo?
6. ¿Cantan Uds. estas canciones?
7. ¿Abre Juan las ventanas?
8. ¿Escriben Uds. la carta?

Nunca el instante fue tan bello.

AMOR A PRIMERA VISTA

Polaroid Sistema Image
La perfección en un instante.

E. One of your classmates wants to know what you did last night. Listen to the question and answer using one of the given choices.

MODEL: ¿Fuiste al cine anoche o fuiste al teatro?
Anoche fui al cine.

1. ¿Viste una película de guerra o viste una película de misterio?
2. ¿La película fue buena o fue mala?
3. ¿Terminó bien o terminó mal la película?
4. ¿Fueron Uds. al teatro o fueron a un concierto?
5. ¿Vieron Uds. una comedia musical o escucharon a algún cantante?
6. ¿Les gustó el espectáculo o les pareció malo?
7. ¿Costó mucho la entrada o costó poco?
8. ¿Se quedaron ellos en la residencia o salieron también?

F. Repeat each negative sentence, and then make an affirmative one.

MODELS: Nadie llama ahora.   **Nadie llama ahora. Alguien llama ahora.**
Nunca le doy nada.   **Nunca le doy nada. Siempre le doy algo.**

1. Jorge no le escribe a nadie.
2. Yo no vi a nadie allí.
3. Tú no tienes nada en la mano.

4. Nadie les trae nada a ellos.
5. Mi tía nunca le da nada a nadie.
6. No hay nadie en la casa.

G. Listen to the question. Student 1 will be asked to repeat it, and Student 2 will be asked to answer it.

> MODELS: ¿Ve Ud. algo?   Student 1: **¿Ve Ud. algo?** Student 2: **No, no veo nada.**
>
> ¿Viene alguien?   Student 1: **¿Viene alguien?** Student 2: **No, nadie viene** or **No, no viene nadie.**

1. ¿Estás haciendo algo?
2. ¿Siempre salen Uds. de noche?
3. ¿Busca Ud. algo?
4. ¿Vas al cine con alguien?
5. ¿Canta alguien ahora?
6. ¿Traes algo para comer?
7. ¿Vieron Uds. algo allí?
8. ¿Llevaste a alguien al aeropuerto?
9. ¿Fue alguien al restaurante?
10. ¿Le llevaron Uds. algo a Ana?

H. Give the Spanish equivalent:

1. One Sunday night George saw his friend Lola at (**en**) a movie in Madrid.
2. He called her Saturday night, but no one answered.   3. George did not write to Lola when he spent several months in California.   4. The film that they are going to see was a success in the United States.   5. Everybody loved it in Spain, too.   6. Lola's cousins told her that it has some fantastic dance numbers.
7. Young people in Spain dance more than ever, and they go to popular music concerts.   8. In November Lola and her friend Sarah went to a concert by (**de**) Julio Iglesias.   9. George saw him when he gave a concert in California last year.   10. He sang some beautiful songs in Spanish.   11. Goodbye, George! Try (*fam. sing.*) to call me another day if you can.   12. George replies that he is leaving for the United States next Wednesday.

◇◇◇◇◇◇◇◇ Práctica de conversación ◇◇◇◇◇◇◇◇

Answer the following questions with complete sentences when your teacher calls on you:

1. ¿Dónde pasó Ud. las vacaciones de Navidad? ¿Qué o a quiénes visitó Ud.? ¿Qué cosas vio? ¿A quiénes conoció durante el viaje? ¿Cuándo volvió?
2. ¿Le gusta a Ud. bailar? ¿Quién le enseñó a Ud. a bailar? ¿Fue Ud. a una discoteca este fin de semana? ¿A quién encontró allí? ¿Adónde fue Ud. este fin de semana?
3. ¿Le gustan a Ud. los conciertos? ¿A qué conciertos fue Ud. este año? ¿Llevó Ud. a alguien? ¿Fue un éxito alguno de los conciertos? ¿Cuál le gustó más?
4. ¿Fue Ud. al cine la semana pasada? ¿Qué película dieron? ¿Qué le pareció a Ud.? ¿Qué otra película vio Ud.? ¿Cuál le gustó más? ¿Va Ud. al cine a menudo?
5. ¿A qué hora te levantaste esta mañana? ¿Cuándo llegaste a la universidad? ¿Viste a alguien? ¿De qué charlaron Uds.? ¿Cómo fueron tus clases hoy?
6. ¿Dónde tomaste el almuerzo hoy? ¿Trabajaste o estudiaste ayer por la tarde? ¿Cuándo volviste a casa? ¿Te acostaste temprano o te acostaste tarde?

◇◇◇◇◇◇◇◇◇ Situaciones ◇◇◇◇◇◇◇◇◇

El sábado pasado Ud. fue al centro y encontró a unos amigos. Allí Uds. visitaron una librería de libros extranjeros, fueron a las tiendas de ropa o fueron al cine o al teatro. Después Uds. comieron en un restaurante. Cuéntele a un compañero o compañera de clase cómo pasó Ud. el sábado. (*Choose one of the activities: a shopping trip, an afternoon at the movies, an evening at the theatre, or a visit to a bookstore and enact the conversation. Follow the model and choices given below.*)

(Lola) —¡Hola, (Tomás)! ¿Adónde fuiste el sábado pasado?

(Tomás) —Tomé el autobús y fui al centro temprano. Allí encontré a unos amigos.

(Lola) —¿Adónde fueron Uds.?

(Tomás) —Fuimos a una librería nueva que vende libros extranjeros.

(Lola) —¿Y qué compraron Uds.?

(Tomás) —Yo compré un diccionario bilingüe. Mis amigos compraron periódicos en español y algunas revistas.

(Lola) —¿Cuánto te costó el diccionario?

(Tomás) —¡Me costó treinta dólares! Fue muy caro.

(Lola) —¿Adónde fueron después?

(Tomás) —Fuimos a comer a un restaurante nuevo. Me gustó mucho.

Actividades		
Cine	**Teatro**	**Ir de compras**
película musical (de	concierto	tienda
ciencia-ficción, de	comedia	mercancía
misterio, de	drama	ropa
guerra, del oeste)	espectáculo	camisa
números de baile	canto	camiseta
canciones	cantante	pantalones (cortos)
	baile	falda
	bailarín	blusa

Useful words		
Verbs	**Adjectives**	**Nouns**
comenzar (ie)	caro	el coche
terminar	barato	el tren
costar (ue)	fino	la entrada
gustar	interesante	el tipo (de)
encantar	precioso	
parecer	bueno	
ver	malo	

La entrada de un cine en el centro de Buenos Aires, Argentina.

░▒░▒░▒░▒░▒░▒░▒░▒░ Vocabulario ░▒░▒░▒░▒░▒░▒░▒░▒░

¡adiós!   goodbye!

alguien   someone, somebody, anyone, anybody

alguno, -a *adj. and pron.*   some, any, someone; *pl.* some, any, a few

anoche   last night

antes de *prep.*   before (*time*)

ayer   yesterday

bailar   to dance

el **baile**   dance

buen   *used for* **bueno** *before m. sing. nouns.*

la **canción** (*pl.* **canciones**)   song

el (la) **cantante**   singer

cantar   to sing

el **cine**   movie(s)

comenzar (**ie**) (**a** + *inf.*)   to begin *or* commence (to)

el **concierto**   concert

contar (**ue**)   to tell, relate; to count

la **discoteca**   discotheque

divertido, -a   amused, amusing

el **éxito**   success, "hit"

famoso, -a   famous

fantástico, -a   fantastic, "great"

Lola   Lola

mal   *used for* **malo** *before m. sing. nouns*

el **mes**   month

la **música**   music

musical *adj.*   musical

nadie   no one, nobody, (not) . . . anybody (anyone)

ninguno, -a   no, no one, none, (not) . . . any (anybody, anyone)

Norteamérica   North America

el **número**   number

nunca   never, (not) . . . ever

pasado, -a   past, last

la **película**   film

popular   popular

precioso, -a   precious, beautiful

el **primo**   cousin (*m.*)

quedar(se)   to say, remain; to be

recordar (**ue**)   to recall, remember

el **recuerdo**   memory, remembrance; *pl.* regards, best wishes

Sara   Sara, Sarah

el **teatro**   theater

el **tío**   uncle; *pl.* uncles, uncle(s) and aunt(s)

el **tipo**   type

todos, -as   all, everybody

tratar (**de** + *obj.*) to treat, deal (with)

vale   O.K., all right

a propósito   by the way

¡buen viaje!   (have) a good *or* fine trip!

de vacaciones   on vacation

el mes pasado   last month

el (miércoles) que viene   next (Wednesday)

en serio   seriously

los sábados por la noche   (on) Saturday evenings (nights)

número de baile   dance number

¡qué casualidad!   what a coincidence!

salir para   to leave for

todo el mundo   everybody

tratar de + *inf.*   to try to + *verb*

░▒░

Conversación 1

En un café de Madrid

Beatriz y Juanita son dos jóvenes norteamericanas que están estudiando durante el verano en la Universidad de Madrid. Una tarde a las cinco, salen de su pensión para ir a la universidad. Quieren dar un paseo y se encuentran con Eduardo, un joven madrileño a quien las chicas conocen.

EDUARDO —¡Hola! ¡Qué encuentro más agradable!

BEATRIZ —¡Pues, estamos dando un paseo antes de ir a la universidad. Tenemos una clase de historia del arte a las siete.

EDUARDO —¡Pero falta mucho tiempo para las siete! ¿Por qué no vamos a un café y charlamos un rato? A propósito, quiero presentaros a un amigo, Vicente Morales.

BEATRIZ —Mucho gusto, Vicente.

JUANITA —Encantada de conocerte.

VICENTE —Al contrario, el gusto es mío.

<hr />

Pasan por un café al aire libre y entran. Eduardo acerca unas sillas y se sientan.

BEATRIZ —Parece que en España todo el mundo va al café por la tarde.

EDUARDO —Es una costumbre muy española. La gente va al café casi todos los días para conversar con los amigos. Por supuesto, ¡los chicos venimos para ver a las chicas guapas!

VICENTE —Aquí hablamos de todo: de literatura, de música, de los deportes, de la situación política… En fin, ¡hablamos de la vida!

JUANITA —En los Estados Unidos no tenemos todavía esta costumbre del café, pero en las ciudades grandes ya hay algunos cafés.

BEATRIZ —Por lo común, la gente va a un bar o a un restaurante para charlar y pasar un rato agradable.

Se presenta un camarero.

CAMERERO —Buenas tardes. ¿Desean Uds. tomar algo? La especialidad de la casa es el café vienés; es excelente.

EDUARDO —¿Qué deseas tomar tú, Beatriz?

BEATRIZ —Yo quiero un café regular, pero con un poco de crema y azúcar.

EDUARDO —Como sabes, en España tomamos el café solo o con mucha leche. ¿Por qué no pruebas nuestro café con leche?

BEATRIZ —Me parece buena idea. (*Hablando con el camarero.*) Y si es Ud. tan amable, me trae un vaso de agua, por favor.

VICENTE —Y tú, Juanita, ¿qué deseas?

JUANITA —Yo no quiero tomar ni café ni té a esta hora porque después no puedo dormir.

VICENTE —Pues mira, te recomiendo un helado. Aquí son deliciosos los helados.

CAMARERO —¿De vainilla o de chocolate, señorita?

JUANITA —De vainilla, por favor.

CAMARERO —¿No desean Uds. unas pastas o unos bollos dulces?

JUANITA —No, gracias. Por ahora no deseamos nada más.

Las reuniones en los cafés son muy frecuentes entre jóvenes en España. Aquí aparece un grupo de estudiantes en la Plaza Mayor de Madrid.

El camarero habla con los chicos.

CAMARERO   —Y los señores, ¿qué van a tomar?

EDUARDO   —Pues yo voy a tomar una copa de vino blanco, por favor. (*Hablando con Vicente.*) ¿Y tú, Vicente?

VICENTE   —Sabes que me encanta el vino, pero hoy quiero un refresco.

CAMARERO   —¿Una limonada, quizás…? ¿O un jugo de fruta?

VICENTE   —En realidad, quiero una cerveza bien fría.

CAMARERO   —¿No desean algo más?

VICENTE   —Sí, yo quiero unos bocadillos de queso con jamón, por favor.

EDUARDO   —(*Hablando con el camarero.*) Un poco de esa torta de frutas para mí. Parece deliciosa.

CAMARERO   —Muy bien, vuelvo en seguida.

Preguntas sobre las conversaciones

1. ¿Quiénes son Beatriz y Juanita? ¿Qué hacen ellas en España?
2. ¿Qué tienen que hacer las chicas a las siete de la noche?
3. ¿Por qué salen temprano las chicas de su pensión?
4. ¿Con quién se encuentran ellas esa tarde? ¿A quién conocen?
5. ¿Qué hacen los jóvenes después?
6. ¿Para qué va la gente al café en España? ¿Y para qué van los chicos al café?
7. ¿De qué habla la gente en el café?
8. ¿Qué quiere tomar Beatriz? ¿Qué le recomienda Eduardo a Beatriz?
9. ¿Por qué no quiere Juanita ni café ni té? ¿Por qué le recomienda Vicente un helado a Juanita?
10. ¿Qué va a tomar Eduardo?
11. ¿Qué le recomienda el camarero a Vicente? En realidad, ¿qué quiere Vicente?
12. ¿Qué más quiere Eduardo? ¿Y qué quiere Vicente?

Para conversar

1. ¿Quiere Ud. ir a estudiar a España un verano? ¿Por qué?
2. ¿Cuándo tiene Ud. clases, durante el día o por la noche? ¿Qué hace Ud. antes de venir a la universidad?
3. ¿Qué hace cuando termina sus clases? ¿Sale Ud. de paseo? ¿Adónde va?
4. ¿Qué le parece a Ud. la costumbre de ir al café?
5. ¿Hay cafés en los Estados Unidos? ¿Dónde se reúne la gente aquí para charlar?
6. ¿Adónde van los jóvenes por lo común para pasar un rato? ¿De qué cosas habla Ud. con sus amigos?
7. ¿Le gusta a Ud. el café? ¿Y el té? ¿Cómo le gusta a Ud. el café? ¿Y el té?
8. ¿Tomamos mucho café en los Estados Unidos? ¿Cómo lo tomamos?
9. ¿Qué refrescos le gustan a Ud.?
10. ¿Le gusta a Ud. comer algo cuando toma un café o una cerveza?
11. ¿Qué le gusta a Ud. comer con el café? ¿Y con una cerveza?
12. ¿Tomamos mucho helado en los Estados Unidos? ¿Cómo son los helados aquí? ¿Qué helados le gustan a Ud.?

:: Situaciones

Enact the following situations with your classmates.

A. Un día después de las clases Ud. está dando un paseo por la universidad con un amigo o amiga. Usted se encuentra con otros chicos y chicas y Ud. hace las presentaciones. Después de las presentaciones Uds. van a un café o a un bar, charlan y toman algo.

B. Ud. está trabajando en un café y llegan unas personas de Suramérica que no hablan inglés. Ud. habla con ellas y les recomienda algunas cosas para tomar y comer.

:: Vocabulario[1]

acercar to bring . . . near
el **agua** (*f.*)[2] water
el **aire** air
amable kind
el **arte** art
el (la) **azúcar** sugar
el **bar** bar
Beatriz Beatrice
el **bocadillo** sandwich (*Spain*)
el **bollo** roll
el **café** café; coffee
el **camarero** waiter
la **cerveza** beer
la **copa** glass (*for wine*)
conversar to converse, talk
la **costumbre** custom, habit
la **crema** cream
el **chocolate** chocolate
delicioso, -a delicious

el **deporte** sport
dulce sweet
Eduardo Edward
encontrarse (ue) con to run into someone
el **encuentro** encounter, meeting
la **especialidad** specialty
faltar (*used like* **gustar**) to lack, be lacking
la **fruta** fruit
la **gente** people
el **helado** ice cream
la **historia** history
el **jamón** ham
Juanita Juanita, Jane
el **jugo** juice
la **leche** milk
la **limonada** lemonade
la **literatura** literature

---

[1]All new words in the **Vocabulario** of each **Conversación** will be listed again when introduced in regular lessons.
[2]See page 191 for an explanation of the use of the definite article **el** with certain feminine nouns.

madrileño, -a of Madrid, (native of) Madrid, Madrid type

el **paseo** walk, stroll, ride

las **pastas** pastries, cookies

la **pensión** (*pl.* **pensiones**) boardinghouse

la **persona** person

político, -a political

presentar to present, introduce; *reflex.* to present oneself, appear

probar (ue) to try, taste

el **queso** cheese

quien (*pl.* **quienes**) who, whom (*after prep.*)

recomendar (ie) to recommend

regular *adj.* regular

reunirse to gather

la **situación** (*pl.* **situaciones**) situation

solamente *adv.* only

solo, -a alone

la **torta** cake

el **té** tea

todo *pron.* everything

la **vainilla** vanilla

el **vaso** glass

la **vida** life

el **vino** wine

Vicente Vincent

vienés, (-sa) Viennese

al aire libre outdoor, open-air

al contrario on the contrary

bien frío, -a very cold

café solo black coffee

clase de historia del arte art history class

dar un paseo to take a walk (ride)

el gusto es mío the pleasure is mine

encantado, -a de conocerte delighted to meet you

en fin in sum

en realidad actually

en seguida at once, immediately

la especialidad de la casa the specialty of the house

falta mucho tiempo para las siete it is a long time before seven

mucho gusto (I am) pleased *or* glad to know *or* meet you

no deseamos nada más we don't want anything else

para mí for me

por ahora for the present, for now

por lo común commonly, generally

¡qué encuentro más agradable! what a pleasant encounter (meeting)!

un helado a dish (serving) of ice cream

un poco de a little, some (*followed by noun*)

una torta de frutas a fruit tart

vuelvo en seguida I'll be right back, I'll return at once

Lección 10

Participando en una parada en San Antonio, Texas, el hombre a caballo lleva el traje y sombrero típicos de los charros mexicanos.

▶ Sounds of Spanish **x** and **j**
▶ The imperfect indicative
▶ Use of the imperfect indicative
▶ The preterit and the imperfect contrasted
▶ The definite article with seasons of the year
▶ **Hacer** and **haber** in impersonal expressions

Recuerdos de niñez

Después de terminar el primer[1] semestre, Jaime Delgado y Miguel Ramos decidieron pasar las vacaciones en San Antonio. Mientras iban camino de esta ciudad, hablaban del tiempo y de su niñez, entre otras cosas…

JAIME —¡Caramba! Hace mucho frío y viento hoy. Hay muchas nubes en el cielo, pero afortunadamente no está nevando…

MIGUEL —No me gusta el invierno aquí en Chicago. Seguramente en San Antonio hace buen tiempo, aunque hace fresco en esta estación.

JAIME —¡Ah, pero en Cozumel[2] y el Caribe la gente está gozando de las playas preciosas, del sol, de la luna tropical….

MIGUEL —Pero, hablando de otras cosas, ¿dónde vivías cuando eras pequeño?

JAIME —Mi familia tenía ganado y vivíamos en el campo. La vida era agradable en Cuba…, pero un día fue necesario venir a este país. ¿Y tú?

MIGUEL —Mi familia vivía en San Antonio. Como mis padres eran de un pueblo de la frontera, en casa siempre hablábamos español.

JAIME —¿Y qué hacían Uds. cuando terminaba la escuela? ¿Nunca salían de excursión durante los veranos?

MIGUEL —Sí, hombre, Por cierto, mi abuelo me contó que un día cuando regresábamos de las montañas de Colorado, encontramos una tormenta horrible. ¡Llovía a cántaros!

JAIME —¿Y cómo volvieron a casa? ¿Veían bien el camino?

MIGUEL —El regreso fue muy peligroso. El agua corría por todas partes y no veíamos nada. Había mucho lodo en el camino y no podíamos cruzar el río.

JAIME —¡Qué aventura! Pero como mi padre decía, hay recuerdos de niñez que nunca olvidamos.

EL DIARIO-LA PRENSA

TEMPERATURAS

CARACAS	19º-29º
BOGOTA	5º-20º
BUENOS AIRES	19º-31º
LA HABANA	22º30º
LIMA	18º-24º
LOS ANGELES	12º-26º
MADRID	8º-12º
MEXICO	9º-23º
MIAMI	22º-26º
MONTEVIDEO	15º-30º
NUEVA YORK	11º-14º
RIO DE JANEIRO	21º-33º
SAN FRANCISCO	14º-17º
SAN JUAN	26º-30º
SANTIAGO	11º-27º
SANTO DOMINGO	26º-30º

---

[1] The adjective **primero** is shortened to **primer** before masculine singular nouns; it retains its regular form otherwise: **los primeros días,** *the first days.*

[2] An island off the coast of the Yucatan peninsula, where the Spanish conquistador Hernán Cortés landed in 1518 before conquering the Aztec empire.

◩ Otras palabras y expresiones

caliente   warm, hot
fresco, -a   cool
el **grado**   degree (*weather*)
la **humedad**   humidity

la **niebla (neblina)**   fog
la **temperatura**   temperature
por lo común   usually

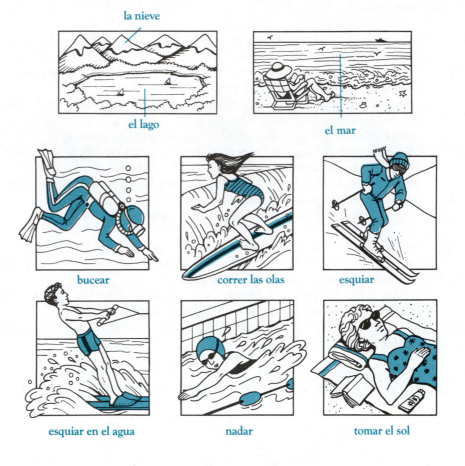

la nieve

el lago

el mar

bucear

correr las olas

esquiar

esquiar en el agua

nadar

tomar el sol

◩ Preguntas sobre el diálogo

1. ¿Dónde decidieron pasar las vacaciones Jaime y Miguel?   2. ¿De qué hablaban ellos durante su viaje?   3. ¿Por qué a Miguel no le gusta el invierno en Chicago?   4. ¿Qué tiempo hace seguramente en San Antonio?   5. ¿Por qué piensa Jaime en Cozumel y en el Caribe?   6. ¿Dónde vivía Jaime cuando era pequeño?   7. ¿Por qué hablaban español en la casa de Miguel?   8. ¿Qué aventura le contó a Miguel su abuelo?   9. ¿Cómo fue el regreso a casa? ¿Por qué? 10. ¿Qué decía el padre de Jaime de esa aventura?

Nota cultural

The number of Spanish-speaking persons in the United States has increased considerably during the last twenty-five years. Almost one-third of all legal immigrants entering the United States since 1965 have been of Hispanic origin, and Hispanics also make up the highest percentage of illegal immigrants. According to recent estimates, at the present time some 20 million people of Hispanic origin reside in the United States, or almost 8% of the total mainland population.

The Hispanic community, however, is quite varied as to country of origin, the areas in which it is concentrated, and its socio-economic circumstances. The largest group consists of Mexican Americans, who have settled principally in California and the Southwest. Beginning about 1910, large numbers of Mexican farmers and laborers began moving into areas that formerly had been parts of the Spanish empire in America. Immigrants from Puerto Rico, seeking a better way of life, chose to come to the northeastern part of the United States in the late forties. In the 1960s, a large wave of urban Cubans, seeking freedom from Castro's regime, found new homes in the Miami area. A new Hispanic group consists of persons who have come to the United States from the Caribbean and Central and South America and, in smaller numbers, from Spain during the last fifteen years. Today there is a Hispanic community in every large city in the United States.

Despite the differences mentioned, Hispanics have in common a deep sense of ethnic identity, based on loyalty to their shared language and traditional culture. It is quite possible that within the next few decades the Spanish-speaking community will be the nation's largest minority group and will become a powerful political force. 47% of the Hispanic population is not yet twenty years of age!

¡En busca de una vida mejor! Un trabajador procedente de México cosecha manzanas en un huerto (orchard) en el estado de Arizona.

◆◆◆◆◆◆◆◆◆◆◆ **Pronunciación** ◆◆◆◆◆◆◆◆◆◆◆

Sounds of Spanish **x** and **j**

1. Before a consonant, the letter **x** is pronounced like English *s* in *sent.* Pronounce after your teacher:

   excelente   expresión   extranjero   excursión

2. Between vowels, **x** is usually a double sound, consisting of a weak English *g* in *go* followed by a hissed *s.* Pronounce after your teacher:

   examen   existir   éxito

3. In a few words, **x,** even when between vowels, is pronounced like English *s* in *sent.* Pronounce after your teacher:

   exacto   exactamente

4. The letter **x** in the words **México, mexicano, Texas, texano,** and **Xavier,** spelled **Méjico, mejicano, Tejas, tejano,** and **Javier** in Spain, is pronounced like Spanish **j** (see **Lección 4,** page 63). Spanish **j** is silent in **reloj,** but is pronounced in **relojes.** Repeat after your teacher:

Jaime no tiene reloj.	El joven es extranjero.
José tiene dos relojes.	¿Es texano o mexicano?
Terminaron el año con éxito.	La expresión es exacta.

Informe Meteorológico

Datos nacionales de Max Henríquez, del Noticiero Prego de T.V. Datos internacionales de la A.P.

EN COLOMBIA.— Hoy jueves se formará un sistema de baja presión frente a la Costa Pacífica colombiana el cual se desplazará hacia el interior del país esta noche, produciendo lluvias intensas en el Chocó, Risaralda, sectores del Valle, Quindío, Antioquia y Golfo de Urabá.

Lloverá en sectores de Caldas, Córdoba, Sucre, Santander, Nariño y Archipielago de San Andrés, mientras que lloviznará ligeramente en sectores bastante aislados de Cundinamarca, Boyacá, Tolima, Bolívar y Atlántico.

◇◇◇◇◇◇◇◇◇◇◇ **Notas gramaticales** ◇◇◇◇◇◇◇◇◇◇

A. The imperfect indicative (*El imperfecto del indicativo*)

Regular verbs

hablar	comer	vivir
Singular		
hablaba	comía	vivía
hablabas	comías	vivías
hablaba	comía	vivía
Plural		
hablábamos	comíamos	vivíamos
hablabais	comíais	vivíais
hablaban	comían	vivían

1. The imperfect indicative tense is formed by adding the endings **-aba, -abas, -aba, -ábamos, -abais, -aban** to the infinitive stem of **-ar** verbs. The endings **-ía, -ías, -ía, -íamos, -íais, -ían** are added to the infinitive stem of all **-er** and **-ir** verbs, except **ir, ser,** and **ver.**

2. In the imperfect tense, the stress always falls on the ending. All forms of **-er** and **-ir** verbs have an accent mark, while only the **nosotros** form of **-ar** verbs is accented.

3. Since the first and third persons singular are identical in all verbs in the imperfect tense, subject pronouns are used more with this tense than with other tenses.

4. The imperfect indicative tense **(yo) hablaba,** corresponds in English to *I was talking, used to (would) talk, talked* (habitually).

◩ **Práctica 1**   Substitution drill:

1. *Nosotros* siempre hablábamos español. (Yo / Uds. / Miguel / Ud. / Tú)
2. Generalmente *Ana* comía temprano. (Uds. / nosotros / yo / tú / Ud.)
3. ¿Dónde vivían *Uds.* entonces? (tú / Jaime / tu familia / nosotros / Ud.)

¿Sabía usted?

TODOS LEEN LOS
CLASIFICADOS
DIARIO LAS AMÉRICAS

The irregular verbs **ir, ser,** and **ver**

	ir	ser	ver
	Singular		
	iba	era	veía
	ibas	eras	veías
	iba	era	veía
	Plural		
	íbamos	éramos	veíamos
	ibais	erais	veíais
	iban	eran	veían

1. **Ir, ser,** and **ver** are the only verbs in Spanish which have irregular forms in the imperfect indicative tense.
2. In **ir** and **ser,** the stress falls on the first vowel and only the **nosotros** form has a written accent mark: **éramos, íbamos.** In **ver** the stress falls on the ending and all forms have a written accent mark.
3. The meanings are: **iba,** *I was going, used to go, went;* **era,** *I used to be, was;* **veía,** *I used to see, was seeing, saw.*

¡Atención!   Stem-changing verbs do not undergo any stem changes in the imperfect indicative: **pensar: yo pienso,** *I think;* but **yo pensaba,** *I was thinking;* **volver: yo vuelvo,** *I return;* but **yo volvía,** *I was returning;* **tener: yo tengo,** *I have;* but **yo tenía,** *I used to have,* etc. Note that **hay,** *there is, there are* becomes **había,** *there was, there were* in the imperfect.

🔲 **Práctica 2**   Substitution drill:

1. Durante los veranos *nosotros* íbamos a la playa. (yo / Uds. / Miguel / Ud. / tú)
2. *Ellas* eran de Cuba. (Uds. / Nosotros / Carolina / Mario y Miguel / Yo)
3. *Yo* no veía bien el camino. (Tú / Jaime / Uds. / Ellos / Nosotros)

B. Use of the imperfect indicative (*Uso del imperfecto del indicativo*)

The imperfect indicative tense (often called the past descriptive) is used to describe past actions, scenes, or conditions that occurred repeatedly or were continuing for an indefinite period of time in the past. The speaker transfers himself mentally to the past and views the action or condition as taking place before him. There is no reference to the beginning or the end of the action or condition.

The imperfect tense always corresponds to the English *used to* + infinitive, and usually to *was* (*were*) + the present participle (*-ing* form). Note carefully the following examples in which the imperfect is used:

1. To describe an action as it unfolds in the past:

Jaime y Miguel **iban** camino de San Antonio; **hablaban** de su niñez.

James and Michael were on the (their) way to San Antonio; they were talking about their childhood.

Cuando Jaime **era** pequeño, su familia **vivía** en Cuba.

When James was small, his family lived (was living) in Cuba.

Cuando **regresaban** de la excursión, **llovía** a cántaros.

When they were coming back from the trip, it was raining cats and dogs.

2. To indicate repeated or habitual past action, equivalent to the English *used to* or *would* and often to the past tense of *to be* + a present participle:

Durante los veranos **íbamos** a Cozumel. **Nadábamos, corríamos** las olas, **buceábamos** y **tomábamos** el sol.

During the summers we used to go to Cozumel. We would swim, surf, scuba dive, and sunbathe.

En el invierno **nevaba** mucho en las montañas de Colorado; **esquiábamos** todos los fines de semana.

During winter it used to snow a lot in the Colorado mountains; we used to (would) ski every weekend.

3. To indicate that an action was in progress, or to describe a condition or what was going on when something happened (the preterit indicates what happened under the circumstances described):

Cuando **regresábamos,** encontramos una tormenta horrible.

When we were coming back, we encountered a horrible storm.

Como **era** muy tarde, llamamos a casa.

Since it was very late, we called home.

Estábamos en las montañas cuando comenzó a llover.

We were in the mountains when it began to rain.

4. To describe mental activity or a state in the past; thus, with verbs such as **creer,** *to believe;* **pensar,** *to think;* **saber,** *to know;* **querer,** *to wish;* **poder,** *to be able,* etc.

Yo **quería** hacer un viaje a México.	*I wanted to make a trip to Mexico.*
Ellos **sabían** que mi abuela vivió allí varios años.	*They knew that my grandmother lived there several years.*
Ella **pensaba** tomar unas vacaciones.	*She was planning on taking a vacation.*
Yo **quería** ir a Cozumel.	*I wanted to go to Cozumel.*
Yo no **tenía** suficiente dinero.	*I didn't have enough money.*
Yo no **sabía** que **había** excursiones baratas.	*I didn't know that there were inexpensive trips.*

◙ Práctica 3

Read in Spanish, substituting the proper form of the imperfect tense of each infinitive in italics. Observe carefully how the imperfect tense is used:

1. Cuando yo *ser* pequeño, mi familia *vivir* en el campo.　　2. En el verano *hacer* mucho calor.　　3. Generalmente *hacer* sol, y no *hacer* mucho viento.　　4. Los domingos yo *levantarse* tarde.　　5. De vez en cuando mi padre nos *llevar* en coche a visitar a mis abuelos.　　6. Nosotros siempre *querer* ir a verlos.　　7. Durante los veranos nosotros *ir* a una playa que no *estar* muy lejos de nuestra casa. 8. También nos *gustar* salir de excursión a las montañas.　　9. Allí siempre *hacer* fresco y no *llover* mucho.　　10. A menudo *ser* muy tarde cuando nosotros *regresar* a casa.

C. The preterit and the imperfect contrasted (*El contraste del pretérito con el imperfecto*)

The preterit indicates:

1. Actions or events that occurred in the past and ended at a specific time:

El año pasado viví en Madrid; **hablé** mucho el español.
Last year I lived in Madrid; I spoke a lot of Spanish.

Anoche llovió a cántaros y **regresé** a casa **a las once.**
Last night it rained cats and dogs and I returned home at eleven.

The imperfect describes:

Actions or events as they unfolded or went on in the past:

Mientras yo vivía en Madrid **hablaba** mucho el español.
While I was living in Madrid I would speak a lot of Spanish.

Anoche llovía a cántaros cuando **regresaba** a casa a las once.
Last night it was raining cats and dogs when I was returning home at eleven.

2. Actions or events that occurred in the past within a definite time period:

El semestre pasado estudié mucho.
Last semester I studied a lot.

Trabajé en la biblioteca de la universidad.
I worked at the university library.

Actions or events as they were in progress within a period of time:

El semestre pasado estudiaba mucho.
Last semester I would (used to) study a lot.

Yo trabajaba en la biblioteca de la universidad.
I was working at the university library.

3. A series of actions or events as they were completed one after the other in the past:

Ayer **fuimos** a la playa; **tomamos** el sol un rato, y **después** nadamos y corrimos las olas.
Yesterday we went to the beach; we sunbathed for a while and then we swam and surfed.

Esta mañana **me levanté** tarde. **Me bañé, me afeité** y **me arreglé,** pero **no (me) desayuné.**
This morning I got up late. I bathed, shaved, and got ready, but I didn't eat breakfast.

A series of actions or events as they occurred habitually or were repeated in the past:

Cuando **íbamos** a la playa, **tomábamos** el sol, **nadábamos** y **corríamos** las olas.
When we went to the beach, we used to sunbathe, swim, and surf.

Todas las mañanas **me levantaba** tarde. **Me bañaba, me afeitaba** y **me arreglaba,** pero no (me) **desayunaba.**
Every morning I would get up late. I would bathe, I would shave, and I would get ready, but I would not eat breakfast.

¡Atención!   Note the use of some adverbial expressions with the preterit and imperfect:

Preterit

Imperfect

1. The preterit takes adverbial expressions to indicate a specific time period such as **ayer,** *yesterday;* **anoche,** *last night;* **esta mañana (tarde, noche, semana),** *this morning (afternoon, evening, week):*

Ayer salí de casa temprano.
Yesterday I left the house (home) early.

Esta mañana compré el periódico.
I bought the newspaper this morning.

The imperfect takes adverbial expressions to indicate habitual or repeated actions such as **todos los días,** *every day;* **todas las mañanas (tardes, noches, semanas),** every morning (afternoon, evening, week):

Todos los días salía de casa temprano.
I used to leave the house (home) early every day.

Todas las mañanas yo compraba el periódico.
I used to buy the newspaper every morning.

2. The preterit may take adverbial expressions indicating a specific time period, such as **durante esos meses (días, años)**, *during those months (days, years)*, but the event or action is viewed as completed and ended:

Durante esos meses visitamos muchas ciudades.
During those months we visited many cities.
Ese año estudié en la universidad y **trabajé** en una librería.
That year I studied at the university and I worked in a bookstore.

The imperfect may also take adverbial expressions indicating a specific time period, but the action or event is viewed as unfolding in the past, or as coexisting with another event:

Durante esos meses visitábamos muchas ciudades.
During those months we would visit many cities.
Ese año, mientras yo estudiaba en la universidad, **trabajaba** en una librería.
That year, while I was studying at the university, I was working at a bookstore.

3. The preterit takes expressions that indicate a specific point in time, such as **un día (año, mes, semestre)**, *one day (year, month, semester)*; **una noche (mañana, tarde, semana)**, *one night (morning, afternoon, week)*:

Un año fuimos a las montañas.
One year we went to the mountains.

Una noche escuché las noticias en español.
One evening I listened to the news in Spanish.
Una tarde fuimos a Tijuana.
One afternoon we went to Tijuana.

The imperfect takes expressions that indicate habitual, repeated action such as **todos los días (años, meses, semestres)**, *every day (year, month, semester)*; **todas las noches (mañanas, tardes, semanas)**, *every evening (morning, afternoon, week)*; **generalmente,** *generally*; **por lo común,** *usually*; **de vez en cuando,** *once in a while*:

Todos los años (Generalmente) íbamos a las montañas.
Every year (Generally) we would go to the mountains.
Todas las noches (Por lo común) yo escuchaba las noticias en español.
Every evening (Usually) I used to listen to the news in Spanish.
Todas las tardes (De vez en cuando) íbamos a Tijuana.
Every afternoon (Once in a while) we would go to Tijuana.

¡Atención!   In Spanish, the imperfect is used to express time of day in the past:

¿Qué hora era?
Eran las tres de la mañana.

What time was it?
It was 3:00 A.M.

D. The definite article with seasons of the year (*El artículo definido con las estaciones del año*)

No me gusta **el invierno** (**el verano**) aquí.	*I don't like the winter (the summer) here.*
Me encanta **la primavera** (**el otoño**).	*I love spring (the fall).*
Ahora es **primavera** en la Argentina.	*Now it's spring in Argentina.*
Hoy es un día precioso de **otoño.**	*Today is a beautiful fall day.*
En **verano,** el agua del mar es fría.	*During the summer the water in the ocean is cold.*

1. The definite article is regularly used with the seasons.
2. After **ser** or a **de** phrase the definite article is usually omitted.
3. The expressions **en verano, en invierno,** etc., equivalent to English *during the summer, during (the) winter,* etc., are very common in everyday speech.

¡Atención!   The definite article **el** is used instead of **la** with feminine nouns that begin with stressed **a-** or **ha-;** thus one says **el agua.** This usage of **el** with feminine nouns does not affect the noun's gender: **el agua del mar es *fría*,** *the ocean water is cold.*

E. Hacer and **haber** in impersonal expressions   (*Hacer y haber en expresiones impersonales*)

Hacer + noun   (**Hacer** + *sustantivo*)

¿Qué tiempo **hace**?	*How is the weather?*
Hace buen (mal) tiempo.	*The weather is fine (bad).*
Hacía calor (fresco, frío, viento).	*It was hot (cool, cold, windy).*
En verano **hace** mucho calor.	*It's very hot in the summer.*
En otoño **hace** poco frío.	*It's not very cold in the fall.*
Hoy **hace** mucho (poco) sol.	*It's (not) very sunny today.*
¿Qué temperatura **hace**?	*What's the temperature?*
Hace noventa grados.	*It's ninety degrees.*

1. **Hacer** + noun is used in the third person singular to describe weather conditions and to tell the temperature.
2. Most of these weather expressions are expressed in English with *to be* + adjective.
3. The nouns **calor, fresco, frío, viento,** and **sol** may be modified by **mucho** or **poco.**

¡Atención! **Estar** + adjective is also used for a few weather expressions: **Ayer *estaba* nublado,** *It was cloudy yesterday;* **Hoy el cielo *está despejado,*** *Today the sky is clear;* **Hoy el día *está muy caliente,*** *Today is very hot.* Compare the use of **estar** + adjective when referring to the temperature or a changeable condition and that of **ser** to express an inherent quality: **Los inviernos *son* muy fríos en Chicago,** *Winters are very cold in Chicago;* **Hoy no *está* muy frío** or **Hoy no *hace* mucho frío,** *Today it's not very cold;* **Los veranos *son* calientes en San Antonio,** *Summers are hot in San Antonio;* **Hoy *está* muy caliente** or **Hoy hace mucho calor,** *Today it's very hot.*

Haber + noun (Haber + *sustantivo*)

Hay (Había) luna.	*The moon is (was) shining.*
Hay (Había) sol.	*The sun is (was) shining* or *It's (It was) sunny.*
Hay (Había) viento.	*The wind is (was) blowing* or *It's (It was) windy.*
Hay (Había) niebla.	*It's (It was) foggy.*
Hay (Había) mucho lodo.	*It's (It was) very muddy.*
Hay (Había) poca humedad.	*There's (There was) little humidity.*

1. **Haber** + noun is also used in the third person singular to describe visible weather conditions.[1]
2. Note that these expressions correspond in English to *to be* + adjective, or *to be* + present participle (*-ing*).
3. The nouns **sol** and **viento** are also used with **hacer** when the weather phenomenon is felt rather than observed.
4. **Mucho, -a** and **poco, -a** may modify the nouns **sol, lodo, niebla, viento,** and **humedad.**

Práctica 4

Read the sentences aloud paying attention to the use of **hacer, haber, ser,** and **estar** with weather conditions:

1. —¿Qué tiempo hacía en San Antonio? —Estaba lloviendo y había mucha humedad.   2. —¿Qué temperatura hacía anoche? —Hacía sesenta grados; el cielo estaba despejado y era una noche muy fresca.   3. —¿Qué tiempo hace aquí durante el invierno? —Generalmente hay mucha nieve y hace mucho frío.
4. —¿Cómo es el otoño en Los Ángeles? —Es muy fresco; no hace calor.
5. —¿Cómo es la primavera aquí? —Por lo común, llueve mucho pero no hace mucho frío. Hoy el día está muy nublado y hace mucho frío.

---

[1]Recall the other meaning of **haber** in the third person singular: ***Hay* montañas en Colorado,** *There are mountains in Colorado;* ***Había* ganado en el campo,** *There were cattle in the country* (**Lección 2**).

◇◇◇◇◇◇◇◇ **Actividades y práctica** ◇◇◇◇◇◇◇◇

A. Listen to the statement and the question that follows. Respond according to the model.

> MODEL: Me gustaba salir de excursión. ¿Qué hacían Uds. cuando iban a las montañas?
> **Cuando íbamos a las montañas, salíamos de excursión.**

1. Me gustaba esquiar en la nieve. ¿Qué hacían Uds. cuando iban a las montañas?
2. Me gustaba tomar el sol. ¿Qué hacían Uds. cuando iban a la playa?
3. Me gustaba correr las olas. ¿Qué hacían Uds. cuando iban al mar?
4. Nos gustaba bucear. ¿Qué hacías tú cuando ibas a Cozumel?
5. Nos gustaba esquiar en el agua. ¿Qué hacías tú cuando ibas al río?
6. Nos gustaba patinar en el hielo. ¿Qué hacías tú cuando ibas al lago?

B. Listen to the statement and the questions that follow. Give an alternative to the negative response.

> MODEL: —Nosotros vivíamos en San Antonio. ¿Dónde vivías tú?
> **—Yo no vivía en San Antonio; yo vivía en Los Ángeles (en Chicago, etc.).**
> —Y ellos, ¿dónde vivían?
> **—No sé dónde vivían ellos.**

1. Nosotros vivíamos en una ciudad. ¿Dónde vivías tú? ¿Y ellos?
2. Nosotros hablábamos español en casa. ¿Qué hablabas tú? ¿Y ellos?
3. Nosotros íbamos a México los veranos. ¿Adónde ibas tú? ¿Y ellos?
4. Yo trabajaba en una librería. ¿Dónde trabajaban Uds.? ¿Y él?
5. Yo estudiaba en San Diego. ¿Dónde estudiaban Uds.? ¿Y ellos?
6. Yo iba de compras a Tijuana. ¿Adónde iban de compras Uds.? ¿Y ellas?

> MODEL: Cuando Diana llegó yo dormía. ¿Qué hacías tú?
> **Cuando Diana llegó yo no dormía, yo (estudiaba, hablaba por teléfono, leía, escribía una carta, etc.)**

7. Cuando Jaime llegó yo descansaba. ¿Qué hacías tú?
8. Cuando Lola llamó por teléfono yo estudiaba. ¿Qué hacías tú?
9. Cuando Tomás vino yo miraba la televisión. ¿Qué hacías tú?
10. Cuando ellos salieron yo hablaba por teléfono. ¿Qué hacían Uds.?
11. Cuando ellas entraron yo leía el periódico. ¿Qué hacían Uds.?
12. Cuando ellos volvieron yo comía. ¿Qué hacían Uds.?

C. Read in Spanish, using the correct preterit or imperfect form of the verbs in italics, as required.

1. Mientras Jaime y Miguel *ir* camino de San Antonio, *hablar* del tiempo y de su niñez.   2. *Hacer* frío y *haber* muchas nubes en el cielo.   3. Miguel le *preguntar* a Jaime dónde *vivir* cuando él *ser* pequeño.   4. Jaime le *contestar* que él *vivir* en el campo entonces.   5. Ellos *tener* ganado y él *estar* muy contento allí.
6. Un día la familia *salir* de Cuba.   7. Miguel *vivir* en San Antonio cuando él *ser* pequeño.   8. Su familia *ser* de un pueblo de la frontera.   9. En casa Miguel siempre *hablar* español.   10. Jaime *comenzar* a estudiar inglés cuando *ser* muy joven.   11. Durante los veranos el abuelo de Miguel los *llevar* a las montañas.   12. Un día cuando ellos *regresar* de una excursión, ellos *encontrar* una tormenta horrible; *llover* a cántaros.   13. El abuelo le *contar* a Miguel que el regreso a casa *ser* muy peligroso; *haber* lodo por todas partes.   14. Como ellos no *ver* bien el camino; *decidir* no hacer el viaje.   15. *Ser* un recuerdo de niñez que Jaime no olvida nunca.

D. Complete each sentence with the correct imperfect form of **estar, haber, hacer,** or **ser.**

1. —¿Qué tiempo _____ en Chicago cuando Uds. salieron? —_____ mal tiempo. El cielo _____ nublado y _____ frío pero no _____ nevando.
2. Durante los veranos _____ mucho calor en San Antonio; los días _____ muy calientes pero las noches _____ frescas.
3. Cuando estábamos en Cozumel no podíamos ir a la playa. No _____ sol; _____ lloviendo mucho y _____ mucho viento.
4. Los inviernos _____ muy fríos en las montañas. Llovía mucho y siempre _____ mucho lodo; a veces _____ niebla también.
5. —¿Qué temperatura _____ ayer? —_____ 95 grados. El día _____ muy caliente y _____ mucha humedad.
6. La semana pasada, cuando fuimos al río, el cielo _____ despejado; pero _____ calor.

E. Give the Spanish equivalent.

1. While James and Michael were on their way to San Antonio, they talked about the weather and their childhoods. 　2. It was cold and windy in Chicago and there were many clouds in the sky, but fortunately it was not snowing. 3. Michael was thinking that in San Antonio the weather is generally nice, although it is cool in winter. 　4. James says that in Cozumel people are enjoying the sun and the beautiful beaches. 　5. James' family lived in the country when he was small. 　6. His family had cattle, and life was pleasant in Cuba. 7. One day it was necessary to come to this country. 　8. Michael's family used to live in San Antonio. 　9. Since they were from Mexico, they always spoke Spanish at home. 　10. During the summers Michael's grandfather used to take them to the mountains in Colorado. 　11. One day, when they were returning home, they encountered a horrible storm. It was raining cats and dogs. 　12. As James' father used to say, there are childhood memories that we never forget.

◇◇◇◇◇◇◇◇ Práctica de conversación ◇◇◇◇◇◇◇◇

Listen carefully to the instructions given by your teacher and respond accordingly. In the response feel free to use any vocabulary and structure previously studied:

1. Pregúntele Ud. a... 　dónde vivía cuando era pequeño. (...), conteste, por favor.
2. 　　　　　　　　...dónde trabajaba su padre. (...)
3. 　　　　　　　　...cuántos eran en su familia. (...)
4. 　　　　　　　　...cómo era el invierno allí. (...)
5. 　　　　　　　　...qué tiempo hacía durante la primavera. (...)
6. 　　　　　　　　...qué estación del año le gustaba más y por qué. (...)
7. 　　　　　　　　...qué hacía la familia durante los inviernos. (...)
8. 　　　　　　　　...adónde iban durante los veranos. (...)
9. 　　　　　　　　...qué recuerdo tiene de su niñez. (...)
10. 　　　　　　　　...qué aventura recuerda. (...)

◆◇◆◇◆◇◆◇◆◇◆◇◆ Situaciones ◆◇◆◇◆◇◆◇◆◇◆◇◆

A. Un día, mientras Ud. tomaba el almuerzo con un amigo (o una amiga), Uds. hablaban de algunos recuerdos. Su amigo (o amiga) quería saber dónde vivía Ud. antes de venir a la universidad, cómo era la vida allí, qué tiempo hacía, qué había en su ciudad (playas, lagos, montañas, ríos), qué cosas hacía Ud. en el verano, en el invierno, etc.

Su amigo (o amiga) le pregunta:
(José), ¿dónde vivías tú antes de venir a la universidad?, etc.

B. ¿Recuerda Ud. alguna aventura de los años cuando era más joven? ¿Por qué no les cuenta Ud. a sus compañeros(-as) de clase esa aventura?

En un café de Madrid, España, dos amigas consultan un mapa al hacer planes para un viaje.

Vocabulario

el **abuelo**   grandfather; *pl.* grandparents
  afortunadamente   fortunately
el **agua** (f.)   water
la **aventura**   adventure
el **camino**   road, way
el **campo**   country, field
el **Caribe**   Caribbean Sea (area)
  Chicago   Chicago
el **cielo**   sky
  Colorado   Colorado
  como   as, like; since
  correr   to run
  cruzar   to cross
  decidir   to decide
la **escuela**   school
la **estación** (*pl.* **estaciones**)   season
la **excursión** (*pl.* **excursiones**)   excursion, trip
el **fresco**   coolness
el **frío**   cold
la **frontera**   frontier, border
el **ganado**   cattle, livestock
la **gente**   people (*requires sing. verb*)
  gozar (**de** + *obj.*)   to enjoy
  había   there was, there were
el **hombre**   man
  horrible   horrible

el **invierno**   winter
el **lodo**   mud
la **luna**   moon
  llover (**ue**)   to rain
la **montaña**   mountain
  nevar (**ie**)   to snow
la **niñez**   childhood
la **nube**   cloud
la **parte**   part
  patinar   to skate
  peligroso, -a   dangerous
la **playa**   beach
  primer   *used for* **primero** *before m. sing. nouns*
  primero, -a   first
el **pueblo**   town, village
el **regreso**   return
  San Antonio   San Antonio
  seguramente   surely, certainly
el **semestre**   semester
el **sol**   sun
el **tiempo**   weather
la **tormenta**   storm
  tropical   tropical
el **verano**   summer
la **vida**   life
el **viento**   wind

(ir) camino de   (to be *or* go) on the (one's) way to
llover a cántaros   to rain cats and dogs
por cierto   certainly, surely, for certain (sure), by the way
por todas partes   everywhere
salir de excursión   to go (set out) on an excursion

Repaso 2

A. Say after your teacher; then repeat, changing the verb to the preterit indicative.

1. Hoy llevo a Carmen al cine.
2. Vamos a ver una película extranjera.
3. Es una película de misterio.
4. Esa película nos parece muy buena.
5. Me gusta salir con Carmen.
6. ¿Quién me llama por teléfono?
7. Jorge y Ana llegan a verte.
8. Yo lo voy a buscar.
9. Él y su compañero salen temprano.
10. ¿Por qué no les das mi dirección?

B. Say after your teacher; then repeat, changing the verb to the imperfect indicative.

1. Siempre me acuesto temprano.
2. Mi compañero se despierta tarde.
3. Nos arreglamos y salimos del cuarto por la mañana
4. Yo me desayuno en la cafetería.
5. ¿Dónde se sientan Uds.?
6. Mis amigos se compran el periódico.
7. ¿A qué hora te levantas tú?
8. Me preparo para salir temprano.

C. Read in Spanish, supplying the preterit or imperfect indicative tense of the verb in parentheses, as necessary.

Cuando Carlos y yo (1. ser) más jóvenes, nuestras familias (2. vivir) en California. Mi familia (3. tener) una casa cerca del mar y a nosotros nos (4. gustar) mucho la playa. Nosotros (5. ir) a la playa todos los fines de semana. Allí siempre (6. estar) nuestros amigos y compañeros. Nosotros (7. charlar) con las chicas mientras ellas (8. tomar) el sol. Mis amigos (9. correr) las olas y yo (10. nadar) mucho. El verano pasado Carlos y yo (11. ir) a México. Él (12. querer) visitar Cozumel. Las playas allí (13. ser) preciosas y no (14. hacer) mucho calor. Nosotros (15. bucear) y nos (16. bañar) en el agua azul del Caribe. (17. Ser) unas vacaciones muy agradables. Nosotros (18. descansar) mucho; nos (19. encantar) Cozumel. Carlos no (20. querer) regresar ni yo tampoco.

D. Answer each question negatively, substituting the correct direct object pronoun for each noun object.

1. ¿Escribiste las cartas?
2. ¿Cobraste los cheques?
3. ¿Mandaste el dinero?
4. ¿Viste a la vendedora?
5. ¿Escucharon Uds. el concierto?
6. ¿Trataban Uds. de llamar a Diana?
7. ¿Querían Uds. llevar a sus padres?
8. ¿Pensaban Uds. comprar las entradas?

E. Answer each question affirmatively, making the necessary changes.

1. ¿Quién te mandó el dinero? ¿Tu padre?
2. ¿Quién te escribió la carta? ¿Mi hermana?
3. ¿Quién te cobró los cheques? ¿Tu amigo?
4. ¿Quién les enseñó la mercancía a Uds.? ¿La vendedora?
5. ¿Quién les abrió la puerta a Uds.? ¿Tomás?
6. ¿Quién les dio la dirección a Uds.? ¿Su compañero?

F. Repeat each sentence; then form a new sentence, using the information given in parentheses.

1. Me encanta esta falda. (gustar más/estas blusas)
2. Le gustan las sandalias. (encantar/el estilo)
3. Me gusta esta calle. (encantar/las tiendas)
4. Le encantan esas chicas. (gustar mucho/la española)
5. Nos gusta mucho esta universidad. (encantar/los estudiantes)
6. Nos gusta esta clase. (encantar/la profesora o el profesor)

G. Read in Spanish, supplying the correct form of the definite article as required.

1. _____ vida allí era muy agradable, pero no me gustaban _____ inviernos.
2. Después de lavarse _____ manos y _____ cara, Elena se arregló.
3. Buenas tardes, _____ señor Salas. ¿Cómo está _____ señora Salas?
4. Mi profesor de _____ español habla muy bien _____ francés.
5. Durante _____ invierno, _____ agua es muy fría.
6. _____ semana pasada nevó mucho; _____ miércoles no fuimos a clases.
7. —Hoy es _____ jueves, ¿verdad? —Sí, pero Diana llega _____ jueves que viene.
8. _____ ropa es muy cara en esa tienda y no me gustan _____ vestidos que ofrecen a precio especial.
9. Tú necesitas _____ gafas para leer. ¿Por qué no te pones _____ gafas?

H. Read each sentence aloud, and then transform it to its negative counterpart.

1. Alguien llamó a Lola.
2. Jorge tiene algo en la mano.
3. Yo también los conozco.
4. Ella siempre canta en español.
5. Alguien le habló o le escribió.
6. También me dieron algo de comer.

I. Select an expression from the following list that most logically completes each of the statements below.

estaban de moda	hacer un viaje
llovía a cántaros	íbamos camino de
salimos de excursión	tiene precio fijo

1. El sábado pasado _____ con unos amigos.
2. Cuando _____ San Antonio encontramos mal tiempo.
3. No podíamos ver el camino porque _____.
4. En las tiendas de Tijuana la mercancía no _____.
5. El verano que viene vamos a _____ a España.
6. El año pasado _____ las faldas largas.

J. Answer in a complete sentence, using words which you have learned in previous lessons.

1. ¿A qué hora se levanta Ud. generalmente? ¿A qué hora se levantó Ud. esta mañana? ¿Qué hace Ud. después de levantarse?
2. ¿Con quién se desayunó Ud. hoy en casa? ¿Se desayuna Ud. con un (una) compañero(-a) de clase?
3. ¿Tenía Ud. un coche cuando vivía en casa? ¿Cómo viene Ud. a la universidad?
4. ¿Va Ud. al centro a menudo? ¿Qué hace Ud. cuando va al centro? ¿Es caro ir al centro?
5. ¿Le gusta a Ud. ir de compras? ¿Cuándo fue Ud. de compras? ¿Qué cosas compró?
6. ¿Va Ud. al cine mucho? ¿Qué películas le gustan a Ud.? ¿Vio Ud. alguna película este fin de semana? ¿Qué le pareció?
7. ¿Le gustan a Ud. los conciertos? ¿Qué cantantes famosos le gustan a Ud.? ¿Sabe Ud. quién es Julio Iglesias? ¿Conoce Ud. sus canciones?
8. ¿Qué tiempo hace hoy? ¿Cómo está el cielo? ¿Cómo son los inviernos aquí? ¿Hay mucha nieve aquí?
9. ¿Se acuesta Ud. temprano o tarde? ¿A qué hora se acostó Ud. anoche? ¿Qué hace Ud. antes de acostarse?

10. ¿Le gusta a Ud. la playa? ¿Qué hace Ud. cuando va a la playa?
11. ¿Qué le gustaba a Ud. hacer cuando era pequeño? ¿Qué le gusta a Ud. hacer ahora?
12. ¿Le gusta a Ud. viajar? ¿Qué ciudades norteamericanas conoce Ud.? ¿Qué le parece (San Antonio)? ¿Qué países extranjeros conoce Ud.?

K. Give the Spanish equivalent.

1. Laura and Diane like to go shopping on Saturdays.
2. Diane left the house at about one o'clock.
3. Upon seeing Laura in the street, Diane waited for her.
4. They arrived downtown and they entered a very large store.
5. The clerk showed them several dresses.
6. Laura liked a white dress. It was very young looking, but it wasn't her size.
7. Mario found James seated in the cafeteria.
8. James wanted to spend a weekend at home.
9. He didn't have enough money to buy (himself) the plane ticket.
10. Mario tells James that it is easy to find a traveling companion.
11. When I lived in Los Angeles I used to go to the movies often.
12. By the way, I saw some Spanish films. I liked them.
13. The weather is fine today. It's very sunny, but it's cool.
14. I'm tired of studying. What are you (pl.) doing now?

Un momento animado en una fiesta de jóvenes en Sevilla, España. Una joven aprende a bailar el flamenco, baile típico de los gitanos en Andalucía.

▶ The pronunciation of **y,** *and*
▶ Formal commands
▶ Position of object and reflexive pronouns in commands
▶ Idiomatic expressions with **tener**
▶ Spanish equivalents for the English word "time"
▶ Cardinal numbers used as nouns

Una fiesta de cumpleaños

Una tarde, mientras las muchachas estudiaban o descansaban en sus cuartos, sonó el teléfono en el recibo de la residencia en que viven. Elena Santos, que estaba en la sala sentada junto a la chimenea porque tenía frío, corrió a contestarlo.

ELENA —Dígame.

ANTONIO —Hágame usted el favor de avisar a Margarita Ríos.

ELENA —Margarita está descansando un rato. Vuelva usted a llamarla una hora más tarde, por favor.

ANTONIO —Claro, no la moleste. Pero…, ¿eres tú[1] Elena, por casualidad?

ELENA —Sí, soy yo. Y tú eres Antonio Morales, de Chile, ¿no? Margarita tenía mucho sueño hoy. ¿Quieres dejarle[2] algún recado?

ANTONIO —Pues, quería invitarlas a otra fiesta en nuestro apartamento el viernes que viene. Esta vez celebramos el cumpleaños de Carlos García López.

ELENA —¡Ah! No sabía que era su cumpleaños… ¿Cuántos años va a cumplir Carlos?

ANTONIO —Creo que tiene dieciocho años, de manera que va a cumplir diecinueve.

ELENA —Oye, ¿esperan a muchos invitados? ¿Qué podemos llevarles?

ANTONIO —Vienen unos veinte más o menos. Piensen Uds. en algún plato típico.

ELENA —La verdad es que no tenemos mucho tiempo para cocinar. Yo puedo prepararles un guacamole[3] y Margarita puede llevar unas bebidas.

ANTONIO —¡Fantástico! Yo pienso preparar empanadas y un flan de postre. Jorge prometió hacer una paella[4] valenciana.

ELENA —¡La última vez había tanta comida! ¡Huy! Ya tengo hambre… Dime, ¿a qué hora comienza la fiesta?

ANTONIO —Vengan a las siete y sean puntuales. ¡Ah! Y no olviden traer discos buenos; nos compramos un tocadiscos nuevo que es excelente.

ELENA —Vamos a llevarles algunos discos de cumbia, de merengue[5] y de otros ritmos alegres que podemos tocar.

ANTONIO —Tenemos ganas de bailar hasta muy tarde. ¡Vamos a pasar un buen rato! ¿No te parece?

ELENA —Tienes razón. ¡Hasta el viernes, y gracias por la invitación!

---

[1]Note the change to the familiar form of address when Antonio realizes that Elena, a friend, has answered the telephone.

[2]The transitive verb **dejar**, *to leave* (*behind*), requires a direct object. Do not confuse **dejar** with **salir**, *to leave, go out* (of a place).

[3]**Guacamole,** a salad of whipped avocado, chopped tomato, onion, chili, and spices.

[4]**Paella,** a rice dish containing chicken, meat, shellfish, and vegetables, cooked with saffron.

[5]The **cumbia,** originally from Colombia, and the **merengue,** originally from the Dominican Republic, are two of the most popular dances among Latin Americans, particularly in the Caribbean and Central American countries.

◧ Otras palabras y expresiones

ofrecer[1]   to offer
tener cuidado   to be careful
tener fresco   to be (feel) cool
tener sed   to be thirsty
tener suerte   to be lucky

a tiempo   on time
a veces   at times
la próxima vez   next time

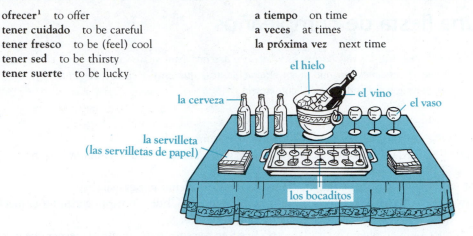

◧ Preguntas sobre el diálogo

1. ¿Qué hacían las muchachas una tarde cuando sonó el teléfono en la residencia?
2. ¿Dónde estaba sentada Elena? ¿Por qué estaba sentada ella allí?   3. ¿Por qué llamó por teléfono Antonio? ¿Qué van a celebrar?   4. ¿Cuántos años va a cumplir Carlos?   5. ¿Cuántos invitados van a ir a la fiesta más o menos?
6. ¿Qué plato puede preparar Elena? ¿Qué puede llevar Margarita?   7. ¿Qué platos va a preparar Antonio para la fiesta? ¿Qué prometió Jorge?   8. ¿Por qué van a pasar un buen rato los jóvenes?

---

[1]Forms of **ofrecer** are like those of **conocer: conozco, ofrezco; conocí, ofrecí,** etc.

Nota cultural

In Hispanic countries it is customary to use two surnames, the father's and the mother's family names. In a name like **Carlos García López, García** is the father's surname and **López** is the mother's maiden surname.

Middle names are also common: **Carlos Alberto, Luis Eduardo, José Antonio,** etc. Another Hispanic custom is to include among a child's names at baptism the name of the saint on whose feast day the child was born; thus a person may celebrate both his/her birthday and his/her saint's day. The names **María** and **José** are often combined: **José María** for a man or **María José** for a woman. The name **María** is also used in other combinations such as **María del Carmen, María del Pilar, María de los Ángeles.**

When women marry they commonly keep their maiden surname and add **de** to their husband's surname. For example, if **Margarita Ríos** marries **Carlos García López,** she would be referred to as **la señora Margarita Ríos de García López.**

◆◆◆◆◆◆◆◆◆◆ Pronunciacíon ◆◆◆◆◆◆◆◆◆◆

The pronunciation of **y,** *and*

The following principles govern the pronunciation of the conjunction **y:**

1. When initial in a breath group preceding a consonant, or when between consonants, it is pronounced like the Spanish vowel **i: ¿Y tú? (¿Y-tú?), dos y dos (do-s y-dos).**
2. When initial in a breath group preceding a vowel, or when between vowels, it is pronounced like Spanish **y: ¿Y usted? (¿Y us-ted?), rojo y azul (ro-jo-y a-zul).**
3. Between the letters **d, s,** or **z** and a vowel within a breath group, it is pronounced like Spanish **y: usted y ella (us-ted-y e-lla), meses y años (me-ses-y a-ños).**
4. Between the letters **l, n,** or **r** and a vowel within a breath group, it is pronounced as the first element of a diphthong, with the preceding consonant, the **y,** and the following vowel in a single syllable: **entran y esperan (en-tra-n y es-pe-ran), mirar y escuchar (mi-ra-r y es-cu-char).**
5. Between a vowel and a consonant, it forms a diphthong with the vowel that precedes it: **treinta y tres (trein-ta y-tres).**

Apply the above principles as you rewrite the following phrases and sentences in single breath groups, dividing them into syllables, and using linking signs (as in the examples above) to connect consonants and vowels which should be pronounced in a single syllable:

España y América.   Vamos Carlos y yo.
Un lápiz y un libro.   Estudio inglés y alemán.
Hablan y escriben español.   Miren y escuchen.
Tengo hambre y sed.   Tengo sed y hambre.

¡Feliz cumpleaños!

✧✧✧✧✧✧✧✧ Notas gramaticales ✧✧✧✧✧✧✧✧

A. Formal commands (*El mandato formal*)

Infinitive	Stem	Singular	Plural	
hablar	habl-	hable Ud.	hablen Uds.	*speak*
comer	com-	coma Ud.	coman Uds.	*eat*
abrir	abr-	abra Ud.	abran Uds.	*open*
decir	**dig-**	**diga** Ud.	**digan** Uds.	*say, tell*
hacer	**hag-**	**haga** Ud.	**hagan** Uds.	*do, make*
poner	**pong-**	**ponga** Ud.	**pongan** Uds.	*put, place*
salir	**salg-**	**salga** Ud.	**salgan** Uds.	*leave, go out*
tener	**teng-**	**tenga** Ud.	**tengan** Uds.	*have*
traer	**traig-**	**traiga** Ud.	**traigan** Uds.	*bring*
venir	**veng-**	**venga** Ud.	**vengan** Uds.	*come*
ver	**ve-**	**vea** Ud.	**vean** Uds.	*see*
pensar	**piens-**	**piense** Ud.	**piensen** Uds.	*think*
volver	**vuelv-**	**vuelva** Ud.	**vuelvan** Uds.	*return*
ofrecer	**ofrezc-**	**ofrezca** Ud.	**ofrezcan** Uds.	*offer*

1. The verb forms used for the formal commands are based on the first person singular of the present indicative of all verbs except for **dar, estar, ir, saber** and **ser.**
2. To form the singular formal commands of **-ar** verbs, change the **-o** of the present indicative **yo** form to **-e: (yo) hablo ⟶ hable (Ud.),** *I speak ⟶ (you) speak.*
3. To form the singular formal commands of **-er** and **-ir** verbs, change the **-o** of the present indicative **yo** form to **-a: (yo) como ⟶ coma (Ud.),** *I eat ⟶ (you) eat;* **(yo) abro ⟶ abra (Ud.),** *I open ⟶ (you) open.*
4. The plural formal commands are formed by adding **-n** to the singular formal commands: **hable ⟶ hablen; coma ⟶ coman; abra ⟶ abran.** In this text, the **ustedes** form is used for all plural commands, formal and familiar, affirmative and negative.

La Tarjeta American Express. No salga sin ella.

5. Stem-changing verbs follow the same rule. The stress always falls on the stem.
6. The subject pronouns **usted (Ud.)** and **ustedes (Uds.)** are used more frequently with commands in Spanish than *you* in English. They are often used for courtesy and to make the command less abrupt: **Abra Ud. la puerta,** *Open the door;* **No hablen Uds.,** *Don't (you) talk.* Note that in Spanish, when the subject pronouns are used, they follow the command form.
7. The negative **usted, ustedes** commands are formed by placing the negative **no** before the affirmative command forms: *no hable Ud.; no escriban Uds.*
8. **Poder** cannot be used as a command, and the command forms of **conocer** and **querer** are not used in this text.

¡Atención!

Irregular Commands			
Infinitive	*Singular Command*	*Plural Command*	
dar	**dé** Ud.	**den** Uds.	*give*
estar	**esté** Ud.	**estén** Uds.	*be*
ir	**vaya** Ud.	**vayan** Uds.	*go*
saber	**sepa** Ud.	**sepan** Uds.	*be aware*
ser	**sea** Ud.	**sean** Uds.	*be*

1. Remember the present indicative **yo** form of the verbs above: **doy, estoy, voy, sé,** and **soy.** Note that the formal commands of these verbs do not follow the rule for all other command forms, but have special forms.
2. The command forms of **saber** are not used in this text.

Práctica 1   Listen to the statement; then change it to form a singular and a plural formal command:

MODEL: Elena avisa a Margarita.
         Elena, avise Ud. a Margarita.
         Avisen Uds. a Margarita.

1. Antonio vuelve a llamar.
2. Elena no la molesta.
3. Jorge invita a las chicas.
4. Rita prepara la comida.
5. Ramón lleva las bebidas.
6. Carmen trae unos discos.
7. Carlos pone el tocadiscos.
8. Lupe va a la fiesta.
9. Miguel viene temprano.
10. Ana es puntual.

B. Position of object and reflexive pronouns in commands
(*La posición de los pronombres objeto y reflexivos con el mandato*)

Ábrala Ud.; Ábranla Uds.	*Open it*
No **las** cierre Ud.; No **las** cierren Uds.	*Don't close them.*
Cuénteme Ud.; No **me** cuente Ud.	*Tell me; Don't tell me.*
Escríba**les** Ud.; No **les** escriba Ud.	*Write to them; Don't write to them.*
Lávese Ud. las manos; Lávense Uds. las manos.	*Wash your hands.*
Siéntense Uds.; No **se** sienten Uds.	*Sit down; Don't sit down.*

1. In **Lección 8,** you learned that object pronouns and reflexive pronouns are placed immediately before the verb, except when used as the object of an infinitive, in which case they are attached to it: *la abro, I open it,* but **necesito abrirla,** *I need to open it;* **ella *le* cuenta,** *she tells him* (*her*), but **ella va a contarle,** *she is going to tell him* (*her*); **lávese Ud.,** (*you*) *wash yourself,* but **Ud. tiene que lavarse las manos,** *you have to wash your hands.*

2. When used with an affirmative command, object pronouns and reflexive pronouns are also placed after the verb and are attached to it: **ábrala Ud.,** *open it;* **cuénteme Ud.,** *tell me;* **lávense Uds.,** *wash yourselves.*

3. An accent mark must be placed on the stressed syllable of a verb that has more than one syllable: **háblele Ud.,** *talk to him,* but **déle Ud. el dinero,** *give him* (*her*) *the money.*

4. In negative commands, object pronouns and reflexive pronouns precede the verb: **no *la* abra Ud.,** *don't open it;* **no *me* escriba Ud.,** *don't write me;* **no *se* sienten Uds.,** *don't sit down.*

◪ Práctica 2　Read in Spanish, noting the command forms:

1. Póngalo Ud. allí.　2. No lo ponga aquí.　3. Tráiganme Uds. sus cuadernos.　4. Denos Ud. café, por favor.　5. Hágame Ud. el favor de levantarse.　6. Levántese Ud., por favor.　7. Déjenlos Uds. sobre la mesa. 8. No los lleven Uds. a casa.　9. Vuelva Ud. a leerlas.　10. No vuelvan Uds. a llamarla.

C. Idiomatic expressions with **tener** (*Expresiones idiomáticas con* **tener**)

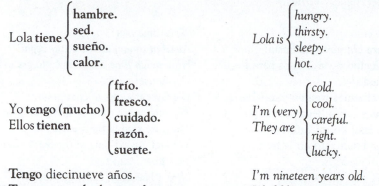

Lola **tiene** { **hambre.** / **sed.** / **sueño.** / **calor.** }

Lola is { *hungry.* / *thirsty.* / *sleepy.* / *hot.* }

Yo **tengo (mucho)**
Ellos **tienen** { **frío.** / **fresco.** / **cuidado.** / **razón.** / **suerte.** }

I'm (very)
They are { *cold.* / *cool.* / *careful.* / *right.* / *lucky.* }

Tengo diecinueve años.   *I'm nineteen years old.*
Tengo ganas de dar una fiesta.   *I feel like giving a party.*

1. In describing certain physical and mental conditions related to living things, **tener** is used with certain nouns in Spanish to express the English equivalent of *to be* + adjectives.

2. Note that in the expression **tener (diecinueve) años,** *to be (nineteen) years old,* there is no equivalent in Spanish for the English adjective *old.*

3. The expression **tener ganas de** takes an infinitive, and corresponds to the English *to be eager (wish, want) to* + infinitive or *to feel like* + gerund: **No tengo ganas de bailar ahora,** *I'm not eager (I don't wish, want) to dance now; I don't feel like dancing now.*

4. A limiting adjective such as **mucho, -a; poco, -a; suficiente; bastante** may be used to modify the noun: **Ella tiene *mucha* hambre (sed),** *She is very hungry (thirsty);* **Él tiene *bastante* suerte,** *He is rather lucky;* **Ellos tienen *suficiente* cuidado,** *They are careful enough.*

¡Atención!   Compare the use of **hacer** + noun in impersonal expressions used to describe the temperature or weather conditions (**Lección 10**) with those of **tener** + noun used to describe a living thing's physical condition: ***Hace* mucho calor (frío),** *It's very hot (cold);* ***Tengo* mucho calor (frío),** *I'm very hot (cold).*

⧫ Práctica 3   Complete the sentences with the appropriate expression, **tener** + noun:

1. Hace mucho calor hoy. Yo _____ _____.
2. Como esta mañana no tomaron el desayuno, ahora _____ _____.
3. Elena se acostó temprano; estaba muy cansada y _____ _____.
4. ¿Qué quieren hacer Uds. esta noche? Nosotros _____ ir a bailar.
5. Voy a la fiesta con Elena. ¡Tú _____ mucha _____ porque ella sabe bailar muy bien!
6. Está lloviendo mucho. ¡_____ Uds. mucho _____ en el camino!
7. Antonio es muy joven; sólo _____ diecisiete _____.
8. Ustedes _____ _____; esta clase no es fácil.
9. Necesito tomar algo frío; _____ mucha _____.
10. ¿Qué temperatura hace? Hace veinte grados y yo _____ mucho _____.

D. Spanish equivalents for the English word "*time*" (*Equivalentes en español del inglés "time"*)

¿Qué **hora** es?	*What time is it?*
¿A qué **hora** comienza la fiesta?	*At what time does the party begin?*
¿Cuánto **tiempo** necesitamos para llegar a su casa?	*How much time do we need to get to her house?*
Ahora no tenemos **tiempo** para charlar.	*We have no time to chat now.*
Los invitados van a llegar **a tiempo.**	*The guests are going to arrive on time.*
Están descansando **un rato.**	*They are resting for a while.*
Pasamos **un buen rato** en la fiesta.	*We had a good time at the party.*
Esta **vez** no puedo ir.	*This time I can't go.*
La próxima **vez,** llámame.	*Next (The next) time, call me.*
La última **vez** bailamos hasta muy tarde.	*The last time we danced until very late.*
A veces sólo escuchamos música.	*Sometimes (At times) we only listen to music.*
Otras **veces** sólo comemos algo y charlamos.	*Other times we only eat something and we chat.*

1. Remember that **hora** is used to express time of day; **tiempo** refers to length of time or time in general, and **un rato** is used for *a while, a short time.*
2. The English expression *to have a good time* corresponds in Spanish to **pasar un buen rato**[1] or to other verbs to be studied later.
3. **Vez** (*pl.* **veces**) is used to express time in a series, such as **esta *vez,*** *this time;* **la próxima *vez,*** *the next time;* **la última *vez,*** *the last time;* **a *veces,*** *sometimes, at times;* **otra *vez,*** *another time, again.*
4. In **Lección 6** you also learned the expression **de vez en cuando,** *from time to time, once in a while, occasionally.*

◩ **Práctica 4**   Complete the sentences with the appropriate word: **hora, rato, tiempo, vez,** or **veces:**

1. ¿A qué _____ llegaron Uds. a la fiesta?   2. A nosotros nos gusta ser puntuales; llegamos a _____.   3. —¿Viste a Silvia allí? —Sí, hablé con ella un _____.   4. La última _____ ella no fue.   5. Esta _____ llegó con unas chicas colombianas.   6. —¿Aprendiste a bailar la cumbia? —No había mucho _____.   7. ¿Pasaron Uds. un buen _____?   8. Otras _____ bailamos más.

---

[1]Note that in the expression **pasar un buen rato,** the adjective **bueno** precedes the noun **rato** and is shortened to **buen.**

E. Cardinal numbers used as nouns (*Los números cardinales usados como sustantivos*)

—¿Cuántos años va a cumplir Carlos?	*"How old is Carlos going to be?"*
—Va a cumplir **veinte** (años).	*"He is going to be twenty (years old)."*
—Oye, ¿esperan Uds. a muchos invitados?	*"Say, do you expect many guests?"*
—Van a venir **unos veinte** (invitados).	*"Some twenty (guests) are coming."*

Cardinal numbers may be used as nouns by simply omitting the nouns they modify.

Actividades y práctica

A. Listen to your teacher read the question and then respond according to the model.

> MODEL: ¿Comienzo la clase?
> **Sí, comience Ud. la clase, por favor.**

1. ¿Cierro la puerta?
2. ¿Abro el libro?
3. ¿Leo las frases?
4. ¿Escribo las palabras?
5. ¿Llamo a Miguel?
6. ¿Termino la clase?

B. Repeat the question after your teacher while addressing a classmate. Your classmate will then tell you what to do.

> MODEL: ¿Tenemos una fiesta?
> Student 1 —**¿Tenemos una fiesta?**
> Student 2 —**Sí, tengan Uds. una fiesta.**

1. ¿Llamamos a Mario y a Lupe?
2. ¿Invitamos al profesor?
3. ¿Preparamos algún plato típico?
4. ¿Hacemos una paella?
5. ¿Ofrecemos unas bebidas frías?
6. ¿Llevamos bastante hielo?
7. ¿Tenemos vino y cerveza?
8. ¿Compramos vasos y platos de papel?
9. ¿Traemos discos para bailar?
10. ¿Llevamos el tocadiscos nuevo?

C. Listen to the sentence; then change to a negative command.

> MODEL: Dígame Ud. el número.   **No me diga Ud. el número.**

1. Tráigalos Ud. ahora.
2. Déjelos Ud. allí.
3. Póngalos Ud. en la mesa.
4. Déme Ud. un cheque.
5. Siéntense Uds. aquí.
6. Levántense Uds. temprano.
7. Celébrenlo Uds. hoy.
8. Escríbanles Uds. pronto.

D. Place the pronoun correctly with each verb.

1. (me) Elena espera. Quiere esperar. Espere Ud. No espere Ud.
2. (nos) Antonio llama. Va a llamar. Llame Ud. No llame Ud.
3. (lo) Yo traigo. Puedo traer. Traiga Ud. No traiga Ud.
4. (las) Ana hace. Piensa hacer. Haga Ud. No haga Ud.
5. (les) Tomás habla. Necesita hablar. Hable Ud. No hable Ud.

E. Listen to each question; then give formal affirmative and negative commands, using object pronouns for the noun objects and modifiers.

> MODEL: ¿Abro el libro?   **Sí, ábralo Ud.** and **No, no lo abra Ud.**
> ¿Abrimos los libros? **Sí, ábranlos Uds.** and **No, no los abran Uds.**

1. ¿Compro este disco?
2. ¿Preparo una fiesta?
3. ¿Invito a Miguel?
4. ¿Me arreglo ahora?
5. ¿Traemos las bebidas?
6. ¿Ponemos el tocadiscos?
7. ¿Cantamos las canciones?
8. ¿Nos sentamos aquí?

F. Listen to the statement and respond with the most appropriate **tener** + noun expression introduced by **Me parece que,** as in the model.

> MODEL: Elena está sentada junto a la chimenea.
> **Me parece que Elena tiene frío.**

1. Ellos no quieren comer ahora.
2. Carlos quiere un vaso de agua fría.
3. A Antonio le gusta Lola; él sale mucho con Lola.
4. Elena dice que el cumpleaños de Miguel es el sábado; ella lo conoce muy bien.
5. Como Miguel no puede ver el camino, él no va a regresar.
6. Hace mucho sol hoy en la playa; Jaime se está bañando otra vez.

G. Complete each sentence with the correct present indicative form of **estar, haber, hacer, ser** or **tener,** as required.

1. —¿Qué tiempo _____ hoy? —_____ mucho frío pero yo no _____ frío.
2. —¿No _____ tú calor? —Sí, _____ mucho calor hoy y _____ mucha humedad. _____ un día horrible. ¡_____ noventa y cinco grados!
3. —Cuando yo _____ sed, me gusta tomar una cerveza bien fría. Esta cerveza _____ caliente. —Tú _____ razón; la cerveza caliente no _____ buena.
4. —Hoy _____ mucho calor. ¿_____ tú ganas de ir a nadar al lago? —No. El día _____ nublado; no _____ sol y como tú sabes, el agua allí _____ bastante fría.
5. Yo _____ muy cansado y _____ mucho sueño.

H. Give the Spanish equivalent.

1. While the girls were studying in their rooms, the telephone rang.   2. Helen Santos was in the lounge, seated near the fireplace because she was cold.
3. She runs to answer the telephone and says: "Hello."[1] Anthony replied: "Please call (*formal*) Margaret Ríos (to the telephone)."   4. Helen tells him that Margaret is resting and that he can call her again later.   5. She also asks him whether he wants to leave a (some) message for her (use *indir. obj.*).   6. He wants to invite the girls to a party in his apartment next Friday.   7. They are going to celebrate the birthday of Charles García López, who is going to be nineteen years old.   8. Helen asks him then: "What can we take to the party?"
9. The girls do not have much time (in order) to cook, but Helen can prepare a guacamole (salad) and Margaret can buy some drinks.   10. Anthony intends to prepare turnovers and a flan, for dessert; George is going to make (a) Valencian paella.   11. Anthony tells Helen that they bought (themselves) a new record player and that they feel like dancing until very late.   12. The girls are going to take some cumbia and merengue records to the party; they are going to have a good time.

◆◆◆◆◆◆◆◆ Práctica de conversación ◆◆◆◆◆◆◆◆

Answer the following questions with complete sentences when your teacher calls on you:

1. ¿Cuándo celebra Ud. su cumpleaños? Y Ud., ¿ya celebró su cumpleaños?
2. ¿Cuántos años tiene Ud.? Y Ud., ¿cuántos años tiene?
3. ¿Tiene Ud. frío a veces en la sala de clase? ¿Y Ud.?
4. ¿Le gusta a Ud. ser puntual cuando va a clase? ¿Y le gusta a Ud. ser puntual también?
5. ¿Tiene Ud. que descansar un rato después de la clase? ¿Y Ud.?
6. ¿Sabe Ud. cocinar? ¿Quién le enseñó a cocinar?
7. ¿Cocina Ud. a veces cuando está en casa? ¿Qué platos le gusta preparar?
8. ¿Lo llevaban sus padres a restaurantes cuando era pequeño? ¿Qué restaurante(s) le gustaba(n) más?
9. ¿Le gusta a Ud. bailar? ¿Cuántos años tenía cuando aprendió a[2] bailar?
10. ¿Tiene Ud. muchos discos de música? ¿Qué música le gusta a Ud.?
11. ¿Tiene Ud. discos de música latinoamericana? ¿Qué música de España o de Latinoamérica conoce Ud.? ¿Qué le parece (…)? ¿Quiere Ud. aprender a bailar el merengue (la cumbia,…)?
12. ¿Qué música les gusta a los jóvenes aquí? ¿Cuáles son algunos grupos de música popular famosos hoy día? ¿Cuál le gusta a Ud. más? ¿Por qué?

---

[1]Spanish generally uses a dash in place of the quotation marks used in English. See **Lección preliminar 1.**
[2]The verb **aprender** requires the preposition **a** before an infinitive object.

◇◇◇◇◇◇◇◇◇◇◇◇◇ **Situaciones** ◇◇◇◇◇◇◇◇◇◇◇◇◇

A. Ud. quiere dar una fiesta y pasar un buen rato. Va a prepararla con los otros compañeros y compañeras de su clase. (*Plan your party with your classmates by preparing 10 questions like the one in the model below. Your classmates will answer your questions. Use the verbs and nouns suggested below to form your questions so that your party will be very successful.*)

> MODEL: Ud.   —Oye, (Carlos), tengo ganas de dar una fiesta y pasar un buen rato. ¿Traes tú las bebidas?
> Carlos —Sí, yo las traigo.

Verbs	*Nouns*	
cocinar	las bebidas	los invitados
comprar	los bocaditos	la paella
hacer	los discos	los platos de papel
llamar	unas empanadas	el postre
preparar	un guacamole	las servilletas de papel
traer	el hielo	los vasos de papel

B. Enact the following situation with a classmate:

Llame Ud. por teléfono a un amigo (o a una amiga). Después de saludarlo (saludarla), invítelo (invítela) a una fiesta que Ud. va a dar. Él (o ella) quiere saber algunas cosas sobre la fiesta: qué van a celebrar, dónde van a tener la fiesta, a qué hora comienza, qué necesitan para la fiesta, y qué van a hacer (comer, bailar, escuchar música).

Una fiesta de estudiantes universitarios en Sevilla, España.

▢:▢:▢:▢:▢:▢:▢:▢:▢:▢:▢:▢: Vocabulario ▢:▢:▢:▢:▢:▢:▢:▢:▢:▢:▢:▢:▢

alegre   cheerful, lively, joyful
algún (*used for* **alguno** *before m. sing. nouns*)   some, any
avisar   to inform, notify, call (*to the telephone*)
la **bebida**   drink (*in general*)
celebrar   to celebrate
claro *adv.*   clearly, naturally, of course
cocinar   to cook
la **cumbia**   *a Colombian dance*
el **cumpleaños**[1]   birthday
cumplir   to reach one's birthday, be (years old)
la **chimenea**   chimney, fireplace
de manera que *conj.*   so, so that
dejar   to leave (behind)
dígame   hello (*telephone*)
el **disco**   record (*phonograph*)
Elena   Helen, Ellen
la **empanada**   turnover, small meat pie
el **favor**   favor
la **fiesta**   fiesta, festival, holiday, party
el **flan**   flan (*a custard*)
el **guacamole**   guacamole

el **hambre** (*f.*)   hunger
¡huy!   *interjection of surprise or pleasure*
la **invitación**   invitation
el **invitado**   guest
junto a *prep.*   near (to), close to
la **manera**   manner, way
Margarita   Margaret, Marguerite
el **merengue**   *a Caribbean dance*
molestar   to molest, bother, disturb
la **paella**   paella
el **plato**   plate, dish; course (*at meals*)
el **postre**   dessert
prometer   to promise
puntual   punctual, on time
el **recado**   message
el **recibo**   reception area (room)
el **ritmo**   rhythm
el **sueño**   sleep
típico, -a   typical
el **tocadiscos**   record player
tocar   to play (*music*)
valenciano, -a   Valencian, from *or* of Valencia (*Spain*)

¿cuántos años tienes (tiene Ud.)?   how old are you?
¿cuántos años va a cumplir (él)?   how old is (he) going to be?
cumplir... años   to be . . . years old (i.e., reach the age of . . . years)
esta vez   this time
fiesta de cumpleaños   birthday party
hága(n)me *or* **haga(n) Ud(s). el favor de** + *inf.*   please + *verb*
hasta el viernes   until (see you) Friday
la última vez   the last time
más tarde   later
pasar un buen rato   to have a good time
pensar (ie) en + *obj.*   to think of (about)
por casualidad   by chance
por supuesto   of course, certainly
tenemos ganas de bailar   we are eager to dance, feel like dancing
tener... años   to be . . . years old
tener razón   to be right
tener tiempo para   to have time to (for)
volver (ue) a (llamar)   (to call) again

---

[1]An occasional Spanish noun, usually a compound noun which ends in **-s,** has the same form in the plural: **el (los) cumpleaños,** *birthday(s),* **el (los) tocadiscos,** *record player(s).*

▢:▢

Lección 12

La caja (Cashier's office) en un hotel español. Un viajero paga su cuenta con su tarjeta de crédito.

▶ Review of diphthongs and division of words into syllables
▶ Review of linking and word stress
▶ Irregular verbs having **i**-stem preterits
▶ Irregular forms and uses of the present participle
▶ Position of object and reflexive pronouns with the present participle
▶ **Se** used as an indefinite subject
▶ Forms and uses of prepositional pronouns
▶ Cardinal numbers (100–1,000,000)
▶ Ordinal numbers
▶ Dates

216

Viajando por España

En el mes de mayo de 1988, los padres de Miguel Ramos hicieron un viaje a España. Yendo en coche desde Madrid a Granada, los señores Ramos[1] decidieron pasar la noche en un hotel de Córdoba, que durante los siglos diez y once fue la capital del Califato de Córdoba, uno de los centros más brillantes de la civilización musulmana.

RECEPCIONISTA —Buenas noches, señores. ¿Hicieron ustedes reservas?

SR. RAMOS —No, señorita. Nos dijeron que, viniendo en este tiempo del año, uno no necesita hacerlas.

RECEPCIONISTA —Tienen ustedes mucha suerte, señores. En el segundo piso[2] hay un cuarto desocupado que tiene dos camas sencillas y baño privado.

SR. RAMOS —¿Y qué precio tiene ese cuarto, por favor?

RECEPCIONISTA —Cuesta seis mil pesetas al día por persona con comida. Sin comida es sólo cinco mil.

SR. RAMOS —Tienen Uds. estacionamiento para el coche, ¿verdad?

RECEPCIONISTA —Sí, tenemos un garaje pequeño pero se cobran doscientas pesetas. ¿Les interesa a ustedes?

SRA. RAMOS —Sí, nos interesa ese cuarto. Pero…¿nos permite Ud. verlo? Viéndolo antes es más fácil decidir.

RECEPCIONISTA —Siempre conviene verlo antes de tomarlo. Vengan conmigo, por favor. (*Suben al segundo piso por el ascensor.*)

SRA. RAMOS —Me parece cómodo. No tiene aire acondicionado, pero no hace mucho calor en mayo. (*Hablándole a su esposo.*) Además, hay dos ventanas grandes que dan a la plaza.

SR. RAMOS —(*Mirando la plaza.*) La vista es agradable. Se ve mucha gente animada paseando y charlando… Me gusta; lo tomamos.

RECEPCIONISTA —¿Es la primera vez que vienen a Córdoba?

SRA. RAMOS —No, es la segunda. Vinimos por primera vez en 1985.

SR. RAMOS —Pero esa vez hicimos el viaje de Madrid a Córdoba en avión. Ahora estamos viajando en coche porque así se conoce mejor el país.

SRA. RAMOS —Para nosotros es muy importante conocer bien España. Los padres de mi esposo (*señalándolo*) eran españoles.

RECEPCIONISTA —Bueno, aquí tienen ustedes la llave. La criada va a traerles toallas, jabón…

SR. RAMOS —Perdone, pero ya es tarde y tengo un poco de hambre. ¿Podemos comer algo en el hotel?

RECEPCIONISTA —Sí, claro. El comedor del hotel se cierra a las once. ¿Por qué no bajan conmigo al piso principal para registrarse?

SRA. RAMOS —Sí, vamos en seguida. Muchas gracias, señorita.

---

[1] **los señores Ramos** means *Mr. and Mrs. Ramos.* In direct address, **señores** means *gentlemen, madam and sir, ladies and gentlemen.*

[2] **el segundo piso** (*or* **el piso segundo**) would be the third floor in the U.S. **El piso principal,** used in the next to the last exchange of the dialogue, means *the first (main)* floor; **el primer piso** (*or* **el piso primero**) would be the second floor.

◩ Otras palabras y expresiones

la **esposa**   wife
la **fecha**   date
   ¿Cuál es la fecha?   What's the date?
   ¿Para qué fecha(s)?   For (By) what date(s)?
   aceptar   to accept
   cambiar   to change
   pagar (pagar en efectivo, con tarjeta de crédito)   to pay (to pay cash, with a credit card)
   sacar (sacar fotografías, fotos [ƒ.])   to take, take out (to take photographs, photos)

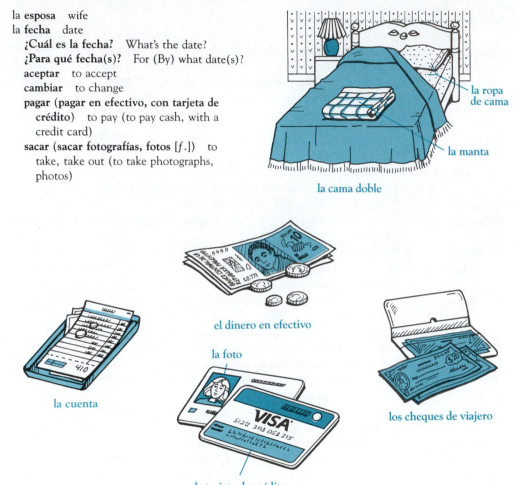

la ropa de cama

la manta

la cama doble

el dinero en efectivo

la cuenta

la foto

los cheques de viajero

la tarjeta de crédito

◩ Preguntas sobre el diálogo

1. ¿En qué año hicieron los señores Ramos un viaje a España?   2. Mientras viajaban en coche a Granada, ¿dónde decidieron ellos pasar la noche?   3. ¿Por qué no hicieron reservas los señores Ramos?   4. ¿Por qué les dice la recepcionista que ellos tienen mucha suerte?   5. ¿Cuánto cuesta el cuarto por persona con comida? ¿Cuánto cuesta al día sin comida?   6. ¿Qué tiene el cuarto? 7. ¿Por qué quieren los señores Ramos verlo?   8. ¿Cómo suben al segundo piso? ¿Cómo es el cuarto?   9. ¿Qué se ve en la plaza?   10. ¿Por qué viajan los señores Ramos en coche?   11. ¿Por qué quiere el señor Ramos comer algo? ¿A qué hora se cierra el comedor del hotel?   12. Para qué bajan los señores Ramos al piso principal?

Nota cultural

Situada en la margen[1] derecha del río Guadalquivir, en el sur de España, Córdoba es una ciudad de gran interés histórico. Conquistada por los romanos en 206 a. de J.C., durante la segunda guerra púnica, se establecen en ella familias nobles de Roma. Hijos famosos de la ciudad durante la época romana son el poeta Lucano y los dos Sénecas. La ciudad crece[2] en riqueza e importancia durante la dominación musulmana. En los siglos X y XI, Córdoba llega a ser[3] la ciudad más populosa e importante de Europa. Filósofos como Averroes y Maimónides, médicos como Albucasís y otros muchos hacen de Córdoba el centro cultural de la época. La gloria de la ciudad es la Mezquita-Catedral, fundada en el siglo VIII.

Granada, situada en un valle al pie de[4] la Sierra Nevada, en el sudeste de la península, fue el último baluarte[5] de los musulmanes en España. Fue reconquistada por los Reyes Católicos, Fernando e Isabel, en 1492. Su joya artística, la Alhambra, maravilla del arte árabe, es visitada por miles de viajeros todos los años. (¿Conoce Ud. las hermosas páginas que le dedica Washington Irving?) Cerca de la Alhambra se halla[6] el Generalife, antiguo palacio veraniego[7] de los reyes de Granada. Otros monumentos y lugares interesantes son la Catedral y la Capilla Real,[8] con las tumbas de los Reyes Católicos, bellos jardines y el pintoresco barrio de los gitanos,[9] El Albaicín.

Vista de Córdoba, España. El puente romano sobre el río Guadalquivir, y al fondo (in the background), la Mezquita-Catedral, empezada en el siglo VIII.

La Sala de los Abencerrajes, una de las hermosas salas de la Alhambra, el palacio de los reyes moros de Granada, empezado en el siglo XIII.

---

[1]bank   [2]grows   [3]becomes   [4]at the foot of   [5]bulwark   [6]there is found, there is   [7]summer   [8]Royal Chapel   [9]gypsies

◆◇◆◇◆◇◆◇◆◇◆◇◆ **Pronunciación** ◆◇◆◇◆◇◆◇◆◇◆

A. Review of diphthongs and division of words into syllables

Review the sounds of the diphthongs, pages 12, 80, 120 and 138, and the division of words into syllables, page 5; then rewrite, dividing into syllables:

aunque	bailar	estoy	familia	invierno
noticia	precio	serio	suerte	veinte
creí	había	país	frío	todavía
adiós	avión	comió	dieciséis	treinta
deseo	idea	leemos	paella	traer

B. Review of linking and word stress

Review the principles of word stress and linking, pages 5 and 13; then rewrite the first two clauses of the second sentence of the setting of the dialogue of this lesson, dividing them into breath groups and syllables, and underlining the stressed syllables. Remember that prepositions and the forms of the definite article are considered unstressed words in Spanish.

◆◇◆◇◆◇◆◇◆◇◆ **Notas gramaticales** ◆◇◆◇◆◇◆◇◆

A. Irregular verbs having **i**-stem preterits (*Verbos irregulares con i en la raíz del pretérito*)

decir	hacer	querer	venir
Singular			
dije	hice	quise	vine
dijiste	hiciste	quisiste	viniste
dijo	hizo	quiso	vino
Plural			
dijimos	hicimos	quisimos	vinimos
dijisteis	hicisteis	quisisteis	vinisteis
dijeron	hicieron	quisieron	vinieron

1. The preterit tense of these verbs has an **i** in the stem.
2. In the first and third person singular forms, the stress falls on the stem instead of on the ending; therefore, final **-e** and **-o** are not accented: **dije, dijo.**
3. The **z** of **hizo** is an orthographic change to maintain the same sound as in the other five forms.
4. Observe the endings in **ellos dijeron,** but **ellos hicieron, quisieron, vinieron.**
5. The English equivalents are: **dije,** *I said, did say, I told, did tell;* **hice,** *I made, did make, I did;* **quise,** *I wanted, did want, I wished, did wish;* **vine,** *I came, did come.*

Práctica 1   Substitution drill:

1. *Los señores Ramos* hicieron un viaje a Córdoba. (Las muchachas, Yo, Diana, Uds., Nosotros)
2. *Ellos* vinieron sin reservas. (Miguel, Ustedes, Jaime y yo, Tú, Yo)
3. *La recepcionista* les dijo el precio. (Yo, Los señores, Él, Nosotros, Tú)
4. *Ellos* quisieron ver el cuarto. (Nosotros, Rita, Yo, Ustedes, Tú)

DINERO EN EFECTIVO: UD. HIZO BIEN EN ESPERAR HASTA HOY.

MONTO DEL PLAN	CANT. DE CUOTAS	MONTO TOTAL
3.300	40	94,01
6.600	40	187,32
11.000	45	279,44
16.500	45	419,16

BANCO DE BOGOTA

B. Irregular forms and uses of the present participle (*Formas irregulares y usos del participio presente*)

Irregular forms of the present participle

Participios presentes irregulares					
decir	**diciendo**	*saying, telling*	creer	**creyendo**	*believing*
ir	**yendo**	*going*	leer	**leyendo**	*reading*
poder	**pudiendo**	*being able to*	traer	**trayendo**	*bringing*
venir	**viniendo**	*coming*			

In **Lección 5,** you learned about the present participle of regular verbs: **hablando, comiendo, viviendo.** The verbs shown above have already been used and have an irregular present particple.

Uses of the present participle

Están **viajando** en España.	*They are traveling in Spain.*
No hice reservas **pensando** que hay varios hoteles.	*I didn't make reservations thinking that there are several hotels.*
Viniendo en esta época del año…	*By coming at this time of the year…*
Los vi **subiendo** (cuando subían) al segundo piso.	*I saw them going up (while they were going up) to the second floor.*
Los encontré **durmiendo.**	*I found them sleeping.*
Pagando con una tarjeta de crédito (en efectivo)…	*By paying with a credit card (cash) . . .*

1. Remember that the present participle is used with **estar** to form the progressive tenses of verbs: **están viajando,** *they are traveling;* **estaban viajando,** *they were traveling.*
2. The present participle is also used alone in Spanish to describe:
    a. The cause of an action or event: **No hice las reservas** *pensando* **que hay varios hoteles (porque hay varios hoteles)**, *I didn't make the reservations thinking that there are several hotels (since there are several hotels);*
    b. The time of an event: **Los vi (encontré)** *subiendo* **al segundo piso (cuando subían)**, *I saw (met) them going up to the second floor (when they were going up);*
    c. The manner in which an action is carried out: *Pagando* **con tarjeta de crédito…,** *By paying with a credit card…*
3. The English equivalents are the English present participle (*-ing*) or *by* + the present participle, or a clause introduced by *since, as, when,* etc.

¡Atención!   Remember that the infinitive, not the present participle, is used in Spanish after a preposition: **Cenaron después de** *registrarse,* *They had dinner after registering;* **Antes de** *bajar* **al comedor…,** *Before going down to the dining room . . .*

C. Position of object and reflexive pronouns with the present participle (*Posición de los pronombres objeto y reflexivos con el participio presente*)

Estamos **haciéndolas.**	
Las estamos **haciendo.**	*We are making (doing) them.*
Ellos están **visitándonos.**	
Ellos **nos están visitando.**	*They are visiting us.*
Levantándose temprano…	*By getting up early. . .*

1. Object pronouns and reflexive pronouns used as objects of the present participle are always attached to the participle, except in the progressive forms of the tenses, when the pronouns may be placed before **estar.**
2. An accent mark must be written when a pronoun is attached to the present participle.
3. Remember that object pronouns are also attached to affirmative commands and to infinitives; otherwise, they precede the verb.

◧ **Práctica 2**   Read in Spanish, noting the position of the object pronouns and the accented forms:

1. Lupe los lee. Va a leerlos. Está leyéndolos. Léalos Ud. No los lea Ud.
2. Ellos las miran. Piensan mirarlas. Están mirándolas. Mírenlas Uds. No las miren Uds.   3. Yo les escribo. Quiero escribirles. Estoy escribiéndoles. Escríbales Ud. No les escriba Ud.

¿MUDANDOSE?
No se arriesgue
a perder un solo
número de
COSMOPOLITAN
EN ESPAÑOL

Mi nueva dirección es (favor escribir con letra de molde)

Nombre _María López_
Calle _882 W. 92 Street_
Ciudad _Nueva York_
Estado _NY_   Zip Code _10036_

Por favor, avísenos con 6 u 8 semanas de anticipación. Gracias.

D. **Se** used as an indefinite subject (*Se usado como sujeto indefinido*)

Se necesita hacer reservas.	*One needs to make reservations.*
Se abre el banco a las ocho.	*They open the bank at eight.*
Se cierra el comedor a las diez.	*They close the dining room at ten.*
Se habla español aquí.	*People speak Spanish here (Spanish is spoken here).*
¿Cómo **se** dice en español…?	*How does one say in Spanish . . . ?*
Se paga en efectivo; no **se** aceptan cheques.	*One needs (You need) to pay cash; they don't accept checks.*
Los bancos **se** abren a las ocho; las tiendas **se** abren a las diez.	*They open the banks at eight; they open the stores at ten.*
Se hablan varias lenguas aquí.	*They speak several languages here.*
Uno no **se** levanta tarde cuando uno viaja.	*One doesn't get up late when one travels.*
Uno **se** registra en el piso principal.	*One registers on the main floor.*

1. Sometimes an action is expressed without indicating definitely who is doing what the verb implies. In such cases, English uses subjects like *one, they, you, people,* which do not refer to a definite person, while Spanish uses the reflexive **se**: ¿Cómo *se* **dice en español...?,** *How does one (do you, do they, do people) say in Spanish. . . ?*
2. The verb is in the third person singular, except when the object of the verb is a plural noun that refers to a non-living thing: ***Se* paga en efectivo, porque no *se aceptan* cheques,** *You pay cash because they don't accept checks;* ***Se hablan* varias lenguas aquí,** *They speak several languages here.*
3. **Uno** is also used as an indefinite subject, particularly with reflexive verbs: ***Uno* no se levanta tarde,** *One doesn't get up late;* ***Uno* se registra en el piso principal,** *One registers on the main floor.*

E. Forms and uses of prepositional pronouns (*Formas y usos de los pronombres preposicionales*)

Forms of prepositional pronouns

Los pronombres preposicionales				
Preposition +	**mí**	*me*	**nosotros, -as**	*us*
	ti	*you (fam.)*	**vosotros, -as**	*you (fam.)*
	él	*him (m.)*	**ellos**	*them (m.)*
	ella	*her (f.)*	**ellas**	*them (f.)*
	usted	*you (formal)*	**ustedes**	*you*

1. Pronouns used as the object of a preposition are called prepositional pronouns.
2. The forms used as prepositional pronouns are the same as the subject pronouns, except in the first and second persons singular: **mí, ti.** Note the written accent on **mí** to distinguish it from the possessive adjective **mi.**
3. **Conmigo** and **contigo** are special forms for the first and second persons singular, respectively, when used with **con.**

Uses of prepositional pronouns

Ella te llamó **a ti** *or* **A ti** te llamó ella.	*She called you.*
Ella les dio la reserva **a ellos** *or* **A ellos les dio ella la reserva.**	*She gave the reservation to them.*
¿Me llama Ud. **a mí** o lo llama Ud. **a él?**	*Are you calling me or are you calling him?*
Elena va **conmigo;** no va **contigo.**	*Helen is going with me; she's not going with you.*
Yo les di la llave **a Uds. (a ellos, a ellas).**	*I gave the key to you (pl.)(them, m. or f.).*
El cuarto **de él (ella, ellos, ellas, Uds.)** tiene aire acondicionado.	*His (Her, Their, m. or f., Your [pl.]) room is air-conditioned.*
—¿A quién le diste la llave? —**A él.**	*"To whom did you give the key?" "To him."*
—¿Con quién nos registramos? —**Conmigo,** por favor.	*"With whom do we register?" "With me, please."*

Prepositional pronouns are used as follows:

1. For emphasis, particularly with the preposition **a** in addition to the direct and indirect object pronouns: **Él te llamó *a ti,*** *He called you;* **Ella nos dio la reserva *a nosotros,*** *She gave the reservation to us.*
2. For contrast: **¿Me llama Ud. *a mí* o la llama *a ella?*** *Are you calling me or are you calling her?;* **Ella me escribió *a mí;* yo no le escribí *a ella,*** *She wrote to me; I didn't write to her.*

3. For clarity, particularly with the third person object pronouns and with the preposition **de** to clarify possession: **Yo le di la llave *a ella* (*a él*),** *I gave the key to her (to him);* **El cuarto *de él* (ella, ellos, ellas, ustedes) tiene aire acondicionado.** *His (Her, Their [m. or f.], Your [pl.]) room is air-conditioned.*

4. To answer a question when the verb is omitted: **—¿Con quién subimos para ver el cuarto? —Conmigo, por favor.** *"With whom do we go up to see the room?" "With me, please."*

5. Prepositional pronouns usually follow the verb, although with the preposition **a** they may precede it: **Ella me escribió *a mí,*** or **A mí me escribió ella,** *She wrote to me.*

F. Cardinal numbers (100—1,000,000)   (*Los números cardinales [100–1.000.000]*)

100	cien(to)	700	setecientos, -as
102	ciento dos	800	ochocientos, -as
200	doscientos, -as	900	novecientos, -as
300	trescientos, -as	1.000	mil
400	cuatrocientos, -as	2.000	dos mil
500	quinientos, -as	100.000	cien mil
600	seiscientos, -as	1.000.000	un millón (de)

cien (mil) coches	*one hundred (one thousand) cars*
cien mil estudiantes	*a (one) hundred thousand students*
ciento cincuenta y un bancos	*one hundred fifty-one banks*
quinientas cuarenta y una tiendas	*five hundred forty-one stores*
un millón de dólares	*a (one) million dollars*
dos millones de personas	*two million persons*

1. **Ciento** becomes **cien** before nouns and the numerals **mil** and **millones,** but the full form is retained before numerals under a hundred: **cien personas, cien mil, ciento cincuenta.**

2. In Spanish, **y** is normally used between the tens and units: **treinta y seis, cincuenta y ocho,** but compound hundreds are formed by adding the smaller numbers to the hundreds: **ciento dos, ochocientos dos.**

3. Numerals in the hundreds, such as **doscientos, trescientos,** etc., end in **-as** when used with feminine nouns: **doscient*as* toallas,** *two hundred towels.*

4. Remember that **uno** drops **-o** before masculine nouns, and that **una** is used before feminine nouns: **ciento *un* cuartos,** *one hundred and one rooms;* **ciento *una* llaves,** *one hundred and one keys.*

5. **Un** is omitted before **cien(to)** and **mil,** but is used before **millón.**

6. **Millón** (*pl.* **millones**) followed by a noun requires the preposition **de: dos millones *de* dólares,** *two million dollars.*

7. The plurals **cientos, miles,** and **millones** used as nouns followed by **de** mean *hundreds of, thousands of, millions of,* respectively: **cientos *de* hombres,** *hundreds of men.*

8. In writing numerals, the English comma is often written as a period in Spanish and the English period as a comma: **1.000,50 pesos** (**mil pesos, cincuenta centavos**). However, the English system is being used more and more.

◨ Práctica 3   Give the Spanish equivalent for the following:

1. 100 hotels   2. 101 reservations   3. 115 keys   4. 365 days
5. 3.000 towels   6. 1.000.000 pesetas   7. 10.500.000 persons
8. 750.000 dollars in cash   9. 1.000 dollars in traveler's checks   10. 201 credit cards

G. Ordinal numbers   (*Los números ordinales*)

1st	**primero, -a**	5th	**quinto, -a**	8th	**octavo, -a**
2nd	**segundo, -a**	6th	**sexto, -a**	9th	**noveno, -a**
3rd	**tercero, -a**	7th	**séptimo, -a**	10th	**décimo, -a**
4th	**cuarto, -a**				

la segunda calle	*the second street*
las primeras canciones	*the first songs*
el primer (tercer) viaje	*the first (third) trip*

1. Ordinal numbers agree in gender and number with the nouns they modify: **el cuarto año,** *the fourth year;* **la cuarta semana,** *the fourth week.*

2. **Primero** and **tercero** drop final **-o** before a masculine singular noun: **el primer día,** *the first day;* **el tercer mes,** *the third month.*

3. Ordinal numbers may precede or follow the noun: **el segundo día, el día segundo,** *the second day.*

4. Ordinal numbers are normally used only through *tenth;* beyond *tenth,* the cardinal numbers replace the ordinals and they follow the noun: **Carlos *Quinto,*** *Charles V* (*Charles the Fifth*); **Durante el siglo *dieciséis,*** *During the sixteenth century.*

5. Like cardinal numbers, ordinal numbers may be used as nouns by simply omitting the noun they modify: —**¿En qué piso está el comedor?** —**Está en el *primer* piso (en el *primero*).** *"On what floor is the dining room?" "It is on the first floor (on the first one)."*

H. Dates   (*Las fechas*)

¿Cuál es la fecha (de hoy)? ⎫	
¿Qué fecha es (hoy)? ⎬	*What is the date (today)?*
(Hoy) es el dos de diciembre.	*(Today) is the second of December.*
Ayer fue el primero de enero.	*Yesterday was the first of January.*
Vine el treinta y uno de mayo.	*I came (on) the thirty-first of May (May 31).*
¿Para qué fechas necesitan la reserva?	*For what dates do you need the reservations?*

1. Remember from **Lección preliminar 2** that the cardinal numerals are used to express the days of the month, except for **el primero,** *the first.*
2. Remember also that with the day of the month, the definite article **el** means *the, on the.*
3. In counting and reading dates, use **mil** with numerals of one thousand or more: **el once de diciembre de *mil* novecientos ochenta y nueve,** *December 11, 1989.*

Práctica 4   Give the dates in Spanish:

1. October 12, 1492
2. March 31, 1565
3. July 4, 1776
4. January 1, 1989
5. February 2, 1898
6. September 16, 1810
7. April 30, 1666
8. June 29, 1903

◆◆◆◆◆◆◆◆ Actividades y práctica ◆◆◆◆◆◆◆◆

A. Listen to the statement and the question that follows. Respond according to the model.

MODEL: Ellos fueron a Granada en coche. ¿Cómo fueron Uds.?
          Nosotros también fuimos en coche.

1. Ellos llegaron a Córdoba muy tarde. ¿Cuándo llegaron Uds.?
2. Ellos quisieron descansar. ¿Qué quisieron Uds.?
3. Ellos vinieron en una excursión. ¿Cómo vinieron Uds.?
4. Ellos hicieron las reservas. ¿Qué hiciste tú?
5. Ellos decidieron tomar el cuarto. ¿Qué decidiste tú?
6. Ellos dijeron que era cómodo. ¿Qué dijiste tú?

B. You want to confirm something, so you ask a question of a classmate, who will then resolve your doubt, as in the model.

MODEL: Me parece que te vi a ti cuando ibas al centro.
Sí, me viste a mí yendo al centro.

1. Me parece que te vi a ti cuando tomabas el autobús.
2. Me parece que te vi a ti cuando entrabas en una tienda.
3. Me parece que te vi a ti cuando hablabas con una vendedora.
4. Me parece que los vi a Uds. cuando comían una paella.
5. Me parece que los vi a Uds. cuando salían del restaurante.
6. Me parece que las vi a ellas cuando regresaban a casa.

MODEL: Llamé por teléfono pero Uds. dormían, ¿verdad?
Sí, nos encontraste durmiendo.

7. Llamé por teléfono pero Uds. descansaban, ¿verdad?
8. Llamé por teléfono pero Uds. estudiaban, ¿verdad?
9. Llamé por teléfono pero Uds. bajaban al comedor, ¿verdad?
10. Llamé por teléfono pero tú escuchabas las noticias, ¿verdad?
11. Llamé por teléfono pero ella cocinaba, ¿verdad?
12. Llamé por teléfono pero él lavaba el coche, ¿verdad?

C. Read aloud, giving the appropriate present participle selected from **pudiendo, sabiendo, viniendo, yendo.**

1. _____ hablar español, se puede trabajar en Suramérica.
2. _____ temprano a clase, uno puede hablar con sus compañeros.
3. _____ en avión, se llega pronto a México.
4. _____ estudiar todos los días, se aprende mucho.
5. _____ ver el cuarto, se puede decidir si conviene tomarlo.
6. _____ en febrero, uno no necesita hacer reservas.

D. Answer each question, following the model.

MODEL: ¿Está haciendo Ana las reservas?
No, no está haciéndolas todavía, pero va a hacerlas pronto.

1. ¿Está la recepcionista preparando la cuenta?
2. ¿Está la criada buscando las llaves?
3. ¿Estás tú arreglándote?
4. ¿Estás tú desayunándote?
5. ¿Están Uds. sacando las fotos?
6. ¿Están Uds. leyendo los periódicos?

E. Answer each question, following the model.

> MODEL: ¿Hablan español aquí?
> **Sí, señor, se habla español aquí.**

1. ¿Necesitamos hacer reservas?
2. ¿Aceptan Uds. tarjetas de crédito?
3. ¿Abren los bancos temprano?
4. ¿Cambian cheques de viajero aquí?
5. ¿Cobran Uds. por el estacionamiento?
6. ¿Podemos ver la plaza del cuarto?

F. Listen to the question and respond with the correct prepositional pronoun(s).

> MODEL: ¿Para quién son las llaves? ¿Para mí?
> **Sí, las llaves son para ti.**

1. ¿Para quién son las mantas? ¿Para mí?
2. ¿Para quién son las toallas? ¿Para mí?
3. ¿Para quién es el jabón? ¿Para él?
4. ¿Para quién es la ropa de cama? ¿Para ella?
5. ¿Para quiénes son las bebidas? ¿Para nosotros?
6. ¿Para quiénes son los vasos? ¿Para nosotros?

> MODEL: ¿Es para nosotros la reserva o es para ellos?
> **La reserva es para Uds.; no es para ellos.**

7. ¿Es para nosotros el cuarto o es para ellos?
8. ¿Es para nosotros la cuenta o es para ellas?
9. ¿Es para mí la tarjeta de crédito o es para ti?
10. ¿Son para mí los cheques de viajero o son para Ud.?
11. ¿Son para ti los recados o son para mí?
12. ¿Son para ti las llaves o son para mí?

G. Answer each question in Spanish, using the next lower ordinal number in your reply.

> MODEL: ¿Le dieron a Ud. la segunda reserva?
> **No, me dieron la primera.**

1. ¿Es éste su segundo viaje a España?
2. ¿Tomó Ud. el tercer cuarto desocupado?
3. ¿Subió Ud. al cuarto piso?
4. ¿Estudiaron Uds. sobre Felipe Quinto?
5. ¿Vieron Uds. el sexto programa?
6. ¿Escucharon Uds. el séptimo disco?

H. Give the Spanish equivalent.

1. The parents of Michael Ramos made a trip to Spain during the month of May, 1988.
2. Going by car to Granada, they decided to spend the night in Cordova.
3. The hotel receptionist asked Mr. Ramos whether he made a reservation.
4. His friends told him that going at that time of the year, one doesn't need reservations.
5. They are very fortunate (lucky), because there is a vacant room with two single beds and a private bathroom on the third floor.
6. Mr. Ramos wanted to know how much they charged per day.
7. The price is six thousand pesetas with meals for two persons, but they also charge for parking.
8. Mrs. Ramos wanted to see the room. By seeing it, it is easier to decide whether they wish to take it.
9. The room was comfortable; it didn't have air conditioning, but it wasn't very hot in May.
10. While looking at the square, Mr. Ramos thinks that the view is nice.
11. This is the second time that Mr. and Mrs. Ramos visit Spain; the first time was in 1985.
12. Mr. and Mrs. Ramos go down to the main floor to register because it's late and they close the hotel's dining room at eleven.

◇◇◇◇◇◇◇ Práctica de conversación ◇◇◇◇◇◇◇

Answer the following questions with complete sentences when your teacher calls on you:

1. ¿Hizo Ud. un viaje en avión el año pasado? ¿Adónde fue Ud.?
2. ¿Piensa Ud. hacer un viaje largo en coche durante el verano? ¿Adónde quiere ir?
3. ¿Cómo le gusta a Ud. viajar, en coche o en avión? ¿Por qué? ¿Qué le parecen los trenes o los autobuses?
4. ¿Por qué conviene hacer reservas en los hoteles cuando uno viaja? ¿En qué tiempo del año se necesitan reservas en los aviones?
5. ¿Es necesario ver el cuarto antes de registrarse en un hotel? ¿Cómo se sube a los cuartos de los hoteles?

6. ¿Hay hoteles grandes en esta ciudad? ¿Qué precio tienen los cuartos en los hoteles caros aquí? ¿Qué hoteles le gustan más a Ud., los hoteles grandes o los pequeños? ¿Por qué?

7. ¿Hay hoteles baratos en esta ciudad? ¿Cuánto cuestan los cuartos en estos hoteles?

8. ¿Viajó Ud. por España alguna vez? ¿Qué sabe Ud. de la ciudad de Granada? ¿Le interesa más a Ud. España o Hispanoamérica? ¿Por qué?

9. ¿Qué ciudad fue uno de los centros más brillantes de la civilización musulmana? ¿Cuándo fue Córdoba la capital del Califato de Córdoba?

10. ¿Qué país extranjero conoce Ud.? ¿Por qué (no) le gustó? ¿Qué países le interesan a Ud.?

11. ¿Cómo se conoce mejor un país, viviendo en él o viajando por él? ¿Por qué?

12. ¿Saca Ud. muchas fotos cuando viaja? ¿De qué cosas saca Ud. fotos? ¿Qué cosas se necesitan cuando uno decide hacer un viaje?

◆◆◆◆◆◆◆◆◆◆◆ Situaciones ◆◆◆◆◆◆◆◆◆◆◆

A. Durante el verano Ud. está viajando en coche por España con unos amigos (amigas). Llegan a una ciudad pequeña y necesitan encontrar algún hotel barato pero cómodo. Ud. llama por teléfono y le hace algunas preguntas a la recepcionista; ella le contesta. (*Enact the situation with a classmate using the following guidelines for your conversation.*)

Person calling:	**Receptionist:**
1. Un cuarto desocupado;	¿Cuántas personas. . .?
2. Diga Ud. cuántas personas viajan con usted;	¿Para qué fecha…?
3. Diga la fecha; pregunte sobre el aire acondicionado;	No se necesita; no hace mucho calor en esta época;
4. El cuarto: ¿dónde está?	Tercer piso; hay un ascensor;
5. El cuarto: ¿cómo es?	Grande, cómodo, da a una plaza (calle);
6. El precio…	Cuesta… al día;
7. Las comidas…; el precio con comidas…	Sólo el desayuno y la cena; con comida cuesta…
8. Las horas del desayuno; y de la cena.	Se abre el comedor a las… y se cierra a las…
9. El estacionamiento para coches;	Se cobra…
10. Cómo se paga la cuenta;	En efectivo o con cheques de viajero; no se aceptan tarjetas de crédito;
11. A Ud. le interesa el cuarto; quiere verlo;	No se puede; hay muchas reservas en este tiempo del año.

Usted decide tomar el cuarto y le dice a la recepcionista a qué hora van a llegar. Ella le pregunta a Ud. cómo se llama y le dice que los (las) esperan a Uds. a las…

B. Un amigo (amiga) quiere visitar Madrid y lo llama por teléfono a Ud. para preguntar por algún hotel bueno. Ud. le recomienda un hotel que Ud. conoce. A su amigo (amiga) le interesa el hotel; le hace algunas preguntas y Ud. le contesta. (*Enact the situation with a classmate by preparing 6 to 8 questions using the model as a point of departure and the suggested vocabulary as guidelines*).

MODEL: Luis —Hola, (Marta), te llamo porque pienso visitar Madrid este verano y necesito encontrar un hotel.

Marta —Yo conozco un hotel pequeño en el centro de Madrid.

Luis —¡Estupendo! Dime, ¿cómo son los cuartos?

Word choices		
The room	**The services**	**The bill**
camas sencillas, dobles	ropa de cama	pagar en efectivo
baño privado	toallas	cheques de viajero
televisión	jabón	tarjeta de crédito
radio	hielo	caro
aire acondicionado	vasos	barato
cómodo	bebidas	
grande	comidas	
ascensor	comedor	
	periódicos	
	revistas	

Un empleado del Hotel Colón en Barcelona, España, lleva las maletas de un huésped a la recepción del hotel.

▫▪▫▪▫▪▫▪▫▪▫▪▫▪▫▪▫ Vocabulario ▫▪▫▪▫▪▫▪▫▪▫▪▫▪▫▪▫

el **aire acondicionado**   air conditioning
  animado, -a   animated, lively
el **ascensor**   elevator
  bajar   to go down, descend
el **baño**   bath, bathroom
  brillante   brilliant
el **Califato**   Caliphate
la **cama**   bed
la **civilización** (*pl.* **civilizaciones**)   civilization
  cobrar   to charge, collect; to cash
  conmigo   with me
  convenir (*like* **venir**)   to be advisable
  Córdoba   Cordova
la **criada**   maid
  desde *prep.*   from, since
  desocupado, -a   unoccupied, vacant
el **esposo**   husband
el **estacionamiento**   parking
el **garaje**   garage
el **hotel**   hotel
  interesar   to interest
el **jabón** (*pl.* **jabones**)   soap
la **llave**   key
  mejor *adv.*   better, best

  mil   one (a) thousand
  musulmán, -ana[1]   Mussulman, Moslem
  pasear   to walk, stroll
  perdonar   to pardon, excuse
  permitir   to permit, allow, let
la **persona**   person
la **peseta**   peseta (*Spanish monetary unit*)
el **piso**   floor, story
la **plaza**   plaza, square
  principal   principal, main
  privado, -a   private
el (la) **recepcionista**   receptionist
  registrarse   to register
las **reservas**   reservation(s)
  sencillo, -a   simple, single
  señalar   to point at (to, out), indicate
el **señor**   gentleman; *pl.* gentlemen, madam and sir,
    ladies and gentlemen
el **siglo**   century
  subir (a)   to go up (to), climb up (into)
la **suerte**   luck
la **toalla**   towel
la **vista**   view

al día   per day
aquí tiene(n) Ud(s). (la llave)   here is (the key) (*lit.*, here you have . . .)
buenas noches   good evening, good night
camas sencillas   single beds
con (sin) comida   with (without) meals
dar a   to face, open onto
en este tiempo del año   in (at) this time of (the) year
en seguida   at once, immediately
hacer reservas   to make reservations (a reservation)
los señores (Ramos)   Mr. and Mrs. (Ramos)
¿nos permite Ud. ver?   may we see? (*lit.*, do you permit *or* allow us to see?)
perdone(n) Ud(s).   excuse (pardon) me (us)
piso principal   first (main) floor
por persona   per (for each) person
¿qué precio tiene?   what is the price (cost) of (it)?

---

[1]Most adjectives which end in **-án, -ón -or** add **-a** to form the feminine: **musulmán, musulmana.**

Lectura 3

❧ Estudio de palabras

1. *Exact cognates.* Pronounce these words in Spanish: **canal, crisis, chicle, grave, plan, territorial.**

2. *Approximate cognates.* Additional principles for recognizing approximate cognates follow. Some of the examples are taken from the preceding **Lecturas.**

   a. Certain Spanish nouns ending in **-cia** or **-cio** end in *-ce* in English: **circunstancia, importancia, influencia, provincia; comercio, edificio.**

   b. Certain Spanish nouns ending in **-ia, -ía** or **-io** end in *-y* in English: **ceremonia, colonia, historia, industria; autonomía, economía; mercurio, territorio.**

3. *Verb cognates.*

   a. The ending of the Spanish infinitive is lacking in English: **defender, existir, exportar, extender, formar, limitar, marchar, permitir, visitar.**

   b. Spanish verbs ending in **-ar** often end in *-ate* in English: **apreciar, celebrar, calcular, iniciar, crear, dominar, operar, terminar.**

   c. The English verb ends in *-e:* **conceder, figurar, incitar, inspirar, intervenir, producir.**

4. *Approximate and less approximate cognates.* Pronounce the following words, observe the English cognates, and indicate the variations: **actividad,** *activity;* **africano,** *African;* **compañía,** *company;* **europeo,** *European;* **mercante,** *merchant (adj.);* **montañoso,** *mountainous;* **operación,** *operation;* **origen,** *origin;* **sistema,** *system;* **tumba,** *tomb.*

5. *Deceptive cognates.* **Actual** means *of the present time;* **actualmente** means *at the present time.* **Extensión** means *area,* as well as *extension.* **Limitar** may mean *to border,* as well as *to limit.*

❧ Nota adicional sobre el uso de los adjetivos

In the grammar lessons we have followed the general principle that limiting adjectives precede the noun, and that descriptive adjectives, which single out or distinguish a noun from another of the same class, follow the noun. In **Lectura 2** we learned that descriptive adjectives may also precede the noun when they express a quality that is generally known or is not essential to the recognition of the noun. In such cases there is no desire to single out or to differentiate. Additional examples that occur in **Lectura 3** are:

La *principal* actividad económica...	*The principal economic activity. . .*
...la *estrecha* faja de tierra...	*. . .the narrow strip of land. . .*
...una *extensa* llanura...	*. . . an extensive plain . . .*

To clarify the matter further, whenever an adjective is changed from its normal position, the speaker or writer gives a subjective or personal interpretation of the noun. The position of adjectives, therefore, may vary according to subject matter, style, and individual feeling or emotion. Certain common descriptive adjectives, however, like **pequeño, bonito,** and **hermoso,** may precede or follow the noun without any significant change in meaning or emphasis: **seis *pequeñas* naciones hispanoamericanas,** but **otra república *pequeña*.**

La América Central y el Caribe

Hay seis pequeñas naciones hispanoamericanas en la América Central: Guatemala, Honduras, El Salvador, Nicaragua, Costa Rica y Panamá; y dos en el mar Caribe: Cuba y la República Dominicana. En los últimos veinticinco años toda esta región ha sufrido° una serie de conflictos políticos, económicos y militares muy graves. Estas circunstancias han afectado° y continúan influyendo en los acontecimientos° políticos de los Estados Unidos, y han despertado° el interés de la opinión pública en todo el mundo. Es muy importante, por lo tanto,° comprender las diferencias y las semejanzas° que existen entre estos países vecinos.°

5

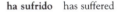

ha sufrido has suffered

han afectado have affected / **acontecimientos** events / **han despertado** have aroused / **por lo tanto** therefore / **semejanzas** similarities **vecinos** neighboring

*Vista de Tegucigalpa, la capital de Honduras. El nombre de Tegucigalpa, que significa **ciudad de plata,** recuerda la antigua riqueza minera de la ciudad, que fue fundada antes de la llegada de los conquistadores españoles.*

Guatemala

Al sudeste de México se halla[1] Guatemala, que limita al este con El Salvador, Honduras
y Belice. Guatemala tiene una extensión territorial casi igual a la del estado de Ten-
nessee. La Sierre Madre, procedente de México, atraviesa° todo el país. Hay unos 33
volcanes, algunos de los cuales son activos.

La agricultura es la base de la economía de Guatemala. El país es el primer pro-
ductor de chicle del continente y se explotan también las maderas finas[2] en los bosques°
del país. En la costa del mar Caribe, se halla Puerto Barrios, el puerto principal de
Guatemala. Puerto Barrios tiene mucha importancia en el comercio del país y de la
región.

Un aspecto interesante de Guatemala es su gran población indígena. Antes de la
llegada de los españoles en 1523, Guatemala había sido° parte del imperio de los mayas.
(De la época maya, quedan ruinas como las de Tikal en el norte del país.) Hoy día,
el 55%[3] de la población es de origen maya y los indios, que viven en el campo, hablan
lenguas indígenas.

Honduras

Al este de Guatemala se encuentra la república de Honduras. Cristóbal Colón exploró
las costas de Honduras en 1502, durante su cuarto viaje.

La extensión territorial de Honduras es casi igual a la de Guatemala. Hay llanuras
bajas en las costas del mar Caribe, pero mesetas y montañas ocupan el resto del país.
No es un país de volcanes.

Como en México, el 90% de la población es mestiza. En la costa hay una minoría
negra y mulata que habla inglés. En las islas de la Bahía,° que hasta fines° del siglo
XIX pertenecieron° a Inglaterra, también se habla inglés.

La capital, Tegucigalpa, está en el sur del país. Es una ciudad minera, de tipo
colonial. El centro económico es la región de San Pedro Sula, en el norte. La expor-
tación y cultivo de plátanos° y café son las bases de la economía.

El Salvador

Al sur de Honduras y al este de Guatemala se halla El Salvador, la más pequeña de las
naciones de Centroamérica.

---

[1]**se halla,** *is found, is.* (Like **encontrarse, hallarse** often has a similar meaning to **estar,** although it retains something
of its original meaning, *to find itself* (*oneself*), *be found, be.*)
[2]**maderas finas,** *fine woods* (*i.e.,* for fine furniture and cabinetwork).
[3]Read: **cincuenta y cinco por ciento.**

Margin glosses:
atraviesa crosses
bosques forests
había sido had been
Bahía Bay / **hasta fines** until the end / **pertenecieron** belonged
plátanos bananas

Vista de San José de Costa Rica, la capital del país, situada en la meseta central. Los hermosos parques y edificios de la capital la hacen un importante centro de turismo.

El Salvador es montañoso y tiene muchos volcanes. Uno de los más pintorescos es el Izalco, llamado el "Faro° del Pacífico", porque cuando está en actividad se ve su columna de humo desde el mar. Desde la llegada de los españoles, ha habido° veinti-cinco grandes terremotos° en El Salvador.

40 Con una extensión y población casi iguales a las del° estado de Massachusetts, El Salvador es el país más densamente poblado de Centroamérica. La población es pre-dominantemente mestiza, con sólo el 10% de indios (que hablan lenguas indígenas). La capital, San Salvador, tiene unos cuatrocientos cuarenta y cinco mil habitantes. La ciudad tiene dos partes: una vieja y pobre y la nueva, más moderna. La exportación

45 de café es la base de la economía.

Faro Lighthouse
ha habido there have been
terremotos earthquakes
iguales a las de equal to those of

Nicaragua

Al sudeste de Honduras se encuentra Nicaragua, que limita al sur con Costa Rica. Descubierta por Colón en 1502, Nicaragua es la más grande de las naciones centro-americanas. Tiene una extensión territorial casi igual a la del estado de Iowa. Varias cordilleras atraviesan el país y en la costa del Pacífico hay un importante sistema de

50 volcanes. En 1972, un terremoto destruyó la capital, Managua. En el oeste del país hay dos grandes lagos: el de Managua y el de Nicaragua (único lago de agua dulce° en el mundo en el que hay tiburones).°

Con unos tres millones de habitantes, Nicaragua es la nación menos densamente poblada de Centroamérica. La población se compone de° mestizos (69%), europeos

55 (17%), negros (9%), e indios (5%).

La agricultura es la principal actividad económica de la población. Los productos que más se exportan son el algodón y el café. La industria ganadera° es la más impor-tante de Centroamérica. Los bosques de la parte oriental producen maderas finas y, desde los tiempos coloniales, la minería ha tenido° cierta importancia.

agua dulce fresh water
tiburones sharks

se compone de is composed of

ganadera livestock (*adj.*)

ha tenido has had

Costa Rica

60 Al sur de Nicaragua se halla la república de Costa Rica, que limita al este con Panamá. Como sus países vecinos, Costa Rica es un país de volcanes; el Irazú tiene el cráter más grande del mundo.

sangre blood

La población es predominantemente de sangre° española o mestiza y en gran parte vive de la agricultura. Las principales exportaciones de Costa Rica son el café, los
65 plátanos, el cacao° y la carne.°

cacao cacao, cocoa /
carne meat
nivel de vida standard of living / **más desarrollados** most (highly) developed / **presupuesto** budget

El nivel de vida° es relativamente alto y el sistema educativo es uno de los más desarrollados° de Centroamérica. (El 21% del presupuesto° se dedica a la educación.) La Universidad de San José figura entre las mejores instituciones de su clase en Hispanoamérica.

A diferencia de Unlike / **ha sido** has been **fomentó** promoted / **mejorar** to improve **fue disuelto** was dissolved **fue premiado con** was awarded

70 A diferencia de° la mayoría de las naciones centroamericanas, Costa Rica ha sido° un país democrático y pacífico. Desde los comienzos de la República en 1848, fomentó° la agricultura y el comercio, estableció industrias y trató de mejorar° el nivel de vida del pueblo. ¡El ejército fue disuelto° en 1948!

En 1987, el presidente de Costa Rica, Oscar Arias Sánchez, fue premiado con° el
75 Premio Nobel de la Paz por el plan que propuso para restaurar la paz en Centroamérica.

Panamá

faja band, strip /**tierra** land

La República de Panamá ocupa la estrecha faja° de tierra° que une Centroamérica con la América del Sur; limita al oeste con Costa Rica y al este con Colombia. En 1903,

ayuda aid

con la ayuda° de los Estados Unidos, Panamá ganó su independencia de Colombia, pero tuvo que conceder a los Estados Unidos el derecho exclusivo para construir,
80 operar, administrar y defender a perpetuidad el Canal de Panamá, una maravillosa obra de ingeniería que une los Océanos Pacífico y Atlántico. Según° los nuevos tratados,°

Según According to / **tratados** treaties **a partir de** beginning with

a partir del° año 1999, el Canal pasa a Panamá, pero los Estados Unidos conservan el derecho de intervenir militarmente para garantizar el funcionamiento y la defensa del Canal.

85 Panamá es un poco más grande que el estado de Carolina del Sur. Dos cordilleras, con mesetas y valles fértiles, atraviesan el país. En la parte oriental, hasta la frontera

selvas forests, jungles

con Colombia, hay grandes selvas° tropicales.

La población de Panamá es predominantemente mestiza (70%), con una pequeña minoría de origen europeo (10%), e indio (6%). La minoría más grande es de origen
90 africano (14%). Éstos son descendientes de los negros traídos de Jamaica para la construcción del canal y que se quedaron en la Zona del Canal. Muchos de ellos todavía sólo hablan inglés.

Panamá es un gran productor de plátanos y azúcar, y su industria minera también es importante. El comercio y el turismo, sin embargo, son la base de la economía del

95 país. La flota° mercante de Panamá es una de las más importantes del mundo. Actualmente Panamá es el centro bancario más importante de Hispanoamérica, con unas 130 sucursales° de bancos mundiales.

flota fleet

sucursales branches

Cuba

Cristóbal Colón descubrió la isla de Cuba en su primer viaje. La isla, que está a sólo 90 millas al sur de la Florida, es la más grande e importante de las Antillas. Es un poco
100 más grande que el estado de Tennessee. Una extensa llanura ocupa casi las tres cuartas partes de la isla; hay sierras en el sudeste, en el sudoeste y en el centro.

La población es predominantemente de origen europeo (75%); en la región oriental es más bien° de origen africano o mulata. Hay una gran influencia negra en la literatura, la música y las costumbres de la isla.

más bien rather

105 La economía de Cuba es principalmente agrícola. En la producción de azúcar, Cuba es una de las primeras naciones del mundo, y el tabaco cubano es famoso por su calidad.° La isla de Cuba disfrutó de gran prosperidad por muchos años gracias a la exportación de azúcar; pero surgieron° problemas económicos y políticos, especialmente después de la crisis económica mundial de 1929. Una serie de gobiernos terminó
110 en 1959 con la victoria de Fidel Castro que estableció el actual régimen marxista en el país.

calidad quality

surgieron there arose

La República Dominicana

La República Dominicana ocupa la parte oriental de la isla de Santo Domingo, al este de Cuba. Otra república pequeña, Haití, donde se habla francés, ocupa la parte occidental de esta isla.

115 La isla de Santo Domingo es la segunda en tamaño de las Antillas. El territorio de la República Dominicana es un poco más grande que el estado de Virginia del Oeste.

Cristóbal Colón descubrió la isla en 1492. Santo Domingo, la capital de la República Dominicana, fue la base de donde salieron las primeras expediciones españolas para Cuba, Puerto Rico, México y Centroamérica. En Santo Domingo se estableció
120 la primera universidad (1538) del Nuevo Mundo.

Hoy día, la población es predominantemente negra o mulata (85%); una pequeña minoría (15%) es de origen europeo. La población indígena—taínos[4] y caribes[5]—ha desaparecido° completamente.

ha desaparecido has disappeared

---

[4]**taínos,** *Taínos.* (The earliest known inhabitants, now extinct, of the Greater Antilles and the Bahamas.)
[5]**caribes,** *Caribs.* (Indians of a race still found in Guyana, Venezuela, some of the Lesser Antilles, and on the Caribbean coast of Central America.)

cosecha harvest, crop
ganadería cattle raising 125

lugares de recreo
resorts

130

    Como en Cuba, la cosecha° principal es el azúcar. Se producen también café, plátanos y cacao. La ganadería° y la minería tienen cierta importancia. El turismo ayuda también la economía del país. Unos doscientos mil norteamericanos visitan la isla todos los años para disfrutar de sus playas y lugares de recreo.° Además, la ciudad de Santo Domingo tiene edificios de gran interés histórico, como la Catedral, donde está la tumba con los restos de Cristóbal Colón. Pero hay una polémica sobre la tumba, que es moderna; ¡algunos historiadores afirman que los restos de Colón están en la Catedral de Sevilla!

La América Central y el Caribe

Nombre del país	Guatemala	Honduras	El Salvador	Nicaragua
Capital	Ciudad Guatemala	Tegucigalpa	San Salvador	Managua
Año de descubrimiento	1523	1502	1522	1502
Año de independencia	1821	1821	1821	1821
Extensión en millas cuadradas	42.042	43.277	8.260	50.193
Población	8.346.000	4.499.000	4.981.000	3.391.000
Base de la economía	Agricultura (café, plátanos)	Agricultura (plátanos, café)	Agricultura (café, algodón)	Agricultura (maíz, café, algodón) Ganadería
Unidad monetaria	el quetzal	el lempira	el colón	el córdoba

Nombre del país	Costa Rica	Panamá	Cuba	República Dominicana
Capital	San José	Ciudad Panamá	La Habana	Santo Domingo
Año de descubrimiento	1502	1501	1492	1492
Año de independencia	1821	1821 de España, 1903 de Colombia	1898	1821
Extensión en millas cuadradas	19.575	29.208	44.218	18.816
Población	2.694.000	2.257.000	10.143.000	6.614.000
Base de la economía	Agricultura (café, plátanos, cacao, carne)	Comercio, Turismo, Negocios financieros	Agricultura (azúcar)	Agricultura (azúcar, café)
Unidad monetaria	el colón	el balboa[6]	el peso	el peso

[6]Although the **balboa** is the official monetary unit of Panama, the United States dollar is the currency in circulation for all transactions, since Panama has no paper money.

Secando (Drying) al sol los granos de café en un país centroamericano. La exportación de café es una de las bases más importantes de la economía de Centroamérica.

Preguntas de comprensión

Write answers in Spanish to the following questions using complete sentences; be prepared to answer them orally in class:

1. ¿Cuántas naciones hispánicas se encuentran en la América Central?
2. ¿Qué han sufrido estas naciones durante los últimos veinticinco años?
3. ¿Cuál es la extensión territorial de Guatemala?
4. ¿De qué origen es la mayoría de la población de Guatemala?
5. ¿En qué año exploró Colón las costas de Honduras?
6. ¿Dónde se encuentra el centro económico de Honduras?
7. ¿Cuál es el país más densamente poblado de Centroamérica?
8. ¿Cuántos habitantes tiene la República de El Salvador?
9. ¿Cuál es la nación menos densamente poblada de Centroamérica?
10. ¿Cuáles son las principales exportaciones de Nicaragua?
11. ¿Qué nación figura entre las más democráticas y pacíficas de Centroamérica?
12. ¿Cuáles son las bases de la economía de Panamá?
13. ¿A cuántas millas de la Florida está la isla de Cuba?
14. ¿Qué tipo de régimen estableció Fidel Castro en Cuba?
15. ¿Cuáles son las bases de la economía de la República Dominicana?

Temas para desarrollar oralmente

Prepare two questions on each of the following topics to ask of classmates in class:

1. La economía de Guatemala
2. La geografía de Nicaragua
3. Algunas diferencias que existen entre Costa Rica y las otras naciones centroamericanas
4. El Canal de Panamá
5. La economía de Cuba

Lección 13

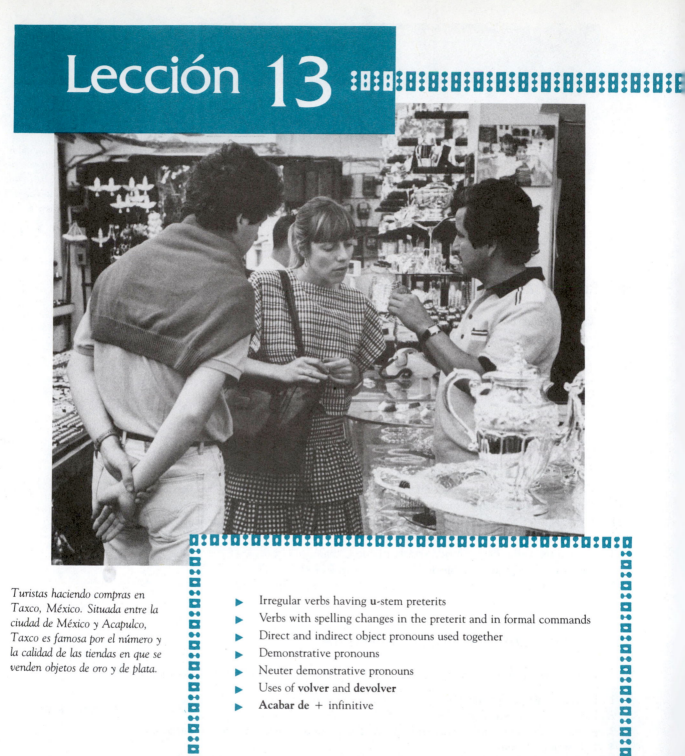

Turistas haciendo compras en Taxco, México. Situada entre la ciudad de México y Acapulco, Taxco es famosa por el número y la calidad de las tiendas en que se venden objetos de oro y de plata.

▶ Irregular verbs having **u**-stem preterits
▶ Verbs with spelling changes in the preterit and in formal commands
▶ Direct and indirect object pronouns used together
▶ Demonstrative pronouns
▶ Neuter demonstrative pronouns
▶ Uses of **volver** and **devolver**
▶ **Acabar de** + infinitive

Regalos para todos

El año pasado los señores Ramos estuvieron en México un par de semanas. Durante ese viaje pudieron visitar las ruinas de Yucatán y otros lugares interesantes. Cuando estaban en Mérida[1] tuvieron tiempo para ir de compras. Estando en el centro, preguntaron por una joyería típica y entraron en ella.

DEPENDIENTE	—¿En qué puedo servirles,[2] señores?
SRA. RAMOS	—¿Tienen ustedes joyas yucatecas?
DEPENDIENTE	—Sí, señora. Tenemos collares, pulseras, aretes… Comience usted por esta vitrina.[3]
SRA. RAMOS	—A ver esos aretes de oro, por favor. (*El dependiente se los enseña a la señora Ramos. Ésta, poniéndoselos, se dirige a su esposo.*) ¿Qué te parecen éstos, Antonio?
SR. RAMOS	—Te quedan preciosos. Te los compro, querida.
SRA. RAMOS	—Mira, Antonio. Este prendedor hace juego con los aretes.
SR. RAMOS	—Sí, pero piénsalo bien, Marta. Aquí no puedes volver si después quieres devolverlo. Y mira los precios, ¿eh?
SRA. RAMOS	—Pues, claro. ¡Ay! Me llevo esta pulsera para Clara, y ésa, para Luisa.
DEPENDIENTE	—¿Algo más, señora? ¿O algo para el señor?
SR. RAMOS	(*Hablando a su esposa.*) —No, gracias, Marta. Para mí, nada. Yo quiero comprarme un sombrero de paja fina, y unas camisas típicas para Miguel.
SRA. RAMOS	(*Hablando al dependiente.*) —Bueno, envuélvame usted esos anillos de plata para las amigas. (*El dependiente le entrega el paquete.*)
SR. RAMOS	(*Al poco rato.*) —Pues, ya pagué la cuenta. Anda, Marta, vamos al mercado. Allí podemos encontrar objetos de cerámica y otros artículos de artesanía para regalos.
SRA. RAMOS	—Tienes razón. Y acabo de recordar que quiero unas hamacas para el patio. Las busqué en la ciudad de México, pero no pude encontrar los colores que quería.

---

[1]Mérida is the capital of the Mexican state of Yucatan, which occupies the northern part of the peninsula.

[2]**¿En qué puedo servirles?**, *What can I do for you?* or *How can I help you?* Forms of **servir (i, i)** (*to serve*) are like those of **pedir (i, i)** given in **Lección 16.**

[3]**Comience usted por esta vitrina**, *Begin* (i.e., *Begin looking*) *with this showcase.*

◙ Otras palabras y expresiones

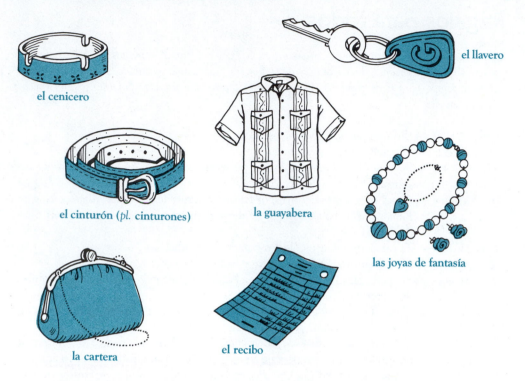

el cenicero

el llavero

el cinturón (*pl.* cinturones)

la guayabera

las joyas de fantasía

la cartera

el recibo

◙ Preguntas sobre el diálogo

1. ¿Cuánto tiempo estuvieron los señores Ramos en México?   2. Cuando estaban en Mérida, ¿para qué tuvieron tiempo?   3. ¿Qué compró el señor Ramos para su esposa?   4. ¿Puede ella volver a Yucatán a devolver las joyas? 5. ¿Qué compró la señora Ramos para Clara y Luisa?   6. ¿Por qué quiere ir al mercado el señor Ramos?   7. ¿Qué acaba de recordar su esposa?   8. ¿Por qué no compró ella las hamacas en la ciudad de México?

Nota cultural

En tiempos precolombinos,[1] la península de Yucatán, que se extiende entre el Golfo de México y el mar Caribe, fue el centro de la civilización maya. Hernán Cortés paró en[2] la isla[3] de Cozumel en 1518 antes de fundar la ciudad de Veracruz en 1519. Con la ayuda[4] de indios aliados,[5] Cortés avanzó hasta Tenochtitlán, la capital del Imperio Azteca, y después de vencer[6] al emperador Moctezuma, fundó la ciudad de México.

Hoy día, el Yucatán es un paraíso para el turista. El viajero puede visitar las ruinas de grandes ciudades de la civilización maya,[7] como Chichén Itzá, Uxmal y Tulum. Mérida, la capital del estado de Yucatán, es una hermosa ciudad colonial. Cozumel es muy famoso por sus magníficos arrecifes[8] de coral y las playas de la región, como las de Cancún e Isla Mujeres, son verdaderamente hermosas. Como en otras pequeñas ciudades mexicanas, el comercio y la industria son, en gran parte, de tipo artístico. El turista puede comprar tejidos y objetos preciosos de cerámica, plata, cobre,[9] hierro[10] y cuero.

La hermosa playa de Cancún (en el nordeste de Yucatán), uno de los lugares de recreo (resorts) más populares de México.

---

[1]pre-Columbian (before the arrival of Columbus)   [2]stopped at   [3]island   [4]aid
[5]allies   [6]after conquering   [7]See **Nota cultural** of **Lección 14** for further information about the Maya civilization.   [8]reefs   [9]copper   [10]iron

Notas gramaticales

A. Irregular verbs having **u**-stem preterits   (*Verbos irregulares con **u** en la raíz del pretérito*)

estar	poder	poner	saber	tener
Singular				
estuve	pude	puse	supe	tuve
estuviste	pudiste	pusiste	supiste	tuviste
estuvo	pudo	puso	supo	tuvo
Plural				
estuvimos	pudimos	pusimos	supimos	tuvimos
estuvisteis	pudisteis	pusisteis	supisteis	tuvisteis
estuvieron	pudieron	pusieron	supieron	tuvieron

1. The preterit tense of these verbs has a **u** in the stem. Note that the endings are the same as for the four verbs in **Lección 12,** which have **i**-stems in the preterit tense.
2. In the first and third person singular forms the stress falls on the stem instead of on the ending: **estuve, estuvo,** etc.
3. The English equivalents are: **estuve,** *I was;* **pude,** *I could, was able to;* **puse,** *I put, did put, I placed, did place;* **tuve,** *I had, did have.*
4. **Tener** in the preterit may also mean *to get, receive:* **Tuve una carta de ellos,** *I had (got, received) a letter from them.*
5. **Saber** in the preterit usually means *to find out, to learn about something:* **Cuando lo supe, los llamé,** *When I found out (learned) about it, I called them.*

Práctica 1   Substitution drill:

1. *Nosotros* estuvimos en Yucatán. (Yo, Ella, Uds., Antonio y Carlos)
2. *Nosotros* pudimos visitar las ruinas. (Miguel, Tú, Yo, Uds.)
3. Durante el viaje *nosotros* tuvimos mucha suerte. (Tú, Mis amigos, Uds., Yo)
4. ¿Dónde pusiste tú el reloj? (Uds., Diana, ellos, Ud.)
5. ¿Cuándo supieron *Uds.* la noticia? (tú, tus padres, él, yo)

ORIENT

Felicita a los estudiantes
que obtuvieron
los mejores puntajes

B. **Verbs with spelling changes in the preterit and in formal commands**   (*Verbos con cambios ortográficos en el pretérito y en los mandatos formales*)

buscar	llegar	comenzar
busqué	**llegué**	**comencé**
buscaste	llegaste	comenzaste
buscó, etc.	llegó, etc.	comenzó, etc.
busque Ud.	**llegue** Ud.	**comience** Ud.
busquen Uds.	**lleguen** Uds.	**comiencen** Uds.

1. Review the sounds of the consonants **c, g** and **z,** pages 21, 22, and 63.
2. Verbs ending in **-car, -gar,** and **-zar** undergo the following spelling changes in the preterit and in the Ud. and Uds. commands:

c → qu	busc-	yo **busqué, busque(n)** Ud(s).
g → gu	lleg-	yo **llegué, llegue(n)** Ud(s).
z → c	comenz-	yo **comencé, comience(n)** Ud(s).

3. In the case of verbs ending in **-car** and **-gar,** the change is made in order to keep the sound of the final consonant of the stem. In the case of verbs ending in **-zar,** the change is merely in spelling, since **z** should not be written before **e** or **i.**
4. Recall that **comenzar** is also a stem-changing verb in the present tense: **comienzo, comienzas, comienza, comenzamos, comenzáis, comienzan.** Therefore, the same stem changes occur in the command forms: **comience(n) Ud.(s).**
5. Other verbs with these spelling changes which have been used are:

-car:	practicar, sacar, tocar
-gar:	entregar, pagar
-zar:	almorzar (ue), cruzar, gozar

Práctica 2   Listen to the statement; then form a singular and a plural command according to the model:

MODEL: Yo busqué la llave ayer.
Búsquela Ud. hoy.
Búsquenla Uds. hoy.

1. Yo saqué las fotos ayer.
2. Yo practiqué el baile ayer.
3. Yo toqué ese disco ayer.
4. Yo entregué las joyas ayer.
5. Yo pagué la cuenta ayer.
6. Yo crucé el río ayer.

C. Direct and indirect object pronouns used together (*Uso de las formas pronominales juntas*)

El dependiente **nos las** enseñó.	*The clerk showed them to us.*
Te la compro.	*I'll buy it for you.*

Miguel **se lo** entregó	a él. a ella. a Ud. a ellos. a ellas. a Uds.	Michael handed it	*to him.* *to her.* *to you* (formal sing.) *to them.* *to them* (f.). *to you* (pl.).

Envuélva**melo** Ud., por favor	*Wrap it up for me, please.*
Él quiere dár**selos** a ella.	*He wants to give them to her.*
La señora Ramos, poniéndo**selos**, se dirige a su esposo.	*Mrs. Ramos, (while) putting them on, addresses her husband.*
Voy a llevár**melas**.	*I'm going to take them with me.*

1. Indirect object pronouns precede direct object pronouns when the pronouns are used together with the same verb: él ***nos las*** enseñó, *he showed them to us;* **me lo entregó,** *he gave it to me.*
2. The indirect object pronouns **le** and **les** have a special form **se** when used with a third person direct object pronoun: —¿**Le entregó él el paquete a ella?** —**Sí, *se* lo entregó.** *"Did he hand the package to her?" "Yes, he handed it to her."*
3. The prepositional forms **a él, a ella, a usted,** etc. are often required for clarity: **Yo se los di a él (a ella, a Ud., a ellos, a ellas, a Uds.),** *I gave them to him (to her, to you, to them, m. or f., to you).*
4. Reflexive pronouns precede any other object pronouns: **poniéndoselos,** *(while) putting them on;* **quiero llevármelos,** *I want to take them with me.*

¡Atención!   An accent is written over the final syllable of the verb when two pronouns are added to an infinitive: él **quiere dármelos,** *he wants to give them to me;* **necesito lavármelas,** *I need to wash them (for myself).* An accent is written on the next to the last syllable of an affirmative command or a present participle when either one or two pronouns are added: **envuélvalo Ud., por favor,** *wrap it, please;* **envuélvamelo, por favor,** *wrap it for me, please;* **ella está envolviéndolo,** *she is wrapping it;* **está envolviéndomelo,** *she is wrapping it for me.*

Práctica 3   Repeat after your teacher:

1. Clara me lo da. Va a dármelo. Está dándomelo. (Me lo está dando.) Démelo Ud. No me lo dé Ud.
2. Yo se lo llevo a Ud. Quiero llevárselo. Estoy llevándoselo. (Se lo estoy llevando.) Lléveselo Ud. No se lo lleve Ud.
3. Ramón no se los devolvió a ellos. No pudo devolvérselos. Devolviéndoselos. Devuélvaselos Ud. No se los devuelva Ud.
4. ¿Se lavaron Uds. las manos? ¿Quieren lavárselas? ¿Están lavándoselas? (¿Se las están lavando?) Lávenselas Uds. No se las laven Uds.
5. ¿Se puso ella los aretes? ¿Se los puso? ¿Pudo ponérselos? ¿Estaba poniéndoselos? (¿Se los estaba poniendo?) Póngaselos Ud.

D. Demonstrative pronouns (*Los pronombres demostrativos*)

this (one)	*these (ones)*	*that (one)*	*those (ones)*
éste	éstos	ése, aquél	ésos, aquéllos
ésta	éstas	ésa, aquélla	ésas, aquéllas

Me gustan **estos collares.**	*I like these necklaces.*
Me gustan **éstos.**	*I like these.*
Compra **aquella pulsera.**	*Buy that bracelet.*
Compra **aquélla.**	*Buy that one.*
El dependiente se los enseña a la Sra. Ramos.	*The clerk shows them to Mrs. Ramos.*
Ésta, poniéndoselos, le pregunta el precio.	*The latter, while putting them on, asks her the price.*

1. The demonstrative pronouns, **éste, ése, aquél,** etc. are the same in form as the demonstrative adjectives (**Lección 6**), except that demonstrative pronouns have a written accent mark.
2. The use of the pronouns corresponds to that of the adjectives, but the noun is deleted: **Me gustan *éstos*** (**collares**), *I like these* (*necklaces*).
3. Note that in Spanish demonstrative pronouns do not take **uno, -a,** as is sometimes the case in English.
4. The demonstrative **éste, ésta (-os, -as)** often corresponds to *the latter* in English.

Ésta es la nueva cara de nuestro café

CAFE DE COLOMBIA

E. Neuter demonstrative pronouns   (*Los pronombres demostrativos neutros*)

Esto me parece interesante.	*This seems interesting to me.*
Eso me interesa.	*That interests me.*
¿Qué es **aquello?**	*What's that (over there)?*

The neuter demonstrative forms **esto, eso, aquello** are used when referring to a general idea, an action, or something which has not been identified.

⬔ Práctica 4   Say after your teacher; then repeat, using the demonstrative pronoun to replace the demonstrative adjective + noun:

MODEL: Mire Ud. aquella casa.   **Mire Ud. aquella casa. Mire Ud. aquélla.**

1. Envuélvame Ud. esos llaveros.
2. ¿Qué te parecen estos aretes?
3. ¿Le gusta a Ud. este prendedor?
4. No les den Uds. esos regalos.
5. Él me enseñó aquel cinturón.
6. No quiero comprar esta hamaca.
7. Cómprale a ella ese anillo.
8. Entraron en aquella joyería.

F. Uses of **volver** and **devolver**   (*Los usos de **volver** y **devolver***)

Volvimos a la joyería.	*We returned (went back) to the jewelry shop.*
Volvimos para ver la pulsera.	*We went back (in order) to see the bracelet.*
Ella **volvió** a ver los aretes.	*She saw the earrings again.*
Devolvieron la pulsera.	*They returned (took back) the bracelet.*
El dependiente les **devolvió** el dinero.	*The clerk returned (gave back) the money to them.*

1. **Volver** means *to return, go back:* **Ella volvió para ver la pulsera,** *She went back (in order) to see the bracelet.*
2. **Volver a** followed by an infinitive may mean *to do something once more, again:* **Ella volvió a ver los aretes,** *She saw the earrings again.*
3. **Devolver** means *to return, give* or *take back something.*

G. Acabar de + infinitive   (*Acabar de + el infinitivo*)

Acaban de llegar de México.	*They have just arrived from Mexico.*
Acababan de llegar cuando yo llamé.	*They had just arrived when I called.*

The present and imperfect tenses of **acabar de** + an infinitive are the equivalent of English *have (had) just* + the English past participle.

 Actividades y práctica

A. Listen to the question and respond according to the model.

>   MODEL: —¿Vas a estar en la universidad hoy?
>   **—No, estuve en la universidad ayer.**

1. ¿Vas a poder hacerlo hoy?
2. ¿Vas a tener tiempo hoy?
3. ¿Vas a llegar tarde hoy?
4. ¿Vas a buscar a Diana hoy?
5. ¿Quieres almorzar con ella hoy?
6. ¿Necesitas pagar las cuentas hoy?
7. ¿Quieren Uds. sacar las fotos hoy?
8. ¿Necesitan Uds. envolver los regalos hoy?
9. ¿Va ella a comprarse la pulsera hoy?
10. ¿Van a llevarse los paquetes hoy?

B. Say after your teacher; then repeat, substituting the correct object pronoun for each noun (in italics) and placing it in the proper position.

1. Me devolvieron *la carta.*
2. Ana quería traerme *la llave.*
3. Póngase Ud. *los aretes.*
4. Están lavándose *las manos.*
5. No se ponga Ud. *ese sombrero.*
6. Ellos nos dieron *los regalos.*
7. ¿Te compraron *el reloj de oro?*
8. Tráigame Ud. *la cartera.*
9. Voy a llevarle *las pulseras.*
10. Ramón se compró *los cinturones.*

C. Answer affirmatively, substituting the correct object pronoun for the noun and making any other necessary changes.

>   MODEL: ¿Le llevó Ud. a ella *los discos?*   **Sí, se los llevé a ella.**
>   ¿Vas a mandarle a él *la carta?*   **Sí, voy a mandársela a él.**

1. ¿Le dio Ud. a ella *el cenicero?*
2. ¿Les enseñó Ud. a ellos *el collar?*
3. ¿Le devolvió Ud. a Lupe *las fotos?*
4. ¿Les entregó Ud. a ellas *las compras?*
5. ¿Le llevaste a Juan *la guayabera?*
6. ¿Le compraste a él *el coche?*
7. ¿Pudo Ud. darle a él *el recibo?*
8. ¿Querías dejarle a Antonio *el recado?*

D. Listen to the question and respond with the appropriate object pronouns.

> MODEL: ¿Quién te dio el collar? ¿Él?
> **Sí, él me lo dio.**

1. ¿Quién te dio la pulsera? ¿Él?
2. ¿Quién te puso los aretes? ¿Ella?
3. ¿Quién les enseñó los anillos a Uds.? ¿Yo?
4. ¿Quién les compró el prendedor a Uds.? ¿Yo?
5. ¿Quién me buscó la mercancía? ¿Ud.?
6. ¿Quién me mandó el regalo? ¿Uds.?
7. ¿Quién nos sacó las fotos? ¿Ud.?
8. ¿Quién nos pagó la cuenta? ¿Ud.?
9. ¿Quién se llevó los paquetes? ¿Ella?
10. ¿Quién se compró el sombrero? ¿Tú?

E. Listen to the question and respond according to the model.

> MODEL: ¿Le devuelvo la pulsera a ella o te la devuelvo a ti?
> **Devuélvesela a ella; no me la devuelvas a mí.**

1. ¿Le devuelvo las llaves a él o te las devuelvo a ti?
2. ¿Le traigo los paquetes a ella o te los traigo a ti?
3. ¿Les vendo el coche a ellos o se lo vendo a Uds.?
4. ¿Les doy los relojes a ellas o se los doy a Uds.?
5. ¿Les saco la foto a Uds. o se la saco a ellos?
6. ¿Les entrego los recibos a Uds. o se los entrego a ellos?
7. ¿Me pongo yo los aretes o te los pongo a ti?
8. ¿Me compro yo el sombrero o te lo compro a ti?

F. Listen to the question and respond with the appropriate demonstrative pronoun.

> MODEL: ¿Qué anillo acabas de comprar? ¿Éste?
> **No, acabo de comprar ése.**

1. ¿Qué pulsera vas a devolver? ¿Ésta?
2. ¿Qué collar acabas de ver? ¿Éste?
3. ¿Cuál de los prendedores de plata te gusta más? ¿Ése?
4. ¿Qué aretes de oro son más caros? ¿Éstos?
5. ¿Cuál de las hamacas quieres para el patio? ¿Ésa?
6. ¿Qué artesanías te parecen más finas? ¿Ésas?

G. Give the Spanish equivalent.

1. Last year Mr. and Mrs. Ramos were in Mexico for a couple of weeks.
2. During that trip, they were able to visit the Yucatan ruins and other interesting sites.   3. One day they found a typical jewelry store and the entered it.
4. A clerk asked them: "What can I do for you?"   5. Mrs. Ramos replied that she wanted to buy some jewels for their daughters.   6. She said to the clerk: "Let's see those gold earrings, please."   7. He showed them to Mrs. Ramos, who put them on.   8. Turning to her husband, she asked: "What do you (*fam. sing.*) think of these?"   9. He replied: "They look great on you (*fam. sing.*). I'll buy them for you, dear."   10. After looking at some bracelets, Mrs. Ramos told the clerk: "I'll take this one (with me) for Clara, and that one, for Louise."   11. Her husband wanted to buy himself a straw hat, some typical shirts for Michael, and some pieces of pottery for gifts.   12. Then Mrs. Ramos said: "I have just remembered that I want to buy some hammocks for the patio."

◇◇◇◇◇◇◇ Práctica de conversación ◇◇◇◇◇◇◇

Answer the following questions with complete sentences when your teacher calls on you:

1. ¿Dónde estuvo Ud. durante las vacaciones de Navidad? ¿Pudo Ud. hacer algún viaje?
2. ¿Qué cosas pudo hacer Ud. durante esas vacaciones?
3. ¿Estuvo Ud. con muchos amigos? ¿Qué cosas le contaron ellos a Ud.? ¿Supo Ud. alguna noticia importante?
4. ¿Tuvo Ud. tiempo para ir de compras? ¿Qué cosas compró?
5. ¿Recibió Ud. muchos regalos durante las Navidades? ¿Qué regalos recibió Ud.?
6. ¿Qué les dio Ud. a sus padres? ¿Y qué le dio Ud. a su hermano(-a)?
7. ¿Les dio Ud. regalos a algunos amigos? ¿Qué les dio Ud. a ellos? Y ellos, ¿qué le dieron a Ud.?
8. ¿Le gustaron a Ud. todos los regalos que Ud. recibió? ¿Qué regalos le gustaron más?
9. ¿Pudo Ud. devolver algunos regalos? ¿Le devolvieron el dinero a Ud.?
10. ¿Cuándo volvió Ud. de sus vacaciones? ¿Qué otra cosa nos puede contar Ud. de sus vacaciones?

◇◇◇◇◇◇◇◇◇ Situaciones ◇◇◇◇◇◇◇◇◇

A. Usted acaba de volver de un viaje. Su amigo (amiga) quiere saber dónde estuvo Ud., qué lugares visitó, qué cosas hizo, si Ud. pudo ir de compras, qué cosas compró, si tuvo tiempo para visitar a sus amigos. Contéstele a su amigo (amiga) cuando éste (ésta) le pregunta sobre su viaje. (*Use the following opening exchanges to develop your conversation.*)

(Ana)   —¡Hola, (Miguel)! Supe que estuviste de viaje. ¿Cuándo volviste?
(Miguel)   —Acabo de volver; llegué ayer por la tarde.
(Ana)   —¿Y dónde estuviste?

B. Usted y un amigo (amiga) están viajando en México y quieren hacer algunas compras. Ustedes entran en una tienda donde se venden artesanías, artículos de joyería y ropa típica. El dependiente les pregunta qué desean, ustedes ven algunas cosas y hacen sus compras. (*Use the following opening exchanges to develop your conversation.*)

Dependiente: —Buenas tardes, señores (señoritas). ¿En qué puedo servirles?
Diana: —Queremos ver algunas cosas para regalos.
Dependiente: —¿Para quién son los regalos?

Buscando regalos en la famosa "Zona rosa," sector elegante de la ciudad de México.

▪:▪:▪:▪:▪:▪:▪:▪:▪:▪:▪:▪:▪:▪ Vocabulario ▪:▪:▪:▪:▪:▪:▪:▪:▪:▪:▪:▪:▪:▪

acabar   to end, finish
el **anillo**   ring
el **arete**   earring
la **artesanía**   handicraft
la **cerámica**   ceramics, pottery
Clara   Clara, Clare, Claire
el **collar**   necklace
la **cuenta**   account, bill
devolver (ue)   to return, give or take back
dirigir   to direct
entregar   to hand (over)
envolver (ue)   to wrap (up)
fino, -a   fine, nice
la **hamaca**   hammock
la **joya**   jewel
la **joyería**   jewelry shop (store)
el **lugar**   place

llevarse   to take away with oneself
Marta   Martha
el **mercado**   market
el **objeto**   object
el **oro**   gold
pagar   to pay, pay for
la **paja**   straw
el **paquete**   package
el **patio**   patio, courtyard
la **plata**   silver
el **prendedor**   pin, brooch
la **pulsera**   bracelet
la **razón** (*pl.* **razones**)   reason
el **regalo**   gift
la **vitrina**   showcase
yucateco, -a   of (pertaining to) Yucatan

a ver   let's (let me) see
acabar de + *inf.*   to have just + *p.p.*
al poco rato   after a short while
algo más   something more, anything else
(anillo) de plata   silver (ring)
(arete) de oro   gold (earring)
artículos de artesanía   handiwork, work of craftsmen
dirigirse a   to turn to, direct oneself to, address (*a person*)
¿en qué puedo servirle(s)?   what can I do for you? how can I help you?
(estar) en el centro   (to be) downtown
hacer juego con   to match, go with, make a set
objetos de cerámica   ceramics, pottery objects, pieces of pottery
preguntar por   to ask (inquire) about
(te) quedan preciosos   they look great on (you)
tener razón   to be right
un par de (semanas)   a couple of (weeks)

▪:▪

Conversación 2

En un restaurante español

Eduardo y Vicente, dos jóvenes madrileños, invitan a dos amigas norteamericanas, Juanita y Beatriz, a almorzar con ellos. Son las dos de la tarde, hora en que los españoles acostumbran tomar el almuerzo. Entran en un restaurante cerca de la Plaza Mayor. Se acerca un camarero.

EDUARDO —¿Hay una mesa para cuatro?

CAMARERO —Hay una mesa libre cerca de la ventana. Pasen ustedes por aquí. (*Se sientan los jóvenes. El camarero trae la lista y, mientras los cuatro la examinan, trae vasos de agua, pan y mantequilla y entremeses.*) ¿Qué desean tomar, señores?

BEATRIZ —No es fácil escoger entre tantos platos. La selección es muy variada.

VICENTE —Es que cada región española tiene su plato típico.

BEATRIZ —Primero voy a tomar sopa… Y después, paella valenciana.

EDUARDO —¿No deseas un plato de huevos o de pescado después de la sopa?

VICENTE —En España, las tortillas son excelentes. Se hacen de patatas, de jamón, de verduras… No son como las tortillas mexicanas.

BEATRIZ —Gracias, hoy no.

JUANITA —Yo voy a tomar una tortilla española en lugar de sopa. Luego, no sé qué tomar…

VICENTE —El arroz con pollo es un plato español muy típico y muy sabroso.

JUANITA —Muy bien. Arroz con pollo, por favor.

VICENTE —Pues, yo voy a tomar sopa, pescado y, después, biftec de carne con patatas fritas y una ensalada.

CAMARERO —Muy bien. Y, ¿usted, señor?

EDUARDO —Como buen madrileño, voy a tomar el cocido. Primero la sopa y luego los otros elementos que contiene: garbanzos, patatas y albóndigas, con chorizo y tocino. Para terminar, un poco de lomo de cerdo y una ensalada.

CAMARERO —¿Desean vino, señores?

VICENTE —Naturalmente. Vino tinto. Una botella de vino de la Rioja, por favor. (*A las jóvenes.*) Los vinos españoles son magníficos.

CAMARERO —¿Desean algún postre?

EDUARDO —¿Qué postres hay?

CAMARERO —Tenemos arroz con leche, flan, queso, membrillo, helados y frutas.

BEATRIZ —Para mí, flan y una taza de café con leche y azúcar.

JUANITA —Pues, yo voy a tomar frutas y una taza de café solo.

EDUARDO —Yo voy a tomar queso, frutas y café solo.

VICENTE —Y para mí, helado de fresa y una taza de café solo.

Los jóvenes charlan mientras el camarero trae la comida. Terminan el almuerzo y al pagar la cuenta le dan una buena propina al camarero.

BEATRIZ —Se come muy bien aquí, ¿verdad?

EDUARDO —Tiene fama de ser uno de los mejores restaurantes de Madrid.

VICENTE —¿Por qué no cenamos aquí esta noche? Si cenamos a las nueve, podemos ir al teatro después.

BEATRIZ —¡Es una idea magnífica!

JUANITA —¡Encantada, porque quiero probar otros platos, como el gazpacho y el lechón asado!

EDUARDO —Pues, pasamos por el hotel a las ocho y media.

VICENTE —Hasta las ocho y media, entonces.

BEATRIZ —Muy bien, hasta la vista.

JUANITA —Y, ¡mil gracias por todo!

Cuevas Los Tarantos

en Sacromonte n.º 9

Teléfs. 222492-224525 GRANADA

Imp. Alhambra

▪▪ Preguntas sobre la conversación

1. ¿Con quiénes van a almorzar Juanita y Beatriz?
2. ¿A qué hora acostumbran almorzar los españoles?
3. Mientras los jóvenes examinan la lista, ¿qué trae el camarero?
4. ¿Qué va a tomar Beatriz?
5. ¿De qué se hacen las tortillas en España?
6. ¿Qué dice Vicente del arroz con pollo?
7. ¿Qué elementos contiene el cocido madrileño?
8. ¿Qué dice Vicente de los vinos españoles?
9. ¿Cuáles son algunos postres típicos de España?
10. ¿Dónde deciden cenar los jóvenes?
11. ¿Qué otros platos desea probar Juanita?
12. ¿Por qué quieren los jóvenes cenar a las nueve?

▪▪ Para conversar

1. ¿A qué hora se almuerza y se cena generalmente en los Estados Unidos? ¿Cuánto se come? ¿Qué se toma con las comidas? ¿Quiénes toman el almuerzo en casa? ¿Quiénes toman la cena en casa? ¿Quiénes van a restaurantes? ¿Cuánto tiempo pasa la gente almorzando?
2. ¿Hay restaurantes buenos en esta ciudad? ¿Cuáles son los mejores restaurantes? ¿Qué clase de comida sirven allí? ¿Cuánto cuesta comer en restaurantes? ¿Son caros todos los restaurantes? ¿Qué restaurantes son baratos? ¿Cuándo come Ud. en algún restaurante caro?
3. ¿Qué le parece a Ud. la comida española? ¿Qué platos de la cocina española conoce Ud.? ¿Ha estado Ud. en algún restaurante español? ¿Dónde? ¿Cómo era ese restaurante? ¿Qué comió Ud.?

4. ¿Hay una cocina típica norteamericana? ¿Cuáles son los platos típicos en los Estados Unidos? ¿Le parece a Ud. que es bueno comer mucha carne? ¿Es muy popular el pescado en los Estados Unidos? ¿Dónde se come mucho pescado en este país? ¿Se comen tortillas en los Estados Unidos? ¿De qué se hacen? ¿Cuál es el postre más popular de los norteamericanos?

5. En los Estados Unidos hay muchos restaurantes que sirven comida extranjera. ¿Cuáles son las comidas extranjeras más populares en los Estados Unidos? ¿Cuál prefiere Ud., la cocina italiana, la francesa o la alemana? ¿Qué platos de la comida italiana son muy populares en los Estados Unidos? ¿Qué le parece a Ud. la comida japonesa? ¿Ha estado Ud. en algún restaurante japonés? Cuéntenos sobre algún restaurante extranjero que Ud. conoce.

Situaciones

A. El año próximo Ud. va a vivir en un apartamento con un (una) estudiante de España. Como Uds. van a preparar las comidas, a Ud. le interesa saber el horario de las comidas de su compañero español (compañera española), qué toma para el desayuno, qué le gusta para el almuerzo y para la cena, qué bebidas toma y qué postres le gustan. Su compañero también quiere saber la misma información de Ud. y le hace las mismas preguntas a Ud. (*Study the vocabulary that follows from* **Conversaciones** 1 *and* 2, *and enact the situation.*)

Word Choices				
El desayuno	*El almuerzo*	*La cena*	*Las bebidas*	*Los postres*
las frutas	el cocido	las albóndigas	el café	el arroz con leche
los huevos	el chorizo	la carne	la cerveza	el chocolate
el jamón	la ensalada	el cerdo	la leche	los dulces
el jugo	el queso	el lomo	la limonada	el flan
la mantequilla	la sopa	el pescado	el té (helado)	el helado
el pan		el pollo	el vino (tinto	las tortas
el tocino		el arroz	o blanco)	
		las patatas		

B. En esta fotografía hay un grupo de personas comiendo. Estudie bien la fotografía y hágale algunas preguntas a su compañero(-a) sobre lo que ve en ella. Usted quiere saber quiénes son estas personas, dónde están, qué celebran, qué comen, etc.

▪▪ Vocabulario

acercarse (a + *obj.*) to approach
acostumbrar to be accustomed to
la **albóndiga** meatball
el **arroz** rice
el **arroz con leche** rice pudding
asado, -a roast(ed)
el **biftec (bistec, bisté)** steak
la **botella** bottle
cada (*m. and f.*) each, every
la **carne** meat
el **cerdo** pork, pig
el **cocido** Spanish stew
contener (*like* **tener**) to contain
el **chorizo** smoked pork sausage
el **elemento** ingredient, element
encantado, -a delighted (to)
la **ensalada** salad

el **entremés** (*pl.* **entremeses**) side dish, hors d'oeuvre
escoger to choose, select
examinar to examine
la **fama** fame, reputation
la **fresa** strawberry
frito, -a fried
las **frutas** fruit(s)
el **garbanzo** chickpea
el **gazpacho** cold vegetable soup
el **huevo** egg
el **jamón** (*pl.* **jamones**) ham
el **lechón** (*pl.* **lechones**) suckling pig
libre free
la **lista** menu
el **lomo (de cerdo)** (pork) loin
magnífico, -a magnificent, fine

la **mantequilla**   butter
el **membrillo**   quince (*fruit and paste*)
  naturalmente   naturally, of course
el **pan**   bread
la **patata**   potato
el **pescado**   fish
la **Plaza Mayor**   Main Square (*in center of
  Old Madrid*)
el **pollo**   chicken
el **postre**   dessert
  primero *adv.*   first
  probar (**ue**)   to try, sample, taste
la **propina**   tip
el **queso**   cheese
la **región** (*pl.* **regiones**)   region

la **Rioja**   *part of province of Logroño in
  northern Old Castile, famous for its wines*
  sabroso, -a   delicious, tasty
la **selección** (*pl.* **selecciones**)   selection,
  choice
la **sopa**   soup
  tanto, -a (-os, -as) *adj. and pron.*   as (so)
  much; *pl.* as (so) many
  tinto, -a   red (*wine*)
el **tocino**   bacon
la **tortilla**   omelet (*Spain*), small cornmeal
  cake (*Mex.*)
  variado, -a   varied
las **verduras**   vegetables, greens
el **vino**   wine

  arroz con pollo   rice chicken casserole
  en lugar de   instead of, in place of
  esta noche   tonight
  hasta la vista   until (see you) later
  helado de fresa   strawberry ice cream
  hora en que   the time (hour) when
  hoy no   not today
  mil gracias por   many (a thousand) thanks *or* thanks a lot for
  pasar por   to stop (drop) by
  pasen Uds. por aquí   come this way
  se come muy bien aquí   the food is very good here (*lit.*, one eats very well here)
  tener fama (de)   to have the (a) reputation (of, as)
  tortilla española   potato omelet (*Spain*)

Un hotel de lujo (luxury) en Puerto Vallarta, pintoresco lugar de recreo en la costa occidental de México, al noroeste de Guadalajara.

▶ The past participle

▶ The present perfect and pluperfect indicative

▶ The past participle used as an adjective

▶ Summary of other uses of **haber**

▶ **Hace** meaning *ago, since*

▶ Forms of **oír,** *to hear*

Unas vacaciones fantásticas

El último día de sus vacaciones en Cozumel, el Sr. Ramos había nadado mucho y se encontraba cansado. Se quedó en la playa tomando el sol mientras su esposa había ido de compras. Cuando volvieron al hotel sonó el teléfono en el cuarto, pero la señora Ramos ya había salido otra vez. Quería arreglarse el[1] pelo y la peluquería se cerraba a las cinco.

SR. RAMOS (*Contestando el teléfono.*) —¡Bueno!

MIGUEL —¡Hola, papá! Acabo de llamarlos hace un rato, pero no había nadie. ¿Cuánto tiempo hace que volvieron al cuarto?

SR. RAMOS —Hemos vuelto hace apenas un cuarto de hora. Yo he estado en la playa un par de horas y tu madre había ido de compras esta tarde.

MIGUEL —Bueno, es que estaba preocupado porque no había tenido noticias de ustedes. ¿Cómo lo han pasado?

SR. RAMOS —¡Estupendo, hijo! Hemos visto pueblos encantadores y ruinas antiguas de ciudades mayas. También hemos conocido gente muy amable.

MIGUEL —¿Es verdad que las playas de Cozumel son tan hermosas?

SR. RAMOS —Tienes que verlas, hijo. El color del mar es verde-azul y la arena es muy blanca. El agua es tan clara que se puede ver el fondo cubierto de corales.

MIGUEL —¡Qué fantástico bucear allí! Yo aquí tengo que conformarme con nadar en la piscina. En fin, ¿puedo hablar con mamá unos minutos también?

SR. RAMOS —Tu madre ha salido otra vez; ha ido a la peluquería del hotel. Se ha puesto muy bronceada y se ve muy bien.

MIGUEL —Hay que hablar más alto, papá. No puedo oírte bien.

SR. RAMOS —Yo tampoco, Miguel. Es que la puerta del cuarto está abierta y hay gente que está charlando en el corredor.

MIGUEL —Parece que están disfrutando mucho de las vacaciones, ¿no? ¿Has ido a pescar?

SR. RAMOS —¡Hombre! Te he escrito una carta bastante larga contándote de la pesca aquí.

MIGUEL —¿Cómo dices? No puedo oír… ¡Telefonista! ¡Telefonista…! ¡Qué lástima! Nos han cortado…

HOTEL PRESIDENTE
CANCUN · GRAN TURISMO

---

[1]Remember that the definite article often replaces the possessive adjective with a noun which represents a part of the body or an article of clothing (see **Lección 8**).

◪ Otras palabras y expresiones

cansarse to get tired
cubrir to cover
hallar (hallarse) to find (*reflex.* to find oneself, be found, be)
preocuparse to worry, to be or get worried
escrito, -a (*p.p. of* **escribir** *and adj.*) written
hecho, -a (*p.p. of* **hacer** *and adj.*) done, made

despacio slowly
rápido fast
alguna vez some time, ever
ayer por la mañana (tarde) yesterday morning (afternoon)
mañana por la mañana (tarde, noche) tomorrow morning (afternoon, night or evening)

la estampilla

la tarjeta postal

el vestido

el vestido de baño

◪ Preguntas sobre el diálogo

1. ¿Qué había hecho el señor Ramos el último día de sus vacaciones?
2. ¿Adónde había ido la señora Ramos?   3. ¿Por qué estaba preocupado Miguel?
4. ¿Qué han visto los señores Ramos?   5. ¿Cómo son las playas de Cozumel?
6. ¿Adónde había tenido que ir la madre de Miguel?   7. ¿Cómo se ha puesto ella?   8. ¿Por qué no podía oír bien el señor Ramos?

cultur

CHICHEN ITZA

CUOTA DE RECUPERACION

$ 2,000   N⁰   87431

Nota cultural

Como se ha indicado en la **Lectura 2,** la península de Yucatán es uno de los centros turísticos más populares de México. Por una parte,[1] tiene en Cancún y la isla de Cozumel playas hermosas y hoteles modernos, con facilidades para toda clase de deportes acuáticos. Y por otra parte,[2] se encuentran en Yucatán, para la admiración de los turistas, magníficas ruinas de antiguas ciudades mayas, como Chichén Itzá y Uxmal.

Durante los siglos IV a XII los mayas crearon en Centroamérica la civilización más avanzada del Nuevo Mundo. Organizados en confederaciones de grandes ciudades-estado, extendieron su dominio sobre toda la península de Yucatán, y la mayor parte[3] de Honduras y Guatemala. Actividades en que se distinguieron fueron: la ingeniería, la arquitectura (palacios, templos y pirámides), la escultura (grandiosos ejemplos en Tikal, Copán y Palenque), la pintura (murales de Palenque), la escritura jeroglífica, la cronología (un calendario de 365 días), las matemáticas (un sistema numérico basado en el número 20, con el concepto del cero), la cerámica, tejidos,[4] trabajos[5] en oro y cobre, y una concepción religiosa[6] elevada. Se cree que se desarrolló[7] el maíz en las altiplanicies[8] de Guatemala.

Las ciudades de Copán, el centro astronómico, y Tikal, situadas en el sur de la península de Yucatán, datan de la época antigua de la historia de los mayas (período que recibe el nombre de "Antiguo Imperio", de 317 a 987). Chichén Itzá, la ciudad más sagrada[9] de los mayas, y Uxmal, en el norte de la península, representan el período posterior ("Nuevo Imperio"), cuando la cultura de los mayas floreció,[10] y luego declinó, bajo la influencia de pueblos[11] como los toltecas y los aztecas, procedentes[12] del centro de México.

Uno de varios templos de la antigua ciudad maya de Tikal, en el norte de Guatemala. La ciudad representa la época antigua de los mayas, del siglo IV al VIII.

---

[1]On the one hand   [2]on the other hand   [3]most of   [4]textiles   [5]works, products
[6]religious ideas   [7]was developed   [8]highland plains   [9]sacred   [10]flourished
[11]peoples, nations   [12]coming, originating

◇◇◇◇◇◇◇◇◇ Notas gramaticales ◇◇◇◇◇◇◇◇◇

A. The past participle (*El participio pasado*)

Formation of past participles			
hablar	**habl-** + ado	hablado	*spoken*
comer	**com-** + ido	comido	*eaten*
vivir	**viv-** + ido	vivido	*lived*

1. Past participles are regularly formed by adding **-ado** to the stem of **-ar** verbs and **-ido** to the stem of **-er** and **-ir** verbs.

2. A written accent over the **í** of **ido** is required in all verbs ending in **-er** or **-ir** whose stems end in **-a, -e,** or **-o,** since no diphthong is formed:

   traer: **traído,** *brought*   leer: **leído,** *read*

   creer: **creído,** *believed*   oír: **oído,** *heard*

3. The following verbs which you have already learned have irregular past participles:

Irregular past participles					
abrir:	**abierto**	*opened*	poner:	**puesto**	*put, placed*
cubrir:	**cubierto**	*covered*	ver:	**visto**	*seen*
decir:	**dicho**	*said*	volver:	**vuelto**	*returned*
escribir:	**escrito**	*written*	devolver:	**devuelto**	*given back*
hacer:	**hecho**	*done, made*	envolver:	**envuelto**	*wrapped (up)*
ir:	**ido**	*gone*			

muebles

bima

abierto hasta las 8 pm

66

86

77

B. The present perfect and pluperfect indicative   (*El perfecto presente y el pluscuamperfecto del indicativo*)

Present Perfect		
he has ha Ud. ha	} hablado	I have you (*fam.*) have he, she has you (*formal*) have } spoken
hemos habéis han Uds. han	} hablado	we have you (*fam.*) have they have you have } spoken
Pluperfect		
había habías había Ud. había	} comido	I had you (*fam.*) had he, she had you (*formal*) had } eaten
habíamos habíais habían Uds. habían	} comido	we had you (*fam.*) had they had you had } eaten

Ellos **han hecho** un viaje a la playa.   *They have taken a trip to the beach.*
Han descansado mucho, **han comido**   *They have rested a lot, have eaten well,*
   bien y **han vuelto** muy contentos.   *and have come back very happy.*
Yo **había visitado** otras playas, pero   *I had visited other beaches, but I had never*
   nunca **había ido** a Cozumel.   *gone to Cozumel.*

1. The auxiliary verb **haber** is used with the past participle to form the compound or perfect tenses.
2. The present tense of **haber** + the past participle form the present perfect tense: **ellos han hecho un viaje,** *they have taken a trip.*
3. The imperfect tense of **haber** + the past participle form the pluperfect tense, often called the past perfect tense in English: **Nunca *habían ido* a Cozumel,** *They had never gone to Cozumel.*
4. The present perfect tense is used in Spanish to describe events in the past which are either still going on in the present or that have consequences bearing upon the present.

He estudiado mucho para esta clase,   *I have studied a lot for this class, but the*
   pero el semestre no **ha terminado**   *semester hasn't ended yet.*
   todavía.
He estado en México este verano y   *I have been in Mexico this summer and*
   ahora puedo hablar el español bien.   *now I can speak Spanish well.*

5. In Spanish, the present perfect may be used to describe events that took place within a definite or indefinite period of time in the past, while English uses the simple past tense to describe events that took place within a definite period of time.

Ellos **han vuelto** de su viaje.

They have returned from their trip. (time of return is indefinite)

Ellos **han llegado** esta mañana.

They returned this morning. (time of arrival is definite)

6. Spanish, like English, uses the pluperfect tense to describe events that took place before another event in the past.

Yo **había visitado** la ciudad de México y este verano fui a Cozumel.

I had visited Mexico City and this summer I went to Cozumel.

¡Atención!   Note the following points: 1. The past participle used with **haber** always ends in **-o: yo he abierto la puerta,** *I have opened the door;* **ella ha cerrado las ventanas,** *she has closed the windows;* 2. Negative words precede the form of **haber: yo *nunca* había ido a Cozumel,** *I had never gone to Cozumel;* 3. Object pronouns and reflexives precede the form of **haber: *lo* he hecho,** *I have done it;* **yo *les* había escrito a ellos,** *I had written to them;* ***nos* habíamos acostado temprano,** *we had gone to bed early;* or they come between the negative word and the form of **haber: ella nunca *me* ha escrito,** *she has never written to me.*

◈ Práctica 1   Say after your teacher; then repeat, using the present perfect indicative tense, and then the pluperfect indicative tense:

1. Ud. ve a Margarita.
2. Marta me escribe una tarjeta.
3. Sara y Pablo abren la puerta.
4. Elena no dice nada.
5. Ana y yo vamos al lago.
6. Los muchachos van a pescar.
7. Silvia cubre la silla.
8. Mario no devuelve el dinero.
9. ¿Qué haces tú?
10. ¿Escuchas la música?
11. Jorge envuelve el paquete.
12. Yo me pongo el vestido de baño.

C. The past participle used as an adjective   (*El participio pasado usado como adjetivo*)

La puerta estaba **cerrada** pero las ventanas estaban **abiertas.**	*The door was closed but the windows were open.*
El señor Ramos había nadado mucho y se encontraba **cansado.**	*Mr. Ramos had swum a lot and he was (found himself) tired.*
Él estaba **preocupado** porque no tenía noticias de ustedes.	*He was worried because he had no news from you.*
Se cierra la peluquería a las cinco; ya está **cerrada.**	*They close the beauty parlor at five; it is already closed.*

1. Past participles may be used as adjectives, in which case they agree with the noun they modify.
2. **Estar** is used with a past participle to describe a state or condition which is the result of a previous action: **Se cierra la peluquería a las cinco; ya está cerrada,** *They close the beauty parlor at five; it is already closed;* **Las ventanas están abiertas; yo las había abierto,** *The windows are open, I had opened them.*
3. Certain verbs like **encontrarse, hallarse,** and **verse** are often substituted for **estar** with past participles, normally retaining in such cases something of their original meaning: **El señor Ramos estaba (se encontraba, se hallaba, se veía) cansado,** *Mr. Ramos was (found himself, looked) tired.*

🔷 **Práctica 2**   Read in Spanish, keeping in mind the meaning of each sentence:

1. —¿Ya se durmieron los niños? —Sí, están dormidos.   2. Anoche escribí las cartas; ya están escritas.   3. El banco se abrió hoy a las ocho; está abierto.
4. —¿Hicieron Uds. la comida? —Sí, ya está hecha.   5. Nos habíamos despertado temprano; estábamos despiertos cuando llamaste.   6. Se preocupaba mucho porque no tenía noticias de ustedes; estaba muy preocupado.

¿De qué está hecho el amor?

D. Summary of other uses of **haber**   (*Resumen de otros usos de* **haber**)

Haber used impersonally

Hay mucha gente en la playa.	*There are a lot of people on the beach.*
No **había** nadie en el hotel.	*There was no one in the hotel.*
Hubo una cena y un baile anoche.	*There was a dinner and a dance last night.*
Ha habido muchas fiestas.	*There have been many parties.*

The third person singular of **haber** is used impersonally, *i.e.*, without a definite personal subject: **hay** (used for **ha**), *there is, there are:* **había,** *there was, there were;* **hubo,** *there was, there were* (meaning *there took place*); **ha habido,** *there has been, there have been.*

Hay que + an infinitive

Hay que disfrutar de las vacaciones.	*One must enjoy vacations.*
Hay que descansar de vez en cuando.	*One must (has to) rest once in a while.*
Había que hablar más alto.	*One (You) had to speak louder.*

Hay que + an infinitive means *It is necessary to,* and also conveys the meaning of the indefinite subject *One (You, We, People, etc.) must.* The imperfect **había que** + an infinitive is less common.

¡Atención!   Remember that when *must* = *to have to,* expressing a personal obligation or necessity, **tener que** + an infinitive is used:

Tu madre **ha tenido que ir** a la peluquería.	*Your mother has had to go to the beauty shop.*
Tienes que verlas, hijo.	*You have to (must) see them, son.*

E. **Hace** meaning *ago, since*   (*Hace* con el significado de **ago, since**)

Te llamé **hace** un rato; *or*	*I called you a short while ago; or*
Hace un rato **que** te llamé.	*It has been a short while since I called you.*
Hace apenas un cuarto de hora **que** hemos vuelto; *or*	*We returned scarcely a quarter of an hour ago; or*
Hemos vuelto **hace** apenas un cuarto de hora.	*It's scarcely a quarter of an hour since we have returned.*

1. When **hace** is used with an expression of time in a sentence which is in the past tense, it regularly means *ago* or *since.*
2. If the **hace**-clause comes first in the sentence, **que** usually introduces the main clause, but **que** is omitted if **hace** and the time expression follow the verb.

F. Forms of **oír,** *to hear*   (*Formas del verbo* **oír**)

oír, *to hear*	
Pres. Part.	**oyendo**
Pres. Ind.	**oigo, oyes, oye,** oímos, oís, **oyen**
Pret.	oí, oíste, **oyó,** oímos, oísteis, **oyeron**
Sing. Imper.	**oye**
Past. Part.	oído

1. In certain verbs like **oír,** whose stem ends in a vowel, unaccented **i** between vowels is written **y** (note for example, the present participle and the third person singular and plural preterit forms).
2. Note the written accent on **oyó** and on the other forms of **oír** to break the diphthong: **o-í-mos, o-ís,** etc.
3. **Creer** and **leer** have similar changes in the preterit tense: **creí, creyó, leí, leyó,** etc.

 Práctica 3   Substitution drill:

1. *El señor Ramos* no oye nada. (Yo / Ana y yo / Tú / Ud. / Rita y Laura)
2. *Jaime* no lo creyó. (Ellos / Ud. / Yo / Luis y yo / Tú)
3. *Tú* leíste el artículo. (Sus padres / Mario y yo / Yo / Ella / Uds.)

Ver, oír... y contar

◆◇◆◇◆◇◆◇ **Actividades y práctica** ◆◇◆◇◆◇◆◇

A. Address the question to a classmate or a group of classmates, who will answer.

MODEL: Oye, (Miguel), ¿quieres (quieren Uds.) cenar?
Gracias, pero ya he (hemos) cenado.

1. Oye, (…), ¿quieres desayunarte?
2. Oye, (…), ¿quieres bañarte en el mar?
3. Oye, (…), ¿quieres tomar el sol?
4. Oye, (…), ¿quieres nadar?
5. Oye, (…), ¿quieren Uds. bucear?
6. Oye, (…), ¿quieren Uds. salir a almorzar?
7. Oye, (…), ¿quieren Uds. ir a pescar?
8. Oye, (…), ¿quieren Uds. hacer una excursión?

B. Answer negatively in Spanish following the models.

MODEL: ¿Ya les compraste los regalos?
No, todavía no se los he comprado.

1. ¿Ya les hiciste las reservas?
2. ¿Ya les entregaste los boletos de avión?
3. ¿Ya les avisaste el precio del viaje?
4. ¿Ya le enseñaste las fotos del hotel?
5. ¿Ya le dijiste el horario de comidas?
6. ¿Ya le devolviste su tarjeta de crédito?

MODEL: ¿Visitaron Uds. México?
No, ya habíamos visitado México antes.

7. ¿Estuvieron Uds. en Yucatán?
8. ¿Vieron Uds. las ruinas mayas?
9. ¿Fueron Uds. a Cozumel?
10. ¿Conociste Cancún también?
11. ¿Hiciste el viaje en coche?
12. ¿Visitaste la ciudad de México?

C. You want to know what one of your classmates has done lately. You also want to know what he or she did before coming to this university, so you ask him/her a few questions.

1. Oye, (…), ¿dónde has estado hoy?
2. ¿A quiénes has visto esta semana?
3. ¿De qué cosas han hablado Uds.?
4. Oye, (…), ¿qué has hecho este fin de semana?

5. ¿Has ido al centro? ¿Qué has hecho allí?
6. ¿Has ido de compras? ¿Qué has comprado?
7. ¿Habías vivido en esta ciudad antes? ¿Dónde habías vivido antes?
8. ¿A qué escuela habías ido antes?
9. ¿Habías estudiado español antes?
10. ¿Habías conocido esta universidad antes?

D. Answer in Spanish, following the models.

MODEL: ¿Has escrito la carta?
           Sí, está escrita.

1. ¿Has cobrado los cheques?   4. ¿Han envuelto Uds. el paquete?
2. ¿Has pagado la cuenta?   5. ¿Han escrito Uds. las tarjetas?
3. ¿Has abierto el regalo?   6. ¿Han puesto Uds. las estampillas?

MODEL: ¿Prepararon Uds. la cena?
           No, ya estaba preparada.

7. ¿Hicieron Uds. el almuerzo?   10. ¿Cerraste las ventanas?
8. ¿Cocinaron Uds. la paella?   11. ¿Arreglaste el tocadiscos?
9. ¿Cubrieron Uds. la comida?   12. ¿Lavaste los coches?

E. Listen to each pair of questions; then answer affirmatively.

MODEL: ¿Qué hay que hacer? ¿Hablar más alto?
           Sí, hay que hablar más alto.

1. ¿Qué hay que hacer? ¿Comprar los boletos?
2. ¿Qué hay que hacer? ¿Esperar cerca de la piscina?
3. ¿Qué hay que hacer? ¿Tomar el autobús?
4. ¿Qué hay que hacer? ¿Volver mañana por la tarde?

F. Listen to your classmate and confirm what he asks you, following the model.

MODEL: Miguel llegó hace un mes, ¿verdad?
           Sí, hace un mes que Miguel llegó.
           Sí, Miguel llegó hace un mes.

1. Ellos volvieron hace una semana, ¿verdad?
2. Marta nos visitó hace dos días, ¿verdad?
3. Tu hermana salió hace un par de horas, ¿verdad?
4. Ellas hicieron el viaje hace un año, ¿verdad?
5. Nosotros regresamos a casa hace media hora, ¿verdad?
6. Silvia llamó por teléfono hace un rato, ¿verdad?

G. **¿Cuánto tiempo hace que...?** Listen to what you classmate asks and respond freely.

1. ¿Cuánto tiempo hace que estás en esta universidad?
2. ¿Cuánto tiempo hace que estudias español?
3. ¿Cuánto tiempo hace que vives en (...)?
4. ¿Cuánto tiempo hace que no vas a casa?
5. ¿Cuánto tiempo hace que no llamas a tu familia?
6. ¿Cuánto tiempo hace que no recibes noticias de tu mejor amigo(-a)?

H. Read aloud, providing the preterit or imperfect form of the verb in parentheses, and making the necessary changes in the reflexive pronouns. No other past tenses, such as the perfect tenses of this lesson, are used here.

1. El año pasado los señores Ramos (hacer) _____ un viaje a México.
2. Ellos (ir) _____ a Yucatán y (pasar) _____ una semana en la isla de Cozumel.   3. Todas las mañanas ellos (levantarse) _____ temprano y (bajar) _____ a la playa; (nadar) _____ un rato y luego (desayunarse) _____.
4. Después del desayuno les (gustar) _____ sentarse en la arena y tomar el sol.
5. Como (encontrarse) _____ muy cansados, (pasar) _____ muchas horas en la playa, leyendo y descansando.   6. Ayer por la tarde los dos (volver) _____ temprano al hotel porque la señora Ramos (querer) _____ arreglarse el pelo y la peluquería (cerrarse) _____ a las cinco.   7. Poco después (sonar) _____ el teléfono en su cuarto y el señor Ramos lo (contestar) _____.   8. Su hijo Miguel, que (hallarse) _____ en California, los había llamado.   9. (Estar) _____ preocupado porque no había tenido noticias de ellos y (querer) _____ saber cómo (estar) _____.   10. Su padre le (decir) _____ a Miguel que ellos (estar) _____ muy bien y que (estar) _____ disfrutando mucho de sus vacaciones.   11. Le (contar) _____ que el agua (ser) _____ tan clara que se (poder) _____ ver el fondo del mar.   12. Miguel no (poder) _____ hablar con su madre porque a esa hora ella (encontrarse) _____ en la peluquería.

I. Give the Spanish equivalent.

1. The last day of his vacation Mr. Ramos swam a lot in the sea.   2. Since Mrs. Ramos was very tired, she stayed on the sand taking a sunbath.   3. They returned to the hotel early because she wanted to have her hair done.   4. Since the beauty shop always closed (was closed) at five o'clock, she had to go there at once.   5. Shortly afterward the telephone in the room rang.   6. Michael was calling because he had not received a card from them and he was worried. 7. He said: "I called a couple of hours ago, but no one answered."   8. Mr. Ramos replied that they had gone to the beach that afternoon.   9. He told Michael that the beaches were very beautiful.   10. They have seen charming villages and ruins of ancient cities.   11. The water is so clear that one can see the bottom of the sea covered with coral (use *pl.*).   12. Michael told him that he had to resign himself to swimming in the pool.

◇◇◇◇◇◇◇◇ Práctica de conversación ◇◇◇◇◇◇◇◇

Answer the following questions with complete sentences when your teacher calls on you:

1. ¿Cuándo comenzó Ud. a estudiar español en esta universidad? ¿Lo había estudiado antes?
2. ¿Hay que practicar mucho para hablar bien una lengua extranjera? ¿Con quiénes practica Ud. español?
3. ¿Por qué hay que llegar a tiempo a las clases? ¿Llega Ud. a tiempo siempre?
4. ¿Ha encontrado Ud. algún restaurante nuevo en esta ciudad? ¿Es muy caro?
5. ¿Qué ha hecho Ud. esta semana? ¿Ha escrito algunas cartas?
6. ¿Ha recibido Ud. muchas cartas este mes? ¿Quiénes le han escrito?
7. ¿Están abiertas o cerradas las tiendas de noche? ¿Qué tiendas están abiertas los domingos?
8. ¿Se encuentra Ud. cansado (cansada) después de esta clase? ¿Por qué?
9. ¿Le gusta a Ud. ir a pescar? ¿Dónde se puede pescar?
10. ¿Ha tomado Ud. el sol en la playa? ¿Se ha puesto Ud. bronceado (bronceada)?

GRAN HOTEL

CALLE 60 Nº 496

FRENTE AL PARQUE **CEPEDA PERAZA**

Mérida, Yucatán,
(MEXICO)

CODIGO POSTAL 97000   TELEFONO 24-76-22
24-77-30

Visite nuestros Monumentos Arqueológicos

◆◆◆◆◆◆◆◆◆◆ Situaciones ◆◆◆◆◆◆◆◆◆◆

A. Usted y un amigo ya han pasado un semestre en esta universidad. Ustedes quieren saber cómo han sido sus vidas durante el tiempo que han estado aquí; las clases que han tomado; cómo han sido los profesores que han tenido; las cosas que han aprendido; las cosas que han hecho en la universidad (y en la ciudad); y las personas que han conocido.

B. Piense Ud. en las últimas veinticuatro horas y dígales a sus compañeros y compañeras algunas de las cosas que Ud. ha hecho durante ese tiempo. Pregúnteles a sus compañeros (o compañeras) las cosas que ellos han hecho.

C. Recuerde Ud. algunas de las cosas que Ud. había hecho y aprendido antes de cumplir dieciocho años, y cuénteselas a sus compañeros y compañeras. Pregúnteles Ud. a sus compañeros (o compañeras) qué habían hecho y aprendido ellos antes de cumplir dieciocho años.

Estudiantes universitarios esperan la hora de clase enfrente de uno de los magníficos edificios de la nueva ciudad universitaria de México. Hoy día la Universidad de México tiene más de cien mil estudiantes.

Vocabulario

abierto, -a *p.p. of* **abrir** *and adj.* open, opened
alto *adv.* loudly
amable friendly, kind
antiguo, -a ancient, old
apenas *adv.* scarcely, hardly
la **arena** sand
arreglar to arrange, fix
bronceado, -a tanned
claro, -a clear
conformar to conform, adjust
el **coral** (*also pl.*) coral
el **corredor** corridor, hall
cortar to cut, cut off
cubierto, -a (de) *p.p. of* **cubrir** *and adj.* covered (with)
disfrutar (de + *obj.*) to enjoy
encantador, -ora enchanting, charming

encontrarse (ue) to find oneself, be found, be
el **fondo** bottom, depth
¡hombre! man (alive)! say! hey!
maya (*m. and f.*) (*also noun*) Maya, Mayan
el **minuto** minute
oír to hear, listen
el **par** pair, couple
la **peluquería** beauty parlor (shop), barber shop
la **pesca** fishing
pescar to fish
la **piscina** swimming pool
las **ruinas** ruins
el (la) **telefonista** telephone operator
último, -a last (*in a series*)
verde-azul greenish blue

arreglarse el pelo to have one's hair done
¿cómo dices? what do you say? what are you saying?
¿cómo lo han pasado? how have things gone?
conformarse con to resign oneself to
¿cuánto tiempo hace que Uds. volvieron? how long has it been since you returned?
en fin in short
hablar más alto to talk louder
hace (un cuarto de hora) (a quarter of an hour) ago
hay que + *inf.* one (you, we, people, etc.) must *or* it is necessary to + *verb*
ir a pescar to go fishing
poco después shortly afterward
ponerse + *adj.* to become, get
un par de (horas) a couple of (hours)
(yo) tampoco neither can (I), (I) cannot either

Lectura 4

❧ Estudio de palabras

1. Many English words beginning with *s* followed by a consonant have Spanish cognates beginning with **es-** plus the consonant. Give the English for: **España, especial, estado.** More difficult to recognize are: **estrecho,** *strait;* **estaño,** *stannum, tin.*

2. *Verb cognates.* Pronounce the following Spanish verbs, observe the English cognates and indicate the differences between the Spanish and the English: **concentrar,** *to concentrate;* **dividir,** *to divide;* **formar,** *to form;* **notar,** *to note;* **ocupar,** *to occupy.*

3. *Approximate and less approximate cognates.* Pronounce the following Spanish words, observe the English cognates and indicate the differences between the Spanish and the English: **adyacente,** *adjacent, next to;* **esmeralda,** *emerald;* **hemisferio,** *hemisphere;* **pastoreo,** *pasturing;* **pico,** *peak;* **topografía,** *topography.*

4. *Related words.* Compare the meanings of the following pairs of words: **desarrollo,** *development,* and **desarrollar,** *to develop;* **extenderse,** *to extend,* and **extenso,** *extensive;* **montaña,** *mountain,* and **montañoso,** *mountainous;* **población,** *population,* and **poblado,** *populated;* **salir,** *to leave, exit,* and **salida,** *exit.*

5. *Deceptive cognates.* **Carbón** means *coal,* as well as *carbon;* **largo** means *long;* **oriental** means *eastern.*

Escultura de oro de la época precolombina.

La América del Sur

La América del Sur es un continente de contrastes dramáticos. Los españoles que exploraron la América del Sur durante el siglo XVI descubrieron una región que ofrecía climas, vegetación y topografía de todos los tipos y todos los extremos. En el occidente del continente descubrieron la gran cordillera de los Andes, cuyos picos nevados son los más altos del hemisferio. En el interior descubrieron la cuenca° del río Amazonas y la impenetrable selva° tropical. En el sur se enfrentaron con° desiertos áridos y extensas llanuras.° Hoy día, hay nueve países de habla española en este continente: Colombia, Venezuela, el Ecuador, el Perú, Bolivia, Chile, la Argentina, el Uruguay y el Paraguay.[1]

cuenca basin
selva jungle / **se enfrentaron con** confronted
llanuras plains

Colombia

Con un territorio un poco más grande que los estados de Texas y Nuevo México, Colombia es el único país en la América del Sur que tiene costas en el Océano Pacífico y en el Mar Caribe.

El territorio de Colombia se divide en cuatro regiones muy distintas. En el norte y en el occidente encontramos las llanuras de las costas del Pacífico y las del Mar Caribe. Es aquí donde está la hermosa ciudad colonial de Cartagena de Indias, que fue el puerto principal desde donde los españoles mandaban las riquezas° del Nuevo Mundo a España.

riquezas riches

En la parte central tenemos la región montañosa, donde se encuentran las dos ciudades principales, la capital, Bogotá, situada a más de 6.500 pies de altura, y Medellín, centro industrial de gran importancia.

Hacia el sudeste encontramos la región de los llanos[2], donde la base de la economía es principalmente la ganadería.° Directamente hacia el sur, está la región selvática, cerca del gran río Amazonas.

ganadería cattle raising

La población es muy variada: se compone de mestizos (58%), europeos (20%), mulatos (14%), negros (4%), e indios (1%).

Por sus montañas y sus tierras volcánicas, Colombia es uno de los primeros productores de café en el mundo. También son importantes para su economía el petróleo, las esmeraldas, el oro, la plata° y la industria textil.

plata silver

---

[1] The languages spoken in the other countries of South America are: Portuguese, in Brazil; English, in Guyana; Dutch, in Surinam; and French in French Guiana. Also numerous Indian languages and dialects are spoken.
[2] **llanos,** *plains.* (Here, the broad, treeless plains of eastern Colombia and Venezuela.)

Venezuela

faja andina narrow strip of Andean land

30 Sobre las costas del Mar Caribe está Venezuela, cuyo territorio es dos veces más grande que el estado de California. El país se divide en tres grandes zonas: una faja andina° en la parte noroeste; extensas mesetas al este de la Cordillera Oriental de los Andes y los llanos del Orinoco[3] en la parte sudeste.

parecida similar

La población es parecida° a la de Colombia: el 69% de mestizos, el 20% de origen europeo, el 9% de negros y el 2% de indios.

35 Venezuela es la quinta nación del mundo en la producción de petróleo. Abundan

hierro iron

también el hierro,° el oro, la plata y el carbón. Otros productos importantes son el cacao y el café.

Muy cerca de la costa del Mar Caribe se encuentra la capital del país, Caracas. Aquí fue donde nació Simón Bolívar[4] en 1783. Hoy día Caracas es el centro industrial

40 y comercial más importante del país. Más de cuatro millones de personas viven en Caracas, que es una de las ciudades más modernas de todo el continente.

Otras ciudades importantes son Maracaibo,[5] centro de la región petrolera en el occidente del país, y Barquisimeto, centro comercial y agrícola.

El Ecuador

atraviesa crosses

45 Al sur de Colombia se halla el Ecuador, que debe su nombre a la línea del ecuador que lo atraviesa.° Del tamaño aproximado del estado de Nevada, limita al este y al sur con el Perú y al oeste con el Océano Pacífico.

altiplanicies high plateaus / **templado** temperate
pertenecen belong

Dos cordilleras de los Andes, en las que abundan volcanes, dividen el país en tres zonas: el Litoral, de llanuras bajas; la Sierra, altiplanicies° de clima templado,° entre las dos cordilleras; y el Oriente, una inmensa llanura de selvas tropicales. Las Islas

50 Galápagos, a 600 millas de la costa, pertenecen° al Ecuador y son de gran interés científico por su fauna extraordinaria.

recorre traverses; travels through / **sino** but

La población es predominantemente mestiza (55%) y la población india es considerable (25%). El 10% es de origen español y otro 10% de origen africano. El viajero que recorre° el Ecuador oye no sólo el español, sino° también una variedad de lenguas

55 indígenas, como el quechua.[6]

---

[3]One of the longest South American rivers, the Orinoco originates in southwestern Venezuela, near the Brazilian border. Its 1,700 mile course forms part of the boundary between Venezuela and Colombia, crosses Venezuela, and finally empties into the Atlantic Ocean.

[4]Simón Bolívar (1783–1830), who liberated Venezuela, Colombia, Ecuador and Peru from Spanish rule, was not only a highly talented military leader, but was renowned as a brilliant statesman, orator, and writer.

[5]The city is named for Lake Maracaibo, a large lake connected by a channel to the Gulf of Venezuela, in northwestern Venezuela.

[6]**quechua,** *Quechua.* (The language of the Indian tribes that made up the dominant element in the Inca Empire; it is still spoken in many different dialects in Ecuador and Peru.)

El Ecuador es la primera nación del mundo en la exportación de plátanos. Otros productos importantes son el café, el cacao y la palma con que se tejen° los famosos sombreros de Jipijapa.[7] Desde 1972 la exportación de petróleo ha sido la base de la economía del país.

se tejen are woven

60   Situada en la cordillera de los Andes, Quito es la capital y una de las ciudades que más se distinguen por su arquitectura colonial. Guayaquil, situada en la costa del Pacífico, es el puerto principal y el mayor centro comercial de todo el país.

El Perú

El Perú está situado en la costa occidental de la América del Sur, al sur del Ecuador y de Colombia.

65   En extensión territorial, el Perú es un poco más grande que Alaska. Como el Ecuador, el Perú se divide en tres zonas: la Costa, generalmente árida; la Sierra, o cordillera de los Andes, que cruza el país de norte a sur; y la selva, que forma parte de la cuenca del Amazonas. El lago de Titicaca, situado en la altiplanicie andina entre el Perú y Bolivia, es el lago más alto del mundo navegable por buques de vapor.°

buques de vapor
steamships

---

[7]Jipijapa, a town of Ecuador, southwest of Quito. (The hats are erroneously called "Panama hats" in English.)

Mercado típico, al aire libre, en Pisac, pueblo andino del Perú (en el Departamento de Cuzco); hay ruinas incaicas en los alrededores.

70   Casi la mitad de la población (el 45%) es de raza india y por eso el español y el quechua son las lenguas oficiales del país. El 37% son mestizos, el 15% de origen europeo y el 3% de otras razas, principalmente negros y asiáticos.

cobre copper

La industria minera es la base de la economía del Perú, que es la tercera nación del mundo en la producción de plata. El Perú es también un gran productor de cobre,° mercurio y plomo.° Otro producto importante es la lana° que proviene de° animales característicos de la región, como son las llamas, alpacas y vicuñas.

plomo lead / **lana** wool / **proviene de** comes from

75

Situada en la región de la Costa se encuentra Lima, la capital del país y el centro comercial e industrial más importante. Lima fue fundada por Francisco Pizarro en 1535 y hoy día la ciudad conserva magníficos ejemplos de la arquitectura colonial española.

80   La ciudad de Cuzco, al este de Lima, era la capital del antiguo Imperio de los incas. Cerca de Cuzco están las ruinas de Machu Picchu,[8] "la ciudad perdida de los incas".

Bolivia

Bolivia, situada en el interior del continente, es el único país suramericano que no tiene salida al mar. Su extensión territorial es casi igual a la de los estados de Texas y California.

85

Dos cordilleras de los Andes atraviesan el país de norte a sur. En estas cordilleras hay numerosos volcanes y picos de gran elevación. Entre las dos cordilleras se extiende un gran altiplano° y al este de ellas se hallan extensos llanos.

altiplano highland plain

La población de Bolivia es predominantemente india (65%) y mestiza (25%); sólo un 10% es de origen europeo. Los indios hablan sus lenguas indígenas: el quechua, el guaraní[9] y el aimará.[10]

90

La minería es la base de la economía de Bolivia. Es una de las primeras naciones del mundo en la producción de estaño y la producción de cobre, cinc y plomo es grande.

95   Es interesante notar que Bolivia tiene dos capitales. La Paz es la capital administrativa del país y es una de las ciudades más elevadas del mundo, estando a una altura de unos 10.000 pies. La capital constitucional, por ser la sede° de la Corte° Suprema, es Sucre.

sede seat / **Corte** (judicial) Court

---

[8]For more information on Machu Picchu and the Incas, see the **Nota cultural** of **Lección 20.**
[9]**guaraní,** *Guarani.* (The language of a group of Indian tribes dwelling in central South America.)
[10]**aimará,** *Aymara.* (The language of the Aymara Indians, an important linguistic family of South American Indians, whose descendants are still found in Peru and Bolivia.)

Figura de oro incaica que representa un jefe indígena.

Chile

Chile tiene una forma geográfica muy especial: es una estrecha faja de tierra de 125 millas de ancho° por tres mil millas de largo°—la distancia aproximada que hay de San Francisco a Nueva York.

La cordillera de los Andes recorre el país de norte a sur, y tiene algunos de los picos más altos del Hemisferio Occidental. El norte de Chile es un gran desierto. La parte central es la más fértil y productiva. El sur está cruzado de estrechos y canales. El Estrecho de Magallanes, ubicado° entre el continente y Tierra del Fuego,[11] une los océanos Atlántico y Pacífico.

El 30% de la población de Chile es de origen europeo; el 65% son mestizos, y sólo el 5% son indios.

La exportación de cobre es la base de la riqueza del país. La agricultura y la ganadería han adquirido notable desarrollo y el turismo también contribuye a la economía del país.

La capital de Chile, Santiago, es uno de los centros culturales más importantes de todo el continente. Sus teatros, universidades, salas de conciertos y librerías le dan un ambiente° parecido al de muchas capitales europeas. En la costa encontramos numerosas zonas turísticas como Valparaíso, cuya playa se compara a la de los más hermosos balnearios.° Por otra parte, Chile es de los pocos países suramericanos donde es posible practicar el esquí en las montañas de los Andes.

de ancho in width / **de largo** in length

ubicado located, situated

ambiente atmosphere, ambiance

balnearios bathing resorts

---

[11] Tierra del Fuego is the name of both an island and an archipelago at the southernmost tip of South America. Separated from the continent by the Strait of Magellan, the western half of the island belongs to Chile and the eastern half to Argentina. The origin of the name is obscure: according to one theory, the name derives from the fires of Indian encampments seen from their ships by early explorers.

Las impresionantes cataratas del río Iguazú. Al desembocar en el río Paraná, el Iguazú, que forma la frontera entre la Argentina y el Brasil, produce una de las cascadas más notables del mundo. El agua cae desde una altura de 70 metros. (La catarata del Niágara tiene 47 metros de altura.)

La Argentina

En la América del Sur, sólo el Brasil es más grande que la Argentina. Con un tamaño cuatro veces mayor que el de Texas, la Argentina está situada en el "cono sur"[12] del continente, al este de Chile.

En el norte del país, se halla el Gran Chaco, una región semiárida de tierras bajas. La Pampa, región muy fértil, hecha famosa por los gauchos,° se extiende entre las cordilleras del oeste y los ríos Paraná y de la Plata y el Océano Atlántico. Las mesetas áridas de Patagonia ocupan el sur del país. La agricultura y la ganadería son las bases de la economía del país. La explotación forestal es intensa y la pesca también es una importante fuente° de riqueza.

El 97% de la población es de ascendencia° europea, principalmente española e italiana; sólo el 3% son negros o indios. Una intensa inmigración de italianos, alemanes y españoles ocurrió a partir de 1890. El 75% de la población vive en las ciudades, como Buenos Aires, la capital del país.

Por su arquitectura, sus tradiciones y su riqueza cultural, Buenos Aires es considerada la más europea de las ciudades hispanoamericanas. Hoy día, Buenos Aires es la segunda ciudad en población en el mundo hispano, con cerca de 10 millones de habitantes. La Avenida 9 de julio, que atraviesa el centro de la ciudad, es considerada la más ancha del mundo.

Otras ciudades de gran importancia son Mendoza, situada en la cordillera de los Andes, y Córdoba y Santa Fe, capitales de provincia en la gran llanura de las pampas.

gauchos South American cowboys

fuente fountain, source
ascendencia ancestry

---

[12]**El cono sur.** A Spanish expression used to identify the region comprised by Argentina, Chile and Uruguay.

El Uruguay

El Uruguay es el más pequeño y el menos poblado de los países hispanohablantes del continente. Situado entre la Argentina y el Brasil, tiene una extensión parecida a la del estado de Washington.

El 85% de la población es de ascendencia europea—hispana o italiana; el 10% es mestizo, y el 5% de negros y mulatos.

La ganadería es la base de la economía del Uruguay; casi el 85% del territorio está dedicado al pastoreo. La agricultura constituye la segunda fuente de riqueza. Los principales productos de exportación son lana, trigo,° carnes y cueros.° Las industrias textiles y el turismo también son importantes.

trigo wheat /
cueros leather, hides

En Montevideo, capital del Uruguay, se concentra casi el 45% de la población de todo el país. Es una ciudad moderna, famosa por la belleza de sus playas, que son visitadas por miles de argentinos todos los años.

El Paraguay

Como Bolivia, el Paraguay no tiene costas marítimas, pero gracias a los ríos Paraná y Paraguay, el país tiene salida al Océano Atlántico. Con un tamaño parecido al del estado de California, el Paraguay se divide en dos zonas muy distintas. La zona oriental es una llanura fértil; la occidental, en cambio, es la extensa llanura semiárida llamada El Chaco, que llega hasta las selvas del norte.

Al igual que el Uruguay, el Paraguay tiene una densidad de población muy baja. El 95% de la población es mestiza y vive en la zona oriental. Unos treinta mil indígenas, indios guaraníes, viven en la zona occidental. El español y el guaraní son las lenguas oficiales del país.

La agricultura y la ganadería son las principales fuentes de riqueza. Se explotan también los bosques° del Chaco. La industria consiste en la fabricación de azúcar y de tejidos,° de la preparación de carnes y pieles° y de la elaboración de la hierba mate.[13]

bosques woods, forests

tejidos fabrics,
textiles /
pieles hides

La capital del país, Asunción, sobre el río Paraguay, es el puerto más importante. La ciudad es famosa por sus grandes parques y los edificios coloniales adyacentes al río. Asunción fue fundada por exploradores españoles en 1537 y siempre ha sido el centro de exportaciones del país.

---

[13]**hierba mate,** *maté* or *mate*. (An aromatic beverage, widely used in the entire River Plate area, prepared from the leaves of the tree of the same name.)

La América del Sur					
Nombre del país	*Colombia*	*Venezuela*	*El Ecuador*	*El Perú*	*Bolivia*
Capital	Bogotá	Caracas	Quito	Lima	Sucre y La Paz
Año de descubrimiento	1499	1498	1526	1522	1531
Año de independencia	1819	1821	1822	1824	1825
Extensión en millas cuadradas	439.737	352.143	189.483	496.222	424.165
Población	29.347.000	17.317.000	9.378.000	19.698.000	6.195.000
Base de la economía	Agricultura Ganadería Petróleo Minería	Petróleo Minería Agricultura	Petróleo Agricultura	Minería Industria textil Pesca	Minería Petróleo Agricultura
Unidad monetaria	el peso	el bolívar	el sucre	el sol	el peso

Nombre del país	*Chile*	*La Argentina*	*El Uruguay*	*El Paraguay*
Capital	Santiago	Buenos Aires	Montevideo	Asunción
Año de descubrimiento	1520	1516	1516	1521
Año de independencia	1824	1819	1825–1830	1810
Extensión en millas cuadradas	292.257	1.065.189	68.037	157.047
Población	12.042.000	30.708.000	2.936.000	3.989.000
Base de la economía	Minería Agricultura Ganadería Turismo	Agricultura Ganadería Pesca Industria	Ganadería Agricultura Industria textil Turismo	Agricultura Ganadería Industria
Unidad monetaria	el peso	el austral	el peso	el guaraní

✷ Preguntas de comprensión

Write answers in Spanish, in complete sentences, to the following questions; be prepared to answer them orally in class.

1. ¿En cuántas naciones de la América del Sur se habla español?
2. ¿En qué cuatro regiones se divide el territorio de Colombia?
3. ¿Cuáles son las fuentes de riqueza de Colombia?
4. Entre las naciones del mundo, ¿qué lugar ocupa Venezuela en la producción de petróleo?
5. ¿Cómo es la ciudad de Caracas ?

6. ¿Qué lenguas se hablan en el Ecuador?
7. ¿En qué es el Ecuador la primera nación del mundo?
8. ¿Por qué son importantes Quito y Guayaquil?
9. ¿Cuáles son las dos lenguas oficiales del Perú? ¿Por qué es importante el quechua?
10. ¿Cuál es la base de la economía del Perú?
11. ¿Qué está cerca de la ciudad de Cuzco?
12. ¿Dónde está situada Bolivia?
13. ¿De qué origen es la mayoría de la población de Bolivia?
14. ¿Qué forma geográfica especial tiene Chile?
15. ¿Cuál es la base de la riqueza de Chile?
16. ¿Qué atrae a los turistas a Valparaíso? ¿Qué deporte se practica en las montañas de los Andes?
17. ¿En qué parte de la Argentina se halla la Pampa?
18. ¿De qué origen es la mayoría de la población de la Argentina?
19. ¿Por qué es considerada Buenos Aires como una ciudad europea?
20. ¿Cuál es la base de la economía del Uruguay?
21. ¿Por qué visitan Montevideo miles de argentinos?
22. ¿Cuál es la importancia de los ríos Paraná y Paraguay?
23. ¿Cuáles son las dos lenguas oficiales del Paraguay?

❦ Temas para desarrollar oralmente

Prepare two questions on each of the following topics to ask of classmates in class:

1. Las fuentes de riqueza de Venezuela
2. La población del Ecuador
3. La geografía del Perú
4. Las capitales de las naciones de Hispanoamérica
5. Las unidades monetarias de las naciones de Hispanoamérica

Lección 15

Un momento emocionante en un partido de fútbol entre equipos profesionales en Málaga, España.

▶ The future indicative
▶ The conditional indicative
▶ Verbs irregular in the future and conditional
▶ Uses of the future
▶ Uses of the conditional
▶ The future and conditional to express probability or conjecture
▶ Forms of **jugar,** *to play* (a game)

La final de la Copa Mundial

Un domingo por la tarde Jorge y Alberto están en la sala de su apartamento esperando a Luis Sánchez, un nuevo[1] estudiante hispanoamericano que acaba de ingresar en la universidad. Lo han invitado a mirar por televisión la final de la Copa Mundial de Fútbol que se juega en México. Jorge está hojeando la sección de deportes del periódico.

ALBERTO —¿Habrá algún programa especial antes del partido de fútbol?

JORGE —No lo sé,[2] pero podré decírtelo después de mirar la guía. ¿Qué hora será, Alberto?

ALBERTO —Es la una y cuarto. Luis dijo que vendría temprano, así que ya debería llegar.

JORGE —Perfecto. El partido comenzará a las dos, pero a la una y media el canal hispano mostrará algunas escenas de los juegos semifinales.

ALBERTO —Este partido de la Argentina contra Alemania será muy emocionante.

JORGE —El estadio de la ciudad de México estará completamente lleno.

ALBERTO —¡Cómo me gustaría a mí estar allí! Gozaría más del partido y también podría participar de la emoción del público.

JORGE —En 1978, la Argentina ganó contra Holanda y este partido de hoy no será fácil tampoco.

ALBERTO —¡Pronto lo sabremos!

⁑⬛⁑⬛⁑

Jorge pone la televisión. Suena el timbre de la puerta. Alberto la abre.

ALBERTO —¡Hola, Luis, pasa! Nos alegramos mucho de verte.

⁑⬛⁑⬛⁑

Jorge se acerca y saluda a Luis. Charlan unos minutos. Jorge entra en la cocina y regresa con un plato de maníes y unos refrescos.

ALBERTO —¿Sabes, Jorge? Luis es muy aficionado a los deportes.

JORGE —¿De veras? ¿Y qué deportes te gustan a ti, Luis?

LUIS —Cuando estaba en la escuela secundaria, me gustaba mucho el fútbol, pero también nadaba, hacía excursiones en bicicleta y jugaba al tenis.

JORGE —¿Y ahora? ¿Qué deporte practicas en la universidad?

LUIS —Debería jugar más al tenis, pero hasta ahora mis estudios no me han dejado mucho tiempo libre. ¿Te gustaría jugar conmigo, Jorge?

JORGE —Es que siempre hay mucha gente en las canchas. Pero te llamaré uno de estos días para hacer una cita contigo.

ALBERTO —Bueno, chicos, ¿nos sentamos? ¡Miren, miren! Ya salen los equipos. ¿Quién ganará?

---

[1] The adjective **nuevo, -a** changes its meaning depending on whether it precedes the noun: **un nuevo estudiante,** *a new* (= *another, different*) *student,* or follows the noun: **un estudiante nuevo,** *a new* (= *brand new*) *student.*

[2] Remember that **lo** may refer to an action, a statement, or an idea. See **Atención, Lección 6,** page 107.

Otras palabras y expresiones

posiblemente possibly
probablemente probably

la **profesión** profession
profesional professional

practicar el aerobismo

el béisbol

el básquetbol

el fútbol americano

el golf

el gimnasio

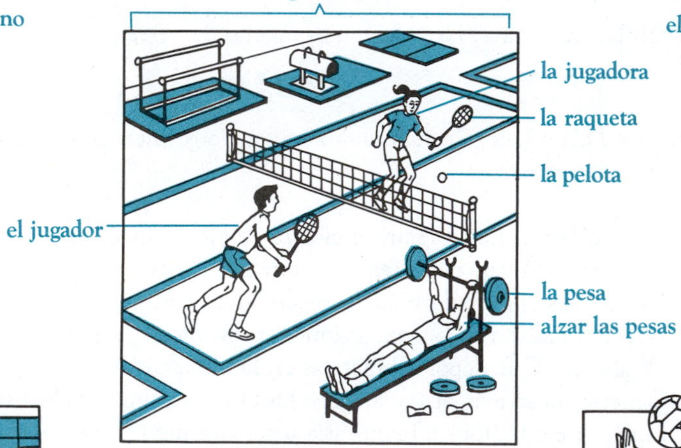

la jugadora

la raqueta

la pelota

el jugador

la pesa

alzar las pesas

la natación

el vólibol

Preguntas sobre los diálogos

1. ¿A quién están esperando Jorge y Alberto? ¿Qué harán los tres jóvenes?
2. ¿A qué hora comenzará el partido?   3. ¿Qué mostrará el canal hispano a la una y media?   4. ¿Contra qué país jugará la Argentina? ¿Cómo será ese partido?
5. ¿Qué piensa Jorge del estadio de la ciudad de México?   6. ¿Por qué le gustaría a Alberto estar allí?

7. ¿Qué deportes le interesaban a Luis cuando estaba en la escuela secundaria?
8. ¿Qué deporte le gustaría a Luis jugar más? ¿Quién lo llamará uno de estos días?

◆ Nota cultural ◆

El fútbol o *soccer*, como se llama en los Estados Unidos, es indudablemente[1] el deporte más popular del mundo y se juega con pasión[2] en toda España y en toda la América Latina. Últimamente,[3] este deporte ha ganado mucha popularidad en los Estados Unidos. Millones y millones de personas miran por televisión los partidos de la Copa Mundial de Fútbol que se juegan cada cuatro años. En los últimos años, el equipo de la Argentina ha sido dos veces campeón[4]: en 1978 ganó la Copa en Buenos Aires y en 1986 en México. El argentino Diego Maradona fue el mejor jugador de esa Copa.

Otro deporte muy popular, especialmente en México, Centroamérica y los países del Caribe, es el béisbol. Muchos jugadores de béisbol en las grandes ligas[5] norteamericanas son y han sido de esos países: Juan Marichal y Roberto Clemente de Puerto Rico, Fernando Valenzuela de México y Mario Soto de la República Dominicana entre otros. En general, todos los deportes tienen mucho interés en todo el mundo hispánico. Aunque el fútbol americano no se juega profesionalmente, ya comienza a tener muchos aficionados y en muchos países, gracias a la cablevisión[6], el público aficionado puede ver los partidos de los "Supertazones."[7]

---

[1]undoubtedly   [2]with passion
[3]Lately   [4]champion   [5]big leagues
[6]thanks to cable TV   [7]Superbowls

Los puertorriqueños son muy aficionados al béisbol: un jugador del equipo de Caguas al bate. (Caguas se halla en el interior de la isla, al sur de Río Piedras.)

◆◆◆◆◆◆◆◆ Notas gramaticales ◆◆◆◆◆◆◆◆

A. The future indicative (*El futuro del indicativo*)

hablar	leer	escribir
hablaré	leeré	escribiré
hablarás	leerás	escribirás
hablará	leerá	escribirá
hablaremos	leeremos	escribiremos
hablaréis	leeréis	escribiréis
hablarán	leerán	escribirán

1. The future indicative tense is regularly formed by adding the endings **-é, -ás, -á, -emos, -éis, -án** to the infinitive of **-ar, -er,** and **-ir** verbs.
2. Except for the **nosotros** form: **hablaremos,** *we will* or *shall talk;* **leeremos,** *we will* or *shall read;* **escribiremos,** *we will* or *shall write,* the stress always falls on the last syllable, which has a written accent.

◙ Práctica 1   Substitution drill:

1. *Luis* irá al apartamento de Jorge. (Yo, Nosotros, Uds., Ellos)
2. *Ellos* mirarán la final de la Copa Mundial. (Nosotros, Mis amigos, Yo, Tú)
3. *El equipo argentino* jugará muy bien. (Ustedes, Yo, Ellos, Tú)
4. *Alberto* te llamará después del juego. (Yo, Nosotros, Ellos, Ella)

OPEL KADETT GT.
ESTE DEPORTIVO
LE SERA
MUY FAMILIAR.

B. The conditional indicative (*El condicional del indicativo*)

hablar	leer	escribir
hablaría	leería	escribiría
hablarías	leerías	escribirías
hablaría	leería	escribiría
hablaríamos	leeríamos	escribiríamos
hablaríais	leeríais	escribiríais
hablarían	leerían	escribirían

1. The conditional indicative tense is regularly formed by adding the endings **-ía, -ías, -ía, -íamos, -íais, -ían** to the infinitive of all **-ar, -er,** and **-ir** verbs, except for a few **-er** and **-ir** verbs.
2. Except in the **nosotros** form: **hablaríamos,** *we would talk;* **leeríamos,** *we would read;* **escribiríamos,** *we would write,* the stress always falls on the next to the last syllable, which has a written accent.

Práctica 2   Substitution drill:

1. *Yo* necesitaría mirar la guía. (Nosotros, Jorge, Tú, Ustedes)
2. *Ellos* estarían en el estadio de México hoy. (Yo, Nosotros, Alberto, Tú)
3. *Ud.* gozaría más del partido. (Los muchachos, Yo, Tú, Mario)
4. *Nosotros* participaríamos de la emoción. (Yo, Ustedes, Tú, Alberto y Luis)

C. Verbs irregular in the future and conditional (*Verbos irregulares en el futuro y en el condicional*)

Infinitive	Stem	Altered Stem	Future	Conditional
Group 1				
haber	hab-	habr-	**habré** **habrás**, etc.	**habría** **habrías**, etc.
poder	pod-	podr-	**podré** **podrás**, etc.	**podría** **podrías**, etc.
querer	quer-	querr-	**querré** **querrás**, etc.	**querría** **querrías**, etc.
saber	sab-	sabr-	**sabré** **sabrás**, etc.	**sabría** **sabrías**, etc.
Group 2				
poner	pon-	pondr-	**pondré** **pondrás**, etc.	**pondría** **pondrías**, etc.
salir	sal-	saldr-	**saldré** **saldrás**, etc.	**saldría** **saldrías**, etc.
tener	ten-	tendr-	**tendré** **tendrás**, etc.	**tendría** **tendrías**, etc.
venir	ven-	vendr-	**vendré** **vendrás**, etc.	**vendría** **vendrías**, etc.
Group 3				
decir	dec-	dir-	**diré** **dirás**, etc.	**diría** **dirías**, etc.
hacer	hac-	har-	**haré** **harás**, etc.	**haría** **harías**, etc.

1. The verbs that are irregular in the future are also irregular in the conditional. In both tenses, they use the same irregular stem. The endings are the same as for regular verbs.
2. The irregularity is in the infinitive stem used. In group (1) the final vowel of the infinitive has been dropped; in (2) the final vowel has been dropped and the glide **d** introduced to facilitate the pronunciation of the consonant groups **lr** and **nr;** and in (3) shortened stems are used.

◙ Práctica 3   Substitution drill:

1. *Mis amigos* vendrán esta tarde. (Luis, Yo, Alberto y yo, Las chicas)
2. *Nosotros* podremos mirar el juego de fútbol. (Tú, Los muchachos, Él, Ud.)
3. ¿Dirías *tú* que la Argentina puede ganar? (Ud., Uds., él, ellos)
4. *Los estudiantes argentinos* tendrían una fiesta. (Yo, Nosotros, Tú, Uds.)

D. Uses of the future (*Usos del futuro*)

Te **llamaré** mañana.	*I'll call you tomorrow.*
Haremos una cita y **jugaremos** la semana que viene.	*We'll make a date and we shall play next week.*
Habrá mucha gente en las canchas esta noche.	*There will be a lot of people at the courts tonight.*
¿**Habrá** una cancha libre esta tarde?	*Will there be a free court this afternoon?*
No sé si **tendré** tiempo hoy.	*I don't know whether I'll have time today.*

1. The future tense is used in Spanish to describe the intent to do something or to anticipate future events; it is equivalent to the verb forms *shall* and *will* in English.
2. The impersonal form **habrá** means *there will be* or, as an interrogative, *will there be?*
3. The future tense is used in Spanish after **si** only when it means *whether*; it is never used in a conditional sentence when **si** means *if* (last example).
4. Remember that future actions are very frequently expressed in Spanish with the present indicative: **Te *llamo* mañana,** *I'll be calling you tomorrow*; and with **ir a** + infinitive: ***Voy a llamarte* mañana,** *I'm going to call you tomorrow.*

¡Atención!   Note that **querer** in the present tense followed by an infinitive corresponds in English to *will*, with the meaning of *be willing to*, or *be unwilling to* in the negative: ¿**Quieres** jugar al tenis conmigo? *Will you (Are you willing to) play tennis with me?* **Alberto *no quiere* mirar el juego,** *Albert won't (is unwilling to) watch the game.*

¡*Nuevo!*

LEADING EDGE° MODELO D2

Otro gran éxito que hará historia.

E. Uses of the conditional (*Usos del condicional*)

Me dijo que me **llamaría** uno de estos días.	*He told me he would call me one of these days.*
Haríamos una cita; **jugaríamos** al tenis.	*We would make a date; we would play tennis.*
Pensé que **habría** menos gente en las canchas.	*I thought (that) there would be fewer people at the courts.*
Él no sabía si **tendría** el tiempo libre para jugar hoy.	*He didn't know if (whether) he would have the free time to play today.*
Me **gustaría** ganar el partido. **¿Podrías** llamarme pronto?	*I would like to win the match. Could (Would) you call me soon?*

1. The conditional tense in Spanish describes what would happen: **me dijo que me llamaría,** *he told me that he would call me.*
2. The conditional tense is used in Spanish after **si** only when it means *whether*; it is never used in a conditional sentence when **si** means *if* (fourth example).
3. The conditional tense is also used to express polite assertions and requests within the present time (last two examples).

¡Atención!   Recall that *would* is sometimes used in English to describe a repeated past action, in which case it is equivalent to the imperfect indicative tense in Spanish (Lección 10): **Yo *jugaba* al tenis todos los días,** *I would (used to) play tennis every day.* **Deber** may be used in all tenses in Spanish to express a moral obligation, duty or customary action corresponding to the English *should* meaning *ought to, must:* **Debo estudiar más,** *I should (ought to, must) study more;* **Debí llamarte,** *I should have called you.*

F. The future and conditional to express probability or conjecture (*El futuro y el condicional para expresar probabilidad o conjetura*)

¿Dónde **estará** Miguel ahora?	*Where do you suppose Michael is now?*
Estará en el estadio con sus amigos.	*He must be (probably is) at the stadium with his friends.*
Mirarán el partido de béisbol.	*They are probably watching the baseball game.*
¿Qué hora **será**?	*What time do you suppose it is?*
(Probablemente) **serían** las diez cuando el juego terminó.	*It was probably ten o'clock when the game ended.*
Llegaron tarde. ¿Qué **pasaría**?	*They arrived late. What do you suppose happened?*

1. The future tense is used in Spanish to express probability, supposition, or conjecture concerning an action or state in the present, while the conditional expresses the same

idea with respect to the past: **¿Dónde estará Miguel ahora?,** *Where do you suppose Michael is now?;* **¿Dónde estaría él esta mañana?,** *Where do you suppose he was this morning?*

2. The adverbs **probablemente,** *probably* or **posiblemente,** *possibly* may be added to reinforce the conjecture: **Probablemente serán las dos ahora,** *It is probably two o'clock now;* **Posiblemente él estaría con sus amigos hoy,** *Possibly he was with his friends today.*

G. Forms of **jugar,** *to play* (a game) (*Formas del verbo jugar*)

Present Indicative Tense	
Singular	*Plural*
juego	jugamos
juegas	jugáis
juega	juegan

¿Dónde **juegan** Uds. al básquetbol?	*Where do you play basketball?*
Ayer **jugué** al vólibol con un grupo de amigos.	*Yesterday I played volleyball with a group of friends.*
Nunca **he jugado** al béisbol.	*I have never played baseball.*
¿Qué equipos **están jugando** ahora?	*What teams are playing now?*

1. **Jugar** is the only verb in Spanish in which **u** changes to **ue** when the stem is stressed.
2. The **yo** form of the preterit has a spelling change in the ending (**-gué**), to maintain the same **g** sound of **tú jugaste, él jugó,** etc.
3. Other forms of **jugar** are: **yo jugaba,** *I used to play;* **tú jugabas,** *you used to play,* etc.; **yo jugaré,** *I will (shall) play,* **tú jugarás,** *you will (shall) play,* etc.; **yo he jugado,** *I have played,* **tú has jugado,** *you have played,* etc. The present participle is **jugando,** *playing.*
4. In everyday conversation **jugar** is often used without **a** + article: **jugar tenis** instead of **jugar al tenis,** *to play tennis.*

¡Atención!   Remember that *to play* (*music*) is expressed in Spanish with a different verb, **tocar:** *Tocamos unos discos de cumbia y de merengue, We played some cumbia and merengue records.*

▣ Práctica 4   Substitution drill:

1. Ahora *yo* juego más al básquetbol. (nosotros, tú, ellos, ustedes)
2. *Jorge* jugó al tenis con Alberto ayer. (Tú, Yo, Nosotros, Ellos)
3. En la escuela secundaria *Luis* jugaba al fútbol. (nosotros, tú, yo, los muchachos)
4. La semana que viene *yo* jugaré con otro equipo. (ellos, Carolina, tú, nosotros)

◇◇◇◇◇◇◇◇ Actividades y práctica ◇◇◇◇◇◇◇◇

A. Answer the questions affirmatively. Then give an alternate negative response.

MODEL: ¿Van a ir Uds. al juego esta noche o van a regresar a la biblioteca?
Nosotros iremos al juego; no regresaremos a la biblioteca.

1. ¿Van a ir Uds. al cine o van a mirar Uds. la televisión?
2. ¿Van a cenar Uds. en un restaurante o van a comer Uds. aquí?
3. ¿Vas a ir a la fiesta o vas a estudiar?
4. ¿Vas a salir temprano o vas a llegar tarde?
5. ¿Van a tomar ellos cerveza o van a tomar vino?
6. ¿Van a hacer ellos ejercicio o van a alzar las pesas?

B. Listen to what your classmate tells you and confirm his or her request accordingly.

MODEL: Llámame para jugar al tenis.
Te llamaré mañana y jugaremos al tenis.

1. Llámame para practicar algún deporte.
2. Llámame para hacer el aerobismo en el gimnasio.
3. Búscame para correr en el estadio.
4. Búscame para nadar en la piscina de la universidad.
5. Avísame para buscar una cancha de tenis.
6. Avísame para traer las raquetas de tenis.

C. Listen to the question and respond following the model.

MODEL: —¿Te dijo Luis si él vendría a ver el partido?
—Sí, Luis me dijo que él vendría a ver el partido.

1. ¿Te dijo Luis si su hermana podría venir?
2. ¿Te dijo Alberto si él buscaría a las chicas?
3. ¿Te avisaron ellos si saldrían a tiempo?
4. ¿Te dijo Alberto si sus amigos sabrían la dirección?
5. ¿Te avisaron ellos si Luis traería las bebidas?
6. ¿Te dijeron ellos si él tendría suficiente dinero?
7. ¿Te avisaron las chicas si ellas prepararían unos bocaditos?
8. ¿Te dijo Alberto si ellos llegarían antes de las dos?

(Text resumes on page 299 following the *Viñeta cultural.*)

Un aspecto de la Guelaguetza, fiesta en honor de la cosecha que se celebra todos los años en el mes de julio en la ciudad de Oaxaca, México. Participan danzantes de las ocho regiones del estado de Oaxaca. ¿Qué fiesta que se celebra en el mes de noviembre en los Estados Unidos es parecida a la fiesta de la Guelaguetza? ¿Cómo se celebra?

A LA DERECHA: Guerrero tolteca y columnas del templo al dios Quetzalcóatl en Tula, México. Procedentes del nordeste, los toltecas crearon una notable civilización en la meseta central del siglo IX al XII, extendiendo su influencia hasta el Yucatán. ¿En qué otras regiones de México quedan notables ruinas de antiguas civilizaciones indígenas?

ABAJO: Una de las glorietas (*traffic circles*) principales de la ciudad de México, con el monumento de la Independencia (conocido popularmente como el Ángel), en el hermoso Paseo de la Reforma. Describa una glorieta o cruce de caminos (*intersection*) notable por tener un monumento interesante que Ud. conoce en alguna ciudad de los Estados Unidos.

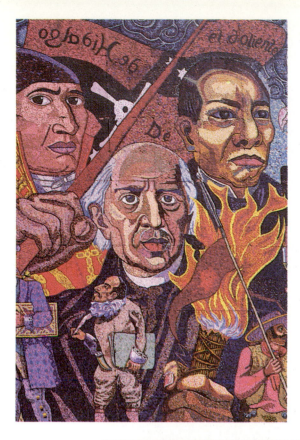

A LA IZQUIERDA: Tres héroes de la independencia de México: el padre Miguel Hidalgo, en el centro; el padre José María Morelos y Pavón, que se unió al movimiento revolucionario de Hidalgo, a la izquierda, y Benito Juárez. Mural impresionante del pintor Diego Rivera que se encuentra en el vestíbulo del Teatro Insurgentes, en la ciudad de México. ¿Cuál es la contribución de Benito Juárez a la historia de México?

ABAJO: Lago y jardines flotantes de Xochimilco, uno de los vestigios del lago sobre el cual estaba construida la capital azteca, Tenochtitlán. En las islas del lago se cultivan flores y legumbres. Embarcaciones como éstas, adornadas de flores, y con músicos y refrescos, son el deleite de los turistas. ¿Qué otros lugares de la cuidad de México atraen a los turistas?

A LA DERECHA: El lago de Atitlán, en la Sierra Madre al oeste de la ciudad de Guatemala, es uno de los numerosos lagos del país que por su belleza gozan de fama internacional. Está a 1562 metros sobre el nivel del mar y tiene una longitud de 78 millas. Describa algún lago en los Estados Unidos famoso por su belleza.

Una de las hermosas playas en los alrededores de Santo Domingo, capital de la República Dominicana. Se va desarrollando el turismo como uno de los elementos más importantes de la economía del país. ¿Qué otras islas del mar Caribe son populares lugares de turismo?

Vista parcial de las esclusas (*locks*) de Miraflores del Canal de Panamá, en el lado del Pacífico. El Canal se eleva 26 metros sobre el nivel del mar y tiene una longitud de 50 millas. ¿Cuál es la importancia del Canal de Panamá para el comercio internacional?

A LA DERECHA: Estudiantes descansan en los hermosos terrenos (*grounds*) de la Universidad de Costa Rica en San José. La Universidad de Costa Rica es una de las mejores de Centroamérica. El gobierno pone interés especial en el desarrollo del sistema educativo y de las instituciones democráticas. ¿Cuáles son algunas de las universidades famosas de los Estados Unidos?

A LA IZQUIERDA: El banderillero pone las banderillas al toro en la Plaza de Toros Nuevo Círculo en Caracas, Venezuela. Como en España, el espectáculo de las corridas de toros es todavía popular en México, Colombia, Venezuela y el Perú. ¿Qué opinión tiene Ud. sobre el espectáculo de los toros?

ABAJO: La Plaza Mayor de Quito, el Ecuador. Aunque modernizada, Quito tiene el aspecto de una ciudad colonial. Fundada en 1534 por Sebastián de Benalcázar, la ciudad fue, durante los siglos XVI y XVII, un importante centro de vida artística e intelectual. ¿Qué elementos de la arquitectura de estos edificios le parecen típicamente españoles?

A LA DERECHA: Café al aire libre en el distrito Recoleta de la ciudad de Buenos Aires. Una de las ciudades más importantes del mundo hispano, Buenos Aires tiene grandes avenidas, plazas y parques. ¿Cuál es la función del café en la sociedad hispana?

ABAJO: Viña del Mar, fundada en 1874, es el principal balneario (*resort*) de Chile. Es uno de los lugares de recreo más populares de Hispanoamérica. ¿Qué balnearios comparables conoce Ud. en los Estados Unidos?

Paisaje típico de la Sierra peruana, dominada por la Cordillera Oriental de los Andes: un valle cerca del río Urubamba, al este de Lima. En la Sierra se producen cereales, café, patatas, frutas y coca. En las tierras más elevadas del Perú, ¿qué animales se usarían como animales de carga en lugar del burro de la foto?

Hermoso traje de una mujer indígena que participa en el festival incaico Inti Raymi, en honor del sol. Se celebra en Sacsahuamán, antigua fortaleza inca construida sobre un cerro al norte de Cuzco (Perú). Describa otras ruinas famosas que se encuentran cerca de Cuzco.

D. Your classmate is going to ask you a few questions, but you are not too sure about the answers, so your response conveys conjecture or probability.

> MODEL: ¿Sabes si ya son las ocho?
> **Posiblemente ya serán las ocho.**

1. ¿Sabes si Marta ya está en casa?
2. ¿Sabes si ella estudia ahora?
3. ¿Sabes si ella es una estudiante nueva?
4. ¿Sabes si tus amigos salen de excursión mañana?
5. ¿Sabes si ellos van a ir a las montañas?
6. ¿Sabes si ellos van a pasar la semana allí?

> MODEL: ¿Salió Alberto con Luis?
> **Sí, probablemente saldría con Luis.**

7. ¿Fue Alberto a ver el juego?
8. ¿Jugaba el equipo de Luis?
9. ¿Llamó Alberto a Jorge?
10. ¿Invitaron ellos a las chicas también?
11. ¿Tenían ellos boletos?
12. ¿Salieron ellos a comer después del partido?

E. Your classmate wants to know a few things about your future plans. Respond freely as he or she asks you the question(s).

1. ¿Qué harás hoy después de las clases?
2. ¿Adónde irás este fin de semana?
3. ¿Dónde pasarás las próximas vacaciones?
4. ¿Te gustaría hacer otra cosa durante las vacaciones? ¿Qué te gustaría hacer?
5. ¿Para qué año terminarás tus estudios en la universidad?
6. ¿Cuántos años vivirás en esta ciudad?
7. ¿Qué te gustaría hacer después de terminar tus estudios en la universidad?
8. ¿Dónde te gustaría vivir? ¿Por qué te gustaría vivir allí?

F. Read the following paragraph, changing the infinitive in parentheses to express either future or conditional action, as indicated. Keep in mind the meaning of each sentence.

(*Future*)   1. El sábado que viene Jorge y yo (ir) al partido de básquetbol.
2. Yo (comprar) los boletos mañana por la mañana.   3. Carlos no (poder) ir con nosotros.   4. Dice que él (tener) que trabajar.   5. Jorge y yo (salir) de casa a las doce menos cuarto.   6. Nosotros (tomar) el almuerzo en la cafetería.
7. Creo que varios amigos (estar) allí también.   8. Después de comer, nosotros (poder) ir al estadio.   9. (Ser) necesario llegar antes de la una y media.
10. Estoy seguro de que (haber) mucha gente allí para el juego.

(*Conditional*)   11. Luis dijo que él (venir) a nuestro apartamento a las dos.
12. Yo sabía que él (hacer) eso.   13. ¿Te (gustar) ir con nosotros al partido de fútbol?   14. Sí, gracias, me (gustar) mucho ir con Uds.   15. Algunos de los jugadores me dijeron anoche que (ser) un partido muy emocionante.   16. Yo (decir) eso también.

G. Give the Spanish equivalent:

1. George and Albert are waiting for Louis, a new Spanish American student who has just entered the university.
2. Albert asks whether there will be some special program before the football match.
3. Albert doesn't know (it). He'll be able to tell him after looking at the TV guide.
4. Louis said he would arrive early; the match will start at two o'clock.
5. Before the game, the Hispanic channel will show some scenes from the semifinals.
6. George thinks (believes) that the Mexico City stadium is probably (must be) completely full.
7. Albert would like to be there. He would enjoy the match more and would be able to participate in the excitement of the audience.
8. The boys are very fond of sports. When they were in high school they used to play on a soccer team.
9. Louis also used to swim, take bicycle tours and practice other sports.
10. He should practice tennis more now, but his studies haven't left him much free time.
11. Louis and George would like to play tennis, but there are always a lot of players on the courts.
12. One of these days, they will make a date and will play a match.

◇◇◇◇◇◇◇ Práctica de conversación ◇◇◇◇◇◇◇

Answer the following questions with complete sentences when your teacher calls on you:

1. ¿Vio Ud. por televisión los partidos de la última Copa Mundial de Fútbol? ¿Qué le parecieron? ¿Qué equipos le gustaron a Ud. más?

2. ¿Tiene nuestra universidad un equipo de fútbol (soccer)? ¿Ha jugado Ud. ese deporte? ¿Le gustaría a Ud. jugar en un equipo profesional?

3. ¿Qué deporte le gusta a Ud. más, el fútbol americano o el fútbol (soccer)? ¿Qué piensa Ud. de estos deportes?

4. ¿En qué deportes tiene nuestra universidad equipos muy buenos? ¿Tiene Ud. algunos amigos que juegan en esos equipos? ¿Juega Ud. en alguno de esos equipos?

5. ¿Qué deportes practicaba Ud. cuando estaba en la escuela secundaria? Y ahora, ¿qué deportes practica Ud.?

6. ¿Hace Ud. ejercicio todas las semanas? ¿Qué ejercicio hace Ud.? ¿Adónde va Ud. para hacer ejercicio?

7. ¿Le gusta a Ud. alzar las pesas? ¿Adónde va Ud. para alzar las pesas?

8. ¿Le gusta a Ud. practicar el aerobismo o prefiere correr? ¿Qué piensa Ud. del aerobismo?

9. ¿Tiene Ud. bicicleta? ¿Adónde va Ud. en su bicicleta?

10. ¿Le gusta a Ud. la natación? ¿Dónde nada Ud. generalmente? ¿Cuáles son algunos deportes que los jóvenes practican en el mar? ¿Practica Ud. alguno de estos deportes?

11. ¿Hay una playa cerca donde Uds. podrían ir a correr las olas? ¿Adónde iría Ud. para bucear? ¿Adónde podríamos ir para esquiar en el agua?

12. ¿Lee Ud. siempre la sección de deportes en los periódicos? ¿Qué deportes le interesan más a Ud.?

◆◇◆◇◆◇◆◇◆◇ Situaciones ◆◇◆◇◆◇◆◇◆◇

A. El básquetbol, un deporte muy popular en los Estados Unidos, se juega mucho en el invierno y en la primavera. Posiblemente a algunos de sus compañeros de clase les interesa este deporte y sabrán muchas cosas de los equipos de las universidades y de los equipos profesionales. Pregúntele a algún compañero o a alguna compañera cuáles serán los equipos buenos de básquetbol durante esta estación, qué equipos ganarán en las semifinales, cuáles serán los jugadores buenos, dónde jugarán, cuál será el futuro del equipo de su universidad, etc.

B. El año 2.000 llegará muy pronto y para esa fecha Ud. probablemente ya no será estudiante. Usted deberá tener algunas ideas sobre su futuro y sobre las cosas que a Ud. le gustaría hacer. Su compañero o compañera le preguntará cuántos años tendrá Ud. para el año 2.000, y también querrá saber cómo sería su vida, qué haría Ud. para vivir, qué profesión tendría Ud., dónde le gustaría a Ud. vivir, qué familia tendría (grande o pequeña), adónde le gustaría a Ud. viajar, etc. Usted también querrá saber algo sobre el futuro de su compañero o compañera y le hará a él o a ella las mismas preguntas.

Como en los Estados Unidos, unos estudiantes juegan al básquetbol entre clases en Caracas, Venezuela.

░▪░▪░▪░▪░▪░▪░▪░▪░▪░ Vocabulario ▪░▪░▪░▪░▪░▪░▪░▪░▪░▪░

acercarse (a + *obj.*)   to approach
aficionado, -a (a)   fond (of)
Alemania   Germany
así que *conj.*   so, so that
aún *adv.*   even; still, yet
la **bicicleta**   bicycle
el **canal**   channel
la **cancha**   (tennis) court
la **cita**   date, appointment
la **cocina**   kitchen
completamente   completely
contra   against
la **copa**   cup
deber   to owe; must, should, ought to
el **deporte**   sport
la **emoción**   excitement
emocionante   exciting, thrilling
el **equipo**   team
la **escena**   scene
el **estadio**   stadium
la **final**   final match (game), finals
el **fútbol**   soccer, football
la **guía**   guide
habrá   there will be

hispano, -a   Spanish, Hispanic
Holanda   Holland
hojear   to turn the pages of
ingresar (en + *obj.*)   to enter, enroll (in)
Italia   Italy
el **juego**   game
jugar (ue) (a + *obj.*)   to play (*a game*)
libre   free
Luis   Louis
lleno, -a   full
el **maní** (*pl.* **maníes**)   peanut (*Am.*)
mostrar (ue)   to show
mundial   world (*adj.*)
participar   to participate
el **partido**   game, match
perfecto *adv.*   perfect(ly)
poner   to turn on (*radio, television*)
el **público**   audience, public
la **sección** (*pl.* **secciones**)   section
secundario, -a   secondary
la **semifinal**   semifinal
el **tenis**   tennis
el **timbre**   (door)bell

alegrarse (**mucho**) de (+ *inf.*)   to be (very) glad to (+ *verb*)
algún partido de fútbol   a (some) soccer (football) match (game)
Copa Mundial   World Cup
de veras   really, truly
en bicicleta   by (on a) bicycle
en punto   sharp (*time*)
es que   the fact is (that)
escuela secundaria   secondary school, high school
hacer una excursión   to take (make) an excursion (a trip)
mirar por televisión   to watch on TV
no lo sé   I don't know
pasa (**tú**)   come in
practicar un deporte   to play a sport
sección de deportes   sports section
ser aficionado, -a (a)   to be fond (of)
timbre de la puerta   doorbell
un domingo por la tarde   a (one) Sunday afternoon

░▪░

Repaso 3

A. Listen to the statement and the question that follows. Answer negatively, using the same tense and the subject pronoun for emphasis.

1. Ellos vuelven al centro hoy. ¿Y Uds.?
2. Pablo y Lupe juegan al tenis los sábados. ¿Y Uds.?
3. Yo devolví el disco. ¿Y tú?
4. Él oye la música bien. ¿Y tú?
5. Mis amigos pagaron la cuenta. ¿Y Ud.?
6. Marta comenzó a trabajar ayer. ¿Y Ud.?
7. Ellos pudieron esperar hasta las seis. ¿Y Uds.?
8. Ellos vinieron temprano. ¿Y Uds.?
9. Miguel y yo le trajimos comida. ¿Y tú?
10. Yo estuve el año pasado en Cozumel. ¿Y ellos?
11. Yo he visto esas playas. ¿Y tus amigos?
12. Nosotros hemos hecho esa excursión. ¿Y Ud.?
13. Lola ha escrito a su familia. ¿Y ellos?
14. Ella se había puesto las gafas. ¿Y Ud.?
15. Luis había abierto las cartas. ¿Y Uds.?
16. Nosotros habíamos hecho la comida. ¿Y tu compañera?
17. Uds. tendrán que pagarlo. ¿Y yo?
18. Ella se pondrá el vestido nuevo. ¿Y tú?
19. Uds. podrían sacar las fotos. ¿Y yo?
20. Luisa haría el viaje. ¿Y ellos?

B. Listen to the question; then answer it first with a formal affirmative singular command and then with a formal negative singular command.

1. ¿Hago el café ahora?
2. ¿Dejo las tazas allí?
3. ¿Pongo los platos en la mesa?
4. ¿Traigo la mercancía?
5. ¿Envuelvo los paquetes?
6. ¿Escribo las direcciones?

C. Answer affirmatively, substituting the object pronoun for the noun and making any other necessary changes.

   1. ¿Le diste tú a ella el anillo?
   2. ¿Le enseñaste a Luis los relojes?
   3. ¿Les devolviste a ellos la pulsera?
   4. ¿Se pusieron Uds. los aretes de oro?
   5. ¿Estaba él arreglándose las gafas?
   6. ¿Pudiste entregarle a él las camisas?

D. Read each sentence; then read it again, substituting the new subject in parentheses, and making any other necessary changes.

   1. Me gusta este ritmo. (estos bailes)
   2. A ella le encantan esas canciones. (esa música)
   3. ¿Qué te parecen estos trajes? (esta blusa)
   4. Nos gustan esos zapatos blancos. (esa cartera)
   5. Se ve mucha mercancía en las vitrinas. (artículos finos)
   6. Se abren las tiendas a las nueve. (la peluquería)

**Se buscan
héroes anónimos.**

Fondos Unidos de Puerto Rico
Nuestra gente dando la mano.¡Unidos!

E. Read in Spanish, choosing from **hora, rato, tiempo, vez, veces** the correct word to complete each sentence.

   1. Marta no tiene _____ para ir al centro.   2. Pasan por aquí a _____.
   3. Tomás y yo vamos a la playa de _____ en cuando.   4. ¿Cuánto _____ puedes jugar hoy?   5. ¿A qué _____ empieza el concierto?   6. ¿Se los has entregado a ella esta _____?   7. Alberto está descansando un _____.
   8. Creo que ellos llegarán a _____.   9. ¿Qué _____ será?   10. Ha estado Ud. alguna _____ en México?

F. Complete with the necessary preposition.

1. Jorge se acerca _____ la casa.   2. Mil gracias _____ los aretes.
3. Un domingo _____ la tarde fueron _____ la playa.   4. Él se conforma
_____ nadar en la piscina.   5. Mis padres están disfrutando _____ sus
vacaciones.   6. Luis acaba _____ ingresar _____ la universidad.   7. ¿La
has invitado _____ hacer una excursión _____ bicicleta?   8. Yo comencé
_____charlar con el nuevo estudiante.   9. Nos alegramos mucho _____
estar aquí.   10. Querían pasearse _____ el parque.   11. En el centro
pregunté _____ una joyería típica.   12. ¿Eres tú muy aficionado _____ los
deportes?   13. Están pensando _____ hacer una excursión _____
Suramérica.   14. Acaban _____ salir _____ la librería.   15. Hágame
Ud. el favor _____ esperar aquí.   16. No tienen mucho tiempo _____
cocinar.

Alfa:
la pasión de conducir

G. Answer in a complete sentence, using words which you have learned in previous
lessons.

1. ¿Cuándo es su cumpleaños? ¿Ha dado Ud. una fiesta alguna vez? ¿Cómo son las
    fiestas que Ud. da? ¿Qué le da Ud. a sus invitados para comer? ¿Y para beber?
    ¿Pasan un buen rato sus invitados en la fiesta?
2. ¿Dónde pasó Ud. sus últimas vacaciones? ¿Qué cosas pudo hacer Ud. allí? ¿Qué
    cosas tenemos que hacer antes de hacer un viaje?
3. ¿Le gustan a Ud. las joyas? ¿Qué joyas usan las chicas hoy día? ¿Dónde se pueden
    comprar joyas típicas mexicanas en esta ciudad?
4. ¿Qué deportes ha practicado Ud.? ¿Practica Ud. algún deporte ahora? ¿Mira Ud.
    los deportes por la televisión? ¿Qué partidos le interesan? ¿Hace Ud. ejercicio todos
    los días? ¿Qué ejercicio le gusta hacer a Ud.?

H. Give the Spanish equivalent.

1. Please call (*pl.*) me at once.   2. We got up shortly afterward.   3. I'll come back on Sunday morning.   4. My friends gave me a birthday party.
5. Of course! I would wait for you.   6. James is right.   7. What can I do for you? (*formal sing.*)   8. We saw them (*f.*) an hour ago.   9. I did not arrive on time.   10. Please (*formal sing.*) sit down.   11. The boys are fond of sports.
12. Mary became very tired.   13. Mr. and Mrs. Sierra have just entered the house.   14. Did Thomas make an excursion?   15. That bracelet (*over there*) and this one are beautiful.   16. Take (*formal sing.*) the ring to Lola.   17. It is necessary to decide that today.   18. What time can it be?   19. The girls are probably going to the movie.   20. We are very glad to see you (*fam. sing.*).
21. I should like to see the film.   22. Shall we sit down now?   23. He hasn't put on his bathing suit yet.   24. They went to Spain in the summer of 1988.
25. Lupe is hungry and Carmen is very sleepy.   26. The doors were already closed.   27. Bring (*formal sing.*) me the guide, please.   28. How old is Charles?   29. He is going to be eighteen (years old) next week.   30. Going by car one sees the country better.

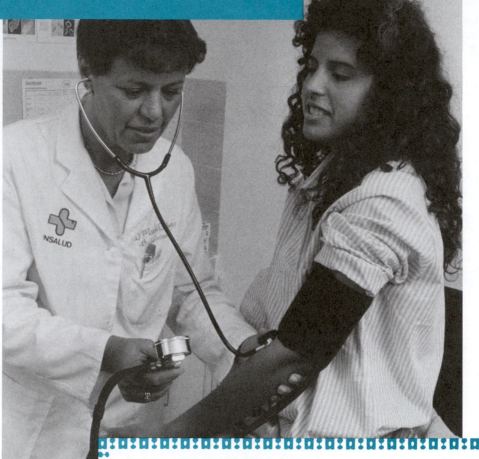

Una médica le toma la presión arterial a una estudiante en el hospital de una universidad española.

▶ Stem-changing verbs
▶ Preterit indicative of **traer**
▶ More familiar **tú** command forms
▶ Comparisons of inequality: Irregular comparative adjectives
▶ Comparisons of inequality: Regular and irregular comparative adverbs
▶ Comparisons of equality
▶ The absolute superlative
▶ Possessive adjectives: Emphatic forms
▶ The verb **doler**

Ana tiene un resfriado terrible

Un domingo de primavera, después de asistir a misa en la iglesia de San José,[1] Rita y Jaime fueron a visitar a una buena amiga suya en el hospital de la universidad.

JAIME (*En un corredor del hospital.*) —Nunca he visto un hospital tan grande como éste…¡Ah! Ésta será su habitación.

:0:0:

Rita y Jaime entran en la habitación de Ana.

ANA —¡Dios mío! ¡Qué sorpresa tan agradable![2] ¿Ustedes aquí?

RITA —Venimos a traerte unas flores. Ayer te llamamos a la residencia y una compañera tuya nos dijo que estabas enferma. Dinos, Ana, ¿qué te pasa?[3]

ANA —Pues, tengo un resfriado terrible y muchísima fiebre.

JAIME —Bueno, y ¿cómo te sientes hoy? ¿Estás ya algo mejor?

ANA —No tengo tanto dolor de cabeza como ayer, pero me duele todo el cuerpo, el pecho, la espalda, la garganta…

JAIME —Al menos podrás descansar algo en el hospital.

ANA —¡Qué va! Aquí me despiertan a cada rato, me toman la temperatura, la presión…Anoche no pude dormir la mayor parte de la noche. (*Ana comienza a toser mucho.*)

RITA —¡Qué barbaridad! ¡Cómo tose esta mujer! Ya no hables tanto y toma un poco de jugo.

ANA —Pídele a la enfermera unas píldoras[4] para la congestión, por favor.

:0:0:

Rita sale a buscar a la enfermera y las dos regresan al cuarto.

ENFERMERA —El médico le ha recetado este jarabe para la tos y unas gotas para la nariz.

ANA —En la vida he tomado tantas medicinas. Les digo que no me divierte nada estar en cama. ¡Es una gran molestia!

JAIME —¡Cálmate mujer! Hazle caso al médico.

---

[1]**San José,** *St. Joseph.* **San** is used for **Santo** before masculine names of saints not beginning with **Do-** and **To-**.

[2]**¡Qué sorpresa tan agradable!,** *What a pleasant surprise!* In Spanish exclamations, when an adjective follows the noun, **tan** or **más** regularly precedes the adjective.

[3]Literally, *what is happening to you?*

[4]**Pídele a la enfermera unas píldoras,** *Ask the nurse for some pills.* Certain verbs, such as **decir, pedir,** and others to be given later, require a personal object to be expressed as an indirect object. Remember that the corresponding indirect object pronoun (**le** in this example) is also normally used.

RITA	—Con paciencia vas a mejorarte lo más pronto posible. Descansa y de ninguna manera vayas a clase si no te sientes bien.
ANA	—Ustedes son mis mejores amigos. Gracias por la visita, y por estas flores hermosísimas que me han traído.
RITA	(*Bajando en el ascensor.*) —Creo que Ana ha pescado una pulmonía. Me parece que tiene todos los síntomas. ¿Qué piensas tú?
JAIME	(*Riéndose divertido.*) —¡Cómo se ve que estás preparándote para estudiar medicina!

Otras palabras y expresiones

los **pulmones** lungs
 el **antibiótico** antibiotic
 la **aspirina** aspirin
 la **penicilina** penicillin
   aconsejar (dar un consejo) to advise
     (to give advice)
   enfermarse to get sick (ill)

lastimarse (me lastimé el or **la...)** to get hurt (I hurt my . . .)
ser alérgico, -a a to be allergic to
pescar un resfriado (un virus) to catch a cold (virus)
alto, -a tall, high
rápidamente fast, rapidly

la oreja
el cuello
el brazo
el dedo (los dedos)
la pierna
el pie
el tobillo
el estómago
la rodilla

Preguntas sobre el diálogo

1. ¿Qué hicieron Rita y Jaime un domingo de primavera?   2. ¿Cómo supieron ellos que Ana estaba enferma?   3. ¿Qué le pasa a Ana?   4. ¿Por qué no puede Ana descansar en el hospital?   5. ¿Por qué necesita Ana unas píldoras para la congestión? ¿Quién sale a buscar a la enfermera?   6. ¿Qué medicinas le ha recetado el médico a Ana?   7. ¿Por qué no le divierte a Ana estar en cama? 8. ¿Qué le llevaron a Ana sus dos amigos?   9. ¿Qué cree Rita que ha pescado Ana? ¿Qué le parece a Rita?   10. ¿Qué le dice Jaime a Rita cuando bajan en el ascensor?

Nota cultural

La vida del estudiante universitario en los países hispánicos es bastante diferente de la vida del estudiante en las universidades norteamericanas. Una universidad hispánica es casi exclusivamente un centro de estudios. Por lo general, el estudiante no vive en un *"campus"*; no hay dormitorios o residencias. Los estudiantes viven con sus familias o en pensiones.[1] En los Estados Unidos, la universidad no sólo es un centro de estudios sino que[2] es también un centro social donde los estudiantes pueden convivir[3] durante sus años de estudios. Por eso,[4] los *"campuses"* de las universidades norteamericanas no sólo tienen bibliotecas y laboratorios sino también[5] su teatro para funciones culturales,[6] su iglesia o capilla[7] para servicios religiosos y servicios médicos en caso de enfermedad[8] o para consultas[9] profesionales. En las universidades hispánicas el estudiante no encuentra consejeros[10] o psicólogos[11] para hablar sobre sus problemas personales, sus estudios o planes futuros. En el mundo hispánico, el estudiante universitario no tiene tantas oportunidades como en los Estados Unidos para convivir más íntimamente con sus compañeros. Tampoco tiene la oportunidad de desarrollar[12] nuevos intereses.[13] La vida social del estudiante universitario en los países hispánicos gira[14] principalmente alrededor de[15] los amigos, de la familia y de las tertulias[16] en el café con los compañeros que conoce en la universidad.

Uno de los edificios principales de la famosa Universidad de Salamanca en Salamanca, España.

---

[1]boarding houses   [2]not only is . . . but is   [3]live together   [4]For that reason   [5]not only . . . but also   [6]cultural events   [7]chapel   [8]sickness   [9]consultations   [10]advisers   [11]psychologists   [12]to develop   [13]interests   [14]revolves   [15]around   [16]gatherings

Notas gramaticales

A. Stem-changing verbs (*Verbos con cambios en la raíz*)

sentir, *to feel*	dormir, *to sleep*	pedir, *to ask (for)*
Present Indicative		
siento	duermo	pido
sientes	duermes	pides
siente	duerme	pide
sentimos	dormimos	pedimos
sentís	dormís	pedís
sienten	duermen	piden
Preterit		
sentí	dormí	pedí
sentiste	dormiste	pediste
sintió	durmió	pidió
sentimos	dormimos	pedimos
sentisteis	dormisteis	pedisteis
sintieron	durmieron	pidieron
Present Participle		
sintiendo	durmiendo	pidiendo

1. Remember from **Lección 8** that certain **-ar** and **-er** verbs have a stem change in the present tense: **e** becomes **ie** (**pensar: yo pienso,** etc.), and **o** becomes **ue** (**volver: yo vuelvo,** etc). Certain **-ir** verbs have similar changes (**sentir: yo siento,** etc.; **dormir, yo duermo,** etc.)

2. These **-ir** verbs like **sentir** and **dormir** undergo stem changes in the third person singular and plural of the preterit and in the present participle: **e** changes to **i** (**sintió, sintieron, sintiendo**), and **o** changes to **u** (**durmió, durmieron, durmiendo**). Such stem-changing verbs are designated as follows in the vocabularies: **sentir (ie, i), dormir (ue, u).**

3. In other **-ir** verbs, like **pedir,** the stem change is always **e** to **i** (never to **ie**): **pido, pidió, pidieron, pidiendo.** These verbs are designated: **pedir (i, i).**

4. **Reír(se),** *to laugh,* follows the same pattern of conjugation as **pedir: me río, te ríes, se ríe,** etc.; **me reí, te reíste, se rió,** etc.; **riéndose.**

5. **Divertir(se),** *to amuse, enjoy oneself* undergoes the same **e → ie** stem change as **sentir** in the present tense: **me divierto, te diviertes, se divierte, nos divertimos, os divertís, se divierten.**

¡Atención!   The verb **pedir** means *to ask for, ask (request) someone to do something, ask a favor:* **Pídele a ella su dirección,** *Ask her for her address;* **Pídele a la enfermera un jarabe para la tos,** *Ask the nurse for a cough syrup.* **Preguntar** means *to ask a question:* **Pregúntale a ella dónde vive,** *Ask her where she lives;* **Pregúntale a la enfermera si el médico recetó algo,** *Ask the nurse if the doctor prescribed anything.*

B. Preterit indicative of **traer** (*El pretérito del indicativo de* **traer**)

	Singular	Plural
	traje	trajimos
	trajiste	trajisteis
	trajo	trajeron

1. A few verbs have a **j** in the stem of the preterit. Note that the ending for the third person plural is **-eron: ellos trajeron.**
2. The English equivalents of **traje, trajiste,** etc. are *I brought, I did bring, you brought, you did bring,* etc.

Práctica 1   Substitution drill:

1. *Ana se sintió mal anoche.* (Yo, Las chicas, Nosotros, Tú)
2. *Ella durmió muy poco.* (Nosotros, Yo, Uds., Ud.)
3. *Ella le pidió algo a la enfermera.* (Tú, Yo, Ellos, Nosotros)
4. *La enfermera le trajo unas píldoras.* (Jaime y Rita, Nosotros, Yo, Tú)
5. *Ana se divirtió con la visita de Rita y Jaime.* (Nosotros, Tú, Uds., Yo)
6. *Ellos se rieron mucho.* (Ana, Yo, Nosotros, Tú)

C. More familiar **tú** command forms (*Más formas para el mandato con* **tú**)

Verbs with irregular **tú** commands   (*Verbos con formas irregulares para el mandato con* **tú**)

Infinitive	Affirmative Commands		Negative Commands	
decir	**di** (tú)	*say, tell*	**no digas** (tú)	*don't say (tell)*
hacer	**haz** (tú)	*do, make*	**no hagas** (tú)	*don't do (make)*
ir	**ve** (tú)	*go*	**no vayas** (tú)	*don't go*
poner	**pon** (tú)	*put, place*	**no pongas** (tú)	*don't put (place)*
salir	**sal** (tú)	*go out, leave*	**no salgas** (tú)	*don't go out (leave)*
ser	**sé** (tú)	*be*	**no seas** (tú)	*don't be*
tener	**ten** (tú)	*have*	**no tengas** (tú)	*don't have*
venir	**ven** (tú)	*come*	**no vengas** (tú)	*don't come*

1. Remember from **Lección 4** that the affirmative familiar singular command of regular verbs is the same as the third person singular of the present indicative tense of all but a few verbs, while the negative familiar singular command form of **-ar** verbs ends in **-es,** and that of **-er** and **-ir** verbs ends in **-as.**

2. Remember also from **Lección 8** the familiar singular command forms of verbs and stem changes.
3. The frequently used verbs listed in the chart at the bottom of page 313 have irregular forms to express the familiar **tú** command.

Ponte de moda.

aluzia
correas y cinturones

Verbs with changes in the stem for the **tú** commands (*Verbos con cambios en la raíz para el mandato con* **tú**)

Infinitive	Present indicative	Affirmative command	Negative command
sentir	**él siente**	**siente (tú)**	**no sientas (tú)**
to feel	*he feels*	*feel*	*don't feel*
dormir	**él duerme**	**duerme (tú)**	**no duermas (tú)**
to sleep	*he sleeps*	*sleep*	*don't sleep*
pedir	**él pide**	**pide (tú)**	**no pidas (tú)**
to ask for	*he asks for*	*ask for*	*don't ask for*

1. Verbs with a stem vowel change in the third person singular of the present indicative (e → ie, o → ue, and e → i) also use this form to express the familiar **tú** commands.
2. Remember that the ending for the negative **tú** command is **-as** for the **-ir** verbs.

Verbs with spelling changes for the **tú** commands (*Verbos con cambios ortográficos para el mandato con* **tú**)

Infinitive	Preterit	Negative Command
buscar	**yo busqué**	**no busques (tú)**
	I looked for	*don't look for*
llegar	**yo llegué**	**no llegues (tú)**
	I arrived	*don't arrive*
comenzar	**yo comencé**	**no comiences (tú)**
	I began	*don't begin*

Some verbs which have spelling changes in the first person singular of the preterit tense have the same spelling changes in the negative familiar **tú** command in order to maintain the same sounds of the infinitive endings **-car, -gar,** and **-zar.** The **c** changes to **qu; g** changes to **gu;** and **z** changes to **c.**

¡Atención!   Remember that the appropriate reflexive pronoun must be used with a reflexive verb. In the affirmative commands the reflexive pronoun is attached to the verb form; in the negative command it immediately precedes the verb form:

Infinitive	Affirmative command	Negative command
levantarse	levántate (tú) *get up*	no te levantes (tú) *don't get up*
desayunarse	desayúnate (tú) *have breakfast*	no te desayunes *don't have breakfast*
ponerse	ponte (tú) *put on*	no te pongas (tú) *don't put on*
divertirse	diviértete (tú) *enjoy yourself*	no te diviertas (tú) *don't enjoy yourself*
dormirse	duérmete (tú) *go to sleep*	no te duermas (tú) *don't go to sleep*
reírse	ríete (tú) *laugh*	no te rías *don't laugh*

Note the written accent in those forms in which the stress falls on the second syllable before the last.

Práctica 2   Read in Spanish, changing the infinitive to the appropriate **tú** command form:

1. *Abrir* la puerta, pero no *cerrar* las ventanas.
2. No lo *pensar* tanto, no se lo *decir* a ellos y no *hacer* nada todavía.
3. *Recordar* que mañana salimos temprano, no *venir* muy tarde; *volver* lo más pronto posible.
4. *Devolver* el boleto de avión, pero no *pedir* otras reservas todavía.
5. No *jugar* al tenis con tus amigos hoy; tenemos invitados y no *llegar* tarde; *ser* puntual, por favor.
6. No *tocar* ese disco; *poner* otro de música popular, pero no *poner* otra cumbia.
7. No le *entregar* sus cosas y tampoco le *pagar* todavía.
8. *Tener* paciencia, no *cruzar* la calle todavía.
9. No *almorzar* en ese restaurante, *encontrar* otro menos caro.
10. No *ir* a la biblioteca esta noche, *acostarse* temprano y no *cansarse* tanto.
11. No *sentarse* con ellos, *venir* y *reírse* un rato con nosotros.
12. No *quedarse* en casa el sábado por la noche, *hacer* algo, *salir* con alguna chica, *ir* a alguna fiesta, *divertirse* un poco.

D. Comparisons of inequality: Irregular comparative adjectives
(*La comparación de desigualdad: Adjetivos comparativos irregulares*)

Adjective	Regular comparative	Irregular comparative
bueno *good*		**(el) mejor,** (*the*) *better, best*
malo *bad*		**(el) peor,** (*the*) *worse, worst*
grande *large*	**más grande** (*the*) *larger, largest*	**(el) mayor,** (*the*) *older, greater, oldest, greatest*
pequeño *small*	**más pequeño** (*the*) *smaller, smallest*	**(el) menor,** (*the*) *smaller, younger, smallest, youngest*

1. Remember from **Lección 7** that Spanish uses **más** or **menos** followed by an adjective to make comparisons of inequality between two nouns: **Rita es *más* (*menos*) inteligente que Ana,** *Rita is more (less) intelligent than Ann.*

2. There are a few adjectives in Spanish that have irregular comparative forms to express a comparison of inequality: **mejor, peor, mayor** and **menor.** These adjectives are invariable for gender but have a plural form ending in **-es.**

3. The irregular comparative adjectives **mejor,** *better* and **peor,** *worse* are the forms normally used to compare a person's qualities or abilities:

Ellas son **mejores** amigas que Rita.	*They are better friends than Rita.*
Antonio es **peor** estudiante que Alberto.	*Anthony is a worse student than Albert.*

4. The irregular comparative adjectives **mayor,** *older* and **menor,** *younger* are normally used to compare a person's age:

Ana es **mayor** que Rita.	*Ann is older than Rita.*
Antonio es **menor** que Alberto.	*Anthony is younger than Albert.*

The same idea may be expressed with the regular form **joven:**

Ana es más **joven** que Rita.	*Ann is younger than Rita.*
Antonio es menos **joven** que Alberto.	*Albert is younger than Anthony.*

5. To compare size, the regular forms **grande** and **pequeño, -a** are used:

Esta universidad es más **grande** que mi escuela secundaria.	*This university is larger than my high school.*
La librería es más **pequeña** que la biblioteca.	*The bookstore is smaller than the library.*
Estos apartamentos son más **pequeños** que aquéllos.	*These apartments are smaller than those.*

6. The expression **la mayor parte de** corresponds in English to *most (of), the greater part of:*

No pude dormir **la mayor parte de** la noche.	*I couldn't sleep most of the night.*

7. To express the superlative degree in a comparison, the corresponding form of the definite article precedes these adjectives:

Ellas son **las mejores** amigas de Rita.	*They are Rita's best friends.*
Antonio es **el peor** estudiante de la clase.	*Anthony is the worst student in the class.*
Ana es **la mayor** de la familia.	*Ann is the oldest in the family.*
Antonio es **el menor** (de los tres).	*Anthony is the youngest (of the three).*

Note that, in these superlative statements, Spanish uses **de** while English uses **in.**

¡Atención!   The adjectives **mayor** and **menor** are frequently used to refer to one's siblings:

Ana es la hermana **mayor** de Rita.	*Ann is Rita's older sister.*
Antonio es el hermano **menor** de Alberto.	*Anthony is Albert's younger brother.*
Mis hermanos **mayores**...	*My older brothers . . .*
Mis hermanas **menores**...	*My younger sisters. . .*

¡Atención!   The adjective **grande** becomes **gran** before a masculine or feminine singular noun and generally means *great.* The full form is used before plural forms:

un **gran** amigo	*a great friend*
una **gran** enfermera	*a great nurse*
unos **grandes** médicos	*some great doctors*
son **grandes** personas	*they are great persons*

**El mejor regalo
que usted podría
dar**

**Una tarjeta
de biblioteca***

***Garantizado por toda una
vida de placer y aprendizaje**

E. Comparisons of inequality: Regular and irregular comparative adverbs (*Comparaciones de desigualdad: Adverbios comparativos regulares e irregulares*)

Regular comparative adverbs (*Adverbios comparativos regulares*)

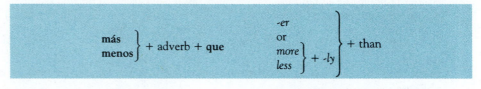

Tomás llegó **más** tarde que Miguel.	*Thomas arrived later than Michael.*
Yo corro **menos** rápido que tú.	*I run slower than you.*
Ella habla **más** alto que Rita.	*She speaks more loudly than Rita.*
Alberto escribe **menos** claro que Luis.	*Albert writes less clearly than Louis.*

1. The same constructions with **más** and **menos** used to make comparisons of inequality between nouns (**Lección 7**) are also used to compare how an action is carried out by different subjects. Note that the comparative adverb (**más tarde, menos rápido,** etc.) is invariable in form.

2. **Que** is used to relate the points of comparison and in this context corresponds to the English **than.**

Irregular comparative adverbs (*Adverbios comparativos irregulares*)

Adverb	*Irregular comparative*
bien *well*	**mejor** *better, best*
mal *badly*	**peor** *worse, worst*
mucho *a lot*	**más** *more, most*
poco *little*	**menos** *less, least*

There are a few adverbs in Spanish that have an irregular comparative form to express a comparison of inequality:

Carolina baila **bien,** pero tú bailas **mejor** que ella.	*Caroline dances well, but you dance better than she.*
Yo canto **mal,** pero él canta **peor** que yo.	*I sing badly, but he sings worse than I.*
Ana trabaja **mucho,** pero su hermana trabaja **más** que ella.	*Ann works a lot, but her sister works more than she.*
Ramón estudia **poco,** pero Luis estudia **menos** que él.	*Raymond studies little, but Louis studies less than he.*

¡Atención!   Note that the adverbs **mejor** and **peor** (invariable for gender and number) coincide in form with the comparative adjectives **mejor** and **peor,** which have a plural form. Remember to make the plural agreement when **mejor** and **peor** are used as adjectives:

Él habla español **mejor.**	*He speaks Spanish better.*
Ellas son **mejores** estudiantes.	*They are better students.*
Ellas cantan **peor** que nosotros.	*They sing worse than we.*
Ellas son **peores** estudiantes que nosotros.	*They are worse students than we.*

 **Práctica 3**   Read in Spanish paying close attention to the meaning:

1. Marta es una estudiante buena, pero Laura es mejor estudiante que ella.
2. Luis es un jugador de fútbol malo. Algunos dicen que es peor jugador que Antonio.
3. Su familia es más pequeña que mi familia, pero ellos viven en una casa más grande que nosotros. Su padre es un gran médico y su hermano mayor estudia medicina.
4. Esta universidad es más grande que mi escuela secundaria. Por cierto, allí yo conocía a la mayor parte de los estudiantes.
5. Ana pronuncia el inglés más claro que Luis, pero habla menos rápido que él.
6. Yo no canto muy bien, pero tú cantas peor.

F. Comparisons of equality (*La comparación de igualdad*)

With adjectives and adverbs   (*Con adjetivos y adverbios*)

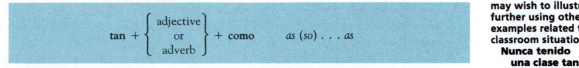

$$\textbf{tan} + \left\{ \begin{matrix} \text{adjective} \\ \text{or} \\ \text{adverb} \end{matrix} \right\} + \textbf{como} \qquad as\ (so)\ .\ .\ .\ as$$

Nunca he visto un hospital **tan grande como** éste.	*I have never seen a hospital as (so) large as this one.*
Rita no está **tan enferma como** Ana.	*Rita is not as (so) sick as Ann.*
Él no es **tan joven como** ella.	*He is not as (so) young as she.*
Ella baila **tan bien como** él.	*She dances as well as he.*
Yo no canto **tan mal como** tú.	*I don't sing as badly as you do.*

Have students read the examples. You may wish to illustrate further using other examples related to classroom situations:
   Nunca tenido una clase tan buena como esta clase.
   Nunca he enseñado a estudiantes tan agradables como Uds.
   En esta clase hay tantos chicos como chicas.
Proceed with Práctica 4.

Es Tan Fácil Como. . .
Enamorarse a primera vista.

Kodak

With nouns or pronouns   (*Con sustantivos o pronombres*)

$$\left.\begin{array}{c}\textbf{tanto, -a}\\[1em]\textbf{tantos, -as}\end{array}\right\} + \left\{\begin{array}{c}\text{noun}\\\text{or}\\\text{pronoun}\end{array}\right\} + \textbf{como} \qquad as\ (so) \left\{\begin{array}{c}much\\many\\well\end{array}\right\} \ldots as$$

No tengo **tanto dolor de cabeza como** ayer.	*I don't have so much of a headache as yesterday.*
Hay **tantos médicos como** enfermeras.	*There are as many doctors as there are nurses.*
Tanto él como ella son muy buenos amigos de Ana.	*Both he and she are very good friends of Ann. (lit., He as well as she . . .)*

With verbs   (*Con verbos*)

$$\textbf{verb} + \textbf{tanto como} + \left\{\begin{array}{c}\text{noun}\\\text{or}\\\text{pronoun}\end{array}\right\} \qquad as\ (so)\ much \ldots as$$

Isabel **estudia tanto como Felipe.**	*Elizabeth studies as much as Phillip.*
Ella también **se divierte tanto como él.**	*She also enjoys herself as much as he.*

1. In Spanish, comparisons of equality are expressed by different constructions, depending on whether the comparison involves an adjective, a noun, a pronoun, or an adverb.
2. **Tan** (invariable in form) + **como** is used if the comparison involves an adjective or an adverb: **él no es *tan* joven *como*...,** *he's not as young as . . .*; **ella baila *tan* bien *como*...,** *she dances as well as . . .*
3. **Tanto, -a (-os, -as)** + **como** is used if the comparison involves a noun or pronoun: **Hay *tantos* médicos *como* enfermeras,** *There are as many doctors as nurses;* **No tengo *tanta* paciencia *como* tú,** *I don't have as much patience as you.*
4. **Tanto como** (invariable in form) is used when the point of comparison is an action expressed by a verb: **Ella se divierte *tanto como* él,** *She enjoys herself as much as he.*

Noticias del

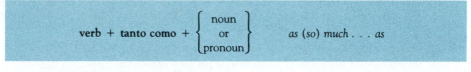

mundo de
la medicina

¡Atención!   **Tanto** (invariable in form) and **tan** are adverbs meaning *so much* and *so,* respectively:

No estudies **tanto.**	*Don't study so much.*
¿Por qué vienen Uds. **tan** pronto?	*Why are you coming so soon?*

Tanto, -a (-os, -as) is also used as an adjective meaning *so much (many)*. Remember to observe the proper agreement:

No tengo **tanto** tiempo.	*I don't have so much time.*
No tomes **tanta** agua.	*Don't drink so much water.*
¡Él tiene **tantos** amigos!	*He has so many friends!*
¡Nunca en la vida he tomado **tantas** medicinas!	*Never in my life have I taken so many medicines!*

Práctica 4   Substitution drill:

1. *Este apartamento* no es tan grande como aquél. (Estas casas, Estos cuartos, Esta universidad, Este hospital)
2. Yo no tengo tanto *tiempo* como tú. (calor, hambre, clases, amigos)
3. Hay tantos *estudiantes* como *profesores*. (enfermeras/médicos, chicos/chicas, comida/bebidas, vino/cerveza)
4. Lola habla el inglés tan *bien* como tú. (mal, claro, rápido, poco)
5. Yo *me divierto* tanto como Uds. (trabajo, estudio, juego, viajo)

G. The absolute superlative (*El superlativo absoluto*)

Esta universidad es **muy grande** (**grandísima**).	*This university is very large (extremely large).*
Estas flores son muy **hermosas** (**hermosísimas**).	*These flowers are very pretty (extremely pretty).*
Jaime es **muy inteligente** (**inteligentísimo**).	*James is very intelligent (extremely intelligent).*
Tenemos **muy pocos (poquísimos)** invitados.	*We have very few (hardly any) guests.*
Ana tiene **muchísimas** amigas.	*Ann has a great many (a lot of) friends.*
Ellos cantan **muy mal (malísimo).**	*They sing very badly (horribly).*
Tú corres **muy rápido (rapidísimo).**	*You run very fast (extremely fast).*
Ellas estudian **muchísimo.**	*They study a lot (a great deal).*

1. To express a high degree of quality, without any element of comparison, Spanish uses **muy** before the adjective or adverb, or adds the ending **-ísimo, -a (-os, -as)** to the adjective: **son muy** *hermosas,* **son** *hermosísimas, they are very beautiful,* or **-ísimo** (invariable) to the adverb: **él corre muy** *rápido,* **corre** *rapidísimo, he runs very (extremely) fast.* The form **-ísimo** is very common in Spanish.

2. When **-ísimo** is added to an adjective or an adverb ending in a vowel, the final vowel is dropped: **grande → grandísimo, hermosa → hermosísima, rápido → rapidísimo.** Note the exceptions: **agradable → agradabilísimo; amable → amabilísimo,** where the ending **-ble** becomes **-bil** before **-ísimo.**

3. The absolute superlative form of the adjective **mucho, -a (-os, -as)** is **muchísimo, -a (-os, -as),** *very much (many).* The corresponding form of the adverb **mucho** is **muchísimo,** *very much.* The adverb **muy** is never used before forms of **mucho.**

Ana tiene **muchísimas** amigas.   *Ann has very many friends.*
Ellos estudian **muchísimo.**   *They study very much.*

¡Atención!   Spanish adverbs may also express a superlative meaning with the neuter pronoun **lo** and an expression of possibility (*i.e.* **lo** + **más** or **menos** + adverb + **posible**): **Espero mejorarme *lo más pronto posible,*** *I hope to get well as soon as possible.*

 Práctica 5   Give the corresponding superlative with **-ísimo:**

1. una persona muy alegre   2. unas chicas muy bonitas   3. un restaurante muy caro   4. una mercancía muy fina   5. unas clases muy difíciles   6. un juego muy peligroso   7. unos chicos muy divertidos   8. un cantante muy famoso   9. unos estudiantes muy inteligentes   10. una norteamericana muy guapa   11. él corre muy rápido   12. Uds. hablan muy claro

H. Possessive adjectives: Emphatic forms (*Adjetivos posesivos: Formas enfáticas*)

Singular		Plural
mío, mía	my, of mine	míos, mías
tuyo, tuya	your (*fam.*), of yours	tuyos, tuyas
suyo, suya	his, her, your (*formal*), its, of his, of hers, of yours, of its	suyos, suyas
nuestro, nuestra	our, of ours	nuestros, nuestras
vuestro, vuestra	your (*fam. pl.*), of yours	vuestros, vuestras
suyo, suya	their, your (*pl.*), of theirs, of yours	suyos, suyas

la habitación **mía**	*my room*
unas cosas **nuestras**	*some things of ours*
unos amigos **suyos**	*some friends of his (hers, yours, theirs)*
¡Dios **mío**!	*Heavens! (My God!)*

1. In **Lección 4** you learned the short forms of possessive adjectives, which always precede the noun: **mi** compañera, *my companion;* **nuestra** casa, *our house.* Spanish also has a set of long possessive forms, which follow the noun and agree with it in gender and number.

2. The long possessive forms are used as follows:
   a. For emphasis or contrast:

Ésta es la habitación **mía**, la habitación **tuya** es aquélla.	*This is my room, your room is that one.*

   b. In indefinite constructions equivalent to the English *of mine, of yours, of his,* etc:

Unos amigos **suyos** la visitaron.	*Some friends of hers visited her.*
Una hermana **mía** llegó hoy.	*A sister of mine arrived today.*

   c. In certain set phrases:

¡Dios **mío**!	*Heavens! (My God!)*

3. Since **suyo, -a (-os, -as)** may be ambiguous in meaning, a prepositional form with **de** may be used instead of the possessive to make the meaning clear: **las medicinas** *suyas* **(de él, de ella, de Ud., de ellos, de ellas, de Uds.)**, (*his, her, your, their, your*) *medicines.*

4. The prepositional phrase may also be used with the **nosotros** form: **las cosas** *nuestras* or **las cosas** *de nosotros, our things.*

5. The prepositional phrase is never used with **mí** or **ti**, but rather a possessive form is used: **mis** cosas or **las cosas** *mías, my things;* **tus** cosas or **las cosas** *tuyas, your things.*

◫ **Práctica 6**   Read the first phrase and complete the second one, using a long possessive form. Give the alternate prepositional form with **de** when appropriate.

1. mi compañero de clase, un _____   2. nuestra casa, la _____
3. nuestros amigos, los _____   4. mis flores, las _____   5. tu libro, el _____   6. tus discos, los _____   7. su familia, la _____
8. sus hermanos, los _____

I. The verb **doler** (*El verbo* **doler**)

Me duele todo el cuerpo.   *My whole body aches (hurts).*
Ayer **me dolía** la cabeza.   *I had a headache yesterday. (lit., My head ached yesterday.)*

Me duelen los ojos.   *My eyes hurt.*
¿No **te duelen** los pies?   *Don't your feet hurt?*

1. Sentences with the verb **doler,** *to hurt, ache* are constructed in the same way as those with the verb **gustar:**

A + noun or pronoun (Optional)	Ind. Obj.	Verb	Subject
A Ana	le	duele	todo el cuerpo.
(A mí)	me	duelen	los ojos.

2. Since the indirect object of **doler** expresses the possessor of the part of the body or the whole body, the definite article is used instead of the possessive adjective with the subject of the verb.

3. With some body parts, the expression **tener dolor de** is commonly used to convey the meaning of **doler:**

Me duele la cabeza.
Tengo dolor de cabeza. ⎫   *I have a headache.*

Le duele la garganta.
Tiene dolor de garganta. ⎫   *His (Her) throat aches.*

¿**Te duele** el estómago?   *Does your stomach hurt?*
¿**Tienes dolor de** estómago?   *Do you have a stomach-ache?*

¡Atención!   The verb **lastimarse** means *to get hurt.* Note the difference between **lastimarse** and **doler** in the following sentence: **Ayer *me lastimé* el tobillo jugando fútbol y hoy *me duele* mucho,** *I hurt my ankle yesterday playing soccer and today it hurts me a lot.*

◈◈◈◈◈◈ Actividades y práctica ◈◈◈◈◈◈

A. Listen to the questions and respond according to the model.

> MODEL: —¿Dormiste bien anoche?
> **—No, no dormí bien.**
> —¿Y tu compañero de cuarto?
> **—Él sí durmió bien.**

1. ¿Sentiste frío anoche? ¿Y tu compañera de cuarto?
2. ¿Pediste otra manta? ¿Y tu compañero de cuarto?
3. ¿Sintieron calor Uds.? ¿Y tus amigos?
4. ¿Pidieron Uds. un cuarto con aire acondicionado? ¿Y tus amigos?
5. ¿Gozaste de la visita de Rita? ¿Y Jaime?
6. ¿Te reíste mucho con ella? ¿Y Laura?
7. ¿Se divirtieron Uds. en el cine? ¿Y tus amigos?
8. ¿Se rieron Uds. mucho con la película? ¿Y ellos?
9. ¿Trajiste tú el periódico? ¿Y Luis?
10. ¿Trajeron Uds. dinero? ¿Y tus hermanos?

vestir bien
es sentirse bien...

B. Ask the question to a classmate and he or she will tell you what to do.

> MODEL: ¿Compro yo las entradas?
> **Sí, por favor, compra tú las entradas.**

1. ¿Hago yo las reservas?
2. ¿Voy yo al estadio?
3. ¿Salgo yo ahora?
4. ¿Devuelvo yo las entradas?
5. ¿Se lo digo yo a Mario?
6. ¿Le recuerdo yo la fecha?
7. ¿Le pido yo el dinero?

MODEL: ¿Busco a Carolina más tarde o la busco ahora?
Búscala más tarde; no la busques ahora.

8. ¿Saco las fotos más tarde o las saco ahora?
9. ¿Pago la cuenta después o la pago ahora?
10. ¿Toco este disco más tarde o lo toco ahora?
11. ¿Cruzo la calle después de ese coche o la cruzo ahora?
12. ¿Juego al tenis más tarde o juego ahora?
13. ¿Almuerzo en un restaurante o almuerzo en la cafetería?

C. Some of the things you do in the morning before coming to class are expressed in Spanish by various reflexive verbs which you have already learned. One morning your roommate is running late. Tell him or her what to do or not to do.

MODEL: **Oye, José, es muy tarde, ¡despiértate ya!** *or*
¡No te prepares para las clases ahora!

1. levantarse en seguida
2. lavarse la cara rápido
3. no bañarse ahora
4. no afeitarse hoy
5. no pintarse los ojos
6. ponerse la ropa rápido
7. no arreglarse tanto
8. no desayunarse hoy

D. Your classmate wants to know how some things in your city compare to those in his or hers. Listen carefully and respond accordingly.

    MODEL: —¿Es agradable la vida en tu ciudad?
               —**Sí, la vida en mi ciudad es más agradable que la vida aquí.**

1. ¿Es interesante la vida en tu ciudad?
2. ¿Son caros los restaurantes allí?
3. ¿Es buena la comida allí?
4. ¿Son baratas las tiendas en tu ciudad?
5. ¿Es fina la ropa allí?
6. ¿Son buenos los conciertos en tu ciudad?

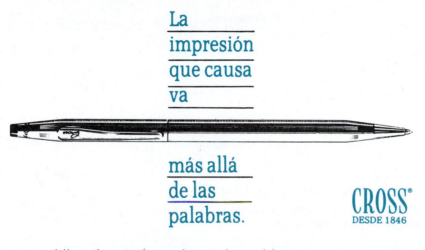

E. Listen carefully and respond according to the models.

    MODEL: —¿Es bonita Lupe?
               —**Sí, ella es muy bonita.**
               —¡Pero Marta es muy bonita también!
               —**Claro (Por supuesto** or **Por cierto), Marta es tan bonita como Lupe.**

1. ¿Es inteligente Luis?...¡Pero Felipe es muy inteligente también!
2. ¿Es interesante el profesor de historia?...¡Pero el profesor de ciencias es muy interesante también!
3. ¿Son divertidos tus hermanos?...¡Pero tu hermana es muy divertida también!
4. ¿Son agradables tus amigas?...¡Pero tus amigos son agradables también!
5. ¿Es bueno el médico?...¡Pero las enfermeras son buenas también!
6. ¿Baila Carolina bien?...¡Pero Diana también baila muy bien!
7. ¡Juega Ramón mal al tenis?...¡Pero Miguel también juega muy mal!

MODEL: —¿Era grande el hospital?
—Sí, era muy grande; era grandísimo.

8. ¿Era famoso tu médico?
9. ¿Era amable tu enfermera?
10. ¿Era pequeña la iglesia?
11. ¿Fue hermosa la misa?

12. ¿Eran divertidos tus amigos?
13. ¿Era guapo el cantante?
14. ¿Eran populares las canciones?
15. ¿Fue bueno el concierto?

F. Listen to the question and respond according to the models.

MODEL: —¿Es ésa tu camisa?
—Sí, ésa es la camisa mía.

1. ¿Es ésa tu falda?
2. ¿Son ésas tus blusas?
3. ¿Es ése mi vestido?
4. ¿Son ésos mis zapatos?

MODEL: —Éste es mi lápiz, ¿verdad?
—Sí, es el lápiz suyo (tuyo).

5. Éste es mi diccionario, ¿verdad?
6. Éstos son mis periódicos, ¿verdad?
7. Éstas son mis revistas, ¿verdad?
8. Ésta es mi pluma, ¿verdad?

MODEL: —¿De quién es el apartamento? ¿Es de Uds.?
—Sí, es el apartamento nuestro (or **de nosotros**).

9. ¿De quién es la casa? ¿Es de Uds.?
10. ¿De quiénes son los coches? ¿Son de Uds.?
11. ¿De quién es el barco? ¿Es de Uds.?
12. ¿De quiénes son las bicicletas? ¿Son de Uds.?

MODEL: ¿Es un cenicero suyo o es un cenicero de él?
No es un cenicero mío; es un cenicero de él.

13. ¿Es un reloj suyo o es un reloj de él?
14. ¿Es una pulsera suya o es una pulsera de ella?
15. ¿Son unas gafas suyas o son unas gafas de él?
16. ¿Son unos aretes suyos o son unos aretes de ella?
17. ¿Son unas joyas suyas o son unas joyas de ellas?

G. **¿Qué te pasa en…?** Your classmate wants to know how you got hurt. Listen to the questions and respond varying the choices given in the model.

> MODEL: MARTA —Oye, (Luis), ¿qué te pasa en el brazo?
>
>   LUIS   **—Me lo lastimé.**
>
>   MARTA —¿Qué estabas haciendo?
>
>   LUIS   **—Estaba jugando al básquetbol (vólibol, fútbol, tenis, béisbol; estaba corriendo, pescando, subiendo en el ascensor, lavando los platos,** etc.)
>
>   MARTA —¿Te duele?
>
>   LUIS   **—Sí, me duele mucho; es una gran molestia** (or **Ya no me duele tanto, pero era una gran molestia.**)

1. Oye, (…), ¿qué te pasa en el cuello?…¿Qué estabas haciendo? …¿Te duele?
2. Oye, (…), ¿qué te pasa en la nariz?…¿Qué estabas haciendo? …¿Te duele?
3. Oye, (…), ¿qué te pasa en los pies?…¿Qué estabas haciendo? …¿Te duele?
4. Oye, (…), ¿qué te pasa en el tobillo?…¿Qué estabas haciendo? …¿Te duele?
5. Oye, (…), ¿qué te pasa en las manos?…¿Qué estabas haciendo? …¿Te duele?
6. Oye, (…), ¿qué te pasa en la rodilla?…¿Qué estabas haciendo? …¿Te duele?

H. Give the Spanish equivalent, using the familiar forms for *you, yours.*

1. One Sunday, after attending Mass, Rita and James went to the hospital to visit a friend (*f.*) of theirs.   2. "Heavens! What a pleasant surprise!" said Ann to her friends when she saw them.   3. Rita replied: "Yesterday a friend (*f.*) of yours told us that you were ill."   4. Then Rita handed Ann some flowers which they had brought (to) her.   5. "Tell us, Ann, what's the matter with you? How do you feel?"   6. "I caught a terrible cold," she said, "but today I don't have as much fever as I did yesterday."   7. Ann also told her friends that her entire body ached (use *imp. ind.*)—her (the) back, her throat, her chest. . .   8. She did not sleep most of the night because she was coughing a lot.   9. The doctor prescribed her a cough syrup and some nosedrops.   10. Ann is not enjoying herself in the hospital and wants to get well as soon as possible.   11. James advised her: "Listen to the doctor, and in no way go to class if you don't feel well."
12. "Many thanks (A lot of thanks) for the very pretty flowers which you have brought me. You are my best friends," Ann said to Rita and James.

✦✦✦✦✦✦✦ Práctica de conversación ✦✦✦✦✦✦✦

Answer the following questions with complete sentences when your teacher calls on you:

1. ¿Cómo se siente Ud. hoy? ¿Y Ud.? ¿Se siente Ud. bien siempre o a veces se enferma?
2. ¿Durante qué tiempo del año se enferma Ud. más? ¿Por qué?
3. ¿Qué síntomas tiene Ud. cuando pesca un resfriado?
4. ¿Por qué se enferma a veces la gente del estómago?
5. ¿Por qué es una gran molestia enfermarse?
6. ¿Qué hace Ud. cuando está enfermo(-a)? ¿Es Ud. alérgico(-a) a los antibióticos? ¿Ha tomado Ud. penicilina alguna vez?
7. ¿Tiene la universidad un hospital para los estudiantes? ¿Cómo es el hospital?
8. ¿Hay otros hospitales en la ciudad? ¿Es el hospital de la universidad tan bueno como los otros hospitales?
9. ¿Ha estado Ud. alguna vez en el hospital? ¿Qué tenía? ¿Por qué puede ser una gran molestia estar en el hospital?
10. ¿Qué hacen muchas personas los domingos? ¿Hay una iglesia en la universidad? ¿Hay otras iglesias en la ciudad?

CENTRO MEDICO DE LOS ANDES
DE LA FUNDACION
SANTA FE DE BOGOTA

Entrada Principal: Avenida 116 No. 9-02
URGENCIAS: Calle 119 No. 9-33
TELEFONO: 214 4400
CONMUTADOR: 214 6611

◈◈◈◈◈◈◈◈◈◈ Situaciones ◈◈◈◈◈◈◈◈◈◈

A. **¿Qué le aconseja Ud. a su amigo, -a?** Un (una) amigo(-a) suyo(-a) se ve un poco preocupado(-a). Él o ella le habla a Ud. sobre su problema y Ud., que es su mejor amigo(-a), le aconseja algunas cosas. (*You may use the advice suggested or you may want to give him or her some other advice.*)

> MODEL: MARIO —Oye, (Luis), estoy muy cansado de estudiar tanto.
> ¿Qué me aconsejas?
> (***Posibles consejos:*** no preocuparse, no pensar en sus estudios, divertirse, salir)
>
> LUIS   —**Mira, (Mario), no te preocupes tanto,** *or*
> —**No pienses tanto en tus estudios,** *or*
> —**Hombre, diviértete un poco,** *or*
> —**Pues, sal con alguna chica guapa.**

1. Oye, (…), yo quiero ser mejor jugador(-a) de tenis. ¿Qué me aconsejas?
   (***Posibles consejos:*** Hacer ejercicio y correr todos los días; acostarse y levantarse temprano; no jugar ni practicar con jugadores malos)
2. Oye, (…), no tengo ganas de ir a la fiesta de (Rita); no sé si voy a divertirme. ¿Qué me aconsejas?
   (***Posibles consejos:*** invitar a alguna chica guapísima; bailar toda la noche; gozar de la música; no beber demasiado)
3. Oye, (…), necesito aprender más español. No hablo muy bien todavía. ¿Qué me aconsejas?
   (***Posibles consejos:*** No jugar tanto al fútbol, ir al laboratorio de idiomas todos los días, hacer caso a tu profesor; practicar más con tus amigos; poner la televisión y escuchar el canal hispano)

B. Think about the following: 1. What your life was like while you were attending high school, and what is it like now; 2. Two cities that you know well and how they compare with each other. Share your comparisons with your classmates on one of the topics when your teacher calls on you.

1. Mi vida cuando estudiaba en la escuela secundaria
2. Dos ciudades que conozco bien

C. Ud. no se siente bien y va a ver al médico. Él le pregunta qué le pasa y Ud. le dice todos sus síntomas. El médico le dice las cosas que Ud. tiene que hacer para mejorarse lo más pronto posible. (*Enact the situation with a classmate who will play the role of the doctor. You may follow the outline below.*)

Enfermo(-a)	**Médico(-a)**
1. Saluda al médico.	El médico saluda al enfermo y le pregunta qué tiene.
2. …le dice que no se siente bien: le duele todo el cuerpo; la cabeza no le duele tanto como ayer.	…pregunta qué otros síntomas tiene.
3. …le dice que tose mucho de noche y le duele mucho la garganta.	…pregunta si tiene fiebre.
4. …le dice que tiene mucha fiebre y que no durmió la mayor parte de la noche.	…dice que necesita tomarle la temperatura y le pregunta si le duele el pecho.
5. …le contesta que también le duele el pecho y le pregunta cuánta fiebre tiene ahora.	…contesta que tiene una fiebre altísima; casi 104 grados.
6. …le dice que necesita mejorarse lo más pronto posible.	…le dice que le va a recetar algunas medicinas.
7. …le dice que es alérgico(-a) a la penicilina y a los antibióticos.	…le contesta que no se preocupe, que va a recetarle otras píldoras y un jarabe para la congestión.
8. …le pregunta si puede ir a clases.	…le dice que de ninguna manera y le aconseja: quedarse en cama, dormir y descansar mucho, tomar muchos jugos.
9. …le contesta que está muy preocupado porque tiene muchísimo que estudiar.	…le dice que puede pescar una pulmonía y le aconseja tener mucha paciencia.
10. …le da las gracias al médico y se despide.	…se despide del enfermo y le dice que si necesita algo, puede llamarlo por teléfono.

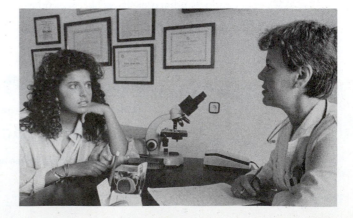

Una visita a la clínica de la universidad: una estudiante habla con una médica sobre sus problemas de salud.

▪:▪:▪:▪:▪:▪:▪:▪:▪:▪:▪:▪ Vocabulario ▪:▪:▪:▪:▪:▪:▪:▪:▪:▪:▪:▪

algo *adv.* somewhat
asistir a to attend
la **cabeza** head
la **congestión** congestion
el **cuerpo** body
  dinos = di (*fam. sing. command of* **decir**) + **nos** tell us
  Dios God
  divertir (ie, i) to divert, amuse; *reflex.* to amuse oneself, have a good time, enjoy oneself
  doler (ue) to ache, pain, hurt
el **dolor** ache, pain
  dormir (ue, u) to sleep; *reflex.* to fall asleep, go to sleep
la **enfermera** nurse
la **espalda** back
la **fiebre** fever
la **flor** flower
la **garganta** throat
la **gota** drop
  gran *adj.* large, great (*used before a sing. noun*)
la **habitación** (*pl.* **habitaciones**) room
  hazle = haz (*fam. sing. command of* **hacer**) + **le**
el **hospital** hospital
la **iglesia** church
el **jarabe** syrup
el **jugo** juice

el **médico** doctor, physician
  mejorarse to get better
la **misa** Mass
  muchísimo *adv.* very much
  muchísimo, -a (-os, -as) very much (many)
la **mujer** woman
la **nariz** nose
la **paciencia** patience
el **pecho** chest
  pedir (i, i) to ask, ask for, request
la **píldora** pill
  posible possible
la **presión** pressure (blood pressure)
la **primavera** spring
la **pulmonía** pneumonia
  recetar to prescribe
  reír (i, i) (*also reflex.*) to laugh
el **resfriado** cold (*disease*)
  San(to) Saint (St.)
  sentir (ie, i) to feel, regret, be sorry
el **síntoma** symptom
la **sorpresa** surprise
  terrible terrible
la **tos** cough
  toser to cough

a cada rato every short while (moment)
al menos at least
asistir a misa to attend Mass
¿cómo te sientes? how do you (*fam. sing.*) feel?
¡cómo se ve que...! one can tell that...!
¡de ninguna manera! (in) no way!
¡Dios mío! Heavens!
en la vida never
gracias por thanks for
hacer caso a to notice, listen to, pay attention to
ir a clase to go to class
jarabe para la tos cough syrup
la mayor parte de most (of), the greater part of
pescar una pulmonía to catch pneumonia
¡qué barbaridad! how awful!
¡qué sorpresa tan agradable! what a pleasant surprise!
¿qué te pasa? what's the matter with you?, what's wrong with you?
¡qué va! of course not!
tener dolor de cabeza to have a headache
tener muchísima fiebre to have a very high fever
tener paciencia to have patience, be patient
todo (el cuerpo) (the) whole *or* entire (body)
tomar la temperatura to take one's temperature

Conversación 3

Una comida mexicana

Luis y Juan, dos estudiantes norteamericanos, están haciendo un viaje en coche por México. Llegan a la ciudad de Monterrey, donde deciden buscar alojamiento y pasar la noche. Luis está manejando.

JUAN   —No veo ningún motel por esta calle. A ver si ese guardia que está regulando el tráfico puede orientarnos.

LUIS   (*Parando el coche y bajando la ventanilla.*) —Perdone Ud. ¿Podría decirme si hay cerca de aquí un motel o campo de turismo?

GUARDIA   —Sí, señor. Siga Ud. derecho por esta calle y al llegar al segundo semáforo, gire a la izquierda; continúe dos cuadras más y encontrará varios moteles. Recomiendo el motel que está enfrente de una iglesia.

LUIS   —Muchísimas gracias.

GUARDIA   —De nada, señor. (*Les indica con la mano que sigan adelante.*)

Los jóvenes se instalan en el motel que les había recomendado el guardia. Resulta ser limpio y cómodo. Después de asearse y descansar un rato, se dirigen al gerente del motel para preguntarle por un restaurante.

JUAN   —¿Nos hace Ud. el favor de decirnos si hay un restaurante bueno cerca de aquí? Como no conocemos la ciudad bien, preferimos no sacar el coche.

GERENTE   —Pues, tienen suerte, señores. En el número 45 de esta misma calle hay un restaurante muy bueno. Tiene fama entre los turistas. La lista de los platos es bastante variada y capaz de satisfacer todos los gustos.

LUIS   —Al salir del motel, ¿damos vuelta a la derecha o a la izquierda?

GERENTE   —A la derecha; está muy cerca.

LUIS   —Mil gracias. (*A Juan.*) Pues, ¡vamos allá!

GERENTE   —¡Buen apetito, señores!

Una mujer prepara tacos para la venta en el Mercado Xochimilco, en la ciudad de México.

Diez minutos más tarde se encuentran los jóvenes en el restaurante. Se acerca un mesero.

JUAN —¿Hay una mesa para dos cerca de la ventana?

MESERO —Sí, señor; pasen Uds. por aquí. (*Se sientan los jóvenes y el mesero les presenta la lista de platos.*) ¿Qué desean tomar, señores?

LUIS —Deseamos una comida mexicana. ¿Qué recomienda Ud.?

MESERO —Pues, primero pueden tomar huevos rancheros. Son huevos fritos, con salsa de chile. Muchas personas los comen con tortillas…

JUAN —¿Qué son las quesadillas que aparecen en la lista?

MESERO —Son cierta clase de pastelillos de pan de maíz, rellenos de queso y azúcar y fritos en manteca. Son la especialidad de la casa.

LUIS —Y, ¿qué podremos tomar después?

MESERO —Después pueden tomar tacos de pollo o mole de guajolote. Los tacos son tortillas tostadas, con pollo o carne de res y salsa de chile.

JUAN —Y, ¿mole de guajolote?

MESERO —El mole de guajolote es un guisado de guajolote, chile, cacahuetes, chocolate y otros ingredientes. Es uno de los platos más famosos de México.

LUIS —El guacamole es un plato diferente, ¿verdad?

MESERO —¡Claro! Es una ensalada muy sabrosa. Se hace con aguacate, cebolla, jitomate y chile. Y a muchos mexicanos les gusta tomar frijoles con todas las comidas.

LUIS —Muy bien. Pues, tráiganos huevos rancheros, con tortillas, quesadillas, guacamole, frijoles y tacos de pollo.

MESERO —¿Desean Uds. dos botellas de cerveza?

JUAN —Desde luego. Y tráiganos una botella de agua mineral, por favor. Después, tomaremos café solo, con algún postre.

MESERO —Muy bien. Vuelvo en seguida.

⠃ Preguntas sobre las conversaciones

Para contestar en oraciones completas:

1. ¿A qué ciudad han llegado Luis y Juan en su viaje por México?
2. ¿Qué deciden hacer los dos jóvenes?
3. ¿Qué le pregunta Luis al guardia?
4. ¿Qué direcciones le da el guardia a Luis?
5. Después de asearse y descansar un rato, ¿qué le preguntan al gerente?
6. ¿Dónde se encuentra el restaurante que les recomienda el gerente?
7. ¿Qué les pregunta el mesero a los jóvenes?
8. ¿Qué son los huevos rancheros?
9. ¿Qué son las quesadillas?
10. ¿Cómo se preparan los tacos?
11. ¿De qué se hace el mole de guajolote?
12. ¿Qué es el guacamole?

⠃ Para conversar

1. ¿Ha visto Ud. algunas fotografías de México? ¿Qué le parece ese país? ¿Le gustaría a Ud. visitar México? ¿Adónde le gustaría ir? ¿Por qué?
2. ¿Ha estado Ud. en México alguna vez? ¿Qué lugares conoció? ¿Qué lugar le gustó más? ¿Por qué? ¿Le gustaría volver a México? ¿Qué otros lugares de México le gustaría a Ud. visitar?
3. ¿Cuáles son algunas de las playas famosas de México? ¿Ha estado alguno de Uds. en Cozumel? ¿Y en Acapulco? ¿Qué playas mexicanas le gustan más, las playas de Yucatán o las playas del Pacífico? ¿Por qué?
4. ¿Conoce alguno de Uds. la ciudad de México? ¿Estuvo Ud. en el Museo de Antropología? ¿Qué hay en ese museo? ¿Qué le pareció?
5. ¿Ha estado alguno de Uds. en Monterrey? ¿Cómo es esa ciudad? ¿Qué hay allí? ¿Cuáles son otras ciudades mexicanas importantes? ¿Conoce alguno de Uds. Tijuana? ¿Cuáles son otras ciudades mexicanas de la frontera? ¿Qué hay en esas ciudades?
6. ¿Le gusta a Ud. la comida mexicana? ¿Por qué es tan popular la comida mexicana en los Estados Unidos? ¿Qué platos le gustan más a Ud.? ¿Cuál es el mejor restaurante mexicano de esta ciudad? ¿Por qué le gusta a Ud. tanto ese restaurante?

Situaciones

A. Usted está viajando por un país hispánico con un compañero (una compañera) que no habla español. Como Ud. sí lo habla muy bien, ¡Ud. será el guía (la guía)…! Ustedes necesitan saber algunas cosas y necesitan direcciones también: 1. Es muy tarde, Uds. están cansados y necesitan encontrar un motel (bueno, cómodo, barato); 2. Uds. tienen hambre y quieren saber dónde hay un buen restaurante típico; 3. Su compañero (compañera) está enfermo(-a) (tiene mucha fiebre, se siente muy mal, etc.), y Uds. necesitan ir a un hospital y ver a un médico. (*Enact each of the three situations with a classmate who will take the role of a policeman, a hotel clerk or a passer-by. You will explain your needs, inquire about any details you may find necessary to know before making your decision, and ask for directions on how to get to the motel, restaurant, or hospital.*)

B. Piense en algún plato de comida que a Ud. le gusta mucho y que Ud. sabe preparar. Puede ser un plato de comida norteamericana, mexicana o española. (*Bring the list of ingredients to class and explain with command forms how to prepare it.*)

Vocabulario

adelante *adv.*   ahead, forward
el **aguacate**   avocado, alligator pear
el **alojamiento**   lodging
aparecer   to appear
el **apetito**   appetite
asearse   to clean up
bajar   to lower
el **cacahuete**   peanut
capaz   capable
la **carne**   meat
la **cebolla**   onion
cerca *adv.*   near, close by
la **cerveza**   beer
la **clase**   kind

continuar   to continue, go on
continúe   *formal sing. command of* **continuar**
la **cuadra**   block (*of houses*) (*Am.*)
el **chile**   chili (chile)
derecho *adv.*   straight on (ahead)
derecho, -a *adj.*   right
diferente   different
la **especialidad**   specialty
el **frijol**   kidney bean
el **gerente**   manager
girar   to turn
el **guajolote**   turkey (*Mex.*)[1]
el **guardia**   policeman

[1] The name **guajolote,** from the Nahuatl language, is the term used in Mexico for *turkey*. In all other Spanish-speaking countries the term is **pavo.**

el **guisado**   stew
el **gusto**   taste, liking
  indicar   to indicate
el **ingrediente**   ingredient
  instalarse   to get settled
  izquierdo, -a   left
el **jitomate**   tomato (*Mex.*)
  limpio, -a   clean
  manejar   to drive (*Am.*)
la **manteca**   lard, fat
el **mesero**   waiter (*Mex.*)
  mineral *adj.*   mineral
el **mole**   mole (*a stew or sauce*)
el **motel**   motel
  ningún (*used for* **ninguno** *before m. sing.*
    nouns)   no, none, (not) . . . any
  orientar   to give directions
el **pan**   bread
  parar   to stop

el **pastelillo**   small pie
  preferir (ie, i)   to prefer
la **quesadilla**   *small corn meal pie filled with*
    cheese and sugar and fried in lard
  recomendar (ie)   to recommend
  regular   to regulate, direct
  relleno, -a (de)   filled (with)
  resultar   to turn out (to be), result
la **salsa**   sauce
  satisfacer (*like* **hacer**)   to satisfy
  seguir (i, i)   to continue, go on
el **semáforo**   traffic light
  siga   *formal sing. command of* **seguir**
el **taco**   taco
  tostado, -a   toasted
el **tráfico**   traffic
el (la) **turista**   tourist
la **ventanilla**   window (*of railway car or*
    automobile)

a la derecha   to (on, at) the right
a la izquierda   to (on, at) the left
¡buen apetito!   (may you have a) good appetite!
campo de turismo   tourist camp
carne de res   beef
dar vuelta (a)   to turn (to)
de nada   you're welcome, don't mention it
desde luego   of course
enfrente de *prep.*   in front of
huevos rancheros   egg ranch style
les indica . . . que sigan adelante   he indicates to them . . . to continue ahead
mole de guajolote   turkey mole
¿nos hace Ud. el favor de decirnos . . . ?   will you please tell us . . . ?
pan de maíz   corn bread
salsa de chile   chili (chile) sauce
siga Ud. adelante   continue (go on) ahead
siga Ud. derecho   continue straight ahead
taco de pollo   chicken taco
¡vamos allá!   let's go there!

Lección 17

Anchas avenidas y grandes edificios de apartamentos en un sector residencial de Bogotá, Colombia.

- ▶ The present subjunctive of regular verbs
- ▶ The present subjunctive of stem-changing verbs
- ▶ The present subjunctive of irregular verbs
- ▶ Verbs with special stem forms in the present subjunctive
- ▶ Indicative vs. subjunctive mood
- ▶ The subjunctive with verbs expressing wish, volition, preference, advice, permission, request, or implied command
- ▶ Indicative or subjunctive in noun clauses: Conveyed information or implied command

Silvia y Alberto se casan

Silvia y su novio Alberto han decidido casarse este verano y necesitan encontrar un apartamento. Ellos quieren que sea un apartamento pequeño y barato y prefieren que esté amueblado.

SILVIA — ¡Mira, Alberto! Aquí tengo la lista de aparatos eléctricos que necesitamos: tostadora, cafetera, mezcladora, batidora, plancha...

ALBERTO — ¡Dios mío! ¡Cuántas cosas quieres...! Te sugiero que le pidas a tu madre que ponga estos aparatos en la lista de regalos que tienes en los almacenes.

SILVIA — No te preocupes, Alberto. Le diré que les avise también a mis tías y primas. Ellas quieren que les demos algunas ideas para el regalo de boda...

ALBERTO — A propósito, Silvia, hay un apartamento muy bonito en la Calle 24. Me parece ideal para nosotros. Es cómodo y el alquiler es una ganga; sólo cuesta 550 dólares al mes.

SILVIA — Sí, sí...Ana me llamó esta mañana. Insiste en que lo veamos. Dice que tiene una cocina muy moderna con refrigerador, lavadora de platos...¡Y con horno microondas!

ALBERTO — Pues ya hice la cita para verlo. El gerente del edificio me ha sugerido que vayamos lo más pronto posible porque pueden alquilarlo en cualquier momento.

SILVIA — ¡Fantástico! Iremos esta misma tarde. Pero, Alberto, ¿no deseas que prepare algo y que almorcemos antes?

ALBERTO — No, no. Prefiero que salgamos en seguida y que demos un paseo por el barrio. Quiero que lo conozcas, pues es muy agradable. Es un barrio tranquilo y tendremos todo cerca.

SILVIA — Alberto, quiero que sepas que sólo deseo que tú estés contento y que seamos felices.

ALBERTO — ¡Eres un encanto, mujer!

01   CASAS

A. aseadores técnicos, lavamos a mano tapetes, alfombras, muebles, tapicería autos, servicio garantizado, plomería, pintura, electricidad, impermeabilizaciones, personal Sena. Tel-250-2253.

A. Kennedy, local, 3 alcobas, teléfono. Calle-35-A-Sur N°-76-50 Int-19. Tel-288-3006.

A.A.A. LAVAMOS EXCELENTEMENTE TAPETES, MUEBLES, TRABAJO GARANTIZADO. TEL-242-7752.

02 APARTAMENTOS

AMPLIO, para oficina, tres alcobas, servicios completos. Av-13 N°-70-85. Chacón Urrea. Tels-211-1309, 212-8030.

AMPLIO 4 alcobas, garaje, todos servicios. Calle-137-A N°-41-25. Tels-281-4523, 287-4382.

APROVECHE, 2 alcobas, completo, teléfono. administración. Cra-12 N°-18-22. Tels 282-5173, 263-6813.

APARTAMENTO, sala comedor, una alcoba, cocintegral, closet, garaje, $40.000. Tel-232-5338.

◩ Otras palabras y expresiones

amueblar, sin amueblar   to furnish; unfurnished
el dueño   owner
los muebles   furniture

la novia   girlfriend (steady), fiancée, bride
recomendar (ie)   to recommend
rogar (ue)   to beg

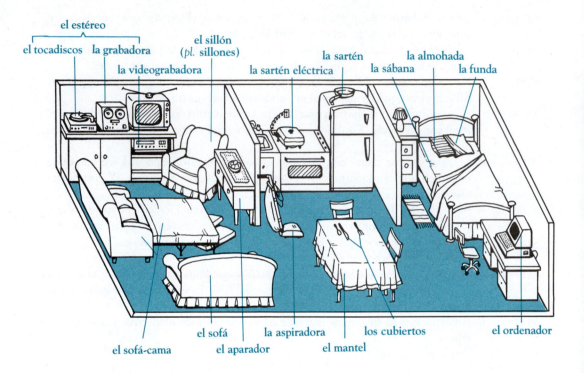

el estéreo
el tocadiscos   la grabadora
la videograbadora
el sillón (*pl.* sillones)
la sartén eléctrica
la sartén
la sábana
la almohada
la funda

el sofá-cama
el sofá
el aparador
la aspiradora
el mantel
los cubiertos
el ordenador

◩ Preguntas sobre el diálogo

1. ¿Por qué necesitan Silvia y Alberto encontrar un apartamento?   2. ¿Cómo quieren ellos que sea el apartamento?   3. ¿Qué aparatos eléctricos necesitan ellos?   4. ¿Qué le sugiere Alberto a Silvia?   5. ¿Qué quieren las tías y las primas de Silvia?   6. ¿Por qué a Alberto le parece ideal el apartamento de la Calle 24?   7. ¿Cómo es la cocina del apartamento? ¿Qué aparatos tiene?   8. ¿Qué le ha sugerido el gerente del edificio a Alberto? ¿Por qué?   9. ¿Por qué quiere Alberto dar un paseo por el barrio con Silvia? ¿Cómo es el barrio?
10. ¿Cómo desea Silvia que esté Alberto?

Nota cultural

En el mundo hispano las costumbres del noviazgo[1] varían mucho según la clase social y el lugar. En general, puede decirse que entre las generaciones jóvenes van desapareciendo rápidamente las costumbres tradicionales que tanto les llamaban la atención[2] a los extranjeros.

Ciertos elementos del noviazgo tradicional, sin embargo,[3] subsisten en algunos lugares y algunos términos del noviazgo son de uso general.

Hoy día las jóvenes encuentran a sus novios en clase, en la oficina o en el trabajo. Antes—y todavía hoy en muchos lugares—los encontraban en el paseo, en la iglesia o en las tertulias[4] domésticas.

El noviazgo puede comenzar con un *piropo*[5]—palabras de alabanza[6] dirigidas a una muchacha por un muchacho. Si la muchacha rechaza[7] las atenciones del joven, se dice que *le da calabazas.*[8] Si un joven pasa largas horas plantado delante del[9] portal de la casa de una joven, sin lograr verla,[10] se dice en España que *está haciendo el oso.*[11] *Pelar la pava*[12] es tener amorosas pláticas[13] de enamorados, él desde la calle y ella asomada[14] a la reja[15] o al balcón. Otra costumbre, que se practica aún, es *la serenata:* un grupo de amigos con guitarras acompaña al enamorado a festejar[16] a su novia con música, de noche, en la calle delante de su casa.

El noviazgo así iniciado sigue[17] su curso hasta que llega la hora de *pedir la mano* de la joven. No es desconocida la costumbre de presentarse el padre del pretendiente[18] en casa de los padres de la joven para proponerles el deseo de que se la concedan a su hijo[19] por esposa. Si la propuesta es aceptada, se busca fecha para la boda o se pospone hasta que el novio termina la carrera o consigue un empleo.[20] Desde este momento, el novio es considerado como un miembro de la familia y participa en todas sus actividades.

Los nuevos esposos se detienen para una fotografía en el portal de la Catedral de Mérida (Yucatán, México).

---

[1]courtship   [2]attracted the attention   [3]nevertheless   [4]gatherings   [5]compliment, flirtatious remark   [6]praise   [7]rejects   [8]pumpkins, squash   [9]in front of
[10]without succeeding in seeing her   [11]bear   [12]*lit.,* To pluck the hen turkey
[13]conversations   [14]looking out from, leaning out   [15]grating (of a window)
[16]to honor, entertain   [17]follows   [18]of the suitor's father appearing   [19]that they grant her to his son   [20]job

◇◇◇◇◇◇◇ Notas gramaticales ◇◇◇◇◇◇◇

A. The present subjunctive of regular verbs (*El presente del subjuntivo de los verbos regulares*)

hablar		comer		vivir	
Sing.	*Plural*	*Sing.*	*Plural*	*Sing.*	*Plural*
hable	hablemos	coma	comamos	viva	vivamos
hables	habléis	comas	comáis	vivas	viváis
hable	hablen	coma	coman	viva	vivan

1. The stem used to form the present subjunctive is the same as that of the first-person singular of the present indicative.
2. The endings are: **-e, -es, -e, -emos, -éis** and **-en** for all **-ar** verbs, and **-a, -as, -a, -amos, -áis** and **-an** for all **-er** and **-ir** verbs.
3. The forms of the present subjunctive are used in negative familiar singular commands: **no** *hables* **tú;** and in affirmative and negative formal commands: (**no**) *hable* **Ud.;** (**no**) *hablen* **Uds.**

B. The present subjunctive of stem-changing verbs (*El presente del subjuntivo de los verbos con cambios en la raíz*)

> pensar: **piense, pienses, piense,** pensemos, penséis, **piensen**
> volver: **vuelva, vuelvas, vuelva,** volvamos, volváis, **vuelvan**
> poder: **pueda, puedas, pueda,** podamos, podáis, **puedan**
> querer: **quiera, quieras, quiera,** queramos, queráis, **quieran**

1. Verbs ending in **-ar** and **-er** that have a stem vowel change **e → ie** and **o → ue,** respectively, in all forms of the present indicative, except in the first and second persons plural, have the same changes in the present subjunctive.

2. The same is true of **poder** and **querer,** which are also irregular in the present indicative.

sentir		dormir		pedir	
Sing.	*Plural*	*Sing.*	*Plural*	*Sing.*	*Plural*
sienta	sintamos	duerma	durmamos	pida	pidamos
sientas	sintáis	duermas	durmáis	pidas	pidáis
sienta	sientan	duerma	duerman	pida	pidan

1. Remember that verbs ending in **-ir** like **sentir** and **dormir** have a stem vowel change **e → ie** and **o → ue,** respectively, in all forms of the present indicative except in the first and second persons plural: **nosotros sentimos, vosotros sentís; nosotros dormimos, vosotros dormís.**
2. The same stem vowel changes **e → ie** and **o → ue** occur in the present subjunctive, except that in the first and second persons plural the stem vowel **e** changes to **i,** and the stem vowel **o** changes to **u: que nosotros sintamos; que vosotros sintáis; que nosotros durmamos, que vosotros durmáis.**
3. Remember that verbs ending in **-ir** like **pedir** have a stem vowel change **e → i** in all forms of the present indicative except in the first and second persons plural: **nosotros pedimos, vosotros pedís.**
4. The same stem vowel change **e → i** occurs in all forms of the present subjunctive including the first and second persons plural: **que nosotros pidamos, que vosotros pidáis.**

C. The present subjunctive of irregular verbs (*El presente del subjuntivo de los verbos irregulares*)

Infinitive	1st Sing. Pres. Ind.	Present Subjunctive
conocer	conozco	conozca, conozcas, conozca, etc.
decir	digo	diga, digas, diga, etc.
hacer	hago	haga, etc.
oír	oigo	oiga, etc.
poner	pongo	ponga, etc.
salir	salgo	salga, etc.
tener	tengo	tenga, etc.
traer	traigo	traiga, etc.
venir	vengo	venga, etc.
ver	veo	vea, etc.

With the exception of the six verbs in the next chart, the present subjunctive of irregular verbs is formed in the same manner as the present subjunctive of regular verbs: drop the **-o** of the first person singular present indicative and add to this stem the subjunctive endings for the corresponding conjugation.

D. Verbs with special stem forms in the present subjunctive
(Verbos con formas especiales en la raíz para el presente del subjuntivo)

dar		estar		haber	
Sing.	*Plural*	*Sing.*	*Plural*	*Sing.*	*Plural*
dé	demos	esté	estemos	haya	hayamos
des	deis	estés	estéis	hayas	hayáis
dé	den	esté	estén	haya	hayan
ir		**saber**		**ser**	
vaya	vayamos	sepa	sepamos	sea	seamos
vayas	vayáis	sepas	sepáis	seas	seáis
vaya	vayan	sepa	sepan	sea	sean

1. The verbs above have a special stem to form the present subjunctive.
2. Note that the first and third person singular forms of **dar,** and all forms of **estar** (except the **nosotros** form), require a written accent mark.

DÉ MUY BUENOS PASOS EL PRÓXIMO AÑO.
Pasos cómodos. Pasos inteligentes.
Guante Calzado Exclusivo

E. Indicative vs. subjunctive mood (*El indicativo en contraste con el subjuntivo*)

Up to this point, the indicative mood, which indicates facts, has been used almost exclusively. The present tense, the preterit, the imperfect and the future, for example, are all tenses of the indicative mood. Spanish uses the subjunctive mood more than English, particularly in certain dependent clauses.

Sentence structure   (*Estructura de la oración*)

English verb + infinitive constructions (*i.e. Her family doesn't want her to go out with Michael*), in which the infinitive or the gerund has a different subject from that of the main verb, must be expressed in Spanish through clauses. The dependent clause takes a verb in either the indicative or the subjunctive, depending on the meaning of the verb in the main clause.

If the verb in the main clause expresses a fact, the verb in the dependent clause must be in the indicative:

Main clause	Relator	Dependent clause
Sus padres **saben**	que	ella **sale** con Miguel.
Her parents know	*that*	*she is going out with Michael.*
Yo **estoy seguro de**	que	ellos **van a casarse.**
I'm sure	*that*	*they are going to get married.*

If the verb in the main clause expresses an indirect command, volition, doubt, uncertainty, or reflects feelings and attitudes of the speaker, the verb in the dependent clause must be in the subjunctive:

Main clause	Relator	Dependent clause
Por favor, yo **te pido**	que	**llames** a Ana
Please, I ask you		*to call Ann.*
Su familia **no quiere**	que	ella **salga** con Miguel.
Her family doesn't want		*her to go out with Michael.*
No estoy seguro de	que	ellos **vayan** a casarse.
I'm not sure	*(that)*	*they will get married.*
Estamos muy contentos de	que	**seas** su novia.
We are very happy	*that*	*you're his girlfriend.*

Noun clauses   (*Cláusulas sustantivas*)

A clause used as the direct object of the main verb is called a noun clause. In Spanish, the relator **que** must be used to introduce the clause, while in English the relator *that* is sometimes omitted:

Main clause	Relator	Dependent clause is dir. obj.: noun clause
Sus padres **prefieren**	que	ella **se case** con otra persona.
Her parents prefer	*that*	*she marry another person.*
No estoy seguro de	que	ella lo **sepa.**
I'm not sure	*(that)*	*she knows about it.*

The Spanish present subjunctive, as it is used in various clauses, is expressed in English in several ways: by the infinitive, by the present indicative or subjunctive, by the future tense, and by the auxiliary *may*, which conveys the idea of something uncertain or not yet accomplished.

F. The subjunctive with verbs expressing wish, volition, preference, advice, permission, request, or implied command (*El subjuntivo con verbos que expresan deseo, preferencia, consejo, permiso, pedido o mandato implícito*)

Yo quiero (deseo) que Uds. **sean** muy felices.	*I want (wish) you to be very happy.*
Ellos prefieren que el apartamento **esté** amueblado.	*They prefer the apartment to be furnished.*
Yo les aconsejo (sugiero) que Uds. lo **vean** lo más pronto posible.	*I advise (suggest) that you see it as soon as possible.*
¿Van a permitirme Uds. que yo los **lleve**?	*Are you going to allow me to take you?*
Nosotros les pedimos (pediremos) que Uds. **tengan** paciencia.	*We ask (will ask) you to be patient.*
Dile a Silvia que me **dé** la lista de sus regalos.	*Tell Sylvia to give me the list of her gifts.*

1. In Spanish, when the verb in the main clause expresses ideas or feelings of the subject such as those of wish or volition, preference, advice or suggestion, permission, request, or an indirect command, the verb in the dependent clause—the noun clause—must be in the subjunctive.

2. The present subjunctive is used in the dependent clause when the verb in the main clause is in the present indicative, the future tense, or is an **ir a** + infinitive construction: **Nosotros les pedimos (les pediremos, vamos a pedirles) a Uds. que *tengan* paciencia,** *We ask (will ask, are going to ask) you to be patient.*

¡Atención!   In Spanish a clause, usually introduced by **que,** is normally used if the subject of the dependent clause is different from that of the main verb. In English, however, an infinitive is most commonly used after verbs that express wish, volition, preference, advice, permission, request or command. Note that when there is no change in subject, Spanish also uses the infinitive.

Same subject: Infinitive	*Different subject: Subjunctive*
Ellos **quieren ser** felices.	Su familia quiere que **ellos sean** felices.
They want to be happy.	*Her (His) family wants them to be happy.*
Ellos **prefieren alquilar** un apartamento.	Su familia prefiere que **ellos alquilen** un apartamento.
They prefer to rent an apartment.	*Her (His) family prefers that they rent an apartment.*

Práctica 1   Substitution drill:

1. Quiero que tú *bailes* conmigo. (regresar temprano, comer con ellos, escribir la carta)
2. El profesor prefiere que los alumnos *hablen* español. (asistir a clase, preparar la lección mejor, leer más)

Práctica 2   Substitution drill:

1. *Quiero* que te cases conmigo. (Te ruego, Deseo, Insisto en, Prefiero)
2. Mis padres *prefieren* que nosotros alquilemos un apartment. (insisten en, nos sugieren, nos recomiendan, nos aconsejan)

Práctica 3   Substitution drill:

1. Silvia quiere *que Alberto* esté contento. (que tú, que Uds., que nosotros, que sus padres)
2. El dueño sugiere *que nosotros* vayamos hoy. (que Uds., que yo, que Alberto y Silvia, que tú)
3. Ellos prefieren *que Uds.* les den otra cosa. (que tú, que nosotros, que sus padres, que yo)
4. La familia desea *que Silvia* sea feliz. (que Uds., que los jóvenes, que tú, que nosotros)

G. **Indicative or subjunctive in noun clauses: Conveyed information or implied command** (*Indicativo o subjuntivo en cláusulas sustantivas: Información expresa o mandato implícito*)

Conveyed information: Indicative	Implied command: Subjunctive
Dile a Ana que Miguel **sale** mañana.	Dile a Ana que **salga** mañana.
Tell Ann that Michael is leaving tomorrow.	*Tell Ann to leave tomorrow. (that she should leave tomorrow)*
Escríbele a Silvia que Lupe **viene** a vernos.	Escríbele a Silvia que **venga** a vernos.
Write to Sylvia that Lupe is coming to see us.	*Write to Sylvia that she come to see us.*
Avísale a Rita que los invitados **llegan** a las siete.	Avísale a Rita que **llegue** a las siete.
Tell (Inform) Rita that the guests are arriving at seven.	*Tell (Inform) Rita to arrive at seven.*

Verbs such as **decir, escribir, avisar,** and **informar** may either convey information or express an implied command. When these verbs are used in the main clause, the verb in the dependent clause is in the indicative if it is used merely to convey information. If a command is implied, the verb in the dependent clause must be in the subjunctive.

🔷 **Práctica 4**   Complete the blanks with the appropriate form of the verb in the future indicative or the present subjunctive.

1. Dile a Tomás que yo (estar) _____ en casa a las ocho; dile que (venir) _____ él a buscarme.
2. Escríbele a Carolina que Alberto y Silvia (casarse) _____ este verano. Escríbeles también a Tomás y Juan que (venir) _____ a la boda.
3. Avísale a Jorge que (traer) _____ las bebidas; avísale que tú (comprar) _____ los vasos.

◇◇◇◇◇◇◇◇ Actividades y práctica ◇◇◇◇◇◇◇◇

A. Your classmate wants to know whether he or she can do certain things. Answer as he or she addresses the question to you.

MODEL: ¿Puedo regresar ahora?
No, no quiero que regreses todavía.

1. ¿Puedo salir ahora?
2. ¿Puedo ir ahora?
3. ¿Puedo llamar ahora?
4. ¿Podemos entrar ahora?
5. ¿Podemos jugar al tenis ahora?
6. ¿Podemos venir ahora?

B. Listen to what your classmate tells you and recommend that he or she not do it.

MODEL: Sabes, (Ana), nosotros queremos tener una casa grande.
Mira, (José), les recomiendo que no tengan una casa grande.

1. Sabes, (…), nosotros queremos alquilar un apartamento pequeño.
2. Sabes, (…), nosotros vamos a hacer la cita con el dueño.
3. Sabes, (…), nosotros necesitamos comprar unos muebles baratos.
4. Sabes, (…), voy a llevar el estéreo a la fiesta.
5. Sabes, (…), voy a traer la videograbadora a clase.
6. Sabes, (…), voy a traer a vender el ordenador.

C. Your classmate wants to know whether he or she should do certain things. Answer as he or she addresses the questions to you.

MODEL: ¿Le escribo la carta a tu madre?
Te ruego que no le escribas la carta a ella.
¿Y a tu padre?
Prefiero que le escribas a él.

1. ¿Le aviso la fecha a su hermano? ¿Y a su hermana?
2. ¿Le pido el dinero a Rita? ¿Y a Jaime?
3. ¿Le digo la verdad a él? ¿Y a ella?
4. ¿Le entrego el cheque al dueño? ¿Y al gerente?
5. ¿Le doy los regalos a Alberto? ¿Y a Silvia?
6. ¿Le muestro la casa a Jorge? ¿Y a Mario?

D. Answer each question negatively and then affirmatively, following the model.

MODEL: ¿Quieres verlo tú? **No, no quiero verlo, quiero que tú lo veas.**
¿Quieren verlo Uds.? **No, no queremos verlo, queremos que Uds. lo vean.**

1. ¿Quieres conocerlo tú?
2. ¿Quieren saberlo Uds.?
3. ¿Deseas invitarlas tú?
4. ¿Desean traerlos Uds.?
5. ¿Prefieres hacerlo tú?
6. ¿Prefieren tenerla Uds.?

E. Listen to what your classmate tells you and respond accordingly.

> MODEL: Oye, (Alberto), Jaime quiere conocer el barrio.
> **Sí, y él quiere que yo conozca el barrio también.**

1. Oye, (...), Alberto quiere ver el apartamento.
2. Oye, (...), él prefiere hablar con el gerente.
3. Oye, (...), mi compañero insiste en alquilar los muebles.
4. Oye, (...), Rita quiere almorzar temprano.
5. Oye, (...), ella insiste en ir al centro.
6. Oye, (...), ella desea dar un paseo.

F. Read the sentences and complete the blanks with the appropriate verb form.

1. (llegar) Ellos quieren _____ temprano; ellos no quieren que yo _____ tarde.
2. (conocer) Elena desea que tú _____ a su prima; yo deseo _____ la también.
3. (tener) Nosotros queremos _____ una casa cómoda, pero también queremos que Uds. _____ un apartamento grande.
4. (ir) Yo prefiero _____ en seguida, pero prefiero que tú _____ conmigo.

G. Give the Spanish equivalent.

1. Sylvia and Albert have decided to get married this summer.
2. They are looking for an apartment; they want it to be furnished and that it be small and inexpensive.
3. Sylvia shows her boyfriend a list of appliances that they need for their home.
4. Some of the articles are: a mixer, a percolator, a toaster, and a blender. They also need sheets, blankets, and pillows for the bed.
5. Albert suggests to Sylvia that she put the articles on the gift list which she gave to the department stores.
6. Sylvia will tell her mother to inform her aunts and cousins about these ideas for wedding gifts.
7. Albert tells Sylvia that there is a comfortable apartment on 24th Street. He wants Sylvia to see it because the rent is a bargain; it only costs 550 dollars a month.
8. The apartment has a very modern kitchen with a dishwasher and a microwave oven.
9. The manager of the building has suggested to them that they go see it as soon as possible.
10. Sylvia asks Albert whether he wants to have lunch before going, but he prefers that they leave right away.
11. Albert wants Sylvia to get acquainted with the neighborhood, which is very pleasant and quiet.
12. Sylvia wants Albert to know that she only wishes them to be happy.

◇◇◇◇◇◇◇◇ Práctica de conversación ◇◇◇◇◇◇◇◇

Answer the following questions in complete sentences when your teacher calls on you:

1. ¿Está Ud. buscando o piensa buscar un apartamento para alquilar?
2. ¿En qué parte de la ciudad preferiría Ud. vivir? ¿Por qué?
3. ¿Cuánto hay que pagar por un apartamento cerca de la universidad?
4. ¿Desea Ud. que el apartamento esté cerca de la universidad? ¿Por qué?
5. ¿Quiere Ud. que el apartamento esté amueblado o prefiere un apartamento sin muebles? ¿Por qué?
6. ¿Necesita Ud. hacer una cita con el gerente para ver el apartamento? ¿Cuánto dinero puede Ud. pagar al mes por un apartamento?
7. ¿Prefiere Ud. que su novia (novio) vaya con Ud. a buscar apartamento? ¿Por qué?
8. ¿Qué aparatos desea Ud. que haya en la cocina?
9. ¿Cuánto paga Ud. por el alquiler del cuarto o apartamento que tiene ahora? ¿Le parece una ganga?
10. ¿Cómo es la cocina de la casa o del apartamento en que Ud. vive ahora? ¿Tiene todos los aparatos necesarios para cocinar?

◇◇◇◇◇◇◇◇◇ Situaciones ◇◇◇◇◇◇◇◇◇

A. Su compañero o compañera quiere conocer su opinión sobre algunas situaciones. Dígale Ud. qué cosas le recomienda o le sugiere, o qué quiere o prefiere Ud. que él (ella) haga.

1. Oye, (Miguel), quiero ir a casa este fin de semana, pero no tengo mucho dinero. ¿Qué me recomiendas que haga?
2. Oye, (Silvia), no me siento bien; creo que pesqué un resfriado. ¿Qué me recomiendas que haga?
3. Oye, (Isabel), necesito comprar un vestido nuevo para la fiesta. ¿Adónde me sugieres que vaya?
4. Oye, (José), necesito practicar más el español. ¿Qué me sugieres que haga?
5. Oye, (Marta), esta noche hay un concierto de música popular, pero también hay una película muy buena. ¿Qué prefieres que hagamos?
6. Oye, (Jorge), podemos jugar al tenis o podemos correr en el estadio. ¿Qué prefieres que hagamos?
7. Oye, (Carolina), podemos comer en casa o podemos ir a un restaurante en el centro. ¿Qué quieres que hagamos?
8. Oye, (Luis), puedo preparar un postre o unos bocaditos. ¿Qué quieres que traiga para la fiesta?

B. Marta, una estudiante de la clase, va a casarse el verano próximo. Sus amigos y amigas le quieren dar regalos de bodas y le preguntan a ella qué desea que le den para poder amueblar su apartamento. Sus amigos también le preguntan qué regalo de bodas prefiere su novio que les den a ellos. (*Enact the situation, using the dialogue below as a model. Suggested questions have been provided to help you initiate the conversation.*)

MODEL: (Jorge) —Oye, (Marta), me dicen que vas a casarte el próximo verano...

(Marta) —Sí, hombre. ¡Necesitamos tantas cosas para amueblar el apartamento!

(Jorge) —¿Qué quieres que te dé (demos) para la cocina?

(Marta) —Mira, deseo que me des (den) una mezcladora.

(Jorge) —¿Y qué quiere tu novio?

(Marta) —¡Mi novio prefiere que le den un estéreo!

1. ¿Qué quieres que te dé (demos) para la cocina? ¿Y qué quiere tu novio?
2. ¿Qué quieres que te dé (demos) para preparar el desayuno? ¿Y qué quiere tu novio?
3. ¿Qué quieres que te dé (demos) para hacer el café? ¿Y qué prefiere tu novio?
4. ¿Qué quieres que te dé (demos) para preparar las comidas rápidamente? ¿Y qué prefiere tu novio?
5. ¿Qué quieres que te dé (demos) para el comedor? ¿Y qué prefiere tu novio?
6. ¿Qué quieres que te dé (demos) para la sala? ¿Y qué prefiere tu novio?
7. ¿Qué quieres que te dé (demos) para la mesa? ¿Y qué prefiere tu novio?
8. ¿Qué quieres que te dé (demos) para la cama? ¿Y qué quiere tu novio?

Buscando regalos en el Mercado Lagunilla en la ciudad de México.

▣∶▣∶▣∶▣∶▣∶▣∶▣∶▣∶▣∶▣ Vocabulario ▣∶▣∶▣∶▣∶▣∶▣∶▣∶▣∶▣∶▣

el **almacén** (*pl.* **almacenes**)   department store
   alquilar   to rent
el **alquiler**   rent, rental (property)
   amueblado, -a   furnished
el **aparato**   appliance
el **barrio**   quarter, district, neighborhood
la **batidora**   mixer, beater, blender
la **boda**   wedding
la **cafetera**   coffee pot, percolator
   casarse   to get married
la **cocina**   stove
   eléctrico, -a   electric
   feliz   happy
la **ganga**   bargain
el **gerente**   manager

el **horno microondas**   microwave oven
   insistir en   to insist upon
la **lavadora de platos**   dishwasher
la **lista**   list
la **mezcladora**   mixer
   moderno, -a   modern
el **novio**   boyfriend (*steady*), fiancé
el **paseo**   walk, stroll, ride
la **plancha (eléctrica)**   (electric) iron
   preferir (ie, i)   to prefer
el **refrigerador**   refrigerator
   rogar (ue)   to ask, beg
   sugerir (ie, i)   to suggest
la **tostadora**   toaster
   tranquilo, -a   quiet

al mes   a (per) month, monthly
¡Cuántas cosas quieres...!   How many things you want!
de nada   you're welcome, don't mention it, not at all
dar un paseo   to take a walk (ride)
en cualquier momento   (at) any moment
¡eres un encanto!   You're a dear!
esta misma tarde   this very afternoon
lista de regalos   gift list
¿no (te) parece?   don't (you) think so?
el regalo de bodas   wedding gift
tener (muchas) ganas de   to feel (very much) like, wish (very much) to

▣∶▣

Lección 18

La circulación del tráfico en el corazón (heart) de Madrid. Aquí se ven la Plaza y Fuente de la Cibeles, de donde comienzan varias de las calles principales de la ciudad.

▶ The present subjunctive of verbs with spelling changes

▶ The subjunctive in noun clauses with verbs expressing emotion

▶ The subjunctive in noun clauses with verbs expressing doubt, uncertainty

▶ The expressions **tal vez, quizá,** or **quizás**

▶ The infinitive or subjunctive after verbs of persuasion

▶ The present perfect subjunctive

▶ Other command forms: Indirect and **nosotros** commands

Un accidente de tráfico

El profesor de economía les ha pedido a sus estudiantes que asistan a la conferencia que un economista famoso dará en la universidad de una ciudad cercana. Quiere que hagan un resumen de la conferencia y que le entreguen sus comentarios escritos. Cuatro compañeros van en el carro de Juan, camino del lugar donde se dará la conferencia.

JUAN —¡Me parece raro que haya tanto tráfico a esta hora! Temo que haya habido un accidente. Tal vez haya sido un choque.

ROBERTO —Miren, me parece que ese carro no paró a tiempo. Quizás hayan fallado los frenos.

INÉS —¡Caramba! ¡Qué mala suerte tenemos hoy! Ya son las tres y media... No estoy segura de que vayamos a llegar a tiempo.

JUAN —Tengan paciencia, chicos. No creo que tengamos que esperar mucho. Allí viene la policía.

ISABEL —¡Cuánto me alegro de que ya esté aquí! Juan, te sugiero que la dejes pasar por la izquierda. (*Se oyen las sirenas. Llega un coche patrulla y un policía empieza a organizar el tráfico.*)

JUAN —Me sorprende que no haya heridos ni ambulancias. No creo que haya sido un accidente muy grave.

ROBERTO —¡Mira ese taxista entremetido! No le permitas que siga adelante. ¡Anda, pásalo!

ISABEL —Pero, ¿cuál es el apuro? Déjalo seguir...

JUAN —Por favor, chicos, les pido que se calmen todos. Me molesta que no me dejen conducir.

ROBERTO —¡Hombre! No dudo que seas un genio en el volante, pero bueno...

INÉS —Chicos, yo estoy segura de que no hay mejor conductor que Juan.

JUAN —Gracias, Inés. ¡Me gusta mucho que hayas dicho eso!

ISABEL —Sigue manejando, Juan, y salgamos rápido de aquí. Te aconsejo no hacerle caso a Roberto.

ROBERTO —Bueno, bueno...¡Quizás tengamos suerte, y espero que la conferencia no empiece a las cuatro en punto!

MANEJE CON CUIDADO

⬖ Otras palabras y expresiones

el **carnet (la licencia) de manejar** driver's
    license
  chocar con to hit, collide with
  conseguir (i, i) to get, obtain
  hacerse daño to hurt oneself, get hurt

moderar la marcha to slow down
tener una avería to have a breakdown,
    failure (*in the car*)
por la derecha on (to) the right

el parabrisas

el taxi

(tener una avería)
la avería

⬖ Preguntas sobre el diálogo

1. ¿Qué les ha pedido el profesor de economía a sus estudiantes? ¿Qué quiere él que ellos hagan después?   2. ¿Por qué teme Juan que haya habido un accidente? 3. ¿Qué piensa Roberto del accidente?   4. ¿Por qué no cree Juan que tengan que esperar mucho? ¿Qué les pide él a sus compañeros?   5. ¿Qué le sugiere Isabel a Roberto?   6. ¿Qué le sorprende a Juan? ¿Qué cree él del accidente?
7. Cuando Roberto ve al taxista entremetido, ¿qué le dice él a Juan?   8. ¿Qué les pide Juan a sus compañeros?   9. ¿Qué les dice Inés a ellos? ¿Y qué le pide Isabel a Juan?   10. ¿Qué espera Roberto?

Nota cultural

Hay diferencias entre las universidades hispanas y las de los Estados Unidos que no hemos mencionado aún.

Como en todas partes,[1] en los países hispanos, para conseguir un empleo público hay que pasar los exámenes acostumbrados.[2] En España y en otros países hispanos, en el caso de los profesores de Instituto[3] o de Universidad (llamados catedráticos), el examen tiene una forma especial, la oposición.[4] Los candidatos compiten unos con otros, delante del tribunal examinador,[5] en ejercicios públicos, que en algunos casos resultan en un verdadero espectáculo intelectual. Ha habido casos en los que se celebra el triunfo de un candidato así como nosotros celebramos el triunfo de un candidato político.

Después de obtener la cátedra,[6] el catedrático, tanto de Instituto como de Universidad, sólo tiene la obligación de dar algunas clases por semana. Durante el resto del tiempo puede dedicarse a trabajos de investigación o a ocupaciones particulares.[7] Para cada catedrático hay un profesor auxiliar,[8] que sustituye al catedrático cuando éste está ausente.

En cuanto a[9] los estudiantes universitarios, en muchos cursos la asistencia a clase es optativa,[10] es decir, el estudiante no tiene que asistir a clase regularmente —la nota[11] final depende totalmente de la nota que el estudiante saca[12] en el examen final. El sistema de becas[13] y de préstamos[14] está menos desarrollado[15] en los países hispánicos que en los Estados Unidos, y muchos estudiantes tienen que buscar trabajo durante el año académico. Con la asistencia optativa y tomando los exámenes al final del curso, los estudiantes de pocos recursos[16] pueden continuar sus estudios en la universidad.

_____

[1]everywhere   [2]customary   [3]High School   [4]competitive examination   [5]examining board (committee)   [6]professorship   [7]private   [8]assistant professor   [9]As for [10]optional   [11]grade   [12]obtains   [13]scholarships   [14]loans   [15]developed [16]means

◇◇◇◇◇◇◇◇◇ Notas gramaticales ◇◇◇◇◇◇◇◇◇

A. The present subjunctive of verbs with spelling changes
(*El presente del subjuntivo de verbos con cambios ortográficos*)

Verbs ending in **-car, -gar** and **-zar** (*Verbos que terminan en* **-car, -gar** *y* **-zar**)

> buscar: **busque, busques, busque, busquemos, busquéis, busquen**
> llegar: **llegue, llegues, llegue, lleguemos, lleguéis, lleguen**
> empezar: **empiece, empieces, empiece, empecemos, empecéis, empiecen**

1. Remember from **Lección 13** that in the preterit and in formal commands, before the ending **-e,** all verbs ending in **-car** change c to **qu,** those ending in **-gar** change g to **gu,** and those ending in **-zar** change z to **c.** This spelling change also occurs in the present subjunctive. (Note that the verb **empezar,** *to start, begin,* also has the stem change **e** to **ie.**)

2. In the case of verbs ending in **-car, -gar,** the change is made in order to keep the sound of the final consonant of the stem the same as in the infinitive. In the case of verbs ending in **-zar,** the change is merely in spelling, since in Spanish z should not be written before **e** or **i.**

3. Other **-car** verbs used up to this point are: **acercarse, chocar con, pescar, practicar, sacar,** and **tocar;** other **-gar** verbs are: **entregar, jugar (ue), pagar,** and **rogar (ue);** other **-zar** verbs are: **almorzar (ue), comenzar (ie), cruzar,** and **organizar.**

Verbs ending in **-guir** (*Verbos que terminan en* **-guir**)

seguir, *to follow, continue*	
Pres. Part.	**siguiendo**
Pres. Ind.	**sigo, sigues, sigue,** seguimos, seguís, **siguen**
Pres. Subj.	**siga, sigas, siga, sigamos, sigáis, sigan**
Preterit	seguí, seguiste, **siguió,** seguimos, seguisteis, **siguieron**
Sing. Imper.	**sigue**

1. In verbs ending in **-guir,** the **u** is dropped after **g** before the endings **-o** and **-a,** that is, in the first person singular present indicative and in all six forms of the present subjunctive.
2. Note that **seguir** also has the stem change of **e** to **i** as in **pedir** (**Lección 16**).
3. **Seguir** may be followed by the present participle to express the idea of *to continue* or *to keep on doing something:* **¡Juan, sigue manejando!,** *John, keep on (continue) driving!*
4. **Conseguir,** *to get, obtain,* follows the same pattern as **seguir.**

Práctica 1   Substitution drill:

1. Yo no creo *que lleguemos* a tiempo. (que Uds., que tú, que ella, que ellos)
2. Ellos esperan *que tú busques* a la policía. (que nosotros, que Uds., que yo, que Roberto)
3. Roberto duda *que el economista empiece* a hablar a las cuatro. (que los profesores, que Uds., que tú, que nosotros)
4. Yo me alegro de *que ese taxista* no siga adelante. (que Uds., que nosotros, que tú, que ellos)

B. The subjunctive in noun clauses with verbs expressing emotion
(*El subjuntivo en cláusulas sustantivas con verbos de emoción*)

Me alegro de que no **sea** un accidente grave.	*I'm glad that it's not a serious accident.*
Me sorprende que no **haya** heridos.	*I'm surprised (that) there are no injured persons.*
Esperemos que la conferencia no **empiece** a las cuatro.	*Let's hope that the lecture doesn't (won't) begin at four.*
Temo que Uds. no **puedan** llegar a tiempo.	*I'm afraid you (pl.) won't be able to arrive on time.*
Siento que **tengas** tan mala suerte.	*I'm sorry (I regret) that you have such bad luck.*

1. In Spanish, when the verb in the main clause expresses emotion or feelings such as joy, surprise, hope, pity or sorrow, the verb in the dependent clause—the noun clause— must be in the subjunctive, provided that the subjects of the two clauses are different.

2. Remember that in Spanish the noun clause is regularly introduced by the relator **que,** while in English the relator *that* is sometimes omitted.

3. Some verbs that convey emotions or feelings are:
   alegrarse (de)   to be glad
   esperar   to hope
   sentir (ie, i)   to regret, be sorry
   sorprender   to be surprised, surprise
   temer   to fear, suspect

4. Emotions or feelings are also conveyed by expressions such as **estar contento, -a (de) que,** *to be happy (glad) that;* **me (no me) gusta que,** *I (don't) like it that;* **me encanta que,** *I'm delighted that;* **me (no me) duele que,** *it hurts (doesn't hurt) me that;* **me (no me) molesta que,** *it bothers (doesn't bother) me that.*

Estoy contento de que **podamos** ir.	*I'm happy (glad) that we can go.*
Me gusta que **manejes** bien.	*I like it (I'm pleased) that you drive well.*
No me gusta que Uds. me **hablen** cuando estoy manejando.	*I don't like it that you (pl.) talk to me while I'm driving.*
Me encanta que **pienses** así, Isabel.	*I'm delighted (that) you think that way, Betty.*
Me duele que Uds. **no llamen** más.	*It hurts me that you don't call more (often).*
No nos duele que nos **digas** la verdad.	*It doesn't hurt us that you tell us the truth.*
No me molesta que no me **invites** a tus fiestas.	*It doesn't bother me that you don't invite me to your parties.*

¡Atención!   Remember that, in Spanish, the subjunctive is used in the dependent clause if the subject is different from that of the main clause. However, when there is no change in subject Spanish uses the infinitive.

Same subject: Infinitive	*Different subjects: Subjunctive*
Yo **me alegro (estoy contento) de poder** asistir a la conferencia.	Yo **me alegro (estoy contento)** de que Uds. **puedan** asistir a la conferencia.
I'm glad (happy) to be able to attend the lecture.	*I'm glad (happy) that you (pl.) can attend the lecture.*
Yo **espero escribir** un buen resumen.	Yo **espero** que Uds. **escriban** un buen resumen.
I hope to write a good summary.	*I hope (that) you (pl.) will write a good summary.*

◈ **Práctica 2**   Say after your teacher; when you hear the cue, form a new sentence using the subjunctive in the dependent clause.

MODEL: Juan va a la conferencia.   **Juan va a la conferencia.**
(Me alegro de que)   **Me alegro de que Juan vaya a la conferencia.**

1. El profesor Ramos va a darnos una conferencia sobre su país. (Nos alegramos de que, Me gusta que, Estamos contentos de que, No me sorprende que)
2. Ellos no hablarán en español. (Sentimos que, Temo que, Nos molesta que, Espero que)

C. **The subjunctive in noun clauses with verbs expressing doubt, uncertainty** (*El subjuntivo en cláusulas sustantivas con verbos que expresan duda, incertidumbre*)

Yo **dudo** que **haya** mucho tráfico hoy.   *I doubt there is much traffic today.*
Yo **no creo** que la conferencia **empiece** a las cuatro.   *I don't believe the lecture will begin at four.*
Nosotros **no dudamos** que tú **seas** un buen conductor.   *We don't doubt (that) you're a good driver.*
Inés **no está segura** de que ellos **puedan** llegar a tiempo.   *Agnes isn't sure (that) they can arrive on time.*
No digo que tú **no sepas** manejar bien.   *I'm not saying that you don't know how to drive well.*

1. When the verb in the main clause conveys doubt or uncertainty, the verb in the dependent clause—the noun clause—must be in the subjunctive, provided that the subjects of the two clauses are different.
2. Note that verbs and expressions of belief such as **creer** or **estar seguro, -a** convey doubt or uncertainty when used in the negative; in such cases, they require the use of the subjunctive in the dependent clause.
3. **Decir** used negatively also conveys uncertainty.

¡Atención! When the verb in the main clause conveys or implies certainty, the verb in the dependent clause is in the indicative, even though the subjects of the two clauses are different. Note that verbs and expressions of belief such as **creer** or **estar seguro, -a** convey certainty when used in the affirmative. **Dudar** in the negative also implies certainty.

Certainty implied: Indicative

Yo **creo** que la conferencia **empieza** a las cuatro.
I believe that the lecture begins at four.

Ellos **están seguros** de que el economista **es** muy famoso.
They're sure that the economist is very famous.

Mi profesor **no duda** que nosotros **podemos** comprender la conferencia.
My professor doesn't doubt that we can (indeed) understand the lecture.

Uncertainty implied: Subjunctive

No creo que la conferencia **empiece** a las cuatro.
I don't believe the lecture will begin at four.

Ellos **no están seguros** de que el economista **sea** muy famoso.
They're not sure that the economist is very famous.

Mi profesor **duda** que nosotros **podamos** comprender la conferencia.
My professor doubts that we will be able to understand the lecture.

When **creer** is used in questions, the speaker may imply doubt or uncertainty concerning the action in the dependent clause, in which case the subjunctive is used. If no implication of doubt is made, the indicative is used.

Certainty implied: Indicative

¿Crees tú que ellos **van** a asistir a la conferencia?
Do you believe they'll attend the lecture?

¿Creen Uds. que yo **puedo** escribir un buen resumen?
Do you believe that I am able to write a good summary?

Uncertainty implied: Subjunctive

¿Crees tú que ellos **asistan** a la conferencia?
Do you believe (that) they will attend the lecture?

¿Creen Uds. que yo **pueda** escribir **un buen resumen**?
Do you believe that I may be able to write a good summary?

In a question, the expression **no creer que** implies certainty. Therefore, the verb in the dependent clause is in the indicative mood.

¿No creen Uds. que ya **es** muy tarde para ir?

¿No crees tú que nosotros **tenemos** mala suerte?

Don't you believe (think) it's already too late to go?

Don't you believe (think) that we have bad luck?

🔲 **Práctica 3**   Say after your teacher; when you hear the cue, form a new sentence using the subjunctive or the indicative in the dependent clause, according to the context.

1. *Yo dudo que* la conferencia empiece a las cuatro. (Yo estoy seguro de que, Inés no cree que, Ellos no están seguros de que, Tú sabes que)
2. *Nosotros estamos seguros de que* tú eres un buen conductor. (Ellos dudan que, Yo no creo que, Roberto piensa que, Nosotros sabemos que)

D. The expressions **tal vez, quizá** or **quizás** (*Las expresiones tal vez, quizá or quizás*)

Certainty implied: Indicative
Tal vez es un accidente de tráfico.
Perhaps it is a traffic accident.

Uncertainty implied: Subjunctive
Tal vez sea un accidente de tráfico.
It may be a traffic accident. (Perhaps it's...)

Quizá(s) han fallado los frenos.
Perhaps the brakes have failed.

Quizá(s) hayan fallado los frenos.
Perhaps the brakes have failed. (It may be the brakes have failed.)

1. Spanish has two expressions equivalent to the English *perhaps*, **tal vez** and **quizá(s)**.
2. When certainty is implied, the indicative mood is used after these expressions. When doubt, uncertainty or conjecture is implied, the subjunctive mood is used.

E. The infinitive or subjunctive after verbs of persuasion (*El infinitivo o el subjuntivo tras verbos de persuasión*)

Déjenme Uds. conducir.
Déjenme Uds. que yo **conduzca.**   *Let me (Allow me to) drive.*

No le permitas al taxista **seguir** adelante.
No le permitas al taxista que **siga** adelante.   *Don't let the taxi driver go on ahead.*

Yo te aconsejo (recomiendo, sugiero) no hacerle caso a Roberto.
Yo te aconsejo (recomiendo, sugiero) que **no le hagas** caso a Roberto.   *I advise (recommend, suggest) you not to (that you do not) pay attention to Robert.*

1. As stated before, Spanish requires a clause in the subjunctive after certain verbs when there is a change of subject.
2. Only a few verbs such as **dejar,** *to let, allow;* **permitir,** *to permit, allow;* **recomendar (ie),** *to recommend;* **sugerir (ie, i),** *to suggest,* referred to as verbs of persuasion, may take an infinitive with a subject different from that of the main verb.
3. Note that, with these verbs, a clause with the subjunctive may also be used for emphasis and clarity.

Práctica 4   Read each sentence aloud and then form a new one using a subjunctive construction.

> MODEL: No les permitas a ellos salir.
> **No permitas que ellos salgan.**

1. No le permitas a Isabel hablar en inglés.
2. Yo te aconsejo practicar más.
3. Yo les recomiendo a Uds. asistir a la conferencia.
4. Yo te sugiero leer más en español.
5. Déjalos a ellos escribir el resumen.
6. Permítanme Uds. sugerir algunas ideas.

F. The present perfect subjunctive (*El perfecto presente del subjuntivo*)

Present Perfect Subjunctive			
Singular		*Plural*	
haya hayas haya }	hablado, comido, vivido	hayamos hayáis hayan }	hablado, comido, vivido

Temo que **haya habido** un accidente.	*I fear there has been an accident.*
Tal vez **haya sido** un choque.	*Perhaps there has been a collision.*
¡Cuánto me alegro de que **hayas dicho** eso!	*How glad I am that you have said that!*
Yo espero que él **haya hablado** ya con su profesor.	*I hope that he has (may have) talked already with his professor.*

1. The present perfect subjunctive tense is formed by the present subjunctive tense of **haber** with the past participle.
2. After verbs in the main clause in the present or future tense which require the subjunctive in the dependent clause, Spanish uses the present perfect subjunctive to describe events which have ended prior to the time indicated by the verb in the main clause.
3. The English equivalents of the present perfect subjunctive are *have* or *has* + the past participle. The auxiliary *may* is sometimes part of the English construction: **(que) él haya hablado ya,** (*that*) *he may have talked already.*

◙ **Práctica 5**   Say the sentence after your teacher; when you hear the cue, repeat the sentence, making the necessary changes:

1. Dudamos *que ellos* hayan salido temprano. (que tú, que Uds., que Roberto, que mis amigas)
2. Temo *que Marta* no haya llegado todavía. (que ellos, que Roberto, que Uds., que tú)
3. El profesor no cree *que los estudiantes* hayan escrito el resumen. (que nosotros, que tú, que Uds., que yo)

G. Other command forms: Indirect and **nosotros** commands
(Otras formas de mandato: Mandatos indirectos y el mandato con **nosotros***)*

Indirect commands   *(Mandatos indirectos)*

¡Que espere él un momento!	*Have him wait a moment!*
¡Que tenga ella paciencia!	*Let her be patient!*
¡Que se calmen todos!	*May all of you calm down!*
¡Que te diviertas, Inés!	*I wish (hope) you'll have a good time, Agnes!*
¡Que no te pase ese taxi!	*Don't let that taxi pass you!*

1. **Que,** equivalent to the English *have, let, may, I wish* or *I hope,* introduces indirect commands in the second and third persons.
2. Object and reflexive pronouns always precede the verb. If a subject is expressed, it usually follows the verb.
3. The negative **no** precedes any object or reflexive pronouns and the verb in negative indirect commands. (See the final example above.)

¡Atención!   An indirect command is really a clause dependent upon a verb which expresses wish, hope, permission, and the like, with the main verb understood: (**Yo quiero**) *que él pase* **ahora,** *(I want)* him to pass now or *Let him pass now.*

Nosotros command (*El mandato con* **nosotros**)

Sigamos manejando.	*Let's keep on driving.*
Salgamos rápido de aquí.	*Let's get out of here fast.*
Pasémoslo ahora.	*Let's pass him now.*
Calmémonos.	*Let's calm down.*
No le **hagamos** caso.	*Let's not pay attention to him (her).*
No **lleguemos** tarde.	*Let's not arrive late.*
Vamos a calmarnos, chicos.	*Let's calm down, guys.*
Vamos a parar aquí.	*Let's stop here.*
No **vayamos** a parar ahora.	*Let's not stop now.*

1. The Spanish equivalent of the English *let's* or *let us* + a verb is expressed by the **nosotros** form of the present subjunctive.

2. **No** precedes object pronouns and the verb in **nosotros** commands: **No le *hagamos* caso,** *Let's not pay attention to him (her).*

3. When the reflexive pronoun **nos** is added to the **nosotros** command, final **-s** is dropped from the verb and an accent mark is written over the stressed syllable: **Calmémonos,** *Let's calm down;* **Sentémonos aquí,** *Let's sit down here.*

4. **Vamos a** + an infinitive, in addition to meaning *we are going to,* may be used for *let's* or *let us* + a verb if the intention is to perform the action at once. Context usually clarifies the two meanings:

Vamos a salir a las dos. (**Saldremos a las dos.**)   *We are going to leave at two. (We'll leave at two.)*

Vamos a salir ya. (**Salgamos ya.**)   *Let's leave right now.*

5. However, the subjunctive form **vayamos** must be used in the negative **nosotros** command to express the idea of *let's not do something:* **No vayamos a parar ahora,** *Let's not stop now.* **No vamos a parar ahora** can only mean *We are not going to stop now.*

¡Atención!   The expression **a ver,** meaning *let's see* (**Lección 13**), is often used without **vamos: A *ver* estos aretes de oro, por favor,** *Let's see these gold earrings, please.*

EN ESTA
NAVIDAD
HAGAMOS
PAREJA.

compartamos cada
segundo que pase,
con un reloj

Práctica 6   Express in Spanish:

1. May Betty bring them (*m.*) to them.
2. Have John take it (*f.*) to her.
3. Have Lola play the records.
4. Let's get going!
5. Let's see those magazines, please.

6. Let's go to the lecture.
7. Let's not look for him now.
8. Let's not get up yet.
9. Let's sit down (*two ways*).
10. Let open it (*m.*) (*two ways*).

◇◇◇◇◇◇◇◇◇ **Actividades y práctica** ◇◇◇◇◇◇◇◇◇

A. Listen to what your classmate tells you and respond using an expression of emotion such as **Me alegro de que...** or **Me gusta mucho que...**

> MODEL: —Invitaré a Isabel también.
> —**Me alegro de que invites a Isabel.** *or*
> —**Me gusta mucho que invites a Isabel.**

1. Traeré a su hermana también.
2. Buscaré a las chicas en seguida.
3. Llamaré a Luis después.
4. Hablaré con Silvia también.
5. Se lo diré a mis amigas en seguida.
6. Les escribiré una carta después.
7. Les avisaré a ellos también.
8. Les daré la invitación después.

B. Listen to what your classmate tells you and contradict him or her using an expression of doubt, such as **dudo que** or **no estoy seguro de que.**

> MODEL: Yo creo que la conferencia   **Yo dudo que la conferencia empiece a**
> empezará a las cuatro.   **las cuatro.**
> Yo estoy seguro de que la   **Yo no estoy seguro de que la**
> conferencia empezará a las   **conferencia empiece a las cuatro.**
> cuatro.

1. Yo creo que el economista hablará en español.
2. Yo estoy seguro de que será una buena conferencia.
3. Yo creo que tenemos que asistir.
4. Yo estoy seguro de que habrá mucha gente.
5. Yo creo que debemos hacer un resumen.
6. Yo estoy seguro de que podré comprender todo.

Respete todas las señales de tránsito.

C. Listen to what your classmate asks you and respond with an affirmative or a negative statement.

> MODEL: —¿Quieres que yo traiga a Isabel?
> **—Sí, quiero que la traigas.** *or*
> **—No, no quiero que la traigas.**

1. ¿Quieres que yo busque a Inés?
2. ¿Esperas que yo llame a Marta?
3. ¿Te sorprende que yo invite a Juan?
4. ¿Estás contento de que yo vea a tus amigos?
5. ¿Te alegras de que yo escriba la carta?
6. ¿Te molesta que yo traiga a mis compañeros?
7. ¿Temes que yo entregue los comentarios?
8. ¿Sientes que yo me quede en casa?

D. Listen to what your classmate tells you. Respond with either an expression of hope or an expression of doubt.

> MODEL: —¿Sabes si los chicos llegaron ya?
> **—Espero que hayan llegado.** *or*
> **—Dudo que hayan llegado.**

1. ¿Sabes si tus amigos salieron ya?
2. ¿Sabes si sus padres volvieron ya?
3. ¿Sabes si su prima vino ya?
4. ¿Sabes si tu compañero se despertó ya?
5. ¿Sabes si Ana se arregló ya?
6. ¿Sabes si Mario se desayunó ya?

E. Listen to what your classmate tells you and respond with a logical statement such as **¡Cuánto me alegro de que...!, Me sorprende que..., Siento mucho que...** or **Me molesta que.**

1. ¡Sabes tú que Silvia se casa con Alberto!
2. ¡Saben Uds. que Ana está en el hospital!
3. ¡Sabes tú que mi novio (-a) llega mañana!
4. ¡Saben Uds. que Juan ya no me escribe!
5. ¡Sabes tú que Marta no me ha llamado!
6. ¡Saben Uds. que nosotros hemos conseguido el apartamento!
7. ¡Sabes tú que mis amigos han tenido un choque!
8. ¡Saben Uds. que mi familia no me ha dicho nada!

F. Listen to what your classmate asks you to do. Since you cannot do it or do not want to do it, you will tell him or her that someone else in the class should do it.

MODEL: Empiézalo tú.
Yo no puedo, que lo empiece (José). or
Yo no quiero, que lo empiece (José).

1. Tráelo tú.
2. Búscalos tú.
3. Organízala tú.
4. Sácalas tú.
5. Sírvelas tú.
6. Págale tú.
7. Escríbeles tú.
8. Vete tú.

G. Listen to the questions that your teacher will ask and respond affirmatively and negatively, as in the model.

MODEL: —¿Pagamos la cuenta?
—Sí, paguémosla. Vamos a pagarla ya.
—¿Qué le parece a Ud.? ¿La pagamos?
—No, no la paguemos.

1. ¿Tomamos el autobús? ¿Qué le parece a Ud.? ¿Lo tomamos?
2. ¿Visitamos el barrio? ¿Qué le parece a Ud.? ¿Lo visitamos?
3. ¿Buscamos al gerente? ¿Qué le parece a Ud.? ¿Lo buscamos?
4. ¿Alquilamos el apartamento? ¿Qué le parece a Ud.? ¿Lo alquilamos?
5. ¿Le entregamos un cheque? ¿Qué le parece a Ud.? ¿Se lo entregamos?
6. ¿Compramos los muebles? ¿Qué le parece a Ud.? ¿Los compramos?
7. ¿Les avisamos a sus padres? ¿Qué le parece a Ud.? ¿Les avisamos?
8. ¿Les pedimos dinero? ¿Qué le parece a Ud.? ¿Se lo pedimos?

H. Read, supplying the correct form of the verb in parentheses.

Silvia y Alberto quizás 1. (casarse) _____ el verano próximo, pero yo lo dudo.
Ella 2. (necesitar) _____ volver a su país y los padres de Alberto esperan que él
3. (seguir) _____ sus estudios de medicina. Me sorprende mucho que ellos
4. (tener) _____ tantos problemas porque creo que ellos 5. (ser) _____ muy
felices. A Alberto no le gusta que Silvia 6. (volver) _____ a su país. También le
molesta que sus padres no lo 7. (comprender) _____. Yo espero 8. (ver) _____
a Silvia mañana y le diré que no 9. (irse) _____. No creo que ella me 10. (hacer)
_____ mucho caso, pero dudo que Alberto la 11. (dejar) _____ ir. ¡Yo creo
que sólo ellos 12. (poder) _____ decidir sus vidas!

I. Give the Spanish equivalent.

1. The economics professor (m.) has asked his students to go to a nearby university to attend a lecture.
2. He wants them to give him their written comments (on) the following day.
3. Four classmates are going in John's car to the place where the lecture will be given.
4. It seems strange to John that there is so much traffic; he fears that there has been a collision.
5. It seems to Robert that perhaps the brakes failed.
6. Agnes thinks that they are having (have) bad luck and she is not sure that they'll be able to arrive on time.
7. John asks his friends to be patient. He doesn't think (believe) that they will have to wait too long.
8. Betty is glad that a patrol car has arrived and that a policeman is beginning to organize the traffic.
9. A taxi driver approaches, and Robert tells John not to allow him to pass (go ahead).
10. John tells his friends that it bothers him that they don't let him drive. He asks them to calm down.
11. When Agnes says that she doubts that there is a driver better than John, he answers her: "I'm very pleased that you have said that!"
12. Agnes advises John not to pay attention to Robert and tells him to keep on driving.

◇◇◇◇◇◇◇◇ Práctica de conversación ◇◇◇◇◇◇◇◇

Answer the following questions in complete sentences when your teacher calls on you:

1. ¿Se dan muchas conferencias en esta universidad? ¿Quiénes dan esas conferencias? ¿Asiste Ud. regularmente a conferencias? ¿A qué conferencias le gusta a Ud. asistir?
2. ¿Le ha pedido a Ud. alguno de sus profesores que asista a alguna conferencia? ¿A qué conferencia ha tenido Ud. que asistir?

3. Cuando Ud. tiene que asistir a alguna conferencia, ¿le pide su profesor que escriba un resumen y se lo entregue?

4. ¿Por qué algunos profesores les sugieren a sus estudiantes que vayan a conferencias?

5. ¿Le gustaría a Ud. escuchar una conferencia en español? ¿Cree Ud. que podría comprenderla? ¿Y podría Ud. escribir un resumen de la conferencia?

6. ¿Quiere Ud. que otro profesor de español les hable sobre algún tema hispánico?

7. ¿Sobre qué tema quiere Ud. que le hablen? Y a Ud., ¿qué temas le interesan?

8. ¿Tiene Ud. que manejar su carro para venir a la universidad? ¿Hay mucho tráfico en esta ciudad? ¿Por qué hay más tráfico a ciertas horas del día?

9. ¿Le gusta a Ud. manejar? ¿Le gusta a Ud. que sus amigos le hablen cuando Ud. está manejando? ¿Qué les dice Ud. a ellos (ellas) cuando no lo (la) dejan manejar?

10. ¿Ha tenido Ud. algún accidente manejando un coche? ¿Se ha hecho daño en un accidente?

◆◇◆◇◆◇◆◇◆◇◆◇◆ **Situaciones** ◆◇◆◇◆◇◆◇◆◇◆◇◆

A. Un domingo temprano por la mañana Ud. y unos amigos suyos (unas amigas suyas) decidieron ir a la playa. Uds. encontraron mucho tráfico en el camino, pero Uds. no sabían qué había pasado. (*Enact the situation with other classmates, each one of you suggesting what might have happened.*)

(Roberto) —Oye, (Ana), ¡qué raro que haya tanto tráfico hoy! ¿Qué te parece?

(Ana) —No me sorprende que haya sido un choque.
—Temo que hayan chocado dos autobuses.
—No creo que la policía haya organizado el tráfico.
—Espero que…
—Dudo que…
—Me alegro de que…
—Siento que…
—Creo que…

Word Choices		
el accidente	chocar con	entremetido
la ambulancia	fallar los frenos	mal conductor
el autobús	llegar la policía	buen conductor
los heridos	no tener paciencia	
el taxi	organizar el tráfico	
el taxista	parar a tiempo	
el volante	pasar por la derecha	
	tener una avería	

B. Un(-a) amigo(-a) suyo(-a) piensa tomar unas vacaciones y le pide a Ud. que le dé algunas ideas. Ud. le sugiere que vaya a un lugar que Ud. ya conoce: una ciudad en los Estados Unidos, una playa, otro país. (*Enact the situation with another classmate and give him or her suggestions about what he or she should or should not do, what places he or she should visit, what he or she should take, etc.*)

(Inés)	—Hola, (Ramón), estoy pensando tomar unas vacaciones este invierno. ¿Adónde me recomiendas ir?
(Ramón)	—Mira, (Inés), te recomiendo que vayas a…
(Inés)	—¿Qué lugares me sugieres que visite allí?
(Ramón)	—Te recomiendo que…
	—Espero que…
	—No te sugiero que…
	—Dudo que…

Una vista de Benidorm (Alicante), una de una larga serie de hermosas playas en la Costa Blanca en el sudeste de España.

Vocabulario

el **accidente**   accident
adelante *adv.*   ahead, forward
la **ambulancia**   ambulance
el **apuro**   hurry, rush
calmar   to calm; *reflex.* to calm oneself, become calm, calm down
el **carro**   car (*Am.*)
cercano, -a   nearby, neighboring
el **coche patrulla**   patrol car
el **comentario**   commentary, comment
el **conductor**   driver
la **conferencia**   lecture
¡cuánto + *verb*!   how!
el **choque**   collision
dejar   to let, allow, permit
demasiado, -a (-os, -as) *adj. and pron.*   too much (many)
dudar   to doubt
la **economía**   economics
el (la) **economista**   economist
empezar (ie) (a + *inf.*)   to begin (to)
entremetido, -a   meddlesome
fallar   to fail

el **freno**   brake (*of a car*)
el **genio**   genius
grave *adj.*   grave, serious
el **herido**   wounded (injured) person
Inés   Inez, Agnes
Isabel   Isabel, Elisabeth, Betty
manejar   to drive (*Am.*)
organizar   to organize
el **policía**   policeman
la **policía**   police (force)
quizá(s)   perhaps
rápido   fast
raro, -a   strange
el **resumen** (*pl.* **resúmenes**)   summary
Roberto   Robert, Bob
seguir (i, i)   to follow, continue, go on
la **sirena**   siren
sorprender   to surprise
el **taxista**   taxi driver
temer   to fear, suspect
el **tráfico**   traffic
¡uf!   phsaw! humph!
el **volante**   steering wheel

accidente de tráfico   traffic accident
alegrarse de que   to be glad that
¿cuál es el apuro?   what's the hurry (rush)?
¡cuánto me alegro de que...!   how glad I am that. . . !
esperar mucho   to wait long (a long time)
me gusta que...   I like it that . . .
me parece raro...   it seems strange to me
(me) sorprende   (I) am surprised, it surprises (me)
no hay heridos ni ambulancias   there aren't any injured persons or ambulances (there are no . . . nor . . .)
por la izquierda   on (to) the left
¡qué mala suerte!   what bad luck
seguir adelante   to continue (go on) ahead
tal vez   perhaps
tener paciencia   to be patient
un poco de (suerte)   a little (luck)

Lectura 5

❦ Estudio de palabras

1. *Approximate cognates.* Pronounce the following words, give the English cognates, and indicate the principles involved in recognizing them: **abandonar, adornar, convertir, defender, doméstico, examinar, expedición, fabuloso, historia, jesuita, permanente, religioso.**

2. *Less approximate cognates.* Pronounce the following words: note the English cognates, and indicate the variations: **apóstol,** *apostle;* **aumentar,** *to augment, increase;* **cañón,** *canyon;* **conmemorar,** *to commemorate;* **cultivo,** *cultivation;* **estable,** *stable;* **injusticia,** *injustice;* **limón,** *lemon;* **mencionar,** *to mention;* **método,** *method;* **navegar,** *to navigate, sail;* **tempestad,** *tempest.*

3. *Related words.* Compare the meanings of: **buscar,** *to look for,* and **en busca de,** *in search of;* **establecer,** *to establish,* and **establecimiento,** *establishment, settlement;* **explotar,** *to exploit,* and **explotación,** *exploitation;* **leer,** *to read,* and **leyenda,** *reading, legend;* **precio,** *price,* and **precioso,** *precious;* **servir,** *to serve,* and **servicio,** *service;* **vender,** *to sell,* and **venta,** *sale.*

4. *Deceptive cognates.* In Spanish, **barco** means *ship, vessel,* rather than *bark, small sailing vessel* (which would be **barca** in Spanish); **oficio** means *craft, trade,* and *office* in the sense of *occupation.*

5. Distinction must be made between **la orden,** *command, religious order* (*association*), and **el orden,** *order* in the sense of *arrangement.* Note similarly: **el radio,** *radio* (*set*), in **Lección 6,** but **la radio,** *radio* as a means of communication; **la final,** *final match* (*sports*), in **Lección 15,** and **el final,** *end.* The adjective **real** means both *real* and *royal.*

España en América

Casi quinientos años han pasado desde que Cristóbal Colón descubrió el Nuevo Mundo. En 1992 se celebrará el quinto centenario° de este gran acontecimiento.° En esta Lectura y en la siguiente vamos a examinar brevemente algunas de las contribuciones de España a la historia de América, fijándonos° principalmente en las regiones de los

5 Estados Unidos que antes del siglo XIX formaban parte del Imperio español en América.

Para los norteamericanos las exploraciones que los españoles realizaron° en una gran parte de nuestro país tienen un interés especial. Exploradores como Ponce de León,[1] Cabeza de Vaca, Hernando de Soto, Coronado y Cabrillo pertenecen° también a la historia de los Estados Unidos.

10 Ponce de León, el primer gobernador de Puerto Rico, descubrió la Florida en 1512 y Hernando de Soto descubrió el Misisipí en 1541. Cabeza de Vaca fue el primer europeo que atravesó el continente norteamericano. Después de explorar el interior de la Florida con Pánfilo de Narváez en 1528, navegó por las costas del Golfo de México hasta llegar a° la región que hoy se conoce como Texas. Una tempestad destruyó

15 su barco y sólo Cabeza de Vaca y tres compañeros quedaron vivos. Los cuatro españoles vivieron varios años como esclavos de los indios, pero poco a poco,° caminando de pueblo en pueblo,° Cabeza de Vaca llegó por fin° a las colonias españolas en el norte de México en 1536.

---

[1]See the end vocabulary for further identification of explorers and colonizers.

centenario centennial / **acontecimiento** event

fijándonos directing our attention

realizaron carried out

pertenecen belong

hasta llegar a until he reached (arrived at)

poco a poco little by little **de pueblo en pueblo** from village to village / **por fin** finally

La Casa de Ayuntamiento (Town Hall) en San Agustín, la Florida, la primera población fundada por europeos en los Estados Unidos, con la estatua del fundador, Don Pedro Menéndez de Avilés, a la derecha. Evidentes elementos españoles en la arquitectura del edificio son los arcos, las columnas, los corredores, los tejados y las dos torres, de estilo árabe.

la de that of
piedras stones

en vez de instead of

al servicio de in the
service of
fortaleza fort, fortress

al poco tiempo after a
short time

A causa de Because of /
aislamiento isolation

riquezas riches
fe faith / **Por eso** For
that reason
legumbres vegetables

20   Sabiendo que nada les interesaba a los españoles tanto como el oro, los indios repetían leyendas como la de° las Siete Ciudades de Cíbola. Según esta leyenda había al norte de México ciudades donde las casas estaban adornadas de oro y piedras° preciosas. En 1540 Francisco Vásquez de Coronado salió de México en busca de las Siete Ciudades de Cíbola. Llegó hasta donde ahora están los estados de Texas y Kansas, pero en vez de° las fabulosas ciudades de oro y piedras preciosas sólo encontró pueblos 25 de adobe. Algunos soldados de esta expedición fueron los primeros europeos que vieron el Gran Cañón del río Colorado.

Entre otros exploradores hay que mencionar a Juan Rodríguez Cabrillo, un portugués que estaba al servicio° de España. En 1542 descubrió la Alta California.[2]

La ciudad más antigua de los Estados Unidos fue fundada en la Florida en 1565 30 por Menéndez de Avilés. Éste construyó primero una fortaleza° cerca del lugar donde ahora está San Agustín, el primer establecimiento permanente construido en nuestro país por los europeos. Durante dos siglos esta pequeña colonia tuvo que defender la región de ataques de indios, ingleses y franceses. Después de la venta de la Florida a los Estados Unidos en 1821, un período más estable comenzó. La población hispana 35 aumentó considerablemente gracias a una intensa inmigración de hispanos—principalmente de Cuba. La inmigración de cubanos ha continuado y hoy constituyen una parte muy importante de la población de la Florida.

El primer pueblo español en el valle del río Grande fue fundado por Juan de Oñate en 1598, pero al poco tiempo° los españoles tuvieron que abandonarlo. Once años 40 más tarde se estableció la ciudad de Santa Fe, como capital de la región. En seguida se construyó una iglesia, que es una de las más antiguas del país. Los colonos se establecieron en pequeños grupos en el norte del territorio, donde se dedicaron a la agricultura y a la ganadería. Los misioneros que los acompañaban fundaron numerosas misiones para los indios pueblo. A causa del° aislamiento° de la región, la población 45 hispana no fue grande hasta la intensa inmigración de México que comenzó en los primeros años del siglo actual.

Los españoles vinieron a América no sólo para buscar riquezas,° sino también para convertir a los indios a la fe° cristiana. Por eso° los misioneros acompañaron a los exploradores por todas partes. Aprendieron las lenguas de los indios y les enseñaron 50 artes y oficios útiles y nuevos métodos para el cultivo de plantas y legumbres.° Fundaron pueblos, iglesias, misiones, escuelas y universidades.

---

[2]la **Alta California,** *Upper California* (the name used for the present state of California during the colonial period; **Baja California** is still used for *Lower California.*)

La Misión-fortaleza del Álamo en San Antonio, Texas, conocida como "La Cuna (Cradle) de la Libertad Texana." En 1836, un grupo de 187 texanos defendieron el Álamo contra unas 5000 mil tropas mexicanas. "Recuerden el Álamo" fue el grito de guerra con que los texanos ganaron la victoria final en la batalla de San Jacinto.

Entre los misioneros se destaca° el padre Bartolomé de las Casas, el apóstol de los indios. Acompañó a Colón y se estableció primero en La Española.[3] Dedicó toda su vida a la defensa de los indígenas contra las injusticias de la esclavitud y contra su explotación por los españoles.

Las órdenes religiosas fundaron muchas misiones en Texas, Nuevo México, Arizona y California. Los que° han visitado San Antonio han visto, sin duda,° el Álamo, que fue misión en los tiempos coloniales. O si uno ha estado en Tucson, Arizona, ha visto la Misión de San Xavier del Bac, fundada por el padre jesuita Eusebio Kino. El hermoso edificio que se ve allí hoy se terminó a fines del° siglo XVIII.

En 1769 Fray Junípero Serra partió de México con don Gaspar de Portolá para establecer misiones en la Alta California. Empezando por la Misión de San Diego, fundada es ese mismo año, el padre Junípero Serra estableció una larga serie de misiones. En 1823 había veintiuna misiones entre San Diego y San Francisco. A lo largo del Camino Real,° en California, todavía se ven los restos de estos monumentos, que conmemoran la obra de los misioneros españoles.

Cerca de las misiones y de los presidios° que se establecieron para protegerlas, se formaron pequeños pueblos. Con el tiempo,° algunos de estos pueblos se han convertido en las ciudades más importantes de California: San Diego, Los Ángeles, San José y San Francisco. Todas ellas conservan los nombres° de las misiones que las originaron.

se destaca (there) stands out

Los que Those who / **sin duda** doubtless, without a doubt

a fines de at the end of

A lo largo del Camino Real Along the King's Highway
presidios military garrisons
Con el tiempo In the course of time

nombres names

---

[3]**La Española,** *Hispaniola* (the name given to the island on which Haiti and the Dominican Republic are now situated.)

naranjas oranges /
aceitunas olives /
uvas grapes
trigo wheat /
arroz rice
caña de azúcar sugar
cane / **caballo** horse
vaca cow / **toro** bull /
oveja sheep /
cerdo pig
maíz maize, corn

cuya leche the milk of
which (whose milk)
goma de mascar
chewing gum

camote sweet potato /
calabaza pumpkin,
squash
a principios de at the
beginning of / **alimentos**
foods

Debemos a los españoles muchas frutas y otros productos y varios animales que tenemos hoy día en las Américas. Las naranjas,° los limones, las aceitunas° y las uvas,° por ejemplo, fueron traídos de España. Del mismo origen son el trigo,° el arroz,° la caña de azúcar° y otras plantas, y varios animales domésticos, como el caballo,° la vaca,° el toro,° la oveja° y el cerdo.°

El resto del mundo también debe mucho a España por la introducción en Europa de frutos y legumbres como el maíz° y el cacao, que tuvieron su origen en América y que hoy son algunos de los productos más importantes del mundo.

No podemos mencionar aquí todas las plantas que se originaron en las dos Américas. Algunas de ellas son: la vainilla, el chicle, cuya leche° se usa para hacer la goma de mascar,° la yuca, de que se saca la tapioca, y numerosas frutas tropicales que no tienen nombre en inglés. Y no debemos olvidar otros productos, como el chile, el tomate, el camote,° el tabaco, la calabaza° y la patata. La patata, que en muchas partes de la América española llaman papa, se originó en los Andes. Los españoles la llevaron a España a principios del° siglo XVI y ha llegado a ser uno de los alimentos° más importantes del mundo.

La Misión de San Xavier del Bac en Tucson, Arizona, es un excelente ejemplo de un edificio de estilo español.

❧ Preguntas de comprensión

Write answers in Spanish, in complete sentences, to the following questions; be prepared to answer them orally in class:

1. ¿Qué explorador español descubrió la Florida? ¿El río Misisipí?
2. ¿Por dónde navegaba Cabeza de Vaca cuando una tempestad destruyó su barco?
3. ¿Adónde llegó por fin Cabeza de Vaca?
4. ¿Qué había al norte de México según la leyenda de las Siete Ciudades de Cíbola?
5. ¿Quién salió de México en 1540 en busca de las Siete Ciudades de Cíbola?
6. ¿Cuál es la ciudad más antigua de los Estados Unidos?
7. ¿Quién fundó el primer pueblo español en el valle del río Grande?
8. ¿Quiénes acompañaron a los exploradores por todas partes?
9. ¿Qué les enseñaron los misioneros a los indios?
10. ¿A qué dedicó toda su vida el padre Bartolomé de las Casas?
11. ¿Qué misión fundó el padre Eusebio Kino?
12. ¿Cuántas misiones había entre San Diego y San Francisco en 1823?
13. ¿Cuáles son algunos productos que los españoles trajeron a América?
14. ¿Qué animales domésticos debemos a España?
15. ¿Dónde se originó la patata y cuándo la llevaron a Europa los españoles?

❧ Temas para desarrollar oralmente

Prepare two questions on each of the following topics to ask of classmates in class:

1. La expedición de Francisco Vásquez de Coronado
2. La población hispana en la Florida
3. Los colonos españoles en Nuevo México
4. La obra de los misioneros españoles en el suroeste
5. Algunas plantas que se originaron en América

Lección 19

Las oficinas del Televicentro en la ciudad de México. La entrevista de un joven que busca empleo en la empresa.

▶ Forms of verbs ending in **-ducir: traducir,** *to translate*
▶ The subjunctive in noun clauses after impersonal expressions
▶ Adjective clauses and relative pronouns
▶ Subjunctive or indicative in adjective clauses
▶ **Hacer** in time clauses
▶ Spanish equivalents for *to become* or *to get*
▶ The infinitive after verbs of perception

Un puesto para Miguel

La señorita White, secretaria[1] de la Escuela de Ingeniería Agrícola,[2] acaba de recibir una carta del señor Ruiz, gerente de una empresa norteamericana, la cual tiene una sucursal en Puerto Rico. El señor Ruiz le pregunta si conoce una persona que pueda trabajar como agente de la compañía en la isla. La señorita White ve pasar a Miguel Ramos, estudiante de la Escuela, y lo llama.

SRTA. WHITE —¡Miguel! ¡Miguel! (*Miguel entra en la oficina.*) Oí decir que buscas trabajo. ¿Es verdad?

MIGUEL —Pues, sí. No sé si Ud. sabe que este trimestre me gradúo de ingeniero y a partir de enero no recibiré más la beca. Así, pues, es urgente que consiga trabajo.

SRTA. WHITE —Entonces es posible que te interese el puesto vacante que tiene Antonio Ruiz en su compañía.

MIGUEL —Me alegro de que haya pensado en mí. Me he vuelto loco buscando trabajo en esta ciudad, pero no encuentro ninguno.

SRTA. WHITE —El señor Ruiz me dice que busca una persona que entienda de maquinaria agrícola y que quiera residir en San Juan.

MIGUEL —¡Caramba! Hace mucho tiempo que deseo conocer esa isla.

SRTA. WHITE —Dice además que es necesario que el candidato sea bilingüe, lo cual no sería ningún problema para ti.

MIGUEL —Espero que usted me escriba una buena carta de recomendación, y me ayude a obtener ese puesto, ¿verdad?

SRTA. WHITE —Por supuesto, Miguel. Le diré al señor Ruiz, a quien conozco desde hace unos meses, que no hay nadie que esté mejor preparado que tú.

MIGUEL —¡No se imagina cuánto se lo agradezco, Srta. White! ¡A veces me preocupa tanto!

SRTA. WHITE —No te pongas nervioso, Miguel; yo te ayudaré. Pero antes quiero pedirte un favor. Necesito que me traduzcas estos versos que me mandó el señor Ruiz.

MIGUEL —Con mucho gusto trataré de hacerlo. Déjeme ver. (*Leyendo los versos.*) Bueno, pero no se ponga roja…¡Dudo que encuentre Ud. un hombre de negocios tan romántico!

---

[1]Either the definite or indefinite article is usually omitted before a noun in apposition when it is explanatory of a preceding noun: **La señorita White, secretaria...,** Miss White, *the (a) secretary* . . . ; **una carta del señor Ruiz, gerente...,** *a letter from Mr. Ruiz, the manager* . . . (see line 2, below); **Miguel Ramos, estudiante de la Escuela,** *Michael Ramos, a student of the School* (see line 4, below). The use of the definite article, however, implies that the fact is well known: **Buenos Aires, la capital de la Argentina,...** *Buenos Aires, the capital of Argentina,* . . .
[2]This institution is also known as la **Escuela de Ingenieros Agrónomos.**

◻ Otras palabras y expresiones

el **ascenso** promotion
la **candidata** candidate (*f.*)
el **empleado** employee
la **entrevista** interview
la **fábrica** factory
el **jefe** boss, chief
la **referencia** reference
la **solicitud** application
el **sueldo** salary
la **agencia de empleo** employment agency
la **mujer de negocios** businesswoman

la **solicitud de empleo** employment application
el **viaje de negocios** business trip
conducir to drive (*Spain*)
producir to produce
hacer la solicitud to apply, submit the application
ser (muy) competente to be (very) competent
rico, -a rich
trabajador, -ora industrious, hard-working

◻ Preguntas sobre el diálogo

1. ¿Quién es el señor Ruiz? ¿A quién le escribió él?   2. ¿Qué necesita el señor Ruiz?   3. ¿Por qué es urgente que Miguel consiga trabajo?   4. ¿Qué busca la compañía del señor Ruiz?   5. ¿Qué más le dice el Sr. Ruiz en su carta a la Srta. White? ¿Por qué no sería esto ningún problema para Miguel?   6. ¿Qué espera Miguel que haga la Srta. White?   7. ¿Desde cuándo conoce la Srta. White al Sr. Ruiz? ¿Qué le dirá ella a él sobre Miguel?   8. ¿Qué favor le pide la Srta. White a Miguel?

Nota cultural

El Estado Libre Asociado[1] de Puerto Rico ofrece una solución original al problema de la coexistencia de dos culturas diferentes en una sola nación. La isla ha adoptado las formas democráticas así como las leyes[2] y la técnica industrial de los Estados Unidos, pero ha mantenido al mismo tiempo la tradición hispánica en su lengua, su religión y sus costumbres.

La redacción[3] de la constitución que originó el nuevo gobierno fue dirigida por Luis Muñoz Marín, el primer gobernador de Puerto Rico elegido por voto popular (los gobernadores anteriores fueron nombrados por el gobierno de los Estados Unidos). De acuerdo con[4] la Constitución, Puerto Rico es una democracia que se gobierna por sí misma.[5] Como forma parte de los Estados Unidos, sin embargo, ciertos poderes y sectores del gobierno—la defensa, la política exterior, la moneda,[6] la aduana[7] y el correo[8]—se reservan para el gobierno de los Estados Unidos. La isla está representada en el Congreso por un Comisionado Residente,[9] que puede participar en los debates, pero que no tiene voto.

El gobierno de Puerto Rico pone especial interés en el desarrollo de la industrialización, de la agricultura y en la educación. La educación recibe casi una tercera parte del presupuesto[10] de la isla. Se han creado muchas escuelas, tanto de tipo académico como[11] de artes y oficios.[12] La Universidad de Puerto Rico, fundada en 1903, es una institución de primer orden.[13] Su Escuela de Medicina Tropical, por ejemplo, es reconocida como una de las mejores del mundo.

Se encontrarán informes[14] adicionales sobre la isla de Puerto Rico en la **Lectura 6.**

Con sus hoteles modernos y otras atracciones, Puerto Rico es un importante centro turístico. En la fotografía se ven las hermosas playas de San Juan, a la izquierda, y, a continuación, la del Condado y la de San Gerónimo.

---

[1]Associated Free State (Commonwealth)   [2]laws   [3]writing   [4]In accordance with   [5]by itself   [6]money   [7]customs   [8]mail, postal service   [9]Resident Commissioner   [10]budget   [11]both . . . and   [12]of arts and crafts   [13]of high rank, first-class   [14]information

◇◇◇◇◇◇◇◇◇ ■ **Notas gramaticales** ■ ◇◇◇◇◇◇◇◇◇

A. Forms of verbs ending in **-ducir: traducir,** *to translate* (*Formas de verbos que terminan en* **-ducir: traducir**)

traducir (to translate)
Pres. Ind.   **traduzco,** traduces, traduce, traducimos, traducís, traducen
Pres. Subj.   **traduzca, traduzcas, traduzca, traduzcamos, traduzcáis, traduzcan**
Preterit   **traduje, tradujiste, tradujo, tradujimos, tradujisteis, tradujeron**

1. Verbs ending in **-ducir,** like **traducir,** are irregular in the first person singular of the present indicative and in all forms of the preterit and the present subjunctive.
2. The imperfect indicative (**yo traducía, tú traducías,** etc.), the future (**yo traduciré, tú traducirás,** etc.), the conditional (**yo traduciría, tú traducirías,** etc.), the gerund (**traduciendo**), and the past participle (**traducido**) are regular.
3. Other verbs that follow the same pattern as **traducir** are: **conducir,** *to drive,* and **producir,** *to produce.*

▨ **Práctica 1**   Substitution drill:

1. *Juan* conduce muy bien. (Yo, Tú, Mis hermanos, Uds.)
2. *Miguel* tradujo la carta. (Las secretarias, Nosotros, Yo, Tú)
3. Es necesario que *Uds.* produzcan más. (que tú, que nosotros, que la compañía, que Ud.)

B. The subjunctive in noun clauses after impersonal expressions (*El subjuntivo en cláusulas sustantivas tras expresiones impersonales*)

Es posible (Es probable) que él consiga ese trabajo.	*It's possible (probable) that he'll get that job.*
Será necesario (Es urgente) que tú hagas la solicitud.	*It'll be necessary (It's urgent) that you apply (submit your application).*
Es dudoso que haya mejor candidato que Miguel.	*It's doubtful that there is a better candidate than Michael.*
Es (una) lástima que yo no sea bilingüe.	*It's a pity (It's too bad) that I'm not bilingual.*

1. An impersonal expression usually begins with the verb **ser** in the third person singular, equivalent in English to *it's . . . , it was . . . , it will be . . . , it is going to be.*
2. In Spanish, the subjunctive is used after impersonal expressions of possibility or probability, necessity, uncertainty or conjecture, pity, and the like, provided that the verb of the dependent clause has a subject expressed.

3. The verb in the dependent clause is in the present subjunctive if the impersonal expression is in the present, the future or uses **ir a** + infinitive construction: **es necesario que,** *it is necessary that;* **será necesario que,** *it will be necessary that;* **va a ser necesario que,** *it's going to be necessary that.*

4. Impersonal expressions of certainty, such as **es cierto** and **es verdad,** require the indicative in the dependent clause. When these expressions are negative, however, they imply uncertainty and require the subjunctive:

Es cierto (verdad) que Miguel se gradúa este trimestre.	*It's certain (true) that Michael graduates (is graduating) this trimester.*
No es cierto que él tenga trabajo.	*It's not certain that he has a job.*

5. Some commonly used impersonal expressions, most of which you have already seen, are:

es bueno it's good	**es (una) lástima** it's a pity (too bad)
es difícil it's difficult	**es mejor** it's better
es dudoso it's doubtful	**es necesario** it's necessary
es extraño it's strange	**es posible** it's possible
es fácil it's easy	**es probable** it's probable
es importante it's important	**es preciso** it's necessary
es imposible it's impossible	**es urgente** it's urgent

¡Atención!   Most of these impersonal expressions may take an infinitive as their object rather than a dependent clause in the subjunctive:

Indefinite subject: Infinitive	*Definite subject: Subjunctive clause*
Es bueno trabajar.	**Es bueno que tú trabajes.**
It's good to work.	*It's good that you work.*
Es difícil conseguir trabajo.	**Es difícil que yo consiga trabajo.**
It's difficult to obtain a job.	*It's difficult for me to obtain a job.*

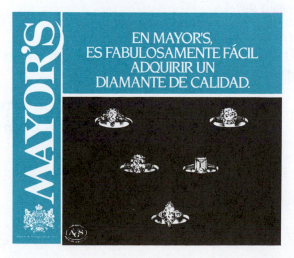

EN MAYOR'S, ES FABULOSAMENTE FÁCIL ADQUIRIR UN DIAMANTE DE CALIDAD.

MAYOR'S

Práctica 2   Repeat each sentence and form a new one, using the cue in parentheses.

MODEL: Es bueno trabajar (que Uds.).
           Es bueno que Uds. trabajen.

1. Es difícil ver al Sr. Ruiz. (que Uds.)
2. Es importante graduarse de la universidad. (que nosotros)
3. Es más fácil aprender el español en Puerto Rico. (que yo)
4. Es mejor hacer la solicitud ya. (que Uds.)
5. Es imposible traducir estos versos. (que la Srta. White)
6. Es necesario ser bilingüe. (que el candidato)
7. Es preciso escribir la carta ya. (que tú)
8. Es posible conseguir un buen trabajo. (que yo)

C. Adjective clauses and relative pronouns (*Cláusulas adjetivales y pronombres relativos*)

Adjective clauses   (*Cláusulas adjetivales*)

Noun phrase (=Antecedent)	Relative pronoun	Adjective clause (=Modifies the noun phrase)
Yo conozco un ingeniero	**que**	**puede hacer ese trabajo.**
I know an engineer	*who*	*can do that job.*
Mi amigo Miguel,	**quien**	**es estudiante de ingeniería, se gradúa este año.**
My friend Michael,	*who*	*is an engineering student, is graduating this year.*

1. An adjective clause modifies a noun phrase and is introduced by a relative pronoun, usually **que.**
2. In the above examples, **que** and **quien,** *who,* are the relative pronouns that introduce the adjective clauses.
3. The noun phrase to which the relative pronoun refers is the antecedent of the adjective clause.

"PARA ALCALDE VOTE
POR ALGUIEN
QUE TRABAJE
COMO YO."

Relative pronouns   (*Pronombres relativos*)

Que, *that, which, who, whom*

Los estudiantes **que** recibieron las becas son muy inteligentes.	*The students who received the scholarships are very intelligent.*
El puesto **que** Miguel consiguió es excelente.	*The job (that) Michael got is excellent.*
La secretaria **que** vi me dio la solicitud.	*The secretary (whom) I saw gave me the application.*
Las empresas de **que** me hablaste no tienen sucursales en Suramérica.	*The corporations you talked to me about do not have branches in South America.*

1. **Que,** which is invariable in form, is the most frequently used relative pronoun.
2. The noun antecedent to which **que** refers may be a person or a living thing: **Los estudiantes que...,** *The students that . . .* ; or a thing: **El puesto que...,** *The job that...*
3. **Que** may be used with a preposition when the noun antecedent refers to a non-living object: **Las empresas de que hablaste,** *The corporations you talked about.*
4. Note that in Spanish, the relative pronoun **que** introducing the adjective clause cannot be omitted.

Quien (*pl.* quienes), *who, whom*

El agente con **quien** hablé ayer me enseñó la maquinaria.	*The agent with whom I talked yesterday showed me the machinery.*
Las secretarias de **quienes** te escribí son muy competentes.	*The secretaries about whom I wrote to you are very competent.*
Se lo diré al señor Ruiz, a **quien** conocí hace unos meses en San Juan.	*I'll tell Mr. Ruiz, whom I met a few months ago in San Juan.*
Miguel, **quien (que)** es estudiante de ingeniería, es bilingüe.	*Michael, who is an engineering student, is bilingual.*
Mis amigos, **quienes (que)** viven en San Juan, me han invitado a visitar la isla.	*My friends, who live in San Juan, have invited me to visit the island.*

1. The relative pronoun **quien,** and its plural form **quienes,** refer only to persons.
2. **Quien, quienes** are used mainly after prepositions: **El agente *con quien* hablé...,** *The agent with whom I talked . . .* ; **Las secretarias *de quienes* te escribí...,** *The secretaries of whom I wrote to you.*
3. The personal **a** is required when **quien, quienes** is the direct object of the verb: **El Sr. Ruiz, *a quien* conocí hace meses...** *Mr. Ruiz, whom I met months ago. . . .*
4. When the noun antecedent is a person and the verb of the adjective clause does not require a preposition or personal **a,** either **que** or **quien(es)** may introduce the adjective clause (as in the last two examples).

El cual and el que, *that, which, who, whom*

El dueño de la empresa **del cual** te escribí es amigo mío.	*The owner of the company about whom I wrote to you is a friend of mine.*
El señor Ruiz es el dueño de una empresa norteamericana **la cual** tiene una sucursal en Puerto Rico.	*Mr. Ruiz is the owner of an American firm which has a branch in Puerto Rico.*
El puesto **del cual (del que)** te hablé es excelente.	*The position about which I spoke to you is excellent.*
No sé nada de las empresas **de las cuales (las que)** me hablaste.	*I don't know anything about the companies you talked to me about.*
Los gerentes **con los cuales (los que)** trabajé eran muy competentes.	*The managers with whom I worked were very competent.*
Es necesario que el candidato sea bilingüe, **lo cual (lo que)** no sería ningún problema para ti.	*It is necessary that the candidate be bilingual, which (fact) would not be a problem for you.*

1. The longer forms of the relative pronouns, **el cual, la cual, los cuales, las cuales,** and **el que, la que, los que, las que** are used to clarify which one of the nouns in the antecedent the adjective clause modifies.
2. The form of the relative pronoun is determined by its antecedent, with which it agrees in gender and number. See the first two examples above.
3. Either **el cual** and its forms or **el que** and its forms may be used when the antecedent is introduced by a preposition other than **a.** See the third, fourth and fifth examples above.
4. In formal speech and writing, the forms of **el cual** are preferred to those of **el que,** as you will see in the **Lecturas** and other readings.
5. The neuter form **lo cual** or **lo que,** *which,* is used to sum up a preceding idea, statement, or situation (as in last example).

Práctica 3   Read the sentences once. Then form a new one using the relative pronoun given in parentheses:

1. Miguel, que es ingeniero, consiguió un trabajo en Puerto Rico. (quien)
2. El agente con quien hablé me dio la solicitud. (el cual)
3. Recibí una carta del Sr. Ruiz, el gerente de una empresa agrícola la cual tiene una sucursal en San Juan. (que)
4. Mis amigos mexicanos, con quienes siempre practico el español, me tradujeron la carta. (los cuales)
5. Las secretarias de quienes te hablé son muy competentes. (las cuales)
6. La Srta. White, quien conoce muy bien al Sr. Ruiz, me ayudó a conseguir el trabajo. (que)
7. El candidato del que te hablé es bilingüe. (del cual)
8. Es importante que quieras residir en San Juan, lo que no sería problema para ti. (lo cual)

D. Subjunctive or indicative in adjective clauses (*El subjuntivo o el indicativo en cláusulas adjetivales*)

Indefinite, non-specific antecedent: *Subjunctive*	*Definite, specific antecedent:* *Indicative*
Buscan un ingeniero que **entienda** de maquinaria agrícola.	Buscan al ingeniero que **entiende** de maquinaria agrícola.
They are looking for an engineer who understands agricultural machinery. (no one particular in mind)	*They are looking for the engineer who understands agricultural machinery.* (a specific engineer in mind)
Quiero un trabajo que **pague** bien.	Quiero ese trabajo que **paga** bien.
I want a job that pays well. (any job)	*I want that job that pays well.* (a specific job in mind)
¿Conoce Ud. a alguien que **sea** ingeniero?	¿Conoce Ud. al joven que **es** ingeniero?
Do you know anyone who is an engineer?	*Do you know the young man who is an engineer?* (a specific young man)
No hay nadie que **esté** mejor preparado que tú.	Hay alguien que **está** mejor preparado que tú.
There is no one who is better prepared than you. (no specific person in mind)	*There is someone who is better prepared than you.* (some specific person in mind)

1. When the antecedent of an adjective clause refers to an indefinite, nonspecific or nonexistent person or thing, the verb in the dependent clause is in the subjunctive.
2. If the antecedent refers to a definite, specific person or thing, the verb in the dependent clause is in the indicative.
3. The personal **a** is omitted in the first example, since the noun does not refer to a specific person. However, remember that the pronouns **alguien, nadie** (also **alguno** and **ninguno** when referring to a person) and **quien** require the personal **a** when used as direct objects.

◙ **Práctica 4**   Complete the sentences with the correct form of the verb in parentheses, paying close attention to the indicative or subjunctive usage:

1. Ya tenemos una secretaria que (traducir) _____ del francés; ahora necesitamos otra que (poder) _____ traducir del alemán.
2. Miguel tiene un trabajo que le (gustar) _____ mucho, pero quiere un puesto que (pagar) _____ mejor.
3. —¿Conoces a alguien que (ser) _____ ingeniero agrícola?—Sí, conozco a Miguel, quien (ser) _____ muy buen ingeniero.
4. —Buscamos una persona que (estar) _____ bien preparada. ¿Conoces tú a alguien? —Sí, yo tengo varios amigos que se gradúan este año y que (estar) _____ muy bien preparados.
5. —Aquí hay varias personas que (poder) _____ escribirte una carta de recomendación. —No, no hay nadie que (poder) _____ hacerlo, porque no me conocen bien.

E. **Hacer** in time clauses (*Hacer en cláusulas temporales*)

Time elapsed since an event has been in progress: **hace...que** or **desde hace...**

Hace mucho tiempo **que** quiero visitar la isla.	*I have wanted to visit the island for a long time.*
Hace un año **que** ellos buscan trabajo.	*They have looked (have been looking) for a job for a year.*
Quiero visitar la isla **desde hace** mucho tiempo.	*I have wanted to visit the island for a long time.*
Ellos buscan trabajo **desde hace** un año.	*They have looked (have been looking) for a job for a year.*

1. To express an action begun in the past and still in progress at the present time, Spanish uses two constructions with the verb **hacer:**
   a) **hacer** + time expression + verb phrase introduced by **que** (as in first two examples).
   b) a verb phrase + **desde hace** + time expression (as in last two examples).
2. Note that in these two Spanish constructions, both **hacer** and the main verb of the verb phrase are in the present tense. This is in sharp contrast with English, which uses the present perfect or the present perfect progressive (both past tenses) to express the idea of elapsed time.
3. You have learned several time expressions, all of which may be used with **hace...que** and **desde hace: algunas horas, seis meses, varios días, cuatro semanas,** etc.

Time elapsed since event had been in progress: **hacía...que** or **desde hacía...**

Hacía mucho tiempo **que** yo quería visitar la isla.	*I had wanted to visit the island for a long time.*
Hacía un año **que** ellos buscaban trabajo.	*They had looked (had been looking) for a job for a year.*
Yo quería visitar la isla **desde hacía** mucho tiempo.	*I had wanted (had been wanting) to visit the island for a long time.*
Ellos buscaban trabajo **desde hacía** un año.	*They had looked (had been looking) for a job for a year.*

1. To indicate how long an action had been going on, the same two constructions with **hacer** are used, but both **hacer** and the main verb of the verb phrase are in the imperfect.
2. Note that in contrast with Spanish, English uses the pluperfect or the pluperfect progressive.

¡Atención! The following constructions are used when asking questions with **hacer** in time expressions:

¿Cuánto tiempo **hace que** quieres visitar la isla?	*(For) how long have you wanted to visit the island?*
¿Cuánto tiempo **hacía que** ellos buscaban trabajo?	*(For) how long had they looked (had they been looking) for work (a job)?*

¡Atención! Remember from **Lección 14** that **hace** + verb in the past tense corresponds to the English *ago* or *since*. If the **hace** clause comes first in the sentence, **que** introduces the verb clause:

Lo conocí **hace** unos años. *or*	*I met him a few years ago.*
Hace unos años **que** lo conocí.	*It has been a few years since I met him.*
Ellos encontraron trabajo **hace** un mes. *or*	*They found a job a month ago.*
Hace un mes **que** ellos encontraron trabajo.	*It has been a month since they found a job.*

◙ **Práctica 5**   Read each sentence and form a new one with the expression **desde hace (hacía)** or **hace (hacía)...que:**

MODEL: Hace una hora que estudio.   **Hacía una hora que yo estudiaba.**
           Estudio desde hace una hora.   **Yo estudiaba desde hacía una hora.**

1. Hace cuatro años que estudio en esta universidad.
2. Hace dos meses que mis amigos buscan trabajo.
3. Hacía un año que vivíamos en San Juan.
4. Hacía mucho tiempo que yo trabajaba con esa compañía.
5. No hablo inglés desde hace meses.
6. No escucho las noticias desde hace varios días.
7. No íbamos al cine desde hacía semanas.
8. Los esperábamos a Uds. desde hacía horas.

F. Spanish equivalents for *to become* or *to get* (*Los equivalentes de 'to become' o 'to get' en español*)

A veces me preocupo tanto.	*Sometimes I worry so much.*
A veces **me pongo tan preocupado(-a).**	*Sometimes I get so worried.*
Me alegré mucho.	*I got (became) very happy.*
Me puse muy alegre.	*I became very happy.*
Su madre se enfermó mucho.	*Her mother got (became) very sick.*
Su madre **se puso muy enferma.**	
No te pongas nervioso, Miguel.	*Michael, don't get nervous.*
¡Bueno, pero **no se ponga** Ud. tan roja, señorita White!	*Well, don't blush so much (don't get so red), Miss White!*
Me haré muy rico con ese trabajo.	*I shall become very rich with that job.*
Miguel **llegó a ser** muy buen ingeniero.	*Michael became (turned out to be) a very good engineer.*

1. The most common construction used in Spanish to express the English idea of *becoming* or *getting to be* is a reflexive verb: **Me alegré** mucho, *I got (became) very happy;* **Yo me preocupé** mucho, *I got (became) very worried.*
2. **Ponerse** followed by an adjective or a past participle that expresses a mental, emotional or physical change may also be used to convey the idea of becoming: **Yo me puse muy alegre,** *I got (became) very happy;* **Yo me puse muy preocupado,** *I got (became) very worried.* Note that with **ponerse,** the adjective or past participle agrees with the subject of the verb.
3. **Hacerse** followed by some adjectives denotes a conscious effort: **Me haré muy rico,** *I shall become very rich.*
4. **Llegar a ser** may also imply a conscious effort to reach a final result: **Llegó a ser muy buen ingeniero,** *He became (turned out to be) a very good engineer.*

Práctica 6   Read the following sentences and pay attention to the various constructions that convey the idea of *becoming*:

1. La madre de Marta se enfermó mucho. Es cierto, ella se puso muy enferma.
2. Sus hijos se preocuparon bastante. Su marido, que es médico, no se puso tan preocupado.
3. ¡Tú te pusiste tan nervioso! Yo me puse muy contento después de hablar con los médicos.
4. La familia se alegró cuando ella salió del hospital. Todos se pusieron muy alegres de tenerla en casa.
5. Su hijo llegó a ser el dueño de la empresa y así se hizo muy rico.

G. The infinitive after verbs of perception (*El infinitivo tras verbos de percepción*)

La señorita White **ve pasar** a Miguel.	*Miss White sees Michael pass (passing by).*
Oigo salir a Inés.	*I hear Agnes leave.*
Escucho cantar a las chicas.	*I hear the girls sing (singing).*
Oí decir que Miguel consiguió trabajo.	*I heard (people saying) that Michael found work.*

1. A few verbs such as **ver, oír,** and **escuchar,** referred to as verbs of perception, may take an infinitive with a subject different from that of the main verb.
2. In English, the present participle is often used.

Práctica 7   Read the sentence; then express the same idea with an infinitive construction.

1. Yo vi a mis amigos cuando ellos entraban en el cine.
2. Vimos a los jugadores cuando ellos salían del estadio.
3. El Sr. Ruiz ve a Miguel cuando éste llega a su oficina.
4. Miguel escuchará a la secretaria cuando ésta llame al jefe.
5. ¿No oyeron Uds. a Marta cuando ella hablaba por teléfono?
6. Yo nunca oigo a mi compañero de cuarto cuando él regresa tarde.

◆◇◆◇◆◇◆◇ Actividades y práctica ◆◇◆◇◆◇◆◇

A. Your classmate wants your opinion about a few matters. Listen carefully and respond with the appropriate impersonal expression and a verb in the indicative or the subjunctive.

MODEL: Oigo decir que Carmen vuelve mañana. ¿Es verdad?
Sí, es verdad que Carmen vuelve mañana.

1. Oigo decir que Miguel se gradúa. ¿Es posible?
2. Oigo decir que él no recibirá la beca. ¿Es cierto?
3. Oigo decir que Uds. lo ayudarán. ¿Es urgente?
4. Oigo decir que a ellos les interesa el puesto. ¿Es probable?
5. Oigo decir que los candidatos son bilingües. ¿Es importante?
6. Oigo decir que hay muchos puestos vacantes. Eso es dudoso, ¿verdad?
7. Oigo decir que Miguel no conoce a nadie allí. Es una lástima, ¿verdad?
8. Oigo decir que sus profesores lo recomendarán. ¿Es eso necesario?

B. Your teacher wants to know your opinion about a few matters. Listen carefully and respond as in the model.

MODEL: Hoy día es importante aprender español. ¿Qué les parece a Uds.?
Sí, es importante que aprendamos español.

1. Hoy día es necesario saber varias lenguas. ¿Qué les parece a Uds.?
2. Hoy día es preciso conocer otros países. ¿Qué les parece a Uds.?
3. Hoy día es bueno viajar mucho. ¿Qué les parece a Uds.?
4. Hoy día es importante graduarse de la universidad. ¿Qué le parece a Ud.?
5. Hoy día es difícil encontrar un buen trabajo. ¿Qué le parece a Ud.?
6. Hoy día es imposible comprar una casa barata. ¿Qué le parece a Ud.?

C. After you hear two separate sentences, combine them into one sentence using the relative pronoun **que,** following the model.

MODEL: Juan tiene un carro. Es nuevo.   **El carro que Juan tiene es nuevo.**

1. El señor viene mañana. Es un amigo mío.   2. La carta llegó ayer. Es del señor Ruiz.   3. El joven está visitándonos. Es de Puerto Rico.   4. La compañía tiene muchas sucursales allí. Es norteamericana.

Now combine, using **quien (quienes)** and **a quien (a quienes)**, following the model.

MODEL: Vimos a la joven. Es española.   **Vimos a la joven, quien es española.**
La joven a quien vimos es española.

5. Él conoce a aquella chica. Es una estudiante de esta universidad.   6. Llamé al señor Ruiz. Es el gerente de la empresa.   7. Saludamos a aquellas jóvenes. Son secretarias de esta compañía.   8. Conocí a aquel señor. Es un ingeniero que trabaja en Puerto Rico.

Then combine, using **el (la) cual, los (las) cuales** or **el (la) que, los (las) que.**

MODEL: El padre de Ana es médico.   **El padre de Ana, el cual (el que)**
Estudió en esta universidad.   **es médico, estudió en esta universidad.**

9. La hermana de Juan salió ayer. Espera volver pronto.   10. El tío de Marta tiene una empresa importante. Está en México.   11. Carlos me habló de las becas. Son muy buenas.   12. Ellos residen cerca de los edificios. Son muy altos.

D. Read in Spanish, supplying the correct relative pronoun (in some cases two or more are correct).

1. La carta _____ recibí es de Puerto Rico.   2. Es del señor Ruiz, _____ es el gerente de una empresa norteamericana.   3. La compañía, _____ tiene una sucursal allí, es muy grande.   4. La secretaria del señor Ruiz, _____ conoce a una buena amiga mía, vive cerca de San Juan.   5. El señor Ruiz necesita un joven _____ hable español.   6. También prefiere una persona _____ haya tenido varios años de experiencia, _____ no me sorprende.   7. Un amigo de mis padres, _____ conoce bien a Miguel, va a hacerle una buena recomendación.   8. ¿No te interesan las becas sobre _____ nos ha hablado nuestro profesor?

E. Listen to what your classmate has to say and confirm his statement as in the model.

    MODEL: Ellos buscan una casa, pero debe ser grande.
                  Es cierto, ellos buscan una casa que sea grande.

1. Silvia y Alberto buscan un apartamento, pero debe estar en un buen barrio.
2. Mis amigos necesitan un cuarto, pero debe tener aire acondicionado.
3. Mi familia quiere comprar un carro nuevo, pero no debe ser caro.
4. El Sr. Ruiz busca un ingeniero agrícola, pero debe hablar español.
5. Su compañía necesita una secretaria, pero debe saber traducir bien.
6. Nosotros buscamos a alguien, pero debe entender de ordenadores.
7. La sucursal de San Juan busca a alguien, pero debe conocer la isla.
8. Nosotros necesitamos a alguien, pero debe entender de negocios.

F. Listen to the question and respond according to the models.

    MODEL: ¿Cuánto tiempo hace que estudias? ¿Una hora?
                  Sí, hace una hora que yo estudio.

1. ¿Cuánto tiempo hace que ellos viven allí? ¿Un año?
2. ¿Cuánto tiempo hace que Uds. los conocen? ¿Unas semanas?
3. ¿Cuánto tiempo hace que él trabaja con esa compañía? ¿Varios meses?
4. ¿Cuánto tiempo hace que tú eres amigo de ellos? ¿Mucho tiempo?

    MODEL: ¿Cuánto tiempo hace que Uds. esperan aquí? ¿Una hora?
                  Sí, esperamos aquí desde hace una hora.

5. ¿Cuánto tiempo hace que estudias aquí? ¿Un semestre?
6. ¿Cuánto tiempo hace que Uds. están en los Estados Unidos? ¿Varios meses?
7. ¿Cuánto tiempo hace que ellos no regresan a su país? ¿Un año?
8. ¿Cuánto tiempo hace que tú no ves a tu familia? ¿Unas semanas?

G. Listen to what your classmate tells you and confirm the statement.

    MODEL: Yo vi pasar a Miguel, ¿y tú?
                  Yo también vi a Miguel cuando él pasaba.

1. Yo vi a Marta bailar la cumbia, ¿y tú?
2. Nosotros vimos a Silvia y Alberto bailar el merengue, ¿y Uds.?
3. Yo oí a Ana cantar esa canción, ¿y tú?
4. Nosotros oímos cantar a Julio Iglesias anoche, ¿y Uds.?
5. Yo escuché al profesor dar la conferencia, ¿y tú?
6. Ellos vieron a los heridos llegar al hospital, ¿y Uds.?
7. La familia oyó hablar a los médicos, ¿y Uds.?
8. Nosotros escuchamos a la gente contar el accidente, ¿y tú?

H. Give the Spanish equivalent.

1. Miss White has just received a letter from the manager of a firm that has a branch in Puerto Rico.   2. Mr. Ruiz, whom she met a few months ago, asks whether she knows anyone who can work as an agent on the island.   3. When she sees Michael Ramos pass, she calls him and begins to talk to him about the letter.   4. She believes that it is possible that the position will interest him. 5. Michael says that he is graduating as an engineer soon and that it is necessary for him to find work at once.   6. He is glad that she has thought of him, because he has nearly gone crazy looking for a job.

7. They need a person who speaks Spanish, which would not be a problem for him.   8. Michael has been wanting to know the island for a long time, and he hopes Miss White will help him to get the job.   9. Miss White will recommend him, telling Mr. Ruiz that she doesn't know anyone who is more industrious than Michael.   10. Then she asks Michael to translate for her some verses which Mr. Ruiz had sent her.   11. Michael says that he will do that gladly.   12. After reading the verses, he tells Miss White not to blush.

◇◇◇◇◇◇◇◇ Práctica de conversación ◇◇◇◇◇◇◇◇

Answer the following questions in complete sentences when your teacher calls on you:

1. ¿Cuánto tiempo hace que Ud. reside en esta ciudad?
2. ¿Ha tenido Ud. una beca alguna vez? ¿Cuánto le pagaba la beca?
3. ¿Le gustaría a Ud. graduarse de médico o de ingeniero? ¿Por qué?
4. ¿Le interesaría a Ud. la carrera de hombre (mujer) de negocios? ¿Qué carreras le interesarían a Ud.?
5. ¿Es necesario que Ud. encuentre un puesto pronto? ¿Por qué?
6. ¿Es fácil o es difícil encontrar un buen trabajo? ¿Por qué?
7. ¿Qué es necesario que una persona haga para conseguir un trabajo?
8. ¿Ha oído decir Ud. que necesitan profesores en las escuelas? ¿Le gustaría a Ud. enseñar en una escuela? ¿Por qué?
9. ¿Conoce Ud. a personas que quieran trabajar como secretarias o recepcionistas?
10. ¿Tiene Ud. un trabajo? ¿Qué hace Ud. en su trabajo?

◆◆◆◆◆◆◆◆◆◆◆◆◆   Situaciones   ◆◆◆◆◆◆◆◆◆◆◆◆◆

A. Ud. es el gerente de una empresa que tiene una sucursal en México. La compañía necesita un(-a) ingeniero(-a) agrícola y ha recibido varias solicitudes. A Ud. le interesa mucho uno de los candidatos (una de las candidatas) y por eso lo (la) invita a una entrevista. (*Enact the situation with a classmate. The interviewer will want to know about the applicant's personal life and his or her professional qualifications. The interviewer also needs to tell the applicant about the needs and demands of the position. The applicant will want to know about the company, salary, and living conditions in Mexico, so he or she will also ask you a few pertinent questions.*)

B. Ud. no está contento(-a) en su trabajo y un día Ud. llama a un amigo o a una amiga y le cuenta sus problemas profesionales. Su amigo o amiga le hace algunas preguntas: por qué no está Ud. contento(-a) en su trabajo, qué otra cosa le gustaría hacer y por qué, dónde le gustaría vivir. Su amigo o amiga le da algunos consejos. (*Enact the situation with a classmate.*)

Dos empleadas hablan de sus asuntos profesionales en la oficina de una empresa en Bogotá, Colombia.

▫▪▫▪▫▪▫▪▫▪▫▪▫▪▫▪▫ Vocabulario ▫▪▫▪▫▪▫▪▫▪▫▪▫▪▫▪▫

el **agente** agent

agradecer to be grateful (thankful) for

agrícola (*m. and f.*) agricultural, farm (*adj.*)

ayudar (**a** + *inf.*) to help *or* aid (to)

la **beca** scholarship

el **candidato** candidate (applicant for a job, position)

la **compañía** company

conseguir (**i, i**) (*like* **seguir**) to get, obtain

la **empresa** company, firm, house (*business*)

entender (**ie**) to understand

graduarse (**de**) to graduate

imaginarse to imagine

el **ingeniero** engineer

loco, -a crazy, wild, mad

la **maquinaria** machinery

los **negocios** business

obtener (*like* **tener**) to obtain, get

el **puesto** position, place, job

quien (*pl.* **quienes**) who, whom (*after prep.*)

la **recomendación** (*pl.* **recomendaciones**) recommendation

residir to reside

romántico, -a romantic

la **secretaria** secretary (*f.*)

la **sucursal** branch (*of a company*)

trabajador, -ora industrious, hard-working

el **trabajo** work, employment, position, job

traducir to translate

el **trimestre** trimester, quarter

unos, -as about (*quantity*)

urgente urgent

la **vacante** opening (*in a job*)

el **verso** verse

a partir de beginning with

carta de recomendación letter of recommendation

como agente as an agent

¡... cuánto se lo agradezco! . . . how grateful I am to you for it (that)!

¿cuánto tiempo hace? how long is it (has it been)?

entender (**ie**) **de** (**maquinaria**) to understand *or* have experience in (machinery)

es necesario que... it is necessary that

hacer una recomendación to give (make) a recommendation

hombre de negocios businessman

Ingeniería Agrícola Agricultural Engineering

oír decir que to hear (it said) that

ponerse nervioso, -a to get (become) nervous

ponerse rojo, -a to blush, become (get) red

puesto vacante position available (vacant)

volverse (**ue**) **loco, -a** to become *or* go crazy (wild)

▪▫▪

Repaso 4

A. Listen to what your teacher tells you and confirm the statement according to the model.

MODEL: Este (Ese) apartamento es cómodo.
Sí, es más cómodo que aquél. Es el más cómodo de todos.

1. Este edificio es nuevo.
2. Estas calles son hermosas.
3. Esos jugadores son altos.
4. Ese equipo es bueno.
5. Este hospital es grande.
6. Estas enfermeras son amables.
7. Esa profesora es inteligente.
8. Esos estudiantes son malos.

B. Listen to what your teacher tells you and to the question that follows. Respond according to the model.

MODEL: — Los compañeros de él son muy agradables. ¿Y las compañeras de
ella?
— Las compañeras suyas son agradabilísimas.

1. La familia de Silvia es muy amable. ¿Y la familia de Alberto?
2. Los padres de él son muy felices. ¿Y los padres de ella?
3. El hijo de los señores Ruiz es muy inteligente. ¿Y las hijas de ella?
4. El novio de Marta es muy bueno. ¿Y el novio de Silvia?
5. La esposa del Sr. Ramos es muy guapa. ¿Y la esposa de Ud.?
6. La hija de él es muy bonita. ¿Y las hijas de Ud.?
7. El sobrino de Miguel es muy alto. ¿Y los sobrinos de Ud.?
8. El apartamento de nosotros es muy cómodo. ¿Y el apartamento de Uds.?
9. La cocina de nosotros es muy grande. ¿Y la cocina de Uds.?
10. Los muebles de nosotros son muy finos. ¿Y los muebles de Uds.?

C. Listen to the questions and answer in the affirmative with an alternate negative response.

MODEL: —¿Envuelvo el regalo o busco otra cosa? ¿Qué quiere Ud.?
         —**Quiero que Ud. envuelva el regalo; no busque otra cosa.**

1. ¿Alquilo un apartamento o compro una casa? ¿Qué sugiere Ud.?
2. ¿Hablo con el gerente o llamo al dueño? ¿Qué recomienda Ud.?
3. ¿Sirvo las bebidas ahora o comienzo a cocinar? ¿Qué desea Ud.?
4. ¿Voy a la conferencia o me quedo en la biblioteca? ¿Qué recomienda Ud.?
5. ¿Escribo el resumen ahora o pago las cuentas? ¿Qué me dice Ud.?
6. ¿Pongo este disco o busco otro? ¿Qué prefiere Ud.?

D. Say after your teacher; when you hear the cue, create a new sentence.

MODEL: Alberto los ha invitado a su boda. (Dudo mucho que)
         Dudo mucho que Alberto los haya invitado a su boda.

1. Alberto y Silvia quieren casarse. (Me alegro de que)
2. Ellos son muy felices. (Yo sé que)
3. Ellos no han dicho nada todavía. (Me sorprende que)
4. Silvia ya ha vuelto de la Argentina. (Es posible que)
5. Sus amigas no lo han visto todavía. (Temo que)
6. Alberto se ha puesto muy contento. (Estoy seguro de que)
7. Nosotros les daremos una gran fiesta. (No dudo que)
8. Ellos recibirán muchos regalos. (Espero que)

E. Listen to what your classmate tells you and to the question that follows. Respond according to the model.

MODEL: —Hace tiempo que Lupe no me llama. Te extraña, ¿verdad?
         —**Sí, me extraña que Lupe no te haya llamado.**

1. Hace tiempo que no veo a Miguel. Te extraña, ¿verdad?
2. Hace un año que no le escribo. Lo dudas, ¿verdad?
3. Hace meses que no le digo nada. Es importante, ¿verdad?
4. Hace tiempo que no vuelvo a casa. Lo sientes, ¿verdad?
5. Hace semanas que no voy al cine. Es posible, ¿verdad?
6. Hace días que no vengo a clases. Te preocupa, ¿verdad?
7. Hace tiempo que no me enfermo. Es extraño, ¿verdad?
8. Hace meses que no hago nada interesante. Es lástima, ¿verdad?

F. Read in Spanish, using the present indicative or the present subjunctive tense, as required.

1. Tengo una secretaria que (escribir) bien en español.
2. Necesitamos a alguien que (saber) traducir cartas.
3. Sé que hay alguien que (estar) libre ahora.
4. ¿Hay alguien que (poder) recomendar bien a Miguel?
5. Buscan un joven que (tener) dos años de experiencia.
6. No conozco a nadie que (ser) tan trabajadora como ella.

G. The following is a brief letter that you are writing to a friend. Complete the letter by selecting the appropriate missing item(s) from the list of choices on the right.

Querido Antonio:

Te extraña que no te haya escrito ＿＿＿ ＿＿＿
₁

tiempo, ¿verdad? Pues hace meses que estoy ＿＿＿ .
₂

Como sabes, el verano que viene pienso ＿＿＿ ＿＿＿
₃

ingeniero. Es posible que también ＿＿＿ y que vayamos a
₄

vivir ＿＿＿ ＿＿＿ a la Argentina. Mi novia, ＿＿＿
₅   ₆

es de Buenos Aires, prefiere que ＿＿＿ allá. ＿＿＿ que
₇   ₈

allí no es ＿＿＿ conseguir un ＿＿＿ de ingeniero, pero
₉   ₁₀

＿＿＿ ＿＿＿ que paguen muy bien y necesitaríamos
₁₁

＿＿＿ un apartamento y comprar un carro ＿＿＿ .
₁₂   ₁₃

＿＿＿ ella pueda trabajar ＿＿＿ al español artículos
₁₄   ₁₅

sobre economía, pero no es seguro que decidamos ＿＿＿ .
₁₆

Espero que tú puedas venir para ＿＿＿ ＿＿＿ y que
₁₇

conozcas a Silvia. Es una chica estupenda, y además es

＿＿＿ . Te encantará conocerla. ＿＿＿ y hasta pronto.
₁₈   ₁₉

＿＿＿ amigo de siempre, Miguel.
₂₀

graduarme de
me case
volvamos
Oigo decir
no creo
amueblar
traduciendo
irnos
Escríbeme
desde hace
quien
Quizás
Tu
un tiempo
puesto
nuestra boda
ocupadísimo
difícil
nuevo
guapísima

H. Give the Spanish equivalent.

1. Let's wash our hands.   2. Let's be going.   3. Let's not sit down yet.
4. Have George do it.   5. May they continue ahead.   6. John has been here
a week.   7. How long have they been studying Spanish?   8. They became
rich.   9. Perhaps Robert may not come. I doubt it.   10. How do you (*fam.
sing.*) feel tonight?   11. Most of the students went to the lecture.   12. John
has a headache.   13. Richard's arm hurts.   14. By the way, what's the matter
with Thomas?   15. Why don't you (*pl.*) take a walk with me?   16. Anthony
became a good doctor.   17. Is there anyone here who knows her?   18. We
have heard that he got the position.   19. We are sorry that John's sister has been
ill.   20. Let (*pl.*) me drive this afternoon.   21. Mr. Sierra saw Michael pass
an hour ago.

Lección 20

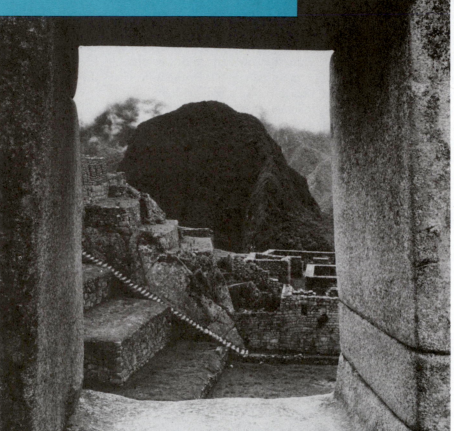

Vista parcial de Machu Picchu, "la ciudad perdida de los incas." Situada en la cordillera de los Andes, a unas 70 millas al noroeste de Cuzco, es una de las maravillas de la América del Sur.

▶ Forms of verbs ending in **-ger, -gir,** and **-iar, -uar**
▶ Subjunctive or indicative in adverbial clauses
▶ Possessive pronouns
▶ The definite article as a demonstrative pronoun
▶ The relative pronouns **quien(-es)** and **lo que**
▶ The use of **pero** and **sino,** *but*

Luna de miel en Suramérica

Alberto y Silvia, que se habían casado en la primavera, decidieron pasar su luna de miel en Suramérica. Lo que siempre habían deseado conocer era Machu Picchu, la gran ciudad de piedra, cerca de Cuzco. Buscaron una agencia de viajes y escogieron la del padre de un amigo, que está cerca de parque.

ALBERTO —Buenas tardes, señor Ponce. Le presento a mi esposa, Silvia.

SR. PONCE —Mucho gusto en conocerla, Silvia.

SILVIA —El gusto es mío, señor Ponce.

ALBERTO —Deseamos hacer reservas para viajar al Perú. ¿Puede informarnos sobre los vuelos a Cuzco?

SR. PONCE —Hay varios vuelos diarios. Pero no son directos a Cuzco, sino a Lima. Desde allí se continúa el viaje en una línea interna hasta Cuzco.

ALBERTO (*Mirando a Silvia.*) —Lo cual quiere decir que no podremos llevar muchas maletas, a menos que queramos tener problemas..., ¿comprendes?

SILVIA —Solamente dos, mi amor: la tuya y la mía.

SR. PONCE —¿En qué fecha desean ustedes salir de viaje?

ALBERTO —Nos gustaría salir el diez de agosto, en un vuelo de día.

SR. PONCE (*Consultando la computadora.*)—Lo siento mucho, pero no quedan asientos en el de la mañana, a menos que alguien cancele.

SILVIA —¿Podría usted ponernos en la lista de espera?

SR. PONCE —Con mucho gusto. ¿Boletos sencillos o de ida y vuelta?

ALBERTO —De ida y vuelta. Tenemos que regresar el día treinta antes de que comiencen las clases en la universidad.

SR. PONCE —Les enviaré los boletos a casa. Pueden pagar con tarjeta de crédito o cheque personal. (*Alberto paga y se despide del señor Ponce.*)

ALBERTO —Muchas gracias, señor Ponce.

SR. PONCE —No hay de qué. ¡Adiós y buen viaje!

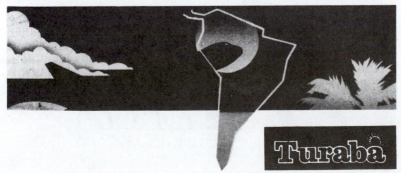

AMERICA DEL SUR de vacaciones

Turaba

◻ Otras palabras y expresiones

la **azafata** stewardess
la **parada** stop
la **partida** departure
el **pasajero** passenger
el **pasaporte** passport
el **plan** plan
   confirmar to confirm

facturar to check (baggage)
hacer la maleta to pack one's bag
partir (de) to depart, leave (from)
partir para to depart (leave) for
la **clase turista** tourist (economy) class
la **primera clase** first class

el pasajero   la azafata

el pasaporte

◻ Preguntas sobre el diálogo

1. ¿Qué decidieron hacer Alberto y Silvia?   2. ¿Qué habían deseado ellos conocer siempre?   3. ¿Qué agencia de viajes escogieron para hacer sus reservas? 4. ¿Hay vuelos directos a Cuzco?   5. ¿Podrían llevar Alberto y Silvia muchas maletas?   6. ¿Cuándo les gustaría salir?   7. ¿Por qué no pueden salir en el vuelo de la mañana?   8. ¿Cuándo tienen que regresar? ¿Por qué tienen que regresar para esa fecha?

Nota cultural

Cuzco,[1] la capital del antiguo Imperio de los Incas, ha sido declarada la capital arqueológica de la América del Sur. A unas horas en tren de Cuzco, en alturas casi inaccesibles de los Andes, se hallan las ruinas de Machu Picchu[2] y de la fortaleza[3] incaica[4] de Sacsahuamán. Hay ruinas de antiguas ciudades incaicas y preincaicas en la costa del Perú, desde Chanchán, en el norte cerca de Trujillo, hasta Paracas, en el sur. Las ruinas de una civilización preincaica en Tiahuanaco, al sur del lago Titicaca, demuestran que había grandes culturas indígenas en los Andes peruanos y bolivianos antes de la llegada de los incas.

En el siglo XIII, los incas, procedentes de la región del lago Titicaca, establecieron su capital en Cuzco y extendieron su dominio sobre todas las regiones mencionadas. La cultura de los incas, que llegó a su apogeo[5] en el siglo XV, fue la más avanzada de la América del Sur. Los incas no conocían la rueda[6] ni la escritura,[7] pero en otros aspectos demostraron un notable grado[8] de progreso: en la arquitectura (la construcción de palacios, templos y fortalezas), la ingeniería (una magnífica red[9] de caminos), la agricultura (el cultivo del maíz, la patata, la coca y el algodón, y el uso del riego[10] y de abonos[11]), la organización política y social, el uso de hierbas medicinales, y la manufactura de objetos de oro, plata, cobre y bronce; su arte se manifestó[12] notablemente en la cerámica, la música y la danza.

Hay magníficos museos de las culturas precolombinas de la región en Lima y en las universidades de Trujillo y de Cuzco.

Vista de una de las calles antiguas de la ciudad de Cuzco, el Perú.

---

[1]The meaning of the Indian name **Cuzco** is *navel,* that is, the center (of the world).
[2]See **Lectura 4.**   [3]fortress   [4]Incan   [5]apogee, highest point   [6]wheel   [7]writing
[8]degree   [9]network   [10]irrigation   [11]fertilizers   [12]was displayed

◇◇◇◇◇◇◇◇◇   Notas gramaticales   ◇◇◇◇◇◇◇◇◇

A. Forms of verbs ending in **-ger, -gir** and **-iar, -uar** (*Formas de los verbos terminados en* **-ger, -gir** *y en* **-iar, -uar**)

Forms of verbs ending in **-ger, -gir**

escoger, *to choose, select*
Pres. Ind. **escojo,** escoges, escoge, escogemos, escogéis, escogen
Pres. Subj. **escoja, escojas, escoja, escojamos, escojáis, escojan**

1. In verbs ending in **-ger, -gir,** the **g** of the stem changes to **j** before verb endings beginning with **-o** or **-a,** that is, in the first person singular of the present indicative (**escoger: yo** *escojo*), and in all six forms of the present subjunctive (**que yo** *escoja,* **que tú** *escojas,* etc.)
2. The verb **dirigir,** *to direct, address,* has the same changes: **yo** *dirijo,* **que yo** *dirija,* **que tú** *dirijas,* etc.

Forms of verbs ending in **-iar, -uar**

enviar, *to send*		
Pres. Ind. **envío, envías, envía,** enviamos, enviáis, **envían**		
Pres. Subj. **envíe, envíes, envíe,** enviemos, enviéis, **envíen**		
Sing. Imper. **envía**		
continuar, *to continue*		
Pres. Ind. **continúo, continúas, continúa,** continuamos, continuáis, **continúan**		
Pres. Subj. **continúe, continúes, continúe,** continuemos, continuéis, **continúen**		
Sing. Imper. **continúa**		

1. A few verbs ending in **-iar** and **-uar** require an accent mark on the final stem vowels **i** and **u** in the singular and third person plural forms of the present indicative tense, in the same forms of the present subjunctive tense, and in the singular familiar commands.
2. The verb **graduarse,** *to graduate,* has the same changes: **yo me** *gradúo,* **que yo me** *gradúe,* etc.

◈ Práctica 1   Substitution drill:

1. *Alberto* escoge un vuelo directo. (Yo, Carlos y yo, Ud., Ellos)
2. *La secretaria* les envía los boletos. (Nosotros, Tú, Yo, Uds.)

3. *Ellos* continúan el viaje hasta el Perú. (Ramón, Ramón y Luis, Yo, Él y yo)
4. Recomiendan que *Luis* le dirija la carta al gerente. (que Uds., que nosotros, que el Sr. Ponce, que yo)
5. *Jaime* quiere que yo les envíe la tarjeta de crédito. (que tú, que Uds., que la secretaria, que nosotros)

En esta Navidad, envíe un mensaje de alegría y esperanza.

Miles de niños se lo agradecerán!

Las tarjetas navideñas son la mejor expresión de optimismo y amistad.

Adquiéralas en la Fundación Amigos del Hospital Infantil... y ayude a un niño!

Información y Ventas:

FUNDACION AMIGOS
DEL HOSPITAL INFANTIL
Calle 67 No. 6-11 P. 2o.
Tels: 211 92 25 - 249 13 10
A.A. 93436 Bogotá, D.E.

B. Subjunctive or indicative in adverbial clauses (*El subjuntivo o el indicativo en cláusulas adverbiales*)

Adverbial clauses

An adverbial clause modifies a verb and indicates time, concession, result, purpose, condition, and the like. An adverbial clause is introduced by a conjunction, usually a compound with **que** as the last element. As in the case of noun and adjective clauses, the indicative mood is used when the clause expresses an accomplished fact in present or past time, whereas the subjunctive mood implies uncertainty as to the accomplishment of the action expressed by the verb.

Subjunctive vs. indicative in time clauses

Indicative: *Customary or accomplished event*	*Subjunctive:* *Event unfulfilled, yet to be* *accomplished*

Cuando **veo** a Juan, **charlo** con él.
Whenever I see John, I chat with him.
   (everytime I see him, I chat with
   him)
	Cuando **vea** a Juan, **charlaré** con él.
	When I see John (whenever that may
	   be), I'll chat with him.

Siempro **espero** hasta que mi novia **sale**
   de clase.
I always wait until my girlfriend gets out
   of class.
	Esperaré (Voy a esperar) hasta que mi
	   novia **salga** de clase.
	I'll wait (am going to wait) until my
	   girlfriend gets out of class (whenever
	   that may be).

La conferencia **comenzó** en cuanto
   sonó el timbre.
The lecture began as soon as the bell rang.
	La conferencia **comenzará (va a**
	   comenzar) en cuanto **suene** el
	   timbre.
	The lecture will start (is going to start) as
	   soon as the bell rings.

	Voy a escribir el resumen antes (de)
	   que **lleguen** mis amigas.
	I'm going to write the summary before my
	   friends arrive.

1. The indicative mood is used in time clauses when the time indicated is present or past, that is, the action is expressed as customary or as an accomplished fact.
2. The subjunctive mood is used in time clauses when the time indicated is indefinite or future with respect to that of the main verb.
3. By its very meaning, **antes (de) que,** *before,* indicates that the action has not yet happened. Therefore the verb that follows must always be in the subjunctive (last example).
4. Common conjunctions which introduce time clauses are:

antes (de) que before	**después que** after
así que as soon as	**hasta que** until
cuando when	**luego que** as soon as
en cuanto as soon as	**mientras (que)** while, as long as

Subjunctive vs. indicative in clauses expressing concession

Indicative: *Clause refers to a factual condition or situation*	**Subjunctive:** *Clause refers to a hypothetical condition or situation*
Aunque **hace** frío, saldré. *Even though it is cold, I shall leave.*	Aunque **haga** frío mañana, saldré. *Even though it may be cold tomorrow, I shall leave.*
Aunque **trabajan** mucho, no reciben buen sueldo. *Although they work hard, they don't receive a good salary.*	Aunque **trabajen** mucho no recibirán (van a recibir) buen sueldo. *Although they may work hard, they will not (are not going to) receive a good salary.*

1. Clauses introduced by **aunque,** *although, even though, even if,* describe conditions in spite of which a given result is (was) or is not (was not) accomplished.
2. When the adverbial clause refers to a factual condition or situation, the verb is in the indicative mood.
3. When the adverbial clause refers to a hypothetical condition or situation, the verb is in the subjunctive mood.

The subjunctive mood in other adverbial clauses

Mi familia me enviará dinero **para que yo compre** el boleto de avión.	*My family will send me money in order (so) that I may buy the plane ticket.*
No quedan asientos **a menos que** alguien **cancele.**	*There are no seats left unless someone cancels.*
No pagaré **sin que confirmen** las reservas.	*I will not pay without their confirming the reservations.*
Tomaré un vuelo directo **con tal que no salga** demasiado temprano.	*I'll take a non-stop flight provided it doesn't leave too early.*

1. Conjunctions which denote purpose, condition, exception, negation, and the like always require the adverbial clause to be in the subjunctive mood, since these conjunctions cannot introduce a statement of fact.
2. Common conjunctions in this group are:

a menos que	unless	**para que**	in order (so) that
con tal que	provided	**sin que**	without

¡Atención! When there is no change in subject, the preposition + infinitive is normally used instead of a clause with the subjunctive:

No partirán **sin decírnoslo.**	*They won't leave without telling us.*
Traerán el dinero **para comprar** unas maletas.	*They will bring the money in order to buy some suitcases.*

◙ **Práctica 2**   Read in Spanish, noting the use of the indicative or the subjunctive mood in the adverbial clauses and the English equivalent of each sentence:

1. Aunque conozco bien a Juan, no puedo hablar con él ahora.   2. Aunque Mario quiera verme, no puedo recibirlo ahora.   3. Quédense Uds. allí, por favor, hasta que regresen ellos.   4. No le diré nada a ella, a menos que tú obtengas el puesto.   5. Iremos a la conferencia en cuanto Lupe vuelva a casa. 6. Daremos un paseo por el parque, con tal que Marta tenga bastante tiempo. 7. Siempre tomamos el autobús cuando vamos a la universidad.   8. Roberto comprará el boleto antes de que yo lo ayude a escoger una maleta.   9. Diana partirá para el Perú después que terminen las clases.   10. Siempre pago el alquiler cuando mi padre me envía un cheque.   11. Harán la excursión en cuanto sea posible.   12. Aunque él está todavía en el hospital, se siente mucho mejor.   13. En cuanto ella me ve, se pone roja.   14. Les escribiré a mis tíos mientras continúen viviendo en Suramérica.

C. Possessive pronouns (*Pronombres posesivos*)

Singular		Plural		
Masc.	*Fem.*	*Masc.*	*Fem.*	
el mío	la mía	los míos	las mías	mine
el tuyo	la tuya	los tuyos	las tuyas	yours (*fam.*)
el nuestro	la nuestra	los nuestros	las nuestras	ours
el vuestro	la vuestra	los vuestros	las vuestras	yours (*fam.*)
el suyo	la suya	los suyos	las suyas	his, hers, its, yours (*formal* and *pl.*), theirs

Aquí está tu carro; ¿dónde está **el mío?**	*Here is your car; where is mine?*
Las maletas de Diana no llegaron; éstas son **las nuestras.**	*Diane's suitcases didn't arrive; these are ours.*
Este paquete es **el nuestro; el suyo** es aquél (el de ella es aquél).	*This package is ours; hers is that one.*
Éste es el asiento de ellos; **el suyo** es aquél (el de él es aquél).	*This is their seat; his is that one.*

1. In **Lección 16,** you learned about the long forms of the possessive adjectives. Possessive pronouns are formed by using the definite article **el (la, los, las)** with the long forms of the possessive adjectives.

2. The article and the possessive form agree in gender and number with the noun to which they refer.
3. Since **el suyo (la suya, los suyos, las suyas)** may mean *his, hers, its, yours* (formal), and *theirs,* these pronouns may be clarified by substituting **el de él, el de ella, el de Ud., el de ellos (ellas), el de Uds.** The article agrees with the thing possessed (last two examples).

Práctica 3   Listen to the statement; then repeat it using the corresponding possessive pronoun.

> MODEL: Tengo el libro de Ana.
> **Tengo el libro de Ana. Tengo el suyo.**

1. Silvia tiene sus boletos.
2. Juan lleva su maleta.
3. Dame tu paquete, por favor.
4. El reloj de Marta es de oro.
5. Mi apartamento no es pequeño.
6. Ponte la camisa de Luis.
7. Nuestra profesora es argentina.
8. Nuestros hijos llegan mañana.

D. The definite article as a demonstrative pronoun (*El artículo definido como pronombre demostrativo*)

Tengo tu boleto y **el de Silvia.**	*I have your ticket and Sylvia's (that of Sylvia).*
El vuelo de hoy sale a las 10; **el de mañana** sale a las 8.	*Today's flight leaves at ten; tomorrow's (that of tomorrow) leaves at eight.*
Ésta es mi maleta; **la que está allá** es tuya.	*This is my suitcase; the one that is over there is yours.*
Éstos son los asientos que nosotros escogimos, pero **los que ellos tienen** son mejores.	*These are the seats we chose, but the ones (that) they have are better.*

1. When the noun is deleted in a phrase with **de,** the definite article functions as a demonstrative pronoun: **Tengo *el boleto de* Silvia → Tengo *el de* Silvia,** *I have Sylvia's ticket → I have Sylvia's.*
2. When the noun is deleted in a **que** clause, the definite article also functions as a demonstrative pronoun: **pero los (esos) que ellos tienen son mejores,** *but the ones (those) they have are better.*

E. The relative pronouns quien(-es) and lo que (*Los pronombres relativos* **quien(-es)** *y* **lo que**)

Quien busca, encuentra.	*He* (*The one*) *who seeks, finds.*
Quien viaja mucho, aprende mucho.	*He* (*The one*) *who travels a lot, learns a lot.*
Quienes (**Los** *or* **Las que**) estudian mucho reciben becas.	*Those* (*The ones*) *who study a lot, receive scholarships.*
Siempre creo **lo que** la gente me dice.	*I always believe what people tell me.*
Lo que más me gustó fue Cuzco.	*What I liked the most was Cuzco.*

1. **Quien** (*pl.* **quienes**), which refers to persons only, sometimes corresponds in English to *he* (*those*) *who, the one*(*s*) *who*, particularly in proverbs (first example).
2. **Los que** or **las que** is often used instead of **quienes** to refer to people (third example).
3. **Lo que** is the neuter form of **el que** and means *what, that which*.

⬦ **Práctica 4**   Read the sentences and complete the blanks with the appropriate compound relative pronoun: **el (la, los, las) que, lo que** or **quien(-es)**.

1. —¿Son buenos los asientos que tenemos? —Sí _____ Uds. tienen ahora son muy buenos.
2. Busco a la persona que me hizo las reservas; _____ me vendió los boletos no está aquí.
3. —¿Prefiere Ud. el vuelo que sale por la mañana? —No, prefiero _____ sale por la tarde.
4. _____ más me preocupa es que ya no quedan asientos.
5. _____ hicieron reservas la semana pasada podrán viajar mañana.
6. _____ tiene dinero puede viajar en primera clase.

F. The use of pero and sino, *but* (*El uso de* **pero** *y* **sino**)

Lo siento mucho, **pero** no quedan asientos.	*I'm very sorry, but there are no seats left.*
No hay vuelos directos a Cuzco **sino** a Lima.	*There are no direct flights to Cuzco but* (*there are*) *to Lima.*
Yo no quiero estudiar **sino** ir a un cine.	*I don't wish to study but to go to a movie.*

1. **Pero** usually corresponds to the English conjunction *but*.
2. **Sino** is used in an affirmative statement which is in direct contrast to a preceding negative statement. Thus, **sino** corresponds to the English *but* with the meaning of *on the contrary, but instead, but rather*.
3. Note that usually no other verb form, except an infinitive, may be used after **sino** (last example).

4. **Sino que** is used if clauses containing different verbs are contrasted: **No mirábamos la televisión** *sino que* **escuchábamos unos discos,** *We weren't watching television but (instead) we were listening to some records.* (This construction is not used in the **Prácticas** or **Actividades.**)

Práctica 5   Listen to the two sentences; then combine them by using **pero** or **sino** as appropriate.

MODEL: Este verano no vamos a México. Vamos al Perú.
Este verano no vamos a México sino al Perú.

1. Queremos salir la semana que viene. No quedan asientos.
2. No hay vuelos diarios. Sólo hay vuelos los martes y los viernes.
3. No puedo comprar los boletos hoy. Sólo puedo hacer las reservas.
4. No tengo suficiente dinero. Puedo pagar con la tarjeta de crédito.
5. Nos gustaría visitar otros lugares. No tendremos mucho tiempo.
6. Ahora no es verano en Suramérica. Ahora es invierno.

Hertz

Donde usted no sólo alquila un auto sino toda una empresa

Actividades y práctica

A. Listen to what your classmate tells you about a mutual friend; then respond according to the model.

MODEL: Cuando charlo con Juan, me río siempre.
Seguramente me voy a reír cuando charle con él.

1. Cuando hablo con Luis, me río siempre.
2. Cuando estoy con Marta, me río siempre.
3. Cuando salgo con José, me divierto bastante.
4. Cuando bailo con Isabel, me divierto bastante.
5. Cuando juego al tenis con Miguel, me canso.
6. Cuando hago ejercicio con Jaime, me canso.
7. Cuando me quedo con Ana y Carmen, me preocupo mucho.
8. Cuando me encuentro con Miguel y Carlos, me alegro mucho.

B. Listen to the questions and respond according to the model.

> MODEL: —¿Traes tú los artículos?
> **—Sí, los traigo.**
> —¿Para qué los traes? ¿Para leerlos?
> **—Traigo los artículos para que los leamos.**

1. ¿Traes tú las fotografías? ¿Para qué las traes? ¿Para mirarlas?
2. ¿Tienes tú las revistas? ¿Para qué las tienes? ¿Para comprarlas?
3. ¿Vas a poner tú este disco? ¿Para qué vas a ponerlo? ¿Para escucharlo?
4. ¿Compraste tú los periódicos? ¿Para qué los compraste? ¿Para llevarlos a clase?
5. ¿Traes tú las cartas? ¿Para qué las traes? ¿Para traducirlas?
6. ¿Tomaste tú la cuenta? ¿Para qué la tomaste? ¿Para pagarla?
7. ¿Buscaste tú el regalo? ¿Para qué lo buscaste? ¿Para envolverlo?
8. ¿Tienes tú el paquete? ¿Para qué lo tienes? ¿Para enviarlo?

C. Read in Spanish, supplying the preterit indicative tense or the present subjunctive tense of the infinitive in parentheses, as required.

1. Yo no estaba en casa anoche cuando ellos (llegar).
2. ¿Estarán Uds. aquí cuando (llegar) mis amigos?
3. Compré los boletos después que Carlos me (dar) el dinero.
4. Compraré la maleta después que Ud. me (pagar).
5. Alberto no salió hasta que Uds. (llamar) por teléfono.
6. Él no saldrá de su cuarto hasta que (llamar) Uds.
7. Fui a escoger un asiento en cuanto (ser) posible.
8. Iré a escogerlo en cuanto (tener) tiempo.
9. Aunque (llover) mucho ayer, jugamos al fútbol.
10. Aunque (hacer) frío mañana, daremos un paseo.

D. Read the two sentences aloud and then combine them into one using the conjunction given in parentheses.

> MODEL: Ana no partirá. Su familia le envía el dinero. (hasta que)
> **Ana no partirá hasta que su familia le envíe el dinero.**

1. Yo te digo las fechas. Tú haces las reservas. (para que)
2. Queremos regresar en agosto. Comienzan las clases en la universidad. (antes que)
3. Luis comprará los boletos. Nosotros le daremos el dinero. (cuando)
4. Pasaremos una semana en Cuzco. Tendremos suficiente tiempo. (con tal que)
5. Haremos el viaje en julio. Hace bastante frío durante ese mes. (aunque)
6. Visitaremos otras ciudades en Suramérica. El boleto de avión costará mucho. (a menos que)

E. Your classmate wants to know your opinion about a few things. Listen to the questions and answer freely, alternating the two responses with a negative and an affirmative statement or vice versa.

MODEL: ¿Te gusta la blusa que   **No, no me gusta la que ella tiene.** *or*
        tiene Ana?   **Sí, me gusta mucho la que ella tiene.**
        ¿Te gusta la mía?   **Sí, me gusta la tuya.** *or*
                                         No, no me gusta la tuya.

1. ¿Te gusta la pulsera que tiene Lupe? ¿Te gusta la mía?
2. ¿Te gusta el reloj que lleva Miguel? ¿Te gusta el mío?
3. ¿Te gustan las gafas que compró Mario? ¿Te gustan las mías?
4. ¿Te gustan los aretes que trajo Lupe? ¿Te gustan los míos?
5. ¿Te gusta el carro que tienen ellos? ¿Te gusta el nuestro?
6. ¿Te gusta la casa que alquilaron ellas? ¿Te gusta la nuestra?
7. ¿Te gustan los muebles que compraron ellos? ¿Te gustan los nuestros?
8. ¿Te gustan las artesanías que trajeron ellas? ¿Te gustan las nuestras?

CUANDO CONDUZCA SU RANGE ROVER COMPRENDERÁ POR QUE HA MERECIDO LA PENA ESPERAR.

F. Give the Spanish equivalent.

1. Albert and Sylvia have decided to spend their honeymoon in Peru.   2. What they want to see is Machu Picchu, the great stone city, near Cuzco.   3. They look for a travel agency and choose that of Mr. Ponce, the father of a friend of theirs.   4. There are several daily flights; but they are not direct to Cuzco, but to Lima.   5. Albert says that they will be able to carry only two suitcases, unless they want to have problems.   6. They would like to leave on the fifteenth of August, provided that there is a morning flight.   7. Mr. Ponce consults the computer and finds that no seats are left on that flight.   8. When Sylvia asks him to put them on the waiting list, he replies that he will do that gladly.
9. They buy round-trip tickets, because they have to return on August 30, before classes begin.   10. When they take leave of Mr. Ponce, the latter says: "Goodbye and have a good trip!"

◇◇◇◇◇◇◇ Práctica de conversación ◇◇◇◇◇◇◇

Answer the following questions with complete sentences when your teacher calls on you:

1. ¿Tiene Ud. planes para casarse? ¿Cuándo piensa casarse?
2. ¿Dónde le gustaría a Ud. pasar su luna de miel?
3. ¿Dónde hace Ud. las reservas cuando viaja en avión?
4. ¿Lleva Ud. muchas o pocas maletas cuando viaja? ¿Por qué?
5. ¿Cuándo hará Ud. su próximo viaje en avión? ¿Adónde irá?
6. ¿Prefiere Ud. los vuelos directos o con paradas? ¿Por qué?
7. ¿Le gustaría a Ud. poder viajar en primera clase? ¿Por qué?
8. ¿Cómo paga Ud. generalmente cuando compra un boleto de avión?
9. ¿Qué le decimos a una persona que va a salir de viaje?
10. ¿Qué palabras usa Ud. al presentar a un amigo (a una amiga)? ¿Qué contesta Ud. cuando un amigo (una amiga) le presenta a otra persona?

◇◇◇◇◇◇◇◇◇ Situaciones ◇◇◇◇◇◇◇◇◇

A. Ud. trabaja en una agencia de viajes. Llegan dos jóvenes que van a casarse y quieren hacer planes para su luna de miel. Ellos le piden a Ud. información sobre los diferentes lugares que ellos podrían visitar. Por ejemplo, ellos podrían ir a la ciudad de México, a la península de Yucatán, al sur de España (Córdoba y Granada), a Puerto Rico, a las montañas de Colorado, etc. Ellos le harán muchas preguntas y Ud. les dará la información y les hará algunas recomendaciones. (*Enact the situation with two classmates.*)

B. Ud. se encuentra en el aeropuerto de Lima y va a tomar el avión para regresar a los Estados Unidos. Antes de subir al avión hay que hacer varias cosas y Ud. habla con un empleado de la compañía de aviones con la cual Ud. viaja. (*Enact the situation with a classmate, who will play the role of the airline clerk at the check-in counter.*)

En el aeropuerto Kennedy de Nueva York: confirmando los boletos y facturando las maletas para un viaje a México.

Vocabulario

la **agencia** agency
el **asiento** seat
   cancelar to cancel
   comprender to comprehend, understand
la **computadora** computer
   consultar to consult
   continuar to continue, go on
el **crédito** credit
   Cuzco Cuzco
   despedirse (i, i) (de + *obj.*) to say goodbye (to), take
      leave (of)
   diario, -a daily
   directo, -a direct
   enviar to send

   escoger to choose, select
la **ida** departure
   informar to inform
la **luna de miel** honeymoon
la **maleta** suitcase, bag
el **parque** park
   personal personal
la **piedra** stone
   presentar to present, introduce
   sino *conj.* but
   solamente *adv.* only
el **vuelo** flight
la **vuelta** return

agencia de viajes travel agency
boleto sencillo (de ida y vuelta) one-way (round-trip) ticket
(ciudad) de piedra stone (city)
lista de espera waiting list
mucho gusto en conocerla (I am) pleased (glad) to know *or* nice meeting (to meet) you
   (*formal f. sing.*)
no hay de qué you're welcome, don't mention it
no quedan asientos no seats are left (remain), there aren't any seats left
querer decir to mean
salir de viaje to leave on the (one's) trip
una línea interna a domestic airline
vuelo de día daytime flight, flight by day (in the daytime)
vuelo de la mañana morning flight

Lectura 6

❧ Estudio de palabras

1. *Nouns ending in* **-dad.** Certain Spanish nouns ending in **-dad** end in *-ty* in English: **ciudad,** *city;* **comunidad,** *community;* **igualdad,** *equality;* **Trinidad,** *Trinity.*

2. *Approximate cognates.* Pronounce the following words aloud, give the English cognates, and indicate the variations: **constante; significativo; elemento, justo; lista, novela; organización; admirar, datar; corresponder, representar.**

3. *Less approximate cognates.* Pronounce the following words aloud, note the English cognates, and indicate the variation: **acento,** *accent;* **balcón,** *balcony;* **densamente,** *densely;* **espacio,** *space;* **estación,** *station;* **estilo,** *style;* **farmacéutico,** *pharmaceutical;* **mantener,** *to maintain;* **mencionar,** *to mention;* **proclamar,** *to proclaim;* **químico,** *chemical;* **reciente,** *recent.*

4. *Related words.* Compare the meanings of: **ciudad,** *city,* and **ciudadanía,** *citizenship;* **correr,** *to run,* **corredor,** *corridor,* and **corrientemente,** *currently;* **dominar,** *to dominate,* **predominar,** *to predominate,* and **dominio,** *dominion, rule;* **puerto,** *port,* and **portal,** *doorway;* **rey,** *king,* and **reina,** *queen;* **rodeo,** *roundup,* and **rodear,** *to surround;* **sentir,** *to feel,* and **sentimiento,** *feeling;* **universidad,** *university,* and **universitario,** *university (adj.).*

Escaparates de una tienda de ropa en la Calle Ocho del barrio llamado "Little Havana" en la ciudad de Miami, la Florida. Miami es uno de los centros más activos y prósperos de la población hispana en los Estados Unidos.

5. *Deceptive cognates.* **Conservar** means to *preserve,* as well as *to conserve.* **Fábrica** means *factory,* as well as *fabric.* **Recordar (ue)** has two meanings: with a personal subject it means *to remember;* with a thing as subject it means *to remind (one) of.* **Representar** means *to perform (a play),* as well as *to represent.* Recall what has been explained about the meaning of **actual** in **Lectura 3,** and about **refrán** in **Lectura 1.**

Elementos e influencias hispánicas[1] en los Estados Unidos

Como ya sabemos, extensas tierras° que hoy forman parte de los Estados Unidos pertenecían° en otros tiempos al imperio español en América: varios estados del suroeste de nuestro país, la Florida y la isla de Puerto Rico. En lengua y en cultura, Puerto Rico todavía pertenece al mundo hispánico y abundantes testimonios y huellas° del
5 dominio español se encuentran hoy día en las otras regiones mencionadas.

tierras lands
pertenecían used to belong

huellas traces

Elementos e influencias hispánicas en los Estados Unidos

Varios estados de nuestro país tienen nombres de origen español: **Florida,** la tierra de las flores; **Nevada,** la tierra de las nieves; **Colorado,** la tierra roja, y **Montana,** la montaña. **California** lleva el nombre de una isla que se menciona en una antigua novela española.[2]
10 Se necesitaría mucho espacio para enumerar las numerosas ciudades que tienen nombres españoles. Algunas de ellas son: **Boca Ratón** (Mouse),[3] **Cañaveral** (Reed Field), **Fernandina,** Fort **Matanzas** (Slaughter), **Toledo, El Paso** (The Pass), **Amarillo, San Antonio, Las Vegas** (The Fertile Plains), **Santa Fe** (Holy Faith), **Pueblo, Trinidad, Fresno** (Ash), **Palo Alto** (Tall Tree), **Alameda** (Poplar Grove), **Sacramento**
15 (Sacrament), **San Francisco** y **Los Ángeles** (cuyo nombre completo es **El Pueblo de Nuestra Señora, la Reina de los Ángeles**).

---

[1]When an adjective modifies several nouns of different gender which precede it, it may agree with the last noun if this is feminine (as **hispánicas** agrees with **influencias**), or it may be in the masculine plural.
[2]California is the name of an island inhabited by Amazons in *Las Sergas* (Exploits) *de Esplandián,* a novel of chivalry by Garci Rodríguez de Montalvo, Sevilla, 1510. Novels of chivalry, a genre that flourished in sixteenth-century Spain, were popular reading among the Spanish **conquistadores,** who often compared their exploits and the wonders they encountered to those recounted in the novels of chivalry.
[3]Proper names translated in this **Lectura** are not listed in the end vocabulary.

tales como   such as

Sangre   Blood

Muchos ríos tienen nombres españoles, tales como° el **río Grande,** el **Colorado,** el **Sacramento,** el **San Joaquín,** el **Nueces** (Walnuts), el **Brazos**... Montañas con nombres españoles son: la **Sierra Nevada** (Snow-covered Mountains), las de la **Sangre° de Cristo,** y las de **Santa Lucía,** de **San Rafael** y de **San Bernardino,** en California.

Son muy numerosas las palabras españolas que se usan corrientemente en inglés.[4] Si no saben ustedes lo que significan las palabras siguientes, pueden buscarlas en un diccionario inglés: **adiós, amigo, arroyo, barranca, bolero, bronco, burro, cargo, cordillera, corral, fiesta, hacienda, hombre, mantilla, mesa, mosquito, parasol, paseo, patio, plaza, pronto, pueblo, rodeo, sierra, sombrero.**

Las palabras siguientes también son de origen español: *alligator* (**el lagarto,** *lizard*), *buckaroo* (**vaquero,** *cowboy*), *calaboose* (**calabozo,** *dungeon*), *canyon* (**cañón**), *desperado* (**desesperado,** *desperate, without hope*), *hoosegow* (**juzgado,** *court of justice*), *lasso* (**lazo,** *bow, lasso*), *lariat* (**la reata**), *mustang* (**mesteño**), *palaver* (**palabra**), *savvy* (**¿sabe?**), *vamoose* (**vamos**), *vanilla* (**vainilla**).

Algunas de las muchas palabras que los españoles tomaron de las lenguas indígenas de América han entrado en el inglés, como en el caso de *alpaca, canoe* (**canoa**), *coyote, chinchilla, chocolate, hurricane* (**huracán**), *maize* (**maíz**) y *tapioca*.

rejas   grills, gratings /
así como   as well as
tejados   tile roofs /
fuentes   fountains

En los estados del suroeste y en la Florida, hay muchas casas y edificios de estilo español. Sus balcones y ventanas, con rejas° de hierro, así como° sus corredores, portales, tejados° y patios, con fuentes° y flores, recuerdan la arquitectura española. En las ciudades y en los pueblos, la plaza central corresponde al patio de la casa española.

El suroeste de nuestro país es donde mejor se conservan las tradiciones y la cultura de los españoles. En las fiestas religiosas y populares de esta región la influencia española es evidente. En el norte de Nuevo México y en el sur de Colorado se conservan todavía coplas,[5] refranes y cuentos° tradicionales de origen español.

cuentos   tales, stories
aumento   increase
Según   According to

Uno de los fenómenos más significativos del siglo actual es el aumento° considerable en el número de hispanohablantes en nuestro país. Según° recientes declaraciones del Departamento del Censo, casi veinte millones de personas de origen hispano residen en los Estados Unidos. Se calcula que hay unas dos millones de personas de habla española en Nueva York y sus alrededores° y que más de un millón y medio de hispanohablantes residen en la Florida. En Nueva York la mayor parte de los hispanos son de procedencia° puertorriqueña, mientras que en la Florida son de origen cubano. Más de la mitad° de los hispanohablantes de nuestro país residen en los estados del suroeste. La constante inmigración de mexicanos y de centroamericanos va aumentando° notablemente la población de habla hispana en esta región.

alrededores   environs

procedencia   origin

mitad   half

va aumentando   goes on
(keeps) increasing

---

[4]In Spanish a long subject (**las palabras... en inglés,** here) frequently follows the verb; another example (**Henry Cisneros de San Antonio... de Miami**) appears on page 425.
[5]**coplas,** *folksongs* (generally in the form of a ballad quatrain, that is, four eight-syllable verses in assonance.)

En las localidades mencionadas —y en otras muchas por todo el país— hay tiendas, restaurantes, cines, bancos, organizaciones religiosas y profesionales, periódicos y otras publicaciones y estaciones de radio y de televisión que no sólo representan las comunidades hispanas, sino que ayudan a mantener vivo el uso del español como medio° de comunicación y refuerzan° el sentimiento de identidad hispana.

medio means
refuerzan reinforce

En esta breve Lectura sólo podemos mencionar a algunas de las personas de ascendencia° hispana que han hecho contribuciones importantes en diversos aspectos de la vida y cultura de nuestro país.

ascendencia ancestry

En la vida política, hay que recordar a Dennis Chávez y a Joseph M. Montoya, los dos de Nuevo México, que fueron elegidos al Senado de los Estados Unidos. Varios nuevomexicanos han sido gobernadores del estado de Nuevo México, y tanto este estado como° el de° Texas han tenido diputados° hispanos en el Congreso. Entre los muchos alcaldes° de origen hispano, merecen° mención especial Henry Cisneros, de San Antonio, Federico Peña, de Denver, y Xavier Suárez, de Miami.

tanto... como both . . . and / **el de** that of / **diputados** congressmen **alcaldes** mayors / **merecen** deserve

En los deportes la contribución hispana ha sido notable. Son innumerables los excelentes jugadores de béisbol de nuestros equipos profesionales que son de origen hispano, tales como Fernando Valenzuela, Keith Hernández y Tony Fernández (sin mencionar a los jugadores de tiempos pasados, como Luis Aparicio, Roberto Clemente, Lefty Gómez, Juan Marichal, Al López, Orlando Cepeda, Matty Alou y tantos otros).

¿Sabe usted en qué deporte se han distinguido Lee Treviño, Nancy López y Chichi Rodríguez? ¿Y Pancho González y María Bueno?

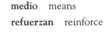

La Misión de Taos, la población más importante de los indios pueblo, a unas 50 millas al nordeste de Santa Fe, Nuevo México. Como muestran las murallas (walls), *la misión tenía que servir también de fortaleza para defender la región contra los ataques de los indios.*

estrellas de cine movie stars

75 Siempre ha habido estrellas de cine° en Hollywood de origen hispano, desde Lupe Vélez y Dolores del Río hasta Ricardo Montalbán. Algunas cambiaron sus nombres, como Rachel Welch (Raquel Tejada), Rita Hayworth (Margarita Cansino), y Martin Sheen (Ramón Estévez). En el año 1987, la película "La Bamba" trajo nuevos ele-

agridulce bittersweet

mentos hispanos al cine de Hollywood. Trata de la vida agridulce° de un joven artista de *"rock 'n' roll"*, Ritchie Valens, del barrio chicano de Los Ángeles, que perdió su

80 vida a los diecisiete años en un accidente de avión. Dirigida por Luis Valdez, con música de Carlos Santana y la banda de *"rock 'n' roll"* Los Lobos (*The Wolves*), del barrio mencionado, la película fue un éxito fantástico, tanto en su versión inglesa como en su versión española. (Luis Valdez fue uno de los fundadores del Teatro Cam-pesino, que representa obras de tipo folklórico en San Juan Bautista, en California.)

85 Después del éxito de "La Bamba" una nueva generación de actores y actrices hispanos

están... importantes are playing more and more important roles
mezcla mixture

están desempeñando papeles cada vez más importantes° en las películas de Hollywood.[6]

Además de Los Lobos, el grupo chicano Los Cruzados (*The Crusaders*) también da un acento hispano a la música popular. Su música es una mezcla° de *"rock 'n' roll"* y melodías folklóricas mexicanas. Entre los aficionados a la música popular, son muy

nacido born

90 admirados los cantantes Julio Iglesias, nacido° en España, y Joan Báez y Linda Ronstadt,

raíces roots

las dos con raíces° hispanas.

En cuanto a As for

En cuanto a° la música clásica, los directores de cinco importantes orquestas sinfónicas de los Estados Unidos son hispanos, entre ellos Jesús López Cobos, de la Orquesta de Cincinnati, y Eduardo Mata, de la de Fort Worth.

añadir to add

95 No es necesario añadir° que hay distinguidos representantes hispanos en todos los

Sirvan de ejemplos Let serve as examples

campos de la ciencia y de la cultura. Sirvan de° ejemplos los investigadores Severo Ochoa, que ganó el Premio Nobel de Medicina en 1959, y Luis W. Alvarez, que ganó

Física Physics

el Premio Nobel de Física° en 1968.

Como conclusión de esta larga — pero incompleta — lista de personas de ascen-

100 dencia hispana que se han distinguido en nuestro país, hay que añadir que en los Estados Unidos se encuentra el mayor número de profesores de español del mundo y

acá around (over) here /
cualquier... idioma any other language
lo hispánico what is Hispanic, Hispanic matters

que acá° se estudia el español más que cualquier otro idioma° después del inglés. Es claro que lo hispánico° va a ocupar un lugar cada vez más importante en la sociedad norteamericana.

(Text resumes on page 427 following the *Viñeta cultural.*)

---

[6]Besides Lou Diamond Phillips (a Filipino-Hawaiian with strains of Hispanic, Cherokee, and Irish ancestry), Elizabeth Peña, and Esai Morales, who had key parts in **"La Bamba,"** and the emerging TV stars Jimmy Smits and Saundra Santiago, other Hispanic actors and actresses who are appearing in more important roles in TV and Hollywood films are: Rubén Blades (Panamanian), Andy García (Cuban), María Conchita Alonso (Venezuelan), Raúl Julia (Puerto Rican), Julie Carmen, and Eduardo Olmos.

Viñetas culturales 3

Influencia hispánica en los Estados Unidos

Francisco Vázquez de Coronado descubre el río Misuri. Gobernador de Nueva Galicia (la parte occidental del centro de México), Coronado dirigió la expedición que exploró las regiones que hoy forman los estados de Arizona y Nuevo México y parte del estado de Kansas (1540–1542). ¿Qué otras regiones del Nuevo Mundo fueron exploradas por los españoles en la primera mitad del siglo XVI?

A LA DERECHA: Una pequeña sección del Mercado Libertad en Guadalajara, México. (Se dice que es el mercado más grande del Hemisferio Occidental.) Expuestos para la venta se hallan varios frutos y legumbres que se originaron en las dos Américas, como los tomates (llamados jicomates en México) y las patatas. ¿Cuáles de los frutos y legumbres de origen americano que se ven en la foto se encuentran también en los mercados de Europa y de los Estados Unidos?

A LA IZQUIERDA: Mercado de artesanías indias en Santa Fe, Nuevo México. La influencia española en la vida y costumbres de los indios pueblo fue de la mayor importancia. Además de enseñarles a los indios métodos de cultivar la tierra y la cría de animales, los españoles les enseñaron a usar el hierro y a trabajar la plata, el cobre y el oro, así como el arte de hilar y tejer la lana. ¿Qué tres culturas se hallan en contacto hoy día en Santa Fe?

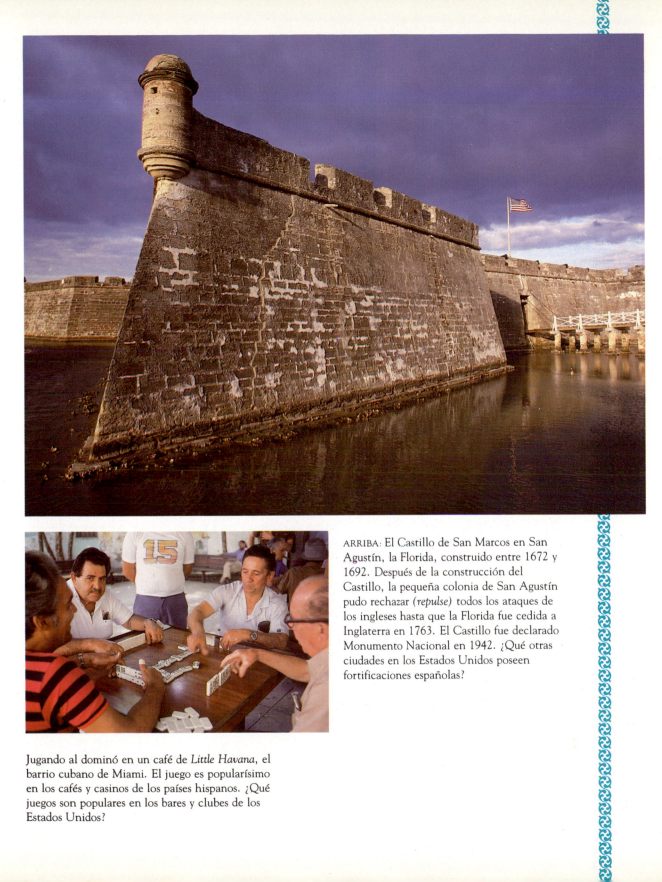

ARRIBA: El Castillo de San Marcos en San Agustín, la Florida, construido entre 1672 y 1692. Después de la construcción del Castillo, la pequeña colonia de San Agustín pudo rechazar *(repulse)* todos los ataques de los ingleses hasta que la Florida fue cedida a Inglaterra en 1763. El Castillo fue declarado Monumento Nacional en 1942. ¿Qué otras ciudades en los Estados Unidos poseen fortificaciones españolas?

Jugando al dominó en un café de *Little Havana*, el barrio cubano de Miami. El juego es popularísimo en los cafés y casinos de los países hispanos. ¿Qué juegos son populares en los bares y clubes de los Estados Unidos?

ARRIBA: Puestos de mercancías en la Calle Olvera en el centro del barrio hispano de Los Ángeles, California. En la casa a la derecha, se venden piñatas. ¿De qué se hacen y para qué se emplean las piñatas?

A LA IZQUIERDA: La Misión de San Luis, Rey de Francia, fundada por el padre Lasuén en 1798. Situada cerca de la actual ciudad de Oceanside, a unas 50 millas al norte de San Diego, ha sido restaurada totalmente. En su tiempo fue una de las misiones más grandes y más ricas de California. ¿Cuál era el papel (role) de la misión en la labor colonizadora de los españoles?

A LA DERECHA: Henry Cisneros, alcalde de San Antonio, Texas, se dirige al público en una reunión. Todo indica un porvenir (*future*) brillante para este joven político, de origen hispano. ¿Qué personas de origen hispano se han distinguido en la vida política, en los deportes o en la vida cultural de este país?

ABAJO: La enseñanza bilingüe en una clase de segundo grado en una escuela primaria de Austin, Texas. Además del español, ¿qué otras lenguas se emplean en la enseñanza bilingüe en los Estados Unidos?

Carroza alegórica *(Float)* de una empresa puertorriqueña en una parada en la ciudad de Nueva York. ¿Por qué han venido grandes masas de puertorriqueños a la ciudad de Nueva York?

A LA DERECHA: Tiendas en el barrio hispano *(Spanish Harlem)* de la ciudad de Nueva York. A la derecha, un restaurante donde anuncian varios platos puertorriqueños: cuchifritos (frituras de cerdo), pollo frito, mofongo al pilón (comida hecha de plátano molido), y jugos tropicales. ¿Qué frutas tropicales conoce Ud.?

Vista parcial de las murallas y fortificaciones del Viejo San Juan de Puerto Rico, con la antigua Puerta de San Juan en el centro. Fundada en 1508 por Juan Ponce de León, la ciudad sufrió ataques frecuentes de corsarios ingleses y franceses. Los ingleses trataron de apoderarse de la isla varias veces durante los siglos XVII y XVIII. Refiriéndose a un mapa de las Antillas, describa la importancia estratégica de la isla.

A LA DERECHA: Bañándose en el mar y disfrutando del sol en una de las numerosas playas de la isla de Puerto Rico. Las maravillosas playas y los magníficos hoteles de esta isla tropical son el deleite de los turistas. ¿Qué deportes acuáticos pueden practicarse en playas como ésta de la foto?

A LA DERECHA: La popular cantante Linda Ronstadt, de ascendencia hispana, se prepara para cantar una de las canciones de su reciente álbum, *Canciones de mi padre*. Describa el hermoso traje de "china poblana" que lleva la cantante.

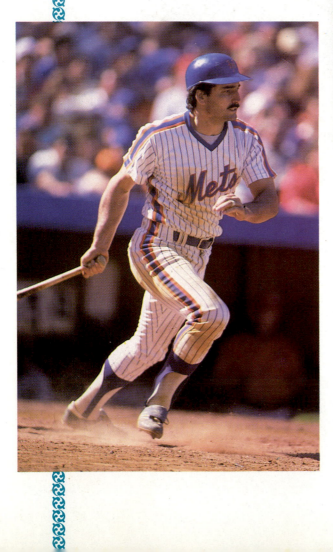

A LA IZQUIERDA: Keith Hernández, primera base del equipo de los Mets de Nueva York, uno de los jugadores de béisbol más conocidos de las Grandes Ligas. Los Mets ganaron la Serie Mundial de las Grandes Ligas en 1986. ¿Qué jugadores de béisbol de origen hispano le llamaron la atención durante el año pasado?

*Una calle típica de San Juan Viejo,
San Juan, Puerto Rico.*

Puerto Rico

105 La más oriental y pequeña de las Antillas Mayores, la isla de Puerto Rico se halla entre el Océano Atlántico y el mar Caribe, a mil quinientas millas al sudeste de Nueva York, a unas mil millas al este de Miami y a quinientas millas al norte de Caracas (Venezuela). Hoy día Puerto Rico es una de las regiones más densamente pobladas de la tierra,° con casi tres millones y medio de habitantes en una extensión total un poco mayor que los 110 dos estados de Delaware y Rhode Island.

En Puerto Rico se han dado pasos° firmes hacia una fecunda° coexistencia de las dos culturas en América, en un nivel° de justa igualdad, cada una con sus propias° características y con su definida° personalidad.

España cedió el dominio de Puerto Rico a los Estados Unidos en 1898. En 1950 115 los puertorriqueños pidieron el derecho de° establecer su propio gobierno constitucional y dos años más tarde se proclamó el Estado Libre Asociado° de Puerto Rico. Según el convenio° que originó el nuevo gobierno, se conserva la común ciudadanía,° el comercio libre y la autonomía fiscal.

La capital del Estado Libre Asociado de Puerto Rico es San Juan, en el norte de 120 la isla. Fundada en 1521, la ciudad de San Juan tiene una parte vieja que data de la época colonial, con calles estrechas y edificios y fortificaciones antiguas.

tierra earth, world

pasos steps /
fecunda fruitful /
nivel level, footing /
propias own
definida definite, precise

pidieron el derecho de asked for the right to
Estado Libre Asociado Associated Free State (Commonwealth)
convenio covenant, pact / **común ciudadanía** dual citizenship

rodean surround

Las ciudades de Santurce y Río Piedras, que rodean° la capital, son importantes centros industriales. La Universidad de Puerto Rico tiene una moderna ciudad universitaria en Río Piedras. Mayagüez, en la costa occidental, y Ponce, en la parte sur, son puertos importantes. En Mayagüez se halla también la Escuela de Agricultura y de Ingeniería, que forma parte de la Universidad de Puerto Rico.

125

El turismo es una de las bases principales de la economía de Puerto Rico. Además de sus playas hermosas y hoteles modernos, la isla ofrece al turista uno de los climas más deliciosos del mundo. Otras atracciones de gran interés son los edificios históricos del Viejo San Juan, la maravillosa selva tropical° del Yunque, en el nordeste de la isla, y, en el suroeste, la Bahía Fosforescente, donde las aguas brillan° de noche como si estuviesen iluminadas por miles de luces eléctricas.

selva tropical rain forest
brillan shine

130

Como la tierra cultivable no basta para mantener la población, el gobierno pone especial interés en la creación de industrias. La producción industrial es muy grande. Las fábricas de muebles, de tejidos, de calzado,° de artículos eléctricos y de productos químicos y farmacéuticos son las más importantes. Hoy día los ingresos por persona° son los más altos de Hispanoamérica.

calzado footwear, shoes
ingresos por persona per capita income

135

Por último Finally

Por último,° hay que añadir que con sus universidades, teatros y museos, Puerto Rico es uno de los centros culturales más importantes del mundo hispánico. La isla tiene una literatura propia° y los festivales que se celebran todos los años en honor del eminente violoncelista español Pablo Casals son de interés internacional. El caso de Puerto Rico puede servir de ejemplo de cómo dos culturas diferentes pueden coexistir en una sola nación en condiciones ventajosas° para las dos.

propia of its own

140

ventajosas advantageous

Preguntas de comprensión

Write answers in Spanish, in complete sentences, to the following questions; be prepared to answer them orally in class:

1. ¿Qué partes de los Estados Unidos pertenecían en otros tiempos al imperio español en América?
2. ¿Cuáles de nuestros estados tienen nombres españoles?
3. ¿Qué palabras españolas que se usan en inglés recuerda Ud.?
4. ¿Cómo son las casas y edificios de estilo español?
5. ¿En qué parte de nuestro país se conservan mejor las costumbres y la cultura de los españoles?
6. ¿Cuál es uno de los fenómenos más significativos del siglo actual?
7. ¿En qué estados residen más de la mitad de los hispanohablantes de nuestro país?
8. ¿Qué ayudan a mantener en las comunidades hispanas los periódicos y las estaciones de radio y de televisión?

9. ¿De qué estados fueron elegidos senadores Dennis Chávez y Carlos Montoya?
10. ¿Qué jugadores de béisbol de origen hispano recuerda Ud.?
11. ¿Qué estrellas de cine de origen hispano recuerda Ud.?
12. ¿De qué trata la película "La Bamba"?
13. ¿Qué parte de los Estados Unidos pertenece en lengua y en cultura al mundo hispánico?
14. ¿Cuándo cedió España el dominio de Puerto Rico a los Estados Unidos?
15. ¿Qué pidió Puerto Rico en 1950?
16. ¿Según el convenio que originó el nuevo gobierno, ¿qué conservan los puertorriqueños?
17. ¿Cual es la capital del Estado Libre Asociado de Puerto Rico?
18. ¿En qué ciudad está situada la Universidad de Puerto Rico?
19. ¿En qué pone especial interés el gobierno de Puerto Rico?
20. ¿Qué clases de fábricas hay en Puerto Rico?

Temas para desarrollar oralmente

Prepare two questions on each of the following topics to ask of classmates in class:

1. Ciudades de nuestro país que tienen nombres españoles
2. Palabras españolas de origen indio que han entrado en el inglés
3. Las partes de los Estados Unidos donde residen el mayor número de personas de habla española
4. Atletas de origen hispano que se han distinguido en los deportes
5. La economía de Puerto Rico

Lección 21

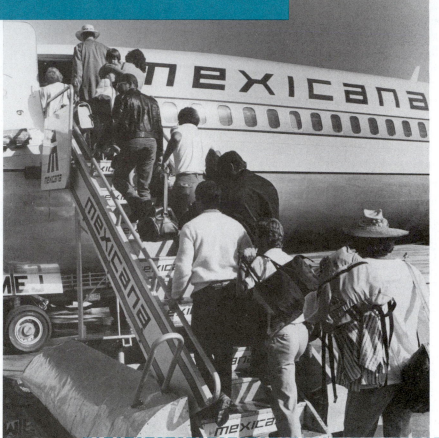

¡Han terminado las vacaciones en Puerto Vallarta, México! Unos turistas suben al avión para regresar a los Estados Unidos.

▶ The imperfect subjunctive
▶ The pluperfect subjunctive
▶ Use of the subjunctive tenses
▶ **Si**-clauses
▶ Forms of **valer,** *to be worth*

Hacen planes para el viaje

Al salir de la casa de correos una tarde, Alberto y Silvia se encuentran con José Soto, un ingeniero cubano muy simpático que ha viajado varias veces por Suramérica. Se detienen para saludarlo y hacerle algunas preguntas.

SILVIA —¡Hola, José! ¡Qué casualidad! Pensábamos llamarte esta noche.

ALBERTO —Salimos para Suramérica la semana que viene y queremos pedirte algunos consejos.

JOSÉ —¡Hombre! Si yo lo hubiera sabido antes, los habría invitado a casa para ver las transparencias de mi último viaje.

ALBERTO —No te preocupes por eso, José. Pero, ¡oye! Como sabes, las líneas aéreas no le permiten a uno llevar mucho equipaje.

SILVIA —¿Llevarías abrigo si fueras allá en esta estación del año?

JOSÉ —¡Cómo no! No olviden que es invierno ahora al sur del ecuador. Yo siempre llevaba un abrigo ligero y guantes cuando viajaba por los Andes.

SILVIA —Yo pienso llevar un suéter y sin duda necesitaremos impermeables y un paraguas, porque lloverá allí a veces, ¿no?

JOSÉ —¡Ya lo creo! Y también llevaría una cámara.

SILVIA —Sí, mi padre nos aconsejó que lleváramos una cámara de treinta y cinco milímetros.

JOSÉ —¡Es una idea magnífica! Valdría la pena llevar una buena cámara.

SILVIA —Nos dijo que le gustaría que le trajésemos algunas fotos.

JOSÉ —Es lástima que no me llamaran antes, porque los habría ayudado a escogerla. Si tuvieran una cámara, traerían recuerdos inolvidables del viaje.

ALBERTO —Pues, todavía no hemos tenido la oportunidad de buscarla.

SILVIA —Si no tienes nada que hacer mañana por la mañana, nos gustaría que nos acompañaras a varias tiendas para comparar las diferentes marcas.

JOSÉ —Con mucho gusto. Estaré listo a cualquier[1] hora.

SILVIA —Pues, ¿por qué no nos encontramos aquí enfrente de la casa de correos a las once en punto?

JOSÉ —De acuerdo. Estaré aquí sin falta. Hasta mañana, entonces.

SILVIA —Hasta la vista, José.

ALBERTO —Hasta mañana.

---

[1]**cualquier(a)** (*pl.* **cualesquier[a]**), which may drop the final **a** before a noun, means *any* or *anyone* (*at all*), *just any(one)*.

◈ Otras palabras y expresiones

pasado mañana   day after tomorrow   **revelar**   to develop (*film*)

la cámara cinematográfica

el rollo de película

◈ Preguntas sobre el diálogo

1. ¿Con quién se encuentran Alberto y Silvia?   2. ¿Por qué pensaban Silvia y Alberto llamar a José?   3. ¿Llevaría José abrigo si estuviera en los Andes? 4. ¿Qué piensa llevar Silvia? ¿Y qué otras cosas necesitarán?   5. ¿Qué les aconsejó el padre de Silvia?   6. ¿Qué piensa José de la idea?   7. ¿Por qué es lástima que no hubieran llamado a José antes?   8. ¿Dónde van a encontrarse los tres mañana por la mañana? ¿Por qué?

Nota cultural

Si le gusta a Ud. viajar, no deje de[1] pensar en hacer un viaje por la América del Sur. En todas partes del[2] continente encontrará sorpresas y experiencias inolvidables.

Es imposible describir en una breve nota la variedad de paisajes,[3] climas y monumentos históricos del continente. Como se ha explicado en la **Lectura 4,** el continente tiene montañas, llanuras, grandes lagos y ríos, selvas y desiertos. Hay pocas regiones en el mundo con montañas más majestuosas que los Andes y paisajes tan bellos como la zona de los lagos en los alrededores[4] de San Carlos de Bariloche, en el suroeste de la Argentina. Las hermosas playas en Viña del Mar, cerca de Valparaíso, en el Pacífico, y de Mar del Plata, cerca de Buenos Aires, y Punta del Este, en el Uruguay, en el Atlántico, deleitan[5] a los turistas.

Para el viajero que se interese en el arte, la arqueología y la historia, Hispanoamérica es un campo sin límites. A lo largo de los Andes, desde Colombia hasta Chile y la Argentina, encontrará restos importantes de culturas antiguas. (Bogotá tiene el mejor museo de oro precolombino del mundo.) La riqueza del arte y de la arquitectura de la época colonial española está documentada en los magníficos edificios y museos de Quito y Lima.

No será necesario enumerar otras maravillas,[6] algunas hechas por el hombre, como la enorme Catedral de Sal, a un kilómetro debajo de[7] la superficie,[8] en Zipaquirá, al norte de Bogotá, y otras naturales, como las Islas Galápagos, asociadas para siempre con el nombre del naturalista inglés Carlos Darwin, y la hermosa catarata[9] del Iguazú, de 70 metros de altura (la del Niágara tiene 47 metros de altura), en territorio argentino y brasileño.

Por otra parte,[10] muchos viajeros prefieren disfrutar de las atracciones y comodidades[11] de las grandes ciudades modernas. Las encontrarán en abundancia en las hermosas ciudades de Buenos Aires, Montevideo y Caracas.

Paisaje típico de las selvas tropicales del río Amazonas, que nace en los Andes peruanos. Según el explorador Francisco de' Oellana, que descubrió el río en 1542, los españoles encontraron en sus márgenes (banks) mujeres guerreras (Amazons).

---

[1]don't fail to   [2]Everywhere in   [3]landscapes   [4]environs, surroundings   [5]delight
[6]wonders   [7]below   [8]surface   [9]cataract, waterfall   [10]On the other hand
[11]conveniences, comforts

◇◇◇◇◇◇◇◇◇   Notas gramaticales   ◇◇◇◇◇◇◇◇◇

A. The imperfect subjunctive   (*El imperfecto del subjuntivo*)

Regular verbs

hablar		comer, vivir	
Singular		*Singular*	
hablara	hablase	comiera	viviese
hablaras	hablases	comieras	vivieses
hablara	hablase	comiera	viviese
Plural		*Plural*	
habláramos	hablásemos	comiéramos	viviésemos
hablarais	hablaseis	comierais	vivieseis
hablaran	hablasen	comieran	viviesen

1. The imperfect subjunctive tense has two forms, often referred to as the **-ra** and the **-se** forms, and the same two sets of endings are used for the three conjugations.
2. To form the imperfect subjunctive tense of all verbs, regular and irregular, drop **-ron** of the third person plural preterit indicative and add **-ra, -ras, -ra, -ramos, -rais, -ran** or **-se, -ses, -se, -semos, -seis, -sen: hablaron → habla- → hablara** or **hablase,** etc., **comieron → comie- → comiera** or **comiese,** etc. Only the nosotros forms have a written accent: **que nosotros habláramos (hablásemos),** *that we might talk.*
3. Except in softened statements (**Lección 22**) and in conditional sentences (Section D of this lesson), the imperfect subjunctive **-ra** and **-se** forms are interchangeable in Spanish.
4. Just as the present subjunctive is often expressed in English with *may* as a part of its meaning, so the imperfect subjunctive is expressed with *might:* **que él hable,** *that he may talk;* **que él hablara** (or **hablase**), *that he might talk.*

Stem-changing verbs   (*Verbos con cambios en la raíz*)

Infinitive	*3rd Pl. Preterit*	*Imperfect subjunctive*
pensar	**pensaron**	pensara, -ras, etc. pensase, -ses, etc.
volver	**volvieron**	volviera, -ras, etc. volviese, -ses, etc.
sentir	**sintieron**	sintiera, -ras, etc. sintiese, -ses, etc.
pedir	**pidieron**	pidiera, -ras, etc. pidiese, -ses, etc.
seguir	**siguieron**	siguiera, -ras, etc. siguiese, -ses, etc.
dormir	**durmieron**	durmiera, -ras, etc. durmiese, -ses, etc.

1. Remember that verbs like **pensar** and **volver** (which have a stem change **e → ie,** **o → ue** in the present indicative) do not have a stem change in the preterit indicative. Therefore, this class of verbs, like regular verbs, does not undergo a stem change in the imperfect subjunctive.

2. Verbs which have a stem change **e → i** and **o → u** in the third person singular and plural of the preterit indicative do have this change throughout the imperfect subjunctive.

3. Only the **nosotros** forms have a written accent mark.

Irregular verbs   (*Verbos irregulares*)

Inf.	3rd Pl. Pret.	Imp. Subj.	Inf.	3rd Pl. Pret.	Imp. Subj.
creer	**creyeron**	**creyera, -se**	poder	**pudieron**	**pudiera, -se**
dar	**dieron**	**diera, -se**	poner	**pusieron**	**pusiera, -se**
decir	**dijeron**	**dijera, -se**	querer	**quisieron**	**quisiera, -se**
estar	**estuvieron**	**estuviera, -se**	saber	**supieron**	**supiera, -se**
haber	**hubieron**[1]	**hubiera, -se**	ser	**fueron**	**fuera, -se**
hacer	**hicieron**	**hiciera, -se**	tener	**tuvieron**	**tuviera, -se**
ir	**fueron**	**fuera, -se**	traducir	**tradujeron**	**tradujera, -se**
leer	**leyeron**	**leyera, -se**	traer	**trajeron**	**trajera, -se**
oír	**oyeron**	**oyera, -se**	venir	**vinieron**	**viniera, -se**

1. The imperfect subjunctive of irregular verbs is also formed by dropping **-ron** of the third person plural preterit indicative and adding the **-ra** or **-se** endings.

2. Note that the imperfect subjunctive forms for **ser** and **ir** are identical.

3. Remember that only the **nosotros** forms have a written accent mark.

---

[1]See Appendix B for the preterit form of **haber.**

◙ **Práctica 1**   Substitution drill:[1]

1. Esperaban *que José* comprara una cámara. (que Uds., que nosotros, que yo, que tú)
2. Trajeron las transparencias *para que Ana* las viera. (para que yo, para que Uds., para que nosotros, para que tú)
3. Sería mejor *que ellos* no durmieran durante el viaje. (que Sara, que tú, que tus amigos, que nosotros)
4. Yo quería *que ellos* pudieran ver los Andes. (que tú, que Uds., que nosotros, que Ud.)

B. The pluperfect subjunctive (*El pluscuamperfecto del subjuntivo*)

hablar, comer, vivir		
hubiera	hubiese	
hubieras	hubieses	
hubiera	hubiese	hablado, comido, vivido
hubiéramos	hubiésemos	
hubierais	hubieseis	
hubieran	hubiesen	

Alberto temía que José ya lo **hubiera (hubiese) sabido.**

Albert was afraid that Joseph had already known about it.

José sentía que Alberto no lo **hubiera llamado** la semana pasada.

Joseph was sorry that Albert hadn't called him last week.

1. The pluperfect subjunctive is formed by using either form of the imperfect subjunctive of **haber** with the past participle.
2. Its meaning is similar to that of the pluperfect indicative: **que él *hubiera sabido,*** *that he had known.*

◙ **Práctica 2**   Substitution drill:

1. Sentían *que Elena* no hubiera vuelto. (que yo, que nosotros, que tú, que Uds.)
2. Yo no creía *que Lola* hubiera comprado los boletos. (que Uds., que tú, que los chicos, que Ud.)
3. Todos dudaban *que tú* hubieras escrito el artículo. (que Jaime, que yo, que ellos, que Uds.)
4. Yo esperaba *que tú* me hubieras aconsejado mejor. (que Uds., que ellos, que mis amigos, que Lupe)

---

[1]Although only the **-ra** forms of the imperfect subjunctive tense are used in the **Práctica,** your teacher may ask you to give the **-se** forms in this **Práctica** or in the **Actividades.**

C. Use of the subjunctive tenses (*Uso de los tiempos del subjuntivo*)

1.

Main clause (Present, future, present of **ir a** + infinitive, present perfect or command)		Dependent clause (Present or present perfect subjunctive)
Yo **espero**	que	José **esté** listo a la una.
I hope	*that*	*Joseph will be ready at one.*
José **querrá**	que	nosotros lo **llamemos** primero.
Joseph will want		*us to call him first.*
Marta **va a pedirte**	que	la **lleves** a la fiesta.
Martha is going to ask you	*(that)*	*you take her to the party.*
Ella te **ha llamado**	para que	la **invites.**
She has called you	*so*	*you will invite her.*
Dile a Miguel	que	la **traiga.**
Tell Michael		*to bring her.*
Temo	que	ella **no** te **haya** encontrado.
I'm afraid	*that*	*she has not found you.*
Es una lástima	que	Uds. **no** la **hayan** invitado.
It is a pity	*that*	*you have not invited her.*

When the main verb in a sentence requiring the subjunctive mood in the dependent clause is in the present, future, present of **ir a** + infinitive, present perfect tense, or is a command, the verb in the dependent clause is regularly in the present or present perfect subjunctive.

2.

Main clause (Preterit, imperfect, imperfect of **ir a** + infinitive, conditional, or pluperfect indicative)		Dependent clause (Imperfect or pluperfect subjunctive)
Ellos me **aconsejaron**	que	**llevara** una cámara.
They advised me		*to take a camara.*
Marta **quería**	que	la **invitáramos** a la fiesta.
Martha wanted		*us to invite her to the party.*
Ella te **iba a pedir**	que	la **llevaras.**
She was going to ask you		*to take her.*
Nos **gustaría**	que	Ud. nos **acompañara.**
We would like		*you to accompany us.*
Ella te **había llamado**	para que	la **invitaras.**
She had called you	*so*	*you would invite her.*
Sentí	que	ya **hubieras salido.**
I was sorry	*that*	*you had already left.*

When the main verb is in the preterit, imperfect, imperfect of **ir a** + infinitive, conditional or pluperfect indicative, the verb in the dependent clause is normally in the imperfect subjunctive. However, the pluperfect subjunctive is used in Spanish to express the English past perfect subjunctive in the dependent clause (last example).

¡Atención! Note that the imperfect subjunctive tense may follow the present or present perfect tense when, as in English, the action of the dependent verb took place in the past:

Es (una) lástima que Uds. **llegaran** tarde.	*It's a pity that you (pl.) arrived late.*
No has querido que yo los **llamara** antes.	*You have not wanted me to call them before.*

D. Si-clauses (*Cláusulas con si*)

Contrary–to–fact suppositions: Subjunctive

Si él **tuviera** (**tuviese**) dinero, me lo **daría.**	*If he had money (but he doesn't), he would give it to me.*
Si yo lo **encontrara** (**encontrase**), te **escribiría.**	*If I found it (but I doubt it), I would write to you.*
Si él **hubiera** (**hubiese**) **tenido** dinero, me lo **habría dado.**	*If he had had money (but he didn't), he would have given it to me.*
Si yo lo **hubiera** (**hubiese**) **encontrado,** te **habría escrito.**	*If I had found it (but I didn't), I would have written to you.*

1. **Si**–clauses describe a hypothetical condition upon which a subsequent event depends. To express contrary-to-fact suppositions or future hypothetical events unlikely to happen, the subjunctive mood is used in the **si**-clause.
2. To express something that is contrary to fact (*i.e.* not true) at the present time, Spanish uses either form of the imperfect subjunctive (first two examples). To express something that was contrary to fact in the past, Spanish uses either form of the pluperfect subjunctive (last two examples).
3. Note that when the imperfect subjunctive is used in the **si**-clause, the conditional is used in the result or main clause. When the pluperfect subjunctive is used in the **si**-clause, the verb in the result or main clause is usually expressed in the conditional perfect tense.

¡Atención!   The indicative mood is used in **si**-clauses if the future hypothetical event is seen as likely to be fulfilled:

Si él **tiene** dinero, me **dará** un poco.	*If he has money, he'll give me a little.* (Most likely he does have money and therefore will give me some.)
Si lo **encuentro,** te **escribo.**	*If I find it, I will write to you.* (Most likely I'll find it and therefore will write to you.)

¡Atención!   **Como si,** *as if,* also expresses a contrary-to-fact condition:

Estamos charlando **como si no tuviéramos (tuviésemos)** nada que hacer.	*We are chatting as if we had nothing else to do* (but we do have).
Estábamos charlando **como si no hubiéramos (hubiésemos)** tenido nada que hacer.	*We were chatting as if we hadn't had anything else to do* (but we did have).

Hypothetical future events: Subjunctive

Si ellos **vinieran (viniesen)** mañana, yo los **vería.**	*If they should (were to) come tomorrow, I would see them.*
¿**Necesitaría** yo abrigo si **viajara (viajase)** por los Andes?	*Would I need a topcoat, if I should (were to) travel in the Andes?*

1. Either form of the imperfect subjunctive tense is used in the **si**-clause to express something that is not expected to happen, but which might happen in the future.
2. Whenever the English sentence has *should, were to,* in the *if*-clause, the imperfect subjunctive tense is used in Spanish.

¡Atención!

1. If the condition established in the **si**-clause is likely to be met and the result is, therefore, likely to be achieved, both events are factual, and both clauses are in the indicative, just as in this type of English *if*–clauses. In earlier lessons we have had these simple conditions:

Si ellos **vienen** mañana, yo los **veré.**   *If they come tomorrow, I'll see them.*
                                                   (Most likely they'll come and I'll
                                                   see them.)

¿**Necesitaré** abrigo si **viajo** por los   *Will I need a topcoat if I travel in the*
    Andes?   *Andes? (Most likely I'll visit the*
                                                   Andes and will need a topcoat.)

2. The future indicative, the conditional, and the present subjunctive tenses are not used after **si** meaning *if* in conditional sentences. These tenses can only be used when **si** means *whether:* **No sé si él irá (iría, vaya) o si se quede aquí,** *I don't know whether he'll go (would go, may go) or whether he'll stay here.*

Práctica 3   Read the following sentences and paraphrase them according to the models.

MODELS: Si vienes a casa, te enseño las   **Como vas a venir (vendrás) a**
          transparencias.   **casa, te enseñaré las**
                                                   transparencias.

          Si vinieras a casa, te enseñaría   **Como es posible que no vengas**
          las transparencias.   **a casa, no te enseñaré las**
                                                   transparencias.

          Si hubieras venido a casa, te   **Como no viniste a casa, no te**
          habría enseñado las   **enseñé las transparencias.**
          transparencias.

1. Si me llamas, te ayudo a escoger la cámara.
2. Si no me invitas, no voy contigo a Suramérica.
3. Si me pidieras consejos, te los daría.
4. Si nos permitieran más equipaje, lo llevaríamos.
5. Si yo lo hubiera sabido antes, te lo habría dicho.
6. Si hubiéramos traído la cámara, habríamos traído fotos.

E. Forms of **valer,** *to be worth* (*Formas de* **valer**)

valer, *to be worth*	
Pres. Ind.	**valgo,** vales, vale, valemos, valéis, valen
Pres. Subj.	**valga, valgas, valga, valgamos, valgáis, valgan**
Imperative	**val** (vale)
Future	**valdré, valdrás,** etc.
Cond.	**valdría, valdrías,** etc.

1. All other forms of **valer** are regular.
2. The impersonal expression **vale más (la pena),** *it is better* (*worthwhile*), is followed by the subjunctive mood when the dependent clause has a subject: **Vale (Valdrá) la pena** *que* **Uds. lleven** una cámara, *It is* (*will be*) *better* (*worthwhile*) *for you* (*pl.*) *to take a camera;* **Valdría más (la pena)** *que* **Uds. llevaran** una cámara, *It would be better* (*worthwhile*) *for you* (*pl.*) *to take a camera.*

DE NADA VALE UN HOTEL
SI EN VEZ DE CELEBRAR
A USTED LE TOCA SERVIR.

HILTON
INTERNATIONAL
BOGOTA
★★★★★

◇◇◇◇◇◇◇◇◇ Actividades y práctica ◇◇◇◇◇◇◇◇◇

A. Read in Spanish, supplying the correct form of the present or imperfect subjunctive tense of the verb in parentheses. Give both the **-ra** and **-se** forms when the imperfect subjunctive tense is required.

1. ¿Quieren que yo (llevar) un abrigo ligero?
2. ¿Querían que yo (llevar) un paraguas también?
3. Me aconseja que (comprar) una cámara nueva.
4. Me aconsejó que (buscar) una cámara de treinta y cinco milímetros.
5. Silvia siente que su novio no (volver) hasta mañana.
6. Ella sentía que su novio no (volver) el domingo pasado.
7. Juan busca un apartamento que (estar) cerca de la universidad.
8. Él buscaba un apartamento que (tener) tres cuartos.
9. No hay nadie que (querer) pedirle consejos.
10. No veo a nadie que (poder) acompañarlos a la tienda.
11. Le pediré a Carlos que (escoger) otro impermeable.
12. Nos pidieron que (encontrarse) con ellos en el centro.

B. Read in Spanish, changing the verb in the main clause to the imperfect indicative tense and the verb in the dependent clause to the imperfect subjunctive tense.

1. Yo busco una cámara que me guste.
2. Mi hermano siente mucho que yo no tenga nada que hacer.
3. No hay nadie que pueda ir a la estación conmigo.
4. Es mejor que ustedes me llamen a menudo.
5. Nos alegramos de que ellos hagan un viaje por México.
6. Yo no conozco a ningún estudiante que viva en el Perú.

C. Your classmate will tell you something and will want to know your opinion; respond affirmatively according to the model.

MODEL: Alberto quiere una cámara que sea buena. ¿Y tú?
Yo también quería una cámara que fuera buena.

1. José quiere un vuelo que sea directo. ¿Y tú?
2. Nosotros buscamos una agencia de viaje que organice mejores viajes. ¿Y Uds.?
3. Silvia necesita un hotel que esté cerca del centro. ¿Y tú?
4. Mis amigos y yo buscamos un restaurante que sirva comidas típicas. ¿Y Uds.?
5. Miguel prefiere un guía que hable inglés. ¿Y tú?
6. Nosotros esperamos que todavía queden asientos. ¿Y Uds.?
7. Yo espero que haya vuelos diarios. ¿Y Uds.?
8. Carmen prefiere que vayamos a un hotel más barato. ¿Y tú?

D. Listen to what your classmate tells you and confirm that statement using **¡Claro!**, **¡Por cierto!** or **¡Por supuesto!**

MODEL: Si llevo una cámara, sacaré algunas fotos hermosas.
¡Claro! (¡Por supuesto!, ¡Por cierto!) Si llevaras una cámara, sacarías fotos hermosas.

1. Si voy al Perú, me encontraré con muchos amigos.
2. Si José viaja conmigo, se divertirá.
3. Si ellos toman buenas fotos, tendrán recuerdos inolvidables.
4. Si visitamos Cuzco ahora, necesitaremos llevar suéteres.
5. Si Ana recibe un cheque, ella traerá alguna artesanía antigua.
6. Si ellos tienen tiempo, irán a otras ciudades.

E. Listen to what your classmate tells you and respond with a contrary-to-fact supposition.

> MODEL: Yo no visité el Perú; por eso no fui a Cuzco.
> **Pero si hubieras visitado el Perú, habrías ido a Cuzco.**

1. Yo no hice las reservas a tiempo; por eso no salí hoy.
2. Yo no llevé un buen abrigo; por eso pesqué un resfriado.
3. Yo no entregué la solicitud; por eso no recibí la beca.
4. Yo no llamé a tiempo; por eso no conseguí ese puesto.
5. Ellos no me pidieron consejos; por eso no les envié los papeles.
6. Ellos no me invitaron; por eso no valía la pena insistir.
7. Nosotros no asistimos a la conferencia; por eso no conocimos al economista.
8. Nosotros no estábamos en la ciudad; por eso no fuimos a la reunión.

F. *¿Qué haría Ud. si...?* Your classmate wants to know what you would do under certain circumstances. Listen to the question and respond freely.

1. ¿Qué harías si consiguieras un trabajo en España?
2. ¿Cómo vivirías allí si te pagaran bien?
3. ¿Adónde te gustaría ir si pudieras hacer un viaje?
4. ¿Qué ciudades visitarías si viajaras por los Estados Unidos?
5. ¿Qué harías si estuvieras en Cozumel ahora?
6. ¿Qué deportes practicarías si fuera invierno ahora?
7. ¿Adónde irías si no tuvieras que estudiar esta noche?
8. ¿Qué te gustaría hacer si tuvieras libre el próximo fin de semana?

G. Give the Spanish equivalent.

1. Upon leaving the post office, Albert and Sylvia run across Joseph Soto.
2. The latter is a very likeable Cuban engineer who has traveled in (**por**) South America three or four times.   3. They want to ask him for some advice because they are leaving for South America next week.   4. If Joseph had known it before, he would have invited them to his home to see the slides of his last trip.
5. They must not forget that it is winter now to the south of the equator.
6. Joseph always carried a light topcoat when he traveled in the Andes.
7. Sylvia intends to take a sweater, a raincoat, and an umbrella.   8. Sylvia's father advised them to take a 35-millimeter camera.   9. Joseph knows that if they had (should have) a camera, they would take many photos.   10. If they had called him, he would have helped them to select the camera.   11. Then Albert tells his friend that they haven't had the opportunity to find it.   12. And Sylvia continues: "If you don't have anything to do tomorrow morning, we would like you to accompany us."

◇◇◇◇◇◇◇ Práctica de conversación ◇◇◇◇◇◇◇

Answer the following questions with complete sentences when your teacher calls on you:

1. ¿Con cuántos amigos (cuántas amigas) se ha encontrado Ud. hoy?
2. ¿Dónde estaba Ud. cuando se encontró con sus amigos (amigas)?
3. Si Ud. tuviera dinero, ¿a qué países le gustaría ir?
4. ¿Qué compraría Ud. si tuviera dinero?
5. ¿Qué necesitaría Ud. comprar si tuviera que salir para Suramérica pronto?
6. ¿Llevaría Ud. una cámara en el viaje?
7. ¿Qué habría traído Ud. si hubiera viajado por Hispanoamérica el año pasado?
8. ¿Tendría Ud. problemas con la lengua si fuera a un país hispánico?
9. Si Ud. hubiera viajado por Hispanoamérica, ¿qué países le habría gustado visitar?
10. ¿Habría estudiado Ud. más en la clase de español si hubiera sabido que iba a hacer un viaje a Suramérica?

◇◇◇◇◇◇◇ Situaciones ◇◇◇◇◇◇◇

A. Imagínese que Ud. tiene que enseñar la clase de español. Dígale a su profesor (profesora) las cosas que Ud. haría diferentemente: qué cosas haría Ud. y qué cosas no haría. Dígales a sus compañeros y compañeras qué haría Ud. si ellos no estudiaran, qué les diría Ud. si ellos no asistieran a clases regularmente, qué haría Ud. si ellos llegaran tarde a clase, qué les aconsejaría Ud. si ellos no practicaran más el español en clase o si ellos no leyeran bastante en español.

B. El semestre ha terminando y Ud. no cree que ha sido muy buen (buena) estudiante. Ud. llama por teléfono a sus padres y les dice qué cosas debería hacer Ud. para ser mejor estudiante.

C. Dígale a un amigo (una amiga) cómo le gustaría a Ud. que fuera su novia (novio), si Ud. pudiera casarse ahora.

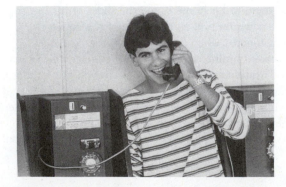

En San Juan, Puerto Rico, un joven universitario habla por teléfono con sus padres.

Vocabulario

el **abrigo**   topcoat, overcoat
acompañar   to accompany, go with
aéreo, -a   air (*adj.*)
los **Andes**   Andes
la **cámara**   camera
la **casa de correos**   post office
comparar   to compare
los **consejos**   advice
cualquier(a) (*pl.* **cualesquier[a]**)   any (at all)
detener (*like* **tener**)   to detain, stop; *reflex.* to stop
   (oneself)
diferente   different
la **duda**   doubt
encontrarse (ue)   to meet
el **ecuador**   equator
el **equipaje**   baggage, luggage
la **falta**   lack, want

el **guante**   glove
el **impermeable**   raincoat
inolvidable   unforgettable
José   Joseph
ligero, -a   light (*weight*)
listo, -a   ready
llevar   to wear
magnífico, -a   magnificent, fine
la **marca**   brand, kind, make
el **milímetro**   millimeter
la **oportunidad**   opportunity
el (los) **paraguas**   umbrella(s)
preocuparse (por)   to worry (about)
simpático, -a   charming, likeable, nice
el **suéter**   sweater
la **transparencia**   transparency, slide
valer   to be worth

a cualquier hora   at any time (hour)
cámara de treinta y cinco milímetros   35-millimeter camera
como si   as if
encontrarse (ue) con   to meet, run across
enfrente de *prep.*   in front of
hacer una pregunta (a)   to ask a question (of)
hasta la vista   until (see you) later
hasta mañana   until (see you) tomorrow
invitar a casa   to invite to one's house
línea aérea   airline
no tener nada que hacer   not to have anything (to have nothing) to do
sin duda   doubtless, without a word
sin falta   without fail
tener la oportunidad de + *inf.*   to have the opportunity to + *verb*
todavía no   not yet
valer la pena   to be worthwhile
valer más   to be better
viajar por   to travel in (through)
¡ya lo creo!   of course! certainly!

Conversación 4

En la Carretera Panamericana

Luis y Juan se levantan temprano y se desayunan en una cafetería que hay en el motel. Después de pagar su cuenta, bajan sus maletas y las meten en la cajuela del coche.

LUIS —Juan, ayer yo manejé casi todo el día, de manera que te toca a ti manejar un rato esta mañana.

JUAN —Está bien. (*Entra en el carro y pone en marcha el motor.*) Parece que necesitamos gasolina, ¿no?

LUIS —No falta mucha, pero es mejor estar seguros. Vamos a parar en una de las estaciones que vimos anoche al llegar a la ciudad.

▪▪

Diez minutos más tarde paran en una gasolinera que encuentran en la Carretera Panamericana.

EMPLEADO —Buenos días, señores. ¿En qué puedo servirles? ¿Gasolina? ¿Aceite?

JUAN —Necesitamos gasolina.

EMPLEADO —¿Desean llenar el tanque?

JUAN —Sí, llénelo, por favor. Es bueno siempre llevar bastante gasolina. Habrá muchas estaciones de gasolina por la carretera, ¿verdad?

EMPLEADO —Pues, sí, señor, si van por esta carretera… Puse (Eché) treinta y un litros[1] de gasolina. ¿Qué tal el aceite? ¿Quieren que lo mire?

---

[1]In Mexico, gasoline is sold in liters, not gallons. **Treinta y un litros** is roughly eight gallons.

JUAN   —Lo cambiamos ayer en San Antonio, pero es posible que necesitemos un poco. El carro ya no es nuevo y gasta bastante.

EMPLEADO   —Pues, vale más mirarlo… Sí, necesita un litro. ¿Qué marca?

JUAN   —Una que sea buena. Y, ¿quiere ver si el radiador tiene bastante agua?

EMPLEADO   —Está lleno. ¿Ponemos (Echamos) aire en los neumáticos?

JUAN   —Sí, veintiocho libras. Y en el neumático de repuesto también, por favor. Aquí tiene la llave de la cajuela.

EMPLEADO   (*Al poco tiempo.*) —Ya está hecho. No necesitan aire. El parabrisas está muy sucio. Lo limpio en un momento… Bueno, todo está listo.

JUAN   —¿Cuánto es?

EMPLEADO   —Treinta y dos mil pesos.

JUAN   —Aquí tiene cuarenta mil pesos.

EMPLEADO   —Y aquí tiene Ud. el cambio, señor.

LUIS   —¿Está la carretera en buenas condiciones?

EMPLEADO   —Hay algunos puentes angostos y algunos tramos en reparación, pero en general está en buenas condiciones. Pero les advierto una cosa, señores; no excedan la velocidad máxima o los detiene la policía.

En una estación de gasolina en la ciudad de México, un empleado echa aire en los neumáticos.

LUIS —Muchas gracias por la advertencia. Tendremos mucho ciudado. No tenemos mucha prisa. Además, pensamos parar de vez en cuando para mirar el paisaje y sacar fotografías. ¿Qué distancia hay de aquí a la capital?

EMPLEADO —Unos mil ciento cincuenta kilómetros. No tratarán de hacer el viaje en un día, ¿verdad? Les aconsejo que pasen la noche en Valles o en Tamazunchale.[2]

JUAN —Eso pensamos hacer. Así no tendremos que viajar de noche y podremos cruzar las montañas mañana por la mañana.

LUIS —Hay buenos hoteles en esos lugares, ¿verdad?

EMPLEADO —¡Ya lo creo! También hay moteles y campos de turismo, como en su país.

JUAN —Muchísimas gracias.

EMPLEADO —De nada. ¡Que les vaya bien! ¡Buen viaje!

▐ Preguntas sobre la conversación

Para contestar en oraciones completas:

1. ¿Dónde se desayunan Luis y Juan?
2. ¿Qué hacen Luis y Juan después de pagar la cuenta?
3. ¿Por qué va a manejar Luis?
4. ¿Qué van a hacer antes de salir de la ciudad?
5. ¿Por qué prefieren llenar el tanque?
6. ¿Qué le pregunta Juan al empleado?
7. ¿Cuántos litros de gasolina puso el empleado en el tanque?
8. ¿Por qué dice Juan que es posible que el carro necesite aceite?
9. ¿Qué tiene que limpiar el empleado?
10. ¿Qué dice el empleado de la carretera?
11. ¿Qué les advierte el empleado a los jóvenes?
12. ¿Dónde piensan pasar la noche?

---

[2]The Pan American highway passes through the towns of **Valles** and **Tamazunchale**, which are located 293 and 233 miles north of Mexico City, respectively.

Para conversar

1. ¿Por qué hoy en día es necesario tener un carro?
2. ¿Piensa Ud. que es importante que los estudiantes tengan un carro?
3. ¿Tiene Ud. un carro aquí? ¿Cómo es su carro? ¿Gasta mucha gasolina?
4. Si Ud. pudiera comprar un carro barato, ¿qué marca de carro escogería? ¿Por qué?
5. ¿Por qué es bastante fácil comprar un carro en los Estados Unidos? Si Ud. tuviera que comprar un carro, ¿qué cosas haría Ud. antes?
6. ¿Cómo son los carros norteamericanos? ¿Por qué se venden tantos carros extranjeros en los Estados Unidos? ¿Qué carros extranjeros le gustan más a Ud., los carros alemanes o los japoneses?
7. ¿Cuáles son algunas marcas famosas de carros? Si Ud. tuviera mucho dinero y pudiera comprar un carro muy caro, ¿cuál escogería? ¿Por qué?
8. ¿Es barato tener un carro? ¿Qué cuentas hay que pagar cuando uno es el dueño de un carro?
9. ¿Por qué es cara la gasolina hoy en día? ¿Cuánto cuesta la gasolina en esta ciudad? ¿Y en el lugar donde viven sus padres?
10. ¿Cómo son las carreteras en los Estados Unidos? ¿Cuáles son algunos puentes famosos en este país?
11. ¿Ha viajado Ud. alguna vez en carro por algún país extranjero? ¿Qué puede Ud. decirnos de esa experiencia?
12. ¿Cuál es la velocidad máxima en las carreteras y caminos en los Estados Unidos? ¿Por qué es necesario que los conductores no excedan la velocidad máxima? ¿Qué advertencias le hacen sus padres a Ud. cuando Ud. tiene que manejar?

Situación

Ud. y unos amigos (unas amigas) piensan hacer un viaje. Uds. no están seguros (seguras) si quieren ir a México o si quieren conocer California. Uds. tampoco saben si deben hacer el viaje en avión, en autobús o en carro. Uds. se encuentran en la cafetería de la universidad y hablan de sus planes. (*Enact the situation with two other friends who will be your travelling companions. Each of you will ask various questions and offer different ideas. Consider the advantages of going to Mexico or California; the advantages and disadvantages of travelling by plane, bus or car; the conditions of the highways and of the car; the expenses that you will have, depending on your choice; the convenience and inconvenience of having a car, etc.*)

◼◼ Vocabulario

el **aceite** oil
la **advertencia** warning
  advertir (ie, i) to advise, point out, warn (of)
  angosto, -a narrow
  bajar to bring down
la **cajuela** auto trunk
la **carretera** highway
la **condición** (*pl.* **condiciones**) condition
la **distancia** distance
  echar to throw, put (in)
  exceder to exceed
la **gasolinera** filling (gas) station
  gastar to waste, use (up)
  general general
el **kilómetro** kilometer (*5/8 mile*)
la **libra** pound
  limpiar to clean
el **litro** liter (*about 1.06 quarts*)

  llenar to fill
  máximo, -a maximum
  meter to put (in)
el **motor** motor
el **neumático (de repuesto)** (spare) tire
el **paisaje** landscape, countryside
  panamericano, -a Pan American
  parar to stop
el (los) **parabrisas** windshield(s)
el **peso** peso (*Spanish American monetary unit*)
la **prisa** haste, hurry
el **puente** bridge
el **radiador** radiator
la **reparación** (*pl.* **reparaciones**) repairing, repair
  sucio, -a dirty
el **tanque** tank
el **tramo** stretch, section
la **velocidad** speed

al poco tiempo after (in) a short time
el campo de turismo tourist camp
en buenas condiciones in good condition
en general in general, generally
estación de gasolina gasoline station
está bien it is all right, O.K., fine, very well
hoy en día nowadays
no falta mucha (gasolina) there's no need for much (gasoline)
poner en marcha to start (*an automobile*)
¡que les vaya bien! good luck (*lit.*, may it go well with you [*pl.*])!
¿qué distancia hay? how far is it?
te toca a ti it's your (*fam. sing*) turn
tener (mucha) prisa to be in a (big) hurry
todo el día all day, the whole (entire) day
tramo en reparación section under repair
velocidad máxima speed limit
ya no no longer

La Carretera Panamericana

Cosmopolitan cities of over one million inhabitants

Important pre-Columbian archaeological sites

Urban centers of historical and artistic interests; important colonial buildings

Scenic areas, lakes, mountains, and volcanic regions

Areas rich in folk arts and festivals

Great waterfalls

Winter sports centers

Beaches and water sports centers

1. Guadalajara (Mexico)
2. Mexico City; Toluca, Cuernavaca, Puebla, Taxco, Teotihuacán, San Miguel Allende, Morelia, Guanajuato, Pátzcuaro, Querétaro (Mexico)
3. Veracruz, Jalapa (Mexico)
4. Acapulco (Mexico)
5. Oaxaca; ruins of Monte Albán and Mitla (Mexico)
6. Mérida; ruins of Uxmal and Chichén-Itzá (Mexico)
7. Guatemala City; Antigua, Lake Atitlán, Chichicastenango, ruins of Tikal* (Guatemala)
8. San Salvador and surroundings; ruins of Tazumal, Izalco Volcano National Park (El Salvador)
9. Tegucigalpa; ruins of Copán* (Honduras)
10. Managua; Léon, Lake Nicaragua (Nicaragua)
11. San José; Irazú and Poás Volcanoes, Cartago (Costa Rica)
12. Canal Zone; Panama City, Portobelo, San Blas Islands* (Panama)
13. Cartagena and surroundings (Colombia)
14. Caracas and surroundings; Maracay, Angel Falls*, Margarita Island* (Venezuela)
15. Mérida, Trujillo, Lake Maracaibo (Venezuela)
16. Bogotá; Tequendama Falls, Tunja (Colombia)
17. Cali and Popayán in the Cauca Valley (Colombia)
18. Route of the Incas; Otavalo, Quito, Ambato, Cuenca, ruins of Incapirca, Mt. Cotopaxi and Mt. Chimborazo (Ecuador)
19. Guayaquil; Galápagos Islands* (Ecuador)
20. Trujillo; ruins of Chavin, Callejón de Huaylas, Cajamarca (Peru)
21. Lima; Callao (Peru)
22. Cuzco area; Chincheros, Ayacucho, Machu Picchu* (Peru)
23. Lake Titicaca Region; Arequipa and Puno (Peru); La Paz, Copacabana, and ruins of Tiahuanaco (Bolivia)
24. Sucre and Potosí (Bolivia)
25. Asunción and surroundings (Paraguay)
26. Iguazú Falls and surroundings; Jesuit mission ruins (Argentina, Paraguay, Brazil)
27. São Paulo (Brazil)
28. Rio de Janeiro and surroundings (Brazil)
29. Belo Horizonte; Ouro Prêto (Brazil)
30. Brasilia (Brazil)
31. Brasilia-Belém Highway; Araguia National Park, Belém (Brazil)
32. Salvador (Pelourinho) (Brazil)
33. Recife (Pernambuco) (Brazil)
34. Fortaleza (Brazil)
35. River Plate Region; Greater Buenos Aires (Argentina); Montevideo (Uruguay)
36. Córdoba, Rosario, Santa Fe
37. Bariloche (Argentina)
38. Santiago de Chile; Valparaiso, Viña del Mar, Portillo , Farellones, Juan Fernández Archipelago* (Chile)
39. Tierra del Fuego; Punta Arenas (Chile); Ushuaia (Argentina)

*Reached by train, boat, or plane.

Lección 22

Al salir de sus clases en la Universidad de Buenos Aires, dos compañeros se despiden para regresar a sus residencias.

▶ Familiar **vosotros** commands
▶ The passive voice
▶ Reflexives as reciprocal pronouns
▶ Other uses of the subjunctive mood
▶ Forms of **reunirse** and of verbs ending in **-uir**
▶ Summary of uses of **para**
▶ Summary of uses of **por**

No digamos adiós, sino hasta luego

Al terminar sus exámenes y antes de marcharse de la universidad, varios compañeros se reúnen para almorzar en un restaurante que les ha sido recomendado por Miguel Ramos. Desgraciadamente, Miguel no ha podido asistir a la reunión. Después de una deliciosa comida, charlan de sus planes. Jorge, uno de los muchachos, es español y emplea formas peninsulares.

CARLOS —¡Es lástima que Miguel tuviera otro compromiso hoy!

JORGE —Si no hubiera estado muy ocupado preparando su ida a Puerto Rico, habría venido a almorzar con nosotros. Ya sabéis que consiguió un buen puesto allí.

BEATRIZ —¡Cuánto me alegro! Hay que felicitarlo. Pero, a propósito, ¿no es hora de hablar de los planes que tenemos para el futuro?

JORGE —Entonces, empezad, guapas.[1] ¿Qué piensas hacer tú, Isabel?

ISABEL —¡Tú siempre echando piropos! Pues, primero, voy a pasar el verano en la costa, en la casa que fue construida por mi padre el año pasado.

JORGE —¿Y después, en el otoño?

ISABEL —En el otoño regresaré para continuar mis estudios de arquitectura. ¿Y tú?

JORGE —Pues, ¡asombraos, amigos! Mi padre me rogó que volviera a casa.

CARLOS —Pero, ¿no decías que pensabas buscar un puesto en este país?

JORGE —Con mi maestría en administración de negocios, él quisiera que yo llegara a ser el gerente de su compañía.

BEATRIZ —Pues, ¡ojalá que tengas mucho éxito y que te hagas rico! Así podrás volver a los Estados Unidos cuando quieras...

JORGE —Y vosotros, no dejéis de visitarme en Madrid. Yo quisiera que todos mis buenos amigos vinieran pronto a verme.

BEATRIZ —¡Cuánto me gustaría viajar por España si tuviera el dinero! Si consigo la beca que he solicitado para estudiar arte, nos veremos en septiembre.

Mientras toman café, el camarero les trae un pastel en que está escrita la frase: «No digamos adiós, sino hasta luego». Está firmada por Miguel. Continúan charlando animadamente como si no tuvieran nada que hacer. Por fin Jorge anuncia que es hora de irse.

JORGE —Bueno, amigos, ya es tarde. Levantaos y despidámonos. ¡Ojalá que nos veamos otra vez antes de marcharnos!

BEATRIZ —¡Cuánto vamos a echarte de menos, Jorge!

---

[1] The adjectives **guapo,** *handsome,* and **guapa,** *beautiful,* are used quite frequently in Spain when addressing friends.

◻ Preguntas sobre el diálogo

1. ¿Qué hacen Jorge y sus compañeros antes de marcharse de la universidad?
2. ¿Por quién les ha sido recomendado el restaurante a los amigos?   3. ¿Por qué no asiste Miguel a la reunión?   4. ¿Dónde piensa pasar el verano Isabel?
5. ¿Por quién fue construida la casa?   6. ¿Qué le rogó a Jorge su padre?
7. ¿Qué quisiera él que llegara a ser Jorge?   8. ¿Qué frase está escrita en el pastel que Miguel ha enviado?

◆ Nota cultural ◆

El *voseo,* es decir,[1] el uso de *vos* en lugar de *tú,* es uno de los rasgos[2] más interesantes del español de una gran parte de la América de habla española. Se trata de[3] un arcaísmo que ha subsistido en regiones que no adoptaron cambios ocurridos[4] en el español de la península durante los años de la colonización de América.

A principios del[5] siglo XVI, se usaba *vos,* el plural de *tú,* en el tratamiento cortés, y *tú* era el tratamiento que se daba a los inferiores (como *vous* y *tu* en francés). Por repetición, *vos* perdió valor[6] en la estimación general y para el tratamiento cortés empezó a usarse[7] una nueva forma, *vuestra merced,*[8] que pasando por muchas formas intermedias ha dado *usted* en la lengua moderna. Al generalizarse el uso de *usted* como forma de cortesía, el uso de *vos* desapareció en España y volvió a usarse *tú*[9] en lugar de *vos* como la forma familiar. Para el plural de *tú,* se reforzó[10] la idea de pluralidad agregándole[11] a *vos* el adjetivo *otros,* para dar *vosotros.*

Estas innovaciones no llegaron uniformemente a todas las regiones de América. Los centros culturales de Hispanoamérica, como los Virreinatos de México y el Perú, siguieron el ejemplo de España y restauraron el uso de *tú,* pero en otras partes de América subsistió el uso de *vos.* Hoy día el *voseo* es de uso general, en todas las clases sociales, en la región del Río de la Plata. Es de uso general, también, en todos los países de Centroamérica, menos en Panamá, donde subsiste sólo en la parte oriental del país. En otros países se encuentra en el habla popular de ciertas regiones. En México, por ejemplo, existe en los estados de Chiapas y Tabasco. Por haber estado[12] más tiempo bajo[13] el dominio de España, el *voseo* no existe en Puerto Rico y en Cuba sólo existe en una pequeña parte del país. Su desaparición[14] en la República Dominicana se atribuye en parte a la influencia cultural de la Universidad de Santo Domingo.

Como las formas de la segunda persona del plural de los verbos no habían llegado a sus formas modernas en los siglos XVI y XVII, se usa una multitud de variantes con *vos* en las distintas regiones de *voseo;* en algunas se usa la segunda persona del singular: *vos hablas* o *comes,* por ejemplo.

---

[1]that is   [2]features   [3]It's a question of   [4]which occurred   [5]At the beginning of
[6]value   [7]there began to be used   [8]your grace   [9]*tú* was used again   [10]was reinforced
[11]by adding   [12]For having been   [13]under   [14]disappearance

◇◇◇◇◇◇◇◇◇◇ # Notas gramaticales ◇◇◇◇◇◇◇◇◇◇

A. Familiar **vosotros** commands (*Formas familiares del mandato con vosotros*)

Familiar plural commands

Formas del mandato familiar en plural					
Inf.	*Affirmative*	*Negative*	*Inf.*	*Affirmative*	*Negative*
hablar	**hablad**	**no habléis**	dormir	**dormid**	**no durmáis**
comer	**comed**	**no comáis**	pedir	**pedid**	**no pidáis**
escribir	**escribid**	**no escribáis**	venir	**venid**	**no vengáis**

1. Remember from **Lecciones 4** and **16** that the form of the affirmative familiar singular command **tú** is the same as the third person singular of the present indicative: **habla (tú)**, **lee (tú)**, **escribe (tú)**, **piensa (tú)**, **vuelve (tú)**, etc., except for a few irregular verbs: **pon (tú)**, **haz (tú)**, **ven (tú)**, etc.

2. Also remember that the negative familiar singular command form is the same as the second person singular of the present subjunctive: **no hables (tú)**, **no pienses (tú)**, **no vengas (tú)**, etc.

3. To form the affirmative familiar **vosotros** commands of all verbs, drop **-r** of the infinitive and add **-d.**

4. For the negative familiar **vosotros** commands, use the second person plural of the present subjunctive.

5. The subject pronoun **vosotros, -as** is usually omitted with these commands.

¡Atención!   In this text we have followed the practice, which is common in Spanish America, of using **Uds.** with the third person plural present subjunctive in all plural commands: **Hablen Uds.; Vengan Uds.** The familiar plural forms used in this lesson will, however, be needed for recognition in reading.

¡Leed en compañía!
Venid a la Biblioteca Pública.

◉ **Práctica 1**   Listen carefully to the statement and respond with an affirmative **vosotros** command:

> MODEL: Los estudiantes no quieren leer este artículo.
> **Estudiantes, leed este artículo.**

1. Los estudiantes no quieren hablar en español.
2. Los muchachos no tienen ganas de venir a clase.
3. Las chicas no tienen ganas de escuchar la conferencia.
4. Miguel y José no desean escribir el resumen.
5. Las muchachas no quieren tener la fiesta.
6. Marta y Luis no quieren bailar un merengue.
7. Ana y Mario no desean cantar otra canción.
8. Los chicos no tienen ganas de regresar a casa.

Repeat the exercise, answering with a negative familiar **vosotros** command after you hear the affirmative statement.

> MODEL: Los estudiantes quieren leer este artículo.
> **Estudiantes, no leáis este artículo.**

Familiar commands of reflexive verbs

	Singular		Plural	
Inf.	*Affirmative*	*Negative*	*Affirmative*	*Negative*
levantarse	**levántate**	no te levantes	**levantaos**	no os levantéis
sentarse	**siéntate**	no te sientes	**sentaos**	no os sentéis
ponerse	**ponte**	no te pongas	**poneos**	no os pongáis
reunirse	**reúnete**	no te reúnas	**reuníos**	no os reunáis
irse	**vete**	no te vayas	**idos**	no os vayáis

1. Remember (a) that the second person reflexive object pronouns are **te** and **os,** and (b) that all object pronouns follow and are attached to affirmative commands, while they precede the verb in negative commands.
2. In forming the affirmative familiar **vosotros** commands of reflexive verbs, final **d** is dropped before adding **os** except for **idos (vosotros),** (*you*) *go.*
3. An accent mark must be written when **te** is added to a singular command form of more than one syllable. When **os** is added to an **-ir** reflexive verb, except for **idos,** an accent mark must be written: **reuníos.**

◆ **Práctica 2**　　Say after your teacher; then make each familiar plural command negative:

MODEL:　Solicitad las becas.
　　　　Solicitad las becas. No solicitéis las becas.

1. Hacedlo esta tarde.
2. Enviad por el equipaje.
3. Sentaos en el comedor.

4. Poneos esas gafas.
5. Acercaos a la esquina.
6. Idos con ellos.

B. The passive voice (*La voz pasiva*)

La casa fue construida por mi padre.
The house was built by my father.

El restaurante les ha sido recomendado por Miguel.
The restaurant has been recommended to them by Michael.

Las dos cartas fueron firmadas por el gerente.
The two letters were signed by the manager.

1. The true passive voice in Spanish is formed as in English. When an action is performed by an agent, Spanish uses **ser** and the past participle. The past participle agrees with the subject in gender and number, and the agent is usually expressed by **por.**
2. In the spoken language the passive voice is often avoided, in Spanish as in English, by changing the sentence to the active voice: **La casa fue construida por mi padre → Mi padre construyó la casa,** *The house was built by my father → My father built the house.*
3. Remember from **Lección 12** that when an action is expressed without indicating who is doing what the verb implies (*i.e.,* with no agent expressed), and the subject is a thing, Spanish uses the reflexive **se: Aquí *se habla* español,** *Spanish is spoken here.*

Su Diseñador

Hernando Trujillo

Este traje fue diseñado y confeccionado por Hernando Trujillo especialmente para Wool Mark Internacional

¡Atención!   Do not confuse the true passive voice, which expresses action, with the use of **estar** + a past participle to express the state or condition that results from the action of a verb (**Lección 14**):

El apartamento fue amueblado por los dueños.
The apartment was furnished by the owners.

Las cartas fueron traducidas por la secretaria.
The letters were translated by the secretary.

El apartamento ahora está amueblado.
The apartment is now furnished.

Las cartas ya están traducidas.
The letters are already translated.

Práctica 3   Complete the sentences with either **ser** or **estar** and pay attention to the use of **ser** + past participle to express the passive voice and **estar** + past participle to express a resultant state or condition.

1. El resumen _____ escrito por Miguel; _____ muy bien escrito.
2. La comida ya _____ preparada; _____ preparada por mi compañera de casa.
3. Todas las entradas para el concierto ya _____ vendidas; _____ vendidas la semana pasada.
4. Los regalos _____ envueltos por esa vendedora. ¿No crees que _____ hermosamente envueltos con ese papel rojo?
5. Vámonos porque la cuenta ya _____ pagada; _____ pagada por mi amigo José.
6. Las fechas del viaje _____ decididas después que hablamos con la agencia. ¿No _____ Uds. decididos a salir el próximo sábado?

C. Reflexives as reciprocal pronouns (*Formas reflexivas como pronombres recíprocos*)

Nos veremos en septiembre.

Nos conocemos muy poco.
Vosotros **os queréis** mucho, ¿verdad?
¿Se escribían Uds. a menudo?

Jorge y Lola **se entienden** muy bien.

We'll see one another (each other) in September.

We know each other very little.
You love each other a lot, don't you?
Did you used to write to one another (each other) often?

George and Lola understand each other very well.

1. The plural forms of the reflexive pronouns, **nos, os, se,** may be used with verbs to express reciprocal action.
2. The English equivalents are *each other, one another.*

◻️ **Práctica 4**   Give the Spanish equivalent:

1. Do you know each other well?
2. Do you see each other every day?
3. We used to visit one another during the summers.
4. We used to call each other once in a while.
5. They will see each other more often next year.
6. They will understand one another better.

D. Other uses of the subjunctive mood (*Otros usos del modo subjuntivo*)

The subjunctive mood in a polite or softened statement

Yo quiero verte pronto.	*I want to see you soon.*
Yo **quisiera** verte pronto.	*I should like to see you soon.*
Ella debe solicitar una beca.	*She must apply for a scholarship.*
Ella **debiera** solicitar una beca.	*She should (ought to) apply for a scholarship.*
¿Puede Ud. llamarme?	*Can you call me?*
¿**Pudiera** Ud. llamarme?	*Would you be able to call me?*

1. It is considered polite to soften statements or questions by using the **-ra** forms of the imperfect subjunctive of **querer.**
2. The **-ra** forms of **deber,** and occasionally **poder,** are also used to form a polite or softened statement or question.
3. In the case of other verbs, softened statements or questions are expressed with the conditional tense, as in English (See **Lección 15**): **Me *gustaría* verte pronto,** *I would like to see you soon;* ¿**Te *gustaría* salir conmigo?** *Would you like to go out with me?*

The subjunctive mood with ¡ojalá (que)! *I wish that! I hope that!*

¡**Ojalá que tengas** mucho éxito el próximo año!	I hope that you will (*fam. sing.*) be very successful next year!
¡**Ojalá (que) él estuviera** aquí!	I wish that he were here!
¡**Ojalá que yo la hubiera firmado** ayer!	I wish I had signed it (*f.*) yesterday!

1. In exclamatory wishes ¡**Ojalá!,** with or without **que,** is followed by the subjunctive.
2. The present subjunctive is used in an exclamatory wish which refers to something that may happen in the future (first example).
3. The imperfect subjunctive is used to express a wish concerning something that is contrary to fact (that is, not true) in the present (second example).
4. The pluperfect subjunctive is used to express a wish concerning something that was contrary to fact in the past (third example).

◙ Práctica 5   Say after your teacher; when you hear the cue, substitute it in the sentence:

1. Yo quiero llegar a ser gerente de una compañía. (Yo quisiera)
2. Ana quisiera almorzar en el centro hoy. (A Ana le gustaría)
3. Debemos esperar enfrente de la casa de correos. (Debiéramos)
4. A él le gustaría estudiar arquitectura. (Él quisiera)
5. ¡Cuánto me alegro de que Uds. tengan mucho éxito! (¡Ojalá que…!)
6. Ellos deben reunirse mañana. (Ellos debieran)
7. ¡Ojalá que nos viéramos otra vez! (Yo quisiera)
8. ¿Puedo yo conseguir un puesto en su compañía? (Pudiera yo)

E. Forms of reunirse and of verbs ending in -uir (*Formas de reunirse y de los verbos que terminan en -uir*)

reunirse, *to meet, gather*	
Pres. Ind.	me **reúno**, te **reúnes**, se **reúne**, nos reunimos, os reunís, se **reúnen**
Pres. Subj.	me **reúna**, te **reúnas**, se **reúna**, nos reunamos, os reunáis, se **reúnan**
Imper.	**reúnete** reuníos

A written accent is needed on the **u** in the same forms as in **continuar.**

construir, *to construct, build*	
Pres. Part.	**construyendo**
Pres. Ind.	**construyo, construyes, construye,** construimos, construís, **construyen**
Pres. Subj.	**construya, construyas, construya, construyamos, construyáis, construyan**
Preterit	construí, construiste, **construyó,** construimos, construisteis, **construyeron**
Imp. Subj.	**construyera,** etc. **construyese,** etc.
Sing. Imper.	**construye**

Verbs ending in **-uir** add **y** except before the endings beginning with **i,** and change the unaccented **i** of the endings **ie, ió** to **y.**

◙ Práctica 6   Substitution drill:

1. Hoy *yo* me reúno con los ingenieros. (mis amigos, Uds., nosotros, tú)
2. Espero *que ellos* construyan el edificio pronto. (que Uds., que esa compañía, que el dueño, que tú)

F. Summary of uses of **para** (*Resumen de los usos de para*)

Para and **por** are not interchangeable, even though both often mean *for*.
Para is used:

1. To express the purpose, use, or destination for which something is intended:

Esta raqueta es **para** jugar al tenis.	*This racket is for playing tennis.*
Se marcharon **para** España.	*They left for Spain.*
Los regalos son **para** la novia.	*The gifts are for the bride.*

2. To express a point or farthest limit of time in the future, often meaning *by*:

El resumen es **para** mañana.	*The summary is for tomorrow.*
Estén Uds. aquí **para** las siete.	*Be here by seven o'clock.*

3. With an infinitive to express purpose, meaning *to, in order to*:

Regresaré **para** continuar mis estudios.	*I shall return (in order) to continue my studies.*

4. To express *for* in comparisons which are understood:

Para norteamericano, Ud. habla bien el español.	*For a North American, you speak Spanish well.*

G. Summary of uses of **por** (*Resumen de los usos de por*)

Por is used:

1. To express *for* in the sense of *because of, on account of, for the sake of, in behalf of, in exchange for, as,* etc.:

Por eso te llamé.	*Because of that (Therefore, That's why) I called you.*
Lo han hecho **por** mí.	*They have done it for me (for my sake).*
Lo vendimos **por** veinte dólares.	*We sold it for twenty dollars.*
Lo tomamos **por** español.	*We took him for a Spaniard.*

2. To express the space of time during which an action continues, *for, during:*

Se reúnen **por** la noche. — *They get together in the evening.*
Jorge estuvo allí **por** una semana. — *George was there for a week.*

3. To express the place *through, in, along,* or *around* which motion takes place:

Me gustaría viajar **por** España. — *I should like to travel in (through) Spain.*
por aquí — *this way, around here*

4. To express the agent by which something is done, *by:*

El edificio fue construido **por** esa compañía. — *The building was built by that company.*

Luis la llamó **por** teléfono. — *Louis called her by telephone.*
¿Se puede llegar a Cuzco **por** avión? — *Can you get to Cuzco by plane?*

5. To express *for* (the object of an errand or search) after verbs such as **ir, mandar, enviar, venir, preguntar:**

Hemos enviado (ido) **por** José. — *We have sent (gone) for Joseph.*
Pregunten Uds. **por** Rita. — *Ask for (about) Rita.*

6. To form certain idiomatic expressions:

por ahora   for the present, now
por casualidad   by chance
por cierto   certainly, surely, for certain
por lo común   commonly, generally

por ejemplo   for example
por favor   please
por fin   finally, at last
por supuesto   of course, certainly

◇◇◇◇◇◇◇◇ Actividades y práctica ◇◇◇◇◇◇◇◇

A. Listen to what your classmate asks you, and respond according to the model.

> MODEL: ¿Quién sacó las fotos? ¿Ana?
> **Sí, las fotos fueron sacadas por Ana.**

1. ¿Quién hizo las reservas? ¿José?
2. ¿Quién escribió la carta de recomendación? ¿La Srta. White?
3. ¿Quiénes prepararon el examen de español? ¿Un grupo de profesores?
4. ¿Quién hizo los planes para la reunión? ¿Carolina?
5. ¿Quién envió las invitaciones? ¿Mario?
6. ¿Quién construyó este edificio? ¿Una compañía extranjera?
7. ¿Quién escogió a las secretarias? ¿El nuevo jefe?
8. ¿Quién alquiló el apartamento? ¿El dueño del edificio?

B. Listen to what your classmate asks you, and confirm the question, using a **se** construction.

> MODEL: Abren los bancos a las diez, ¿verdad?
> **Es cierto, se abren los bancos a las diez.**

1. Cierran la biblioteca a medianoche, ¿verdad?
2. Hablan español en todas las tiendas, ¿verdad?
3. Sólo venden mercancía muy fina, ¿verdad?
4. Aceptan tarjetas de crédito aquí, ¿verdad?
5. Venden periódicos extranjeros en la librería, ¿verdad?
6. Toman mucho vino en España, ¿verdad?
7. Encontramos mucha artesanía bonita en México, ¿verdad?
8. Vemos estilos muy diferentes allí, ¿verdad?

C. Listen to what your classmate tells you and respond with a softened statement, either in the affirmative or in the negative.

> MODEL: —¿Quieres hablar conmigo?
> **—Sí, yo quisiera hablar contigo.**

1. ¿Quieres invitarme a salir?
2. ¿Puedes llevarme a cenar?
3. ¿Debo arreglarme ya?
4. ¿Quieren Uds. ir conmigo?
5. ¿Pueden Uds. pasar por mí?
6. ¿Deben ellos llegar a eso de las seis?

D. Read in Spanish, supplying **para** or **por,** as required.

1. Yo busqué unos guantes _____ Isabel.   2. Jorge compró boletos _____ el sábado.   3. ¿Cuánto tuvo él que pagar _____ ellos?   4. Carolina estuvo en el centro _____ dos horas.   5. Carlos se marchó _____ el Perú ayer. 6. Se dice que uno come _____ vivir.   7. Lupe volvió tarde; _____ eso no la vimos.   8. Iremos _____ las muchachas a las ocho.   9. Tenemos que estar enfrente del restaurante _____ las seis.   10. Ella ha solicitado una beca _____ estudiar arte.   11. Este edificio fue construido _____ una empresa extranjera.   12. Cuando conocí a Miguel Ramos, lo tomé _____ español. 13. Tomaron un autobús _____ ir al parque.   14. Isabel hizo esta blusa _____ ti (i.e., *for your use*).   15. Ellas hablan mucho _____ teléfono. 16. Piensan viajar _____ España durante el verano.

Sólo quedan
19
días
de compras
para la
Navidad

E. Give the Spanish equivalent, using the familiar forms for the verbs in sentences 10 and 12.

1. Upon finishing their exams and before leaving the university, several companions gather to have lunch.   2. The restaurant was recommended to them by Michael Ramos, who wasn't able to attend the gathering.   3. George, who is Spanish, says that if Michael hadn't been so busy preparing to go to Puerto Rico, he would have had lunch with them.   4. Beatrice says: "How glad I am that he got the position there! We must congratulate him."   5. She also says that it is time to talk about their plans for the summer.   6. Isabel is going to spend two months

on the coast in the house that was built by her father last year.   7. George is
going to receive a master's degree in business administration.   8. His father
asked him to return home, because he would like him to become the manager of his
company.   9. Beatrice exclaims: "I hope you (*fam. sing.*) will be very successful
and that you become rich!"   10. George tells his friends: "Don't fail to visit me
in Madrid if you can come to Spain."   11. Beatrice replies: "How glad I would be
to travel in Spain if I had the money!"   12. Finally George announces: "Friends,
it is late now. Get up and let's take leave of one another. I hope that we will see one
another again soon!"

Las buenas obras
se construyen
con los materiales
que distribuye

RICARDO MONTOYA HURTADO

Práctica de conversación

Answer the following questions with complete sentences when your teacher calls on
you:

1. ¿Se reúne Ud. con algunos compañeros para almorzar o cenar de vez en cuando?
2. ¿Se reunirá Ud. con algunos compañeros para despedirse al terminar los exámenes?
3. ¿Qué planes tiene Ud. para el verano?
4. ¿Qué planes tiene Ud. para el otoño?
5. ¿Le han rogado sus padres que vuelva a casa?
6. ¿Dónde viven sus padres?
7. ¿Sabe Ud. por quién fue construida la casa en que viven sus padres?
8. ¿Espera Ud. que sus amigos vayan a verlo (verla) durante el verano?
9. ¿Piensa Ud. continuar sus estudios en otra universidad en el otoño?
10. ¿Qué le decimos a un amigo (una amiga) cuando consigue un buen puesto?

Situación

Las clases han terminado y ha llegado la hora de marcharse de la universidad. Ud. se encuentra con un grupo de sus mejores amigos y se despide de ellos: dígales Ud. cuánto los va a echar de menos y que Ud. desea que continúen siendo buenos amigos; dígales también que Ud. les desea mucho éxito en todo lo que hagan y que espera poder visitarlos y que ellos lo (la) visiten durante el verano o al menos le escriban o lo (la) llamen por teléfono a menudo.

Cinco compañeros se reúnen para hablar de sus planes y despedirse después de terminar sus exámenes en la universidad.

Vocabulario

animadamente animatedly
anunciar to announce
el **arte** art
asombrarse to be amazed, be surprised
Beatriz Beatrice
el **camarero** waiter
el **compromiso** engagement, commitment
construir to construct, build
la **costa** coast
delicioso, -a delicious
echar throw, cast
emplear to employ, use
el **examen** (*pl.* **exámenes**) exam(ination), test
felicitar to congratulate
firmar to sign

la **forma** form
el **futuro** future
irse to go (away), leave
la **maestría** master's degree, M.A.
marcharse (**de** + *obj.*) to leave (from)
¡ojalá (que)! I wish that! I hope that!
el **pastel** cake
peninsular peninsular (*of Spain*)
el **piropo** compliment
primero *adv.* first
la **reunión** (*pl.* **reuniones**) meeting, gathering
reunirse to gather, get together, meet
solicitar to apply for, ask for

administración de negocios business administration
¡cuánto me alegro! how glad I am!
¡cuánto me gustaría viajar...! how I should (would) like to travel . . . !
despidámonos let's take leave of one another (each other)
echar de menos to miss (someone or something)
echar piropos to pay compliments
hasta luego until (see you) later
no dejar de + *inf.* not to fail to + *verb*
otra vez again
por fin finally
ser hora de to be time to
tener (mucho) éxito to be (very) successful

Repaso 5

A. Listen carefully to the questions that your teacher will ask you. Answer the first question negatively and the second question affirmatively. In each of your answers, use object pronouns.

> MODEL: —¿Quién escoge las lecciones diarias? ¿Uds.?
> **—No, nosotros no las escogemos.**
> —¿Las escojo yo?
> **—Sí, Ud. las escoge.**

1. ¿Quién escoge los libros para esta clase? ¿Uds.? ¿Los escojo yo?
2. ¿Quién dirige esta clase? ¿Uds.? ¿La dirijo yo?
3. ¿Quién continúa la clase hoy? ¿Ud.? ¿La continúo yo?
4. ¿Quién envía los exámenes al profesor? ¿Ud.? ¿Los envía la oficina del departamento de español?
5. ¿Quiénes se reúnen aquí? ¿Los estudiantes de francés? ¿Se reúnen Uds. aquí?
6. ¿Quién construye los edificios de la universidad? ¿Ud.? ¿Un grupo de ingenieros?

B. Listen to what your teacher tells you and confirm the statement with either **Sí, quiero que; Sí, espero que;** or **Es posible que,** according to the meaning you wish to convey.

> MODEL: —Ana pedirá permiso para salir temprano.
> **—Sí, quiero que** (or **espero que** or **es posible que**) **Ana pida permiso para salir temprano.**

1. José conseguirá un puesto de ingeniero.
2. Beatriz escogerá la carrera de medicina.
3. Lupe enviará una solicitud a la Escuela de Arquitectura.
4. Ese carro no continuará por esa calle.
5. Ese carro se detendrá a tiempo.
6. El policía dirigirá el tráfico mejor.
7. El policía le pedirá el carnet a ese conductor.
8. La gente se irá pronto.
9. La ciudad construirá mejores avenidas.
10. Eso valdrá la pena.

C. Listen to the question and respond negatively, using the appropriate possessive pronoun.

> MODEL: —¿Tienes los abrigos de Luis?
> —**No, no tengo *los suyos*.**

1. ¿Traes las maletas de Rita?
2. ¿Llevas el equipaje de Miguel?
3. ¿Necesitas los boletos míos?
4. ¿Quieres el asiento mío?
5. ¿Haces las reservas nuestras?
6. ¿Conduces el carro nuestro?

D. Answer in Spanish, following the models.

> MODEL: —¿Te gusta este vestido?
> —**No. Me gusta el que ella tiene.**

1. ¿Te gusta esta blusa?
2. ¿Quieres estas camisas?
3. ¿Prefieres estos pantalones?
4. ¿Vas a comprar este anillo?

> MODEL: —¿Quién llamó? ¿La Sra. Ramos?
> —**Sí, fue ella la que llamó.**

5. ¿Quién llegó? ¿El gerente?
6. ¿Quiénes avisaron? ¿Los empleados?
7. ¿Quiénes recibieron becas? ¿Las estudiantes peruanas?
8. ¿Quién lo dijo? ¿La profesora?

E. Listen to what your teacher tells you and confirm it according to the model.

> MODEL: —Miguel quiere que tú vayas al concierto.
> —**Sí, él quería que yo fuera al concierto.**

1. Carmen quiere que tú escuches esos discos.
2. Antonio prefiere que tú hagas la invitación.
3. Tu madre prefiere que Uds. duerman en casa hoy.
4. Sus padres esperan que Uds. sean buenos estudiantes.
5. Ellos no creen que Ud. pueda ser mal estudiante.
6. Ellos esperan que yo construya un futuro mejor para Uds.
7. El profesor quiere que Miguel escriba otro resumen.
8. La profesora espera que Uds. lean otros artículos.

F. Say after your teacher; then, when you hear the cue, compose a new sentence, using the **-ra** form of the imperfect subjunctive tense in the dependent clauses.

MODEL: Es preciso que Uds. se sienten.   **Es preciso que Uds. se sienten.**
(Fue preciso)   **Fue preciso que Uds. se**
                                                   sentaran.

1. Te traigo los suéteres para qué tú escojas uno. (Te traje)
2. Les aconsejo que duerman la siesta. (Les aconsejé)
3. No hay nadie que nos haga una pregunta. (No había nadie)
4. Esperamos que Lola consiga la beca. (Esperábamos)
5. Me alegro de que Ana no tenga nada que hacer. (Me alegraba)
6. Será mejor que ellos salgan de viaje pasado mañana. (Sería mejor)

G. Complete the sentences with a **si**-clause. Observe the appropriate tense agreement.

1. No partimos el sábado porque no hay asientos libres en ese vuelo, pero si _____ .
2. No te avisé de la reunión porque no te había visto antes, pero si _____.
3. Carolina no sabe traducir; por eso no puede conseguir un buen puesto en Suramérica, pero si ella _____.
4. Como ellos no me invitaron a su fiesta de bodas no fui, pero si ellos _____.
5. Uds. no tuvieron paciencia; por eso no sacaron mejores fotos, pero si Uds. _____.
6. No te doy más dinero porque no tengo suficiente para mí, pero si yo _____.

H. Read in Spanish, supplying the correct form of the infinitive in parentheses. Use the **-ra** form of the imperfect subjunctive when that tense is required.

1. Ellos me llamaron en cuanto yo (volver) a casa.
2. Yo sentía que ellos no (tener) nada que hacer.
3. Les aconsejé a ellos que (buscar) una buena cámara.
4. No creo que mis compañeros (servir) refrescos anoche.
5. Aunque (llover) mucho ayer, hicimos la excursión.
6. Si nosotros (tener) el tiempo, iríamos al parque con Uds.
7. Mi hermano no pudo encontrar un impermeable que le (gustar).
8. ¡Ojalá que Miguel (llegar) a ser el gerente de la compañía!
9. No había nadie que (construir) casas como el señor Morales.
10. Me alegré de que ellos se (haber) marchado para España.
11. Si la película (ser) buena, nos gustaría verla.
12. Si nosotros (estar) libres, saldremos con los chicos.

I. Give the Spanish equivalent.

1. We didn't intend to go to a movie but to a concert.   2. You are welcome.
3. We used to see each other often but we never met.   4. It is worthwhile to
spend some time in a foreign country.   5. I ran into George an hour ago.
6. The gifts are for Betty.   7. James left for Spain last night.   8. Send (*fam.
pl.*) for Rita tomorrow morning.   9. They are very successful.   10. Did he
buy a round-trip ticket?   11. This one (*m.*) is for you (*formal sing.*).   12. The
verses were translated by Michael.

13. The cards were written by my sister.   14. If I had seen John, I would
have given him the photos.   15. If I had the money, I would buy a 35-millimeter
camera this afternoon.   16. I should like to travel through this country.
17. I wish that the boys were here now!   18. Robert has applied for a
scholarship in order to study engineering.   19. I paid twenty dollars for the
gloves.   20. They should (ought to) be in front of the restaurant by six o'clock.

Appendix A

⬗ The Spanish consonants (*Las consonantes del español*)

b and **v** are pronounced exactly alike. At the beginning of a breath group (see page 13), or after **m** and **n,** the sound is that of a weakly pronounced English *b*: **bien, bue-**nas, **ver-**de, **vi-da.** In other places, particularly between vowels, the sound is much weaker than the English *b*. The lips touch very lightly, leaving a narrow opening in the center, and the breath continues to pass between them. Avoid the English *v* sound. Examples: **li-bro, es-cri-bo, la-vo, Cu-ba.**

c before **e** and **i,** and **z** in all positions, are pronounced like the English hissed *s* in *sent* in Spanish America and in southern Spain. In northern and central Spain this sound is like *th* in *thin.* Examples: **cen-ta-vo, ci-ne, gra-cias, lá-piz.**

c before all other letters, **k,** and **qu** are like English *c* in *cat,* but without the *h* sound that often follows the *c* in English: **ca-sa, cla-se, ki-ló-me-tro, qué, par-que.** Note both sounds of **c** in **cin-co, lec-ción.**

ch is pronounced like English *ch* in *church:* **mu-cho, le-che, cho-co-la-te.**

d has two sounds. At the beginning of a breath group or following **l** or **n,** it is pronounced like a weak English *d,* but with the tongue touching the back of the upper front teeth rather than the ridge above the teeth, as in English: **dos, dón-de, sal-dré.** In other places, particularly between vowels and at the end of a word, the sound is like a weakly articulated English *th* in *this:* **ca-da, to-do, us-ted, Ma-drid.**

f is pronounced like English *f:* **ca-fé, Fe-li-pe.**

g before **e** and **i,** and **j** in all positions, have no English equivalent. They are pronounced approximately like a strongly exaggerated *h* in *halt* (rather like the rasping German *ch* in *Buch*): **gen-te, hi-jo, Jor-ge, re-gión.** (The letter **x** in the words **México, mexicano, Texas, texano,** and **Xavier,** spelled **Méjico, mejicano, Tejas, tejano,** and **Javier** in Spain, is pronounced like Spanish **j.**)

g in other positions and **gu** before **e** or **i** are pronounced like a weak English *g* in *go* at the beginning of a breath group or after **n.** In other cases, especially between vowels, the sound is much weaker, and the breath continues to pass between the back of the tongue and the palate. Examples: **gra-cias, gui-ta-rra, ten-go;** but **ha-go, lue-go, por-tu-gués.** (In the combinations **gua** and **guo,** the **u** is pronounced like English *w* in *wet:* **len-gua, a-gua, an-ti-guo;** when the diaeresis is used over **u** in the combinations **güe** and **güi,** the **u** has the same sound: **ni-ca-ra-güen-se.**)

h is always silent: **ha-blar, her-ma-no, hoy.**

l is pronounced like *l* in *leap,* with the tip and front part of the tongue well forward in the mouth: **la-**do, pa-**pel.**

ll is pronounced like *y* in *yes* in most of Spanish America and in some sections of Spain; in other parts of Spain it is somewhat like *lli* in *million:* **e-lla, ca-lle, lla-mar.**

m is pronounced like English *m:* **to-ma, me-sa.**

n is pronounced like English *n:* **no, Car-men.** Before **b, v, m,** and **p,** however, it is pronounced like *m:* **un-po-co, con-Bár-ba-ra.** Before **c, qu, g,** and **j** it is pronounced like English *n* in *sing:* **blan-co, ten-go, án-gel.**

ñ is pronounced somewhat like the English *ny* in *canyon:* **se-ñor, ma-ña-na, es-pa-ñol.**

p is pronounced like English *p,* but without the *h* sound that often follows the *p* in English: **pe-lo, pa-pel.**

q (always written with **u**): see above and pages 21–22, under **c, k,** and **qu.**

r and **rr** represent two different sounds. Single **r,** except at the beginning of a word, or after **l, n,** or **s,** is pronounced with a single tap produced by the tip of the tongue against the gums of the upper teeth. The sound is much like *dd* in *eddy* pronounced rapidly: **ca-ra, to-ro, ha-blar.** Initial **r, r** after **l, n,** or **s,** and **rr** are strongly trilled: **ri-co, ro-jo, Ro-ber-to, pi-za-rra, co-rre, En-ri-que.**

s is pronounced somewhat like the English hissed *s* in *sent:* **ca-sa, es-tos.** Before **b, d, g, l, ll, m, n, r, v,** and **y,** however, the sound is like the English *s* in *rose:* **los-bai-les, los-li-bros, mis-mo, es-ver-dad.**

t is pronounced with the tip of the tongue touching the back of the upper front teeth (rather than the ridge above the teeth, as in English); it is never followed by the *h* sound that is often heard in English: **to-do, tar-des, tiem-po.**

v: see pages 49 and 472, under **b.**

x is pronounced as follows: (1) Before a consonant it is pronounced like English hissed *s* in *sent:* **ex-plo-rar, ex-tran-je-ro;** (2) between vowels it is usually a double sound, consisting of a weak English *g* in *go* followed by a hissed *s:* **e-xa-men, é-xi-to;** (3) in a few words, **x,** even between vowels, is pronounced like English *s* in *sent:* **e-xac-to, au-xi-lio, au-xi-liar.**

y is pronounced like a strong English *y* in *you:* **ya, yo, ma-yo.** The conjunction **y,** *and,* when combined with the initial vowel of a following word is similarly pronounced: **Car-los-y A-na; és-te-y a-quél.**

▣ Intonation (*La entonación*)

The term intonation refers to the variations in pitch which occur in speech. Every language has its characteristic patterns of intonation. The intonation of Spanish is quite different from that of English.

The alternate rise and fall of pitch depends upon the particular meaning of the sentence, the position of stressed syllables, and whether the sentence expresses command, affirmation, interrogation, exclamation, request, or other factors. In general, three meaningful levels of pitch can be distinguished in Spanish: one below the speaker's normal pitch (level 1), the speaker's normal tone (level 2), and a tone higher than the normal one (level 3). Study carefully these examples:

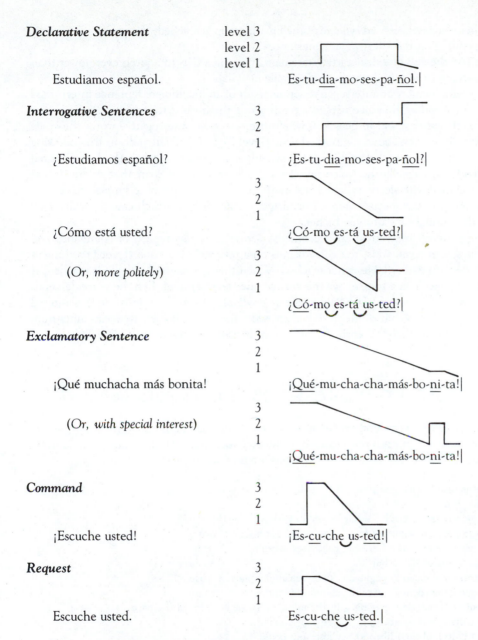

Declarative Statement

Estudiamos español.

Interrogative Sentences

¿Estudiamos español?

¿Cómo está usted?

(*Or, more politely*)

Exclamatory Sentence

¡Qué muchacha más bonita!

(*Or, with special interest*)

Command

¡Escuche usted!

Request

Escuche usted.

With respect to the use of these levels, the following basic principles should be observed:

1. At the beginning of a breath group, the voice begins and continues in a relatively low pitch (level 1) as long as the first accented syllable is not reached.
2. When the first accented syllable of a breath group is reached, the voice rises to the speaker's normal tone (level 2) and continues in the same pitch as long as the last accented syllable is not reached.

3. When the last accented syllable of the breath group is reached, the voice falls or rises, depending on the following circumstances:
   a. At the end of a declarative statement, the voice falls to a pitch even lower than that of the initial unaccented syllable or syllables.
   b. At the end of an interrogative sentence, or of an incomplete sentence interrupted by a pause, the voice rises to a pitch above the normal tone (level 3).
4. In exclamations, and in questions which begin with an interrogative word, the voice begins in a pitch above the normal tone (level 3) and gradually falls in the following syllables as long as the final accented syllable is not reached; when the last accented syllable is reached, the voice falls to a pitch even lower than that of the initial unaccented syllable or syllables, as in the case of the end of a simple affirmative sentence, unless special interest or courtesy is intended, in which case the voice rises to the normal tone or even higher.
5. The pattern observed in an exclamatory sentence is also typical of commands and requests. In commands, the voice begins on a relatively low tone (level 1) as long as the first stressed syllable is not reached. When the first stressed syllable is reached, it is pronounced on a tone above the normal one (level 3), and then the voice descends notably in the following syllables; the last syllable (stressed or unstressed) is uttered on a tone below that of the initial unstressed syllable or syllables. Requests differ from commands in that the entire breath group is usually uttered on a somewhat higher tone.

Classroom expressions *(Frases para la clase)*

A number of expressions and grammatical terms which may be used in the classroom and laboratory follow. They are not included in the end vocabularies unless they are used in the preceding lessons. Other common expressions are used in the text.

Voy a pasar lista.   I am going to call the roll.
Presente.   Present.
¿Qué lección tenemos hoy?   What lesson do we have today?
Tenemos la Lección primera (dos).   We have Lesson One (Two).
¿En qué página empieza?   On what page does it begin?
¿Qué línea (renglón)?   What line?
(La lectura) empieza en la página...   (The reading) begins on page . . .
Al principio de la página.   At the beginning of the page.
En el medio (Al pie) de la página.   In the middle (At the bottom) of the page.
Abra(n) Ud(s). el (los) libro(s).   Open your book(s).
Cierre(n) Ud(s). el (los) libro(s).   Close your book(s).
Lea Ud. en español.   Read in Spanish.
Empiece Ud. a leer.   Begin to read.
Siga Ud. leyendo.   Continue (Go on) reading.
Traduzca Ud. al español (inglés).   Translate into Spanish (English).
Repítalo Ud.   Repeat it.
Pronuncie Ud.   Pronounce.

Basta.   That is enough (That will do).
Vayan (Pasen) Uds. a la pizarra.   Go (Pass) to the chalkboard.
Escriban Uds. (al dictado).   Write (at dictation).
Corrijan Uds. las oraciones (frases).   Correct the sentences.
Vuelva(n) Ud(s). a su(s) asiento(s).   Return to your seat(s).
Siénte(n)se Ud(s).   Sit down.
Haga(n) Ud(s). el favor de (+ *inf.*) . . . Please (+ *verb*) . . .
Está bien.   All right (That's fine).
¿Qué significa la palabra...?   What does the word . . . mean?
¿Cómo se dice...?   How does one say . . . ?
¿Quién quiere hacer una pregunta?   Who wants to ask a question?
Escuchen Uds. bien.   Listen carefully.
Preparen Uds. para mañana...   Prepare for tomorrow . . .
Ha sonado el timbre.   The bell has rung.
La clase ha terminado.   The class has ended.
Uds. pueden marcharse.   You may leave (You are excused).

Words and expressions for the laboratory
(Palabras y expresiones para el laboratorio)

el **alto parlante**   loud speaker
los **auriculares (audífonos)**   ear(head)phones
la **cabina**   booth
el **carrete**   reel
el **cassette**   cassette
la **cinta (magnetofónica)**   (magnetic) tape
la **cinta maestra (matriz)**   master tape
la **corriente (eléctrica)**   power; (electric) current
el **disco (fonográfico)**   disc, (phonograph) record
  empalmar   to splice
el **enchufe**   plug
la **entrada**   input
  externo, -a   external
la **grabadora (de cinta)**   (tape) recorder
  grabar   to record
el **interruptor**   switch
el **micrófono**   microphone
la **perilla**   knob
  reparar   to repair
la **salida**   output
el **sonido**   sound
el **volumen**   volume

Acérquese Ud. más al micrófono.   Get closer to the microphone.
Aleje Ud. más el micrófono.   Move the microphone away from you.
Apriete Ud. el botón.   Push the button.

Aumente Ud. el volumen.   Turn it louder (Increase the volume).

Escuche Ud. la grabación.   Listen to the recording.

Hable Ud. en voz más alta (más baja, natural).   Speak in a louder (lower, natural) voice.

Hable Ud. más rápido (despacio).   Speak faster (slower).

Imite Ud. lo que oiga.   Imitate what you hear.

Mi máquina no funciona.   My machine does not work.

Pare (Apague) Ud. su máquina.   Stop (Turn off) your machine.

Ponga Ud. en marcha (Encienda Ud.)...   Start (Turn on) . . .

Póngase (Quítese) Ud. los audífonos.   Put on (Take off) your headphones.

Repita Ud. la respuesta.   Repeat the answer.

Se oirá (Ud. oirá) cada frase una vez (dos veces), seguida de una pausa.   You will hear each sentence once (twice), followed by a pause.

Se oirá (Ud. oirá) luego la respuesta (correcta).   You will hear the (correct) answer later.

¿Se oye claramente la señal?   Is the signal clear?

Vuelva Ud. a enrollar la cinta.   Rewind the tape.

🔯 Grammatical terms *(Términos gramaticales)*

el **adjetivo**   adjective
   demostrativo   demonstrative
   posesivo   possessive
el **adverbio**   adverb
el **artículo**   article
   definido   definite
   indefinido   indefinite
el **cambio ortográfico**   change in spelling
la **capitalización**   capitalization
la **cláusula**   clause
la **comparación**   comparison
el **comparativo**   comparative
el **complemento**   object
   directo   direct
   indirecto   indirect
la **composición**   composition
la **concordancia**   agreement
la **conjugación**   conjugation
la **conjunción**   conjunction
la **consonante**   consonant
el **diptongo**   diphthong
el **género**   gender
   masculino   masculine
   femenino   feminine
el **gerundio**   gerund, present participle
el **infinitivo**   infinitive
la **interjección**   interjection
la **interrogación**   interrogation, question (mark)

la **letra**   letter (of the alphabet)
   mayúscula   capital
   minúscula   small
el **modo indicativo (subjuntivo)**   indicative (subjunctive) mood
el **nombre (sustantivo)**   noun, substantive
el **nombre propio**   proper noun
el **número**   number, numeral
   cardinal (ordinal)   cardinal (ordinal)
el **objeto**   object
la **palabra (negativa)**   (negative) word
las **partes de la oración**   parts of speech
el **participio pasado (presente)**   past (present) participle
la **persona**   person
   primera   first
   segunda   second
   tercera   third
el **plural**   plural
la **posición**   position
el **predicado**   predicate
la **preposición**   preposition
el **pronombre**   pronoun
   interrogativo   interrogative
   personal   personal
   reflexivo   reflexive
   relativo   relative
la **puntuación**   puntuation

el **radical** (la **raíz**)   stem
el **significado**   meaning
la **sílaba**   syllable
    última   last
    penúltima   next to the last
el **singular**   singular
el **subjuntivo**   subjunctive
el **sujeto**   subject
el **superlativo (absoluto)**   (absolute)
    superlative
la **terminación**   ending
el **tiempo**   tense
el **tiempo simple (compuesto)**   simple
    (compound) tense
    presente   present
    imperfecto   imperfect
    pretérito   preterit
    futuro   future
    condicional   conditional

    perfecto   perfect (present perfect)
    pluscuamperfecto   pluperfect
    futuro perfecto   future perfect
    condicional perfecto   conditional
    perfect
el **triptongo**   triphthong
el **verbo**   verb
    auxiliar   auxiliary
    impersonal   impersonal
    irregular   irregular
    reflexivo   reflexive
    regular   regular
    (in)transitivo   (in)transitive
la **vocal**   vowel
la **voz**   voice
    activa   active
    pasiva   passive

◪ Punctuation marks *(Signos de puntuación)*

,	coma	( )	(los) paréntesis
;	punto y coma	« »	comillas
:	dos puntos	´	acento escrito
.	punto final	¨	(la) diéresis
…	puntos suspensivos	˜	(la) tilde
¿ ?	signo(s) de interrogación	–	(el) guión
¡ !	signo(s) de admiración	—	raya

◪ Abbreviations and signs *(Abreviaturas y signos)*

adj.	adjective	*fem.*	feminine
adv.	adverb	*i.e.*	that is
Am.	American	*imp.*	imperfect
cond.	conditional	*imper.*	imperative
conj.	conjunction	*ind.*	indicative
dir.	direct	*indef.*	indefinite
e.g.	for example	*indir.*	indirect
etc.	and so forth	*inf.*	infinitive
f.	feminine	*lit.*	literally
fam.	familiar	*m.*	masculine

masc.	masculine	*pres.*	present
Mex.	Mexican	*pret.*	preterit
n.	noun	*pron.*	pronoun
obj.	object	*reflex.*	reflexive
p.	page	*s./sing.*	singular
p.p.	past participle	*subj.*	subjunctive
part.	participle	*trans.*	transitive
pl.	plural	*U.S.*	United States
prep.	preposition		

( )   Words in parentheses are explanatory, or they are to be translated in the exercises.

—   In the general vocabularies, a dash indicates a repeated word. Also, dashes are used in Spanish instead of quotation marks.

+   followed by.

Regular verbs

INFINITIVE

hablar, *to speak*	**comer,** *to eat*	**vivir,** *to live*

PRESENT PARTICIPLE

hablando, *speaking*	**comiendo,** *eating*	**viviendo,** *living*

PAST PARTICIPLE

hablado, *spoken*	**comido,** *eaten*	**vivido,** *lived*

The simple tenses

Indicative mood

PRESENT

I speak, do speak, am speaking, etc.	*I eat, do eat, am eating etc.*	*I live, do live, am living, etc.*
hablo	como	vivo
hablas	comes	vives
habla	come	vive
hablamos	comemos	vivimos
habláis	coméis	vivís
hablan	comen	viven

IMPERFECT

I was speaking, used to speak, spoke, etc.	*I was eating, used to eat, ate, etc.*	*I was living, used to live, lived, etc.*
hablaba	comía	vivía
hablabas	comías	vivías
hablaba	comía	vivía
hablábamos	comíamos	vivíamos
hablabais	comíais	vivíais
hablaban	comían	vivían

I spoke, did speak, etc.	*I ate, did eat, etc.*	*I lived, did live, etc.*
hablé	comí	viví
hablaste	comiste	viviste
habló	comió	vivió
hablamos	comimos	vivimos
hablasteis	comisteis	vivisteis
hablaron	comieron	vivieron

I shall (will) speak, etc.	*I shall (will) eat, etc.*	*I shall (will) live, etc.*
hablaré	comeré	viviré
hablarás	comerás	vivirás
hablará	comerá	vivirá
hablaremos	comeremos	viviremos
hablaréis	comeréis	viviréis
hablarán	comerán	vivirán

I should (would) speak, etc.	*I should (would) eat, etc.*	*I should (would) live, etc.*
hablaría	comería	viviría
hablarías	comerías	vivirías
hablaría	comería	viviría
hablaríamos	comeríamos	viviríamos
hablaríais	comeríais	viviríais
hablarían	comerían	vivirían

Subjunctive mood

(that) I may speak, etc.	*(that) I may eat, etc.*	*(that) I may live, etc.*
hable	coma	viva
hables	comas	vivas
hable	coma	viva
hablemos	comamos	vivamos
habléis	comáis	viváis
hablen	coman	vivan

(that) I might speak, etc.	*(that) I might eat, etc.*	*(that) I might live, etc.*
hablara	comiera	viviera
hablaras	comieras	vivieras
hablara	comiera	viviera
habláramos	comiéramos	viviéramos
hablarais	comierais	vivierais
hablaran	comieran	vivieran

-se IMPERFECT

(that) I might speak, etc.	*(that) I might eat, etc.*	*(that) I might live, etc.*
hablase	comiese	viviese
hablases	comieses	vivieses
hablase	comiese	viviese
hablásemos	comiésemos	viviésemos
hablaseis	comieseis	vivieseis
hablasen	comiesen	viviesen

Imperative

speak	*eat*	*live*
habla (tú)	come (tú)	vive (tú)
hablad (vosotros)	comed (vosotros)	vivid (vosotros)

The compound tenses

PERFECT INFINITIVE

haber hablado (comido, vivido) *to have spoken (eaten, lived)*

PERFECT PARTICIPLE

habiendo hablado (comido, vivido) *having spoken (eaten, lived)*

Indicative mood

PRESENT PERFECT		PLUPERFECT		PRETERIT PERFECT[1]	
I have spoken, eaten, lived, etc.		*I had spoken, eaten, lived, etc.*		*I had spoken, eaten, lived, etc.*	
he		había		hube	
has		habías		hubiste	
ha	hablado	había	hablado	hubo	hablado
hemos	comido	habíamos	comido	hubimos	comido
habéis	vivido	habíais	vivido	hubisteis	vivido
han		habían		hubieron	

FUTURE PERFECT		CONDITIONAL PERFECT	
I shall (will) have spoken, etc.		*I should (would) have spoken, etc.*	
habré		habría	
habrás		habrías	
habrá	hablado	habría	hablado
habremos	comido	habríamos	comido
habréis	vivido	habríais	vivido
habrán		habrían	

---

[1]The preterit perfect tense is used only after conjunctions such as **cuando, en cuanto, después que, apenas.** In spoken Spanish the pluperfect or the simple preterit often replaces the preterit perfect.

Subjunctive mood

	PRESENT PERFECT			-ra AND -se PLUPERFECT	
	(that) I may have spoken, etc.			*(that) I might have spoken, etc.*	
	haya			hubiera *or* hubiese	
	hayas			hubieras *or* hubieses	
	haya	hablado		hubiera *or* hubiese	hablado
	hayamos	comido		hubiéramos *or* hubiésemos	comido
	hayáis	vivido		hubierais *or* hubieseis	vivido
	hayan			hubieran *or* hubiesen	

◩ Irregular past participles of regular and stem-changing verbs

abrir:	**abierto**		envolver:	**envuelto**
cubrir:	**cubierto**		escribir:	**escrito**
descubrir:	**descubierto**		volver:	**vuelto**
devolver:	**devuelto**			

◩ Comments concerning forms of verbs

a. From five forms (infinitive, present participle, past participle, first person singular present indicative, and third person plural preterit) all other forms may be derived.

Infinitive	*Pres. Part.*	*Past Part.*	*Pres. Ind.*	*Preterit*
decir	diciendo	dicho	digo	dijeron
Imp. Ind.	*Progressive Tenses*	*Compound Tenses*	*Pres. Subj.*	*Imp. Subj.*
decía	estoy, etc. diciendo	he, etc. dicho	diga	dijera dijese
Future diré			*Imperative* di decid	
Conditional diría				

b. The first and second persons plural of the present indicative tense of all verbs are regular, except in the cases of **haber, ir, ser.**

c. The third person plural is formed by adding **-n** to the third person singular in all tenses, except the preterit and the present indicative tense of **ser.**

d. All familiar forms (second person singular and plural) end in **-s,** except the second person singular preterit tense and the imperative.

e. The imperfect indicative tense is regular in all verbs, except **ir (iba), ser (era), ver (veía).**

f. If the first person singular preterit tense ends in unaccented **-e,** the third person singular ends in unaccented **-o;** the other endings are regular, except that after **j** the ending for the third person plural is **-eron.** Eight verbs of this group, in addition to those which end in **-ducir,** have a **u**-stem preterit (**andar, caber, estar, haber, poder, poner, saber, tener**); four have an **i**-stem (**decir, hacer, querer, venir**); **traer** has a regular stem with the above endings. (The third person plural preterit forms of **decir** and **traer** are **dijeron** and **trajeron,** respectively. The third person singular form of **hacer** is **hizo**). **Ir** and **ser** have the same preterit, while **dar** has second-conjugation endings in this tense.

g. The conditional tense always has the same stem as the future. Only twelve verbs have irregular stems in these tenses. Five drop **e** of the infinitive ending (**caber, haber, poder, querer, saber**); five drop **e** or **i** and insert **d** (**poner, salir, tener, valer, venir**); and two (**decir, hacer**) retain the Old Spanish stems **dir-, har- (far-**).

h. The stem of the present subjunctive tense of all verbs is the same as that of the first person singular present indicative, except for **dar, estar, haber, ir, saber, ser.**

i. The imperfect subjunctive tense of all verbs is formed by dropping **-ron** of the third person plural preterit and adding the **-ra** or **-se** endings.

j. The singular imperative is the same in form as the third person singular present indicative tense, except in the case of ten verbs (**decir, di; haber, he; hacer, haz; ir, ve; poner, pon; salir, sal; ser, sé; tener, ten; valer, val** or **vale; venir, ven**). The plural imperative is always formed by dropping the final **-r** of the infinitive and adding **-d.** (Remember that the imperative is used only for familiar affirmative commands.)

k. The compound tenses of all verbs are formed by using the various tenses of the auxiliary verb **haber** with the past participle.

▣ Irregular verbs

(Participles are given with the infinitive; tenses not listed are regular.)

1. **andar,** andando, andado, *to go, walk*

PRETERIT	anduve	anduviste	anduvo	anduvimos	anduvisteis	anduvieron
IMP. SUBJ.	**anduviera,** etc.		**anduviese,** etc.			

2. **caber,** cabiendo, cabido, *to fit, be contained in*

PRES. IND.	**quepo**	cabes	cabe	cabemos	cabéis	caben
PRES. SUBJ.	**quepa**	**quepas**	**quepa**	**quepamos**	**quepáis**	**quepan**
FUTURE	**cabré**	**cabrás,** etc.				
COND.	**cabría**	**cabrías,** etc.				
PRETERIT	**cupe**	**cupiste**	**cupo**	**cupimos**	**cupisteis**	**cupieron**
IMP. SUBJ.	**cupiera,** etc.		**cupiese,** etc.			

3. **caer,** cayendo, caído, *to fall*

PRES. IND.	**caigo**	caes	cae	caemos	caéis	caen
PRES. SUBJ.	**caiga**	**caigas**	**caiga**	**caigamos**	**caigáis**	**caigan**
PRETERIT	caí	**caíste**	**cayó**	**caímos**	**caísteis**	**cayeron**
IMP. SUBJ.	**cayera,** etc.		**cayese,** etc.			

4. **dar,** dando, dado, *to give*

PRES. IND.	**doy**	das	da	damos	dais	dan
PRES. SUBJ.	**dé**	des	**dé**	demos	deis	den
PRETERIT	**di**	**diste**	**dio**	**dimos**	**disteis**	**dieron**
IMP. SUBJ.	**diera,** etc.		**diese,** etc.			

5. **decir,** diciendo, dicho, *to say, tell*

PRES. IND.	**digo**	**dices**	**dice**	**decimos**	**decís**	**dicen**
PRES. SUBJ.	**diga**	**digas**	**diga**	**digamos**	**digáis**	**digan**
IMPERATIVE		**di**			decid	
FUTURE	**diré**	**dirás,** etc.				
COND.	**diría**	**dirías,** etc.				
PRETERIT	**dije**	**dijiste**	**dijo**	**dijimos**	**dijisteis**	**dijeron**
IMP. SUBJ.	**dijera,** etc.		**dijese,** etc.			

6. **estar,** estando, estado, *to be*

PRES. IND.	**estoy**	**estás**	**está**	estamos	estáis	**están**
PRES. SUBJ.	**esté**	**estés**	**esté**	estemos	estéis	**estén**
PRETERIT	**estuve**	**estuviste**	**estuvo**	**estuvimos**	**estuvisteis**	**estuvieron**
IMP. SUBJ.	**estuviera,** etc.		**estuviese,** etc.			

7. **haber,** habiendo, habido, *to have* (auxiliary)

PRES. IND.	**he**	**has**	**ha**	**hemos**	habéis	**han**
PRES. SUBJ.	**haya**	**hayas**	**haya**	**hayamos**	**hayáis**	**hayan**
IMPERATIVE		**he**			habed	
FUTURE	**habré**	**habrás,** etc.				
COND.	**habría**	**habrías,** etc.				
PRETERIT	**hube**	**hubiste**	**hubo**	**hubimos**	**hubisteis**	**hubieron**
IMP. SUBJ.	**hubiera,** etc.		**hubiese,** etc.			

8. **hacer,** haciendo, **hecho,** *to do, make*

PRES. IND.	**hago**	haces	hace	hacemos	hacéis	hacen
PRES. SUBJ.	**haga**	**hagas**	**haga**	**hagamos**	**hagáis**	**hagan**
IMPERATIVE		**haz**			haced	
FUTURE	**haré**	**harás,** etc.				
COND.	**haría**	**harías,** etc.				
PRETERIT	**hice**	**hiciste**	**hizo**	**hicimos**	**hicisteis**	**hicieron**
IMP. SUBJ.	**hiciera,** etc.		**hiciese,** etc.			

Like **hacer:** satisfacer, *to satisfy*

9. **ir, yendo, ido,** *to go*

PRES. IND.	**voy**	**vas**	**va**	**vamos**	**vais**	**van**
PRES. SUBJ.	**vaya**	**vayas**	**vaya**	**vayamos**	**vayáis**	**vayan**
IMPERATIVE		**ve**			**id**	
IMP. IND.	**iba**	**ibas**	**iba**	**íbamos**	**ibais**	**iban**
PRETERIT	**fui**	**fuiste**	**fue**	**fuimos**	**fuisteis**	**fueron**
IMP. SUBJ.	**fuera,** etc.		**fuese,** etc.			

10. **oír, oyendo,** oído, *to hear*

PRES. IND.	**oigo**	**oyes**	**oye**	oímos	oís	**oyen**
PRES. SUBJ.	**oiga**	**oigas**	**oiga**	**oigamos**	**oigáis**	**oigan**
IMPERATIVE		**oye**			oíd	
PRETERIT	oí	**oíste**	**oyó**	oímos	oísteis	**oyeron**
IMP. SUBJ.	**oyera,** etc.		**oyese,** etc.			

11. **poder, pudiendo,** podido, *to be able*

PRES. IND.	**puedo**	**puedes**	**puede**	podemos	podéis	**pueden**
PRES. SUBJ.	**pueda**	**puedas**	**pueda**	podamos	podáis	**puedan**
FUTURE	**podré**	**podrás,** etc.				
COND.	**podría**	**podrías,** etc.				
PRETERIT	**pude**	**pudiste**	**pudo**	**pudimos**	**pudisteis**	**pudieron**
IMP. SUBJ.	**pudiera,** etc.		**pudiese,** etc.			

12. **poner, poniendo, puesto,** *to put, place*

PRES. IND.	**pongo**	pones	pone	ponemos	ponéis	ponen
PRES. SUBJ.	**ponga**	**pongas**	**ponga**	**pongamos**	**pongáis**	**pongan**
IMPERATIVE		**pon**			poned	
FUTURE	**pondré**	**pondrás,** etc.				
COND.	**pondría**	**pondrías,** etc.				
PRETERIT	**puse**	**pusiste**	**puso**	**pusimos**	**pusisteis**	**pusieron**
IMP. SUBJ.	**pusiera,** etc.		**pusiese,** etc.			

13. **querer,** queriendo, querido, *to wish, want*

PRES. IND.	quiero	quieres	quiere	queremos	queréis	quieren
PRES. SUBJ.	quiera	quieras	quiera	queramos	queráis	quieran
FUTURE	querré	querrás, etc.				
COND.	querría	querrías, etc.				
PRETERIT	quise	quisiste	quiso	quisimos	quisisteis	quisieron
IMP. SUBJ.	quisiera, etc.		quisiese, etc.			

14. **saber,** sabiendo, sabido, *to know*

PRES. IND.	sé	sabes	sabe	sabemos	sabéis	saben
PRES. SUBJ.	sepa	sepas	sepa	sepamos	sepáis	sepan
FUTURE	sabré	sabrás, etc.				
COND.	sabría	sabrías, etc.				
PRETERIT	supe	supiste	supo	supimos	supisteis	supieron
IMP. SUBJ.	supiera, etc.		supiese, etc.			

15. **salir,** saliendo, salido, *to go out, leave*

PRES. IND.	salgo	sales	sale	salimos	salís	salen
PRES. SUBJ.	salga	salgas	salga	salgamos	salgáis	salgan
IMPERATIVE		sal			salid	
FUTURE	saldré	saldrás, etc.				
COND.	saldría	saldrías, etc.				

16. **ser,** siendo, sido, *to be*

PRES. IND.	soy	eres	es	somos	sois	son
PRES. SUBJ.	sea	seas	sea	seamos	seáis	sean
IMPERATIVE		sé			sed	
IMP. IND.	era	eras	era	éramos	erais	eran
PRETERIT	fui	fuiste	fue	fuimos	fuisteis	fueron
IMP. SUBJ.	fuera, etc.		fuese, etc.			

17. **tener,** teniendo, tenido, *to have*

PRES. IND.	tengo	tienes	tiene	tenemos	tenéis	tienen
PRES. SUBJ.	tenga	tengas	tenga	tengamos	tengáis	tengan
IMPERATIVE		ten			tened	
FUTURE	tendré	tendrás, etc.				
COND.	tendría	tendrías, etc.				
PRETERIT	tuve	tuviste	tuvo	tuvimos	tuvisteis	tuvieron
IMP. SUBJ.	tuviera, etc.		tuviese, etc.			

Like **tener:** contener, *to contain;* detener, *to stop;* entretener, *to entertain;* mantener, *to maintain;* obtener, *to obtain.*

18. **traer, trayendo, traído,** *to bring*

PRES. IND.	**traigo**	traes	trae	traemos	traéis	traen
PRES. SUBJ.	**traiga**	**traigas**	**traiga**	**traigamos**	**traigáis**	**traigan**
PRETERIT	**traje**	**trajiste**	**trajo**	**trajimos**	**trajisteis**	**trajeron**
IMP. SUBJ.	**trajera,** etc.		**trajese,** etc.			

19. **valer,** valiendo, valido, *to be worth*

PRES. IND.	**valgo**	vales	vale	valemos	valéis	valen
PRES. SUBJ.	**valga**	**valgas**	**valga**	**valgamos**	**valgáis**	**valgan**
IMPERATIVE		**val** (vale)			valed	
FUTURE	**valdré**	**valdrás,** etc.				
COND.	**valdría**	**valdrías,** etc.				

20. **venir, viniendo,** venido, *to come*

PRES. IND.	**vengo**	**vienes**	**viene**	venimos	venís	**vienen**
PRES. SUBJ.	**venga**	**vengas**	**venga**	**vengamos**	**vengáis**	**vengan**
IMPERATIVE		**ven**			venid	
FUTURE	**vendré**	**vendrás,** etc.				
COND.	**vendría**	**vendrías,** etc.				
PRETERIT	**vine**	**viniste**	**vino**	**vinimos**	**vinisteis**	**vinieron**
IMP. SUBJ.	**viniera,** etc.		**viniese,** etc.			

21. **ver,** viendo, **visto,** *to see*

PRES. IND.	**veo**	ves	ve	vemos	veis	ven
PRES. SUBJ.	**vea**	**veas**	**vea**	**veamos**	**veáis**	**vean**
PRETERIT	**vi**	viste	**vio**	vimos	visteis	vieron
IMP. IND.	**veía**	**veías**	**veía**	**veíamos**	**veíais**	**veían**

◙ Verbs with changes in spelling

Changes in spelling are required in certain verbs as explained on pages 247 and 360–361. The changes occur in only seven forms: in the first four types given below and on page 490, the change is in the first person singular preterit tense, and in the remaining types in the first person singular present indicative tense, while all types change throughout the present subjunctive tense.

	before a	*before o*	*before u*	*before e*	*before i*
Sound of *k*	ca	co	cu	que	qui
Sound of *g*	ga	go	gu	gue	gui
Sound of *th (s)*	za	zo	zu	ce	ci
Sound of Spanish *j*	ja	jo	ju	ge, je	gi, ji
Sound of *gw*	gua	guo		güe	güi

1. Verbs ending in **-car** change **c** to **qu** before **e: buscar,** *to look for.*

PRETERIT	**busqué**	buscaste	buscó, etc.			
PRES. SUBJ.	**busque**	**busques**	**busque**	**busquemos**	**busquéis**	**busquen**

Like **buscar:** acercarse, *to approach*; comunicar, *to communicate*; dedicar, *to dedicate*; desembocar, *to empty*; destacarse, *to stand out*; indicar, *to indicate*; intensificar, *to intensify*; mascar, *to chew*; pescar, *to fish*; practicar, *to practice*; sacar, *to take out*; significar, *to mean*; simplificar, *to simplify*; tocar, *to play* (music).

2. Verbs ending in **-gar** change **g** to **gu** before **e: llegar,** *to arrive.*

PRETERIT	**llegué**	llegaste	llegó, etc.			
PRES. SUBJ.	**llegue**	**llegues**	**llegue**	**lleguemos**	**lleguéis**	**lleguen**

Like **llegar:** cargar, *to load*; entregar, *to hand (over)*; jugar (ue),[1] *to play* (a game); navegar, *to sail*; pagar, *to pay*; rogar (ue), *to beg, ask.*

3. Verbs ending in **-zar** change **z** to **c** before **e: cruzar,** *to cross.*

PRETERIT	**crucé**	cruzaste	cruzó, etc.			
PRES. SUBJ.	**cruce**	**cruces**	**cruce**	**crucemos**	**crucéis**	**crucen**

Like **cruzar:** alcanzar, *to reach*; almorzar (ue), *to have lunch*; caracterizar, *to characterize*; comenzar (ie), *to commence, begin*; empezar (ie), *to begin*; organizar, *to organize*; realizar, *to realize, carry out*; utilizar, *to utilize.*

4. Verbs ending in **-guar** change **gu** to **gü** before **e: averiguar,** *to find out.*

PRETERIT	**averigüé**	averiguaste	averiguó, etc.			
PRES. SUBJ.	**averigüe**	**averigües**	**averigüe**	**averigüemos**	**averigüéis**	**averigüen**

5. Verbs ending in **-ger** or **-gir** change **g** to **j** before **a** and **o: escoger,** *to choose.*

PRES. IND.	**escojo**	escoges	escoge, etc.			
PRES. SUBJ.	**escoja**	**escojas**	**escoja**	**escojamos**	**escojáis**	**escojan**

Like **escoger:** dirigir, *to direct*; proteger, *to protect*; recoger, *to pick up.*

6. Verbs ending in **-guir** change **gu** to **g** before **a** and **o: distinguir,** *to distinguish.*

PRES. IND.	**distingo**	distingues	distingue, etc.			
PRES. SUBJ.	**distinga**	**distingas**	**distinga**	**distingamos**	**distingáis**	**distingan**

Like **distinguir:** conseguir (i, i), *to get*; seguir (i, i), *to follow.*

7. Verbs ending in **-cer** or **-cir** preceded by a consonant change **c** to **z** before **a** and **o: vencer,** *to overcome.*

PRES. IND.	**venzo**	vences	vence, etc.			
PRES. SUBJ.	**venza**	**venzas**	**venza**	**venzamos**	**venzáis**	**venzan**

Like **vencer:** ejercer, *to exert.*

---

[1]See pages 491–493 for stem changes.

8. Verbs ending in **-quir** change **qu** to **c** before **a** and **o: delinquir,** *to be guilty.*

PRES. IND.	**delinco**	delinques	delinque, etc.		
PRES. SUBJ.	**delinca**	**delincas**	**delinca**	**delincamos**	**delincáis**	**delincan**

✪ Verbs with special changes

1. Verbs ending in **-cer** or **-cir** following a vowel insert **z** before **c** in the first person singular present indicative tense and throughout the present subjunctive tense: **conocer,** *to know, be acquainted with.*

PRES. IND.	**conozco**	conoces	conoce, etc.		
PRES. SUBJ.	**conozca**	**conozcas**	**conozca**	**conozcamos**	**conozcáis**	**conozcan**

Like **conocer:** aparecer, *to appear;* establecer, *to establish;* merecer, *to deserve;* nacer, *to be born;* parecer, *to seem;* pertenecer, *to belong;* prevalecer, *to prevail;* reconocer, *to recognize.*

2. Verbs ending in **-ducir** have the same changes as **conocer,** with additional changes in the preterit indicative and imperfect subjunctive tenses: **traducir,** *to translate.*

PRES. IND.	**traduzco**	traduces	traduce, etc.		
PRES. SUBJ.	**traduzca**	**traduzcas**	**traduzca**	**traduzcamos**	**traduzcáis**	**traduzcan**
PRETERIT	**traduje**	**tradujiste**	**tradujo**	**tradujimos**	**tradujisteis**	**tradujeron**
IMP. SUBJ.	**tradujera,** etc.		**tradujese,** etc.			

Like **traducir:** conducir, *to conduct, lead;* introducir, *to introduce;* producir, *to produce.*

3. Verbs ending in **-uir** (except **-guir**) insert **y** except before **i,** and change unaccented **i** between vowels to **y: construir,** *to construct.*

PARTICIPLES	**construyendo**		construido		
PRES. IND.	**construyo**	**construyes**	**construye**	construimos	construís	**construyen**
PRES. SUBJ.	**construya**	**construyas**	**construya**	**construyamos**	**construyáis**	**construyan**
IMPERATIVE		**construye**			construid	
PRETERIT	construí	construiste	**construyó**	construimos	construisteis	**construyeron**
IMP. SUBJ.	**construyera,** etc.		**construyese,** etc.			

Like **construir:** constituir, *to constitute;* destruir, *to destroy.*

4. Certain verbs ending in **-er** preceded by a vowel replace unaccented **i** of the ending by **y: creer,** *to believe.*

PARTICIPLES	**creyendo**		**creído**		
PRETERIT	**creí**	**creíste**	**creyó**	**creímos**	**creísteis**	**creyeron**
IMP. SUBJ.	**creyera,** etc.		**creyese,** etc.			

Like **creer:** leer, *to read;* poseer, *to possess.*

5. Some verbs ending in **-iar** require a written accent on the **i** in the singular and third person plural in the present indicative and present subjunctive tenses and in the singular imperative: **enviar,** *to send.*

PRES. IND.	**envío**	**envías**	**envía**	enviamos	enviáis	**envían**
PRES. SUBJ.	**envíe**	**envíes**	**envíe**	**enviemos**	**enviéis**	envíen
IMPERATIVE		**envía**			enviad	

Like **enviar:** criar, *to grow;* variar, *to vary.*

However, verbs such as **ampliar,** *to enlarge;* **anunciar,** *to announce;* **apreciar,** *to appreciate;* **cambiar,** *to change;* **estudiar,** *to study;* **iniciar,** *to initiate;* **limpiar,** *to clean;* **pronunciar,** *to pronounce,* do not have the accented **i.**

6. Verbs ending in **-uar** have a written accent on the **u** in the same forms as verbs in section 5:[1] **continuar,** *to continue.*

PRES. IND.	**continúo**	**continúas**	**continúa**	continuamos	continuáis	**continúan**
PRES. SUBJ.	**continúe**	**continúes**	**continúe**	continuemos	continuéis	**continúen**
IMPERATIVE		**continúa**			continuad	

⬙ Stem-changing verbs

Class I (**-ar, -er**)

Many verbs of the first and second conjugations change the stem vowel **e** to **ie** and **o** to **ue** when the vowels **e** and **o** are stressed, i.e., in the singular and third person plural of the present indicative and present subjunctive tenses and in the singular imperative. Class I verbs are designated: **cerrar (ie), volver (ue).**

		cerrar, *to close*				
PRES. IND.	**cierro**	**cierras**	**cierra**	cerramos	cerráis	**cierran**
PRES. SUBJ.	**cierre**	**cierres**	**cierre**	cerremos	cerréis	**cierren**
IMPERATIVE		**cierra**			cerrad	

Like **cerrar:** atravesar, *to cross;* comenzar, *to commence;* empezar, *to begin;* pensar, *to think;* recomendar, *to recommend;* sentarse, *to sit down.*

		perder, *to lose*				
PRES. IND.	**pierdo**	**pierdes**	**pierde**	perdemos	perdéis	**pierden**
PRES. SUBJ.	**pierda**	**pierdas**	**pierda**	perdamos	perdáis	**pierdan**
IMPERATIVE		**pierde**			perded	

Like **perder:** defender, *to defend;* entender, *to understand;* extenderse, *to extend.*

---

[1]**Reunir(se),** *to gather,* has a written accent on the **u** in the same forms as **continuar:**

PRES. IND.	**reúno, reúnes, reúne...reúnen**	
PRES. SUBJ.	**reúna, reúnas, reúna...reúnan**	
IMPERATIVE	**reúne**	

contar, *to count*

PRES. IND.	**cuento**	**cuentas**	**cuenta**	contamos	contáis	**cuentan**
PRES. SUBJ.	**cuente**	**cuentes**	**cuente**	contemos	contéis	**cuenten**
IMPERATIVE		**cuenta**		contad		

Like **contar:** acostarse, *to go to bed;* almorzar, *to take lunch;* costar, *to cost;* encontrar, *to find;* mostrar, *to show;* probar, *to try;* recordar, *to remember;* rogar, *to beg, ask;* sonar, *to sound, ring.*

volver,[1] *to return*

PRES. IND.	**vuelvo**	**vuelves**	**vuelve**	volvemos	volvéis	**vuelven**
PRES. SUBJ.	**vuelva**	**vuelvas**	**vuelva**	volvamos	volváis	**vuelvan**
IMPERATIVE		**vuelve**		volved		

Like **volver:** devolver, *to give back;* doler, *to ache;* envolver, *to wrap up;* llover, *to rain;* mover, *to move;* resolver, *to resolve.*

jugar, *to play* (a game)

PRES. IND.	**juego**	**juegas**	**juega**	jugamos	jugáis	**juegan**
PRES. SUBJ.	**juegue**	**juegues**	**juegue**	juguemos	juguéis	**jueguen**
IMPERATIVE		**juega**		jugad		

Class II (-ir)

Certain verbs of the third conjugation have the changes in the stem indicated below. Class II verbs are designated: **sentir (ie, i), dormir (ue, u)**.

PRES. IND.	1, 2, 3, 6	} e > ie
PRES. SUBJ.	1, 2, 3, 6	o > ue
IMPERATIVE	Sing.	

PRES. PART		} e > i
PRETERIT	3, 6	
PRES. SUBJ.	4, 5	o > u
IMP. SUBJ.	1, 2, 3, 4, 5, 6	

sentir, *to feel*

PRES. PART.	**sintiendo**					
PRES. IND.	**siento**	**sientes**	**siente**	sentimos	sentís	**sienten**
PRES. SUBJ.	**sienta**	**sientas**	**sienta**	**sintamos**	**sintáis**	sientan
IMPERATIVE		**siente**		sentid		
PRETERIT	sentí	sentiste	**sintió**	sentimos	sentisteis	**sintieron**
IMP. SUBJ.	**sintiera,** etc.		**sintiese,** etc.			

Like **sentir:** advertir, *to advise;* convertir, *to convert;* divertirse, *to amuse oneself;* preferir, *to prefer;* sugerir, *to suggest.*

---

[1]The past participles of **volver, devolver, envolver, resolver** are: **vuelto, devuelto, envuelto, resuelto.**

dormir, *to sleep*

PRES. PART.	**durmiendo**				
PRES. IND.	**duermo**	**duermes**	**duerme**	dormimos	dormís	**duermen**
PRES. SUBJ.	**duerma**	**duermas**	**duerma**	**durmamos**	**durmáis**	**duerman**
IMPERATIVE		**duerme**			dormid	
PRETERIT	dormí	dormiste	**durmió**	dormimos	dormisteis	**durmieron**
IMP. SUBJ.	**durmiera,** etc.		**durmiese,** etc.			

Class III (-ir)

Certain verbs of the third conjugation change **e** to **i** in all forms in which changes occur in Class II verbs. These verbs are designated: **pedir (i, i).**

pedir, *to ask*

PRES. PART.	**pidiendo**				
PRES. IND.	**pido**	**pides**	**pide**	pedimos	pedís	**piden**
PRES. SUBJ.	**pida**	**pidas**	**pida**	**pidamos**	**pidáis**	**pidan**
IMPERATIVE		**pide**			pedid	
PRETERIT	**pedí**	pediste	**pidió**	pedimos	pedisteis	**pidieron**
IMP. SUBJ.	**pidiera,** etc.		**pidiese,** etc.			

Like **pedir:** competir, *to compete;* conseguir, *to get;* despedirse, *to take leave;* repetir, *to repeat;* seguir, *to follow;* servir, *to serve.*

reír, *to laugh*

PARTICIPLES	**riendo**		reído			
PRES. IND.	**río**	**ríes**	**ríe**	reímos	reís	**ríen**
PRES. SUBJ.	**ría**	**rías**	**ría**	**riamos**	**riáis**	**rían**
IMPERATIVE		**ríe**			reíd	
PRETERIT	reí	reíste	**rió**	reímos	reísteis	**rieron**
IMP. SUBJ.	**riera,** etc.		**riese,** etc.			

The Spanish-English Vocabulary lists, in alphabetical order, the words, expressions, and phrases that appear in *Foundation Course in Spanish.* Phrases are also listed under the entries for the most important words in each phrase. Active vocabulary items (the words and expressions that students are expected to know) are followed by a number (or letter and number) in parentheses indicating the lesson in which each word is introduced. The reference (1), for example, indicates that the item was introduced in **Lección 1.** The references (P1) and (P2) refer to **Lección preliminar 1** and **Lección preliminar 2.**

Remember that **ch, ll, ñ,** and **rr** are considered single letters in Spanish. In dictionaries and vocabulary lists, words or syllables that begin with **ch, ll,** and **ñ** follow words or syllables that begin with **c, l,** and **n,** while **rr,** which never begins a word, is alphabetized as in English. For more information on the Spanish alphabet, see **Lección preliminar 1,** page 4.

The following abbreviations are used in the Spanish-English vocabulary list.

adj.	adjective	*n.*	noun
adv.	adverb	*obj.*	object
Am.	Latin American	*p.p.*	past participle
conj.	conjunction	*part.*	participle
etc.	and so forth	*pl.*	plural
f.	feminine	*prep.*	preposition
i.e.	that is	*pron.*	pronoun
lit.	literally	*reflex.*	reflexive
m.	masculine	*s./sing.*	singular
Mex.	Mexican	*U.S.*	United States
+	followed by		

A

a *prep.* to, at, in, by, *etc.* (3)
  a (la) medianoche at midnight (3)
  a cada rato every short while
    (moment) (16)
  a casa de su amigo Ramón to his
    friend Raymond's (house) (6)
  a causa de because of
  a cualquier hora at any time
    (*hour*) (21)
  a diferencia de unlike
  a eso de at about (*time*) (3)
  a fines de at the end of
  a la de to that of
  a la derecha to (on, at) the right
  a la izquierda to (on, at) the left
  a lo largo de along
  a menos que unless (20)
  a menudo often, frequently (6)
  a partir de beginning with (19)
  a pesar de in spite of
  a precio especial on sale, at a
    special price, at special prices
    (7)
  a principios de at the beginning
    of
  a propósito by the way (9)
  a tiempo on time (11)
  a veces at times (11)
abajo below
abierto, -a *p. p. of* **abrir** *and*
  adj. open, opened (14)
el **abono** fertilizer
el **abrigo** topcoat, overcoat (21)
abril April (P1)
abrir to open (6)
el **abuelo** grandfather; *pl.*
  grandparents (*m. and f.*) (10)
acá around, (over) there
acabar to end, finish (13)

acabar de + *inf.* to have just
  + *p.p.* (13)
el **accidente** accident (18)
  accidente de tráfico traffic
    accident (18)
la **acción** (*pl.* **acciones**) action (7)
  Día de Acción de Gracias
    Thanksgiving Day (7)
el **aceite** oil
la **aceituna** olive
aceptar to accept (12)
acerca de *prep.* about,
  concerning
acercar to bring . . . near
  acercarse (a + *obj.*) to
    approach (15)
acompañar to accompany, go
  with (21)
acondicionado: el aire _____ air
  conditioning (12)
aconsejar to advise (16)
el **acontecimiento** event
acostarse (ue) to go to bed, lie
  down (8)
acostumbrado, -a customary
acostumbrar to be accustomed to
la **actividad** (*pl.* **actividades**)
  activity
actual present-day
la **actualidad** present time (4)
  de actualidad contemporary, of
    the present time (4)
acuático, -a aquatic
acuerdo: de _____ agreed, I
  agree, O.K. (4); **de** _____
  con in accordance with
adelante *adv.* ahead, forward
  (18)
  seguir adelante to continue
    (go on) ahead (18)
  siga Ud. adelante continue

  (go on) (*formal sing. command*)
  ahead
además *adv.* besides, furthermore
  (7)
  además de *prep.* besides, in
    addition to
¡adiós! good-bye! (9)
la **administración** administration
  administración de negocios
    business administration (22)
  Facultad de Administración de
    Negocios Business School
    (6)
la **admiración** admiration
¿adónde? where? (*with verbs of*
  motion) (3)
la **aduana** customs
la **advertencia** warning
  advertir (ie, i) to advise, point
    out, warn (of)
aéreo, -a *adj.* air, aerial (21)
  línea aérea airline (21)
el **aerobismo** aerobics (15)
  practicar (*or* **hacer**) **el**
    aerobismo to do aerobics
    (15)
el **aeropuerto** airport
afectar to affect
afeitarse to shave (8)
la **afición** liking
  aficionado, -a *adj. and noun* fan
    ser aficionado, -a (a) to be
    fond (of) (15)
afortunadamente fortunately (10)
la **agencia** agency (20)
  agencia de empleo
    employment agency (19)
  agencia de viajes travel agency
    (20)
el **agente** agent (19)
  como agente as an agent (19)

agosto August (P1)

agradable pleasant, nice (2)

¡qué encuentro más agradable! what a pleasant encounter (meeting)!

agradecer to be grateful (thankful) for (19)

agregar to add

agrícola (*m. and f.*) *adj.* agricultural, farm (19)

Ingeniería Agrícola Agricultural Engineering (19)

agridulce bittersweet

el **agua** (*f.*) water (10)

esquiar en el agua to water ski (10)

agua dulce fresh water

el **aguacate** avocado

¡ah! ah! oh! (1)

ahí there (*near or related to person addressed*) (7)

ahí llega here comes (arrives) (2)

los **ahijados** godson and goddaughter

ahora now (1)

por ahora for the present, for now

el **aire** air

el **aire acondicionado** air conditioning (12)

al aire libre outdoor, open-air

el **aislamiento** isolation

al = a + el to the (3)

al + inf. on, upon + *pres. part.* (6)

al aire libre outdoor, open-air

al contrario on the contrary

al día per day (12)

al día siguiente (on) the following *or* next day (8)

al dirigirse a on addressing

al fin finally, at last

al lado de *prep.* beside, next to, at the side of (8)

al mediodía at noon (3)

al menos at least (16)

al mes a (per) month, monthly (17)

al pie de at the foot of

al poco rato after a short while

al poco tiempo after (in) a short time

al servicio de in the service of

la **alabanza** praise

Alberto Albert (4)

la **albóndiga** meatball

Albucasís: Abul Kasim (*died 1013?*), *Arab surgeon and medical writer*

el **alcalde** mayor

alegrarse (mucho) de (+ *inf.*) to be (very) glad to (+ *verb*) (15)

alegrarse de que to be glad that (18)

alegre cheerful, lively, joyful (11)

el **alemán** German (*the language*) (1)

el professor de alemán the German teacher (*m.*) (1)

Alemania Germany (15)

alérgico, -a allergic

ser alérgico(-a) a... to be allergic to . . . (16)

algo *pron.* anything, something (6)

algo más something more, anything else (13)

tomar algo to have *or* take something to eat *or* drink (6)

algo *adv.* somewhat (16)

el **algodón** cotton (7)

alguien someone, somebody, anyone, anybody (9)

algún (*used for* **alguno** *before m. sing. nouns*) some, any, a (11)

algún partido de fútbol a (some) soccer (football) match (game) (15)

alguna vez sometime, ever (14)

alguno, -a (**-os, -as**) *adj. and pron.* some, any, someone; *pl.* some, any, a few (9)

la **Alhambra** *palace of the Moorish kings of Granada*

aliado, -a allied, *noun* ally

aliarse to ally, to form an alliance

el **alimento** food

el **almacén** (*pl.* **almacenes**) department store (17)

la **almohada** pillow (17)

almorzar (**ue**) to have (eat) lunch (8)

el **almuerzo** lunch (3)

tomar el almuerzo to have (eat) lunch (3)

¡aló! hello! (*telephone*)

el **alojamiento** lodging

alquilar to rent (17)

el **alquiler** rent, rental (*property*) (17)

alrededor de around

los **alrededores** environs, surroundings

la **altiplanicie** highland plain (*Am.*), high plateau

el **altiplano** highland plain

alto *adv.* loud, loudly, upper (14)

hablar más alto to talk louder (14)

alto, -a tall, high (16)

la **alumna** pupil, student (*f.*) (1)

el **alumno** pupil, student (*m.*) (1)

alumnos de la profesora students of professor (*f.*) (2)

alzar (**las**) **pesas** to lift weights (15)

allá there (*often used after verbs of motion*) (3)

allí there (*distant*) (2)

amable friendly, kind (14)

amarillo, -a yellow (2)

el **ambiente** atmosphere, ambiance

la **ambulancia** ambulance (18)

no hay heridos ni ambulancias there aren't any injured persons or ambulances (there are no . . . nor . . .) (18)

América America

la **América Latina** Latin America

americano, -a American

el **fútbol americano** football (15)

la **amiga** friend (*f.*) (4)

el **amigo** friend (*m.*) (4)

amueblado, -a furnished (17)

amueblar to furnish (17)

sin amueblar unfurnished (17)

Ana   Ann, Anne, Anna (2)

ancho, -a   wide, broad

  de ancho   in width

andar   to go, walk

  anda (*fam. sing. command*)   go, come on (now); *often used in an exclamation* (5)

los **Andes**   Andes (21)

  andino, -a   Andean, of the Andes mountains

    la faja andina   narrow strip of Andean land

  angosto, -a   narrow

el **anillo**   ring (13)

  anillo de plata   silver ring (13)

animadamente   animatedly (22)

animado, -a   animated, lively (12)

anoche   last night (9)

anterior   preceding

antes *adv.*   before (*time*), first (5)

  antes (de) que   before (20)

  antes de *prep.*   before (*time*) (9)

el **antibiótico**   antibiotic (16)

antiguo, -a   ancient, old (14)

Antonio   Anthony, Tony (2)

anunciar   to announce (22)

el **anuncio**   advertisement, ad (8)

añadir   to add

el **año**   year (9)

  el año pasado   last year (9)

  ¿cuántos años tienes (tiene Ud.)?   how old are you? (11)

  ¿cuántos años va a cumplir (él)?   how old is (he) going to be? (11)

  cumplir...años   to be . . . years old (*i.e.*, reach the age of . . . years) (11)

  en este tiempo del año   in (at) this time of (the) year (12)

  tener...años   to be . . . years old (11)

  todos los años   every year

el **aparador**   buffet (17)

el **aparato**   appliance (17)

aparecer   to appear

el **apartamento**   apartment (3)

  compañero de apartamento

apartment mate (roommate) (*m.*) (4)

edificio de apartamentos   apartment building (6)

apenas *adv.*   scarcely, hardly (14)

el **apetito**   appetite

  ¡buen apetito!   (may you have a) good appetite!

el **apogeo**   apogee, highest point

el **apoyo**   support

aprender   to learn (2)

el **apuro**   hurry, rush (18)

  ¿cuál es el apuro?   what's the hurry (rush)? (18)

aquel, aquella (-os, -as) *adj.*   that, those (*distant*)

aquél, aquélla (-os, -as) *pron.*   that, that one (those)

aquello *neuter pron.*   that

aquí   here (2)

  aquí tiene(n) Ud(s). (**la llave**)   here is (the key) (*lit.*, here you have . . .) (12)

  por aquí   by (around) here, this way (5)

árabe (*m. and f.*) *also noun*   Arab, Arabic

arduo   hard

el **área** (*f.*)   area

la **arena**   sand (14)

el **arete**   earring (13)

  aretes de oro   gold earrings (13)

la **Argentina**   Argentina (5)

argentino, -a *also noun*   Argentine (2)

la **arquitectura**   architecture (6)

  Facultad de Arquitectura   School of Architecture (6)

el **arrecife**   reef

  arrecife de coral   coral reef

arreglar   to arrange, fix (14)

  arreglarse *reflex.*   to get ready (fixed up) (8)

  arreglarse el pelo   to have one's hair done (14)

arriba *adv.*   above

el **arroz**   rice

  el arroz con leche   rice pudding

arroz con pollo   rice chicken casserole

el **arte**   art, craft, skill (6)

  artes y oficios   arts and crafts, vocational

  clase de historia del arte   art history class

la **artesanía**   handicraft (13)

  artículos de artesanía   handiwork, crafts (13)

el **artículo**   article (4)

  artículos de artesanía   handiwork, crafts (13)

  artificiales: fuegos _____   fireworks

  artístico, -a   artistic

  asado, -a   roast(ed)

la **ascendencia**   ancestry

el **ascenso**   promotion (19)

el **ascensor**   elevator (12)

asearse   to clean up

así   so, thus, that way (8)

  así, así   so-so

  así como   as well as

  así que *conj.*   so, so that (15)

el **asiento**   seat (20)

asistir a   to attend (16)

  asistir a misa   to attend mass (16)

asomarse a   to look out, lean out

asombrarse   to be amazed, be surprised (22)

la **aspiradora**   vacuum cleaner (17)

la **aspirina**   aspirin (16)

astronómico, -a   astronomical

el **asunto**   affair, matter (6)

la **atención** (*pl.* **atenciones**)   attention

  llamar la atención   to attract the attention

atraído   attracted

atravesar   to cross

aumentar   to increase

aún *adv.*   even; still, yet (15)

aunque *conj.*   although, even though; even if (4)

el **autobús** (*pl.* **autobuses**)   bus (8)

  en autobús   by (in a) bus (8)

auxiliar: el profesor _____

assistant professor

avanzado, -a advanced

avanzar to advance

la **aventura** adventure (10)

la **avería** breakdown, failure (*of motor vehicle*) (18)

    tener una avería to have a breakdown, failure (*in the car*) (18)

Averroes (*1126-1198*), *Arab-Spanish philosopher and physician*

el **avión** (*pl.* **aviones**) (air)plane (4)

    boleto de avión (air)plane ticket (8)

    en avión by (in a) plane (5)

    por avión by air mail, by plane (4)

    avisar to inform, notify, call (*to the telephone*) (11)

la **aya** governess, child's nurse

ayer yesterday (9)

    ayer por la mañana (tarde) yesterday morning (afternoon) (14)

la **ayuda** aid

    ayudar (a + *inf.*) to help *or* aid (to) (19)

la **azafata** stewardess (20)

    azteca (*m. and f.*) *adj. and noun* Aztec

el (la) **azúcar** sugar

    azul (*m. or f.*) blue (2)

    verde-azul greenish blue (14)

B

la **bahía** bay

bailar to dance (9)

el **bailarín** dancer (*m.*) (9)

la **bailarina** dancer (*f.*)

el **baile** dance (9)

    número de baile dance number (9)

bajar to go down, descend, to bring down, to lower (12)

bajo *prep.* under, beneath, below

bajo, -a low

el **baluarte** bulwark

el **banco** bank (7)

el **baño** bath, bathroom (12)

    el traje (vestido) de baño bathing suit (14)

el **bar** bar

    barato, -a inexpensive, cheap (7)

la **barba** beard (8)

el **barco** ship, boat (8)

    en barco by (in a) boat (8)

el **barrio** quarter, district, neighborhood (17)

    basado, -a *p.p. of* **basar** *and adj.* based

    basar to base

el **básquetbol** basketball (15)

    bastante *adv.* quite, quite a bit, rather; *adj.* enough, sufficient (1)

la **batidora** mixer, beater, blender (17)

    Beatriz Beatrice (22)

    beber to drink (3)

la **bebida** drink (*in general*) (11)

la **beca** scholarship (19)

el **béisbol** baseball (15)

    bello, -a beautiful, pretty

la **bestia** beast, animal

    bestias de carga beasts of burden

la **biblioteca** library (3)

    en la biblioteca at (in) the library (3)

la **bicicleta** bicycle (15)

    en bicicleta by (on a) bicycle (15)

bien *adv.* well, fine; very (1)

    bien frío, -a very cold

    está bien it is all right, O.K., fine, very well

    estar (muy) bien to be (very) well (5)

    ¡muy bien! very well! (that's fine! (1)

    ¡que les vaya bien! good luck (*lit.*, may it go well with you [*pl.*])!

    ¿(te) parece bien? is it all right with (you)? does it seem O.K. to (you)? (7)

el **biftec** (**bistec, biste**) steak

    bilingüe (*m. or f.*) bilingual (4)

la **billetera** wallet (7)

    blanco, -a white (2)

la **blusa** blouse (7)

el **bocadillo** sandwich (*Spain*)

los **bocaditos** appetizers (11)

la **boda** wedding (17)

    el regalo de bodas wedding gift (17)

el **boleto** ticket (*transportation*) (8)

    boleto de avión (air)plane ticket (8)

    boleto de ida y vuelta round-trip ticket (20)

    boleto sencillo one-way ticket (20)

la **bolsa** purse, pocketbook, bag (7)

    bolsa de cuero leather purse (bag) (7)

el **bollo** roll

    bonito, -a beautiful, pretty (2)

el **bosque** wood, forest

la **botella** bottle

el **brazo** arm (16)

    brillante (*m. or f.*) brilliant, bright (12)

    bronceado, -a tanned (14)

    bucear to dive (10)

el **buceo** scuba diving

    buen *used for* **bueno** *before m. sing. nouns* (9)

    ¡buen apetito! (may you have a) good appetite!

    ¡buen viaje! (have) a good *or* fine trip! (9)

    pasar un buen rato to have a good time (11)

bueno *adv.* well, well now (then), all right, O.K. (2)

¡bueno! hello! (*telephone*) (7)

bueno, -a good (1)

    buenos días good morning (day) (1)

    buenas noches good evening, good night (12)

    buenas tardes good afternoon (1)

    en buenas condiciones in good condition

es bueno it's good (19)

muy bueno very good, fine (5)

el **buey** oxen

el **buque de vapor** steamship

la **busca** search (8)

en busca de in search of (8)

buscar to look for, seek, get (5)

▣ C ▣

el **caballo** horse

la **cabeza** head (16)

tener dolor de cabeza to have a headache (16)

la **cablevisión** cable TV

el **cacahuete** peanut

el **cacao** cacao, cocoa

cada (m. and f.) each, every

el **café** coffee, cafe (3)

café solo black coffee

tomar una taza de café to have or drink a cup of coffee (3)

la **cafetera** coffee pot, percolator (17)

la **cafetería** cafeteria (2)

la **cajuela** auto trunk

la **calabaza** pumpkin, squash

calcular to estimate

el **calendario** calendar

la **calidad** quality

caliente adj. warm, hot (10)

el **Califato** Caliphate (12)

calmar to calm; **calmarse** reflex. to calm oneself, become calm, calm down (18)

el **calor** heat, warmth (10)

el **calzado** footwear, shoes

la **calle** street (6)

Calle Constitución Constitution Street (7)

la **cama** bed (12)

la cama doble double bed (12)

camas sencillas single beds (12)

la ropa de cama linens (12)

el sofá-cama sofa-bed (17)

la **cámara** camera (21)

la cámara cinematográfica movie camera (21)

cámara de treinta y cinco milímetros 35-millimeter camera (21)

el **camarero** waiter (22)

cambiar to change (12)

el **cambio** change, exchange (4)

en cambio on the other hand

el **camino** road, way (10)

Camino Real King's (Royal) Highway

ir camino de (to be or go) on the (one's) way to (10)

la **camisa** shirt (7)

la **camiseta** T-shirt, sport shirt (7)

el **camote** sweet potato

el **campeón** (pl. **campeones**) champion

el **campo** country, field (10)

campo de turismo tourist camp

la **caña de azúcar** sugar cane

el **canal** channel (15)

cancelar to cancel (20)

la **canción** (pl. **canciones**) song (9)

Cancún resort on the Caribbean coast of northeastern Yucatan

la **cancha** (tennis) court (15)

la **candidata** candidate (applicant for a job, position) (f.) (19)

el **candidato** candidate (applicant for a job, position) (m.) (19)

el **cañón** canyon

cansado, -a tired (5)

venir bastante cansado, -a to be pretty tired (5)

cansarse to get tired (14)

el (la) **cantante** singer (9)

cantar to sing (9)

cantares de gesta epic poems

cántaros: llover a _____ to rain cats and dogs (20)

capaz capable

la **capilla** chapel

Capilla Real Royal Chapel

la **capital** capital (city) (5)

la **cara** face (8)

pintarse la cara to put make-up on the face (8)

¡caramba! goodness! gosh! gee! good gracious! (6)

el **carbón** coal

la **carga** load, burden

bestias de carga beasts of burden

el **Caribe** Caribbean Sea (area) (10)

Mar Caribe Caribbean Sea

Carlos Charles (2)

Carmen Carmen (1)

la **carne** meat

carne de res beef

el **carnet** license

el carnet (la licencia) de manejar driver's license (18)

caro, -a expensive, dear (7)

Carolina Caroline (2)

la **carrera** career (6)

la **carretera** highway

Carretera Panamericana Pan American Highway

el **carro** car (Am.) (18)

la **carta** letter (3)

carta de recomendación letter of recommendation (19)

papel de cartas (de escribir) writing paper (4)

el **cartel** poster (2)

la **cartera** purse, billfold, wallet (13)

la **casa** house, home (1)

a casa de su amigo Ramón to his friend Raymond's (house) (6)

de casa de Diana from Diane's (6)

en casa at home (1)

especialidad de la casa the specialty of the house

estar en casa to be at home (8)

invitar a casa to invite to one's house (21)

la casa de correos post office (21)

llegar a casa to arrive home (3)

casado, -a: estar _____ to be married

casarse to get married (17)

casi almost, nearly (3)

caso: hacer _____ a to notice, listen to, pay attention to (16)

la **casualidad** chance

por casualidad by chance (11)

¡qué casualidad! what a coincidence! (9)

el **catalán** Catalonian

la **catarata** cataract, waterfall

la **cátedra** professorship

la **catedral** (*pl.* **catedrales**) cathedral

católico, -a Catholic

    Reyes Católicos Catholic King and Queen (*Ferdinand and Isabella*)

catorce fourteen (P2)

el **caucho** rubber

la **caza** hunting

la **cebolla** onion

celebrar to celebrate (11)

celeste light blue (7)

cenar to eat (have) supper (3)

el **cenicero** ashtray (13)

el **centavo** cent (U.S.) (7)

el **centenario** centennial

centro downtown, center (of town) (4)

    estar en el centro (to be) downtown (13)

    ir al centro to go downtown (4)

    llegar al centro to arrive downtown (7)

la **cerámica** ceramics, pottery (13)

    objetos de cerámica ceramics, pottery objects, pieces of pottery (13)

cerca *adv.* near, close by

    cerca de *prep.* near, close to (3)

cercano, -a nearby, neighboring (18)

el **cerdo** pork, pig

cero zero

cerrar (ie) to close (8)

la **cerveza** beer (11)

el **cielo** sky (10)

la **ciencia-ficción** science-fiction

    películas de ciencia-ficción science-fiction movies (9)

las **ciencias** science (6)

    Facultad de Ciencias Sociales School of Social Sciences (6)

ciento (cien) one (a) hundred (12)

ciento (dos) one hundred (two) (12)

cierto, -a (a) certain, sure (5)

    por cierto certainly, surely, for certain (sure), by the way (10)

cinco five (P2)

el **cine** movie(s) (9)

    estrella de cine movie star

cinematográfica: cámara _____ movie camera (21)

la **cinta** tape, ribbon

el **cinturón** (*pl.* **cinturones**) belt (13)

la **cita** date, appointment (15)

la **ciudad** (*pl.* **ciudades**) city (4)

    ciudad de piedra stone city (20)

    la ciudad-estado city state

la **ciudadanía** citizenship

    común ciudadanía dual citizenship

la **civilización** (*pl.* **civilizaciones**) civilization (12)

Clara Clara, Clare, Claire (13)

claro *adv.* clearly, naturally, of course (11)

    ¡claro! I see! sure! of course! certainly! (6)

    ¡sí, claro! yes, of course (2)

claro, -a *adj.* clear (14)

la **clase** class, classroom; kind (1)

    clase de español Spanish class (1)

    clase de francés French class (1)

    clase de historia del arte art history class

    clase de inglés English class (1)

    clase turista tourist (economy) class (20)

    compañera de clase classmate (*f.*) (3)

    compañero de clase classmate (*m.*) (3)

    en clase in class (1)

ir a clase to go to class (16)

sala de clase classroom (2)

cobrar to cash (a check) (7); to charge, collect (12)

el **cobre** copper

el **cocido** Spanish stew

la **cocina** kitchen (15); stove (17)

cocinar to cook (11)

el **coche** car (*Spain*) (8)

    el coche patrulla patrol car (18)

    en coche by (in a) car (8)

colombiano, -a *also noun* Colombian (2)

colonial (*pl.* **coloniales**) colonial

el **color** (*pl.* **colores**) color (2)

    ¿de qué color...? what color . . . ? (2)

    fotografías a colores color photographs (2)

Colorado Colorado (10)

el **collar** necklace (13)

la **comedia** comedy (9)

    la comedia musical (musical) play (9)

el **comedor** dining room (hall) (3)

el **comentario** commentary, comment (18)

comenzar (ie) (**a** + *inf.*) to begin *or* commence (to), to start (9)

comer to eat, dine, eat dinner (2)

    se come muy bien aquí the food is very good here (*lit.,* one eats very well here)

la **comida** food, meal, dinner (3)

    horario de las comidas meal hours, time (*schedule*) of meals (3)

el **Comisionado Residente** Resident Commissioner

como as, like; since (10)

    como agente as an agent (19)

    como si as if (21)

¡cómo! how!

    ¡cómo no! of course! certainly! (4)

    ¡cómo se ve que...! one can tell that . . . ! (16)

¿cómo? how?; what? (1)

¿cómo dices? what do you say?
what are you saying? (14)

¿cómo es (son)...? what is
(are) . . . like? (2)

¿cómo lo han pasado? how
have things gone? (14)

¿Cómo se llama Ud.? (**¿te
llamas?**) What's your name?,
How/What do you call
yourself?

¿cómo te sientes? how do you
(*fam. sing.*) feel? (16)

la **comodidad** (*pl.* **comodidades**)
convenience, comfort

cómodo, -a comfortable (7)

los **compadres** parents and
godparents of a child

la **compañera** companion (*f.*) (3)

compañera de clase classmate
(*f.*) (3)

compañera de cuarto
roommate (*f.*) (3)

el **compañero** companion (*m.*) (3)

compañero de apartamento
apartment mate (roommate)
(*m.*) (4)

compañero de clase classmate
(*m.*) (3)

compañero de cuarto
roommate (*m.*) (3)

compañero de viaje travelling
companion (*m.*) (8)

la **compañía** company (19)

comparar to compare (21)

competente (*m. or f.*) competent

ser (muy) competente to be
(very) competent (qualified)
(19)

completamente completely (15)

componerse de to be composed of

el **compositor** (*pl.* **compositores**)
composer

la **compra** purchase (7)

comprar to buy, purchase (4)

ir de compras to go shopping
(7)

comprender to comprehend,
understand (20)

el **compromiso** engagement,

commitment (22)

la **computadora** computer (20)

común ciudadanía dual
citizenship

común: por lo _____ usually,
commonly, generally (10)

con with (1)

con comida with meals (12)

con el tiempo in the course of
time

con mucho gusto gladly, with
great pleasure (5)

con nosotros with us (5)

con pasión passionately

con tal que provided that (20)

la **concepción** (*pl.* **concepciones**)
conception; concept, ideas

el **concepto** concept

el **concierto** concert (9)

la **condición** (*pl.* **condiciones**)
condition

en buenas condiciones in good
condition

conducir to drive (*Spain*) (19)

el **conductor** driver (18)

la **confederación** (*pl.*
confederaciones)
confederation

la **conferencia** lecture (18)

confiar to confide, trust

fue confiado, -a was entrusted

confirmar to confirm (20)

conformar to conform, adjust (14)

conformarse con to resign
oneself to (14)

la **congestión** congestion (16)

conocer to know, be acquainted
with, meet (5)

encantado, -a de conocerte
delighted to meet you

mucho gusto en conocerla (I
am) pleased (glad) to know
you *or* nice meeting (to meet)
you (*formal f. sing.*) (20)

el **conocimiento** knowledge

conquistado, -a conquered

conquistar to conquer

conseguir (i, i) (*like* **seguir**) to
get, obtain (18)

el **consejero** adviser

los **consejos** advice (21)

dar (un) consejo to give
(some) advice (16)

conservar *reflex.* **conservarse** to
preserve, to be preserved

la **constitución** constitution (7)

Calle Constitución
Constitution Street (7)

construir to construct, build (22)

los **consuegros** fathers and mothers
whose children are married;
in-laws

la **consulta** consultation

consultar to consult (20)

contar (ue) to tell, relate; to
count (9)

contener (*like* **tener**) to contain

contento, -a happy, pleased, glad
(5)

estar contento, -a to be happy
(5)

contestar to answer, reply (7)

conteste (usted), por favor
answer please (1)

continuar to continue, go on
(20)

continuar siendo to continue
to be

continúe *formal sing. command
of* **continuar**

contra *prep.* against (15)

el **convenio** covenant, pact

convenir (*like* **venir**) to be
advisable (12)

la **conversación** (*pl.* **conversaciones**)
conversation (1)

conversar to converse, talk

convivir live together

la **copa** glass (*for wine*); cup

Copa Mundial World Cup (15)

Copán *an ancient Mayan city in
northwestern Honduras*

el **coral** (*pl.* **corales**) coral (14)

arrecife de coral coral reef

Córdoba Cordova (*city in
southern Spain*)

el **corredor** (*pl.* **corredores**)
corridor, hall (14)

el **correo**   mail, postal service

correos: la casa de _____   post office (21)

correr   to run (10)

correr las olas   to surf (10)

cortar   to cut, cut off (14)

la **Corte**   Court (*judicial*)

Cortés: Hernán (*1485–1547*) *the conqueror of Mexico*

corto, -a   short (4)

los pantalones cortos   shorts (7)

la **cosa**   thing (7)

la **cosecha**   harvest, crop

cosechar   to harvest

se cosechan   are harvested

la **costa**   coast (22)

costar (ue)   to cost (8)

la **costumbre**   custom, habit

Cozumel   *an island off the east coast of Yucatan, Mexico*

crear   to create

crecer   to grow

creciente   increasing

el **crédito**   credit (20)

la tarjeta de crédito   credit card (12)

creer   to believe, think (2)

¡ya lo creo!   of course! certainly! (21)

la **crema**   creme

la **criada**   maid (12)

la **cronología**   chronology

cruzar   to cross (10)

el **cuaderno**   notebook (2)

cuaderno de ejercicios   workbook (2)

la **cuadra**   block (*of houses*) (*Am.*)

¿cuál? (*pl.* **¿cuáles?**)   which one (ones)?; what? (7)

¿cuál es el apuro?   what's the hurry (rush)? (18)

¿Cuál es la fecha?   What's the date? (12)

cualquier, -a (*pl.* **cualesquier, -a**) any (21)

a cualquier hora   at any time (*hour*) (21)

en cualquier momento   (at) any moment (17)

cuando   when (6)

¿cuándo?   when? (3)

¡cuánto + *verb*!   how . . . ! (18)

¡cuánto me alegro de que...!   how glad I am that . . . ! (18)

¡cuánto me alegro!   how glad I am! (22)

¡cuánto me gustaría viajar...!   how I should (would) like to travel . . . ! (22)

¡cuánto se lo agradezco!   how grateful I am to you for it (that)! (19)

¿cuánto, -a (-os, -as)?   how much (many)? (2)

¡Cuántas cosas quieres...!   How many things you want! (17)

¿cuánto tiempo hace (que volvieron)?   how long has it been since (you returned)? (14)

¿cuánto tiempo hace?   how long is it (has it been)? (19)

¿cuánto tiempo?   how much time? how long? (5)

¿cuántos años tienes (tiene Ud.)?   how old are you? (11)

¿cuántos años va a cumplir (él)?   how old is (he) going to be? (11)

cuanto: en _____ *conj.*   as soon as

en cuanto a   as for

el **cuarto**   room; quarter (3)

compañera de cuarto   roommate (*f.*) (3)

compañero de cuarto   roommate (*m.*) (3)

cuatro   four (P2)

cubano, -a   Cuban (4)

el **cubierto**   knife, fork, and spoon (17)

cubierto, -a (de) *p.p.* of **cubrir** *and adj.*   covered (with) (14)

cubrir   to cover (14)

el **cuello**   neck (16)

la **cuenca**   basin

la **cuenta**   bill, account (12)

el **cuero**   leather, hide (7)

bolsa de cuero   leather purse (bag) (7)

el **cuerpo**   body (16)

todo el cuerpo   (the) whole or entire body (16)

el **cuidado**   care

tener (mucho) cuidado   to be (very) careful (11)

culto, -a   cultured

la **cultura**   culture

cultural (*pl.* **culturales**)   cultural

funciones culturales   cultural events

la **cumbia**   *a Colombian dance* (11)

el **cumpleaños**   birthday (11)

fiesta de cumpleaños   birthday party (11)

cumplir   to reach one's birthday, be (*years old*) (11)

¿cuántos años va a cumplir (él)?   how old is (he) going to be? (11)

cumplir...años   to be . . . years old (*i.e.*, reach the age of . . . years) (11)

los **cuñados**   brothers and sisters-in-law

el **cura**   parish priest

cuyo, -a   whose, of whom (which)

el **Cuzco**   *Cuzco, ancient capital of the Incan empire* (20)

◈ CH ◈

la **chaqueta**   jacket (7)

charlar   to chat (6)

el **cheque**   check (7)

los cheques de viajero   traveller's checks (12)

la **chica**   girl (6)

Chicago   Chicago (10)

el **chico**   boy; *pl.* boys and girls, young people (6)

Chichén Itzá   *an ancient Mayan city in northern Yucatan*

el **chile**   chili (chile)

   salsa de chile   chili (chile) sauce

chileno, -a also noun   Chilean (2)

la **chimenea**   chimney, fireplace (11)

   chocar con   to hit, collide with (18)

el **chocolate**   chocolate

el **choque**   collision (18)

el **chorizo**   smoked pork sausage

D

daño: hacerse _____   to hurt oneself, get hurt (18)

dar   to give (7)

   dar a   to face, open onto (12)

   dar un paseo   to take a walk (ride) (17)

   dar vuelta (a)   to turn (to)

   lo damos por   we are offering (selling) it for (7)

datar   to date

de   of, from, about; to, with, as; in (_after a superlative_); than (_before numerals_)

   la de   that of

   de actualidad   contemporary, of the present time (4)

   de acuerdo   agreed, I agree, O.K. (4)

   de acuerdo con   in accordance with

   de ancho   in width

   de casa de Diana   from Diane's (6)

   ¿de dónde?   where (from)? (2)

   de largo   in length

   de manera que conj.   so, so that (11)

   de nada   you're welcome, don't mention it, not at all (17)

   ¡de ninguna manera!   (in) no way! (16)

   de noche   at (by) night (8)

   de (_or_ **por**) **la mañana (tarde, noche)**   in the morning (afternoon, evening) (3)

   de primer order   of high rank,

first-class adj.

   de pueblo en pueblo   from village to village

   ¿de quién (pl. **de quiénes**) **es (son)?**   whose is it (are they)? (3)

   de vacaciones   on vacation (9)

   de veras   really, truly (15)

   de vez en cuando   from time to time, once in a while, occasionally (6)

   de visita   on (for) a visit (5)

   estar de visita   to visit, be visiting, be on a visit (5)

debajo de   below

deber   to owe; must, should, ought to (15)

decidir   to decide (10)

decir   to say, tell (7)

   diga, dígame   hello (_telephone_) (11)

   dinos = di (_fam. sing. command of_ **decir**) + **nos**   tell us (16)

   es decir   that is (to say)

   oír decir que   to hear (it said) that (19)

   querer decir   to mean (20)

declinar   to decline

dedicar   to dedicate, devote

el **dedo**   finger (16)

defender   to defend

definido, -a   definite, precise

dejar   to leave (behind) (11); to let, allow, permit (18)

   no dejar de + _inf._   not to fail to + _verb_ (22)

del = de + el   of (from) the (3)

delante de   in front of

deleitar   to delight

delicioso, -a   delicious (22)

demás adj. and pron.   the rest, other(s)

demasiado, -a (-os, -as) adj. and pron.   too much (many) (18)

el **dependiente**   clerk (m.) (4)

el **deporte**   sport (15)

   practicar un deporte   to play a sport (15)

   sección de deportes   sports section (15)

el **derecho**   law

   Facultad de Derecho   Law School (6)

derecho adv.   straight on (ahead)

   siga Ud. derecho   continue straight ahead

derecho, -a adj.   right

   a la derecha   to (on, at) the right

   por la derecha   on (to) the right (18)

desaparecer   to disappear

la **desaparición** (pl. **desapariciones**)   disappearance

desarrollado, -a   (highly) developed

desarrollar   to develop; **desarrollarse** reflex. to be developed

desayunar(se)   to have (eat, take) breakfast (8)

el **desayuno**   breakfast (3)

   tomar el desayuno   to eat _or_ have breakfast (3)

descansar   to rest (5)

   descansar un rato   to rest for a while (5)

desde prep.   since, from (12); for (_time_)

   desde luego   of course

desear   to desire, wish, want (8)

   no deseamos nada más   we don't want anything else

desgraciadamente   unfortunately (8)

desocupado, -a   unoccupied, vacant (12)

despacio   slowly (14)

la **despedida**   farewell

despedirse (i, i) (de + obj.)   to say good-bye (to), take leave (of) (20)

   despidámonos   let's take leave of one another (each other) (22)

despejado, -a   clear (_weather_) (10)

despertar   to arouse, awake;

despertarse *reflex.* to wake up (8)

después *adv.* afterwards, later (5)

después de *prep.* after (2)

después que after (20)

poco después shortly afterward (14)

destacarse to stand out

detener (*like* **tener**) to detain, stop; **detenerse** *reflex.* to stop (oneself) (21)

devolver (ue) to return, give *or* take back (13)

el **día** (*note gender*) day (1)

al día per day (12)

al día siguiente (on) the following *or* next day (8)

buenos días good morning (day) (1)

Día de Acción de Gracias Thanksgiving Day (7)

hoy día nowadays (6)

todo el día all day, the whole (entire) day

vuelo de día daytime flight, flight by day (20)

Diana Diane, Diana (5)

diario, -a daily (20)

el **diccionario** dictionary (4)

diciembre December (P1)

diecinueve nineteen (P2)

dieciocho eighteen (P2)

dieciséis sixteen (P2)

diecisiete seventeen (P2)

los **dientes** teeth (8)

diez ten (P2)

diferente different (21)

difícil *adj.* difficult, hard (4)

es difícil it's difficult (19)

diga, dígame hello (*telephone*) (11)

el **dinero** money (6)

el dinero en efectivo cash (12)

Dios God (16)

¡Dios mío! Heavens! (16)

el **diputado** congressman

la **dirección** (*pl.* **direcciones**) direction, address (4)

directo, -a direct (20)

dirigir to direct (13); **dirigirse a** *reflex.* to turn to, direct oneself to, address (*a person*) (13)

al dirigirse a on addressing

el **disco** record (*phonograph*) (11)

la **discoteca** discotheque (9)

disfrutar (de + *obj.*) to enjoy (14)

disolver to dissolve

la **distancia** distance

¿qué distancia hay? how far is it?

distinguir to distinguish; **distinguirse** *reflex.* to distinguish oneself

divertido, -a amused, amusing (9)

divertir (ie, i) to divert, amuse; **divertirse (ie, i)** *reflex.* to amuse oneself, have a good time, enjoy oneself (16)

dividir to divide, split

doble double

la cama doble double bed (12)

doce twelve (P2)

el **dólar** dollar (*U.S.*) (7)

doler (ue) to ache, pain, hurt (16)

el **dolor** ache, pain (16)

tener dolor de cabeza to have a headache (16)

la **dominación** (*pl.* **dominaciones**) domination

el **domingo** (on) Sunday (P2)

el domingo por la mañana (on) Sunday morning (8)

un domingo por la tarde a (one) Sunday afternoon (15)

el **dominio** domination, rule

donde where, in which (3)

dónde:¿de _____? where (from)? (2)

¿dónde? where? (2)

dormir (ue, u) to sleep; **dormirse (ue, u)** *reflex.* to fall asleep, go to asleep (16)

dos two (P2)

los/las dos both, the two (6)

dos veces twice

el **drama** drama (*note gender*) (9)

la **duda** doubt (21)

sin duda doubtless, without a doubt (21)

dudar to doubt (18)

dudoso, -a doubtful

es dudoso it's doubtful (19)

el **dueño** owner (17)

dulce sweet

durante *prep.* during, for (8)

durar to last

E

e and (*used for* **y** *before* **i-, hi-** *but not* **hie-**)

la **economía** economics (6)

el (la) **economista** economist (18)

el **ecuador** equator (21)

echar throw, cast (22)

echar piropos to pay compliments (22)

el **edificio** building (6)

edificio de apartamentos apartment building (6)

edificio principal main buiding (2)

Eduardo Edward

efectivo: dinero en _____ cash (12)

¿eh? eh? right? (8)

el **ejecutante** performer (*music*)

el **ejemplo** example (4)

por ejemplo for example (4)

el **ejercicio** exercise (1)

cuaderno de ejercicios workbook (2)

ejercicio de pronunciación pronunciation exercise (1)

el **ejército** army

la **elección** (*pl.* **elecciones**) election (4)

eléctrico, -a electric (17)

la sartén eléctrica electric skillet (17)

el **elemento** ingredient, element

Elena Helen, Ellen (P2)

elevado, -a high, elevated

embargo: sin _____ nevertheless

la **emoción** (*pl.* **emociones**)
excitement (15)

emocionante exciting, thrilling (15)

la **empanada** turnover, small meat pie (11)

el **emperador** (*pl.* **emperadores**) emperor

empezar (**ie**) (**a** + *inf.*) to begin (to) (18)

empezar (**ie**) **a usarse** to begin to be used

el **empleado** employee (19)

emplear to employ, use (22)

el **empleo** employment, job

agencia de empleo employment agency (19)

la solicitud de empleo employment application (19)

emprender to undertake

la **empresa** company, firm, house (*business*) (19); industrial enterprises

en in, on, at (1)

en autobús by (in a) bus (8)

en avión by (in a) plane (5)

en barco by (in a) boat (8)

en bicicleta by (on a) bicycle (15)

en buenas condiciones in good condition

en busca de in search of (8)

en cambio on the other hand

en casa at home (1)

en clase in class (1)

en coche by (in a) car (8)

en cualquier momento (at) any moment (17)

en cuanto *conj.* as soon as (20)

en cuanto a as for

en este tiempo del año in (at) this time of (the) year (12)

en fin in short (14); in sum

en general in general, generally

en gran parte to a large extent

en la biblioteca at (in) the library (3)

en la universidad at the university (1)

en la vida never (16)

en lugar de instead of, in place of

en punto on the dot, sharp (*time*) (3)

¿en qué puedo servirle(s)? what can I do for you? how can I help you? (13)

en realidad actually

en seguida at once, immediately

en serio seriously (9)

en todas partes everywhere

en tren by (in a) train (8)

en vez de instead of

estar en casa to be at home (8)

encantado, -a delighted (to)

encantado, -a de conocerte delighted to meet you

encantador, -ora enchanting, charming (14)

encantar to be delighted, charmed (7)

me encanta el estilo I love (am fascinated, charmed by) the style (7)

encanto: ¡eres un _____! you're dear! (17)

encontrar (**ue**) to meet, encounter, find (8);

encontrarse (**ue**) *reflex.* to find oneself, be found, be (14)

encontrarse (**ue**) **con** to meet, run across, run into someone (21)

el **encuentro** encounter, meeting

¡qué encuentro más agradable! what a pleasant encounter (meeting)!

enero January (P1)

enfermarse to get sick (ill) (16)

la **enfermedad** (*pl.* **enfermedades**) illness

la **enfermera** nurse (16)

enfermo, -a ill, sick (5)

enfrentar to confront;

enfrentarse *reflex.* to be confronted

enfrentarse con to cope with

enfrente de *prep.* across from, in front of (6)

estar enfrente de to be across from (6)

Enriqueta Henrietta (6)

la **ensalada** salad

enseñar to show (7)

enseñar a + *inf.* to teach how to (1)

entender (**ie**) to understand (19)

entender (**ie**) **de** (**maquinaria**) to understand *or* have experience in (machinery) (19)

entonces then, well then, at that time (3)

la **entrada** ticket (*admission ticket*) (9)

entrar (**en** + *obj.*) to enter, go *or* come in (into) (6)

entre *prep.* between, among (3)

entregar to hand (over) (13); turn in

el **entremés** (*pl.* **entremeses**) side dish, hors d'oeuvre

entremetido, -a meddlesome (18)

la **entrevista** interview (19)

enviar to send (20)

envolver (**ue**) to wrap (up) (13); to involve

la **época** epoch, period

el **equipaje** baggage, luggage (21)

el **equipo** team (15)

¡eres un encanto! you're dear! (17)

el **escaparate** shop window (7)

la **escena** scene (15)

escoger to choose, select (20)

escribir to write (3)

escrito, -a *p.p.* of **escribir** *and* *adj.* written (14)

la **escritura** writing

escuchar to listen (to) (6)

escuchar la radio listen to the radio (4)

escuchar las noticias listen to the news (4)

la **escuela** school (10)

escuela secundaria secondary school, high school (15)

la **escultura** sculpture

ese, esa (-os, -as) *adj.* that (those) (*nearby*)

ése, ésa (-os, -as) *pron.* that, that one (those) (*nearby*)

el esfuerzo effort

haciendo...esfuerzos por making . . . efforts to

eso *neuter pron.* that

a eso de at about (*time*) (3)

por eso for that reason, because of that, therefore, that's why

la espalda back (16)

España Spain (2)

el español Spanish (*the language*) (1)

clase de español Spanish class (1)

estudiantes de español students of Spanish (2)

profesora de español Spanish teacher (*f.*) (1)

español, -ola Spanish, *noun* Spaniard, *pl.* Spanish (*persons*) (2)

tortilla española potato omelet (*Spain*)

especial special (7)

a precio especial on sale, at a special price, at special prices (7)

la especialidad specialty

especialidad de la casa the specialty of the house

especialmente especially

el espectáculo show (9)

espera: lista de _____ waiting list (20)

esperar to wait, wait for; to expect, hope (6)

esperar mucho to wait long (*a long time*) (18)

espeso, -a thick

la esposa wife (12)

el esposo husband (12)

esquiar to ski (10)

esquiar en el agua to water ski (10)

esta noche tonight

establecer to establish, settle;

establecerse *reflex.* to settle, establish oneself

la estación (*pl.* **estaciones**) season; station (10)

estación de gasolina gasoline station

el estacionamiento parking (12)

el estadio stadium (15)

el estado state

Estado Libre Asociado Associated Free State (Commonwealth)

los Estados Unidos the United States (1)

la ciudad-estado city-state

la estampilla stamp (14)

estar to be (5)

está bien it is all right, O.K., fine, very well

está muy de moda it's very much in fashion (7)

están llenos de (mercancía) are full of merchandise (7)

estar (muy) bien to be (very) well (5)

estar casado, -a to be married (5)

estar contento, -a to be happy (5)

estar de vacaciones to be on vacation (5)

estar de visita to visit, be visiting, be on a visit (5)

estar en casa to be at home (8)

estar en el centro to be downtown (13)

estar enfrente de to be across from (6)

estar regular to be so-so (5)

estar seguro, -a de que to be sure that (6)

este, esta (-os, -as) *adj.* this (these)

esta misma tarde this very afternoon (17)

éste, ésta (-os, -as) *pron.* this, this one (these); the latter

el estéreo stereo (17)

el estilo style (7)

esto *neuter pron.* this

el estómago stomach (16)

la estrella star

estrella de cine movie star

el (la) estudiante, (*m. or f.*) student (1)

estudiantes de español students of Spanish (2)

residencia de estudiantes student dormitory (residence hall) (4)

estudiar to study (1)

el estudio study (6)

estupendo, -a stupendous, great, wonderful (8)

Europa Europe

el examen (*pl.* **exámenes**) examination, test (22)

examinar to examine

exceder to exceed

excelente excellent (4)

la excursión (*pl.* **excursiones**) excursion, trip (10)

hacer una excursión to take (make) an excursion (a trip) (15)

salir de excursión to go (set out) on an excursion (10)

el éxito success, "hit" (9)

tener (mucho) éxito to be (very) successful (22)

la expresión (*pl.* **expresiones**) expression (1)

extender (ie) to extend;

extenderse *reflex.* to extend, to be extended

extranjero, -a foreign (4)

extraño strange (19)

es extraño it's strange (19)

🔲 **F** 🔲

la fábrica factory (19)

la fábrica de muebles furniture factory

fácil *adj.* easy (4)

es fácil it's easy (19)

la facilidad (*pl.* **facilidades**) facility

facturar to check (*baggage*) (20)

la **Facultad** School (*in a university*)
(6)
  **Facultad de Administración de
Negocios** Business School
(6)
  Facultad de Arquitectura
School of Architecture (6)
  Facultad de Ciencias Sociales
School of Social Sciences (6)
  Facultad de Derecho Law
School (6)
  Facultad de Farmacia School
of Pharmacy (6)
  Facultad de Ingeniería School
of Engineering (6)
  Facultad de Medicina Medical
School, School of Medicine
(6)
la **faja** band, strip
  la faja andina narrow strip of
Andean land
la **falda** skirt (7)
la **falta** lack, want (21)
  sin falta without fail (21)
  faltar (*used like* **gustar**) to lack,
be lacking
  **falta mucho tiempo para las
siete** it is a long time before
seven
  fallar to fail (18)
la **fama** fame, reputation
  tener fama (de) to have the
(a) reputation (of, as)
la **familia** family (1)
  famoso, -a famous (9)
  fantasía: joyas de _____ costume
jewelry
  fantástico, -a fantastic, "great"
(9)
la **farmacia** drugstore, pharmacy (6)
  Facultad de Farmacia School
of Pharmacy (6)
el **faro** lighthouse
el **favor** favor (11)
  **nos hace Ud. el favor de
decirnos...?** will you please
tell us . . . ?
la **fe** faith
  febrero February (P1)

fecundo, -a fruitful
la **fecha** date (12)
  ¿Cuál es la fecha? What's the
date? (12)
  ¿Para qué fecha(s)? For what
date(s)? (12)
  felicitar to congratulate (22)
  Felipe Philip (2)
  feliz happy (17)
  Fernando Ferdinand
  festejar to honor, entertain
la **fiebre** fever (16)
  tener (muchísima) fiebre to
have a (very) high fever (16)
la **fiesta** fiesta, festival, holiday,
party (11)
  fiesta de cumpleaños birthday
party (11)
  fijarse en to direct one's
attention to
  fijo, -a fixed (7)
  tener precio fijo to have fixed
prices (7)
el **filósofo** philosopher
el **fin** end
  a fines de at the end of
  al fin finally, at last
  en fin in short (14); in sum
  el fin de semana the weekend
(8)
  hasta fines de until the end of
  pasar el fin de semana to
spend the weekend (8)
  por fin finally (22)
la **final** final match (*game*), finals
(15)
  la semifinal semi-final (15)
  fino, -a fine, nice (7)
  la ropa fina fine clothing
  firmar to sign (22)
el **flan** flan (*a custard*) (11)
la **flor** (*pl.* **flores**) flower (16)
  florecer to flourish
la **flota** fleet
  flotantes: jardines _____
floating gardens
  fomentar to promote
el **fondo** bottom, depth (14)
la **forma** form (22)

la **fortaleza** fort, fortress
la **foto** photo (12)
  sacar fotos (fotografías) to
take photos (12)
la **fotografía** photograph, picture (2)
  fotografías a colores color
photographs (2)
  sacar fotografías (fotos) to
take photographs (12)
  fracasar to fail
el **francés** French (*the language*) (1)
  la clase de francés French class
(1)
  francés, -esa French, *noun*
Frenchman, Frenchwoman,
pl. French (*persons*) (2)
la **frase** sentence, expression (4)
el **freno** brake (*of a car*) (18)
  frente a *prep.* facing, opposite
la **fresa** strawberry
  helado de fresa strawberry ice
cream
el **fresco** coolness (10)
  fresco, -a cool (10)
  tener fresco to be (feel) cool
(11)
el **frijol** kidney bean
el **frío** cold (10)
  frío, -a cold (10)
  frito, -a fried
la **frontera** frontier, border (10)
la **fruta** fruit
  una torta de frutas a fruit tart
el **fuego** fire
  los fuegos artificiales fireworks
la **fuente** fountain, source
  fuera de *prep.* outside of
  fuerte (*m. or f.*) strong
la **funda** pillow case (17)
  fundado, -a *p.p. of* **fundar** *and*
adj. founded
  fundar to found
  fusilar to shoot, execute
el **fútbol** soccer, football (15)
  algún partido de fútbol a
(some) soccer (football)
match (game) (15)
  el fútbol americano football (15)
el **futuro** future (22)

◈ G ◈

las **gafas** (eye)glasses, spectacles (8)

el **gallego** Galician

Gallo: Misa del ＿＿＿ Midnight Mass

la **ganadería** cattle raising

ganadero, -a *adj.* livestock

el **ganado** cattle, livestock (10)

ganar to gain, earn, win (6)

ganas: tener ＿＿＿ **de** to feel like, wish to, be eager to

la **ganga** bargain (17)

el **garaje** garage (12)

el **garbanzo** chickpea

la **garganta** throat (16)

la **gasolina** gasoline (8)

estación de gasolina gasoline station

la **gasolinera** filling (gas) station

gastar to waste, use (up)

el **gaucho** cowboy of the South American prairies

el **gazpacho** cold vegetable soup

general general

en general in general, generally

generalmente generally (3)

el **genio** genius (18)

la **gente** people (*requires sing. verb*) (10)

el **gerente** manager (17)

gesta: cantares de ＿＿＿ epic poems

el **gimnasio** gym (15)

girar to turn, revolve

gitano, -a *also noun* gypsy

la **gloria** glory

el **gobierno** government (6)

el **golf** golf (15)

el **golfo** gulf

Golfo de México Gulf of Mexico

la **goma de mascar** chewing gum

la **gota** drop (16)

gozar (de + *obj.*) to enjoy (10)

la **grabadora** (*tape*) recorder (17)

la videograbadora video-recorder (VCR) (17)

gracias thank you, thanks (5)

Día de Acción de Gracias Thanksgiving Day (7)

gracias a thanks to

gracias por thanks for (16)

mil gracias por many (a thousand) thanks for *or* thanks a lot for

el **grado** degree (*weather*) (10)

graduarse (de) to graduate (19)

Granada *city in southern Spain*

grande large, big, great (2)

gran *adj.* large, great (*used before a sing. noun*) (16)

en gran parte to a large extent

grandioso, -a grandiose, magnificent

grave *adj.* grave, serious (18)

el **grito** cry

el **grupo** group (2)

el **guacamole** guacamole (11)

Guadalquivir: el río ＿＿＿ *river in southern Spain, flowing into the Gulf of Cádiz*

el **guajolote** turkey (*Mex.*)

mole de guajolote turkey mole

el **guante** glove (21)

guapo, -a handsome (*m.*), pretty (*f.*), good-looking (*m. or f.*) (2)

el **guardia** policeman

la **guayabera** *shirt with fancy work, worn outside trousers* (13)

la **guerra** war

películas de guerra war movies (9)

la **guía** guide (15)

el **guisado** stew

gustar to like (7)

me gusta que... I like it that . . . (18)

el **gusto** pleasure, liking, delight, taste (5)

con mucho gusto gladly, with great pleasure (5)

el gusto es mío the pleasure is mine

mucho gusto (I am) pleased *or*

glad to know *or* meet you

mucho gusto en conocerla (I am) pleased (glad) to know you *or* nice meeting (to meet) you (*formal f. sing.*) (20)

¡qué gusto! what a pleasure (delight)! (5)

◈ H ◈

haber to have (*auxiliary*); to be (*impersonal*)

había there was, there were (10)

habrá there will be (15)

hay there is, there are (2)

hay que + *inf.* one (you, we, people, *etc.*) must *or* it is necessary to + *verb* (14)

no hay de que you're welcome, don't mention it (20)

no hay heridos ni ambulancias there aren't any injured persons or ambulances (there are no . . . nor . . .) (18)

no hay problema there is no (isn't any) problem (8)

la **habitación** (*pl.* **habitaciones**) room (16)

el **habitante** inhabitant

hablar to speak, talk (1)

hablar más alto to talk louder (14)

hacer to do, make (8); to be (*weather*) (10); **hacerse** *reflex.* (19)

¿cuánto tiempo hace (que volvieron)? how long has it been since you returned (*formal pl.*)? (14)

¿cuánto tiempo hace? how long is it (has it been)? (19)

hace (un cuarto de hora) (a quarter of an hour) ago (14)

hacer caso a to notice, listen to, pay attention to (16)

hacer (*or* practicar) el aerobismo to do aerobics (15)

hacer el viaje to make (take) the trip (8)

hacer juego con   to match, go with, make a set (13)

hacer la maleta   to pack one's bag (20)

hacer la solicitud   to apply, submit the application (19)

hacer reservas   to make reservations (a reservation) (12)

hacer una excursión   to take (make) an excursion (a trip) (15)

hacer una pregunta (a)   to ask a question (of) (21)

hacer una recomendación   to give (make) a recommendation (19)

hacerse daño   to hurt oneself, get hurt (18)

haciendo...esfuerzos por   making . . . efforts to

haga(n)me *or* **haga(n) Ud(s). el favor de** + *inf.*   please + *verb* (11)

hazle = haz   (*fam. sing. command of* **hacer**) + **le** (16)

no tener nada que hacer   not to have anything (to have nothing) to do (21)

¿nos hace Ud. el favor de decirnos...?   will you please tell us . . . ?

hallar   to find; **hallarse** *reflex.* to find oneself, be found, be (14)

la **hamaca**   hammock (13)

el **hambre** (*f.*)   hunger (11)

tener hambre   to be hungry (11)

hasta *prep.*   until, to, up to (3)

hasta el viernes   until (see you) Friday (11)

hasta fines de   until the end of

hasta la vista   until (see you) later (21)

hasta luego   until (see you) later (22)

hasta llegar a   until reaching (arriving at)

hasta mañana   until (see you) tomorrow (21)

hasta pronto   until (see you) soon (5)

hasta que *conj.*   until (20)

hasta que *conj.*   until (20)

hay   there is, there are (2)

¿qué hay de nuevo?   what's new? what do you know? (5)

hecho, -a *p.p. of* **hacer** *and adj.*   done, made (14)

el **helado**   ice cream

helado de fresa   strawberry ice cream

un helado   a dish (*serving*) of ice cream

el **herido**   wounded (injured) person (18)

no hay heridos ni ambulancias   there aren't any injured persons or ambulances (there are no . . . nor . . .) (18)

la **hermana**   sister (5)

el **hermano**   brother; (*pl.* **los hermanos**) brothers, brother(s) and sister(s) (5)

el **hielo**   ice (11)

el **hierro**   iron

la **hija**   daughter; dear (*f.*) (*in direct address*) (5)

el **hijo,**   son; *pl.* children (*m. and f.*) (5)

el **hilo**   linen (7)

hispánico, -a   Hispanic, Hispanic matters (4)

hispano, -a   Spanish, Hispanic (15)

Hispanoamérica   Spanish America (2)

hispanoamericano, -a   *also noun* Spanish American (2)

hispanohablante   Spanish-speaking

la **historia**   history (6)

clase de historia del arte   art history class

histórico, -a   historical

hojear   to turn the pages of (15)

¡hola!   hello! hi! (1)

Holanda   Holland (15)

el **hombre**   man (10)

hombre de negocios   businessman (19)

¡hombre!   man! say! hey! (14)

la **hora**   hour, time (*of* day) (3)

a cualquier hora   at any time (*hour*) (21)

la hora en que   the time (*hour*) when

ser hora de   to be time to (22)

el **horario**   schedule, timetable (3)

horario de la universidad   university time schedule (3)

horario de las comidas   meal hours, time (*schedule*) of meals (3)

el **horno**   oven (17)

el horno microondas   microwave oven (17)

horrible   horrible (10)

el **hospital**   hospital (16)

el **hotel**   hotal (12)

hoy   today (5)

hoy día   nowadays (6)

hoy no   not today

la **huella**   trace

el **huevo**   egg

huevos rancheros   ranch-style eggs

la **humedad**   humidity (10)

¡huy!   interjection of surprise *or* pleasure (11)

囵 I 囵

ibero   Iberian

la **ida**   departure (20)

(boleto) de ida y vuelta   round-trip (ticket) (20)

la **idea**   idea (8)

la **iglesia**   church (16)

imaginarse   to imagine (19)

el **imperio**   empire

el **impermeable**   raincoat (21)

la **importancia**   importance

importante   important (6)

es importante   it's important (19)

imposible   impossible (7)

es imposible   it's impossible (19)

la **imprenta**   printing press
incaica (*m. or f.*)   Incan
indicar   to indicate, to signal
   **les indica...que sigan
      adelante**   he indicates to
      them . . . to continue ahead
el **indígena** (*m. or f.*)   native; *adj.*
      indigenous
indio, -a *also noun*   Indian
indudablemente   undoubtedly
la **industria**   industry
Inés   Inez, Agnes (18)
la **influencia**   influence
informar   to inform (20)
la **informática**   computer science (6)
los **informes**   information, reports
la **ingeniería**   engineering
   Facultad de Ingeniería   School
      of Engineering (6)
   Ingeniería Agrícola
      Agricultural Engineering (19)
el **ingeniero**   engineer (19)
el **inglés**   English (*the language*) (1)
   la clase de inglés   English class
      (1)
el **ingrediente**   ingredient
ingresar (**en** + *obj.*)   to enter,
      enroll (in) (15)
el **ingreso**   income
   el ingreso por persona   per
      capita income
iniciar   to begin, start
inolvidable   unforgettable (21)
insistir en   to insist upon (17)
instalarse   to get settled
el **instituto**   high school
inteligente (*m. or f.*)   intelligent
      (2)
el **interés** (*pl.* **intereses**)   interest
interesante   interesting (2)
interesar   to interest (12)
el **interior** (*pl.* **interiores**)   interior;
      also adj.
interno, -a   internal, domestic
   una línea interna   a domestic
      airline (20)
invertir   to invest
el **invierno**   winter (P1)
la **invitación**   invitation (11)

el **invitado**   guest (11)
invitar (**a** + *inf.*)   to invite (to)
      (6)
   invitar a casa   to invite to one's
      house (21)
ir (**a** + *inf.*)   to go (to) (3); **irse**
      reflex.   to go (away), leave
      (22)
   ir a clase   to go to class (16)
   ir a pescar   to go fishing (14)
   ir al centro   to go downtown (4)
   ir de compras   to go shopping
      (7)
   ir de vacaciones   to go on a
      vacation (5)
   ir camino de   (to be *or* go) on
      the (one's) way to (10)
   ¡que les vaya bien!   good luck
      (*lit.*, may it go well with you
      [*pl.*])!
   vamos (a otra tienda)   let's go
      or we are going (to another
      store) (7)
   ¡vamos allá!   let's go there!
Isabel   Isabel, Elizabeth, Betty (P2)
la **isla**   island
   Isla Mujeres   *an island in the
      Caribbean, off the northeastern
      coast of Yucatan*
Italia   Italy (15)
el **italiano**   Italian (*the language*) (1);
      also adj.
izquierdo, -a   left
   a la izquierda   to (on, at) the
      left
   por la izquierda   on (to) the
      left

◼ J ◼

el **jabón** (*pl.* **jabones**)   soap (12)
Jaime   James, Jim (8)
el **jamón** (*pl.* **jamones**)   ham
el **japonés**   Japanese (*the language*)
      (1); *also adj.*
el **jarabe**   syrup (16)
   jarabe para la tos   cough syrup
      (16)
el **jardín** (*pl.* **jardines**)   garden

   los jardines flotantes   floating
      gardens
el **jefe**   boss, chief (19)
jeroglífico, -a   hieroglyphic
Jesucristo: antes de _____   B.C.
el **jitomate**   tomato (*Mex.*)
Jorge   George (3)
José   Joseph (21)
el **joven**   young man (*pl.* **los
      jóvenes**)   young men, young
      people (6)
joven (*pl.* **jóvenes**)   young (6)
la **joven**   young girl (woman); (*pl.*
      las jóvenes)   young women
la **joya**   jewel (13)
   las joyas de fantasía   costume
      jewelry (13)
la **joyería**   jewelry shop (store) (13)
Juanita   Juanita, Jane
el **juego**   game (15)
   hacer juego con   to match, go
      with, make a set (13)
el **jueves**   (on) Thursday (P2)
   el jueves por la noche   (on)
      Thursday evening (7)
el **jugador**   player (*m.*) (15)
la **jugadora**   player (*f.*) (15)
jugar (**ue**) (**a** + *obj.*)   to play (a
      game) (15)
el **jugo**   juice (16)
julio   July (P1)
junio   June (P1)
junto a *prep.*   near (to), close to
      (11)
juntos   together
juvenil   young-looking, youthful
      (7)

◼ K ◼

el **kilómetro**   kilometer (5/8 mile)

◼ L ◼

la (*pl.* **las**)   the (*f.*)
   la(s) de   that (those) of, the
      one(s) of (with, in)
   las dos   both, the two (*f.*)

la(s) que who, that, which, she (those) who (whom, which), the one(s) who (that, whom, which)

la *dir. obj. pron.* her, it (*f.*), you (*formal f. sing.*)

los **labios** lips (8)

el **laboratorio** laboratory (1)

el **lado** side (8)

al lado de *prep.* beside, next to, at the side of (8)

el **lago** lake (10)

la **lana** wool

el **lápiz** (*pl.* **lápices**) pencil (2)

largo, -a long (4)

de largo in length

las *dir. obj. pron.* them (*f.*), you (*f. pl.*)

la **lástima** pity, shame (5)

¡qué lástima! too bad, what a pity (shame)! (5)

lástima: es (una) _____ it's a pity (too bad) (19)

lastimarse to get hurt (16)

me lastimé el *or* **la...** I hurt my . . . (16)

latino, -a Latin

Laura Laura (3)

la **lavadora de platos** dishwasher (17)

lavar to wash; lavarse *reflex.* to wash oneself (8)

le *dir. obj. pron.* him, you (*formal m. sing.*); *indir obj. pron.* (to) him, her, it, you (*formal sing.*)

la **lección** (*pl.* **lecciones**) lesson (1)

la lección de español the Spanish lesson (1)

Lección primera Lesson One (1)

la **lectura** reading

la **leche** milk

el arroz con leche rice pudding

el **lechón** (*pl.* **lechones**) suckling pig

leer to read (4)

la **legumbre** vegetable

lejos de *prep.* far from (3)

la **lengua** language, tongue (1)

lento, -a slow

les *indir. obj. pron.* (to) them, you (*pl.*)

les indica...que sigan adelante he indicates to them . . . to continue ahead

levantarse to get up, rise (8)

la **ley** (*pl.* **leyes**) law

la **libra** pound

libre (*m. or f.*) free (15)

al aire libre outdoor, open air

Estado Libre Asociado Associated Free State (Commonwealth)

la **librería** bookstore (4)

el **libro** book (2)

la **liga** league

ligero, -a light (*weight*) (21)

la **limonada** lemonade

limpiar to clean

limpio, -a clean

la **línea** line (*telephone*) (5)

línea aérea airline (21)

una línea interna a domestic airline (20)

el **lino** flax

la **lista** list (17); menu

lista de espera waiting list (20)

lista de regalos gift list (17)

listo, -a ready (21)

la **literatura** literature

el **litro** liter (*about 1.06 quarts*)

lo *dir. obj. pron.* him, it (*m. and neuter*), you (*formal m. sing.*)

lo *neuter article* the

loco, -a crazy, wild, mad (19)

volverse (ue) loco, -a to become *or* go crazy (wild) (19)

el **lodo** mud (10)

lograr to succeed

logró colonizar de nuevo succeeded in colonizing again

no han logrado they have not attained

sin lograr verla without succeeding in seeing her

Lola Lola (9)

el **lomo (de cerdo)** (pork) loin

los *dir. obj. pron.* them, you (*m. pl.*)

los the (*m. pl.*)

los de those of, the ones of (with, in)

los que who, that, which, the ones or those who (that, which, whom)

Los Ángeles Los Angeles (8)

Lucano *Lucan (39–65), Roman poet, born in Cordoba (Spain)*

la **lucha** struggle

luego then, next, later (6)

hasta luego until (see you) later (22)

luego que *conj.* as soon as (20)

el **lugar** (*pl.* **lugares**) place (13)

en lugar de instead of, in place of

el lugar de recreo resort

Luis Louis (P2)

Luisa Louise (1)

la **luna** moon (10)

la luna de miel honeymoon (20)

el **lunes** (on) Monday (P2)

Lupe Lupe (7)

◪ LL ◪

llamar to call; to knock (*at the door*) (5)

llamar a la puerta to knock, knock at the door (5)

llamar la atención to attract the attention

llamar por teléfono to telephone (call), talk by (on the telephone (5)

llamarse to be called, be named (8)

la **llanura** plain

la **llave** key (12)

el **llavero** key ring (13)

la **llegada** arrival (5)

llegar to arrive (2)

ahí llega here comes (arrives) (2)

hasta llegar a until reaching (arriving at)

llegar a casa   to arrive home
(3)

llegar a ser   to become

llegar al centro   to arrive
downtown (7)

llenar   to fill

lleno, -a   full (15)

están llenos de (mercancía)
are full of merchandise (7)

llevar   to take, carry (8); to wear
(21); **llevarse** *reflex.*   to take
away with oneself (13)

llover (ue)   to rain (10)

llover a cántaros   to rain cats
and dogs (10)

◙ **M** ◙

la **madre**   mother (5)

madrileño, -a   of Madrid, (native
of) Madrid, Madrid type

la **maestría**   master's degree, M.A.
(22)

magnífico, -a   magnificent, fine
(21)

Maimónides   *Maimonides
(1135–1204), Jewish-Spanish
philosopher*

el **maíz** (*pl.* **maíces**)   maize, corn

pan de maíz   corn bread

mal *adv.*   badly; *adj. used for* **malo**
before m. sing. nouns (1)

la **maleta**   suitcase, bag (20)

hacer la maleta   to pack one's
bag (20)

malo, -a   bad (2)

¡qué mala suerte!   what bad
luck! (18)

la **mamá**   mama, mom, mother (5)

mandar   to send, order (4)

manejar   to drive (*Am.*) (18)

la **manera**   manner, way (11)

manera: ¡de ninguna _____!
(in) no way! (16)

el **maní** (*pl.* **maníes**)   peanut (*Am.*)
(15)

la **mano** (*note gender*)   hand (8)

la **manta**   blanket (12)

la **manteca**   lard, fat

el **mantel**   tablecloth (17)

la **mantequilla**   butter

la **mañana**   morning (3)

**ayer por la mañana
(tarde)**   yesterday morning
(afternoon) (14)

de (*or* **por**) **la mañana**   in the
morning (3)

el domingo por la mañana
(on) Sunday morning (8)

hasta mañana   until (see you)
tomorrow (21)

**mañana por la mañana (tarde,
noche)**   tomorrow morning
(afternoon, night or evening)
(14)

por las mañanas   in the
mornings (3)

vuelo de la mañana   morning
flight (20)

mañana *adv.*   tomorrow (7)

**mañana por la mañana (tarde,
noche)**   tomorrow morning
(afternoon, night or evening)
(14)

pasado mañana   day after
tomorrow (21)

el **mapa** (*note gender*)   map (2)

la **maquinaria**   machinery (19)

el **mar** (*pl.* **mares**)   sea, ocean

Mar Caríbe   Caribbean Sea

la **maravilla**   marvel, wonder

la **marca**   brand, kind, make (21)

marcha: moderar la _____   to
slow down (18)

poner en marcha   to start (*an
automobile*)

marcharse (**de** + *obj.*)   to leave
(from) (22)

Margarita   Margaret, Marguerite
(11)

la **margen** (*pl.* **márgenes**)   edge,
bank

María   Mary (5)

Mario   Mario (1)

marrón   brown (7)

Marta   Martha (P1)

el **martes**   (on) Tuesday (P2)

marzo   March (P1)

más   more, most; else (1)

algo más   something more,
anything else (13)

más de   more than

más o menos   more or less,
approximately (3)

más bien   rather

más tarde   later (11)

mascar   to chew

goma de mascar   chewing gum

las **matemáticas**   mathematics

máximo, -a   maximum

velocidad máxima   speed limit

maya (*m. and f.*) *also noun*   Maya,
Mayan (14)

mayo   May (P1)

mayor   greater, greatest, older,
oldest (16)

la mayor parte de   most (of),
the greater part of (16)

me *obj. pron.*   me, to me, (to)
myself

la **medianoche**   midnight

a (la) medianoche   at midnight
(3)

mediante *prep.*   by means of

las **medias**   socks, stockings (7)

la **medicina**   medicine (6)

Facultad de Medicina   Medical
School, School of Medicine (6)

el **médico**   doctor, physician (16)

el **medio**   means

medio, -a   half, a half (3)

el **mediodía**   noon (3)

al mediodía   at noon (3)

mejor *adv.*   better, best (12)

es mejor   it's better (19)

mejorar   to improve; **mejorarse**
reflex.   to get better (16)

el **membrillo**   quince (*fruit and paste*)

menor   smaller, younger, smallest,
youngest

menos   less, least, fewer; except

a menos que   unless (20)

al menos   at least (16)

más o menos   more or less,
approximately (3)

el **mercado**   market (13)

la **mercancía**   merchandise (7)

merced: Vuestra _____   Your
Grace

merecer   to deserve

el **merengue**   *a Caribbean dance* (11)

Mérida   *capital of the state of Yucatan, Mexico*

el **mes**   month (9)

  al mes   a (per) month, monthly (17)

  el mes pasado   last month (9)

la **mesa**   table, desk (2)

el **mesero**   waiter (*Mex.*)

la **meseta**   tableland, plateau

meter   to put (in)

mexicano, -a *also noun*   Mexican (2)

México   Mexico (2)

  Golfo de México   Gulf of Mexico

la **mezcla**   mixture

la **mezcladora**   mixer (17)

la **mezquita**   mosque

mi   my

mí *pron.*   me, myself (*after prep.*)

miel: luna de _____   honeymoon (20)

mientras (que) *conj.*   while, as long as (3)

el **miércoles**   (on) Wednesday (P2)

  el miércoles que viene   next Wednesday (9)

Miguel   Michael, Mike (4)

mil   one (a) thousand (12); *pl.* thousands, many

  mil gracias por   many (a thousand) thanks for *or* thanks a lot for

el **milímetro**   millimeter (21)

  cámara de treinta y cinco milímetros   35-millimeter camera (21)

el **millón** (*pl.* **millones**) (**de**)   million

mineral *adj.*   mineral

la **minería**   mining

el **minuto**   minute (14)

mío, -a *adj.*   my, (of) mine

  (**el**) **mío, (la), mía, (los) míos, (las) mías** *pron.*   mine

  el gusto es mío   the pleasure is mine

mirar   to look at, watch (3)

(**él**) **mira el reloj**   (he) looks at the (his) watch (clock) (3)

mirar la televisión (las noticias)   to look at (watch) television (news) (4)

mirar por televisión   to watch TV (15)

la **misa**   mass (16)

  asistir a misa   to attend mass (16)

  la Misa del Gallo   Midnight Mass

la **misión** (*pl.* **misiones**)   mission (8)

mismo, -a   same (7); very

  esta misma tarde   this very afternoon (17)

  por sí mismo, -a   by itself, himself, herself

el **misterio**   mystery

  películas de misterio   mystery movies (9)

la **mitad**   half

los **mocasines**   moccasins (7)

Moctezuma (1480?–1520), *the last Aztec emperor of Mexico*

la **moda**   style, fashion, fad (7)

moda: estar (muy) de _____   to be (very much) in fashion (7)

moderar la marcha   to slow down (18)

moderno, -a   modern (17)

el **modo**   manner, means, ways (7)

  ¡ni modo!   no way! certainly not! (7)

el **mole**   mole (*a stew or sauce*)

  mole de guajolote   turkey mole

molestar   to bother, disturb, molest (11)

el **momento**   moment (6)

la **monarquía**   monarchy

la **moneda**   money

la **montaña**   mountain (10)

el **monumento**   monument

mostrar (ue)   to show (15)

el **motel**   motel

el **motor**   motor

moverse (ue)   to move

la **muchacha**   girl (2)

el **muchacho**   boy (2)

muchísimo *adv.*   very much (16)

muchísimo, -a (-os, -as)   very much (many) (16)

mucho *adv.*   much, a lot, a great deal (1)

  con mucho gusto   gladly, with great pleasure (5)

mucho, -a (-os, -as)   much, a lot of, many; very (2)

  esperar mucho   to wait long (a long time) (18)

  mucho gusto en conocerla   (I'm) very pleased (glad) to know you *or* nice meeting (to meet) you (*formal f. sing.*) (20)

los **muebles**   furniture (17)

  la fábrica de muebles   furniture factory

la **mujer**   woman (16), dear (f.) (*indirect address*)

  la mujer de negocios   businesswoman (19)

mundial *adj.*   world (15)

  Copa Mundial   World Cup (15)

el **mundo**   world (4)

  todo el mundo   everybody (9)

mural *adj. and also m. noun* (*pl.* **murales**)   mural

la **música**   music (9)

musical *adj.*   musical (9)

  la comedia musical   (musical) play (9)

musulmán, -ana *also noun*   Mussulman, Moslem (12)

mutuo   mutual

muy *adv.*   very, much (1)

  ¡muy bien!   very well! (that's) fine! (1)

  muy bueno   very good, fine (5)

N

nacer   to be born

nada   nothing, (not) . . . anything

  de nada   you're welcome, don't mention it (17)

no deseamos nada más   we don't want anything else

no tener nada que hacer   not to have anything (to have nothing) to do (21)

nadar   to swim (10)

nadie   no one, nobody, (not) . . . anybody (anyone) (9)

la **naranja**   orange

la **nariz**   nose (16)

la **natación**   swimming (15)

naturalmente   naturally, of course

la **Navidad**   Christmas (8)

vacaciones de Navidad   Christmas vacation (8)

la **neblina**   mist

necesario, -a   necessary (4)

es necesario   it's necessary (19)

es necesario que...   it's necessary that . . . (19)

necesitar   to need (1)

los **negocios**   business (19)

administración de negocios   business administration (22)

hombre de negocios   businessman (19)

mujer de negocios   businesswoman (19)

el viaje de negocios   business trip (19)

negro, -a   black (2)

nervioso, -a   nervous

ponerse nervioso, -a   to get (become) nervous (19)

el **neumático (de repuesto)**   (spare) tire

nevar (ie)   to snow (10)

ni   neither, nor, (not) . . . or (7)

¡ni modo!   no way! certainly not! (7)

ni...ni   neither . . . nor, no (not) . . . any . . . or

la **niebla**   fog (10)

los **nietos**   grandchildren

la **nieve**   snow (10)

ningún (*used for* **ninguno** *before m. sing. nouns*)   no, none, (not) . . . any

ninguno, -a *adj. and pron.*   no, no

one, none, (not) . . . any (anybody, anyone) (9)

¡de ninguna manera!   (in) no way! (16)

la **niñez**   childhood (10)

el **nivel**   level, footing

el nivel de vida   standard of living

no   no, not (1)

hoy no   not today

noble   noble

la **noche**   night, evening (3)

buenas noches   good evening, good night (12)

de (*or* **por**) **la noche**   in the evening (3)

de noche   at (by) night (8)

esta noche   tonight

el jueves por la noche   (on) Thursday evening (7)

por la noche (*pl.* **las noches**)   in the evening(s) (3)

los sábados por la noche   (on) Saturday evenings (nights) (9)

la **Nochebuena**   Christmas Eve

el **nombre**   name

el **norte**   north; *also adj.*

Norteamérica   North America (9)

norteamericano, -a *also noun*   North American (2)

nos *obj. pron.*   us, to us (to) ourselves

nosotros, -as   we, us, ourselves (*after prep.*)

con nosotros   with us (5)

la **nota**   grade

la **noticia**   notice, news item, piece of news; (*pl.* **noticias**) news (4)

escuchar las noticias   listen to the news (4)

la **novia**   girlfriend (steady), fiancee, bride (17)

el **noviazgo**   courtship

noviembre   November (P1)

el **novio**   boyfriend (steady), fiance (17)

la **nube**   cloud (10)

nublado   cloudy (10)

la **nuera**   daughter-in-law

nuestro, -a *adj.*   our, of ours

(el) nuestro, (la) nuestra, (los) nuestros, (las) nuestras *pron.*   ours

nueve   nine (P2)

nuevo, -a   new (4)

¿que hay de nuevo?   what's new? what do you know? (5)

numérico, -a   numerical

el **número**   number (9)

número de baile   dance number (9)

nunca   never, (not) . . . ever (9)

◪ **O** ◪

o   or (2)

el **objeto**   object (13)

objetos de cerámica   ceramics, pottery objects, pieces of pottery (13)

la **obra**   work (*literary, artistic*); works

obtener (*like* **tener**)   to obtain, get (19)

octubre   October (P1)

ocupado, -a   occupied, busy (5)

ocurrir   to occur, happen

ocho   eight (P2)

el **oeste**   west

películas del oeste   western movies (9)

la **oficina**   office (5)

oficina del periódico   newspaper office (8)

oficios: artes y _____   arts and crafts

el **oído**   hearing, (inner) ear (16)

oír   to hear, listen (14)

oír decir que   to hear (it said) that (19)

¡oye! (*fam. sing. command of* **oír**)   listen! say! hey! (3)

¡ojalá (que)!   would that! I wish that! (22)

los **ojos**   eyes (8)

pintarse los ojos   to put make-up on the eyes (8)

las **olas**   waves, surf
   correr las olas   surf (10)
olvidar   to forget (4)
once   eleven (P2)
la **oportunidad**   opportunity (21)
   tener la oportunidad de +
      inf.   to have the opportunity
      to + *verb.* (21)
la **oposición** (*pl.* **oposiciones**)
   competitive examination
optativo, -a   optional
orden: de primer _____   of high
   rank, first-class *adj.*
el **ordenador**   word-processor,
   computer (17)
la **oreja**   ear (16)
organizado, -a *p.p. of* **organizar** *and*
   adj.   organized
organizar   to organize (18)
orientar   to give directions
el **oro**   gold (13)
os *obj. pron.*   you (*fam. pl.*), to
   you, (to) yourselves
el **oso**   bear
el **otoño**   fall, autumn (P1)
otra vez   again, another time (22)
otro, -a, (-os, -as)   another, other;
   pl. others (1)
la **oveja**   sheep
¡oye! (*fam. sing. command of oír, to*
   hear)   listen! say! hey! (3)

P

Pablo   Paul (P1)
la **paciencia**   patience (16)
   tener paciencia   to be patient
   (18)
el **padre**   father; *pl.* parents (5)
los **padrinos**   godparents
la **paella**   paella (*a rice dish*
   containing chicken, meat,
   shellfish, and vegetables cooked
   with saffron) (11)
pagar   to pay, pay for (13)
   pagar en efectivo   to pay cash
   (12)
   pagar con tarjeta de crédito   to
   pay with a credit card (12)

la **página**   page
país (*pl.* **países**)   country (4)
el **paisaje**   landscape, countryside
la **paja**   straw (13)
la **palabra**   word (1)
el **palacio**   palace
Palenque   *city and nearby ruins of*
   an ancient Mayan city, in
   Chiapas, Mexico
el **pan**   bread
   pan de maíz   corn bread
panameño, -a   Panamanian (4)
panamericano, -a   Pan American
   Carretera Panamericana   Pan
   American Highway
los **pantalones**   trousers, pants, slacks
   (7)
   los pantalones cortos   shorts
   (7)
el **papá**   papa, dad, father (5)
el **papel**   paper (2)
   papel de cartas (de escribir)
   writing paper (4)
   servilletas de papel   paper
   napkins (11)
el **paquete**   package (13)
el **par**   pair, couple (14)
   un par de horas   a couple of
   hours (14)
   un par de semanas   a couple of
   weeks (13)
para *prep.*   for, to, by (*future*
   time); + *inf.* to, in order to
   + *verb* (3)
   para mí   for me
   para que   in order (so) that
   (20)
   ¿Para qué fecha(s)?   For what
   date(s)? (12)
   ¿para quién (es)?   for whom (is
   it)? (4)
   partir para   to depart (leave)
   for (20)
el (los) **parabrisas**   windshield (18)
la **parada**   stop (20)
el (los) **paraguas**   umbrella(s) (21)
el **paraíso**   paradise
   parar   to stop
   parecer   to appear, seem to be (7)

   me parece raro...   it seems
   strange to me . . . (18)
   ¿no (te) parece?   don't (you)
   think so? (17)
   ¿qué te parece si...?   what do
   you think if . . . ? how does it
   seem to you if . . . .? (8)
   ¿(te) parece bien?   is it all right
   with (you)? does it seem O.K.
   to (you) (7)
parecido, -a   similar
la **pared**   wall (2)
el **parque**   park (20)
la **parte**   part (10)
   en gran parte   to a large extent
   en todas partes   everywhere
   la mayor parte de   most (of),
   the greater part of (16)
   por otra parte   on the other
   hand
   por todas partes   everywhere
   (10)
   por una parte   on the one hand
participar   to participate (15)
particular (*m. or f.*) (*pl.*
   particulares)   private
la **partida**   departure (20)
el **partido**   game, match (15)
   algún partido de fútbol   a
   (some) soccer (football)
   match (game) (15)
partir (de)   to depart, leave
   (from) (20)
   a partir de   beginning with
   (19)
   partir para   to depart (leave)
   for (20)
pasado, -a   past, last (9)
   el año pasado   last year (9)
   el mes pasado   last month (9)
   pasado mañana   day after
   tomorrow (21)
el **pasaje**   ticket (*transportation*) (5)
el **pasajero**   passenger (20)
el **pasaporte**   passport (20)
pasar   to pass or come (by), spend
   (*time*) (5)
   pasa (tú)   come in (15)
   pasar el fin de semana   to

spend the weekend (8)

pasar las vacaciones   to spend the vacation (5)

pasar por   to stop (drop) by

pasar un buen rato   to have a good time (11)

pasen Uds. por aquí   come this way

¿qué te pasa?   what's the matter with you? what's wrong with you? (16)

pasear   to walk, stroll (12)

el **paseo**   walk, stroll, ride (17)

dar un paseo   to take a walk (ride) (17)

la **pasión** (*pl.* **pasiones**)   passion

con pasión   passionately

las **pastas**   pastries, cookies

el **pastel** (*pl.* **pasteles**)   cake (22)

el **pastelillo**   small pie

el **pastoreo**   pasturing

la **patata**   potato

patinar   to skate

el **patio**   patio, courtyard (13)

patrulla: coche _____   patrol car (18)

el **pecho**   chest (16)

pedir (**i, i**)   to ask, ask for, request (16)

pedir el derecho de   to ask for the right to

peinarse   to comb one's hair (8)

pelar la pava   *lit.,* to pluck the hen turkey

la **película**   film (9)

películas de ciencia-ficción   science-fiction movies (9)

películas de guerra   war movies (9)

películas de misterio   mystery movies (9)

películas de terror   horror movies (9)

películas del oeste   western movies (9)

el rollo de película   roll of film (21)

peligroso, -a   dangerous (10)

el **pelo**   hair (8)

arreglarse el pelo   to have one's hair done (14)

la **pelota**   ball (15)

la **peluquería**   beauty parlor (shop), barber shop (14)

la **penicilina**   penicillin (16)

la **península**   peninsula

peninsular   peninsular (*of Spain*) (22)

pensador (*pl.* **pensadores**)   thinker

pensar (**ie**)   to think, think over, consider; + *inf.* to intend, plan (8)

pensar (**ie**) **en** + *obj.*   to think of (about) (11)

la **pensión** (*pl.* **pensiones**)   boarding house

peor   worse, worst

pequeño, -a   small, little (*size*) (4)

perdonar   to pardon, excuse (12)

perdone(n) Ud(s).   excuse (pardon) me (us) (12)

perfecto, -a *adj.*   perfect

perfecto *adv.*   perfect(ly) (15)

el **periódico**   newspaper (4)

oficina del periódico   newspaper office (8)

el **período**   period

permitir   to permit, allow, let (12)

¿nos permite Ud. (ver)?   may we see? (*lit.,* do you permit *or* allow us to see?) (12)

pero   but (1)

la **persona**   person (12)

el ingreso por persona   per capita income

por persona   per (for each) person (12)

personal   personal (20)

pertenecer   to belong

peruano, -a   Peruvian (4)

la **pesa**   weigh (15)

pesar: a _____ **de** *prep.*   in spite of

la **pesca**   fishing (14)

el **pescado**   fish (*that has been caught*)

pescar   to fish (14)

ir a pescar   to go fishing (14)

pescar un resfriado (**un virus**)   to catch a cold (virus) (16)

pescar una pulmonía   to catch pneumonia (16)

la **peseta**   peseta (*Spanish monetary unit*) (12)

el **peso**   peso (*Spanish American monetary unit*)

el **pie**   foot (16)

al pie de   at the foot of

la **piedra**   stone (20)

ciudad de piedra   stone city (20)

la **piel** (*pl.* **pieles**)   hide

la **pierna**   leg (16)

Pilar   *a woman's name taken from Nuestra Señora del Pilar* (P1)

la **píldora**   pill (16)

pintarse   to put make-up on (8)

pintarse la cara   to put make-up on the face (8)

pintarse los labios   to put lipstick on (the lips) (8)

pintarse los ojos   to put make-up on the eyes (8)

pintoresco, -a   picturesque

la **pintura**   painting

la **pirámide**   pyramid

el **piropo**   compliment, flirtatious remark (22)

echar piropos   to pay compliments (22)

la **piscina**   swimming pool (14)

el **piso**   floor, story, (12)

piso principal   first (main) floor (12)

la **pizarra**   (chalk) board (2)

el **plan**   plan (20)

la **plancha (eléctrica)**   (electric) iron (17)

las **planicies**   plains

la **plata**   silver (13)

anillo de plata   silver ring (13)

el **plátano**   plantain (*a kind of banana*)

la **plática**   conversation

el **plato**   plate, dish; course (*at meals*) (11)

la lavadora de platos
dishwasher (17)

la **playa**   beach (10)

la **plaza**   plaza, square (12)

la Plaza Mayor   Main Square
(*in center of Old Madrid*)

pleno   full

el **plomo**   lead

la **pluma**   pen (2)

la **población** (*pl.* **poblaciones**)
population

poco, -a *adj.*   little (*quantity*) (4);
also pron. and adv.; pl. a few

al poco rato   after a short while
(13)

poco a poco   little by little

poco después   shortly afterward
(14)

un poco de   a little, some
(*followed by noun*)

un poco de (suerte)   a little
(luck) (18)

poder   to be able, can (6)

¿en que puedo servirle(s)?
what can I do for you? how
can I help you? (13)

el **poeta**   poet

la **policía**   police (*force*) (18)

el **policía**   policeman (18)

político, -a   political

el **pollo**   chicken

arroz con pollo   rice chicken
casserole

taco de pollo   chicken taco

poner   to put, place; to turn on;
ponerse *reflex.* to put on
(oneself) (8)

poner en marcha   to start (*an
automobile*)

poner la radio   to turn on the
radio (15)

poner la televisión   to turn on
the television (15)

ponerse + *adj.*   to become, get
(14)

ponerse nervioso, -a   to get
(become) nervous (19)

ponerse rojo, -a   to blush,
become (get) red (19)

popular (*m. and f.*)   popular (9)

la **popularidad**   popularity

popularísimo   very popular

populoso, -a   populous

poquísimos, -as   very few, hardly
any

por *prep.*   for, in, by, along,
during, through (3); with,
because of, around, for the
sake of, on account of, about,
per, in exchange of

de (*or* **por**) **la mañana** (**tarde,
noche**)   in the morning
(afternoon, evening) (3)

gracias por   thanks for (16)

el ingreso por persona   per
capita income

pasar por   to stop (drop) by

por ahora   for the present, for
now

por aquí   by (around) here, this
way (5)

por avión   by air mail, by plane
(4)

por casualidad   by chance (11)

por cierto   certainly, surely, for
certain (sure), by the way (10)

por ejemplo   for example (4)

por eso   for that reason,
because of that, therefore,
that's why

por fin   finally (22)

por haber estado   because they
had been (for having been)

por la derecha   on (to) the
right (18)

por la izquierda   on (to) the
left (18)

por la noche (*pl.* **las noches**)
in the evening(s) (3)

por la tarde (*pl.* **las tardes**)   in
the afternoon(s) (3)

por las mañanas   in the
mornings (3)

por lo común   usually,
commonly, generally (10)

por lo tanto   therefore

por otra parte   on the other
hand

por persona   per (for each)
person (12)

por sí mismo, -a   by itself,
himself, herself

¡por supuesto!   of course!,
certainly (5)

por todas partes   everywhere
(10)

por una parte   on the one hand

¿por qué?   why? for what reason?
(5)

porque *conj.*   because, for (5)

el **portugués**   Portuguese (1)

las **posadas**   the inns (*religious
celebration in Mexico*)

posible   possible (16)

es posible   it's possible (19)

posiblemente   possibly (15)

posterior (*pl.* **posteriores**)   later

el **postre**   dessert (11)

practicar   to practice (1)

practicar (*or* **hacer**) **el
aerobismo**   to do aerobics (15)

practicar un deporte   to play a
sport (15)

el **precio**   price (7)

a precio especial   on sale, at a
special price, at special prices
(7)

¿Qué precio tiene(n) ...?
What is the price (cost) of
. . . ? (7)

tener precio fijo   to have fixed
prices (7)

precioso, -a   precious, beautiful,
"great" (9)

(te) quedan preciosos   they
look great on (you) (13)

preciso, -a   necessary

es preciso   it's necessary (19)

precolombino, -a   pre-Columbian
(*before the arrival of Columbus*)

preferir (**ie, i**)   to prefer (17)

la **pregunta**   question

hacer una pregunta (**a**)   to ask
a question (of) (21)

preguntar   to ask (*a question*) (5)

preguntar por   to ask (inquire)
about (13)

pregúntele (usted) a Laura ask Laura (1)

premiar to award

ser premiado con to be awarded with

el **prendedor** pin, brooch (13)

preocupado, -a *p.p. of* **preocupar** *and adj.* worried, preoccupied (8)

preocuparse to worry, to be or get worried (14)

preocuparse (por) to worry (about) (21)

preparar to prepare (1); **prepararse** *reflex.* **para** to prepare (oneself) for or to, get ready for or to (8)

presentar to present, introduce (20); **presentarse** *reflex.* to present oneself, appear

el **presidio** military garrison

la **presión** pressure (*blood pressure*) (16)

el **préstamo** loan

el **presupuesto** budget

la **prima** cousin (*f.*)

la **primavera** spring (P1)

primer (*used for* **primero** *before m. sing. nouns*) first (10)

de primer orden of high rank, first-class *adj.*

primero, -a first (10); *also adv.* first (22)

Lección primera Lesson One (1)

la primera clase first class (20)

el **primo** cousin (*m.*) (9)

principal principal, main (12)

edificio principal main building (2)

piso principal first (main) floor (12)

el **principio** beginning

a principios de at the beginning of

la **prisa** haste, hurry

tener (mucha) prisa to be in a (big) hurry

privado, -a private (12)

probable probable

es probable it's probable (19)

probablemente probably (15)

probar (ue) to try, sample, taste

el **problema** (*note gender*) problem (8)

no hay problema there is no (isn't any) problem (8)

la **procedencia** origin

procedente coming, originating

producir to produce (19)

la **profesión** profession (15)

profesional professional (15)

profesionalmente professionally

el **profesor** teacher, professor (*m.*) (1)

el profesor auxiliar (*pl.* **profesores auxiliares**) assistant professor

el profesor de alemán the German teacher (*m.*) (1)

el profesor de italiano the Italian teacher (*m.*) (1)

la **profesora** teacher (*f.*) (1)

alumnos de la profesora students of professor (2)

profesora de español Spanish teacher (*f.*) (1)

el **programa** (*note gender*) program (4)

programa de radio radio program (6)

programa de televisión television program (4)

prolongarse to prolong, continue

prometer to promise (11)

pronto soon, quickly (5)

hasta pronto until (see you) soon (5)

la **pronunciación** pronunciation (1)

ejercicio de pronunciación pronunciation exercise (1)

pronunciar to pronounce (1)

la **propina** tip

propio, -a (one's) own

tesoro propio storehouse of their own

propósito: a _____ by the way (9)

provenir de to come from

próximo, -a next (9)

la proxima vez next time (11)

el **psicólogo** psychologist

el **público** audience, public (15)

el **pueblo** people, nation; town, village (10)

de pueblo en pueblo from village to village

el **puente** bridge

la **puerta** door (6)

llamar a la puerta to knock, knock at the door (5)

timbre de la puerta doorbell (15)

pues well, well then, then (4)

el **puesto** position, place, job (19)

el puesto vacante position (job) available (vacant) (19)

los **pulmones** lungs (16)

la **pulmonía** pneumonia (16)

pescar una pulmonía to catch pneumonia (16)

la **pulsera** bracelet (13)

púnico, -a Punic (*pertaining to ancient Carthage*)

punto: en _____ on the dot, sharp (*time*) (3)

puntual punctual, on time (11)

puro pure (7)

◪ **Q** ◪

¿qué? what? which? (1)

¿qué distancia hay? how far is it?

¿qué hay de nuevo? what's new? what do you know? (5)

¿Qué precio tiene(n) ...? What is the price (cost) of . . . ? (7)

¿qué tal (el viaje)? how about (the trip)? how is *or* was (the trip)? (5)

¿qué tal? how goes it? how are you? (5)

¿qué te parece si...? what do you think if . . . ? how does it seem to you if . . . ? (8)

¿qué te pasa? what's the matter
with you? what's wrong with
you? (16)

¡qué + *noun*! what (a or an)
. . . ! (5)

¡qué barbaridad! how awful! (16)

¡qué casualidad! what a
coincidence! (9)

**¡qué encuentro más
agradable!** what a pleasant
encounter (meeting)!

¡qué gusto! what a pleasure
(delight)! (5)

¡qué lástima! too bad, what a
pity (shame)! (5)

¡qué les vaya bien! good luck
(*lit.*, may it go well with you
[*pl.*])!

¡qué mala suerte! what bad
luck (18)

**¡qué sorpresa tan
agradable!** what a pleasant
surprise! (16)

¡qué va! of course not! (16)

¡qué + *adj. or adv.*! how
. . . !

que that, which, who, whom;
than, (7) since; *indir.
command*, have, let, may, I
wish (hope)

el (la, los, las) que that,
which, who, whom, he (she,
those) who (*etc.*), the one(s)
who, (*etc.*)

es que the fact is (that) (15)

quedar(se) to stay, remain; to be
(9); be left (20)

no quedan asientos no seats
are left (remain), there aren't
any seats left (20)

(te) quedan preciosos they
look great on (you) (13)

querer to wish, want (4)

querer decir to mean (20)

querido, -a dear (5) *also p.p. of*
querer

la **quesadilla** *small cornmeal pie filled
with cheese and sugar and fried
in lard*

el **queso** cheese

quien (*pl.* **quienes**) who, whom
(*after prep.*); he (those) who,
the one(s) (19)

¿de quién (*pl.* **de quiénes**) **es
(son)?** whose is it (are
they)? (3)

¿para quién (es)? for whom (is
it)? (4)

¿quién? (*pl.* **¿quiénes?**) who?,
whom? (1)

quince fifteen (P2)

quizá(s) perhaps (18)

◪ R ◪

el **radiador** radiator

la **radio** radio (6)

escuchar la radio listen to the
radio (4)

poner la radio to turn on the
radio (15)

programa de radio radio
program (6)

la **raíz** (*pl.* **raíces**) root

Ramón Raymond (P2)

rancheros: huevos _____ ranch-
style eggs

rápidamente fast, rapidly (16)

rápido *adv.* fast (14); *also adj.*

rápido, -a fast, quick

la **raqueta** racket (15)

raro strange (18)

me parece raro it seems
strange to me (18)

el **rasgo** feature

el **rato** short time, while

a cada rato every short while
(moment) (16)

al poco rato after a short while
(13)

descansar un rato to rest for a
while (5)

pasar un buen rato to have a
good time (11)

un rato a short while, a while
(5)

la **razón** (*pl.* **razones**) reason (13)

tener razón to be right (11)

real royal

Capilla Real Royal Chapel

realidad: en _____ actually

realizar to carry out

el **recado** message (11)

el (la) **recepcionista** receptionist
(12)

recetar to prescribe (16)

recibir to receive (3)

el **recibo** reception area (room)
(11); receipt (invoice) (13)

la **recomendación** (*pl.*
recomendaciones)
recommendation (19)

carta de recomendación letter
of recommendation (19)

hacer una recomendación to
give (make) a
recommendation

recomendar (ie) to recommend
(17)

reconquistado, -a *p.p. of*
reconquistar; *also.
adj.* reconquered

reconquistar to reconquer

recordar (ue) to recall,
remember (9)

recorrer to traverse; to travel
through

recreo: lugar de _____ resort

el **recuerdo** memory, remembrance;
pl. regards, best wishes (9)

los **recursos** means

rechazar to reject

la **red** (*pl.* **redes**) net

la **redacción** (*pl.* **redacciones**)
redaction, writing

las **reducciones** *settlements of Indians
converted to Catholicism*

la **referencia** reference (19)

reforzar to reinforce; **reforzarse**
reflex. to be reinforced

el **refrigerador** refrigerator (17)

el **regalo** gift (13)

lista de regalos gift list (17)

el regalo de bodas wedding gift
(17)

regatear to haggle, bargain (7)

la **región** (*pl.* **regiones**) region

registrarse   to register (12)

regresar (a)   to return (to or from) (3); go (come) back (5)

el **regreso**   return (10)

regular   to regulate, direct

regular *adv.*   fair, not bad (5)

estar regular   to be so-so (5)

regular *adj.* (*pl.* **regulares**)   regular

reír (i, i) (*also reflex.* **reírse**)   to laugh (16)

la **reja**   grille, grating (*of a window*)

religioso, -a   religious

el **reloj** (*pl.* **relojes**)   watch, clock (3)

relleno, -a (de)   filled (with)

la **reparación** (*pl.* **reparaciones**)   repairing, repair

tramo en reparación   section under repair

repetir (i)   to repeat

representar   to represent

res: carne de _____   beef

las **reservas**   reservation(s) (12)

hacer reservas   to make reservations (a reservation) (12)

el **resfriado**   cold (*disease*) (16)

la **residencia**   residence hall, dormitory (3)

residencia de estudiantes   student dormitory (residence hall) (4)

Residente: Comisionado _____   Resident Commissioner

residir   to reside (19)

el **restaurante**   restaurant (3)

los **restos**   remains, remnants

resultar   to turn out (to be), result

el **resumen** (*pl.* **resúmenes**)   summary (18)

la **reunión** (*pl.* **reuniones**)   meeting, gathering (22)

reunirse   to gather, get together, meet (22)

revelar   to develop (*film*) (21)

la **revista**   magazine, journal (4)

el **rey**   king

Reyes Católicos   Catholic King and Queen (*Ferdinand and Isabella*)

rico, -a   rich (19)

el **riego**   irrigation

el **río**   river (10)

el río Guadalquivir   *river in southern Spain, flowing into the Gulf of Cádiz*

la **Rioja**   *part of the province of Logroño in northern Old Castile, famous for its wines*

la **riqueza** (*also pl.*)   riches, wealth, richness

Rita   Rita (6)

el **ritmo**   rhythm (11)

Roberto   Robert, Bob (18)

rodear   to surround

la **rodilla**   knee (16)

rogar (ue)   to ask, beg (17)

rojo, -a   red (2)

ponerse rojo, -a   to blush, become (get) red (19)

el **rollo**   roll

el rollo de película   roll of film (21)

Roma   Rome

el **romancero**   balladry

romano, -a   *also noun* Roman

romántico, -a   romantic (19)

la **ropa**   clothes, clothing (7)

la ropa de cama   linens (12)

la ropa fina   fine clothing (7)

rosado, -a   pink (7)

la **rueda**   wheel

las **ruinas**   ruins (14)

S

el **sábado**   (on) Saturday (P2)

los sábados por la noche   (on) Saturday evenings (nights) (9)

la **sábana**   sheet (17)

saber   to know (*a fact*), know how (to) (4)

no lo sé   I don't know (15)

sabroso, -a   delicious, tasty

sacar   to obtain (*a grade or degree*); to take (a photograph)

sacar fotografías (fotos)   to take photographs (photos) (12)

sagrado, -a   sacred

la **sala**   living room, lounge (6)

sala de clase   classroom (2)

salir (de + *obj.*)   to leave, go or come out (of) (6)

salir de excursión   to go (set out) on an excursion (10)

salir de viaje   to leave on a trip (20)

salir para   to leave for (9)

la **salsa**   sauce

salsa de chile   chili (chile) sauce

saludar   to greet, speak to, say hello to (6)

el **saludo**   greeting

San Antonio   San Antonio (10)

san   saint, *used for santo before m. name of saints not beginning with* **Do-, To-** (16)

las **sandalias**   sandals (7)

el **santo**   saint (16)

Sara   Sara, Sarah (9)

la **sartén** (*pl.* **sartenes**)   skillet (17)

la sartén eléctrica   electric skillet (17)

satisfacer (*like* **hacer**)   to satisfy

se *pron.* used for **le, les**   to him, her, it, them, you (*formal*); *reflex.* (to) himself, herself, *etc.*; *indef. subject* one, people, you, *etc.*; *used with verbs as substitute for the passive voice*

la **sección** (*pl.* **secciones**)   section (15)

sección de deportes   sports section (15)

la **secretaria**   secretary (*f.*) (19)

secundario, -a   secondary (15)

escuela secundaria   secondary school, high school (15)

la **sed**   thirst

tener sed   to be thirsty

la **sede**   seat

seguida: en _____ at once, immediately; **vuelvo en seguida** I'll be right back, I'll return at once (immediately)

seguir (i, i) to follow, continue, go on (18)

seguir adelante to continue (go on) ahead (18)

siga Ud. adelante continue (go on) (*formal sing. command*) ahead

siga Ud. derecho continue straight ahead

según according to

segundo, -a second

seguramente surely, certainly (10)

seguro, -a sure, certain (6)

estar seguro, -a de que to be sure that (6)

seis six (P2)

la **selección** (*pl.* **selecciones**) selection, choice

la **selva** forest, jungle

el **semáforo** traffic light

la **semana** week (4)

el **fin de semana** the weekend (8)

pasar el fin de semana to spend the weekend (8)

semejante similar

el **semestre** semester (10)

sencillo, -a simple, single (12)

boleto sencillo one-way ticket (20)

camas sencillas single beds (12)

Séneca: Lucius Annaeus (4 *B.C.?–65 A.D.*), *Roman statesman and philosopher;* **Marcus Annaeus** (55 *B.C.?–39 A.D.*), *Roman rhetorician, father of the preceding, both of whom were born in Cordoba, Spain.*

sentado, -a seated (8)

sentarse (ie) to sit down (8)

sentir (ie, i) to feel, regret, be sorry (16)

lo **siento mucho** I am very sorry (7)

señalar to point at (to, out), indicate (12)

el **señor** gentleman; (*pl. and in direct address*) gentlemen, madam and sir, ladies and gentlemen (12)

la **señora** woman, lady (12)

señora (*in direct address*) madam, ma'am (12)

los **señores (Ramos)** Mr. and Mrs. (Ramos) (12)

la **señorita** miss, young lady (woman) (1)

señorita (*in direct address*) miss, ma'am (1)

septiembre September (P1)

ser to be (2)

es (una) lástima it's a pity (too bad) (19)

es bueno it's good (19)

es decir that is

es difícil it's difficult (19)

es dudoso it's doubtful (19)

es extraño it's strange (19)

es fácil it's easy (19)

es importante it's important (19)

es imposible it's impossible (19)

es mejor it's better (19)

es necesario it's necessary (19)

es necesario que... it is necessary that . . . (19)

es posible it's possible (19)

es preciso it's necessary (19)

es probable it's probable (19)

es que the fact is (that) (15)

es urgente it's urgent (19)

es verdad it is true (3)

fue confiada was entrusted

llegar a ser to become

ser (muy) competente to be (very) competent (19)

ser aficionado, -a (a) to be fond (of) (15)

ser alérgico(-a) a... to be allergic to . . . (16)

ser hora de to be time to (22)

ser premiado con to be awarded with

soy yo it is I (8)

serio, -a serious (8)

en serio seriously (9)

la **servilleta** napkin (11)

servilletas de papel paper napkins (11)

el **servicio** service

al servicio de in the service of

servir (i) de ejemplo to serve as an example

si *conj.* if, whether (1)

sí yes (1)

¡sí, claro! yes, of course (2)

la **sicología** psychology (6)

siempre always (1)

la **Sierra Nevada** mountain range in southern Spain

siete seven (P2)

el **siglo** century (12)

siguiente following, next (8)

al día siguiente (on) the following or next day (8)

Silvia Sylvia (7)

la **silla** chair (2)

el **sillón** (*pl.* **sillones**) armchair (17)

simpático, -a charming, likeable, nice (21)

sin *prep.* without

sin comida without meals (12)

sin duda doubtless, without a doubt (21)

sin embargo nevertheless

sin falta without fail (21)

sin lograr verla without succeeding in seeing her

sin que without (20)

sino *conj.* but (20)

el **síntoma** symptom (16)

la **sirena** siren (18)

el **sistema** system

la **situación** (*pl.* **situaciones**) situation

situado, -a situated

sobre *prep.* on, upon, about, concerning (4)

social (*pl.* **sociales**) social

Facultad de Ciencias Sociales School of Social Sciences (6)

el **sofá** sofa (17)

el **sofá-cama** sofa-bed (17)

el **sol** sun (10)

    tomar el sol to sun bathe (10)

solamente *adv.* only (20)

solicitar to apply for, ask for (22)

la **solicitud** (*pl.* **solicitudes**) application (19)

    hacer la solicitud to apply, submit the application (19)

    solicitud de empleo employment application (19)

sólo *adv.* only (1)

    no sólo...sino (también) not only . . . but (also)

    no sólo es...sino que es not only is . . . but is

solo, -a alone

    café solo black coffee

sonar (ue) to sound, ring (8)

la **sopa** soup

sorprender to surprise (18)

    me sorprende (I) am surprised, it surprises (me) (18)

la **sorpresa** surprise (16)

    ¡qué sorpresa tan agradable! what a pleasant surprise! (16)

Sr. = **señor**

Sra. = **señora**

Srta. = **señorita**

su his, her, its, your (*formal sing., pl.*), their

subir (a) to go up (to), climb up (into) (12)

la **sublevación** (*pl.* **sublevaciones**) uprising

sucio, -a dirty

la **sucursal** (*pl.* **sucursales**) branch (of company) (19)

el **sudeste** southeast

los **suegros** mothers and fathers-in-law

el **sueldo** salary (19)

el **sueño** sleep (11)

la **suerte** luck (12)

    ¡qué mala suerte! what bad luck (18)

    tener (mucha) suerte to be (very) lucky *or* fortunate (12)

el **suéter** sweater (21)

suficiente enough (8)

sufrir to suffer

sugerir (ie, i) to suggest (17)

los **"Super-tazones"** "Super Bowls"

la **superficie** surface

supuesto: ¡por _____! of course, certainly (5)

el **sur** south

    Suramérica South America (2)

    suramericano, -a South American (5)

surgir to arise

suyo, -a *adj.* his, her, your (*formal sing., pl.*), its, their, of his, of hers, of yours (*formal sing. pl.*) of theirs

    (el) suyo, (la) suya, (los) suyos, (las) suyas *pron.* his, hers, theirs, yours (*formal sing., pl.*)

◈ T ◈

el **taco** taco

    taco de pollo chicken taco

tal such, such a

    con tal que *conj.* provided that (20)

    ¿qué tal (el viaje)? how about (the trip)? how is *or* was (the trip)? (5)

    ¿qué tal? how goes it? how are you? (5)

    tal vez perhaps (18)

la **talla** size (*of a garment*) (7)

el **tamaño** size (7)

también also, too (1)

tampoco *adv.* neither, (not) . . . either

    (yo) tampoco neither can (I), (I) cannot either (14)

tan *adv.* so, as (3)

el **tanque** tank

tanto, -a (-os, -as) *adj. and pron.* as (so) much; *pl.* as (so) many; *adv.* as (so) much

    por lo tanto therefore

    tanto como as (so) much

    tanto, -a (os, -as)...como as (so) much (many) . . . as

la **tarde** *adv.* afternoon (1)

    buenas tardes good afternoon (1)

de (or por) la mañana (tarde, noche) in the morning (afternoon, evening) (3)

    esta misma tarde this very afternoon (17)

    por la tarde (*pl.* **las tardes**) in the afternoon(s) (3)

    un domingo por la tarde a (one) Sunday afternoon (15)

tarde late (3)

la **tarjeta** card (14)

    la tarjeta de crédito credit card (12)

el **taxi** taxi (18)

el **taxista** taxi driver (18)

la **taza** cup (3)

    tomar una taza de café to have *or* drink a cup of coffee (3)

    tazón: el super _____ Super Bowl

el **té** tea

    te *obj. pron.* you, to you (*fam. sing.*), (to) yourself

el **teatro** theater (9)

el **tejado** roof (*of tiles*)

    tejer to weave

    se tejen are woven

el **tejido** textile, fabric

el (la) **telefonista** telephone operator (14)

el **teléfono** telephone (7)

    llamar por teléfono to telephone (call), talk by (on the) telephone (5)

la **televisión** television, TV (4)

    mirar la televisión (las noticias) to look at (watch) television (news) (4)

    mirar por televisión to watch TV (15)

    poner la televisión to turn on the television (15)

    programa de televisión television program (4)

el **tema** (*note gender*) theme, topic, subject (4)

temer to fear, suspect (18)

la **temperatura** temperature (10)

    tomar la temperatura to take the temperature (16)

templado, -a   temperate

el **templo**   temple

temprano   early (3)

tener   to have (*possess*) (2); *in pret.* to get, receive

¿cuántos años tienes (tiene Ud.)?   how old are you? (11)

no tener nada que hacer   not to have anything (to have nothing) to do (21)

¿Qué precio tiene(n)...?   What is the price (cost) of . . . ? (7)

tenemos ganas de bailar   we are eager to dance, feel like dancing (11)

tener (mucha) prisa   to be in a (big) hurry

tener (mucha) suerte   to be (very) lucky *or* fortunate (12)

tener (muchas) ganas de   to feel (very much) like, wish (very much) to (17)

tener (mucho) cuidado   to be (very) careful (11)

tener (mucho) éxito   to be (very) successful (22)

tener dolor de cabeza   to have a headache (16)

tener fama (de)   to have the (a) reputation (of, as)

tener fresco   to be (feel) cool (11)

tener hambre   to be hungry (11)

tener la oportunidad de + *inf.*   to have the opportunity to + *verb.* (21)

tener (muchísima) fiebre   to have a (very) high fever (16)

tener paciencia   to be patient (18)

tener precio fijo   to have fixed prices (7)

tener que + *inf.*   to have to, must + *verb* (2)

tener razón   to be right (11)

tener sed   to be thirsty (11)

tener tiempo para   to have time to (for) (11)

tener una avería   to have a breakdown, failure (in the car) (18)

tener...años   to be . . . years old (11)

el **tenis**   tennis (15)

la **tentativa (de)**   attempt (to)

tercer (*used for* **tercero** *before m. sing. nouns*)   third

tercero, -a   third

terminar   to end, finish (6)

el **terremoto**   earthquake

terrible   terrible (16)

el **terror**   horror

   películas de terror   horror movies (9)

la **tertulia**   gathering

el **tesoro**   treasure

   tesoro propio   storehouse of their own

ti *pron.*   you (*fam. sing.*), yourself (*after prep.*)

el **tiburón** (*pl.* **tiburones**)   shark

el **tiempo**   time (*in general sense*) (5); weather (10)

   a tiempo   on time (11)

   con el tiempo   in the course of time

   ¿cuánto tiempo hace (que volvieron)?   how long has it been since (you returned)? (14)

   ¿cuánto tiempo hace?   how long is it (has it been)? (19)

   ¿cuánto tiempo?   how much time? how long? (5)

   en este tiempo del año   in (at) this time of (the) year (12)

   falta mucho tiempo para (las siete)   it is a long time before (seven)

   tener tiempo para   to have time to (for) (11)

la **tienda**   store, shop (7)

Tikal   *an ancient Mayan city, in northern Guatemala*

el **timbre**   (door)bell (15)

timbre de la puerta   doorbell (15)

tinto: vino _____   red wine

el **tío**   uncle; *pl.* uncles, uncle(s) and aunt(s) (9)

típico, -a   typical (11)

el **tipo**   type (9)

la **toalla**   towel (12)

el **tobillo**   ankle (16)

el **tocadiscos**   record player (11)

tocar   to play (*music*) (11)

   te toca a ti   it's your (*fam. sing.*) turn

el **tocino**   bacon

todavía   still, yet (5)

   todavía no   not yet (21)

todo *pron.*   everything

   sobre todo   above all, especially

todo, -a   all, every (1); (*pl.* **todos, -as**) all, everybody (9)

   en todas partes   everywhere

   por todas partes   everywhere (10)

   sobre todo   above all, especially

   todas las noches (todos los días)   every night (day) (3)

   todas las semanas   every week (4)

   todo (el cuerpo)   (the) whole *or* entire (body) (16)

   todo el día   all day, the whole (entire) day

   todo el mundo   everybody (9)

   todos los años   every year

   todos los días   every day (*lit.*, all the days) (1)

tolteca (*m. and f.*) *adj. and noun*   Toltec

tomar   to take, eat, drink (3)

   tomar el almuerzo   to have (eat) lunch (3)

   tomar algo   to have *or* take something to eat *or* drink (6)

   tomar el desayuno (almuerzo)   to eat or have breakfast (lunch) (3)

   tomar el sol   to sunbathe (10)

   tomar la temperatura   to take the temperature (16)

tomar una taza de café   to have
or drink a cup of coffee (3)

Tomás   Thomas, Tom (5)

la **tormenta**   storm (10)

el **toro**   bull

la **torta**   cake

una torta de frutas   a fruit tart

la **tortilla**   omelet (*Spain*), small
cornmeal cake (*Mex.*)

tortilla espanola   potato omelet
(*Spain*)

la **tos**   cough (16)

jarabe para la tos   cough syrup
(16)

toser   to cough (16)

tostado, -a   toasted

la **tostadora**   toaster (17)

trabajador, -ora   industrious,
hard-working (19)

trabajar   to work (5)

el **trabajo**   work, employment,
position, job (19)

traducir   to translate (19)

traer   to bring (6)

el **tráfico**   traffic (18)

accidente de tráfico   traffic
accident (18)

el **traje**   suit (14)

el traje de baño   bathing suit
(14)

el **tramo**   stretch, section

tramo en reparación   section
under repair

tranquilo, -a   quiet (17)

la **transparencia**   transparency, slide
(21)

trasladarse   to move, to be moved

se trasladaron   they (were)
moved

el **tratado**   treaty

el **tratamiento**   treatment, form of
address

tratar   to treat

tratar de + obj.   to deal with
(9)

tratar de + inf.   to try to +
verb (9)

tratarse de   to be a question of

trece   thirteen (P2)

treinta   thirty (P2)

treinta (y dos)   thirty-two (P2)

treinta y un(o), -a   thirty-one (P2)

el **tren** (*pl.* **trenes**)   train (8)

en tren   by (in a) train (8)

tres   three (p2)

trescientos, -as   three hundred

el **tribunal examinador** (*pl.*
tribunales examinadores)
examining board (committee)

el **trigo**   wheat

el **trimestre**   trimester, quarter (19)

el **triunfo**   triumph, success

tropical (*pl.* **tropicales**)   tropical
(10)

tu   your (*fam. sing.*)

tú   you (*fam. sing.*)

Tulum   *resort and nearby ruins of
an ancient Mayan city, on the
northeastern coast of Yucatan,
opposite the Island of Cozumel.*

la **tumba**   tomb

el **turismo**   tourism

campo de turismo   tourist camp

el (la) **turista**   tourist

turista: clase _____   tourist
(economy) class (20)

turístico, -a *adj.*   tourist

◈ U ◈

ubicar *reflex.* **ubicarse**   to locate,
situate; to be located, situated

¡uf!   phsaw! humph! (18)

últimamente   lately

último, -a   last (*in a series*) (14)

la última vez   the last time (11)

un, uno, una   a, an, one (2)

Unidos: Estados _____   United
States

la **universidad**   university (2)

en la universidad   at the
university (1)

horario de la universidad
university time schedule (3)

unos, -as   some, a few, several;
about (*quantity*) (2)

urgente   urgent (19)

es urgente   it's urgent (19)

el **Uruguay**   Uruguay (5)

uruguayo, -a   Uruguayan (5)

usar   to use (2)

empezar (ie) a usarse   to begin
to be used

usted (Ud.)   you (*ormal sing.*)

la **uva**   grape

Uxmal   *ancient capital of the later
Mayan Empire, in northwestern
Yucatan, southwest of Mérida*

◈ V ◈

la **vaca**   cow

las **vacaciones**   on vacation (5)

de vacaciones   on vacation (9)

estar de vacaciones   to be on
vacation (5)

ir de vacaciones   to go on a
vacation (5)

pasar las vacaciones   to spend
the vacation (5)

vacaciones de Navidad
Christmas vacation (8)

la **vacante**   opening (*in a job*) (19)
also adj.

puesto vacante   position (job)
available (vacant) (19)

la **vainilla**   vanilla

vale   O.K., all right (9)

valenciano, -a   Valencian, from or
of Valencia (*Spain*) (11)

valer   to be worth (21)

valer la peña   to be worthwhile
(21)

vale más   it is better (21)

el **valor** (*pl.* **valores**)   value

el **valle**   valley

vapor: el buque de _____
steamship

variado, -a   varied

varios, -as   various, several (4)

el **vascuence**   Basque

el **vaso**   (drinking) glass (11)

el **vecino**   neighbor

veinte   twenty (P2)

veinte y un(o), -a   twenty-one
(P2)

veinticinco   twenty-five (P2)

veinticuatro   twenty-four (P2)
veintidós   twenty-two (P2)
veintinueve   twenty-nine (P2)
veintiocho   twenty-eight (P2)
veintiséis   twenty-six (P2)
veintisiete   twenty-seven (P2)
veintitrés   twenty-three (P2)
veintiuno (veintiún, veintiuna)   twenty-one (P2)
la **velocidad**   speed
  velocidad máxima   speed limit
vencer   to overcome
la **vendedora**   saleslady, clerk (*f.*) (7)
vender   to sell (4)
venir   to come (4)
  venir bastante cansado, -a   to be pretty tired (5)
la **ventana**   window (2)
la **ventanilla**   window (*of railway car or automobile*)
ver   to see (6)
  a ver   let's (let me) see (13)
Veracruz   *seaport in eastern Mexico, on the Gulf of Mexico*
veraniego, -a *adj.*   summer
el **verano**   summer (P1)
veras: de _____   really, truly (15)
la **verdad**   truth (3)
  es verdad   it is true (3)
  ¿(no) es verdad?   aren't you? isn't it? do you?, *etc.* (3)
verdaderamente   truly, really
verde (*m. or f.*)   green (2)
  verde-azul   greenish blue (14)
las **verduras**   vegetables, greens
el **verso**   verse (19)
el **vestido**   dress (7)
la **vez** (*pl.* **veces**)   time (*in a series*) (6)
  a veces   at times (11)
  de vez en cuando   from time to time, once in while, occasionally (6)
  dos veces   twice
  en vez de   instead of
  esta vez   this time (11)
  tal vez   perhaps (18)
  la última vez   the last time (11)

viajar   to travel (8)
  viajar por   to travel in (through) (21)
el **viaje**   trip, journey (5)
  agencia de viajes   travel agency (20)
  ¡buen viaje!   (have) a good *or* fine trip! (9)
  compañero de viaje   traveling companion (*m.*) (8)
  hacer el viaje   to make (take) the trip (8)
  salir de viaje   to leave on a trip (20)
  el viaje de negocios   business trip (19)
el **viajero**   traveler
  los cheques de viajero   traveller's checks (12)
Vicente   Vincent
la **vida**   life (10)
  el nivel de vida   standard of living
  vida: en la _____   never (16)
viejo, -a   old (4)
vienés   Viennese
el **viento**   wind (10)
el **viernes**   (on) Friday (P2)
  hasta el viernes   until (see you) Friday (11)
el **vino**   wine (11)
  vino tinto   red wine
el **Virreinato**   Viceroyalty
la **visita**   visit, call (5)
  de visita   on (for) a visit (5)
  estar de visita   to visit, be visiting, be on a visit (5)
visitar   to visit, call on (8)
la **vista**   sight, view (12)
  hasta la vista   until (see you) later (21)
la **vitrina**   showcase (13)
la **viuda**   widow
las **viviendas**   housing
vivir   to live (3)
el **volante**   steering wheel (18)
el **vólibol**   volleyball (15)

volver (ue)   to return, go (come) back (8)
  volver (ue) a (llamar)   (to call) again (11)
  volverse (ue) loco, -a   to become *or* go crazy (wild) (19)
  vuelvo en seguida   I'll be right back, I'll return at once
vosotros, -as   you (*fam. pl. subject pron.*); you, yourselves (*fam. pl.*) (*after prep.*)
el **vuelo**   flight (20)
  vuelo de día   daytime flight, flight by day (in the daytime) (20)
  vuelo de la mañana   morning flight (20)
la **vuelta**   return; turn (20)
  (boleto) de ida y vuelta   round-trip (ticket) (20)
  dar vuelta (a)   to turn (to)
Vuestra merced   Your Grace
vuestro, -a *adj.*   your (*fam. pl.*), of yours
  (el) vuestro, (la) vuestra, (los) vuestros, (las) vuestras *pron.*   yours (*fam. pl.*)

◪ Y ◪

y   and (1)
ya   already, now (1); *sometimes used for emphasis*
  ¡ya lo creo!   of course! certainly! (21)
  ya no   no longer
el **yacimiento**   deposit
el **yerno**   son-in-law
yo   I
Yucatán   Yucatan
yucateco, -a   of (pertaining to) Yucatan (13)

◪ Z ◪

el **zapato**   shoe (7)

◙ A ◙

a, an   un, una; *often untranslated*
   a few   unos, -as, algunos, -as
   a little   un poco
   a lot
   a lot of *adj.*   mucho, -a (-os, -as)
A.M.   de la mañana
able: be ____   poder
about   de, sobre, acerca de; *for probability use future tense*
   at about (*time*)   a eso de
accompany (to)   acompañar
ache   doler (ue)
   does his stomach ache?   ¿le duele (a él) el estómago?
   her entire body ached   a ella le dolía todo el cuerpo
   my head doesn't ache   no me duele la cabeza
acquainted: is ____ with   conoce a
   to get acquainted   conocer
across: run ____   encontrarse (ue) con
ad   el anuncio
address   la dirección (*pl.* direcciones)
administration   la administración
   business administration   administración de negocios
advice   consejos
advise (to)   aconsejar
afraid: be ____ (that)   tener miedo (de que)
   be afraid to   tener miedo de
after   después
after *prep.*   después de
afternoon   la tarde
   good afternoon   buenas tardes
   in the afternoon   por la tarde
   one Sunday afternoon   un domingo por la tarde
   that afternoon   esa tarde

   tomorrow afternoon   mañana por la tarde
afterward(s) *adv.*   después
   shortly afterward(s)   poco después
afterward(s): shortly ____   poco después
again   volver a (+ *inf.*); otra vez
agency   la agencia
   travel agency   agencia de viajes
agent   el agente, la agente
Agnes   Inés
ago: a couple of hours ____   hace un par de horas
   a few months ago   hace unos meses
   an hour ago   hace una hora
agricultural (*m. and f.*)   agrícola
   agricultural machinery   maquinaria agrícola
   School of Agricultural Engineering   Escuela de Ingeniería Agrícola (*or* de Agronomía)
ahead *adv.*   adelante
   go on (continue) ahead   seguir (i, i) *or* continuar adelante
   may they continue ahead   que sigan (continúen) adelante
air conditioning   el aire acondicionado
airmail   el correo aéreo
Albert   Alberto
all   todo, -a; *pl.* todos, -as
almost   casi
already   ya
also   también
although   aunque
always   siempre
America: South ____   Suramérica
American: North ____   norteamericano, -a
   South American   suramericano, -a
   Spanish American   hispanoamericano, -a

among   entre
ancient   antiguo, -a
and   y
Andes   los Andes
Ann   Ana
announce (to)   anunciar
another   otro, -a
   (in order) to take leave of one another   para despedirse (i, i)
   one another (*m.*)   uno al otro
answer (to)   contestar
Anthony   Antonio
any *adj. and pron.*   alguno, -a, (*before m. sing. nouns*) algún; *often not translated*
   at any hour   a cualquier hora
anyone   alguien, (*after negative*) nadie
anything   algo, (*after negative*) nada
   not to have anything to do   no tener nada que hacer
apartment   el apartamento
   apartment building   edificio (casa) de apartamentos
appliance   el aparato
apply (to)   solicitar
appointment   la cita
approach (to)   acercarse (a + *obj.*)
April   abril
architecture   la arquitectura
Argentina   la Argentina
Argentine   argentino, -a
arm   el brazo
arrive (to)   llegar (a + *obj*)
   arrive downtown   llegar al centro
   arrive home   llegar a casa
   arrive on time   llegar a tiempo
arriving: on ____   al llegar
article   el artículo
as *conj.*   como
   as + *adj. or adv.* + as   tan . . . como

as an agent como agente
as if como si
so much as tanto como
ask (to) (*question*) preguntar,
   (*request*) pedir (i, i)
   ask for preguntar por, (*request*)
     pedir (i, i)
at a, en, de
   at (a movie) en (un cine)
   at about (*time*) a eso de
   at home en casa
   at nine o'clock a las nueve
   at once en seguida
   at this time of the year en este
     tiempo del año
   at what time? ¿a qué hora?
attend (to) asistir a
attention la atención
   **(that John) not pay attention
     to** (que Juan) no le haga caso a
   to pay attention to hacer (+ *ind.*
     obj. pron.) caso a
attractive atractivo, -a
audience el público
August agosto
aunt la tía
away: right _____ en seguida

◈ B ◈

back (*body*) la espalda
bad malo, -a
badly mal
bank el banco
bargain la ganga
   it's a bargain es una ganga
basketball el básquetbol
bath el baño
bathing suit el vestido de baño
bathroom el baño
be (to) estar, ser; encontrarse (ue),
   hallarse, verse
   be a success tener éxito
   be able poder
   be afraid (that) tener miedo (de
     que)
   be afraid to tener miedo de
   be a (great) hit ser un (gran) éxito

be cloudy estar nublado
be cold (*weather*) hacer frío
be cold (*living beings*) tener frío
be fond of ser aficionado, -a a
be fortunate tener suerte
be glad that alegrarse de que
be hungry tener hambre
be ill estar enfermo, -a
be lucky tener suerte
be (nineteen) cumplir
   (diecinueve) años
be on a visit estar de visita
be on one's (the) way to ir
   camino de
be patient tener paciencia
be possible ser posible
be (quite) tired estar (bastante)
   cansado, -a
be right tener razón
be sure that estar seguro, -a de
   que
be time to ser hora de
be unable to no poder
be (very) glad to alegrarse
   (mucho) de + *inf.*
be (very much) in fashion estar
   (muy) de moda
be (very) sleepy tener (mucho)
   sueño
be (very) successful tener
   (mucho) éxito
be (very) windy hacer (mucho)
   viento
be worthwhile valer la pena
be . . . years old tener (cumplir)
   . . . años
how glad I am that . . . ! ¡cuánto
   me alegro de que… !
how glad I would be to (travel)!
   ¡cuánto me alegraría de (viajar)!
I'll be there at 11:00 A.M. estoy
   allí a las once de la mañana
it is (a week) since (they came)
   hace (una semana) que
   (vinieron) *or* (vinieron) hace
   (una semana)
(it) is being played se juega
it is I soy yo

it is sunny hace (hay) sol
it must be half past ten serán las
   diez y media
there are probably many people
   habrá mucha gente
there has been ha habido
there is (are) hay
there was (were) había
there were people había gente
there will be habrá
they have been lucky han tenido
   suerte
they would be happy estarían
   contentos (felices)
what time can it be? ¿qué hora
   será?
you're welcome de nada, no hay
   de que
beach la playa
Beatrice Beatriz
beautiful bonito, -a, hermoso, -a,
   precioso, -a
beauty shop la peluquería
because porque
become + *adj.* ponerse; + *noun*
   hacerse, llegar a ser
   become calm ponerse calmado, -a;
     calmarse
   become rich hacerse rico
   become (very) tired ponerse
     (muy) cansado
bed la cama
   single bed cama sencilla
   to go to bed acostarse
before *adv.* antes; *prep.* antes de;
   conj. antes (de) que
begin (to) comenzar (ie) (a + *inf.*),
   empezar (ie) (a + *inf.*)
best, better mejor
Betty Isabel
bicycle la bicicleta
   to take bicycle tours hacer
     excursiones en bicicleta
bilingual bilingüe (*m. and f.*)
bill la cuenta
birthday el cumpleaños
   a birthday party una fiesta de
     cumpleaños

blanket la manta
blender la batidora
blouse la blusa
blue: light _____ celeste
blush (to) ponerse rojo, -a
book el libro
bookstore la librería
border la frontera
bother (to) molestar
  it bothers him le molesta
bottom el fondo
boy chico, muchacho
boyfriend el novio
bracelet la pulsera
brakes los frenos
branch (_business_) la sucursal
breakfast el desayuno
  take (eat) breakfast desayunarse, tomar el desayuno
bring (to) traer
Buenos Aires Buenos Aires
build (to) construir
building el edificio
  apartment building el edificio de apartamentos
  main building el edificio principal
business el negocio
  business trips viajes de negocios
  business administration administración de negocios
busy ocupado, -a
  to be busy estar ocupado, -a
but pero, (_after negative_) sino
buy (to) comprar; **to buy (oneself)** comprarse _reflex._
  buy (for) oneself comprarse
  I'll buy them (_m._) **for you** (_fam. sing._) te los compro
  that he would buy it (_f._) **for them** que él se la compraría
by por, de, en; _not translated when used with pres. part._
  by (bus) en (autobús)
  by (car) en (coche _or_ carro)
  by (plane) en (avión)
  by seeing it viéndolo
  by the way a propósito

◪ C ◪

cafeteria la cafetería
cake la torta
California California
call (to) llamar, llamar por teléfono
calm down (to) calmarse
camera la cámara
can poder, (_know how_) saber; _for conjecture use future tense_
  what time can it be? ¿qué hora será?
candidate el candidato
car el carro (_Am._); el coche (_Spain_)
  (go) by car (ir) en carro (coche)
  going by car yendo en coche
  in John's car en el coche (carro) de Juan
  (leave) by car (salir) en carro (coche)
  patrol car el coche (carro) patrulla
card la tarjeta
  credit card la tarjeta de crédito
Carmen Carmen
Caroline Carolina
carry (to) llevar
cash (to) cambiar
  cash a check cambiar un cheque
cattle ganado
celebrate (to) celebrar
cent el centavo
chair la silla
channel (_television_) el canal
charge (to) cobrar
Charles Carlos
charming encantador, encantadora (-es, -as)
chat (to) charlar, hablar
cheaper más barato, -a
check el cheque
  cash a check cambiar un cheque
chest el pecho
Chicago Chicago
childhood la niñez
  childhood memory recuerdo de niñez
children (_family_) los hijos (_m. and f._); niños, -as

chile chili
Chilean chileno, -a
choose (to) escoger
Christmas la Navidad
  Christmas vacation las vacaciones de Navidad
city la ciudad
Clara Clara
class la clase
  go to class ir a clase
  have a class tener clase
  in class en clase
classmate el compañero (la compañera) de clase
classroom la sala de clase (_pl._ las salas de clase)
cleaner: vacuum _____ la aspiradora
clear claro, -a
clerk el dependiente (_m._), la vendedora (_f._)
close (to) cerrar (ie)
closed cerrado, -a
cloud la nube
cloudy nublado
  it was cloudy estaba nublado
coast la costa
coffee café
  cup of coffee taza de café
  to have coffee tomar café
cold (_weather_) el frío; (_disease_) el resfriado
  be cold (_weather_) hacer frío, (_living beings_) tener frío
  cold drink el refresco
  catch a cold pescar un resfriado
  I caught a (terrible) cold pesqué un resfriado (terrible)
cold, _adj._ frío, -a
collision el choque
Colombia Colombia
Colombian colombiano, -a
color el color
  photographs in color fotografías a colores
Colorado Colorado
come (to) venir
  come back volver (ue), regresar

come by   pasar por
come in   entrar, (*fam. sing. command*) pasa (tú)
comfortable   cómodo, -a
comment   el comentario
companion   el compañero (*m.*), la compañera (*f.*)
   travelling companion (*m.*) compañero de viaje
companions   compañeros (*m. and f.*)
company   la compañía
compare (**to**)   comparar
completely   completamente
computer   la computadora, el ordenador (*Spain*)
concert   el concierto
confirm (**to**)   confirmar
congratulate (**to**)   felicitar
constitution   la constitución
   Constitution Street   Calle Constitución
consult (**to**)   consultar
continue (**to**)   continuar
cook (**to**)   cocinar
cool   el fresco
   be cool (*weather*)   hacer fresco, (*living beings*) tener fresco
coral   el coral (*pl.* corales)
Cordova   Córdoba
cost (**to**)   costar (ue)
cotton   algodón
cough   la tos
   a cough syrup   un jarabe para la tos
cough (**to**)   toser
could *imp., pret. cond. ind. or imp. subj. of* **poder**
country   el campo, (*nation*) el país (*pl.* países)
couple   el par
   a couple of hours (weeks) ago hace un par de horas (semanas)
course: of _____   ¡como no!, ¡claro!, ¡ya lo creo!, ¡por supuesto!
court (*sports*)   la cancha
   tennis court   la cancha de tenis
cousin   el primo (*m.*), la prima (*f.*), los primos (*m. and f.*)

covered   cubierto
Cozumel   Cozumel
crazy   loco, -a
   go crazy   volverse loco
credit   el crédito
   credit card   tarjeta de crédito
Cuba   Cuba
Cuban   cubano, -a
cumbia   la cumbia
cup   la taza
   cup of coffee   taza de café

◩ D ◩

daily   diario, -a
dance   el baile, bailar
   at the dance   en el baile
   dance number   número de baile
dance (**to**)   bailar
date (*appointment*)   la cita, (*calendar*) la fecha
   make a date   hacer una cita
daughter   la hija
day (*m.*)   el día
   a day   al día
   on the following day   al día siguiente
daytime   de día
   daytime flight   vuelo de día
deal: a great _____   mucho
dear   querido, -a
decide (**to**)   decidir
degree: master's _____   el título de maestría; la maestría
departure   la partida
dessert   el postre
Diane   Diana
dictionary   el diccionario
difficult   difícil (*m. or f.*)
dining room   el comedor (*pl.* comedores)
direct   directo, -a
discotheque   la discoteca
dish   el plato
dishwasher   la lavadora de platos
district   el barrio
do (**to**)   hacer; *not expressed as an auxiliary*

doesn't he? doesn't she? don't they?   ¿(no es) verdad?
not to have anything to do   no tener nada que hacer
what can I do for you (*pl.*)?   ¿en qué puedo servirles?
doctor   el médico
dollar   el dólar (U.S.); (*pl.* dólares)
door   la puerta
doorbell   el timbre (de la puerta)
dormitory   el dormitorio
   university dormitories dormitorios de la universidad
doubt (**to**)   dudar
down: calm _____   calmarse
   go down   bajar
   lie down   acostarse (ue)
   sit down   sentarse (ie)
   slow down   moderar la marcha
downtown   el centro
   to go downtown   ir al centro
downtown (*city*)   el centro
dress   el vestido
drink   la bebida
   cold (soft) drink   el refresco
   take something (*to drink*)   tomar algo
drive (**to**)   manejar (*Am.*), conducir (*Spain*)
   they don't let him drive   no le permiten manejar (conducir)
driver   el conductor (*pl.* conductores)
   taxi driver   el taxista
drop   la gota
   nose drops   gotas para la nariz
during   durante

◩ E ◩

each: we used to see _____
   other   nos veíamos
early   temprano
earn (**to**)   ganar
earrings   los aretes
   gold earrings   aretes de oro
easier   más fácil
easy   fácil
   it is easy   es fácil
   to be easy   ser fácil

eat (to) comer
  eat breakfast desayunarse, tomar el desayuno
  eat lunch almorzar (ue), tomar el almuerzo
  eat supper cenar
economics la economía
  economics professor (teacher) profesor(-a) de economía
economist el economista
eight ocho
eighteen dieciocho
either (*after negative*) tampoco
elections las elecciones
elevator el ascensor
eleven once
  at eleven A.M. a las once de la mañana
encounter (to) encontrar (ue)
engineer el ingeniero
engineering la ingeniería
  Engineering School Facultad de Ingeniería
  School of Agricultural Engineering Escuela de Ingeniería Agrícola (*or* de Agronomía)
English (*the language*) el inglés
enjoy (to) gozar (de + *obj.*), disfrutar (de + *obj.*); **enjoy (oneself)** divertirse (ie, i) *reflex.*
  may you (*pl.*) **enjoy yourselves** que se diviertan Uds.
enough bastante, suficiente
enter (to) entrar (en *or* a + *obj.*); ingresar (en + *obj.*)
  enter the university ingresar en la universidad
entering: on _____ al entrar
entire: her _____ **body** todo el cuerpo
equator el ecuador
evening la noche
  Friday evening el viernes por la noche
  in the evening por la noche
  on Thursday evening el jueves por la noche
ever (*after negative*) nunca
  more than ever más que nunca

every todo, -a
  every day todos los días
  every night (week) todas las noches (semanas)
everybody todo el mundo
exam el examen (*pl.* exámenes)
excitement la emoción
exclaim (to) exclamar
excursion la excursión (*pl.* excursiones)
  go on an excursion salir de excursión
  take an excursion hacer una excursión
exercise el ejercicio
  to do exercise hacer ejercicio
expensive caro, -a
  the most expensive one (*f.*) la más cara

◈ F ◈

face (to) dar a
  that face the (square) que dan a la (plaza)
fail (to) dejar de; fallar (*brakes*)
  don't fail to no dejéis de (*fam. vosotros form*)
  not to fail to no dejar de + *inf.*
  without fail sin falta
fall el otoño
family la familia
fantastic fantástico, -a
far *adv.* lejos
  far from lejos de
fashion la moda
  is very much in fashion está muy de moda
  to be (very much) in fashion estar muy de moda
father el padre, el papá
fear (to) temer
feel (to) sentir(se) (ie, i)
  feel (well) sentirse (ie, i) (bien)
  how do you feel? ¿cómo te sientes (se siente Ud.)?
feel like (to) + *-ing* tener ganas de + *inf.*

  they feel like dancing ellos tienen ganas de bailar
fever la fiebre
few: a _____ unos, -as, algunos, -as
fifteenth: the _____**of** el quince de
film la película
final match la final
finally al (por) fin
find (to) encontrar (ue), hallar
finish (to) terminar
fireplace la chimenea
firm la empresa; la compañía
first primero, -a
fishing la pesca
  go fishing ir a pescar
five cinco
fixed: _____ **price** precio fijo
flan el flan
flight el vuelo
  a daytime flight un vuelo de día
  direct flights vuelos directos
floor el piso
  on the third floor en el tercer piso
  the main (first) floor el piso principal
  the third floor (*Spain*) el piso segundo (el segundo piso)
flower la flor (*pl.* flores)
following siguiente
  on the following day al día siguiente
fond (of) aficionado, -a
  be fond of ser aficionado, -a a
football el fútbol
  football match partido de fútbol
for para, por
  ask for (to) pedir (i, i)
  for a long time hace mucho tiempo *or* desde hace mucho tiempo
foreign extranjero, -a
forget (to) olvidar
fortunately afortunadamente
forty-nine cuarenta y nueve
four cuatro
free libre
French (*the language*) el francés
French *adj.* francés, francesa (*pl.* franceses, francesas)

Friday   el viernes
   Friday evening   el viernes por la noche
   on (Friday) morning   el viernes por la mañana
   next Friday   el viernes que viene
friend   el amigo (*m.*), la amiga (*f.*)
from   de
   from Diane's house   de casa de Diana
   from the university   de la universidad
front: in _____ of *prep.*   enfrente de
full   lleno
furnished   amueblado, -a

◪ G ◪

game (*match*)   el partido
gasoline   la gasolina
gather (to)   reunirse
gathering   la reunión
generally   generalmente, por lo común
George   Jorge
get (to)   obtener, conseguir (i, i)
   get *or* **become acquainted** conocer(se)
   get *or* **become (well)**   ponerse (bien), mejorarse
   get dressed, fixed up   arreglarse
   get hurt   hacerse daño
   get married   casarse
   get ready (*for something*) prepararse
   get together   reunirse
   get up   levantarse
   let's get going, then!   ¡vámonos, pues!
   let's get together   vamos a reunirnos, reunámonos
   let's not get up   no nos levantemos
   we have gotten quite tanned   nos hemos puesto bastante bronceados
gift   el regalo
   gift list   lista de regalos
girl   la muchacha, la chica
give (to)   dar

glad: be _____ that   alegrarse de que
   be (very) glad to   alegrarse (mucho) de (+ *inf.*)
   how glad I am that . . .!   ¡cuánto me alegro de que . . . !
   how glad I would be to (travel)!   ¡cuánto me alegraría de viajar!
gladly!   ¡con mucho gusto!
glasses (*spectacles*)   las gafas, (*water*) los vasos
   puts on his glasses   se pone las gafas
gloves   los guantes
go (to)   ir (a + *inf. or obj.*)
   go ahead   pasar, seguir adelante
   go crazy   volverse (ue) loco, -a
   go down   bajar
   go fishing   ir a pescar
   go into   entrar en (+ *obj.*)
   go on ahead   seguir (i, i) *or* continuar adelante
   go on an excursion   salir de excursión
   go out   salir
   go shopping   ir de compras
   go to bed   acostarse (ue)
   go to sleep   dormirse (ue, u)
   go up (to)   subir (a)
   going by car   yendo en coche
   how have things gone? (*indir. question*)   ¿cómo lo han pasado?
   let's go (to)   vamos (a + *obj.*)
   let's not go to class   no vayamos a clase
gold   el oro
   gold (earrings)   (aretes) de oro
good   bueno, -a, (*before m. sing. nouns*) buen
   good afternoon   buenas tardes
   good morning   buenos días
   have a good time   divertirse (ie, i)
   have a good trip!   ¡buen viaje!
good-looking   guapo, -a
good-bye   adiós
   let's not say good-bye   no digamos adiós
graduate (to)   graduarse
Granada   Granada
grandfather   el abuelo

great (*before sing. nouns*)   gran
   they look great on you (*fam. sing.*) **(her, him)**   te (le) quedan preciosos
   great!   ¡estupendo, -a!
greet (to)   saludar
group   grupo
   a group of   un grupo de
guacamole: a _____ (salad)   un guacamole
guide   la guía

◪ H ◪

haggle (to)   regatear
hair   el pelo
   have one's hair done   arreglarse el pelo
half   medio, -a
   it's half past seven (nine)   (son) las siete (nueve) y media
hall   el corredor
   residence hall   residencia
   student residence hall   residencia de estudiantes
   university residence hall   residencia de la universidad
hammock   la hamaca
hand   la mano
hand (over) (to)   entregar
handsome   guapo, -a
happy   contento, -a, feliz (*pl.* felices)
hard: to study _____   (estudiar) mucho
have (to)   tener; (*auxiliary*) haber
   have *indir.* **command**   que + *pres. subj. tense*
   have a class   tener clase
   have a cup of coffee   tomar una taza de café
   have a good time   divertirse (ie, i)
   have a good trip!   ¡buen viaje!
   have (a great deal) to do   tener (mucho) que hacer
   have bad luck   tener mala suerte
   have (George) do it   que lo haga (Jorge)
   have just + *p.p.*   acabar de + *inf.*

have lunch tomar el almuerzo, almorzar (ue)

have news recibir (tener) noticias

have one's hair done arreglarse el pelo

have supper cenar

have the opportunity to tener la oportunidad de

have time to tener tiempo para

have to tener que + *inf.*

not to have anything to do no tener nada que hacer

he él

headache el dolor de cabeza

to have a headache tener dolor de cabeza

hear (to) oír, escuchar

heavens! ¡Dios mío!

Helen Elena

hello (*telephone*) diga, dígame, hola, bueno

help (to) ayudar

Henrietta Enriqueta

her *adj.* su(s)

her *dir. obj.* la; *indir. obj.* le, se; *after prep.* ella

here aquí

hers *pron.* (el) suyo, (la) suya, *etc.*, (el, la, los, las) de ella

of hers *adj.* suyo(s), -a(s), de ella

high school la escuela secundaria

him *dir. obj.* lo, le; *indir. obj.* le, se; *after prep.* él

his *adj.* su(s); *pron.* (el) suyo, (la) suya, *etc.*, (el, la, los, las) de él

of his *adj.* suyo(s), -a(s), de él

Hispanic hispánico, -a

hit (*success*) el éxito

to be a great hit ser un gran éxito

home la casa, el hogar

(arrive) home (llegar) a casa

at home en casa

honeymoon la luna de miel

hope (to) esperar

horrible horrible

hospital el hospital (*pl.* hospitales)

hot caliente

to be (very) hot (*weather*) hacer (mucho) calor

hotel el hotel (*pl.* hoteles)

hour la hora

meal hours horario de las comidas

how + *adj. or adv.*! ¡qué... !

how + *verb* ¡cuánto... !

how glad I am that . . . ! ¡cuánto me alegro de que ... !

how: know _____ **to** saber + *inf.*

how? ¿cómo?

how long? (*time*) ¿cuánto tiempo?

how much (many)? ¿cuánto, -a (-os, -as)?

how old is (Charles)? ¿cuántos años tiene (Carlos)?

how pretty it is! ¡qué bonito (es)!

how have things gone? (*indir. question*) ¿cómo lo han pasado?

how was the trip? ¿qué tal el viaje?

hungry: to be _____ tener hambre

hurt (to) doler (ue)

get hurt hacerse daño

her chest hurts le dolía (a ella) el pecho

my leg and arm hurt me duelen la pierna y el brazo

husband el marido

◨ I ◨

I yo

idea la idea

if si

ill enfermo, -a

to be ill estar enfermo, -a

in en, por, de; (*after a superlative*) de

in order to *prep.* para

in the afternoon (morning, evening) por la tarde (mañana, noche)

travel in viajar por

industrious trabajador, -ora

inexpensive barato, -a

inform (to) informar, avisar

injured person (*m.*) el herido

intend (to) pensar (ie) + *inf.*

interest (to) interesar

interesting interesante (*m. or f.*)

into: go _____ entrar en + *obj.*

run into encontrarse (ue) con

introduce (to) (*a person*) presentar

invite (to) invitar

Isabel Isabel

island la isla

it *dir obj.* lo (*m. and neuter*), la (*f.*); *indir obj.* le; (*usually omitted as subject*) él (*m.*), ella (*f.*); *after prep.* él (*m.*), ella (*f.*)

it has tiene

Italian (*the language*) el italiano

item: news _____ la noticia

its *adj.* su(s)

◨ J ◨

jacket la chaqueta

James Jaime

jewel la joya

jewelry store la joyería

job el trabajo

John Juan

Joseph José

Julio Iglesias Julio Iglesias

just: have _____ acabar de + *inf.*

◨ K ◨

keep on + *-ing* seguir (*or* continuar) + *-ndo*

tells him to keep on driving le dice que siga (continúe) manejando (conduciendo)

key la llave

kitchen la cocina

knock (to) llamar

knock at the door llamar a la puerta

know (to) (*a fact*) saber, (*be acquainted with*) conocer

◨ L ◨

laboratory el laboratorio

language la lengua

large grande, gran (*before m. or f. nouns*)

very large muy grande, grandísimo, -a

last pasado, -a; (*in a series*)
   último, -a
   last night anoche
   last (year) el (año) pasado
   the last day el último día
late tarde
later después, más tarde, luego
   see you later hasta luego
   until later hasta luego
latter: the _____ éste, ésta
Laura Laura
learn (to) aprender (a + *inf.*)
leave (to) salir, partir, irse *or*
   marcharse (de + *obj.*); *trans.* dejar
   leave for salir (partir, irse,
      marcharse) para
   leave her (his) house salir de su
      casa
   leave home salir de casa
   **let's take leave of each other (one
      another)** despidámonos
   take leave of despedirse (i, i) de
   upon leaving al salir
lecture la conferencia
left: be _____ quedar
   haven't left him no le han dejado
   **no seats are (there are no seats)
      left** no quedan asientos
   on the left por la izquierda
less menos
   more or less más o menos
lesson la lección (*pl.* lecciones)
   (Spanish) lesson lección (de
      español)
let (to) dejar, permitir
   let (*pl.*) me (drive) déjenme *or*
      permítanme (Uds.) (manejar *or*
      conducir)
   let's (let us) + *verb* vamos a +
      inf., or first person pl. pres. subj.
      tense
   let's get going, then! ¡vámonos,
      pues!
   let's go (to the lecture) vamos (a
      la conferencia)
   let's see a ver
letter la carta
library la biblioteca
lie down (to) acostarse
life la vida

light (*weight*) ligero, -a
like gustar
   **I (he, we, they) should *or* would
      like** me (le, nos, les) gustaría,
      yo (él) quisiera (quisiéramos,
      quisieran)
   would you (*fam. sing.*) **like to stay
      here?** ¿te gustaría quedarte aquí?
likeable simpático, -a
Lima Lima
list la lista
   gift list lista de regalos
   waiting list lista de espera
listen (to) escuchar
live (to) vivir
living room la sala
Lola Lola
long largo, -a
   for a long time hace mucho tiem-
      po *or* desde hace mucho tiempo
   how long? (*time*) ¿cuánto tiempo
      hace?
   too long demasiado tiempo
   wait long esperar mucho
look (at) (to) mirar
   they (*m.*) **look great on you** (*fam.
      sing.*) te quedan preciosos
look for (to) buscar
looking: good- _____ guapo, -a
   young-looking juvenil
looking: while _____ at mirando
Los Angeles Los Ángeles
lot: a _____ *adv.* mucho
   a lot of *adj.* mucho, -a (-os, -as)
Louis Luis
Louise Luisa
lounge la sala
love (to) (*something*) encantar;
   (*someone*) querer
   everybody loved it a todo el
      mundo le encantó
   I love it me encanta
luck la suerte
   to have bad luck tener mala
      suerte
lucky: be _____ tener suerte
lunch el almuerzo
   eat (have, take) lunch tomar el
      almuerzo, almorzar (ue)
Lupe Lupe

◨ **M** ◨

ma'am señora, señorita
machinery la maquinaria
Machu Picchu Machu Picchu
Madrid Madrid
magazine la revista
main principal
   main floor el piso principal
make (to) hacer
   make a date hacer una cita
   make a reservation (reservations)
      hacer reservas
   make an excursion hacer
      excursión
   make the (a) trip hacer el (un)
      viaje
makes marcas
man el hombre
   the (two) young men los (dos)
      jóvenes
manager el gerente
many muchos, -as
   how many? ¿cuántos, -as?
   many people mucha gente
   too many *adj.* demasiados, -as
   very many *adj.* muchísimos, -as
Margaret Margarita
Mario Mario
market el mercado
married: to get _____ casarse
Mary María
master's la maestría
   master's degree el título de maestría
match (*game*) el partido
   final match la final
   match (the earrings) hacer juego
      con (los aretes)
   football (soccer) match partido de
      fútbol
matter: what's the _____ with you
   (*fam. sing.*)? ¿qué tienes?
   what's the matter with (Thomas)?
      ¿qué tiene (Tomás)?
May mayo
may (*wish, indir. command*) que +
   *pres. subj.; mark of the pres. subj.
   tense*
   may we see it (*m.*)? ¿nos permite
      verlo?

me *dir. and indir. obj.* me; *after prep.*
  mí
  with me conmigo
meal la comida
  meal hours horario de las comidas
mean querer decir, querer + *inf.*
  we didn't mean to go no
    queríamos ir
meddlesome entremetido
medicine la medicina
  School of Medicine Escuela de
    Medicina
meet (to) encontrar (ue), (*a person*
  for the first time) conocer
  nice to meet you (*formal sing. f.*)
    mucho gusto en conocerla
memories recuerdos
merengue el merengue
message el recado
  leave a (some) message for
    her dejarle algún recado
Mexican mexicano, -a
Mexico México
Michael Miguel
microwave el horno microondas
millimeter el milímetro
  35-millimeter camera cámara de
    treinta y cinco milímetros
mine *pron.* (el) mío, (la) mía, *etc.*
  of mine *adj.* mío, -a
Miss (la) señorita, (la) Srta.
mixer la mezcladora
modern moderno, -a
moment el momento
  a few moments un rato
Monday el lunes
  on Monday el lunes
money el dinero
Monterey Monterrey
Montevideo Montevideo
month el mes (*pl.* meses)
more más
  more or less más o menos
morning la mañana
  a morning flight un vuelo de la
    mañana
  good morning buenos días
  in the morning por la mañana
  (on) Sunday morning el domingo
    por la mañana

one Sunday morning un domingo
  por la mañana
  tomorrow morning mañana por la
    mañana
  yesterday morning ayer por la
    mañana
most más
  most of la mayor parte de
  the most expensive one (*f.*) la
    más cara
mountain la montaña
movie (*place*) el cine; (*film*) la película
  a musical movie una película
    musical
Mr. (el) señor, (el) Sr.
  Mr. and Mrs. (Ramos) los señores
    (Ramos)
Mrs. (la) señora, (la) Sra.
much *adj.* mucho, -a; *adv.* mucho
  as much (. . .) as tanto, -a (...)
    como
  how much (. . .) tanto, -a (...)
  so much? *adj.* ¿tanto, -a?
  so much as tanto como
  very much *adv.* muchísimo, -a
music la música
must deber, tener que + *inf.*; *for*
  probability use future, future perf.,
  or cond. tense
  one must (wait) hay que (esperar)
  you (*fam. sing.*) **must see them**
    (*f.*) tienes que verlas
my mi(s)

◈ N ◈

near *adv.* cerca
near *prep.* cerca de, junto a
nearby *adj.* cercano, -a
nearly casi
necessary necesario, -a; preciso, -a
  it is necessary to es necesario *or*
    hay que + *inf.*
  it was necessary to era (fue)
    necesario *or* había (hubo) que
need (to) necesitar
neighborhood el barrio
never nunca
new nuevo, -a
news las noticias

newspaper el periódico
  newspaper office oficina del
    periódico
next próximo, -a
  next year el próximo año
  next (Wednesday, Friday) el
    (miércoles, viernes) próximo (que
    viene)
  next (week) la (semana) que
    viene, la próxima (semana)
  on the next day al día siguiente
nice agradable (*m. or f.*)
  nice to meet you (*formal sing. f.*)
    mucho gusto en conocerla
night la noche
  at night de noche
  every night todas las noches
  last night anoche
  one Sunday night un domingo por
    la noche
  Saturday night el sábado por la
    noche
nine nueve
  at half past nine a las nueve y
    media
  at (up to) nine o'clock a (hasta)
    las nueve
  forty-nine cuarenta y nueve
  nine hundred novecientos, -as
nineteen diecinueve
  to be (nineteen) cumplir
    (diecinueve) años
no *adv.* no
  no one nadie
none ninguno, -a
North American norteamericano, -a
nose la nariz
  nose drops gotas para la nariz
not no
notebook el cuaderno
November noviembre
now ahora
nowadays hoy (en) día
number el número
  dance number número de baile

◈ O ◈

obtain (to) conseguir (i, i)
o'clock: at (nine) _____ a las (nueve)

at about one o'clock a eso de la una

at (five, twelve, two) o'clock a las (cinco, doce, dos)

of de

of course ¡como no!, ¡claro!, ¡ya lo creo!, ¡por supuesto!

offer (to) ofrecer

offering: they are _____ it (*m.*) **for** lo dan por

office la oficina

newspaper office oficina del periódico

often a menudo

old: he will be eighteen (years old) tendrá (cumplirá) dieciocho años

how old is (Charles)? ¿cuántos años tiene (Carlos)?

old: how _____ is (Charles)? ¿cuántos años tiene (Carlos)?

on en, sobre

on (arriving) al (llegar)

on the following day al día siguiente

on (Thursday) el (jueves)

once: at _____ en seguida

one un (*before nouns*), uno, -a; *indef. subject* se, uno, una

at about one o'clock a eso de la una

at one (o'clock) a la una

at 1:30 a la una y media

one another (*m.*) uno al otro

take leave of one another despedirse (i, i)

that one ése, ésa, aquél, aquélla

this one éste, ésta

this red one (*m.*) este rojo

which one? ¿cuál?

one: no _____ nadie

only sólo, solamente

open (to) abrir

opportunity la oportunidad (*pl.* oportunidades)

or o

order: in _____ that *conj.* para que

in order to *prep.* para

organize (to) organizar

other otro, -a

see each other verse

ought to deber

our nuestro, -a

out: go _____ salir

◙ P ◙

P.M. de la tarde (noche)

at about (eight) P.M. a eso de las (ocho) de la noche

paella la paella

page la página

paper el papel (*pl.* papeles)

parents los padres

parking el estacionamiento

participate (to) participar

party la fiesta

birthday party fiesta de cumpleaños

pass (to) pasar

past: (it is) half _____ (seven) (son) las (siete) y media

patience la paciencia

patient: to be _____ tener paciencia

patio el patio

patrol car el coche patrulla

pay (to) pagar

peninsular peninsular (*pl.* peninsulares)

people la gente (*requires sing. verb*)

many people mucha gente

there are probably many people habrá mucha gente

there were people había gente

young people (los) jóvenes

per month al mes

percolator la cafetera

perhaps quizá(s), tal vez

permit (to) permitir

person la persona

injured person (*m.*) el herido

Peru Perú

pesetas pesetas

photo la foto

take (many) photos tomar (muchas) fotos (fotografías)

photograph la fotografía

photographs in color fotografías a colores

pieces of pottery objetos de cerámica

pill la píldora

pillow la almohada

place el lugar

plan el plan

plan (to) pensar (ie) + *inf.*

plane el avión (*pl.* aviones)

by plane en avión

plane ticket boleto de avión

play (*a game*) jugar (ue) (a + *obj.*); (*music*) tocar

play tennis jugar (al) tenis

(the match) is being played (el partido) se juega

player el jugador (*pl.* jugadores)

player: record _____ el tocadiscos

pleasant agradable

please + *verb* hága(n)me *or* haga(n) Uds. el favor de + *inf.*; (*after request*) por favor

pleased to meet you (*m. pl.*) mucho gusto en conocerlos

pleased: to be (very) _____ estar (muy) contento, -a

pleasure el gusto

what a pleasure! ¡qué gusto!

police (*force*) la policía

policeman el policía

pool la piscina

popular popular (*pl.* populares)

position el puesto, el trabajo

possible posible

it isn't possible no es posible

post office la casa de correos; el correo

poster el cartel

pottery: pieces of _____ objetos de cerámica

practice (to) practicar

prefer (to) preferir (ie)

prepare (to) preparar

(he) prepares to eat breakfast (él) se prepara para desayunarse (tomar el desayuno)

prescribe (to) recetar

prettiest el más bonito, la más bonita

it is the prettiest (*m.*) **of them all** es el más bonito de todos

the prettiest (*f.*) **of all** la más bonita de todas

pretty bonito, -a, hermoso, -a

very pretty muy bonito, -a (hermoso, -a) *or* bonitísimo, -a, hermosísimo, -a
price el precio
  at special prices a precio especial
  fixed price precio fijo
  have fixed prices tener precio fijo
private privado
probably probablemente
problem el problema
  he has had no problems él no ha tenido problemas
  there is no problem no hay problema
  unless they want to have problems a menos que quieran tener problemas
program (*m.*) el programa
  (radio) program programa (de radio)
  (television) program programa (de televisión)
promise (to) prometer
pronounce (to) pronunciar
provided that *conj.* con tal que
Puerto Rico Puerto Rico
pure puro
put (to) poner
  put on (oneself) ponerse

◙ Q ◙

quarter el cuarto
  a quarter of an hour ago hace un cuarto de hora
  at a quarter to (ten) a las (diez) menos cuarto
quiet tranquilo, -a
quite bastante

◙ R ◙

radio el radio
  radio program programa de radio
rain (to) llover (ue)
  it was raining cats and dogs llovía a cántaros
raincoat el impermeable
Raymond Ramón

read (to) leer
ready listo, -a
ready: to get _____ for prepararse para
  to get ready for (the trip) prepararse para (el viaje)
receive (to) recibir
reception (area) la sala de recibo
receptionist el (la) recepcionista
recommend (to) recomendar (ie)
recommendation la recomendación
record el disco
record player el tocadiscos
red rojo, -a
refrigerator la refrigeradora
register (to) registrarse
remember (to) recordar (ue)
rent el alquiler; la renta
reply (to) contestar, responder
reservation la reserva
  to make a reservation hacer (una) reserva
residence hall la residencia
  Michael's residence hall la residencia de Miguel
resign oneself (to) conformarse con, *reflex.*
rest (to) descansar
restaurant el restaurante
return (to) volver (ue), regresar, (*give back*) devolver (ue)
rich rico, -a
  very rich (*pl.*) muy ricos, -as, riquísimos, -as
Richard Ricardo
right away en seguida
right: to be _____ tener razón
ring el anillo
ring (to) sonar (ue)
Rita Rita
Robert Roberto
room el cuarto
  an empty room un cuarto desocupado
  dining room el comedor
  living room la sala
roommate el compañero (la compañera) de cuarto
round-trip *adj.* de ida y vuelta
  round-trip ticket boleto de ida y vuelta

ruins las ruinas
run (to) correr
  run across encontrarse (ue) con
  run into encontrarse (ue) con

◙ S ◙

salad la ensalada
sale: that are on _____ que se venden a precio especial
saleslady la vendedora
San Antonio San Antonio
San Diego San Diego
sand la arena
Sarah Sara
Saturday el sábado
  next Saturday el sábado próximo (que viene)
  on Saturday (morning) el sábado (por la mañana)
  on Saturday(s) el (los) sábado(s)
  Saturday night el sábado por la noche
say (to) decir
scene la escena
schedule: time _____ el horario
  (university) time schedule horario (de la universidad)
scholarship la beca
school escuela
  high school escuela secundaria
School (*in a university*) la Facultad
  Engineering School Facultad de Ingeniería
  School of Agricultural Engineering Facultad de Ingeniería Agrícola (*or* Facultad de Agronomía)
  School of Medicine Facultad de Medicina
sea el mar
seat el asiento
  he has obtained seats él ha conseguido asientos
  no seats are (there are no seats) left no quedan (asientos)
seated sentado, -a
  to be seated estar sentado, -a
second segundo, -a
section la sección (*pl.* secciones)
  sports section sección de deportes

see (to) ver
  by seeing it (m.) viéndolo
  I'll see you (fam. sing.) tomorrow
    te veo mañana
  let's see a ver
  see each other verse
  see you soon hasta pronto
  we'll see you (f. pl.) Sunday
    morning las vemos el domingo
    por la mañana
  would that we see one another
    again soon! ¡ojalá que nos
    veamos otra vez pronto!
seeing: by seeing it (m.) viéndolo
seem (to) parecer
  it seems to (Sylvia) le parece a
    (Silvia)
select (to) escoger
sell (to) vender
semi-final la semifinal
send (to) mandar, enviar
  send (fam. pl.) for Rita envíen
    por Rita
sentence la oración (pl. oraciones)
serious serio, -a, grave
several varios, -as
shall marker of the future tense; occa-
    sionally translated by the pres. ind.
    tense
  shall we sit down? ¿nos sentamos?
sharp (time) en punto
she ella
sheet la sábana
shirt la camisa
shop: beauty _____ la peluquería
shopping: to go _____ ir (salir) de
    compras
short corto, -a
  after a short while al poco rato
  in short en fin
shortly afterward poco después
should mark of cond. ind. and imp.
    subj. deber
  he should practice (él) debería
    practicar
  the clothing they should take la
    ropa que debían llevar
show (to) enseñar, mostrar (ue)
showcase la vitrina

since conj. como, prep. desde
  it is (a week) since (they came)
    hace (una semana) que
    (vinieron) or (vinieron) hace
    (una semana)
sing (to) cantar
siren la sirena
sister la hermana
sit down (to) sentarse, reflex.
  let's sit down sentémonos, vamos
    a sentarnos
  shall we sit down? ¿nos sentamos?
site el lugar (pl. lugares)
six seis
  by six o'clock para las seis
six thousand seis mil
sixty sesenta
size (dress) la talla, (shoes) el tamaño
  it's size eight (dress) es de talla
    ocho
skate (to) patinar
skirt la falda
sky el cielo
slacks (pl.) los pantalones
sleep (to) dormir (ue)
sleepy: be (very) _____ tener
    (mucho) sueño
slides las transparencias
slow down (to) moderar la marcha
slowly despacio
small pequeño, -a
snow (to) nevar
snow la nieve
so tan
soccer el fútbol, soccer
  soccer match partido de fútbol
    (soccer)
some adj. and pron. alguno, -a,
    (before m. sing. nouns) algun; pl.
    algunos, -as, unos, -as; often not
    translated
someone alguien
something algo
  have (or take) something to
    drink tomar algo
somewhat algo
song la canción (pl. canciones)
soon pronto
  as soon as possible lo más pronto

posible, tan pronto como (sea)
    posible
  see you soon hasta pronto
soonest: the _____ possible lo más
    pronto posible
sorry: be _____ sentir (ie, i)
  we are sorry sentimos que
south el sur
  South America Suramérica
  South American suramericano, -a
  to the south al sur
Spain España
Spanish adj. español, -a, hispano, -a;
    (the language) el español
  Spanish American
    hispanoamericano, -a
  Spanish (lesson) la (lección) de
    español
speak (to) hablar
special especial
spend (to) gastar, pasar
  after spending the summer
    después de pasar el verano
sports los deportes
square la plaza
stadium el estadio
start (to) empezar (ie), comenzar (ie)
States: (the) United _____ los
    Estados Unidos
stay quedarse
stone la piedra
store la tienda
  department store el almacén (pl.
    almacenes)
  jewelry store la joyería
  large store el almacén
storm la tormenta
strange extraño, raro
  it seems strange parece extraño
    (raro)
straw la paja
  straw hat sombrero de paja
street la calle
  Constitution Street Calle
    Constitución
  Twenty-fourth Street Calle
    Veinticuatro
student el alumno (m.), la alumna
    (f.); el, la estudiante

studies los estudios

study (to) estudiar

style el estilo

success el éxito

  to be a success tener éxito

successful: to be (very) _____ tener (mucho) éxito

suggest (to) sugerir (ie, i)

suitcase la maleta

summary el resumen (*pl.* resúmenes)

summer el verano

sun el sol

  the sun is shining hace (hay) sol

sunbath: take a _____ tomar el sol

Sunday el domingo

  (on) Sunday (morning) el domingo (por la mañana)

  on Sundays los domingos

  one Sunday un domingo

  one Sunday night un domingo por la noche

sunny: to be _____ hacer sol

  it is sunny hace sol

supper: eat _____ cenar

sure seguro, -a

  be sure that estar seguro, -a de que

surely seguramente, por cierto

surprise sorpresa

  what a pleasant surprise! ¡que sorpresa tan (más) agradable!

surprise (to) sorprender

  John is surprised le sorprende a Juan

sweater el suéter

swim (to) nadar

swimming pool la piscina

Sylvia Silvia

syrup: a cough _____ un jarabe para la tos

◱ **T** ◲

table la mesa

take tomar, (*carry*) llevar

  I'll take this one (*m.*) **with me** me llevo éste

  let's take leave of each other (one another) despidámonos

(she) is taking them (*f.*) **with her** (ella) se las lleva

take a nap dormir (ue, u) la *or* una siesta

take a sunbath tomar el sol

take a (the) trip hacer un (el) viaje

take a walk dar un paseo

take breakfast tomar el desayuno, desayunarse

take leave of despedirse (i, i) de

take lunch tomar el almuerzo, almorzar (ue)

take photos sacar fotos

take something (*to drink*) tomar algo

talk (to) hablar

taxi driver el taxista

teacher el profesor (*m.*), la profesora (*f.*)

  (Spanish) teacher profesor *or* profesora (de español)

team el equipo

telephone el teléfono

  call (*to the telephone*) avisar

telephone (to) llamar por teléfono

television la televisión

  on television en la televisión

  television program programa de televisión

  watch television mirar la televisión

tell (to) decir, contar (ue)

  he will be able to tell him él podrá decírselo

  tell (*fam. sing. command*) **us, Ann, what . . . ?** dinos, Ana, ¿qué…?

ten diez

  at a quarter to ten P.M. a las diez menos cuarto de la noche

  at about ten o'clock a eso de las diez

  it must be half past ten serán las diez y media

  it's 10:40 son las once menos veinte

  (until) ten o'clock (hasta) las diez

  until 10:30 P.M. hasta las diez y media de la noche

tennis el tenis

terrible terrible

than que, (*before numeral*) de

Thanksgiving Day Día de Acción de Gracias

that *adj.* (*near person addressed*) ese, esa, (*distant*) aquel, aquella; *pron.* ése, ésa, aquél, aquélla, (*neuter*) eso, aquello; *relative pron.* que

that of el (la) de

that one *pron.* ése, ésa, aquél, aquélla

that way así

the el, la, los, las

their *adj.* su(s)

theirs *pron.* (el) suyo, (la) suya, *etc.*; (el, la, los, las) de ellos (-as)

them *dir. obj.* los, las; *indir. obj.* les, se; *after prep.* ellos (-as)

then (*at that time*) entonces, (*next*) luego, (*well*) pues

there (*near person addressed*) ahí, (*distant*) allí, (*often after verb of motion*) allá

  there is (are) hay

  there was (were) había

these *adj.* estos, estas; *pron.* éstos, éstas

they ellos, ellas

thing la cosa

  how things have gone (*indir. question*) como lo han pasado

think (to) creer, pensar (ie)

  think of pensar (ie) en

  what do you (*fam. sing.*) **think if . . . ?** ¿qué te parece si…?

  what do you (*fam. sing.*) **think of these** (*m.*)? ¿qué te parecen éstos?

third tercer (*before m. nouns*); tercero

  the third floor (*Spain*) el piso segundo (el segundo piso)

thirty treinta

  on August thirty el treinta de agosto

thirty-five treinta y cinco

this *adj.* este, esta

  this one *pron.* éste, ésta

Thomas Tomás

those *adj.* (*near person addressed*) esos
(-as), (*distant*) aquellos (-as);
pron. ésos (-as), aquéllos (-as)
  those who work hard los que
(quienes) trabajan mucho
thousand: a (one) _____ mil
  (six) thousand (seis) mil
  (two) thousand (dos) mil
three tres
three hundred and fifty trescientos
cincuenta
throat la garganta
through por
Thursday el jueves
  on Thursday evening el jueves
por la noche
ticket el boleto
  plane ticket boleto de avión
  round-trip ticket boleto de ida y
vuelta
Tijuana Tijuana
time (*in general sense*) el tiempo, (*of
day*) la hora, (*series*) la vez (*pl.*
veces)
  arrive on time llegar a tiempo
  at this (that) time of the year en
este (ese) tiempo del año
  at what time? ¿a qué hora?
  be time to ser hora de
  for a long time hace mucho
tiempo que *or* desde hace mucho
tiempo
  have a good time (to) divertirse
(ie, i)
  have time to (to) tener tiempo para
  how much time? ¿cuánto tiempo?
  on time a tiempo
  the first (second) time la primera
(segunda) vez
  three or four times tres o cuatro
veces
  time schedule el horario
  university time schedule horario
de la universidad
  what time can it be? ¿qué hora
será?
  what time is it? ¿qué hora es?
tired cansado, -a
  to be (quite) tired estar (bastante)
cansado, -a

to a, de, para, que, (*in time*) menos
  at a quarter to (ten) a las (diez)
menos cuarto
  have the opportunity to tener la
oportunidad de
  have time to tener tiempo para
  have to + *verb* tener que + *inf.*
  in order to *prep.* para
  not to have anything to do no
tener nada que hacer
  up to *prep.* hasta
toaster la tostadora
today hoy
tomorrow mañana
  tomorrow afternoon (morning)
mañana por la tarde (mañana)
tonight esta noche
too también
too many *adj.* demasiados, -as
topcoat el abrigo
topic el tema
tour la excursión
  to take a (bicycle) tour hacer una
excursión (en bicicleta)
town el pueblo
traffic el tráfico
translate (to) traducir
travel (to) viajar
  travel agency agencia de viajes
  travel in (through) viajar por
travelling companion (*m.*)
compañero de viaje
trip el viaje
  business trips viajes de negocios
  have a good trip! ¡buen viaje!
  make *or* **take the (a) trip** hacer el
(un) viaje
try (to) tratar de + *inf.*
Tuesday el martes
turn on (to) poner
  shall I turn on the television?
¿pongo la televisión?
  turn to dirigirse a
turnover la empanada
twelve doce
  at (twelve) o'clock a las (doce)
twenty veinte
twenty-four veinticuatro
  Twenty-fourth Street la Calle
Veinticuatro

two dos
  at two o'clock a las dos
typical típico, -a

⬗ U ⬗

umbrella el paraguas
unable: to be _____ no poder
understand (to) entender (ie)
unforgettable inolvidable
unfortunately desgraciadamente
United States (los) Estados Unidos
  in the United States en los
Estados Unidos
university la universidad
  **university cafeteria (residence hall,
time schedule)** cafetería
(residencia, horario) de la
universidad
  university tennis courts las
canchas de la universidad
unless *conj.* a menos que
unoccupied desocupado, -a
until *prep.* hasta
up: to get _____ levantarse
  go up (to) subir (a)
  up to *prep.* hasta
upon + *pres. part.* al + *inf.*
Uruguayan *adj.* uruguayo, -a
use (to) usar
used to + *inf.* *indicates use of imp.
ind. tense*
  the family used to live la familia
vivía

⬗ V ⬗

vacancy (*job*) el puesto
vacation las vacaciones
  Christmas vacation vacaciones de
Navidad
  Thanksgiving Day vacation
vacaciones del Día de Acción de
Gracias
vacuum cleaner la aspiradora
Valencian valenciano, -a
various varios, -as
verse el verso
very *adv.* muy; *adj.* mucho, -a

view   la vista
village   el pueblo
visit   la visita
  be on a visit   estar de visita
visit (to)   visitar

◩ W ◩

wait for (to)   esperar
  wait long (to)   esperar mucho
waiter   el camarero (*m.*); la camarera
  (*f.*)
walk   el paseo
  take a walk (to)   dar un paseo
wall   la pared (*pl.* paredes)
want (to)   querer, desear
wash (to)   lavar; (*oneself*) lavarse
  reflex.
water   el agua (*f.*)
way   el camino
  (be) on one's *or* **the way to**   (ir)
  camino de
  by the way   a propósito, por cierto
  in no way   de ninguna manera
  that way   así
we   nosotros
weather   el tiempo
  the weather is fine today   hoy
  hace buen tiempo
wedding   la boda
  wedding gifts   regalos de boda
Wednesday   el miércoles
  next Wednesday   el miércoles
  próximo (que viene)
week   la semana
  every week   todas las semanas
  it is a week since (they came)
  hace una semana que (vinieron)
  or (vinieron) hace una semana
  next week   la semana próxima
  (que viene)
weekend   el fin de semana
weeks: a couple of _____   un par de
  semanas
welcome: you're _____   de nada, no
  hay de qué
well *adv.*   bien; bueno, pues
well: to get _____   mejorarse

what?   ¿qué?
  what's new?   ¿qué hay de nuevo?
  what can I do for you (*pl.*)?   ¿en
  qué puedo servirles?
what a . . . !   ¡qué... !
when   cuando
where   ¿dónde?, (*with verbs of
  motion*) ¿adónde?
  where is (Louise) from?   ¿de
  dónde es (Luisa)?
where   donde
whether   si
which   que, el (la, los, las) que, el
  (la) cual, los (las) cuales, lo que
  (cual)
while   el rato; *conj.* mientras (que)
  after a short while   al poco rato
white   blanco, -a
who   que, quien(es), el (la, los, las)
  que, el (la) cual, los (las) cuales
  those who work hard   los que
  (quienes) trabajan mucho
whom   que; a quien(es)
why?   ¿por qué?
will *marker of future tense*
  will you + *verb?*   ¿quiere Ud.
  (quieres) + *inf.?*
window   la ventana
windy: to be _____   hacer viento
  it was windy   hacía viento
winter   el invierno
wish (to)   desear
with   con
word   la palabra
work (to)   trabajar
world   el mundo
  Hispanic world   el mundo
  hispánico
world *adj.*   mundial
  World Cup   Copa Mundial
worried   preocupado, -a
  to be worried   estar preocupado, -a
worthwhile: to be _____   valer la
  pena
would   *mark of imp. ind. or cond. tense*
would that . . . !   ¡ojalá (que) + *subj.!*
write (to)   escribir
written   escrito

◩ Y ◩

year   el año
  at this time of the year   en este
  tiempo del año
  be (eighteen) years old   tener
  (cumplir) (dieciocho) años
  last year   el año pasado
  next year   el próximo año
yesterday   ayer
  yesterday (morning)   ayer (por la
  mañana)
you (*formal*) *subject pron. and after
  prep.*   usted (Ud. *or* Vd.),
  ustedes (Uds. *or* Vds.); *dir. obj.* lo
  (le), la, los, las; *indir. obj.* le, les,
  se
you (*fam. sing.*) *subject pron.*   tú, (*pl.*)
  vosotros, -as *or* ustedes (Uds. *or*
  Vds.) (Am.); *dir. obj.* te (*pl.*) os
  or los, las (Am.); *indir. obj.* te,
  (*pl.*) os *or* les, se (Am.); *after
  prep.* ti, (*pl.*) vosotros, -as *or*
  ustedes (Uds. *or* Vds.) (Am.)
young   joven (*pl.* jóvenes)
  one of the young men   uno de los
  jóvenes
  the two young ladies   las dos
  jóvenes (señoritas)
  the two young men   los dos
  jóvenes
  young people   (los) jóvenes
young-looking   juvenil
your *adj.* (*fam.*)   tu(s), vuestro(s),
  -a(s); (*formal*) su(s), de Ud(s). *or*
  Vd(s).
yours *pron.* (*fam.*)   (el) tuyo, (la)
  tuya, (los) tuyos, (las) tuyas, (el)
  vuestro, (la) vuestra, (los)
  vuestros, (las) vuestras; (*formal*)
  (el) suyo, (la) suya, (los) suyos,
  (las) suyas, (el, la, los, las) de
  Ud(s). *or* Vd(s).
  of yours *adj.* (*fam.*)   tuyo(s), -a(s),
  vuestro(s), -a(s); (*formal*) suyo(s),
  -a(s), de Ud(s). *or* Vd(s).
Yucatan   Yucatán

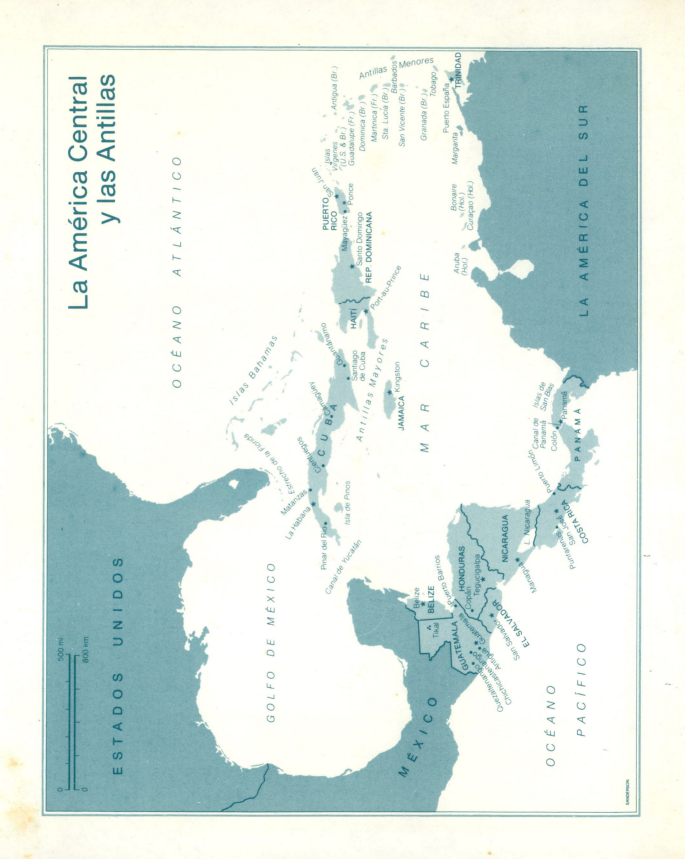

La América Central y las Antillas

ESTADOS UNIDOS

OCÉANO ATLÁNTICO

OCÉANO PACÍFICO

GOLFO DE MÉXICO

MÉXICO

Islas Bahamas

Estrecho de la Florida

Pinar del Río

La Habana

Isla de Pinos

Matanzas

Cienfuegos

C U B A

Camagüey

Santiago de Cuba

Guantánamo

Antillas Mayores

JAMAICA Kingston

MAR CARIBE

HAITÍ

Port-au-Prince

REP. DOMINICANA

Santo Domingo

PUERTO RICO

San Juan

Mayagüez Ponce

Islas Vírgenes (U.S. & Br.)

Guadalupe (Fr.)

Dominica (Br.)

Martinica (Fr.)

Sta. Lucía (Br.)

San Vicente (Br.)

Antillas Menores

Antigua (Br.)

Barbados (Br.)

Granada (Br.)

Tobago

TRINIDAD

Puerto España

Margarita

Bonaire (Hol.)

Curaçao (Hol.)

Aruba (Hol.)

LA AMÉRICA DEL SUR

Canal de Yucatán

Puerto Barrios

Belize

BELIZE

Tikal

GUATEMALA

Chichicastenango

Quetzaltenango

Antigua

Guatemala

San Salvador

EL SALVADOR

Copán

HONDURAS

Tegucigalpa

NICARAGUA

L. Nicaragua

Managua

COSTA RICA

San José

Puntarenas

Puerto Limón

Canal de Panamá

Colón

Islas de San Blas

Panamá

PANAMÁ

500 mi.

800 km.

0

SANDERSON